Federica Dallasta

CONDANNE E CARRIERE
Inquisizione e censura libraria a Parma nel Settecento

Con un saggio introduttivo di Herman H. Schwedt

Firenze
Edizioni CLORI
MMXVIII

Con il patrocinio della Deputazione di Storia Patria
per le Province Parmensi

Studi storici, filologici e letterari

La collana *Studi storici, filologici e letterari* pubblica – in formato *ebook*, secondo i principi del *gold open access*, e cartaceo – saggi, edizioni e monografie di ambito storico e filologico-letterario. La collana dispone di comitato scientifico internazionale. Le proposte di pubblicazione sono sottoposte a *double-blind peer review*. Tutte le opere della collana sono disponibili al *download* gratuito sul sito internet dell'editore, a cui si rimanda per ogni informazione.
http://www.edizioniclori.it

Edizioni CLORI

DEPUTAZIONE DI STORIA PATRIA
PER LE PROVINCE PARMENSI

ISBN 978-88-942416-3-1

Quest'opera è stata rilasciata con licenza Creative Commons Attribuzione 4.0 Internazionale. Per leggere una copia della licenza visita il sito web http://creativecommons.org/licenses/by/4.0/ o spedisci una lettera a Creative Commons, PO Box 1866, Mountain View, CA 94042, USA.

Copyright © 2018 by Edizioni CLORI

In copertina: Giuseppe Baldrighi,
La Fede adorata dai santi Tommaso d'Aquino, Pietro martire, Teresa d'Avila, Ferdinando di Castiglia e Luigi di Francia
Colorno, chiesa di San Liborio
Archivio Fotografico
Soprintendenza SBEAP di Parma e Piacenza

Indice

Prefazione di *Herman H. Schwedt*	5
Abbreviazioni	13
Introduzione	17
Le letture di uno pseudo inquisitore: la biblioteca di don Giuseppe Lorenzo Capretti, parroco, teologo e bibliofilo	23
La "Nota de' libri" del 1783	31
Biblioteche di ecclesiastici dentro e fuori i Ducati di Parma, Piacenza e Guastalla nel secondo Settecento	47
Le correnti di pensiero	55
Il giansenismo	56
La discussione sull'autorità papale	61
Il giurisdizionalismo e l'Illuminismo	64
Filo e antigesuitismo	66
Lo sperimentalismo	70
L'orientamento filosofico e teologico eclettico	71
Il contesto: l'Inquisizione fra curialisti e regalisti	73
Episodi di censura libraria nel Settecento	89
Tabella riassuntiva	89
Il caso di Andrea Mazza	93
Il caso di Giuseppe Guerrieri (o Guerreri)	94
Il caso di Étienne Bonnot de Condillac	95

Il caso di Carlo Maria Traversari	99
Il caso di Ferdinando Calini	101
Il caso del padre Ireneo Affò	104
Il caso del vescovo di Piacenza mons. Gregorio Cerati	109
Il caso di Vittore Sopranzi (o Sopransi)	110
Episodi ottocenteschi	111
Conclusioni	117
Prima appendice: l'inventario della biblioteca di don Capretti	123
Seconda appendice: cronologia	297
Terza appendice: documenti	515
Quarta appendice: cronotassi degli inquisitori e dei loro vicari generali a Parma nel Settecento	595
Quinta appendice: vicari foranei nominati nel 1781	597
Indici della biblioteca di don Capretti	599
Indice degli stampatori, accompagnato dal luogo di stampa	599
Indice degli autori	621
Opere anonime o con più di tre autori	637
Indice dei manoscritti	641
Fonti manoscritte	645
Bibliografia	679
Sitografia	699
Indice onomastico	701

Prefazione

Herman H. Schwedt

Il Settecento è un'epoca su cui, finora, la storia del cattolicesimo non è stata sufficientemente approfondita. Questa considerzione vale, nei diversi Stati italiani, sia per l'aspetto istituzionale della Chiesa, sia per lo studio delle pratiche religiose diffuse tra i vari ceti sociali. Ancora poco si sa, infatti, a proposito delle credenze e della mentalità dei cattolici, così come dell'incidenza della fede sulle scelte politiche, economiche e culturali dei singoli individui e delle comunità.

Federica Dallasta da anni si dedica alla cultura libraria negli antichi Stati parmensi, occupandosi dell'attività dell'Inquisizione locale e della censura libraria. In questa monografia ci presenta il ricchissimo materiale raccolto sul Settecento, offrendocelo con una modalità accessibile anche a chi non è abituato alle dispute giuridico-teologiche sorte nei secoli passati circa i divieti e i permessi di stampa. Inoltre l'autrice contestualizza i risultati delle sue indagini archivistiche in un panorama più ampio, per cui, anche se gli avvenimenti accaduti a Parma non possono essere considerati emblematici di ciò che si verificò in tutti gli Stati italiani e in generale nella cultura settecentesca, il lettore è portato spontaneamente a instaurare parallelismi e a scorgere somiglianze fra la situazione parmense e quella di altre realtà italiane, tenuto conto delle necessarie distinzioni dovute ai diversi regimi e alle particolarità politico-culturali.

In alcuni Stati italiani il Settecento comportò cambiamenti rilevanti nell'organizzazione dell'Inquisizione. In Sicilia, dopo la guerra di successione spagnola, il sovrano borbonico riuscì a dominare il Sant'Ufficio locale. Tuttavia occorre tener presente che fino al 1739 non vi operava l'Inquisizione romana, bensì quella spagnola. In Piemonte il duca Vittorio Amedeo II di Savoia abolì l'Inquisizione all'inizio del Settecento, allontanando la figura del giudice della fede e ammettendo unicamente un "vicario", ma privandolo di ogni autonomia d'azione. Il libro di Mario Infelise uscito nel 2014 sull'assolutismo dell'oligarchia veneta, intitolato *I padroni dei libri: il controllo sulla stampa nella prima età moderna,* ha illustrato il crescente statalismo della Serenissima, che si manifestò anche in Toscana. Infatti Sandro Landi, nella sua monografia dal titolo eloquente, *Il governo delle opinioni: censura e formazione del consenso nella Toscana del Settecento* (2000), ha dimostrato come in Toscana, alla morte dell'ultimo rappresentante dei Medici e all'insediamento degli Asburgo nel 1737, il granduca Francesco Stefano (poi, a Vienna, imperatore Franz I) abbia introdotto il monopolio della censura statale e sottratto completamente tale funzione alla Chiesa per quindici anni, per poi riammetterla in seguito, ma in forma ridotta. Nei due Stati ora menzionati i controlli censorii divennero di fatto "controlli di Stato", perché nell'ideologia regalista "il principe è tutto".

In Toscana, come altrove, i sovrani si ispirarono all'assolutismo del re di Francia Luigi XIV, il sovrano legittimato a vegliare sulla "vera religione" anche attraverso la censura libraria e i mezzi di repressione, secondo il motto: "un roi, une loi, une foi". In questo quadro normativo non spettava alcuna competenza né al papa né a un eventuale Concilio di intervenire su questioni di ortodossia; anzi: gli inquisitori del papa furono depotenziati o integrati nel sistema di controllo statale sulla stampa, come già avevano postulato indirettamente Machiavelli e altri pensatori del Cinquecento e dei secoli successivi.

Nell'opera che ora presentiamo si scoprono anche a Parma le stesse tendenze venete e toscane, benché spostate nel tempo di qualche decennio. Il piccolo Stato, nella sua volontà di affermarsi autonomamente, eliminò le sacche di relativa indipendenza, come quelle rappresentate dai Comuni, dalle corporazioni, dai benefici ecclesiastici, dai privilegi particolari e dalle esenzioni riservate agli ecclesiastici. Anche se fino a quel momento queste realtà avevano operato in relativa autonomia rispetto al controllo statale, all'arrivo della dinastia dei Borbone la situazione cambiò, perché essi, come i signori di altri Stati italiani, infatuati dal modello centralistico parigino, cercarono di imitarlo. La predominante religione degli italiani, guidata dai papi, già da due secoli aveva contrapposto al frazionamento confessionale tentato da alcuni dissidenti o "eretici" il modello di una confessione compatta e unitaria, il cosiddetto cattolicesimo tridentino. Pur con varie riserve, papi e curia romana adottarono la confessionalizzazione tridentina, ma alla presunta compattezza politica e teorica mancava una fondata teologia portante, che a Trento non era stata elaborata. Già nel Cinquecento era nata la famosa disputa *de auxiliis*, che affrontava l'interrogativo se la Grazia porti da sola alla salvezza il fedele, o se questi debba collaborare al progetto divino con la propria libera volontà. Certamente questo dibattito risultava centrale nel dissidio fra luterani e altre confessioni cristiane. Anche nel cattolicesimo, però, nacquero posizioni alternative: gli ordini monastici di antica fondazione, come i benedettini, i cistercensi e gli agostiniani, si opposero agli ordini moderni, rappresentati, ad esempio, dai gesuiti o dai teatini. Anche i mendicanti si divisero fra domenicani, aderenti agli ordini antichi, e francescani, più vicini a quelli moderni. Ne nacque un'infinità di litigi e di rivalità. Nel campo della filosofia e della teologia morale sorsero dibattiti conosciuti come "liti" sul Giansenismo e sul Probabilismo. Nel campo della teologia pastorale e missionaria si originò invece la controversia circa l'adattamento del messaggio evangelico alle usanze dei popoli destinatari della predicazione (l'inculturazione), o al contrario la sua imposizione.

Un pregio particolare di Federica Dallasta è la sua straordinaria familiarità con le fonti. Al lettore sembra quasi di assistere al lavoro di un archeologo, che prende in mano ogni piccolo frammento di pietra e ogni pezzo di terra, con la speranza di trovarvi racchiusi cocci di vasi. In questa monografia sono state scoperte, collegate fra loro e interpretate fonti scritte disperse qua e là, non concentrate in un unico fondo. L'autrice è stata favorita, in questa sua indagine, oltre che dalla fortuna, anche dall'esperienza, che le ha permesso di mettere le mani in quei giacimenti archivistici che le promettevano risultati migliori. Non ha scandagliato un solo archivio, quindi, ma tanti, essendo andato distrutto, probabilmente negli ultimi decenni del Settecento, il deposito più completo di documentazione e di fonti di prima mano: l'archivio del Sant'Ufficio di Parma, che avrebbe potuto integrarsi con quelli delle Inquisizioni più vicine, di Piacenza e Reggio Emilia, se a loro volta fossero sopravvissuti completamente: infatti il primo è scomparso, mentre il secondo è rimasto in piccolissima parte, frazionato in più istituti archivistici.

La perdita e la distruzione di questa preziosa documentazione che era stata prodotta direttamente dall'ente resta ancora un campo tutto da esplorare non solo per Parma, Piacenza e Reggio Emilia, ma anche per gli altri Stati che sorgevano sul territorio dell'odierna Repubblica italiana. Il primo a compiere indagini sulla sorte di un archivio inquisitoriale fu, già nel 1785, un viaggiatore tedesco, un professore di teologia luterana in Danimarca, Friedrich Münter, nato a Gotha in Turingia, figlio del predicatore della Chiesa tedesca a Copenhagen. Münter, durante un suo viaggio negli Stati italiani fino alla Sicilia, tentò di ricostruire la sorte delle carte del potente tribunale dell'Inquisizione di Palermo poco dopo la sua abolizione nel 1782. Queste curiose vicende sono presentate nel libro di Vittorio Sciuti Russi, abbondantemente documentato, intitolato *Inquisizione spagnola e riformismo borbonico fra Sette e Ottocento: il dibattito europeo sulla soppressione del 'terribile monstre'* (Firenze, Olschki 2009). Gli interessi di Friedrich Münter erano concentrati sul caso siciliano, in cui il Sant'Ufficio dipendeva, per ragioni storiche, esclusivamente dal sistema dell'Inquisizione spagnola. Il Sant'Ufficio operante nello Stato pontificio e negli altri Stati centro-settentrionali della penisola, invece, faceva parte dell'Inquisizione romana e dipendeva, prevalentemente, dalla giurisdizione ecclesiastica, benché vi fosse anche una componente laica, cioè statale. In Spagna, come in Inghilterra, nella Russia ortodossa e in molti paesi protestanti, la Chiesa era una Chiesa di Stato. Tendenzialmente, però, anche vari Stati centro-settentrionali italiani si muovevano nella stessa direzione di rendere l'organizzazione ecclesiastica una Chiesa di Stato, senza tuttavia riuscirvi completamente: ciò accadde, per esempio, sotto i Savoia nel Piemonte, sotto gli Asburgo in Toscana e nel Ducato di Milano. Ma la situazione della penisola offriva una molteplicità di casi diversi: mentre, infatti, in alcune realtà politiche, come la Repubblica di Venezia, il governo integrò e quasi nazionalizzò l'Inquisizione nel proprio regime, in altri Stati si puntò alla sua abolizione. L'abolizione e l'integrazione dell'Inquisizione, due modelli alternativi e antitetici, furono l'esito di una lunga battaglia culturale e legale condotta contro il Sant'Ufficio, una battaglia iniziata probabilmente per ragioni di rivalità politica fra il Regno d'Inghilterra e quello di Spagna. L'Inquisizione spagnola, infatti, era il simbolo del cattolicesimo in senso religioso-confessionale, ma anche della cultura dei paesi latini, considerata inferiore rispetto a quella dell'Europa del Nord, che si autodefiniva più progredita. La lotta contro l'Inquisizione divenne, soprattutto nella pubblicistica inglese, un tema ricorrente, anche se né prima né dopo la scissione della Chiesa inglese da quella romana il S. Ufficio non rappresentò mai un serio pericolo per la sovranità di quel Regno.

Negli anni fra il 1765 e il 1785 in vari Stati italiani i tempi erano maturi per passare dalla tradizionale polemica anti-romana alla politica dei fatti, quindi alla vera e propria soppressione dei tribunali dell'Inquisizione. Oltre a determinare la fine dell'attività di questi enti e degli incarichi affidati ai titolari delle varie sedi, così come ai loro collaboratori (i patentati), i governi incamerarono i beni delle singole Inquisizioni. Mancano, però, studi specifici sull'utilizzo dei beni mobili e finanziari sequestrati nelle singole realtà. Sembra che almeno in Toscana e in Lombardia il regime asburgico non abbia destinato i beni dell'Inquisizione soppressa alle casse del fisco generale, ma piuttosto a fondi sociali e di beneficienza (orfanotrofi a Milano; sostentamento del clero in Toscana). A Parma e Piacenza, come evidenzia Federica Dallasta, i beni delle Inquisizioni passarono al cosiddetto "Patrimonio dei Poveri", che aveva finalità sociali. Per quanto riguarda altre sostanze (opere d'arte, biblioteche, archivi) mancano ricerche sulla loro sorte. Così, di fatto, oggi si considerano distrutti i circa 45 archivi delle Inquisizioni che sorgevano negli Stati italiani del Centro e del Nord, con l'eccezione di due archivi sopravvissuti presso le rispettive curie vescovili (Udine e Siena) e delle carte dell'Inquisizione modenese presso l'odierno Archivio di Stato.

Manca ancora una spiegazione convincente circa le finalità e i motivi della distruzione di una così imponente quantità di documenti in seguito alla soppressione delle Inquisizioni italiane. Il fenomeno non sembra paragonabile a certi movimenti iconoclastici avvenuti in Europa durante la Riforma protestante contro l'arte sacra, i libri o gli archivi, oppure a ciò che si verificò durante la Rivoluzione francese. Non si conoscono episodi di attacchi da parte della "rabbia popolare" contro i beni e gli archivi delle Inquisizioni in Italia nel Settecento. Libri e carte erano in possesso degli Stati, ma nessun governo si attivò per custodirli adeguatamente. Gli Stati, nuovi padroni delle carte inquisitoriali, non mostrarono alcun interesse a conservare questi beni culturali, che forse consideravano come espressione dell'odiato Medioevo, finalmente superato.

Almeno nel Ducato di Milano e nel Granducato di Toscana, ambedue governati da Vienna, per gli anni dal 1770 al 1785 circa si può presumere che l'amministrazione dei beni dell'Inquisizione soppressa sia toccata allo Stato. Eppure è inspiegabile che non si trovi nessun provvedimento a proposito della distruzione degli archivi sequestrati. Ancora manca una risposta plausibile su chi abbia potuto mettere mano sui materiali per annientarli. Non resta, per ora, che formulare ipotesi, tutte ancora da verificare. Le autorità viennesi, almeno in Lombardia, non manifestarono alcuna intenzione di conservare e amministrare gli archivi sequestrati; anzi, con un permesso ufficiale finirono tra le fiamme circa 70 sacchi di carte mantovane su iniziativa di un privato, il domenicano padre Giorgio Rizzini, ex-vicario generale dell'Inquisizione di Mantova. Dalle lettere di Rizzini e da altre carte romane sulla soppressione del S. Ufficio di Mantova risulta che questo frate non ammettesse che persone estranee potessero visionare le carte inquisitoriali, protette dal segreto inviolabile del S. Ufficio. I rappresentanti del governo austriaco, a loro volta, giudicavano che convenisse proteggere gli accusati, perché il solo fatto di essere stati indagati dall'Inquisizione era considerato infamante; quindi erano convinti che per evitare danni alle famiglie fosse opportuno distruggere gli archivi. In un modo simile ragionarono i cardinali romani quando eliminarono quasi trenta annate dei *Decreta S. Officii* all'epoca in cui arrivarono a Roma i rivoluzionari francesi. Fra tutta la gamma dei vari motivi o pretesti addotti per far scomparire per sempre le carte dell'Inquisizione, nel caso di Parma siamo ancora alla ricerca di una risposta certa. L'ipotesi avanzata dall'autrice è che l'iniziativa sia partita dall'inquisitore Giuliano Vincenzo Mozani per un'esigenza di circospezione di fronte all'avanzata delle truppe napoleoniche, giunte a Parma nel 1796. Di fronte alla pesante perdita dell'archivio inquisitoriale Federica Dallasta ha scelto la strada più intelligente, concentrandosi su materiali sostitutivi, distribuiti anche in fondi che non garantivano esiti positivi, ma con risultati inaspettati e felici, il vero pregio del libro.

Bad Säckingen (Baden-Württemberg) - Salsomaggiore Terme (Parma), 7 settembre 2018.

Abbreviazioni

ACDF: Archivio della Congregazione per la Dottrina della fede (Città del Vaticano)
    C. L.: Vaticano, Archivio della Congregazione per la dottrina della fede, Sant'Ufficio, *Censura librorum*
    Decreta: Vaticano, Archivio della Congregazione per la dottrina della fede, Sant'Ufficio, *Decreta*
    St. St.: Vaticano, Archivio della Congregazione per la dottrina della fede, Sant'Ufficio, Stanza Storica
    Tit. Lib.: Vaticano, Archivio della Congregazione per la dottrina della fede, Sant'Ufficio, *Titula librorum*
ADBo: Archivio del convento domenicano di S. Domenico di Bologna
ANDPr: Archivio Notarile Distrettuale di Parma
AGOP: *Archivum Generale Ordinis Praedicatorum* di Roma
ALLODI: ALLODI Giovanni Maria, *Serie cronologica dei vescovi di Parma con alcuni cenni sui principali avvenimenti civili*, Parma, Fiaccadori, 1856, 2 voll.
Archivio Du Tillot: ASPr, Archivio del ministro Du Tillot
ASMo: Archivio di Stato di Modena
ASPr: Archivio di Stato di Parma
    Carte Drei: ASPr, Carte Drei, b. Inquisizione
AVPr: Archivio vescovile di Parma

BENASSI, *Guglielmo du Tillot*: BENASSI Umberto, *Guglielmo du Tillot, un ministro riformatore del secolo XVIII: contributo alla storia dell'epoca delle riforme*, in "Archivio Storico per le Province Parmensi", 1915 (vol. XV, pp. 27-61 e 63-121: 1° e 2° capitolo); 1916 (vol. XVI, pp. 193-368: 3° capitolo); 1919 (vol. XIX, pp. 1-250: 4° capitolo); 1920 (vol. XX, pp. 47-152: 5° capitolo); 1921 (vol. XXI, pp. 1-76: 6° capitolo); 1922 (XXII, pp. 191-272: 7° capitolo); 1923 (vol. XXIII, pp. 1-34 e 109-120: seguito del 7° capitolo e 8°); 1924 (vol. XXIV, pp. 15-124 e 125-220: 9° e 10° capitolo); 1925 (vol. XXV, pp. 1-157 e 159-177: seguito del 10° capitolo e appendice)

BERTI: BERTI, Giuseppe, *Atteggiamenti del pensiero italiano nei Ducati di Parma e Piacenza dal 1750 al 1850*, Padova, Cedam, 2 voll. (1958-1962)

BPPr: Biblioteca Palatina di Parma

CERIOTTI-DALLASTA: CERIOTTI Luca, DALLASTA Federica, *Il posto di Caifa. L'Inquisizione a Parma negli anni dei Farnese*, Milano, FrancoAngeli, 2008

Correspondance: Parigi, Archives Nationaux, Ministère des Affaires étrangères, *Correspondance politique de Parme*

DBI: *Dizionario biografico degli Italiani*, Roma, Treccani

DEL COL, *L'Inquisizione in Italia*: DEL COL Andrea, *L'Inquisizione in Italia dal XII al XXI secolo*, Milano, Mondadori, 2006

DSI: *Dizionario storico dell'Inquisizione*, diretto da Adriano Prosperi con la collaborazione di Vincenzio Lavenia e John Tedeschi, Pisa, Edizioni della Normale, 2010

I giudici della fede: AL SABBAGH Luca, SANTARELLI Daniele, SCHWEDT Herman H., WEBER Domizia, *I giudici della fede. L'Inquisizione romana e i suoi tribunali in età moderna*, Firenze, Clori, 2017

ILI X: DE BUJANDA Jesus Martinez (dir.), *Index des livres interdits*, Genève, Droz, 1984-2002, 11 voll., vol X: *Thesaurus de la littérature interdite au XVI siècle: auteurs, ouvrages, éditions avec addenda et corrigenda*, par J. M. De Bujanda, avec l'assistance de René Davignon, Ela Stanek, Marcella Richter, Sherbrooke, Centre d'études de la Renaissance; Genève, Librairie Droz, 1996

ILI XI: DE BUJANDA Jesus Martinez (dir.), *Index des livres interdits*, Genève, Droz, 1984-2002, 11 voll., v. XI (1600-1966), 2002

LASAGNI 1999: LASAGNI Roberto, *Dizionario biografico dei Parmigiani*, Parma, PPS, 1999, 4 voll.

LASAGNI 2013-2016: LASAGNI Roberto, *L'arte tipografica in Parma*, Parma, Silva, 2013-2016, 2 voll.

MADDALENA 2008: MADDALENA Claudio, *Le regole del principe. Fisco, clero, riforme a Parma e Piacenza (1756-1771)*, Milano, FrancoAngeli, 2008

MOLINARI 1966: MOLINARI Franco, *L'episcopato piacentino del secolo XVIII e il giurisdizionalismo*, in "Bollettino storico piacentino", LXI (1966), pp. 113-151

Prosopographie: *Prosopographie von römischer Inquisition und Indexkongregation: 1701-1813*, von Herman H. Schwedt; unter Mitarbeit von Jyri Hasecker, Dominik Höink und Judith Schepers, Paderborn, Schöningh, 2010, 2 voll. (I: A-L: II: M-Z)

Per le note a piè di pagina sono state adottate le norme di citazione della Deputazione di Storia Patria per le Province Parmensi, che dà il suo patrocinio all'opera.

Introduzione

Quando nel 1796, all'arrivo delle truppe napoleoniche a Parma, il frate domenicano Vincenzo Giuliano Mozani distrusse quasi completamente l'archivio del tribunale della fede che dirigeva[1], non poteva immaginare che alcune tracce dell'attività del Sant'Ufficio nei Ducati di Parma, Piacenza e Guastalla sarebbero comunque sopravvissute in diversi luoghi (negli stessi Ducati, nello Stato Estense e a Roma) e in diverse forme (le sue lettere inviate ai confratelli e ai cardinali romani, inventari di biblioteche, editti e decreti ducali, rogiti notarili, *imprimatur* concessi ai libri). Oggi, quindi, nonostante l'assenza del vero e proprio archivio dell'Inquisizione, con i suoi processi e i suoi elenchi di *patentati*, è possibile ricostruire parzialmente la storia dell'ente, ricorrendo a queste altre serie di fonti, che comprendono anche la documentazione lasciata da chi sostituì l'inquisitore negli undici anni in cui l'ente venne formalmente soppresso dal governo fra il 1769 e il 1780: don Giuseppe Lorenzo Capretti.

La prospettiva adottata per procedere nell'indagine storica è stata dunque quella di valorizzare l'eco lontana delle azioni compiute dai frati inquisitori e di ribaltare la tradizionale gerarchia delle fonti. Hanno così acquistato grande valore le scelte del governo illuminato volte a sopprimere l'ente e a negare il ruolo dell'Inquisizione nella società del tempo.

Questa monografia prende in considerazione tutto il Settecento, ma se sulla prima metà del secolo sono esigui gli studi compiuti finora, abbondano sulla seconda metà. Il tema delle relazioni fra

---

[1] La distruzione dell'archivio da parte del frate non è dimostrabile sulla base della documentazione fin qui accessibile, ma è un'ipotesi che ci sembra di poter avanzare e di poter collocare nel momento dell'ingresso delle truppe napoleoniche a Parma nel 1796.

Stato e Chiesa all'epoca dei Borbone è stato, infatti, già accuratamente esplorato da alcuni storiografi che nel corso del XIX e XX secolo non hanno rinunciato a indagare i fenomeni legati alla presenza dell'Inquisizione a Parma e Piacenza, nonostante la perdita dei rispettivi archivi. Gaetano Tononi dedicò un saggio alle *Condizioni della Chiesa nei Ducati Parmensi*, dando un apporto significativo all'argomento[2]. Emilio Casa nel 1880 pubblicò un ampio e documentato articolo sulle *Controversie fra la Corte di Parma e la Santa Sede del secolo XVIII (1754-1766)*, il quale esplorava gli anni dal 1754 al 1766 che precedettero la soppressione dell'Inquisizione[3]. In un saggio apparso nel 1915 Giovanni Drei si soffermò con acutezza interpretativa sugli avvenimenti accaduti dal 1765 al 1780, segnati dall'effettiva soppressione e dal ristabilimento del Sant'Ufficio[4]. Drei si avvalse di documenti conservati presso l'allora Regio Archivio di Stato di Parma, di cui era direttore. Oggi, riprendendo la ricerca a un secolo di distanza, si constata la perdita di diverse fonti da lui consultate in seguito ai bombardamenti del 1945 e al successivo trasferimento dei materiali dal palazzo della Pilotta all'Ospedale vecchio e si deve riconoscere, quindi, che le sue indagini hanno fornito un apporto insostituibile.

Un altro studioso al quale va riconosciuto il merito di aver documentato le alterne vicende del complesso conventuale di S. Pietro Martire, sede del Sant'Ufficio e quindi simbolo di "uno Stato nello Stato", come ebbe a dire il ministro illuminato Guillaume Du Tillot, fu il presbitero Arnaldo Marocchi, di cui non sono stati

---

[2] TONONI Gaetano, *Condizioni della Chiesa nei Ducati Parmensi dal 1731 al 1859*, in "Rivista universale", 1867-1871 (voll. V, VI, VII, VIII, IX, X, XI, XII, XIII).
[3] CASA Emilio, *Controversie fra la Corte di Parma e la Santa Sede del secolo XVIII (1754-1766)*, in "Atti e memorie delle Regie Deputazioni di Storia patria dell'Emilia", V, 2 (1880), pp. 203-380 e VI, 1 (1881), pp. 1-105.
[4] DREI Giovanni, *Sulle relazioni tra la Santa Inquisizione e lo Stato nei ducati parmensi (sec. XVIII)*, in *Studi di storia e di critica dedicati a Pio Carlo Falletti*, Bologna, Zanichelli, 1915, pp. 577-610.

finora sufficientemente evidenziati i meriti in ambito storiografico[5]. Umberto Benassi e Stanislao da Campagnola hanno contribuito a inquadrare le vicende del secondo Settecento, mettendo in luce il dibattito filosofico e politico che lo caratterizzò[6]. Giuseppe Berti ha fornito le chiavi interpretative per cogliere le correnti di pensiero che si scontrarono in particolare in ambito teologico e filosofico negli ambienti ecclesiastici[7]. Più recentemente i saggi di Sergio Di Noto Marrella (grande studioso, che ricordiamo con commozione e ammirazione a pochi mesi dalla scomparsa) e del giovane Claudio Maddalena sono stati preziosi per comprendere il rapporto fra politica ecclesiastica ed esigenze economiche e fiscali nei Ducati parmensi, così come per inquadrare in un panorama europeo più ampio le scelte giurisdizionaliste del ministro Du Tillot[8]. I lavori di Anna Mandich hanno illustrato i rapporti politici e diplomatici fra Parma e la Francia[9]. Le ricerche di Carminella Biondi hanno avuto il pregio di esplicitare le ragioni della battaglia culturale combattuta tra opposti schieramenti, gli illuministi e i conservatori, e di spiegare il modo in cui Du Tillot "ha pilotato il passaggio dall'area di influenza spagnola a quella fran-

---

[5] MAROCCHI Arnaldo, *Vicende relative al convento e alla chiesa di S. Pietro Martire in Parma*, in "Aurea Parma", LVI (1972), pp. 149-164. La biblioteca di questo studioso (1906-1983) è conservata presso il Seminario vescovile di Parma.
[6] BENASSI Umberto, *Guglielmo du Tillot, un ministro riformatore del secolo XVIII: contributo alla storia dell'epoca delle riforme*, in "Archivio Storico per le Province Parmensi", 1915-1925. STANISLAO DA CAMPAGNOLA, *Adeodato Turchi: uomo, oratore, vescovo (1724-1803)*, Roma, Istituto storico Ord. fr. min. cappuccini, 1961.
[7] BERTI Giuseppe, *Atteggiamenti del pensiero italiano nei Ducati di Parma e Piacenza dal 1750 al 1850*, Padova, Cedam, 2 voll. (1958-1962).
[8] DI NOTO Sergio (a cura di) *Le istituzioni dei Ducati parmensi nella prima metà del Settecento*, Parma, Step, 1980. MADDALENA Claudio, *Le regole del principe. Fisco, clero, riforme a Parma e Piacenza (1756-1771)*, Milano, FrancoAngeli, 2008.
[9] MANDICH Anna Maria, *Una "biblioteca ideale": diffusione del pensiero francese nel ducato di Parma (1748-1771)*, in "Aurea Parma", LXXII (1988), pp. 191-208; EADEM, *Scambi culturali tra Parma e la Francia nella corrispondenza Du Tillot-Bonnet*, in "Aurea Parma", LXXXIII (1999), pp. 334-374

cese, senza traumi e senza spezzare gli stretti legami con la corte d'origine"[10]. Elisabeth Badinter, avvalendosi di documenti conservati a Parigi e a Vienna, ha motivato il comportamento apparentemente contraddittorio di Ferdinando di Borbone, prima sottomesso al ministro e poi ribelle, al punto che il giovane sovrano inizialmente assecondò Du Tillot nella soppressione dell'Inquisizione nello Stato, poi si impegnò per il suo ristabilimento[11]. Sul sovrano sono fondamentali i lavori di Alba Mora[12], poi ripresi nel volume da lei curato sui Borbone, recentemente pubblicato dalla casa editrice MUP nella *Storia di Parma*, in cui sono confluiti saggi di Sergio Di Noto Marrella, Giuseppe Bertini, Alessandro Malinverni e Carlo Mambriani. In questo stesso volume un capitolo di Stefano Tabacchi è proprio dedicato a *I rapporti con la Santa Sede nell'età di Ferdinando (1765-1780)*[13].

Oggi, però, altri documenti ancora in parte inediti sono disponibili per approfondire e proseguire la ricerca: quelli dell'archivio del Sant'Ufficio e della Congregazione dell'Indice conservati in Vaticano. Qui si trovano le carte corrispondenti a quelle individuate cent'anni fa da Drei e Benassi a Parma, ma anche altre che illustrano la *routine* degli inquisitori nei loro vari uffici. È stato Herman H. Schwedt, ormai da un decennio, a indicarmene l'esistenza e, parallelamente, a mettere a mia disposizione le sue indagini prosopografiche sul personale che operò come inquisitore nei vari Stati italiani e nelle due congregazioni romane del

---

[10] BIONDI Carminella, *Parma, Roma e l'Europa nel carteggio Du Tillot-D'Argental*, in *La Francia a Parma nel secondo Settecento*, Bologna, Clueb, 2003, pp. 11-37. La citazione è tratta dall'introduzione, p. 13. Nello stesso volume si veda EADEM, *Condillac a Parma. La lunga premessa al "Cours d'études"*, pp. 39-59.
[11] BADINTER Élisabeth, *L'infant de Parme*, Paris, Fayard, 2008.
[12] *Un Borbone tra Parma e l'Europa. Don Ferdinando e il suo tempo (1751-1802)*, a cura di Alba Mora, Reggio Emilia, Diabasis, 2005.
[13] *I Borbone fra Illuminismo e Rivoluzione*, a cura di Alba Mora, *Storia di Parma. V*, Parma, MUP, 2015.

Sant'Ufficio e dell'Indice[14]. Questo studioso, tra i massimi esperti dell'argomento, ha poi costantemente seguito gli sviluppi della mia ricerca, indirizzandomi alla bibliografia appropriata e aiutandomi a contestualizzare e interpretare, a livello storico, teologico e filosofico, i dati che andavano via via emergendo.

Per compiere questo impegnativo itinerario di studio sono stati fondamentali i consigli di alcune persone colte e disponibili: Leonardo Farinelli, presidente della Deputazione di Storia Patria per le Province Parmensi, che ha letto il testo in bozze e mi ha fornito preziosi suggerimenti; mons. Alejandro Cifres e il dott. Daniel Ponziani, che mi hanno agevolato in ogni modo presso l'Archivio della Congregazione per la dottrina della fede; Catia Zambrelli, che mi ha affiancato nel lavoro di redazione degli indici della biblioteca di don Capretti; il personale dell'Archivio di Stato di Parma, in particolare Alberta Cardinali, Valentina Bocchi, Antonella Barazzoni, Carla Nolli, Pierangela Valenti e Miriam Bertoluzzi, per la gentilezza con cui assecondano sempre le mie richieste e mi indicano possibili percorsi d'indagine; il personale della Biblioteca Palatina di Parma, in particolare Luigi Pelizzoni, Marialuisa Spotti, Ilaria Azzoni, Maria Grazia Rossi, Elisabetta Salutini, Maria Elisa Agostino e Stefano Calzolari per i suggerimenti bibliografici e la cortesia con cui accolgono sempre le mie esigenze; il personale dell'Archivio Diocesano Vescovile e dell'Archivio Notarile Distrettuale di Parma; gli amici studiosi Giuseppina Bacchi, Laura Bandini, Lucia Togninelli, Elena Bonora, don Paolo Fontana, Elena Venturini, Roberto Lasagni, Rosa Necchi, Ales-

---

[14] BOUTE Bruno, CRISTELLON Cecilia, DINKELS Volker (Bearbeiter), *Systematisches Repertorium zur Buchzensur 1701-1813. Inquisition,* a cura di Hubert Wolf, Paderborn, Schöningh, 2009; BADEA Andreea, BUSEMANN Jan Dirk, DINKELS Volker (Bearbeiter), *Systematisches Repertorium zur Buchzensur 1701-1813. Indexcongregation,* a cura di Hubert Wolf, Paderborn, Schöningh, 2009; SCHWEDT Herman H., *Prosopographie von römischer Inquisition und Indexkongregation: 1701-1813,* unter Mitarbeit von Jyri Hasecker, Dominik Höink und Judith Schepers, a cura di Hubert Wolf, Paderborn, Schöningh, 2010, 2 voll.

sandra Talignani, Daniela Moschini, Arnaldo Ganda e Fabrizio Tonelli, per l'indicazione di materiale archivistico e bibliografico; Carlo Ferrari e Rocco Boggia per i consigli informatici e grafici; mio marito Sandro Campanini, che mi ha incoraggiato in questi anni di ricerca e mi ha affiancato nella correzione del testo.

Esprimo viva gratitudine ai coordinatori della collana *Studi storici, filologici e letterari* delle Edizioni CLORI, che mi hanno invitato a partecipare al loro progetto editoriale con questa mia ricerca. Luca Al Sabbagh, in particolare, mi ha segnalato documenti che ignoravo e mi ha supportato nell'*editing*.

Dedico questo lavoro alla memoria di mia madre, Raffaella Cagossi, vittima innocente della strada, deceduta nel 2016, a cui, come era mia abitudine, avevo sottoposto per un parere e per uno scambio di idee anche questo percorso di ricerca assieme alle sue prime redazioni.

Marola di Carpineti (Reggio Emilia), 15 agosto 2018

Le letture di uno pseudo inquisitore: la biblioteca di don Giuseppe Lorenzo Capretti, parroco, teologo e bibliofilo

In assenza dell'archivio dell'Inquisizione, acquista particolare valore tutta la documentazione che possa far luce sull'attività dell'ente anche in modo indiretto. Vi fu un ecclesiastico che visse a lungo in città - dall'inizio del secolo al 1782 - e così ebbe la possibilità di essere testimone esterno dell'azione del Sant'Ufficio nella realtà urbana. Gli accadde, poi, di essere nominato come sostituto dell'inquisitore al momento della soppressione dell'ente nel 1769 e di svolgere questa funzione nel Ducato di Parma per undici anni, fino al 1780, pur non essendo un frate domenicano o francescano. Don Giuseppe Lorenzo Capretti, questa singolare figura di ecclesiastico, che per il suo ruolo costituì un'eccezione nel panorama dell'Italia centro-settentrionale del tempo, non è stata oggetto di studi specifici fino a questo momento, forse perché si possono ricavare solo poche notizie su di lui dalle fonti archivistiche e bibliografiche locali. Tuttavia, scavando fra i documenti, qualche dato emerge, rivelandoci una personalità di un certo spessore: innanzitutto veniamo a conoscenza che, come presbitero della diocesi di Parma, era stato aggregato all'Almo collegio teologico della stessa città nel 1730, quando era già priore della parrocchia di S. Benedetto[1]; che nel 1746, mentre ancora eserci-

---

[1] Il dato scaturisce da *Nomi, cognomi, degli eccelsi dottori in sacra teologia aggregati all'almo Collegio Teologico di Parma del 1615*, fonte trascritta in RIZZI Alberto, *Statuti e vicende del collegio dei Teologi di Parma*, Università di Parma, tesi di laurea, Facoltà di Giurisprudenza, rel. prof. Sergio Di Noto Marrella, a. a. 1990-1991, p. 146, n. 153, data 13 maggio 1730.
Vari documenti riguardanti la parrocchia di S. Benedetto dal 1750 al 1781, le proprietà dell'ente, gli obblighi di celebrare messe in base a lasciti di epoche precedenti (documenti in cui figura sempre come priore il Capretti) sono in

tava tale carica, compilò l'elenco dei beni della sua chiesa[2] e che nel censimento cittadino del 1765 risultava residente nella canonica parrocchiale[3]. Nell'aprile del 1777 venne scelto dal vescovo Francesco Pettorelli Lalatta (1712-1788) con altri due teologi a formare la commissione che avrebbe dovuto pronunciarsi sull'opportunità che il canonico teologo Giovanni Biondi tenesse alcune "lezioni scritturali" in cattedrale[4].

Il fatto più rilevante è però che il 5 maggio 1769 don Capretti fu nominato dal vescovo Pettorelli Lalatta come incaricato della censura libraria nella sua diocesi[5] e quindi fino al 1780 ricoprì questa funzione che possiamo definire di "pseudo inquisitore". Come già accennato, solitamente gli inquisitori erano frati domenicani o francescani nominati dalla Santa Sede. Egli, invece, apparteneva al clero secolare, era parroco ed esercitò quest'ulteriore incarico per undici anni, quando a Parma e a Piacenza non erano più attive le due sedi dell'Inquisizione romana. Infatti nel febbraio del 1769 fu messo in atto il travagliato processo di soppressione delle due istituzioni gemelle, fino a quel momento affidate ai domenicani delle

---

AVPr, Parrocchie, S. Benedetto, documenti di diverse date e in particolare del 1781. Capretti aveva il titolo di "priore", perché il parroco di S. Benedetto fungeva anche da priore per una comunità conventuale femminile cassinense, su cui si veda *infra*.

[2] ASPr, Notarile, inserti, notaio Ascanio Pastorelli, f. 287, atto del 10 settembre 1746: elenco dei beni della chiesa di S. Benedetto.

[3] ASPr, *Censimento di Parma del 1765*, I vol., p. 184: "Capretti don Giuseppe anni 50 Priore di S. Benedetto". Ovviamente l'età indicata in questa fonte è errata, perché altrimenti il presbitero sarebbe nato nel 1715 e sarebbe stato accolto nell'Almo Collegio teologico a soli 15 anni; invece a quell'epoca doveva averne almeno 25 o 30.

[4] Notizia riportata da ALLODI II, p. 394, che aggiunge, tuttavia, "Non abbiamo nell'archivio del Capitolo un documento che ci dica qual fosse la loro decisione. Sappiamo però che il canonico Biondi, non fece che tre lezioni teologali".

[5] ASPr, Archivio Du Tillot, b. 50. Bando del vescovo di Parma Francesco Pettorelli Lalatta. Si veda la trascrizione nella terza appendice, doc. 17.

due città[6]. I vescovi di Parma e Piacenza, il citato Pettorelli Lalatta[7] e Alessandro Pisani[8], come anche il vescovo di Borgo San Donnino e l'abate di Guastalla, si ritrovarono, quindi, a gestire nelle loro diocesi la funzione inquisitoriale attribuita agli ordinari dalle costituzioni conciliari tridentine, ma fu loro affiancato un collaboratore incaricato della censura libraria, che a Parma fu appunto don Capretti e a Piacenza l'abate benedettino Sisto Rocci[9],

---

[6] Su questa vicenda si vedano BENASSI, *Guglielmo Du Tillot*; VENTURI Franco, *Settecento riformatore*. Vol. II: *La Chiesa e la Repubblica dentro i loro limiti, 1758-1774*, Torino, G. Einaudi, 1976, pp. 214-236; DALLASTA Federica, *Appoggi, archivio, astuzia. Le armi dell'inquisitore di Parma Vincenzo Giuliano Mozani*, in H. Schwedt-H. Wolf (a cura di), *Inquisition und Buchzensur im Zeitalter der Aufklärung*, Paderborn, Schöningh, 2011, pp. 352-430. Sulle origini dell'Inquisizione a Parma si veda CERIOTTI-DALLASTA.

[7] Sul vescovo di Parma dal 1760 al 1788 si vedano: ALLODI, II, pp. 358-61, 367-376, 378-411, 498, 502, 563; LASAGNI 1999, III, pp. 894-896; MADDALENA 2008, pp. 141, 153, 201n-202n (con riferimenti al carteggio col Du Tillot).

[8] Fu ordinario diocesano dal 1768 al 1783.

[9] L'abate Sisto Rocci del convento benedettino di S. Sisto a Piacenza venne chiamato dal Du Tillot a far parte del "Magistrato de' Riformatori" (ASPr, Gridario, b. 85, bando a stampa, senza data, ma del 1765 circa, con i nomi dei membri del Magistrato de' Riformatori": "abate d. Sisto Rocci benedettino, teologo di S. A. R., preside delle scuole di S. Rocco, e deputato per l'introduzione de' libri"; il suo nome compare anche nel bando a stampa dell'anno accademico 1768-1769 con lo stesso ruolo, nella medesima b. 85 del Gridario) e svolse la funzione di censore, dopo la soppressione dell'Inquisizione a Piacenza (lettere ministeriali al Rocci in ASPr, Archivio Du Tillot, b. 90, fasc. "Giugno" 1768). Sul Rocci si vedano MENSI Luigi, *Dizionario biografico piacentino*, Piacenza, A. Del Maino, 1899, stampa 1900, p. 369 (informa che nel 1772 Rocci fu eletto "presidente di tutto l'ordine dei benedettini" e che, "dopo essere stato abate di governo in Piacenza sua patria, ed in san Paolo di Roma, fu uno dei riformatori del magistrato degli studi". Morì a Piacenza il 1° luglio 1782); DREI, *Sulle relazioni*, p. 593 ("delegato alla vigilanza sulla introduzione dei libri"); BENASSI, *Guglielmo Du Tillot*, X (2° p.), pp. 126-127 (in cui si cita una lettera dell'8 giugno 1771); STANISLAO DA CAMPAGNOLA, *Turchi*, pp. 50, 54; MOLINARI 1966, pp. 113-151: 149-151; GONZI Giovanni, *Storia della scuola popolare nei ducati parmensi dal 1768 al 1800*, Parma, Edizioni rivista "Aurea Parma", 1975, pp. 36, 38, 92.

i quali esercitarono tale ruolo pur senza essere nominati dalla Santa Sede. Contemporaneamente anche il preside della Facoltà Teologica di Parma ricevette dal governo ducale un incarico di controllo sulla circolazione libraria locale[10].

Fu il vescovo di Parma a individuare Capretti e a nominarlo ufficialmente il 5 maggio 1769, come abbiamo già accennato, mentre Rocci risulta già "deputato per l'introduzione de' libri" in un bando del 9 febbraio 1768 che esibisce i nomi dei membri del "Magistrato de' Riformatori", organismo statale di nuova istituzione[11]. Ciò si spiega considerando che l'Inquisizione di Piacenza fu soppressa un anno prima rispetto a quella di Parma, nel 1768, quando il frate domenicano Francesco Vincenzo Ciacchi da Pesaro fu destituito dal suo ruolo dal ministro Du Tillot.

A proposito di Rocci va precisato che, in virtù della sua nomina nel febbraio del 1768, il 29 marzo di quello stesso anno ricevette dal Du Tillot l'incarico di esaminare la predica di un servo di Maria[12]. È quindi comprensibile che il nome del benedettino Rocci non venga esplicitato nel bando pubblicato dal vescovo Pisani il 20 aprile 1769[13] (che corrisponde a quello uscito a Parma il 5

---

[10] ASPr, Istruzione pubblica farnesiana, bb. 25-26; DI NOTO Sergio, *Il Collegio dei dottori e giudici e la Facoltà legale parmense in età farnesiano-borbonica (1545-1802)*, Padova, Cedam, 2001, pp. 341-342, nota 95.

[11] ASPr, Gridario, b. 85: "Riformatori, e professori per i nuovi regi studi".

[12] MOLINARI 1966, p. 149: il Du Tillot invia da Parma allo Schiattini la predica di un servita perché la sottoponga alla censura di Rocci: "Nel ritornare a V. E. la predica del P. Servita sopra la predestinazione, mi accade aggiungerle che potrà farla rivedere al P. Abbate Rocci, per riconoscere se sia seguita in essa la dottrina preferitta [sic] dalla Costituzione, e se vi accada alcun altro riflesso d'incongruenza [...]" (ASPr, Vescovi, 1, 21). La Costituzione dovrebbe essere la bolla *Unigenitus Dei filius* del papa Clemente XI, promulgata l'8 settembre 1713 per condannare il Giansenismo. In particolare il testo condanna 101 proposizioni della seconda edizione del libro *Réflexions morales* di Pasquier Quesnel. Su questa Costituzione apostolica si veda CEYSSENS Lucien, TANS Joseph A. G., *Autor de l'Unigenitus. Recherches sur la genèse de la Constitution*, Leuven, University Press, 1987.

[13] ASPr, Archivio Du Tillot, b. 50. Bando del vescovo di Piacenza.

maggio 1769), perché il monaco aveva già ricevuto il suo incarico l'anno precedente[14]. Nonostante queste formalità e questi bandi stampati, la scelta dei due teologi sembra attribuibile a pressioni esercitate dal potere secolare sui vescovi. A dimostrazione di ciò, il 28 maggio 1771 Du Tillot affidò a Rocci un "affare della maggiore importanza"[15].

Anzi, ci sarebbe da chiedersi se i due vescovi gradissero del tutto la scelta di Rocci e di Capretti, perché risulta che Pisani, nei quattro anni in cui ricoprì il ruolo episcopale sotto il ministro francese, dal 1768 al 1771, mantenne sempre difficili relazioni con Du Tillot[16] e "fu costretto ad affrontare un governo, che cercava in ogni modo di limitare la sua giurisdizione. Infatti se in un primo tempo le riforme avevano un aspetto quasi esclusivamente economico, successivamente esse assunsero un carattere prevalentemente giurisdizionale"[17]. Le nomine di Rocci e di Capretti

---

[14] ASPr, Archivio Du Tillot, b. 90, fasc. "Giugno 1768".
[15] MOLINARI 1966, p. 151. Non si indica con precisione quale "affare" sia, ma coinvolge il "Corpo de' riformatori" e il consigliere Misuracchi con un "cambiamento". Rocci dovrà poi "manifestare il risultato alla R. Corte".
[16] Una fonte rilevante è conservata presso l'Archivio Vescovile di Piacenza: *Lettere riguardanti gli incomincianti dissapori tra la Corte di Roma e Parma*. Tali lettere comprendono missive del Pisani al cardinale che fungeva da segretario dello Stato pontificio, il Torrigiani. Nello stesso archivio si vedano anche le lettere di Pisani nel *Carteggio segreto con Roma*. La nomina di Pisani provocò un inasprimento nel Du Tillot e acuì in lui il desiderio delle riforme. Su Pisani si vedano ALLODI, II, p. 81; TONONI Gaetano, *Corrispondenza segreta tra il duca don Ferdinando di Borbone e il vescovo Alessandro Pisani. 1772*, in "Strenna piacentina" (1888), pp. 45-67; MOLINARI 1966, pp. 118-120: Pisani "seppe con abile fermezza fronteggiare il giurisdizionalismo del Du Tillot" (p. 119), "Combatté il Du Tillot [...] preferì la resistenza passiva agli scontri diretti, altrettanto deferente nella forma quanto fermo nella difesa dei diritti ecclesiastici, sempre in corrispondenza con Roma, a cui chiedeva lumi" (p. 120); sulla sua nomina contrastata: ivi, pp. 124-125 (infatti la corte di Parma avrebbe preferito Ferdinando Giulio Scotti); in generale sull'episcopato piacentino e il giurisdizionalismo: ivi, pp. 133-144.
[17] MOLINARI 1966, p. 142.

coinvolsero quindi i rapporti fra il potere civile e quello vescovile e indussero i teologi canonisti presenti nello Stato a riflettere su questi temi. Potrebbe essere un saggio redatto negli anni in cui nei Ducati parmensi venivano attuate queste radicali trasformazioni nei rapporti fra potere laico ed ecclesiastico quel manoscritto anonimo e non datato, intitolato *Dell'ufficio, e podestà del vescovo in ordine al tribunale della fede. Trattato teorico prattico di Monesio Tilani già sommista, e consultore della S. Congregazione della Suprema Inquisizione di Roma*, conservato presso l'Archivio diocesano di Parma[18].

Nel periodo in cui svolsero la loro funzione censoria e inquisitoriale, Capretti e Rocci dovettero comunque agire subordinati alla "Regia Giunta di Giurisdizione", l'organo del governo civile introdotto dal 1765 da Du Tillot per attuare una lunga serie di riforme[19]. A partire dalla soppressione delle due sedi inquisitoriali di Piacenza e Parma, rispettivamente nel 1768 e nel 1769, gli atto-

---

[18] AVPr, A. VI. III. Manoscritto di 53 carte. Per l'identificazione dell'autore (anagramma di Antonio Milesi) abbiamo consultato: MELZI Gaetano, *Dizionario di opere anonime e pseudonime di scrittori italiani o come che sia aventi relazione all'Italia*, Milano, coi torchi di Luigi di Giacomo Pirola, 1848-1859, 3 voll.; PASSANO Giambattista, *Dizionario di opere anonime e pseudonime in supplemento a quello di Gaetano Melzi*, Ancona, A. G. Morelli, 1887.

[19] Il presidente della Giunta era il conte Giacomo Maria Schiattini; suoi collaboratori erano Giulio Cesare Misuracchi, auditor criminale a Piacenza; Giambattista Riga, avvocato piacentino (fautore del giurisdizionalismo e autore del volume *Esame storico-legale-teologico sopra le Lettere in forma di Breve pubblicato a Roma*, Parma, 1768); Michele Angelo Faconi; Antonio Bertolini, avvocato fiscale. Riguardo alla censura nel progetto di riforma del Du Tillot (ASPr, Archivio Du Tillot, b. 78) si stabilisce: la Regia Giunta di Giurisdizione "Non lascierà uscire dalle dogane e da questi stati libri procedenti da paesi esteri senza licenza del tribunale e vedrà e rividerà quei che si stampano nei stati di S. A. R. Che gl'inquisitori non estendino la loro giurisdizione oltre le materie di religione e pravità ereticale. Niun stampatore potrà stampare per persone laiche od ecclesiastiche senza licenza della Giunta, [la] quale dovrà precedere alle soscrizioni degli ordinari ed inquisitori. Gli stampatori porteranno sempre l'originale alla giunta e consegneranno coll'originale una copia per detta Regia Giunta o di lei commessionati".

ri del controllo censorio furono la Regia Giunta, i vescovi e i due "reali assistenti" Capretti e Rocci.

Dopo la cacciata del Du Tillot nel novembre del 1771, l'Infante don Ferdinando di Borbone riuscì abilmente a ricucire i rapporti con la Santa Sede e, il 29 luglio 1780, a far riaprire le due sedi inquisitoriali, che vennero affidate a Parma a padre Vincenzo Giuliano Mozani da Parma e a Piacenza a padre Paolo Vincenzo Giovannini da Torino. Nel 1782 Rocci morì, mentre nel febbraio dello stesso anno Capretti fu nominato consultore[20] del nuovo inquisitore Mozani, ma poté esercitare questa funzione solo per poco tempo, perché nel settembre dello stesso anno, quando era ancora priore di S. Benedetto, morì. Non vi fu bisogno di sostituire don Capretti con nessun altro presbitero secolare, perché, come abbiamo visto, don Ferdinando era riuscito nel frattempo a restituire l'Inquisizione ai domenicani, come voleva la tradizione.

Dopo cinque mesi dalla morte di don Capretti, il 20 febbraio 1783, fu avviata la compilazione dell'elenco dei suoi libri, stilato con bell'ordine in una grafia molto accurata e leggibile, che ci permette oggi di comprendere con una certa precisione la consistenza della raccolta, la sua collocazione spaziale e in parte la sua suddivisione. L'elenco, concluso il 25 dello stesso mese di febbraio, è firmato da colui che fu probabilmente il parroco successore del Capretti, "Alessandro Evangelista priore di S. Benedetto".

Sarebbe stato interessante confrontare gli inventari delle due biblioteche di Capretti e di Rocci, ma quest'ultimo era un monaco e quindi non poteva possedere una propria "libraria"[21].

---

[20] Sulla nomina di don Capretti a consultore da parte di Mozani si veda la seconda appendice, 4 gennaio 1782.
[21] Dal controllo in ASPr, Conventi e confraternite soppressi: Inventario 148/4, cc. 201-208, relativo all'archivio del monastero di S. Sisto al momento della soppressione del 1805; Inventario 110 delle soppressioni del 1805 (in data 21 giugno 1805); Inventario 152 delle soppressioni del 1810, c. [7] v (in data 28 settembre 1810), non si ricava mai l'accenno a una biblioteca "ad usum"

Non è facilmente ricostruibile la sorte della raccolta di don Capretti: o i volumi, sia manoscritti che a stampa, furono venduti a un libraio che li rimise in commercio, o vennero mantenuti nella parrocchia di S. Benedetto dal successore. Va precisato, però, che una decina di esemplari è confluita in alcune biblioteche dell'Emilia-Romagna. Il repertorio on line "Polocer" dell'Istituto Beni Culturali della Regione Emilia-Romagna, consultato inserendo nella voce "possessore" il nome "Giuseppe Capretti" o solo "Capretti", mostra una certa diffusione dei suoi volumi: per esempio un esemplare è conservato presso la Biblioteca della Cassa di Risparmio di Busseto[22] e altri otto titoli si trovano nelle biblioteche della regione (si tratta di sette edizioni di S. Agostino e di un'opera dello storico Giustino Giuniano)[23].

Dei numerosi libri di Capretti rimangono, allo stato attuale delle ricerche, oltre a questi titoli ora menzionati, solo due manoscritti, oggi conservati nella biblioteca dell'Istituto Salesiano di Parma, fondato nel 1888 presso la stessa parrocchia di S. Benedetto: il primo (corrispondente all'item 556 nella prima appendice di questa monografia) contiene le biografie del gesuita Giovanni Battista Gnocchi e del conte Appio Poli, il secondo (corrispondente all'item 130) un manuale di esercizi di retorica di Alessandro Villani. Entrambi i manoscritti provenivano dalla biblioteca dei Ge-

---

dell'abate Sisto Rocci. Nel 1810 la sala in cui esisteva la biblioteca monastica risulta "intieramente vuota di libri". Anche in ASPr, Conventi e confraternite soppressi, LXX, Benedettini di S. Sisto di Piacenza, non sono emersi dati utili. Ringrazio Paola Agostinelli per aver compiuto ricerche presso l'Archivio di Stato di Piacenza e la parrocchia di S. Sisto a Piacenza.
[22] *M. Tullii Ciceronis Epistolae familiares, cum Hubertini, Philetici, Ascensii, & Egnatij commentarijs; Pauli Manutij scholiis, ab ipso proxime recognitis; & annotationibus aliorum uirorum, quos hic posuimus. Aulus Gellius, Alexander ab Alexandro, Georgius Merula, Angelus Politianus, Petrus Crinitus, Coelius Rhodiginus, Gulielmus Budaeus, L. Io. Scopa Parthenopaeus, Franciscus Robortelius, M. Antonius Muretus a nobis additus. Adiecimus etiam in margine eas Pauli Manutii, ac Sebastiani Conradi annotationes*, Venetiis, apud Ioannem Gryphium, 1565.
[23] www.polocer.it

suiti, soppressa nel 1768[24]. Capretti li acquistò presso un libraio di Parma, come egli stesso dichiarò per iscritto sul frontespizio del primo dei due. Con tutta probabilità anche molti altri volumi della sua vasta raccolta avevano la stessa provenienza gesuitica. Lo comprendiamo anche dall'alta percentuale di titoli di autori gesuiti dei secoli XVI, XVII e XVIII attestati nell'inventario, dove compaiono annoverate opere di didattica nell'ambito della grammatica e della retorica, di altre discipline scolastiche, di teologia e pastorale[25]. Quindi possiamo avanzare l'ipotesi che Capretti avesse potuto acquistare molti libri provenienti dall'ex biblioteca della Compagnia di Gesù, dopo che nel 1768, sempre per volontà di Du Tillot, era stata decretata la cacciata dell'ordine dai Ducati di Parma e Piacenza.

La "Nota de' libri" del 1783

L'inventario di don Capretti ("Nota de' libri lasciati dal fu ecc.mo signor Dottor de Sacra Teologia colleggiato Don Giuseppe Lorenzo Capretti Priore di S. Benedetto di questa città di Parma defonto li 20 settembre 1782": trascritto nella prima appendice) comprende 787 titoli, divisi in tre librerie elencate in complessivi 32 fogli[26]. Nella prima libreria erano presenti 555 titoli, nella seconda 147 e nella terza 85. La prima libreria è suddivisa in dieci

---

[24] ASPr, Conventi e confraternite, CXXIV, Gesuiti di S. Rocco (di Parma), ser. 4, b. 136 fasc. 26. a. 14: elenco dei libri dei padri.

[25] Autori gesuiti si trovano, nella prima appendice, in corrispondenza agli item 36, 37, 38, 39, 62, 137, 152, 153, 155, 174, 187, 189, 190, 216, 443, 444, 445, 451, 453, 463, 464, 465, 467, 471, 483, 493, 500, 507 (opera non identificata), 518, 528, 529, 534, 536, 541, 549, 552, 570, 573, 578, 579, 580, 607, 608, 619, 643, 653, 713, 718, 719, 752, 764, 779, 781, 783. I libri di autori gesuiti (ma anche molti altri volumi) probabilmente provengono dalla biblioteca gesuitica di Parma.

[26] AVPr, Parrocchie, S. Benedetto, inventario del 20 febbraio 1783 (allegato a un atto del 26 gennaio 1781). Dei 32 fogli dell'inventario il ventiduesimo è bianco.

armadi numerati con lettere dell'alfabeto da A a L; ogni palchetto (da quattro a sei per ogni armadio) è numerato con cifre arabe. La seconda libreria è un unico armadio di cinque scansìe numerate con cifre arabe. La terza un altro armadio con cinque mensole numerate nello stesso modo. La biblioteca, nel suo complesso, sembra in perfetto ordine, al momento della stesura dell'inventario. Infatti, nella prima libreria, in particolare nell'armadio G, il secondo palchetto è tutto occupato dai tredici tomi di un'opera di Segneri.

I manoscritti risultano 51, le edizioni del XV e XVI secolo 148, quelle del XVII secolo 263 e quelle del XVIII secolo 291, mentre 34 titoli sono annoverati senza data, forse perché erano mutili del frontespizio, o forse perché il redattore dell'inventario non si era premurato di cercarla nel *colophon*.

Per ogni libro sono indicate le note tipografiche ed è riportato il numero dei tomi, spesso elevato: quindi la biblioteca era molto ampia e ricca. L'inventario fu redatto con una certa cura, come dimostra il fatto che nel caso in cui mancassero uno o più tomi dalle scansie ne venisse segnalata l'assenza con l'espressione "manca". Va puntualizzato, però, che a fronte di un'elevata quantità di dati, spesso è carente l'esattezza nei luoghi e nelle date di stampa, nonché nel nome dei tipografi. Quasi sempre al posto di Lione compare Londra e sono frequenti gli errori nelle date di edizione. Non ne è chiara la ragione, ma non va escluso che con tale *escamotage* si volessero depistare i controlli del nuovo inquisitore, il padre domenicano Vincenzo Mozani, che, come ricordato poc'anzi, era stato nominato nel 1780, ed era di atteggiamento rigorista. Probabilmente il Capretti era stato un intellettuale di mentalità più aperta e curiosa, forse un sostenitore del riformismo di Du Tillot, e il nuovo priore di S. Benedetto, Alessandro Evangelista, ne voleva tutelare la memoria, nonché il patrimonio librario da eventuali requisizioni. Ma è possibile che i numerosi errori siano semplicemente dovuti al fatto che l'inventario venne stilato prima in brutta copia e poi trascritto con incomprensioni ed errori. Così si spiegherebbe la presenza di contraddizioni: per esempio talvolta il luogo "Lione" è esplicitamente indicato; talaltra è sostituito con "Londra"; "Ginevra", invece, viene spesso indicata come "Genova". Lione e Ginevra erano sedi tipografiche che in effetti potevano suscitare qualche sospetto in un inquisitore come Mozani, nettamente schierato con i curialisti nella battaglia culturale contro i giurisdizionalisti. Nell'identificazione dei titoli che proponiamo nella prima appendice occorre tener presente che talvolta abbiamo segnalato piccole differenze nell'anno di stampa: potrebbero davvero essere errori dei redattori dell'inventario.

Le discipline attestate sono varie, essendovi compresi libri di scuola (aritmetica, retorica, grammatica, eloquenza, storia, geografia), filosofia, diritto civile e canonico, letteratura antica, medievale e moderna, commedie e tragedie, come anche libri di giochi. Fra le materie, però, non c'è alcuna suddivisione, se si eccettua una maggiore concentrazione dei volumi di letteratura a partire dall'item 276 fino al 395.

Il campo più rappresentato è la teologia pastorale[27], a sua volta suddivisibile in diversi ambiti: i sacramenti (in particolare della confessione[28] e del matrimonio[29]), la direzione spirituale[30], la meditazione[31], l'omiletica[32], la catechesi[33], i casi di coscienza[34] e le visite pastorali[35]. Un tema che interessava i teologi del tempo era il rapporto fra peccato e Grazia: anche Capretti dispone di trattati sull'argomento[36]. Il fondamento di queste discipline è evidente-

---

[27] Item 436, 612, 768, 771.
[28] Item 75, 163, 168, 221, 251, 252, 499, 520, 630, 640, 722, 737, 765, 769, 775 e due manoscritti.
[29] Item 179, 184, 222, 239, 249, 737.
[30] Item 172, 187, 520, 671, 752, 781, 785.
[31] Item 188, 442, 783.
[32] Item 634, 714, 719.
[33] Item 610, 616, 768, 784.
[34] Item 75, 98, 168, 169, 232, 564.
[35] Item 104, 629, 632, 762.
[36] Item 511, 554, 752.

mente la teologia morale, tanto che gli aggettivi "ethicus" e "moralis" sono le principali chiavi semantiche per la comprensione degli scopi di lettura a cui risponde l'intera biblioteca. La nostra scelta di riportare in appendice il titolo delle opere in modo esteso consente al lettore di cogliere la natura delle questioni affrontate nei volumi. Per esempio la frase interrogativa "quid aequum, vel iniquum sit" che compare nel frontespizio del titolo 157 poteva stimolare alla lettura un parroco che avesse cura d'anime, come Capretti[37].

Nell'ambito della teologia morale una particolare interpretazione del problema del male consisteva nel *Probabilismo*, a cui aderirono diversi pensatori gesuiti e di cui tratteremo più diffusamente nel resto del presente saggio: per ora ci limitiamo a evidenziare che almeno quattro volumi di Capretti sono espressione di questa concezione morale[38].

Proseguendo nella disamina delle discipline connesse all'ambito religioso si nota un numero piuttosto contenuto di edizioni delle *Sacre Scritture* o di commenti biblici[39]. La ragione va forse rintracciata nell'impegno prevalente di Capretti in altri campi, in particolare nell'amministrazione dei sacramenti e nella predicazione al popolo e ciò spiegherebbe la sua preferenza verso strumenti di studio più concretamente applicabili alla vita parrocchiale. La biblioteca infatti sembra rivestire una funzione principalmente strumentale e costituire un concreto mezzo di lavoro, per consentire al suo possessore di consultare efficacemente le opere più rispondenti alle esigenze che gli si presentano di volta in volta. Ri-

---

[37] Il titolo che riporta nel frontespizio la frase interrogativa citata è l'item 157. Gli altri titoli che rientrano nella teologia morale sono i seguenti: 38, 87, 95, 107, 111, 113, 116, 117, 119, 151, 155, 163, 164, 165, 167, 168, 176, 177, 178, 181, 198, 209, 216, 223, 226, 232, 233, 243, 265, 267, 268, 270, 353, 357, 359, 455, 523, 540, 542, 564, 639, 648, 654, 661, 668, 683, 686, 693, 710, 714, 751, 765, 766, 768, 770, 775, 777.
[38] Item 31, 116, 665, 694.
[39] Item 48, 50, 121, 125, 152, 197, 204, 275, 564, 603, 738.

sulta abbondante, perciò, l'agiografia, che comprende sia vite di più santi, sia vicende di ordini religiosi[40], sia monografie con gli scritti e la narrazione biografica di un'unica figura: Ignazio di Loyola[41], Francesco di Sales[42], Filippo Neri[43], Stanislao Kostka[44], Roberto Bellarmino[45], il gesuita belga Giovanni Berchmans[46] e Tommaso d'Aquino[47]. Anche le biografie di donne esemplari (religiose, beate e sante) sono ben attestate[48], ma il motivo va ancor più precisamente rintracciato nell'attività di direzione spirituale svolta da Capretti presso il cenobio femminile che sorgeva accanto alla parrocchia di S. Benedetto[49]. Una decina di testi riguarda infatti la spiritualità delle consacrate[50], ma non mancano i libri rivolti anche alle donne laiche e al tema della famiglia[51]. Capretti, per i sermoni che doveva tenere ai fedeli, poteva servirsi dei numerosi scritti di sante di cui disponeva, fra cui Caterina da Siena, Teresa d'Avila, Maria Maddalena de' Pazzi[52]; o avvantaggiarsi di opere sulla Madre di Dio[53], come dell'abbondante letteratura rivolta ai religiosi di entrambi i sessi annoverata nel suo inventa-

---

[40] Item 60, 480, 557, 703.
[41] Item 190 e 421 (scritti), 200 e 202 (vita).
[42] Item 428, 482 (scritti), 667, 711 (vita).
[43] Item 542, 625.
[44] Item 203.
[45] Item 54 e 55 (scritti), 458 (vita).
[46] Item 474.
[47] Item 73.
[48] Item 43, 129, 136, 144 (sulla regina di Scozia, testo manoscritto), 150, 554, 614, 626, 647.
[49] Le oblate preservate di S. Benedetto, a cui venne assegnato il convento dopo il 1668 (soppressione dei Gesuati). Sul convento si veda FELICE DA MARETO, *Chiese e conventi di Parma*, Parma, Deputazione di Storia patria per le province parmensi, 1978, p. 131.
[50] Item 225, 428, 520, 528, 530, 558 (manoscritto), 579, 623, 630, 780.
[51] Item 588 (sulla moglie e sul matrimonio), 717 (esortazioni familiari).
[52] Item 4, 41, 427, 642, 747.
[53] Item 65, 91, 213, 284, 527, 529.

rio[54]. Vanno poi segnalati i consueti libri di liturgia necessari allo svolgimento dei sacri riti[55].

Una suddivisione ulteriore che può esser utile introdurre per dare un'idea generale della vasta raccolta riguarda l'identità degli autori: alcuni appartengono al clero secolare[56] e in particolare al rango episcopale[57], ma la più parte proviene dagli ordini regolari, anche perché le persone più colte della società erano appunto i religiosi. Parecchi sono i gesuiti[58], numerosi i carmelitani (che in effetti avevano un atteggiamento filogesuita in campo teologico, come confermato dall'item 528)[59], un po' di meno i predicatori (che al contrario erano antigesuiti su alcuni temi teologici, come la Grazia)[60], i benedettini[61], gli oratoriani[62], i canonici regolari[63], gli eremitani agostiniani[64], i cistercensi[65]. I francescani costituiscono, invece, una presenza più ridotta, ma vi sono comunque alcuni cappuccini[66] e almeno un minore conventuale[67]. Fra questi autori sono parecchi gli iberici, ma solo in tre casi l'edizione posseduta è citata in lingua originale, forse perché don Capretti non conosce-

---

[54] Item 5, 172, 520 (direzione spirituale), 173 (direzione mistica), 174 (*Inganni della vita spirituale*), 454 (*Confessioni* di S. Agostino per i religiosi), 481 (rinnovamento dei voti), 602 (*Avvisi per lo stato religioso*), 605 (*Oratorio dei religiosi*), 607 (*Ritiramento spirituale*), 643 (*Bene dello stato de' religiosi*), 646 (*Religioso santo*), 368 (*La professione del clero regolare*), 428 (*Il direttore delle religiose*).
[55] Item 88, 90, 241, 512, 615, 638, 639, 670 e 786.
[56] Item 412.
[57] Item 79, 220, 236, 516, 557, 605, 632, 669, 756.
[58] Si veda la nota 25.
[59] Item 26, 41, 61, 92, 172, 173, 213, 265, 358, 528, 642, 696, 698, 703, 704, 746, 747.
[60] Item 30, 34, 56, 157, 245, 252, 264, 586, 606, 654, 657, 699, 739, 740.
[61] Item 60, 93, 468, 602, 610, 712, 742.
[62] Item 73, 480, 507 (identificazione incerta), 542, 578.
[63] Item 469, 497, 546, 572.
[64] Item 5.
[65] Item 91 e 562.
[66] Item 526, 550, 612, 785.
[67] Item 325.

va né lo spagnolo, né il portoghese, anche se possedeva una grammatica spagnola[68]. Molto più numerosi risultano gli autori francesi tradotti in italiano. Qualche volume in lingua originale francese è comunque presente, assieme a un dizionario[69]. Compare una sola donna come autrice: è la curatrice di un'edizione che raccoglie le meditazioni di S. Agostino, la monaca benedettina Stella Scutellari del monastero di S. Alessandro di Parma[70].

Un'ulteriore suddivisione degli autori d'ambito religioso tiene conto dell'epoca in cui vissero: si va dalla Patristica ai Dottori della Chiesa, dalla Scolastica[71] agli scrittori moderni e in particolare ai contemporanei, fra cui Ludovico Antonio Muratori, che, moderatamente riformista, esprimeva una visione religiosa rinnovata dall'Illuminismo[72]. Probabilmente lo stesso Capretti aderiva a

---

[68] Item 381, 424, 560, 561, 732. L'item 436, per esempio, è in traduzione. La grammatica spagnola è l'item 363.
[69] Opere in francese: item 205, 481; dizionario: item 328.
[70] Item 468.
[71] Scritti di Benedetto da Norcia (553: *Regola*), Alberto Magno (405), Agostino d'Ippona (468, 478), Bernardo di Chiaravalle (562, 691), Tommaso d'Aquino (492), Antonino arcivescovo di Firenze (498), Caterina da Siena (696), Teresa di Gesù, fondatrice dei carmelitani scalzi (41).
[72] Item 285, 518, 661 e 754. Le opere del Muratori ebbero un grande successo, specialmente fra il clero di un certo livello culturale. Dal confronto fra la biblioteca di Capretti e quelle di altri presbiteri suoi contemporanei emerge una notevole affinità di interessi verso il Muratori: si vedano per esempio le raccolte librarie dei trentini don Giovanni Maria De Biasi (morto nel 1777) e di don Giovanni Battista Campolongo (morto nel 1782). DE VENUTO Liliana, *Le biblioteche minori della Val Lagarina in età di antico regime con relativa classificazione*, in *"Navigare nei mari dell'umano sapere". Biblioteche e circolazione libraria nel Trentino e nell'Italia del XVIII secolo. Atti del convegno di studio (Rovereto, 25-27 ottobre 2007)*, Trento, Provincia autonoma di Trento. Soprintendenza per i beni librari e archivistici, a cura di Giancarlo PETRELLA, 2008, pp. 275-289. Il primo ecclesiastico (De Biasi) ha addirittura venti titoli del Muratori.
Sui rapporti fra Muratori e la censura libraria: DEL COL, *L'Inquisizione in Italia*, pp. 711-712 (l'Inquisizione romana non condannò *Della regolata divozion de' cristiani*, nonostante le denunce dei gesuiti di Vienna, mentre l'Inquisizione spagnola proibì l'opera).

questo pensiero più aggiornato: altrimenti difficilmente Du Tillot e il vescovo Pettorelli Lalatta l'avrebbero scelto per ricoprire il suo ruolo di pseudoinquisitore nello Stato borbonico.

Non mancano, del resto, gli autori anticlericali, anche più volte annoverati, come Traiano Boccalini, che difatti pubblicò *best seller* censurati dalle congregazioni romane e i cui titoli figurano nella lista di Capretti accompagnati, appunto, dalla dicitura "proibito" (perfino nei casi in cui non lo erano)[73]. Il suo *Ragguaglio di Parnaso*, non censurato, viene annoverato due volte in due edizioni distinte, seguito sempre dall'espressione "proibito", nonostante le congregazioni romane avessero interdetto altre opere del Boccalini, come *La bilancia politica* e i *Commentari sopra Cornelio Tacito*. La cautela del compilatore dell'inventario ci conferma, quindi, che ancora a fine Settecento la sorveglianza sulle letture era praticata con rigore, per cui autori e lettori dovevano prendere tutte le misure: tant'è vero che in questa lista sono diverse le edizioni "alla macchia"[74].

Il problema dell'interdizione delle letture merita particolare riguardo nel caso della biblioteca di don Capretti. È infatti interessante notare che sono inclusi anche altri titoli espressamente definiti, nell'inventario, come "proibiti" dalle congregazioni romane del Sant'Ufficio e dell'Indice: il *Catechismo storico* di Claude Fleury, che in realtà era stato solo sospeso da Roma finché non fosse sta-

---

[73] Traiano Boccalini è elencato quattro volte (312, 316, 369, 502) e in certi casi è accompagnato dall'espressione "proibito" anche quando in realtà l'opera non la è (in base a ILI XI, p. 142). Item 312: "Boccalini Ragualio di Parnasso proibito t. 1 Venezia Guerilli 1637": in realtà non è un'opera proibita. La stessa confusione si ripresenta per l'item 369, dove si annovera un'edizione precedente della medesima opera di Boccalini ("Milano Lucarini 1614"), definendola di nuovo "proibita". Item 316: altra opera di Boccalini senza indicazioni tipografiche; item 502: Traiano Boccalini stampato a "Cosmopoli" (quindi alla macchia).

[74] Item 40, 502, 510, 576.

to corretto[75]; il *De monialibus* di Francesco Pellizzari, effettivamente vietato sia da Roma che dal governo austriaco[76]; un'opera di Raimundo Lumbier stampata a Parma, realmente interdetta da Roma[77], come del resto le *Satire* dell'Ariosto[78]. Invece non furono mai interdetti altri due titoli, che la lista di Capretti indica come tali[79]. Si pone quindi il problema di capire quale fosse la fonte da cui il compilatore attingeva per stabilire se un titolo andasse considerato proibito o no. Non sembra, comunque, che fosse l'*Index librorum prohibitorum* del 1717 presente nella stessa raccolta all'item 199, perché troppo antico e superato dall'edizione del 1750[80].

Una notevole confusione si presenta anche per altri titoli: si tratta di libri di teologia stampati tra il 1648 e il 1759, effettivamente proibiti dalla Chiesa, ma non indicati come interdetti nella lista[81]. Vi compaiono, per esempio, alcuni testi dell'oratore sacro Jacques Bénigne Bossuet e di Tomàs Sanchez.

---

[75] Item 230: "Fleury, Cattechismo istorico proibito t. 1 Napoli Naso 1742" (ILI XI, p. 349).
[76] Item 225: "Pollicciari de Monialibus proibito t. 1 Bologna Monti 1644". Si tratta di un'opera di Pellizzari annoverata in ILI XI, pp. 692-3; venne anche proibita dall'Austria nel 1776.
[77] Item 265: "Lumbier In propositiones damnatas proibito t. 1 Parma Rosati 1684" (ILI XI, p. 564).
[78] All'item 380 appaiono le "Satire dell'Ariosto proibito t. 1 Venezia Zoppini 1583" (ILIX, p. 63 e ILI XI, p. 808).
[79] Item 355: "Index scriptorum omnis generis, t. 1 Basilea". Item 419: "Merlo Paradisus animae christianae proibito t. 1 Londra Guillini 1678" (Jacob Merler, *Paradisus animæ christianæ,* che non appare in ILI XI).
[80] Edizioni dell'*Index* uscirono nel 1665 e nel 1750. Fra queste vi furono solo riedizioni con aggiunte. Anche l'edizione del 1717 comprendeva, quindi, diverse aggiunte, ma non rappresentava un vero aggiornamento.
[81] Item 178: "Sanchez, Opera Moralia, t. 3, Parma, Monti, 1723" (ILI XI, p. 800).
Item 179: "Sanchez De matrimonio t. 1 Venezia Pezzana 1726" (ILI XI, p. 800).
Item 220: "Bossuet Istoria t. 4 Padova Seminario 1728" (ILI XI, pp. 154 e 867).

Una simile incoerenza emerge per tre libri "sospesi" dalle congregazioni romane, ma non correttamente segnalati dal compilatore della lista: l'*Apparatus ad positivam theologiam* di Annat[82], il *Catechismo istorico* del Fleury (che, come detto, è invece segnalato come proibito)[83] e l'opera di un gesuita, Giovanni Andrea Alberti[84].

Capretti disponeva anche di opere di autori che avevano incontrato problemi censorii per altri loro testi, non tanto per quelli da

---

Item 222: "Ursaria de matrimonio t. 1 Roma Buagni 1696" (ILI XI, p. 902).
Item 230: "Fleury, Catechismo storico" (ILI XI, p. 349).
Item 234: "Anneto Apparatus ad positivam theologiam t. 1 Venezia Baglioni 1701" (ILI XI, p. 74).
Item 236: "Bosuet Spiegazione della messa t. 1 Venezia Storti 1727" (ILI XI, p. 154).
Item 240: "Berti Raccolta spirituale t. 1 Pavia, Ghidini, 1717" (ILI XI, p. 128).
Item 244: "Bosuet de Iubileo t. 1 Venezia Albrizzi 1736" (ILI XI, p. 154).
Item 528: "Teopiste amaestrata dalla suor Paola Maria di Gesù t. 1 Genova Peri 1648" (ILI XI, p. 57).
Item 700: "Van Espen Commentarius t. 4 Lovanio Società 1759" (ILI XI, p. 908).

[82] Item 234: "Anneto Apparatus ad positivam theologiam t. 1 Venezia Baglioni 1701". Pierre Annat fu un frate, professore di teologia (1638-1715), che divenne generale della Congregazione della Dottrina cristiana e il cui *Methodicus ad positivam theologiam apparatus*, uscito nel 1701, fu sospeso *donec corrigatur* per decreto del Sant'Ufficio del 31 gennaio 1713 e del 3 ottobre 1714 (ILI XI, p. 74).

[83] Item 230: "Fleuri Cattechismo istorico proibito t. 1 Napoli Naso 1742" (ILI XI, p. 349). Claude Fleury (1640-1723), pseudonimo di Charles Bonel, prete, storico ecclesiastico, confessore di Luigi XV e gallicano. Il suo *Catechisme historique*, pubblicato nel 1683, fu sospeso prima in italiano (*Catechismo istorico, che contiene in ristretto l'historia santa, e la dottrina Christiana*, Venezia Lorenzo Baseggio, 1742, in 8°, 2 vol) *donec corrigatur* con decreto del 5 aprile 1728.

[84] Item 528: "Teopiste amaestrata dalla suor Paola Maria di Gesù t. 1 Genova Peri 1648". Opera di ALBERTI Giovanni Andrea, *Teopiste ammaestrata secondo gli esempi della madre suor Paola Maria di Giesù Centuriona, carmelitana scalza, opera del padre Gio. Andrea Alberti della compagnia di Giesù*, in Genoua, sotto la cura di Gio. Domenico Peri, 1648, 12°. Opera censurata dal Sant'Ufficio *donec corrigatur* con decreto del 4 giugno 1692: ILI XI, p. 57.

lui posseduti: per esempio Iohannes Trithemius[85] e René Rapin[86]. Del resto il nostro parroco doveva aver ricevuto una sorta di "licenza di lettura" e di possesso pressoché universale dalla Congregazione dell'Indice (anche se era stato nominato dal vescovo e non dalla Santa Sede). Si spiegherebbe così la nutrita presenza anche di manuali per inquisitori e consultori nella sua biblioteca[87], di trattati vertenti su controversie teologiche[88], di opere sull'eresia in epoca moderna[89], sul luteranesimo[90], il quietismo, il quesnellismo

---

[85] Item 211: opera di Iohannes Trithemius (1462-1516), autore di cui venne proibita da Roma un'opera: ILI XI, p. 894: *Steganographia, hoc est, ars per occultam scripturam animi sui voluntatem absentibus apariendi certa Praefixa est huic operi sua clavis*, Frankfurt, Matthiius Beeker, 1606, in 4°, con decreto del 7 settembre 1609 (non più revocato fino al 1900).

[86] Item 449: opera di René Rapin (1621-1687), *Renati Rapini Societatis Jesu Hortorum libri quatuor. Nova editio Florum indicem Italis reddens e Gallico idiomate*, Mediolani, typis Josephi Pandulphi Malatestae, 1723, 12°. Questo gesuita francese, teologo, ebbe interdetta un'opera dalla congregazione del Sant'Ufficio nel 1681: ILI XI, p. 741: *Epistola pro pacando super regaliae negotio summo pontifice Innocentio XI ad eminentissimum cardinalem Alderanum Cibo pontifici status administrum*, s.l., 1680, in 8°.

[87] Item 106: Locati Umberto, *Opus quod iudiciale inquisitorum dicitur*, Romae, apud haeredes Antonij Bladij, 1568.
Item 678: Del Bene Tommaso, *De officio S. Inquisitionis*, Lugduni, sumptibus Ioannis-Antonij Huguetan, 1666.
Item 685: Carena Cesare, *Tractatus de officio sanctissimae Inquisitionis*, Bologna, typis Iacobi Montij, 1668.
Item 692: "Bordoni Manuale consultorum t. 1 Parma dall'Oglio 1693".
Item 715: Masini Eliseo, *Sacro arsenale, ouero Prattica dell'Officio della S. Inquisizione*, in Roma, nella stamperia della Reu. Cam. Apost., 1693 ("Pasqualone del Sant'Uffizio t. 1 Roma Cam. Apostol. 1693").
Item 731: "Scaglia Pratica del S. Officio t. 1 manuscr.".

[88] Item 84, 85, 760. Si veda l'item 649: un'opera del domenicano Vincenzo Lodovico Gotti contro il Picenino; si veda anche l'item 668: un'opera del frate predicatore Daniele Concina (1687-1756), di tendenza rigorista.

[89] Item 184 (sul matrimonio), 273 (trattato sull'eresia), 634 (prediche contro gli eretici).

[90] Item 396.

e i falsi mistici[91]. Capretti ha inoltre raccolte di opere interdette e confutazioni di testi condannati[92]. Ma lo "spiccato interesse per le controversie teologiche" accomuna Capretti al clero piacentino del Settecento. Come sottolinea Patrizia Viglio[93], nelle librerie dei preti di Piacenza emerge la presenza di "Lettere critiche e contro-critiche, sempre anonime", di "frequenti echi della polemica sul Probabilismo e sul rigorismo", "del dibattito provocato dagli interventi di Pietro Coppellotti"[94] e del giurisdizionalismo (con il Febronio, il suo maestro Van Espen e lo Zaccaria).

Del resto anche lettori parmigiani non appartenenti al clero erano dotati, nelle loro biblioteche private, di manuali per inquisitori[95]. Seth Viotti nel 1713[96] possedeva un *Index librorum prohibitorum*, la *Lucerna inquisitorum* di Padre Bernardo da Como[97], la *Breve infor-*

---

[91] Item 85, 151, 620.
[92] Item 84, 199, 240.
[93] VIGLIO Patrizia, *Le biblioteche del clero*, in ANELLI Vittorio, MAFFINI Luigi, VIGLIO Patrizia, *Leggere in provincia. Un censimento delle biblioteche private a Piacenza nel Settecento*, Bologna, Il Mulino, 1986, pp. 117-182: 130-131.
[94] Don Pietro Coppellotti (o Copellotti), sacerdote piacentino incarcerato per otto anni dall'inquisitore Ciacchi, che si prestò a rilasciare a Giacomo Schiattini dichiarazioni e testimonianze contro lo stesso Ciacchi e il suo "dispotismo". Schiattini, presidente della Regia Giunta, nel 1765 tentò in ogni modo di applicare le leggi emanate da don Filippo, provocando la reazione infastidita dell'inquisitore di Piacenza Ciacchi e in misura minore dell'inquisitore di Parma Cassio. Il 1° novembre 1769 la Camera ducale gli assegna la somma di 300 lire al mese: ASPr, Inv. 152/1 Rescritti sovrani (1749-1780), lettera "C", c. 69r: "In luogo delle temporali gratificazioni le viene assegnato il mensual soldo di lire 300". Su Coppellotti: DREI, *Sulle relazioni*, pp. 588-589 (in cui è citato come Copellotti); STANISLAO DA CAMPAGNOLA, *Turchi*, pp. 50, 54, 75, 121, 123; MOLINARI 1966, p. 130.
[95] DALLASTA Federica, *Eredità di carta. Biblioteche private e circolazione libraria nella Parma farnesiana (1545-1731)*, Milano, FrancoAngeli, 2010, pp. 136-140.
[96] ASPr, Epistolario scelto, b. 17, fasc. 27 (documento non datato, ma attribuito al 1713, citato in DALLASTA, *Eredità di carta*, pp. 256-311).
[97] BERNARDUS COMENSIS, *Lucerna inquisitorum haereticae prauitatis R.P.F. Bernardi Comensis ordinis praedicatorum, ac inquisitoris egregij, in qua summatim continetur quic-*

mazione del modo di trattare le cause del Santo Officio[98], la *Dottrina facile, e breve per ridurre l'ebreo al conoscimento del vero Messia*[99]. Il segretario e maggiordomo ducale Carlo Sanvitale[100] era fornito del *Directorium inquisitorum* di Eymerich[101], del *Comentario istorico dogmatico in librum sancti Augustini de heresibus*[102], della *Istoria di tutte le eresie* di Bernini[103], della *Breve diffesa della vera religione contro il Peccenino*[104], de *In Molineum pro pontifice maximo*[105], della *Disertacion sur l'existence de Dieu*

quid desideratur ad huiusce inquisitionis sanctus munus exequendum, Mediolani, apud Valerium & Hieronymum fratres Metios, 1566.

[98] LERRI Michelangelo (sec. XVI-XVII), *Breue informatione del modo di trattare le cause del S. Officio per li molto reuerendi vicarij della Santa Inquisitione, instituiti nelle diocesi di Modona, di Carpi, di Nonantola, e della Garfagnana*, in Modona, nella stamperia di Giulian Cassiani, 1608.

[99] BELLAVERE Tommaso (sec. XVI-XVII), *Dottrina facile, et breue per ridurre l'hebreo al conoscimento del vero Messia, et Saluator del mondo. Del r.p. Thomaso Bell'hauer crocifero, opera nuoua, et molto vtile a reuerendi p. predicatori, diuisa in otto trattati*, in Venetia, appresso i Farri, 1608.

[100] ANDPr, Notaio Francesco Borelli, f. 12363: atto del 7 ottobre 1716, citato in DALLASTA, *Eredità di carta*, pp. 256-311.

[101] EYMERICH Nicolás, *Directorium inquisitorum R. P. F. Nicolai Eymerici Ord. Praed. S. Theol. Mag. Inquisitoris haereticae prauitatis in Regnis Regis Aragonum denuo ex collatione plurium exemplarium emendatum, & accessione multarum literarum Apostolicarum, officio Sanctae Inquisitionis deseruientium, locupletatum*, Romae, in aedibus Pop. Rom., 1578 (1579).

[102] COZZA Lorenzo, *Commentarii historico-dogmatici in librum S. Augustini De haeresibus ad quodvultdeum, digesti, atque illustrati labore, & studio p. Laurentii Cozza a S. Laurentio [...] Pars prima [-secunda]*, Romae, typis Georgii Plachi, 1707-1717.

[103] Edizione precedente di BERNINI Domenico (1657-1723), *Istoria di tutte l'eresie descritta da Domenico Bernino, compendiata ed accresciuta da Giuseppe Lancisi*, in Roma, per Girolamo Mainardi, 1726-1733.

[104] SEMERY André (1630-1717), *Breve difesa della vera religione contro il grosso volume di Giacomo Picenino apologista de' pretesi riformatori, e riformati. Dedicata alla S. Chiesa Cattolica dal p. Andrea Semery*, in Brescia, dalle stampe di Gio. Maria Rizzardi, 1710.

[105] LEROUX Raymond (XVI sec.), *In Molinaeum, pro pontifice maximo, cardinalibus, episcopis, totòque ordine sacro: defensio. Cum probatione sacrae theologiae Parisiensis facultatis, & consultissimae iuris canonici. Authore Remundo Rufo*, Parisiis, apud Poncetum le Preux, via Iacobaea ad insigne Lupi, 1553.

di Monsieur Taquelot[106], del *Primo alfabeto esemplare* di Vincenzo Ferrini[107].

Il giurista Alessandro Bertolotti (il cui inventario fu stilato nel 1719[108]) disponeva del trattato *De Sancta Inquisitione* di Rombertus[109], del *De offitio inquisitoris* del Carena[110] e delle *Dimostrazioni contro Luterani e Calvinisti*[111].

Nella biblioteca di Capretti, per quello che attiene all'ambito del diritto canonico[112], si notano manuali per la conduzione delle cause criminali a carico di membri del clero regolare e secolare[113], per l'apostasia da un ordine religioso[114], per il frequente reato della *sollicitatio ad turpia* in confessionale[115] e per i casi riservati al vescovo[116]. Sono elencati, inoltre, sette trattati di diritto criminale[117].

Capretti dispone anche di opere che nel 1776 erano state colpite dalla censura austriaca: la biografia di suor Maria di Agreda[118], gli

---

[106] JAQUELOT Isaac, *Dissertations sur l'existence de Dieu, ou l'on demontre cette verité par l'histoire universelle de la premiere antiquité du monde: par la refutation du systeme d'Epicure et de Spinosa*, à La Haye, chez Etienne Foulque, marchand libraire, aupres de la Cour, a l'enseigne de Corneille Tacite, 1697.

[107] FERRINI Vincenzo (1534-1595), *Primo alfabetto essemplare, del R. P. F. Vincentio Ferrini da Castel nouo di Garfagnana [...]. Ad ogni stato di persone vtile; ma à predicatori, oratori, et poeti necessario,* in Venetia, appresso Gio. Domenico Imberti, 1595.

[108] ASPr, Notarile, Inserti, notaio Giovanni Maria Ponci, f. 6 del 24 aprile 1719, citato in in DALLASTA, *Eredità di carta*, pp. 256-311.

[109] Autore non individuato, forse perché l'opera citata era in forma manoscritta.

[110] Il citato EYMERICH Nicolás, *Directorium inquisitorum*, Romae, in aedibus Pop. Rom., 1578.

[111] Opera non identificata.

[112] Item 101, 105, 122, 167, 254, 268, 273, 673, 675, 710.

[113] Item 79 e 167.

[114] Item 96.

[115] Item 87 e 238.

[116] Item 97, 102, 103, 221, 697.

[117] Item 77, 167, 219, 272, 702, 708, 710.

[118] Item 150, 554.

annali di Trithemius[119], l'Antifebronio[120], un'opera di Segneri[121] e il *De monialibus,* interdetto anche da Roma[122]. Del resto il governo dei Ducati di Parma e Piacenza non poteva trascurare, per ovvi motivi politici, i buoni rapporti diplomatici con l'Austria, tanto più che i legami fra i due Stati risalivano a due secoli prima e non si erano mai interrotti: i due piccoli Ducati farnesiani di Parma e Piacenza erano nati nel 1545 come feudo della Chiesa, ma col trattato di Gand del 1556 il duca Ottavio ne aveva dovuto riconoscere la dipendenza feudale anche dall'Impero[123]. Nel 1538 divenne moglie del duca Ottavio Margherita d'Austria, figlia dell'imperatore Carlo V. Nel 1734 "un trattato segreto tra Francia ed Austria stabiliva un nuovo assetto politico per i Ducati, assegnandoli all'Impero"[124]. Infatti nel 1736 essi passarono a Carlo VI d'Asburgo, quindi alla figlia Maria Teresa e, dal 1748, al duca Filippo di Borbone. La figlia di quest'ultimo, Isabella, nel 1760 venne data in sposa all'imperatore Giuseppe II d'Asburgo; nel 1769 al duca Ferdinando (altro figlio di Filippo) fu destinata Maria Amalia d'Asburgo-Lorena, figlia dell'imperatore Francesco I e di Maria Teresa d'Asburgo. Tenendo presente che la vicina Mantova rimase sotto la dominazione austriaca dal 1708 al 1797, si comprende come anche sul piano culturale i Ducati fossero strettamente uniti all'impero asburgico, nel quale, già dal 1729 si era af-

---

[119] Item 211. Le Congregazioni romane proibirono un'opera di questo autore, come abbiamo visto alla nota 85.
[120] Item 653.
[121] Item 764.
[122] Item 225.
[123] DREI Giovanni, *I Farnese: grandezza e decadenza di una dinastia italiana,* a cura di G. Allegri Tassoni, Roma, La libreria dello Stato, 1954 (ed. 2009), p. 104; DI NOTO Sergio, *La dominazione austriaca (1736-1749),* in *I Borbone fra Illuminismo e Rivoluzione,* pp. 31-52. ASPr, Carteggio Farnesiano Interno, b. 33, 9 dicembre 1560, istruzioni del duca Ottavio a Paolo Simonetta inviato dal papa per rinnovare il giuramento di fedeltà e l'investitura dei Ducati.
[124] DI NOTO Sergio, *Introduzione,* in DI NOTO Sergio (a cura di) *Le istituzioni dei Ducati parmensi nella prima metà del Settecento,* Parma, Step, 1980, p. 11.

fermato il principio dell'approvazione finale del governo su tutte le opere destinate alla stampa[125]. Se scorriamo l'elenco delle opere proibite da Vienna, vi ritroviamo molti autori e titoli interdetti anche dall'autorità ecclesiastica romana, come i pensatori Voltaire, Rousseau, Diderot, Hume, Hobbes e Locke, gli storiografi Gregorio Leti, Paolo Sarpi e Casimir Freschot, così come le edizioni moderne di Ovidio. Ciò accadde perché anche la Santa Sede, ovviamente, intendeva mantenere buoni rapporti con l'Impero e rinsaldare l'alleanza fra "il trono e l'altare".

---

[125] LANDI Sandro, *Il governo delle opinioni: censura e formazione del consenso nella Toscana del Settecento*, Bologna, Il mulino, 2000, pp. 67-75.

Biblioteche di ecclesiastici dentro e fuori i Ducati di Parma, Piacenza e Guastalla nel secondo Settecento

Raccolte bibliografiche come quella di don Capretti erano piuttosto rare nei Ducati parmensi, ma si è potuto constatare che le maggiori del tempo, oltre a quella di corte, appartenevano al clero, ossia a figure di eruditi o di docenti che spesso erano anche bibliofili. Allo stato attuale delle ricerche conosciamo, all'interno dei Ducati parmensi, gli inventari bibliografici del vescovo Francesco Pettorelli Lalatta (1762)[1]; dei professori gesuiti dell'Università (redatti nel 1769)[2]; di don Paolo Vescovi (inventario del 1770 circa)[3]; di don Paolo Mezzi (catalogo del 1782)[4]; del

---

[1] L'inventario fu stilato il 16 marzo 1762 a Roma, "in Palatio Montis Citatorii", cioè Palazzo Montecitorio, sede della Tesoreria papale, poco dopo che il Pettorelli Lalatta era stato nominato vescovo di Parma (15 dicembre 1760). Ricoprì tale ruolo fino al 6 maggio 1788, quando morì. Una copia del suo inventario bibliografico è conservata presso AVPr, Cassetta Pettorelli Lalatta.

[2] Come emergono dall'elenco della soppressione risalente al 1769: ASPr, Gesuiti di Parma, serie 26, fascicoli 1-7, 10, 13-15, 17; Raccolta manoscritti, b. 140.

[3] ASPr, Magistrato Camerale, b. 653: "Indice de' libri del fù D. Paolo Vescovi". L'elenco (segnalatomi gentilmente da Lucia Togninelli) consta di 29 carte manoscritte. I titoli sono riportati in modo stringato, tanto che non è possibile riconoscere le edizioni, a differenza dell'inventario di don Capretti.

[4] Devo la segnalazione dell'inventario della biblioteca di don Paolo Mezzi ad Alessandra Talignani, che l'ha individuato in ASPr, Archivio Sanvitale, b. 112, fascicolo numerato "3699" e intitolato: "1782, 4 maggio: assegno – a titolo di donazione – fatto dal Conte Alessandro Sanvitale a don Paolo Mezzi, di annue lire 1584, da pagarsi in rate mensili, sua vita natural durante, e donazione fatta dal Mezzi al Conte Sanvitale d'una raccolta d'oggetti storici naturale [sic] e d'antichità, e di libri, riservandosene però l'uso a vita". Don Mezzi, come indica l'atto archivistico che precede l'inventario, era "uno de' Dogmani del Batistero di Parma ed individuo del corpo degli Ill. Signori Consorziali". Figlio di

francescano osservante Ireneo Affò (elenco del 1797)[5] e dell'abate Marc'Antonio Maldotti di Guastalla (catalogo del 1818)[6].

Don Paolo Mezzi nel 1782 cedette la propria biblioteca e il proprio museo al conte Alessandro Sanvitale in cambio di una pensione per sé "vita natural durante" e a questo fine stilò – forse di propria mano – l'ampio inventario, che consta di un registro di 44 pagine manoscritte, delle quali le prime 41 sono occupate dall'elenco dei libri e le ultime tre dall'elenco dei pezzi del "museo"[7]. Don Mezzi compilò anche un testo, rimasto manoscritto, che dà consigli su come formare una biblioteca: *Delle biblioteche antiche e moderne e del modo di comporle, notizie raccolte da Paolo Mezzi*[8].

L'inventario bibliografico di don Mezzi include circa settecento titoli, le cui edizioni vanno dai primi anni del XVI secolo agli ul-

---

Francesco Mezzi, abitava nella Vicinia di S. Nicolò (appunto accanto alla cattedrale). Da un'altra fonte in ASPr (segnalatami da Valentina Bocchi, che ringrazio), il *Censimento della popolazione di Parma del 1765*, ricaviamo la notizia che nel 1765 aveva 40 anni e abitava in un appartamento in affitto, di proprietà di un certo Cavalier Leni, con un servo chiamato Giovanni Ferri. L'inventario dei suoi libri consta di un registro di 44 pagine manoscritte, delle quali le prime 41 sono occupate dall'elenco dei libri e le ultime tre dall'elenco degli oggetti del "museo". Il testo che raccoglie i consigli su come formare una biblioteca si trova in Biblioteca Palatina di Parma, Ms. Parm. 281: *Delle biblioteche antiche e moderne e del modo di comporle, notizie raccolte da Paolo Mezzi*. La raccolta bibliografica è citata in GORRERI Silvana, *La provenienza dei disegni nel Fondo dei Manoscritti della Biblioteca Palatina*, in *I disegni della Biblioteca Palatina di Parma*, a cura di Giuseppe Cirillo, Giovanni Godi; saggi di Silvana Gorreri e Luigi Bedulli, Parma, Banca Emiliana, 1991, pp. LII-LIII.
[5] ASPr, Raccolta manoscritti, b. 106.
[6] Sulla storia di questa biblioteca si veda ora *Biblioteca Maldotti. Duecento anni di storia 1817-2017*, a cura di David Salomoni, Reggio Emilia, Antiche Porte editrice, 2017.
[7] Il museo comprendeva 4793 medaglie, numerosi reperti archeologici, 775 conchiglie fossili, 1331 "littorali di specie diverse", 230 "diverse cose impietrite", 110 marmi diversi, testuggini, corni, uova di struzzo, pesci imbalsamati, pietre, termometri, lenti, statue di diversi materiali, dipinti, mobili e molti altri tipi di oggetti d'arte.
[8] Biblioteca Palatina di Parma, Ms. Parm. 281.

timi anni che precedono il documento stesso (qualche voce risale infatti al 1773[9]). I titoli vengono elencati con estrema precisione e in bella grafia, secondo uno schema sempre rispettato, che comprende all'inizio il cognome e il nome dell'autore, l'opera, il luogo e l'anno di stampa, il numero di tomi e infine il formato. Numerose appaiono le edizioni parmensi.

L'inventario dell'Affò annovera libri manoscritti, pergamene (ciascuna numerata e datata), lettere del "carteggio letterario", "carte volanti", opere di cui egli stesso era autore (definite "slegate") e un'ottantina di volumi a stampa. Questi ultimi sono elencati in modo sommario, attraverso il nome dell'autore e il titolo dell'opera, omettendo le note tipografiche e il formato dell'esemplare.

Un caso a parte è rappresentato dall'abate Marc'Antonio Maldotti di Guastalla, che con una serie di testamenti del 6 dicembre 1786, del 1° dicembre 1791 e del 24 aprile 1799 donò la sua vasta raccolta alla propria città, perché diventasse biblioteca "a pubblico comodo"[10]. L'istituzione, che comprendeva anche gli armadi e

---

[9] Per esempio si veda questa voce: "Pini Ermenegildo, Introduzione allo studio della Storia naturale con annessa la maniera di preparare, e conservare gli uccelli ne' Musei di storia naturale, Milano 1773".
[10] ASPr, Governatorato di Parma (1805-1860), b. 455. Ringrazio Daniela Moschini per la gentile segnalazione. La citazione è tratta da una lettera di Luigi Bianchi, progovernatore dei Ducati di Parma, Piacenza e Guastalla, al viceprefetto di Guastalla del 26 settembre 1811. Nel fascicolo intitolato "Disposizioni testamentarie del fu Sig. Abate Don Marc'Antonio Maldotti di Guastalla riguardanti la pubblica libreria da esso lasciata a beneficio della sua Patria", del 12 ottobre 1818, il fondatore attesta le ragioni che lo hanno spinto a quest'atto filantropico: l'"amore, che ho sempre nutrito per questa mia Patria"; intende quindi "lasciare una memoria perpetua a pubblico vantaggio de' studenti nella medesima". E prosegue: "Ho lasciato, e lascio a comodo, e vantaggio pubblico degli abitanti di questa città, e Diocesi di Guastalla tutta la mia Libreria", aggiungendo: "Voglio che sieno conservati, e mantenuti in perpetuo sotto la direzione, e regolamento dei cinque soggetti", cioè dei vari delegati sopra citati. Lo scopo della donazione è "l'avanzamento delle scienze in essa sua Patria".

gli arredi originari della raccolta[11], venne formalmente eretta il 14 aprile 1812 e affidata a una "congregazione" formata da un delegato del Governo parmense, dall'arciprete di Guastalla e dai delegati del Capitolo e del Comune di Guastalla. Per volontà del fondatore la biblioteca doveva essere curata da un bibliotecario, da un custode, da un procuratore e da un "distributore dei libri", tutti regolarmente remunerati (il bibliotecario, per esempio, riceveva 240 lire all'anno[12]). Infatti l'istituzione poteva contare su alcune entrate derivanti dalla vendita di terre, da cessioni di censo e da una "pensione di cento zecchini veneti" di cui era titolare il testatore, che sarebbe stata assegnata alla biblioteca per ulteriori dieci anni dopo la morte del Maldotti stesso.

Pezzo archivistico fondamentale della documentazione sopravvissuta è il "Catalogo della Pubblica Libreria Maldotti di Guastalla [...]", risalente al 12 ottobre 1818. Preceduto da un "indice delle materie, numero de volumi, e rispettivo valore, il tutto contenuto in questo Catalogo", dimostra che le sezioni erano 25, per un totale di 6.834 volumi, valutati 29.304 franchi e 25 centesimi. La sezione più nutrita appare quella della "teologia", con 1087 volumi, seguita dalla "storia sacra ed ecclesiastica", con 653 volumi. La sezione meno ampia è invece quella di "politica, economia pubblica, e commercio", con soli 37 volumi. Il "Catalogo", suddiviso per discipline, è organizzato in ordine alfabetico in base all'autore (cognome e nome) e comprende titolo, luogo e anno di stampa, numero dei tomi e dei volumi, infine la valutazione economica in franchi e in centesimi. Le edizioni elencate vanno dal XV[13] al XIX secolo, giungendo fino al 1812.

---

[11] Diciotto scansie di pioppo e sei di noce, una scala, quattro tavole, quattordici sedie e il ritratto dell'abate Marc'Antonio Maldotti.
[12] Il bibliotecario era stato individuato nella figura di don Luigi Coppi, maestro di grammatica latina e storia, che era stato nominato docente il 4 ottobre 1806 con stipendio annuale di 280, 20 lire.
[13] Uno degli incunaboli è, per esempio: "Tartareti Petr. Quaestiones super Libr. Ethicor. Arist., 4, Ven. 1498, 1 franco, 3 centesimi".

Per conoscere la circolazione libraria a Piacenza possiamo avvalerci dell'ampia ricerca condotta da Anelli, Maffini e Viglio su parecchi inventari *post mortem* del Settecento (opera che rivolge un'attenzione particolare alle biblioteche del clero[14]), e dello studio di Mezzadri sul Collegio Alberoni[15].

Al di fuori del territorio ducale sono state indagate alcune biblioteche di ecclesiastici del Settecento: solo per citarne alcune, quelle del cardinale Domenico Silvio Passionei (1682-1761)[16]; del cardinale Angelo Maria Querini di Brescia (1680-1755)[17]; del genovese Carlo Giuseppe Vespasiano Berio (1712-1794)[18]; del conte

---

[14] ANELLI, MAFFINI, VIGLIO, *Leggere in provincia* (sono considerati 263 inventari dal 1701 al 1815). Si veda in particolare VIGLIO, *Le biblioteche del clero*, pp. 117-182: alle pp. 125, 152-157, 159, 165, 172-176 si citano raccolte contemporanee a quella di Capretti, benché molto più povere (per esempio dei sacerdoti Giuseppe Bertonaschi del 1766; Alessandro Politi del 1767; Pasquale Sormani del 1769; Federigo Sanseverini d'Aragona del 1772; Antonio Maria Onofrio Spinola del 1773; Bernardo Bertonaschi del 1778; Domenico Bernini del 1783; Paolo Dalla Scala del 1783; Pietro Martire Lupi del 1786; Giuseppe Francisci del 1802; Antonio Francesco Rizzoli del 1804; Giuseppe Barani del 1814; Bernardo Bianchi del 1815; Luigi Diati del 1815). Nella parte del volume *Leggere in provincia* dedicata al censimento delle biblioteche in ordine cronologico (pp. 183-360), si annoverano parecchie altre raccolte coeve a quella di Capretti: del presbitero e docente universitario Luigi Dodici, con 119 titoli, elencata nel 1773 (pp. 299-300); dei canonici di Fiorenzuola Francesco e Antonio Bertamini, del 1781, con 349 titoli (pp. 307-309); dell'arciprete di Pomario e vicario foraneo Domenico Leonardi, di 287 titoli, elencata nel 1782 (pp. 311-312) e molte altre.

[15] MEZZADRI Luigi, *Il collegio Alberoni di Piacenza (1732-1815): contributo alla storia della formazione sacerdotale*, Roma, Edizioni vincenziane, 1971.

[16] SERRAI Alfredo, *Domenico Passionei e la sua biblioteca*, Milano, Sylvestre Bonnard, 2004; *Prosopographie*, II, pp. 963-967.

[17] FERRAGLIO Ennio, *La seconda Vaticana e i libri "a pubblico beneficio": Brescia e la biblioteca Queriniana*, in *"Navigare nei mari dell'umano sapere"*, pp. 69-79; *Prosopographie*, II, pp. 1048-1053.

[18] *Biblioteca dell'abate Carlo Giuseppe Vespasiano Berio, conservata presso la Biblioteca Civica Berio di Genova*: http://picus.unica.it/documenti/Berio.pdf. Sul Berio si

udinese Antonio Bartolini, cavaliere dell'Ordine di Malta e censore (1746-1824)[19]; dei trentini Giovanni Maria De Biasi (1750-1795) e Giovan Battista Campolongo di Noriglio (morto nel 1782)[20]; di Giovanni Pietro Muratori di Cavalese in Val di Fiemme (1708-1792)[21].

Altri studi si sono concentrati su più raccolte: le biblioteche del clero piemontese dei secoli XVII e XVIII sono state oggetto di una monografia di Luciano Allegra, in cui l'autore si è soffermato anche sulle "Presenze giansenistе"[22]; le biblioteche dei cardinali sono state indagate da Alfredo Serrai[23] e Giorgio Montecchi[24];

---

veda la voce curata da PETRUCCI Armando, in *Dizionario Biografico degli Italiani*, vol. 9 (1967), p. 106.

[19] MORO Cristina, *La biblioteca di Antonio Bartolini. Erudizione e bibliofilia a Udine tra Sette e Ottocento*, Udine, Forum, 2007. Si veda anche la voce biografica curata dalla stessa autrice nel sito http://www.dizionariobiograficodeifriulani.it/bartolini-antonio/.

[20] DE VENUTO Liliana, *Le biblioteche minori della Val Lagarina*; EADEM, *La biblioteca di Giovanni Maria de Biasi prete-letterato nell'età vannettiana, 1750-1795*, in "Annali roveretani", Serie strumenti, XVI (2011), pp. 1-197.

[21] *"Per vantaggio pubblico in ordine alle scienze". La biblioteca di Gian Pietro Muratori a Cavalese. Catalogo*, a cura di L. Bragagna, M. Hausberger, Trento, Provincia autonoma di Trento – Soprintendenza per i beni librari e archivistici, 2006; TAIANI Rodolfo, *La biblioteca di Giovanni Pietro Muratori a Cavalese*, in *"Navigare nei mari dell'umano sapere"*, pp. 265-273.

[22] ALLEGRA Luciano, *Ricerche sulla cultura del clero in Piemonte: le biblioteche parrocchiali nell'arcidiocesi di Torino, sec. XVII-XVIII*, Torino, Deputazione subalpina di Storia patria, 1978. Sulle "Presenze giansenistе": pp. 45-47. L'autore si serve degli elenchi dei beni esistenti nelle parrocchie, stilati nel momento in cui si insediava il nuovo parroco.

[23] SERRAI Alfredo, *I cataloghi delle biblioteche cardinalizie*, in IDEM, *Storia della bibliografia*, Roma, Bulzoni, 1997, v. VII (*Storia e critica della catalogazione bibliografica*, a cura di Gabriella Miggiano), pp. 603-740.

[24] MONTECCHI Giorgio, *La biblioteca arcivescovile di Bologna dal cardinale Paleotti a papa Lambertini*, in *Produzione e circolazione libraria a Bologna nel Settecento. Avvio di un'indagine*, Atti del V colloquio (Bologna, 22-23 febb. 1985), Bologna, Istituto per la storia di Bologna, 1987, pp. 369-382; IDEM, *Cardinali e biblioteche*, in "Società e storia", XII (1989), pp. 729-739. Alle pp. 738-739 l'autore si concentra sulla biblioteca del car-

quelle dei padri della Compagnia di Gesù hanno rappresentato l'oggetto di un convegno del 2001[25]; le raccolte dei gesuiti di Lione sono state l'argomento di una monografia di Stéphane Van Damme[26]; inoltre Maurilio Guasco si è dedicato alla formazione del clero, quindi alle loro letture[27].

Considerato che fra i proprietari di libri la categoria più attestata è sempre stata quella degli ecclesiastici, si trovano riferimenti alle loro raccolte in molti altri studi riguardanti la circolazione libraria nel Settecento in Italia[28] e all'estero, specialmente in Francia[29]. E

---

dinal Neri Maria Corsini (1685-1770), riportando la bibliografia sulle raccolte librarie del Settecento.

[25] *Gesuiti e Università in Europa (secoli XVI-XVIII)*. *Atti del convegno di studi, Parma, 13-15 dicembre 2001*, a cura di Gian Paolo Brizzi, Roberto Greci, Bologna, Clueb, 2002, pp. 243-255.

[26] VAN DAMME Stéphane, *Le temple de la sagesse. Savoirs, écriture et sociabilité urbaine (Lyon, XVIIe-XVIIIe siècle)*, Paris, Éditions de l'École des hautes Études en sciences sociales, 2005.

[27] GUASCO Maurilio, *La formazione del clero: i seminari*, in *Storia d'Italia. Annali*, v. IX, a cura di Giorgio Chittolini, Giovanni Miccoli, Torino, Einaudi, 1986, pp. 649-658.

[28] INFELISE Mario, *L'utile e il piacevole. Alla ricerca dei lettori italiani del secondo '700*, in *Gli spazi del libro nell'Europa del XVIII secolo. Atti del convegno di Ravenna (15-16 dicembre 1995)*, a cura di Maria Gioia Tavoni e Françoise Waquet, Bologna, Patron, 1997, pp. 113-117; BOTTASSO Enzo, *Storia della biblioteca in Italia*, Milano, Bibliografica, 1984, pp. 101-160: 119; *Biblioteche private in età moderna e contemporanea*. Atti del Convegno internazionale, Udine, 18-20 ott. 2004, a cura di Angela Nuovo, Milano, Sylvestre Bonnard, 2005; BRAIDA Lodovica, *Il commercio delle idee. Editoria e circolazione del libro nella Torino del Settecento*, Firenze, Olschki, 1995; *Biblioteche nobiliari e circolazione del libro tra Settecento e Ottocento*: atti del Convegno nazionale di studio, Perugia, Palazzo Sorbello, 29-30 giugno 2001, a cura di Gianfranco Tortorelli, Bologna, Pendragon, 2002; PAUTRIER Massimo, *Libri nelle case romane alla fine del Settecento. Una ricerca negli archivi notarili*, Manziana, Vecchiarelli, 2005; IDEM, *Altri libri delle case romane alla fine del Settecento. Una ricerca negli archivi notarili*, Manziana, Vecchiarelli, 2010; CECCARELLI Maria Grazia, *Vocis et animarum pinacothecae. Cataloghi di biblioteche private dei secoli XVII-XVIII nei fondi dell'Angelica*, Roma, Istituto Poligrafico e Zecca dello Stato, 1990; FIORETTI Donatella, *Nobiltà e biblioteche tra Roma e le Marche nell'età dei Lumi*, Ancona, Proposte e ricerche, 1996; *Le raccolte librarie private nel Settecento ro-*

ripercorrendo in ordine cronologico la fondazione di biblioteche pubbliche dal 1609 al 1856, Serrai ne ha annoverate parecchie risalenti al secondo Settecento, fondate appunto da ecclesiastici[30]. Alla luce di tutto ciò ci sembra di poter confermare che la biblioteca di don Capretti fosse, per un contesto come Parma, una raccolta molto significativa, sia da un punto di vista qualitativo che quantitativo.

---

mano, a cura di Maria Iolanda Palazzolo, Concetta Ranieri, in "Roma moderna e contemporanea", IV/3 (1996), pp. 561-675; AGO Renata, *Collezioni di quadri e collezioni di libri a Roma tra XVI e XVIII secolo*, in "Quaderni storici", 110, XXXVII/2 (2002), pp. 379-403.
[29] WAQUET Françoise, *Latino. L'impero di un segno (XVI-XX secolo)*, Milano, Feltrinelli, 2004 (1° ed. *Le latin ou l'empire d'un signe XVI-XX siècle*, Parigi, Michel, 1998); BERGER Günter, *Littérature et lecteurs à Grenoble au XVIIe et XVIIIe siècle*, in "Revue d'histoire moderne et contemporaine", XXXIII (1986), pp. 114-132; CHARTIER Roger, *Livre et espace: circuits commerciaux et géographie culturelle de la librairie lyonnaise au XVIIIe siècle*, in "Revue française d'histoire du livre", X (1971), pp. 77-108; FLANDRIN Jean-Louis, FLANDRIN Maria, *La circulation du livre dans la société du 18e siècle: un sondage à travers quelques sources*, in *Livre et société dans la France du XVIIIe siècle*, sous la direction de François Furet, Paris, La Haye, Mouton & Co, 1965-1970, 2 voll., pp. 39-72; QUENIART Jean, *Culture et société urbaines dans la France de l'Ouest au XVIIIe siècle*, Paris, Klincksieck, 1978; MARION Michel, *Les bibliothèques privées à Paris au milieu du XVIIIe siècle*, Paris, Bibliothèque Nationale, 1978; THOMASSERY Christiane, *Livres et culture cléricale à Paris au XVIIIe siècle: quarante bibliothèques d'ecclésiastiques parisiens*, in "Revue française d'histoire du livre", 1973, pp. 281-295; BRAIDA Lodovica, *La storia sociale del libro in Francia dopo* Livre et société. *Gli studi sul Settecento*, in "Rivista storica italiana", CI (1989), pp. 412-467.
[30] SERRAI Alfredo, *Storia della bibliografia*, vol. X, parte I: *Specializzazione e pragmatismo: i nuovi cardini della attività bibliografica*, Roma, Bulzoni, 1999, pp. 497-551: *Storiografia e bibliografia bibliotecaria (1609-1856)*. L'autore tratta di 357 biblioteche fondate fra 1609 e 1856, di cui 177 laiche (comunali, universitarie, pubbliche, private, ecc.) e 180 religiose (conventuali, seminariali, capitolari, ecc.). Ben 188 nacquero nel XVIII secolo.

Le correnti di pensiero

Attraverso l'esame dei titoli di don Capretti si intravvede uno scenario sul quale si muovono autori impegnati in vivaci discussioni, in particolare sul tema della salvezza dell'anima o dell'autorità papale: gli illuministi, i giansenisti, i gesuiti e i loro rispettivi detrattori, ma anche i giurisdizionalisti e i romanisti, i molinisti e gli antimolinisti, i quesnellisti e i frobenianisti. Coesistono orientamenti così diversi che talvolta risulta difficile definire esattamente le posizioni dei singoli autori, in una fase di evoluzione del pensiero teologico e filosofico qual è l'ultimo Settecento[1].

Queste correnti coinvolsero lo stesso sovrano Ferdinando di Borbone, che si trovò dapprima sotto la pressione degli illuministi, poi dei rigoristi domenicani, con i quali infine si alleò contro i primi per esautorarli. Un cambiamento ideologico di notevole portata coinvolse anche il vescovo di Parma Adeodato Turchi, come si coglie dall'esame di vari documenti e dalle sue omelie[2]. Fra il 1757 e il 1765 egli aveva richiesto licenze di lettura alla congregazione dell'Indice per sé e per un proprio amico, Antonio Cerati, perché entrambi erano interessati alle opere dei *philosophes*. In quegli anni egli fu molto vicino al Du Tillot, al punto che ne divenne il confessore[3], e si accostò anche ai giansenisti e ai giurisdizionalisti. Nell'epoca della restaurazione ferdinandea, invece, egli mostrò una propensione opposta, indirizzandosi verso testi che difendevano l'autorità del papa rispetto al Concilio e quindi ap-

---

[1] Per un inquadramento generale sulla censura nel Settecento, l'arginamento del Giansenismo e la proibizione di opere di gesuiti: DEL COL, *L'Inquisizione in Italia*, pp. 716-721.
[2] STANISLAO DA CAMPAGNOLA, *Adeodato Turchi: uomo, oratore, vescovo (1724-1803)*, Roma, Istituto storico Ord. fr. min. cappuccini, 1961, p. 164: l'autore rimarca l'importanza del pensiero di J. B. Bossuet per Adeodato Turchi.
[3] STANISLAO DA CAMPAGNOLA, *Adeodato Turchi*, p. 98.

partenevano alla matrice apologetica e d'ispirazione *antiphilosophique*[4]. Anche Capretti possiede un'opera che si inquadra in questa corrente anti-illuminista: quella di Daniele Concina (item 668). Le asserzioni espresse da questa *Weltanschauung* erano contrastate dal fronte compatto rappresentato dalla cancelleria viennese[5]. Nonostante ciò, un'opera del Concina compare annoverata proprio nel Trentino austriaco nella biblioteca di don Giovanni Battista Campolongo di Noriglio, morto come Capretti nel 1782[6].

Il giansenismo

Anche se mancano gli scritti di Giansenio e di giansenisti italiani come Scipione de' Ricci e Vincenzo Troisi, nella biblioteca di Capretti vi sono quelli dei seguaci di Giansenio, come i testi di Nicolas Fontaine (1625-1709; item 777) e Zeger Bernard van Espen (1646-1728; item 700). L'item 151 inoltre riguarda le tesi cosiddette "quesnelliste": Pasquier Quesnel (1634-1719) fu uno dei massimi esponenti del giansenismo.

Accanto a questi autori notiamo una nutrita presenza di opere di S. Agostino[7]: è un dato indicativo, perché i giansenisti si ispiravano proprio al vescovo di Ippona per sostenere la tesi secondo cui l'uomo nasce corrotto e segnato dal male; quindi necessita della Grazia divina per compiere il bene, recuperare il perdono ed essere salvato. Non ci sarebbe da sorprendersi che Capretti fosse

---

[4] BENASSI, *Guglielmo Du Tillot*, X (2° p.), p. 174: diventato vescovo, deplora "l'avidità di leggere i libri proibiti appunto perché tali e per vanità di saputelli, mentre la Chiesa non proibisce mai libro senz'averne delle buone ragioni".
[5] FERRARI Stefano, *I libri di Giovanni Francesco Brunati. La biblioteca di un funzionario cesareo nella Roma del secondo Settecento*, in "Navigare nei mari dell'umano sapere", pp. 223-246, in part. pp. 238-239.
[6] DE VENUTO Liliana, *Le biblioteche minori della Val Lagarina in età di antico regime con relativa classificazione*, in "Navigare nei mari dell'umano sapere", pp. 275-289, in part. pp. 278-279.
[7] Item 66, 193, 454, 468, 478. L'item 5 riguarda gli eremitani agostiniani.

filogiansenista, perché aderirono a questa concezione diversi prelati del tempo attivi a Parma e Piacenza, collaboratori del Du Tillot o suoi simpatizzanti, come il cappuccino Adeodato Turchi, poc'anzi citato[8]; il teatino torinese Paolo Maria Paciaudi, poi nominato bibliotecario di corte[9]; il carmelitano scalzo Vittore Sopransi[10]; l'oratoriano Gaspare Cerati[11]; il citato teologo Sisto Rocci[12]; il sacerdote piacentino Bartolomeo Casali[13]; il canonico Pietro

---

[8] Sul Giansenismo a Parma si vedano: STANISLAO DA CAMPAGNOLA, *Adeodato Turchi*, pp. 50-59 (*Movimento giansenista a Parma*); 250-256 (*Trame giansenistiche*); 261-272 (*Il giansenismo in diocesi*); 272-278 (*Turchi e il giansenismo*); CAMIZZI Corrado, *Un'amicizia compromettente: G. B. Bodoni, Adeodato Turchi, Giuseppe Poggi*, in "Bollettino del Museo Bodoniano di Parma", VII (1993), pp. 45-52.

[9] Su Paciaudi (1710-1785), bibliotecario di corte a Parma, si veda ROSCIONI Lisa, voce *Paciaudi Paolo*, in DBI, vol. LXXX (2015), p. 121. Sull'adesione al Giansenismo da parte di Paciaudi si veda BERTI, I, pp. 106-122. Paciaudi si accostò a questa corrente grazie alla sua formazione presso il convento dei teatini di Torino, i viaggi a Roma, i contatti con personalità come l'archeologo Mons. Gaetano Bottari (bibliotecario di casa Corsini a Roma, avverso al Probabilismo e al Molinismo) e la frequentazione del Circolo dell'Archetto di Villa Corsini, a cui partecipò anche Mons. Gaspare Cerati. Sul Paciaudi si vedano anche *Paolo Maria Paciaudi e i suoi corrispondenti*, a cura di Leonardo Farinelli, Parma, La Nazionale, 1985; SERRAI Alfredo, *Storia della bibliografia*, vol. IX: *Manualistica, Didattica, e Riforme nel sec. XVIII*, a cura di Vesna Stunič, Roma, Bulzoni, 1999. Nel capitolo 6 (*La trattatistica bibliotecaria in Italia fra Settecento e Ottocento*), pp. 617-727, le pagine 686-718 sono dedicate al Paciaudi. Si veda anche SABBA Fiammetta, *Dalla corrispondenza di Paolo Maria Paciaudi i "prolegomena" ad una storia della Biblioteca Parmense*, in "Bibliothecae.it", III (2014), pp. 185-230 (lettere di Paciaudi dal settembre 1746 all'aprile 1752).

[10] Si veda *infra* il paragrafo a lui dedicato.

[11] Oratoriano nato a Parma nel 1690 e morto a Firenze nel 1769, su cui si vedano la voce curata da CAFFIERO Marina in DBI, vol. XXIII (1979), pp. 661-666; STANISLAO DA CAMPAGNOLA, *Adeodato Turchi*, pp. 7, 29, 50, 53, 59, 62, 64; BERTI, I, p. 110.

[12] Come si è detto nel primo capitolo, nota 9, l'abate Sisto Rocci del convento benedettino di S. Sisto a Piacenza venne chiamato dal Du Tillot a far parte del Magistrato de' Riformatori e svolse la funzione di censore, dopo la soppressione dell'Inquisizione a Piacenza. Sul Rocci si veda MOLINARI 1966, pp. 113-151: 149-151.

Copellotti (o Coppellotti)[14]; l'agostiniano Agostino Omodei, attivo a Piacenza[15], e il servo di Maria Carlo Maria Traversari, dimorante nel convento di Guastalla[16].

---

[13] RIZZI, *Statuti e vicende del collegio dei Teologi di Parma*, p. 145, n. 148: aggregato all'Almo collegio dei teologi in data 2 agosto 1728.

[14] BENASSI, *Guglielmo Du Tillot*, IX, pp. 96-102; X (1° p.), p. 215; X (2° p.), p. 69 (in cui informa che il suo scritto *Esame storico-legale-teologico* fu creduto di don Giuseppe Donnino Copellotti, fratello di Pietro); STANISLAO DA CAMPAGNOLA, *Adeodato Turchi*, pp. 50, 54, 75, 121, 123. Fu arciprete di Casaliggio.

[15] STANISLAO DA CAMPAGNOLA, *Adeodato Turchi*, pp. 50, 54; nel 1768, dopo il *Monitorio* del papa contro Parma e Piacenza, è collaboratore segreto del Du Tillot: infatti si procura informazioni riservate da Roma mediante un suo confratello (BENASSI, *Guglielmo Du Tillot*, X (2° p.), p. 59), il 14 marzo 1768 riceve l'incarico dal ministro di comporre una dissertazione storico-critica sulla bolla papale *In Coena Domini*, perché il governo parmense intende rifiutarla: ivi, X (2° p.), pp. 82-83; nel giugno del 1768 fornisce a Du Tillot un piano per ridurre a tre i nove conventi del suo ordine: ivi, X (2° p.), p. 89; il 21 dicembre 1767 scrive a Du Tillot a proposito del cumulo di benefici nelle mani di pochi presbiteri piacentini, con l'esclusione di molti meritevoli: ivi, X (2° p.), pp. 114-115; negli anni Settanta, quando era preside delle scuole in Piacenza e censore dei libri, viene allontanato da don Ferdinando e sostituito dal domenicano Domenico Gritti, priore di S. Giovanni in Canale, con decreto del 1775: ivi, X (2° p.), p. 163. Si segnala un documento in ASPr, Raccolta manoscritti, b. 82, redatto dal Paciaudi: "Nota de libri dati al P. Omodei da distribuirne per premi". Si tratta di una dozzina di titoli, ognuno in più copie, destinati agli studenti.

[16] STANISLAO DA CAMPAGNOLA, *Adeodato Turchi*, pp. 50-51. Sul Traversari si vedano: GONZI, *Storia della scuola*, p. 150; ROSSI Giuseppe Adriano, *Il padre servita Carlo Maria Traversari*, in "Bollettino storico reggiano". Numero speciale: Atti del Convegno *La presenza dei Servi di Maria a Guastalla*, Guastalla, Biblioteca Maldotti, 7 dicembre 2013, pp. 71-82. Traversari fu attivo a Bologna e a Parma. Nel 1771 diede alle stampe una dissertazione sul primato del romano pontefice in opposizione alle teorie di Giustino Febronio, con lo pseudonimo di Ennodio Faentino, perché dopo l'insegnamento presso lo Studio dei Servi di Maria di Bologna fu trasferito a Faenza. Dal maggio del 1772 fu mandato al convento dei Servi di Bologna e quindi a quello di Guastalla, dove era vescovo l'abate Francesco Tirelli. Qui, fino al 1791, ottenne la licenza di confessore. Fu bibliotecario della Biblioteca Maldottiana di Guastalla, a cui lasciò i propri libri. Morì a Guastalla nel 1818.

Un altro titolo della biblioteca, il 669, verte sulla *Bolla Unigenitus* ed è un libello del gesuita antigiansenista Lafitau stampato con falso luogo (Colonia anziché Venezia) nel 1757 a favore della bolla *Unigenitus Dei Filius*, promulgata l'8 settembre 1713 dal papa Clemente XI per condannare l'eresia del giansenismo. In particolare il testo contestava 101 proposizioni della seconda edizione del libro *Réflexions morales* di Pasquier Quesnel[17]. Autori giansenisti scrissero contro la *Bolla Unigenitus* diversi libelli, talvolta anonimi, che vennero condannati dalle congregazioni romane[18]. Anche la

---

[17] La sua redazione fu sollecitata, oltre che da un certo numero di vescovi, dal sovrano di Francia Luigi XIV, dopo il fallimento del precedente documento "Universi Dominici Gregis", rigettato in nome delle libertà gallicane. La bolla fu pubblicata l'8 settembre 1713 dopo diciotto mesi di elaborazione da parte di una speciale congregazione di cardinali e teologi. Provocò aspre discussioni nella Chiesa francese, che di fatto si divise tra i cosiddetti "accettanti", che appunto accettavano l'ordine papale, e gli "appellanti", che respingevano la bolla e si appellavano a un concilio. La causa di questi ultimi venne anche perorata nel 1715 presso la Santa Sede da una missione del diplomatico Michel-Jean Amelot de Gournay. Sul tardo Giansenismo si veda il saggio in corso di stampa di FONTANA Paolo, *Un'«Abominazione sì esecranda». Convulsionari e fanatici. Il tardo giansenismo visto dall'Inquisizione*.

[18] Per le opere di giansenisti sulla Bolla *Unigenitus* condannate da Roma si veda ILI XI, pp. 77 (*Apologie*, condannata da un Breve di Benedetto XIV del 20 novembre 1752), 86 (*Arrest*, condannata da un Breve di Clemente XII del 26 gennaio 1740), 101 (*Lettre*, condannata da un decreto del Sant'Ufficio del 17 febbraio 1717), 117-118 (*Lettre*, condannata da un decreto del Sant'Ufficio del 17 febbraio 1717), 137 (*Lettre*, condannata da un decreto del Sant'Ufficio del 17 febbraio 1717), 160 (*Parallèle*, condannata da un decreto della Congregazione dell'Indice del 21 giugno 1732), 230 (*Instruction* e *Ordonnance*, condannate da due Brevi di Clemente XII del 3 ottobre 1733 e del 27 agosto 1731), 245 (*Copie*, condannata da un decreto del Sant'Ufficio del 17 febbario 1717), 287 (*Mandement*, condannata da un decreto del Sant'Ufficio del 26 marzo 1714), 301 (*Lettre*, condannata da un decreto del Sant'Ufficio del 2 maggio 1714), 303 (*Mandement*, condannata da un decreto del Sant'Ufficio del 22 agosto 1714), 315 (*La verité*, condannata da un decreto del Sant'Ufficio del 7 settembre 1735), 323 (*Epistola*, condannata da un decreto del Sant'Ufficio dell'8 gennaio 1722), 354 (diversi libelli di Jacques Fouillou condannati da Roma), 441 (*La faillibilité*, condannata da un decreto del Sant'Ufficio del 19 luglio 1722 e della Congregazio-

censura austriaca intervenne nel 1776 su quattordici opere in francese, tre in tedesco e una in latino riguardanti la bolla. Dopo la morte di Capretti anche nei Ducati di Parma e Piacenza verrà stampata un'opera attinente a questo dibattito[19].

Si inserisce nell'ambito del giansenismo il volume corrispondente all'item 85, stampato nel 1711, riguardante i "quietistarum errores". Infatti criticarono il quietismo sia i cardinali delle congregazioni romane (la dottrina quietista venne ufficialmente condanna-

---

ne dell'Indice del 10 gennaio 1746), 494 (*Projet*, condannata da un decreto del Sant'Ufficio del 12 dicembre 1714), 505 (*Lettre*, condannata da un decreto del Sant'Ufficio del 2 maggio 1714), 526 (Le Gros, autore appellante, i cui scritti vennero condannati da un decreto del Sant'Ufficio del 26 agosto 1733), 541 (*Lettre*, condannata da un decreto del Sant'Ufficio del 23 settembre 1723), 541-2 (*Lettre*, condannata da un decreto del Sant'Ufficio del 13 febbraio 1725), 543 (*Lettre*, condannata da un decreto del Sant'Ufficio del 17 febbraio 1717), 544 (*Lettre*, condannata da un decreto del Sant'Ufficio del 24 maggio 1752), 561 (*Ordonnance*, condannata da un decreto del Sant'Ufficio del 13 febbraio 1725; autore Louail, le cui opere furono condannate da un Breve di Clemente XII del 26 gennaio 1740), 598 (autore Maultrot), 604 (*Mémoire*, condannata da un decreto del Sant'Ufficio del 30 giugno 1717), 605 (*Mémoire*, condannata da un decreto del Sant'Ufficio del 29 luglio 1722; *Mémoire*, condannata da un decreto dell'Index del 15 gennaio 1725), 607 e 655 (*Mémoire*, condannata da un decreto del Sant'Ufficio del 12 settembre 1714), 658 (rivista *Nouvelles ecclésiastiques*, condannata da due decreti del Sant'Ufficio del 29 aprile 1740, del 6 luglio 1741 e da due decreti dell'Index del 28 luglio 1742 e del 10 maggio 1757), 665 (*Antiquae*, condannata da un decreto dell'Index del 18 novembre 1732), 690 (*Le Combat*, condannata da un decreto del Sant'Ufficio del 5 settembre 1753), 747 (*Recueil*, condannata da un decreto dell'Index del 6 dicembre 1741), 761 (*Rétractations*, condannata da un decreto del Sant'Ufficio del 17 febbraio 1717), 830 (*Theologia*, condannata dall'Index il 14 gennaio 1737), 888 (autore Tour, condannato dall'Index del 15 gennaio 1725), 922 (*La véritable*, condannata dall'Index del 15 gennaio 1742).

[19] *Le cento una proposizioni estratte dal libro delle Riflessioni morali sul nuovo testamento condannate dal Sommo Pontefice Clemente XI nella bolla Unigenitus considerate come contenenti il sistema di Giansenio, e come dannabili per se stesse. Operetta teologica tradota [sic] dal francese e stampata in Milano l'anno 1723, e ristampata di nuovo dal Parroco N. N. coll'aggiunta di un proemio, che serve di preliminare all'opera*, Guastalla, nella Regio-Ducale Stamperia di Salvatore Costa e compagno, 1788, 96 pagine, in 8°.

ta come eretica da papa Innocenzo XI con l'emanazione della bolla *Caelestis Pastor* il 20 novembre 1687), sia i giansenisti, in particolare il Bossuet, autore già menzionato, attestato con quattro opere nella biblioteca di Capretti[20].

Su un punto i teologi filo-papali e i giansenisti si trovarono d'accordo: la condanna delle tesi quietiste. Un libretto di Agostino Matteucci presente nella raccolta di Capretti (item 85) consiste proprio in una serie di *Observationes doctrinales adversus quietistarum errores*.

La discussione sull'autorità papale

Capretti dispone di due titoli in reciproca relazione: l'opera già citata del canonista Van Espen (item 700) e quella intitolata *Antifebronio*, pubblicata dal gesuita Francescantonio Zaccaria nel 1767 a Pesaro (item 653)[21], entrambe riguardanti il dibattito

---

[20] Item 210, 236, 244, 620. Anche nelle biblioteche del clero piacentino del Settecento è attestato il Bossuet: VIGLIO, *Le biblioteche del clero*, in ANELLI, MAFFINI, VIGLIO, *Leggere in provincia*, p. 138.

[21] ZACCARIA Francesco Antonio, *Anti-Febbronio di Francescantonio Zaccaria della Compagnia di Gesù bibliotecario di S. A. S. il signor duca di Modena o sia Apologia polemico-storica del primato del papa consecrata alla santità di N. S. papa Clemente XIII. Contro la dannata opera di Giustino Febbronio dello Stato della Chiesa, e della legittima podestà del romano pontefice. 1: Parte prima polemica premettesi una istruttiva introduzione, nella quale il fine si esamina, onde Febbronio a scrivere il suo libro si è messo. 2: Parte seconda storica o sia storia del primato del Papa ne' primi otto secoli della Chiesa. Si soggiunge un'appendice, o sia dissertazione nella quale contro certa dissertazione isagogica s'illustra, e si difende la podestà del romano Pontefice sopra i beni ecclesiastici di tutte le Chiese*, in Pesaro, dalla stamperia Amatina, 1767, 2 v., 4°.
Sullo Zaccaria: DEL COL, *L'Inquisizione in Italia*, pp. 718-719.
Su Van Espen: BENASSI, *Guglielmo Du Tillot*, X (2° p.), p. 109: l'opera di Van Espen venne utilizzata dai collaboratori di Du Tillot nelle riforme ecclesiastiche del 1768-1770, in particolare in quelle riguardanti i beni dei conventi e dei luoghi pii confluiti nel "Patrimonio dei poveri".
In seguito uscì un'altra edizione: ZACCARIA Francesco Antonio, *Antifebronius vindicatus seu Suprema Romani pontificis potestas adversus Justinum Febronium ejusque*

sull'indipendenza da Roma rispettivamente della Chiesa francese (gallicanesimo) e tedesca (febronianismo). Van Espen aderiva al gallicanesimo e quindi la sua opera *Jus ecclesiasticum universum* (uscita nell'anno 1700) venne interdetta dalla Chiesa romana nel 1704, 1713 e 1732[22], mentre l'*Antifebronio* era allineato con la Chiesa romana, essendo una condanna degli scritti di Febronius, cioè di Johann Nikolaus von Hontheim, vescovo ausiliare di Treviri (1701-1790), che sviluppò una teoria sull'organizzazione ecclesiastica fondata sul rifiuto della supremazia papale sulle Chiese. Il suo intento era di riconciliare le posizioni della Chiesa protestante con quella cattolica, diminuendo il potere e l'autorità del papa a favore dei pronunciamenti dei concili e dei singoli vescovi[23]. A suo parere ogni Chiesa ha al suo vertice il vescovo, il quale non deve assoggettarsi a un'autorità superiore come quella papale. Quindi ogni chiesa è monarchica o autocefala, cioè si governa autonomamente.

Era prevedibile che la censura austriaca colpisse l'*Antifebronio,* critico verso le aspirazioni all'autonomia da Roma della Chiesa cattolica che si trovava nell'Impero (il cosiddetto "giuseppinismo"), ma la battaglia culturale e politica combattuta a suon di libelli non finì tanto velocemente, perché il governo asburgico vietò anche diversi altri testi pubblicati da Zaccaria o nei quali egli era intervenuto o come curatore, o apportando ampliamenti[24]. A

---

vindicem Theodorum a Palude iterum adserta, & confirmata. Pars 1 [-4], Cæsenæ, apud Gregorium Blasinium sub signo Palladis, 1771-1772, 4 v., 8°.
[22] Opera interdetta dalla Chiesa romana il 22 aprile 1704 (dal Sant'Ufficio), il 14 novembre 1713 (ancora dal Sant'Ufficio) e il 18 novembre 1732 (dall'Indice).
[23] Si tratta di una forma di Conciliarismo ed Episcopalismo. Sul Febronius si veda ILI XI, p. 445.
[24] Si veda il sito: www.univie.ac.at/censorship, alla voce "Zaccaria". Nel 1755 l'Austria condannò un'opera di Tommaso Tamburini in cui Zaccaria aveva aggiunto "uberrima prolegomena"; nel 1756 un'opera di Hermann Busenbaum "locupletata" dallo Zaccaria; nel 1772 un'opera dello stesso Zaccaria in latino e nel 1784 un'opera del medesimo tradotta in tedesco con il titolo *Ist die Ohrenbei-*

sua volta la Santa Sede mise in campo le proprie armi: poco dopo che l'opera di Febronius-Hontheim era apparsa nel 1763 a Francoforte[25], fu subito condannata dalla congregazione romana dell'Indice nel febbraio del 1764, quindi ancora nel 1766, nel 1771 e nel 1773[26]. Non solo: per contrastare le tesi di Hontheim uscirono diverse opere contro di lui, allineate con la Chiesa romana, sia in Germania, sia in Italia. La reazione di Vienna però non si fece attendere: già nel 1763 censurò un'opera di Carl Friedrich Bahrdt *Contra Iustinum Febronium*, poi, nel 1764, 1767, 1768 e 1771, colpì altri libelli che contrastavano le teorie di Febronius-Hontheim; nel 1772 condannò il citato testo di Zaccaria e nel 1773 e 1775 proibì ulteriori opere che si scagliavano contro Hontheim[27].

Anche altre biblioteche di ecclesiastici vissuti nel secondo Settecento comprendevano opere su questo tema molto dibattuto: per esempio don Giovanni Battista Campolongo di Noriglio (Trento) possedeva l'opera di Febronius[28]. Ma è rilevante anche notare la presenza del Febronio nella biblioteca personale di Guillaume Du Tillot, dove si trovava assieme a testi di Giannone e Patrizi[29].

---

chte zur Seligkeit nothwendig ? Nel 1786 l'Austria colpì ancora un'opera dello stesso autore tradotta in tedesco.

[25] HONTHEIM Johann Nikolaus (VON), *Justini Febronii De statu Ecclesiae et legitima potestate Romani pontificis liber singularis, ad reuniendos dissidentes in religione christianos compositus*, Bullioni [Buglione, falsa data per Venezia], apud Guillelmum Evrardi, 1763. Si veda *False date: repertorio delle licenze di stampa veneziane con falso luogo di edizione (1740-1797)*, a cura di Patrizia Bravetti e Orfea Granzotto, Firenze, Firenze University Press, 2008.

[26] ILI XI, p. 445. Su Von Hontheim (1701-1790): *Die Bischöfe des Heiligen Römischen Reiches 1648 bis 1803. Ein biographisches Lexikon. Herausgegeben von Erwin Gatz unter Mitwirkung von Stephan M. Janker*, Berlin, Duncker & Humblot, 1990, pp. 192-195.

[27] Si veda il sito: www.univie.ac.at/censorship, alla voce "Febronius" o "Febronium".

[28] DE VENUTO Liliana, *Le biblioteche minori della Val Lagarina*, pp. 278-279.

[29] BENASSI, *Guglielmo Du Tillot*, IX, p. 38. IDEM, *La casa privata d'un ex ministro riformatore del secolo XVIII*, in "Aurea Parma", VII (1923), pp. 151-159.

Capretti disponeva, inoltre, di testi che erano espressione del gallicanesimo: il citato *Catechismo istorico* di Claude Fleury (1640-1723; item 230), la cui opera venne sospesa *donec corrigatur* nel 1728 dalle congregazioni romane[30], e il trattato di Jacques-Bénigne Bossuet, antiquietista (1627-1704; item 236, 620).

Il giurisdizionalismo e l'Illuminismo

Verso gli anni Cinquanta del Settecento non solo nei Ducati di Parma e Piacenza, ma anche nelle altre realtà statali italiane si accentuò il divario tra giurisdizionalismo e romanismo; perciò anche la produzione editoriale e la circolazione libraria su queste tematiche si vivacizzarono[31]. Appena giunto a Parma come ministro, Du Tillot cercò in una prima fase di indebolire le due sedi del Sant'Ufficio di Parma e Piacenza, pur lasciando un certo margine di libertà agli inquisitori. In seguito il conflitto fra le due concezioni si fece più evidente e trovò proprio nel controllo della stampa il suo maggiore terreno di scontro, sia per ragioni ideologiche (influenza del gallicanesimo francese e del febronianismo tedesco, ma anche volontà di ridurre le competenze dell'Inquisizione e le pressioni della Santa Sede), sia per ragioni pragmatiche ed economiche, dal momento che il commercio dei libri era un'attività di tale rilevanza da indurre il governo a riformare il sistema censorio e a limitare l'ingerenza ecclesiastica sull'editoria[32]. La politica illuminata del ministro mirava a risanare

---

[30] ILI XI, p. 349. La Congregazione dell'Indice sospese l'opera *donec corrigatur* con decreto del 5 aprile 1728.
[31] DEL COL, *L'Inquisizione in Italia*, pp. 729-737; su Parma: p. 732.
[32] LANDI, *Il governo delle opinioni*, cap. II, pp. 49-92 (*La riforma della censura*). L'autore prende in esame la volontà del granduca Francesco Stefano Asburgo di Lorena, manifestata a partire dal 1738, di passare le facoltà censorie alla giurisdizione laica. Accanto agli ideali di Giansenismo politico, secondo i quali il principe cristiano deve proteggere le arti, le conoscenze, il sapere e tutelare la sfera morale e intellettuale dei suoi sudditi, Landi riconosce obiettivi più prag-

le finanze dello Stato attraverso una pressione fiscale equamente distribuita fra tutti i sudditi, compreso il clero regolare e secolare, eliminando i privilegi di cui godevano le istituzioni religiose e sopprimendo l'Inquisizione per incamerarne i beni. Du Tillot mirava poi a organizzare una censura laica che controllasse il contenuto politico e morale delle edizioni per governare l'opinione pubblica, lasciando il compito di sorvegliare i libri che trattavano di fede[33] ai vescovi e a un loro ristretto gruppo di collaboratori scelti fra il clero secolare o regolare[34].

Paciaudi, uno dei massimi fautori di questa politica regalista, sempre schierato con il potere civile nei contrasti fra Santa Sede e Stato, non si oppose tuttavia alle encicliche o alle bolle pontificie, così come non sminuì o criticò la censura libraria, o il giuramento dei professori circa l'ortodossia[35]. Il suo giurisdizionalismo si manifestò nell'ordinamento degli studi giuridici promosso dalla *Costituzione per i nuovi regi studi* elaborata su richiesta del governo ducale nel 1768, quando furono allontanati i Gesuiti, ai quali era stata af-

---

matici, che certamente anche Du Tillot a Parma e Piacenza condivideva: il peso economico del commercio librario.
[33] E tuttavia già dal 1729 nell'impero asburgico con Carlo VI si era affermato il principio dell'approvazione finale del governo su tutte le opere destinate alla stampa, comprese quelle teologiche (LANDI, *Il governo delle opinioni*, cap. II, pp. 67-75: *La riforma della censura*; paragrafo *Modelli ed esperienze possibili*).
[34] BENASSI, *Guglielmo Du Tillot*, X (2° p.), p. 153 (giurisdizionalismo definito anche "antimmunitismo nazionale": si fonda sulle teorie di Sarpi, Montesquieu e Giannone); EDIGATI Daniele, *Una storia da scrivere: controllo delle istituzioni ecclesiastiche e tutela delle prerogative regie nel Ducato di Parma fra gli ultimi Duchi Farnese e il Ministero Du Tillot*, in "Società e storia", CXLVII (2015), pp. 29-65; TABACCHI Stefano, *I rapporti con la Santa Sede nell'età di Ferdinando (1765-1800)*, in *I Borbone fra Illuminismo e Rivoluzione,* pp. 255-275.
[35] BERTI, I, pp. 114 e 118. Sulla revisione dei libri e il giuramento d'ortodossia si vedano la *Costituzione per i nuovi regi studi*, titoli VI, VIII, XVII, XVIII; e il *Regolamento per le Scuole della Ragion Civile e Canonica*, Parma, 1769, pp. 26-29.

fidata l'istruzione fino a quel momento[36]. Quindi la scuola di Stato si sostituì a quella confessionale.

La biblioteca di Capretti risente ovviamente di questo dibattito fra curialisti e giurisdizionalisti e di queste riforme, ora graduali, ora più repentine. Infatti vi riconosciamo un titolo come il 730, un libello polemico sulle proprietà degli ecclesiastici non sottoposte a tassazione, opera di Francesco Florio (1705-1792)[37], a sua volta la risposta a un'opera di Antonio Montagnacco pubblicata a Venezia nello stesso anno[38] e subito interdetta dalla congregazione dell'Indice con decreto del 15 settembre 1766, perché contraria alle immunità ecclesiastiche[39].

Allontanato Du Tillot dallo Stato nel 1771, il governo si impegnò a "reprimere l'enciclopedismo francese", operando anche licenziamenti di magistrati e di docenti[40]. La caduta del ministro si spiega anche considerando che la popolazione si presentava piuttosto arretrata e incapace di comprendere la necessità delle riforme: lo dimostrerebbero le tante manifestazioni di ignoranza superstiziosa documentate negli archivi e nelle cronache[41].

Filo e antigesuitismo

Cacciati dagli Stati di tutt'Europa (fuorché dalla Prussia e dalla Russia) in seguito alla soppressione del loro ordine, spesso i gesuiti divennero oggetto di accese controversie per le loro idee

---

[36] BERTI, I, p. 114. L'organo supremo per l'ordinamento scolastico ducale è il "Magistrato dei Riformatori". Paciaudi ne è il vertice.
[37] *Le mani morte ossia Lettera all'autore del Ragionamento intorno ai beni posseduti dalle chiese*, in Venezia, appresso Francesco Pitteri, 1766.
[38] *Ragionamento intorno a' beni temporali posseduti dalle chiese, dagli ecclesiastici e da quelli tutti, che si dicono mani morte*, in Venezia, appresso Giuseppe Zorzi, 1766.
[39] ILI XI, p. 632: decreto del 15 settembre 1766. Montagnacco pubblicò anche *Confermazione del Ragionamento [...]*, Venezia, Antonio Zatta, 1767, condannata dall'Indice con decreto del 1° marzo 1768 (ILI XI, p. 632).
[40] DREI, *Sulle relazioni*, p. 599.
[41] BENASSI, *Guglielmo Du Tillot*, X (2° p.), pp. 110-116.

nell'ambito della teologia morale: parecchi erano i motivi che accampavano i loro detrattori per criticarli. Gli attacchi più decisi vennero dai domenicani, i quali li accusavano di scendere a patti con la modernità fino a snaturare l'autentico messaggio evangelico e a stabilire continui compromessi con l'"hoggidì" nella loro concezione teologica e morale "lassista", perché nella confessione sacramentale abbracciavano e proponevano ai loro figli spirituali la soluzione più "probabile". I gesuiti a loro volta accusavano i domenicani di incarnare una visione ormai superata della fede, essendo eredi del pensiero di S. Agostino e della patristica medievale che li rendeva rigoristi e giansenisti.

Anche a livello locale i padri della Compagnia di Gesù, criticati perché possibilisti, indulgenti ed eccessivamente adattabili alle circostanze, quindi disposti a perdonare tutti i peccati ai fedeli che ricorrevano al sacramento della confessione, nel secondo Settecento non godevano più di grande stima, specialmente dopo la loro espulsione dai Ducati nel 1768 per volere delle monarchie francese e spagnola, che dirigevano la politica del piccolo Stato padano[42].

Nonostante la politica antigesuitica di Du Tillot e di Paciaudi[43], Capretti possiede anche libri che esprimono la tesi del Probabilismo, sostenuta da parecchi padri gesuiti, convinti che la salvezza

---

[42] Sul ruolo dei gesuiti nel contesto intellettuale locale si veda BALDINI Ugo, *I gesuiti nella cultura del ducato*, in Un Borbone tra Parma e l'Europa. Don Ferdinando e il suo tempo (1751-1802). *Atti del Convegno internazionale di studi. Fontevivo, Parma, ex Collegio dei Nobili, 12-14 giugno 2003*, a cura di Alba Mora, Reggio Emilia, Diabasis, 2005, pp. 98-135.
[43] Sull'antigesuitismo a Parma si veda BERTI, I, pp. 113-115. In particolare Paciaudi disapprova, nel campo morale, il relativismo lassistico ammesso dai gesuiti, perché questa visione condurrebbe, nelle varie circostanze in cui si trova l'individuo, a scendere a compromessi morali. Inoltre ritiene che la cultura e l'educazione siano stati per i gesuiti strumenti volti a tenere le coscienze nell'obbedienza, perciò esclude totalmente i Padri della Compagnia dal suo progetto di riforma dell'istruzione. Sull'antigesuitismo di Du Tillot si veda BENASSI, *Guglielmo Du Tillot*, IX, p. 38; X (2° p.), pp. 1-49.

dell'anima non fosse riservata a pochi, ma fosse possibile per tutti gli individui di buona volontà. Almeno due titoli dell'inventario rientrano in questa visione: un'opera del gesuita siciliano Tommaso Tamburini (1591-1675; item 163) e il trattato del frate Gaetano Maria da Bergamo (1672-1753; item 31). Invece l'opera di colui che nel 1687 divenne il generale della Compagnia di Gesù, Tirso Gonzalez de Santalla (1624-1705), era rivolta contro il Probabilismo e Capretti ne ha una copia (item 116)[44].

Ma i rivolgimenti politici e culturali negli Stati parmensi furono tali che al momento della caduta di Du Tillot anche i suoi assistenti e collaboratori furono aspramente criticati e uno di essi, il lettore di teologia padre Ranuccio Poletti, fu accusato perfino di essere "probabiliorista"[45]. A parere di Umberto Benassi, comunque, l'esercizio del ministero della confessione da parte dei curati continuò a risentire a lungo dell'"influsso evidente del Probabilismo e del molinismo", benché osteggiati sul piano teorico[46].

Anche il frate Giampaolo Pugli da Parma, lettore di teologia nel convento dei Minori Osservanti di Bologna, fu filogesuita e nel 1768, quando il papa Clemente XIII emanò il *Monitorio* contro i Ducati di Parma e Piacenza, lo difese apertamente, sostenendo l'infallibilità della bolla *In Coena Domini*[47].

---

[44] Si vedano: l'item 31, opera di Gaetano Maria da Bergamo, *Riflessioni sopra l'opinione probabile per i casi della coscienza nella teologia morale. Opera teologico-ascetica divisa in due parti. Composta da fr. Gaetano Maria da Bergamo. Parte prima [-seconda]*, in Brescia, dalle stampe di Giam-Batista Bossino, 1739, 2 v., 4°; l'item 116: "Gonzales de usu probabilismi t. 1 Roma Boemi 1694"; l'item 694: "Bordoni de opinione probabili in concursu probabiliori t. 1 Londra [in realtà Lione] Huguetan 1669". Su Gaetano Maria da Bergamo si veda la voce curata da BUSOLINI Dario in DBI, vol. 51 (1998), p. 210.
[45] BENASSI, *Guglielmo Du Tillot*, X (2° p.), p. 147.
[46] BENASSI, *Guglielmo Du Tillot*, X (2° p.), p. 114.
[47] BENASSI, *Guglielmo Du Tillot*, X (2° p.), p. 71. PORTILLO VALDÉS José María, *El Monitorio de Parma y la Constitución de la República civil en el "juicio imparcial" de Campomanes*, in *Iglesia, sociedad y estado en Espana, Francia e Italia (ss. XVIII al*

Fra le opere antigesuitiche possedute da Capretti vi è l'item n. 40, un testo polemico dell'erudito parmigiano Francesco Maria Biacca (1673-1735, "Parmindo Ibichense pastor arcade")[48] contro il *Trattenimento istorico* del gesuita bresciano Cesare Calini (1670-1749) annoverato nell'item precedente[49]. L'item 40 è anche un esempio di stampa alla macchia, perché riporta il luogo di Napoli al posto di Milano. I due opuscoli (item 39 e 40) uscirono nel 1728, ma in seguito ne furono pubblicati altri che protrassero questo dibattito - non solo d'argomento storico (sull'attendibilità delle *Antichità giudaiche* di Giuseppe Flavio), bensì morale - fino al 1734[50]. Calini richiese perfino l'intervento del Sant'Ufficio per ottenere maggiore autorità.

Anche Piacenza fu teatro di accesi dibattiti, che videro la contrapposizione del Collegio Gesuitico di S. Pietro (attivo dal 1584

XX), Emilio La Parra López, Jesus Pradells Nadal (editores), Alicante, Instituto de cultura "Juan Gil-Albert", 1991, pp. 251-261.

[48] Sul Biacca si veda LASAGNI 1999, vol. I, pp. 491-492. Probabilmente Biacca era rigorista e contestava il lassismo tipico dei gesuiti in ambito morale.

[49] Capretti ha diverse opere di Cesare Calini, antigiansenista e membro appunto della Compagnia di Gesù: gli item 36, 37, 38, 39 e 198. Calini, originario di Brescia, risiedette per qualche anno a Parma, dove si dedicò all'insegnamento e, più tardi, alla predicazione. La sua vasta produzione letteraria ebbe una certa diffusione in Italia. Un giudizio negativo contro il suo *Trattenimento istorico* fu pronunciato dal monaco Diego Revillas (morto nel 1746) per la Congregazione dell'Indice: SCHWEDT Herman, *Systematisches Repertorium zur Buchzensur 1701-1813. Indexcongregation*, a cura di Hubert Wolf, Paderborn, Schöningh, 2009, p. 1069.

[50] BIACCA Francesco Maria, *Risposta di un pastore arcade ad una lettera circolare scritta contro il nostro compastore Parmindo Ibichense dall'autore del Trattenimento istorico, e cronologico. Contro del quale ha opposto il suo il nostro accademico*, [Milano, post 1728]. Qualche anno dopo Biacca pubblicò anche: *Annotazioni di un pastor arcade in risposta alle annotazioni fatte dal padre Cesare Calini della Compagnia di Gesù al suo Trattenimento istorico, e cronologico nella terza edizione contro del quale scrisse già il suo Trattenimento Parmindo Ibichense*, in Verona, per Dionisio Ramanzini, 1734.

Sul Calini si veda PIGNATELLI Giuseppe, voce "Calini Cesare" in DBI, vol. 16 (1973), pp. 722-3.

al 1768) e del Collegio Alberoni (fondato nel 1751); quest'ultimo era accusato di adesione al giansenismo[51]. Al Collegio di S. Pietro si era formato lo stesso cardinale Alberoni, il quale poi costituì un nuovo collegio per futuri presbiteri, affidandolo ai missionari di San Vincenzo de' Paoli[52]. In esso il prelato riunì una vasta biblioteca, in parte con acquisti, in parte con doni, mettendo a disposizione degli studenti anche la propria personale raccolta libraria.

Nel 1762 due allievi del teatino Francesco Grassi, professore di filosofia e teologia al Collegio Alberoni dal 1751, discussero quaranta tesi teologiche sulla predestinazione dei santi, che suscitarono un'accesa reazione molinista, a cui rispose una controreazione altrettanto decisa. La controversia ebbe risonanze nazionali[53].

Lo sperimentalismo

Il Collegio Alberoni fu un'istituzione aperta anche allo sperimentalismo, in particolare grazie al teatino Francesco Grassi, docente di filosofia e teologia dall'anno 1751, il quale nutrì forti interessi per le scienze naturali e influenzò l'orientamento filosofico locale[54]: infatti dal 1755 vi venne istituito un gabinetto di fisica e dal 1766 al 1788 il professore di matematica e fisica fu Francesco Giuseppe Maria Martinengo, un altro teatino che proseguì l'attività del confratello[55].

---

[51] Sulla contrapposizione nel clero piacentino fra filogesuiti e antigesuiti: MIGLIORINI Stefano, *Aspetti e momenti della polemica antigesuitica a Piacenza nella seconda metà del Settecento*, in "Bollettino Storico Piacentino", XC (1995), pp. 203-218.
[52] BERTI, I, pp. 159-160.
[53] BERTI, I, pp. 170-171.
[54] BERTI, I, pp. 164-168. Morì nel 1773. Sugli interessi scientifici degli intellettuali piacentini e sulle istituzioni scolastiche locali fra 1750 e 1850 (scuola regia, scuola di S. Pietro, scuola di S. Sisto) si veda BERTI, II, ultimo capitolo, in part. pp. 482-483.
[55] BERTI, I, pp. 157-164: 160-163.

Capretti, tuttavia, non possiede opere di argomento scientifico: fanno eccezione gli item 1, consistente in un manoscritto del gesuita Achille Beccadelli, docente di matematica a Parma, che pubblicò alcune sue osservazioni sull'eclissi solare del 3 maggio 1715, e l'item 29, un manuale di aritmetica di Giuseppe Maria Figatelli.

L'orientamento filosofico e teologico eclettico

In base ai titoli dei libri che possiede, Capretti sembra appartenere a un orientamento eclettico condiviso da diversi esponenti del clero attivi a Parma e a Piacenza, ma specialmente dai gesuiti, fra cui Pietro Gioia (insegnante a Piacenza nel periodo 1768-1793) e i due fratelli catalani (ma palermitani di nascita) Antonio Giuseppe e Baldassare Masdeu, che si rifugiarono a Piacenza nel 1792, in seguito al decreto di espulsione dei Gesuiti dalla Spagna emanato da Carlo III nel 1767: il primo cominciò subito a insegnare teologia al Collegio di S. Pietro di Piacenza, il secondo, dopo aver compiuto molte peregrinazioni per l'Italia, dal 1799 vi insegnò filosofia[56]. Il loro eclettismo consisteva nel fondere S. Agostino e S. Tommaso e nel "ricondurre la teologia al metodo scolastico, allontanandola da Cartesio e Leibniz ed insieme a questi da Locke e Condillac"[57].

Capretti non appare decisamente schierato per l'una o l'altra corrente fra quelle che abbiamo annoverato, ma aperto a molteplici sollecitazioni, per cui sembra manifestare un atteggiamento di grande curiosità e al tempo stesso di prudenza verso tutte le dottrine che si diffondevano all'epoca. Forse per questa sua ponderatezza fu scelto dall'inquisitore Mozani come proprio consultore nel 1782.

---

[56] BERTI, I, pp. 151 (su Antonio Giuseppe), pp. 146-151 (su Baldassare, aderente a un "eclettismo essenzialmente scolastico": ivi, pp. 151, 155).
[57] BERTI, I, p. 151.

Il contesto: l'Inquisizione fra curialisti e regalisti

Come abbiamo anticipato, gli anni della dominazione borbonica a Parma e Piacenza (1749-1802)[1] furono caratterizzati da forti mutamenti nell'assetto e nel ruolo delle istituzioni preposte alla sorveglianza della fede e alla censura libraria. Se fino al 1769 i tribunali inquisitoriali delle due città avevano svolto le proprie funzioni sostanzialmente come nell'epoca farnesiana, ovvero in stretta dipendenza dalle congregazioni romane del Sant'Ufficio e dell'Indice, in seguito il governo illuminato di Du Tillot determinò la loro soppressione, con conseguenze politiche (*Monitorio* del papa) e culturali (svolta illuministica) di notevole portata.

E tuttavia questo del 1769 non fu l'unico profondo rivolgimento che venne attuato in quegli anni, perché, con la cacciata del Du Tillot nel 1771 per volontà di don Ferdinando di Borbone e della moglie Maria Amalia di Asburgo-Lorena e con la ripresa dei rapporti diplomatici con la Santa Sede, lo Stato giunse un po' alla volta, con lunghe trattative, a ripristinare la situazione precedente, che si manterrà tale fino al 1805, quando Napoleone soppresse definitivamente le due sedi parmigiana e piacentina del Sant'Ufficio, con i loro numerosi vicariati sparsi nel contado. La censura, però, in qualche modo proseguì, perché il potere politico se ne servì per mantenersi stabile: un decreto del Governo Provvisorio, il n. 26, emanato a Parma il 6 maggio 1814, "ristabilisce il censore e revisore delle stampe", puntualizzando che "il signor Abate Don Domenico Santi, Professore dell'Università di Parma,

---

[1] Filippo e il figlio Ferdinando furono i primi duchi della dinastia (1749-1802) insediatisi in seguito al trattato di Aquisgrana. Avevo già in parte affrontato il tema della censura libraria nella mia monografia *Al cliente lettore. Il commercio e la censura del libro a Parma nell'epoca farnesiana 1545-1731*, Milano, FrancoAngeli, 2012, pp. 152-166.

è ripristinato nell'antico suo impiego di Censore e Revisore delle stampe nella giurisdizione del Ducato di Parma". Dopo pochi mesi, il 29 settembre 1814, esce anche il regolamento n. 111 "Per gli stampatori", che così si esprime: "Ogni stampatore giurerà avanti a detto Tribunale di non istampare cosa alcuna che sia contraria ai doveri dei sudditi verso il Sovrano, all'interesse dello Stato, ed alla pubblica morale".

Per comprendere questi mutamenti bisogna tener presente che a metà Settecento, non solo nei Ducati farnesiani, ma anche nelle altre realtà statali italiane, si era accentuato ancora di più il divario tra la concezione illuministica fondata sulla libera affermazione della ragione e la rigida ortodossia romana ancorata al principio di autorità[2].

Se però fino a quel momento a Parma e Piacenza non si era verificato alcuno scontro aperto fra inquisitori e istituzioni civili, dal 1749 lo scenario si modificò notevolmente. Du Tillot, primo ministro dal 1749 al 1771, guidò l'operato di Filippo di Borbone e, dopo la morte di costui, del figlio minorenne Ferdinando, giungendo ad attuare le riforme progettate col sostegno delle corti spagnola e francese. Du Tillot riuscì nel suo intento, procedendo gradualmente e salvando le apparenze. Infatti dapprima consentì all'inquisitore di Parma Giacinto Maria Longhi di continuare a svolgere formalmente la sua funzione di censore delle stampe, benché subordinato al controllo governativo, poi cambiò le regole.

Due episodi dimostrano come Du Tillot avesse lasciato il Longhi agire indisturbato, dandogli l'illusione di attuare la sua funzione censoria come un tempo: il 23 maggio 1749 il padre Ildefonso

---

[2] Sulle perplessità degli stessi cardinali dei dicasteri romani nei confronti di chi ostacolava la diffusione della filosofia illuminista: DEL COL, *L'Inquisizione in Italia*, pp. 714-716. Il comportamento scrupoloso dell'inquisitore di Parma Longhi, per esempio, è l'evidente manifestazione del clima di incertezza e di sospetto che nell'ambiente cattolico si stava diffondendo verso gli anni Cinquanta del Settecento.

Vela, della Congregazione dei Chierici regolari di S. Paolo, si rivolse al religioso per far stampare la vita di Margherita Brendoli (si veda l'appendice cronologica, alla data). Longhi, come al solito, scrisse a Roma, ricevendo una risposta positiva il successivo 4 giugno, così che l'opera venne stampata nel medesimo anno[3]. Il 22 gennaio 1751 segnalò all'Indice che a Parma circolava un *Rituale Romano* fresco di stampa, nel quale si trovava anche la formula di una benedizione che era stata proibita dall'Indice; perciò chiese ai cardinali se dovesse sequestrare le copie rintracciabili, ma gli fu sollecitamente risposto che il papa Benedetto XIII aveva autorizzato tale formula (si veda l'appendice cronologica, alla data)[4].

La seconda fase di riforme attuata da Du Tillot fu invece un attacco più deciso ed esplicito ai privilegi delle istituzioni religiose

---

[3] L'opera era intitolata *Azioni della serva di Dio Margherita Brendoli di Parma detta la Penitente, scritte in ristretto*. ACDF, St. St., Tit. Libr. 1746-58, 20. Non ho individuato l'opera nei repertori consultati.

[4] "Essendo capitato qui a Parma un Rituale Romano stampato in Venezia presso Andrea Poletti l'anno 1744 nel quale vi è la *Benedicione dell'a[c]qua* che si fa nella vigilia dell'Epifania e nel fine della detta *Benedicione dell'acqua* vi sono le seguenti parole Ad fovendam simul et incitandam Fidelium devotionem, Sanctissimus Dominus noster Benedictus XIII omnibus et singulis utriusque sexus Christi Fidelibus qui in pervigilio Epiphaniae Domini huiusmodi Aquae benedictioni quavis in Ecclesia illa fiat, devote adfuerint, centum indulgentiae dies perpetuo est largitus. E sapendo che detta benedizione fu proibita con decreto della Sacra Congregazione dell'Indice sotto li 4 di dicembre l'anno 1724, ho stimato [...]". L'inquisitore (il 3 e il 10 febbraio successivi) è invitato dai cardinali a comportarsi in conformità con la lettera della Congregazione dell'Indice, che infatti è allegata (del 6 febbraio 1751), in cui si riportano le parole del segretario dell'Indice, pronunciate dopo aver letto la lettera dell'inquisitore di Parma: "È ben vero che la benedizione è proibita, ma si continua a praticare a Roma nelle chiese di rito latino e greco e il papa Benedetto XIII l'ha approvata ed è stata stampata per sua volontà nel 1727 nella stamperia di Girolamo Mainardi, quindi non cade sotto la proibizione". Le proibizioni dell'Indice sono state "aggiunte [...] con privata autorità e non approvate dalla Santa Sede". ACDF, St. St., Tit. Libr. 1729-45, 37.

in generale e all'Inquisizione in particolare. Il ministro si prefissò lo scopo di sopprimere i due tribunali di Parma e Piacenza per incamerare i beni che essi avevano accumulato nei secoli precedenti attraverso confische e lasciti; inoltre cercò di ridurre il potere della Santa Sede nei due Ducati, potere molto forte che si manifestava attraverso l'imposizione di divieti e obblighi per i fedeli[5].

L'inquisitore Pietro Martire Cassio da Borgo Taro venne gradualmente esautorato dalle riforme del ministro francese. Come i suoi predecessori, anch'egli, all'inizio del suo mandato, nel 1754, pubblicò un nuovo editto, nel quale, fra le varie disposizioni, ribadiva quelle riguardanti l'*imprimatur* e il possesso e la vendita di libri proibiti (terza appendice, doc. 9)[6]. Inoltre anch'egli, inizialmente, ricevette le richieste dei fedeli che intendevano accostarsi alla stampa interdetta, come nel caso già citato del frate cappuccino Adeodato Turchi, che nel 1757 e 1761 domandò licenze di lettura per opere proibite di filosofi francesi e nel 1765 tentò di far ottenere anche al suo amico Antonio Cerati licenze per testi di autori illuministi[7].

Ma dagli anni Sessanta lo scenario muta: nel 1762 il duca Filippo, sotto la pressione del Du Tillot, emana l'*Editto per l'introduzione de' libri*, una serie di norme che regolano il commercio librario e in generale l'arrivo di materiale bibliografico dall'estero. Non conosciamo il dettato di questo editto, ma dovette probabilmente costituire una novità rispetto al passato[8]. Anche sul fronte della cen-

---

[5] Su queste controversie e sull'operato di Du Tillot si veda MADDALENA 2008, pp. 134-152.
[6] ASPr, Culto, b. 101: bando a stampa del 30 ottobre 1754. Vi si ribadiscono le stesse norme presenti negli editti del 1719 e 1738.
[7] STANISLAO DA CAMPAGNOLA, *Adeodato Turchi in un carteggio inedito con Antonio Cerati*, in "Aurea Parma", XLII (1958), pp. 41-49: 43. Turchi inoltre chiese a Du Tillot nell'agosto del 1762 di poter avere in prestito il *Contract social* di Rousseau, appena uscito: BENASSI, *Guglielmo Du Tillot*, IX, p. 75.
[8] È datato 6 marzo 1762. Citato in ASPr, inv. 165 del Gridario, Indice delle gride dal 1749 al 1802, voce "Inquisizione", n. 189, c. 188. Nello stesso anno e nel successivo vengono proibite, "sotto pena di scomunica", altre pubblicazio-

sura preventiva è significativo che in questi anni l'editoria locale non mostri più alcun *imprimatur*. L'anno dopo (1763) Cassio, trascurando l'editto del Borbone, ne emana uno nuovo che ingiunge di denunciare i possessori di libri proibiti[9] e pubblica un decreto contro un'opera in particolare, *Del matrimonio* di Antonio Cocchi, che era potuta entrare nello Stato grazie alle più permissive disposizioni ducali[10]. Nell'ottobre del 1764 il giovanissimo duca Ferdinando, manovrato dal ministro, pubblica la *Prammatica sulla Manomorta*, con cui vieta il passaggio di beni nelle proprietà ecclesiastiche, atto che deliberatamente danneggia anche l'Inquisizione e che viene condannato da un breve papale[11]. Nel gennaio del 1765

---

ni, elencate nel medesimo Indice ai nn. 14, 29, 9, 114: *Le diciotto lettere dette provinciali, De la nature, Emile ou de l'education, Del matrimonio*.

[9] ASPr, Carte Drei, appunto dell'archivista, tratto da ASPR, Culto, b. 101: l'atto sarebbe del 27 aprile 1763, ma non se ne trova l'originale.

[10] ASPr, Consorzio dei vivi e dei morti, gridario, ecclesiastici, tomo 2, n. 17. L'inquisitore Pietro Martire Cassio stampa il bando che ripropone nella metà superiore un decreto romano del 16 marzo 1763 (non pubblicabile direttamente a Parma, essendo stato emesso dalla Congregazione del Sant'Ufficio) e nella parte inferiore pone la propria firma e la data: Parma, 13 aprile 1763. L'opera condannata, che era già stata inserita l'anno precedente in un bando locale (si veda una delle note precedenti), è *Del matrimonio. Discorso di Antonio Cocchi Mugellano*, in Londra, 1762. Viene indicata come proibita anche l'edizione francese precedente: *Del matrimonio. Ragionamento di un filosofo mugellano, edizione seconda*, in Parigi, nella stamperia Italiana, 1762. È possibile che Londra e Parigi siano falsi luoghi di stampa. Si veda ILI XI, p. 227. Le ragioni della condanna sono precisate nel bando: il libro contiene "propositiones falsas, erroneas, scandalosas, male sonantes, obscaenas, et piarum aurium offensivas". La Congregazione "vetat [...] describere, imprimere, aut describi, vel imprimi facere, aut apud se retinere et legere [librum] sed ipsum Ordinariis locorum, aut [...] inquisitoribus statim, et cum effectu tradere, et consignare".

[11] Bando stampato, a firma del regnante e del ministro Du Tillot, inviato ai cardinali insieme al "Piano d'errezione ed istruzioni per la Regia sovraintendenza ai luoghi pii", con una lettera dell'inquisitore Ciacchi alla Congregazione, del 12 giugno 1767. In una lettera successiva del 31 luglio Ciacchi manda anche il bando a stampa "Avviso per il pagamento delle collette". I cardinali esortano l'inquisitore ad "attenersi" (ACDF, St. St., GG 4 b).

il sovrano emana anche la *Legge di perequazione dei pubblici carichi*, che, eliminando l'esenzione degli ecclesiastici dalle tasse statali, colpisce di nuovo l'Inquisizione. Allo stesso anno risalgono le *Istruzioni per mantenere nei suoi giusti limiti la giurisdizione ecclesiastica*, il *Piano sull'Inquisizione*[12] col quale i beni di questa antica istituzione vengono pignorati e le sue funzioni affidate ai vescovi, e le *Disposizioni agli stampatori per attuare la censura libraria*[13]. La funzione censoria viene delegata a una "Regia Giunta di Giurisdizione" (ente che in alcuni documenti viene chiamato "Magistrato dei Riformatori"), a cui gli stampatori sono tenuti a portare il manoscritto originale di ogni libro in duplice copia. Essa rilascia una licenza di stampa che deve precedere le sottoscrizioni degli ordinari e degli inquisitori. La Giunta si impegna, poi, a "Non [lasciare] uscire dalle dogane e da questi stati libri procedenti da paesi esteri senza licenza del tribunale"[14]. Come si può notare, questo progetto di

---

[12] Il *Piano sull'Inquisizione* verrà presentato al governo il 24 agosto 1767: DREI, *Sulle relazioni*, p. 584.

[13] La reazione dell'inquisitore di Piacenza a queste innovazioni emerge da un documento del 7 giugno 1767, quando il presidente della Regia Giunta, Giacomo Maria Schiattini, scrive al vescovo di Piacenza, riportandogli le lamentele dell'inquisitore di Piacenza, il quale si era rammaricato dei cambiamenti intervenuti nella burocrazia censoria. Schiattini scrive all'ordinario: "Passò poi l'inquisitore all'affare delle stampe dolendosi meco che i stampatori non andavano più al Sant'Ufficio a prendere la licenza di imprimere e a portar gli originali". Schiattini rispose all'inquisitore che l'intenzione del sovrano era che gli stampatori dovessero richiedere la licenza anche dall'inquisitore, ma che gli originali venissero conservati assolutamente nell'ufficio laico. Precisò che "per parte nostra si era ingiunto alli stampatori che quallora il padre inquisitore volesse anch'egli una copia di quanto si va imprimendo, debbano dargliela". Schiattini conclude: "Dissi [all'inquisitore] di contentarsi della copia" (ASPr, Carte Drei, b. Inquisizione, fasc. 2). È evidente, però, che questo *iter* che prevedeva la consegna di una duplice copia del manoscritto diventava per gli autori molto più dispendioso, complesso e lento.

[14] Non ho individuato il testo delle *Disposizioni*, ma è possibile che contenesse già alcuni cambiamenti che verranno inseriti nel progetto di riforma dell'Inquisizione di Du Tillot, elaborato negli anni 1769-1770 in 38 punti elen-

legge non si pronuncia sul commercio e sul possesso dei libri interdetti, lasciando quindi valida la legislazione precedente, che vedeva nei ruoli di sorveglianza e repressione i vescovi e gli inquisitori.

Per quanto riguarda la censura preventiva, invece, il progetto di Du Tillot vuol determinare un forte cambiamento rispetto al passato. Va però di nuovo ricordato che in diversi stati italiani già da tempo era stata adottata un'analoga procedura. Nel 1743, ad esempio, era stato emanato nel Granducato di Toscana un *Editto sulla stampa* che prevedeva prima l'esame del manoscritto da parte del censore civile, deputato dal sovrano a verificare che il testo non contenesse nulla di contrario al buon costume e al regio diritto, poi il controllo del censore ecclesiastico, delegato dal vescovo o dall'inquisitore a vagliarlo affinché non ci fosse nulla di dissonante rispetto alla religione cattolica[15]. In seguito al concordato fra governo granducale e Santa Sede, siglato nel 1754, fu raggiunta una completa laicizzazione dell'editoria e della censura. A Parma, invece, i fatti andarono diversamente, nella convinzione che lo Stato fosse subordinato alla Santa Sede fin dalla sua fondazione per volontà di Paolo III Farnese[16].

---

cati in un fascicolo non datato, conservato in ASPr, Archivio Du Tillot, b. 78 (pubblicato in DALLASTA, *Appoggi, archivio, astuzia*, pp. 411-412). Il materiale archivistico prodotto dalla Regia Giunta di Giurisdizione è in ASPr, Archivio Du Tillot, b. 90.

[15] LANDI, *Il governo delle opinioni*, cap. II, pp. 49-92 (*La riforma della censura*).

[16] In realtà la questione dei rapporti fra Stato farnesiano, Chiesa e Impero era ben più complessa: infatti lo Stato era nato nel 1545 come feudo della Chiesa, ma col trattato di Gand del 1556 il duca Ottavio aveva dovuto riconoscere la dipendenza feudale anche dall'Impero. Sulla questione si rinvia a DREI, *I Farnese: grandezza e decadenza* (ed. 2009), p. 104 e *Le istituzioni dei Ducati parmensi nella prima metà del Settecento*, a cura di Sergio DI NOTO, Parma, Step, 1980, p. 11: nel 1734 "un trattato segreto tra Francia ed Austria stabiliva un nuovo assetto politico per i Ducati, assegnandoli all'Impero. Trionfava la linea di casa d'Austria che con lunghi maneggi diplomatici aveva tentato di accreditare un legittimo diritto alla successione, sostenendo Parma e Piacenza essere feudi imperiali, in

Ripercorriamo le tappe fondamentali di questa battaglia legale e culturale, con l'avvertenza che l'argomento verrà affrontato con maggiori dettagli nella seconda appendice (Cronologia) al presente saggio.

Nel 1768 il papa Clemente XIII lancia contro il governo borbonico un *Monitorio*, ma il sovrano, sotto la pressione di Du Tillot e delle corti borboniche spagnola e francese, non desiste: il 3 febbraio caccia dai Ducati i gesuiti, il 9 febbraio espelle l'inquisitore di Piacenza e il suo vicario, quindi emana un ulteriore decreto che comprende l'ordine agli stampatori di presentare i loro manoscritti al giudizio del "Magistrato dei Riformatori", restringendo l'autorità della censura ecclesiastica. Tuttavia, all'insaputa del suo ministro, lo stesso duca continua ad affidare all'inquisitore Cassio manoscritti da sottoporre al suo controllo e al parere delle congregazioni romane[17].

Il 27 febbraio 1769 Cassio muore[18]; un ordine ministeriale, fatto sigillare l'archivio del Sant'Ufficio e disposto l'incameramento dei

---

opposizione alla linea della Santa Sede che reclamava le due città come feudi papali". Si veda anche ASPr, Carteggio Farnesiano Interno, b. 33, 9 dicembre 1560, istruzioni del duca Ottavio a Paolo Simonetta inviato dal Papa per rinnovare il giuramento di fedeltà e l'investitura dei Ducati (segnalazione di Giuseppina Bacchi, che ringrazio).

[17] Conosciamo questi sotterfugi dalle lettere dell'inquisitore Vincenzo Giuliano Mozani, successore del Cassio, al confratello Raimondo Migliavacca, conservate in ACDF, Sant'Ufficio, St. St., GG 4 a e GG 4 c.

[18] ASPr, SGAVETTA (SGAVETTI) Antonio Bartolomeo, *Cronaca 1746-1771*, ms. n. 27, 13 volumi, vol. XII (1769-1770), cc. 10v-11v: DREI, *Sulle relazioni*, p. 590. Sul cronista Sgavetta (1708-1772): LASAGNI 1999, IV, pp. 403-407. La trascrizione completa di tutti i volumi è stata compiuta da un'équipe coordinata da Giovanni Petrolini e Paolo Bongrani dell'Università di Parma, Facoltà di Magistero, negli anni accademici fra il 1986 e il 1998. Il primo volume (1746-48) è stato trascritto da Stefania Mazzali, il secondo volume (1749-50) da Alessandra Sciacco; il terzo volume (1751-52) da Cristina Boccella; il quarto volume (1753-54) da Cristina Bolsi; il quinto volume (1755-56) da Elisabetta Zanichelli; il sesto volume (1757-58) da Clelia Risi; il settimo volume (1759-60) da Lorena Grazioli; l'ottavo volume (1761-62) da Franca Guglielmi; il nono volume

suoi beni, affida ai vescovi di Parma, Piacenza e Borgo San Donnino e all'abate di Guastalla l'esercizio della funzione inquisitoriale, ma sotto la sorveglianza della "Regia Giunta di Giurisdizione"[19]. Gli ordinari sono infatti invitati ad accordarsi con i ministri statali per esercitare tali uffici[20]. In tal modo la procedura di revisione delle stampe viene ribaltata rispetto alle antiche consuetudini: se nei secoli precedenti lo Stato riconosceva il diritto della Chiesa a proclamarsi giudice della produzione libraria e si limitava a far apporre il "vidit" del presidente della Camera ducale, sotto il

---

(1763-64) da Patrizia Terenziani; il decimo volume (1765-66) da Anna Rita Orsi; l'undicesimo volume (1767-68) da Stefania Banderini; il dodicesimo volume (1769-70) da Grazia D'Amico; il tredicesimo volume (1771) da Maria Elena Mondelli. Ringrazio il prof. Paolo Bongrani per la gentile segnalazione di queste tesi di laurea, che sono attualmente conservate presso ASPr. Il primo volume è stato anche pubblicato: MAZZALI Stefania, *La Nave delle Chiarle. Edizione e analisi linguistica del primo volume (1746-1748) della cronaca parmigiana di Antonio Sgavetti, Semplice Chirurgo Barbiere*, Parma, Cooperativa Universitaria Studio e Lavoro, 1992.

[19] ASPr, Archivio Du Tillot, bb. 78, 79, 80, 81; Culto, b. 101; DREI, *Sulle relazioni*, pp. 590-591. I due inventari degli ambienti che formavano la sede locale dell'Inquisizione nel 1769 al momento della soppressione voluta da Guillaume Du Tillot (ASPr, Archivio Du Tillot, b. 50; pubblicato in DALLASTA, *Appoggi, archivio, astuzia*, p. 410) sono trascritti nella terza Appendice del presente saggio, documenti n. 15 e 16.

[20] Il 27 marzo Du Tillot affida alla "Regia Giunta" la sistemazione e la vigilanza dell'Inquisizione, gestita dal vescovo e da un ministro governativo: perciò gli archivi del Sant'Ufficio di Parma e Piacenza vengono consegnati alle rispettive cancellerie vescovili. Il 23 maggio Mozani scrive alla Congregazione del Sant'Ufficio a Roma: "Questa mattina è stata affissa notificazione delle Ordinazioni di questo sovrano intorno al Tribunale dell'Inquisizione ora diretto dai vescovi di questo Dominio. Di tal notificazione furtivamente ne umilio copia alle Eccellenze Vostre": è un bando a stampa del 23 maggio 1769 impresso nella Stamperia Reale di Parma firmato dal Presidente della Giunta di Giurisdizione (ACDF, St. St., GG 4 a).
Lo stesso giorno 23 maggio Mozani scrive a Migliavacca circa le vere intenzioni della corte di sopprimere il Sant'Ufficio "col pretesto che è da se stesso decaduto" (ACDF, St. St., GG 4 c).

governo illuminato pretende un ruolo preminente rispetto agli ecclesiastici. Anche gli obiettivi della censura preventiva cambiano e sono finalizzati al sostegno delle riforme politiche, economiche e fiscali del principe, alla difesa dell'azione del governo tra i sudditi, alla formazione di un'opinione pubblica favorevole e al contrasto dell'influenza del clero (specialmente dei gesuiti) sul popolo. Per questa ragione il governo favorisce la traduzione di opere straniere che divulghino i Lumi e diffondano le nuove teorie presso un pubblico medio non ancora in grado di accostarsi alle opere in lingua originale. Attraverso la prassi della revisione si promuove l'arrivo della stampa filo-francese in grado di far conoscere il dibattito culturale europeo, e si ostacola la circolazione di quella filo-romana.

Già dai primi anni Settanta il frate domenicano Vincenzo Giuliano Mozani, che aveva svolto le funzioni di vicario di Cassio e avrebbe dovuto ricoprire la carica di inquisitore se Du Tillot non avesse costretto il duca Ferdinando a sopprimere l'ente, si lamenta della grave situazione instauratasi nei Ducati, scrivendo ai cardinali delle congregazioni del Sant'Ufficio e dell'Indice numerose lettere[21], dalle quali emerge la segreta volontà del duca Ferdinando di avviare presto le trattative con la Santa Sede per ripristinare l'Inquisizione nel suo Stato.

Il ricco carteggio conservato in Vaticano comprende anche lettere di altri mittenti oltre a Mozani e ci informa dei compiti di consultore affidati dal governo ducale al bibliotecario di corte, Paolo Maria Paciaudi. Lo dimostra appunto una missiva senza data inviata ai cardinali dal padre domenicano Vincenzo Bartoli, docente di filosofia nel convento di Bologna, in cui il mittente parla delle "tesi filosofiche sul Romano Pontefice" composte dal padre domenicano Vincenzo Visconti e affidate al Paciaudi, perché ne

---

[21] Le lettere sono conservate in ACDF, St. St., GG 4 a.

esegua la revisione²². Il carteggio riferisce della stampa, nel 1769, di un *Esame storico-teologico-legale* di Donnino Giuseppe Coppellotti, che risente delle affermazioni di Pietro Giannone, difensore della libertà di stampa nel Regno di Napoli²³: è quindi naturale che il libro non venga interdetto nei Ducati di Parma e Piacenza negli anni in cui sono guidati da un ministro "illuminato"²⁴. È interes-

---

²² ACDF, St. St., GG 4 c. Padre Vincenzo Bartoli scrive dal convento di Bologna a Migliavacca su incarico di Mozani il 29 luglio 1769, per parlare del padre Vincenzo Visconti, "professor regio di teologia in Borgotaro". Anche in una lettera di pochi giorni precedente (12 luglio 1769) inviata dal Mozani a Migliavacca si faceva riferimento al padre Visconti e ad altri ecclesiastici che avevano letto libri "infami d'ogni sorte" (cioè di illuministi), aderito a tesi sospette, composto e talvolta pubblicato propri scritti ed erano stati gratificati dalla corte con importanti incarichi (il cappuccino Adeodato Turchi, il padre Venini somasco, definito "epicureo schietto", l'abate Milliot [Millot] francese, il padre Contini teatino). Dalla corrispondenza pluriennale Mozani-Migliavacca emerge che anche i cardinali delle due Congregazioni dell'Indice e del Sant'Ufficio avevano opinioni piuttosto divergenti su molti temi e sul significato della censura libraria.
²³ Donnino Giuseppe Coppellotti pubblicò *Esame storico-legale-teologico sopra le lettere in forma di breve pubblicate in Roma il primo di febbrajo dell'anno corrente 1768. Contro gli editti de' reali sovrani di Parma emanati intorno l'immunità, e disciplina ecclesiastica*, s.l., s.d. (in realtà: Parma, Stamperia Reale, 1768) 8°, 192 pp. Un accenno a questo parroco "dottissimo" di Casaliggio (diocesi di Piacenza), presso il quale studiavano privatamente molti chierici, suddiaconi e diaconi negli anni 1740-1750, che poi venivano ordinati presbiteri, si trova in MOLINARI 1966, p. 130; DREI, *Sulle relazioni*, p. 589.
²⁴ Uomini vicini al Du Tillot studiarono il problema della censura libraria e del suo significato in diversi Stati: emerge dalla presenza in ASPr, Computisteria farnesiana e borbonica, Fili correnti, b. 358 a, di documenti relativi alla pubblicazione dell'opera di Coppellotti e, nella stessa busta archivistica, di un manoscritto che consiste nella trascrizione di un trattato del giurista napoletano Pietro Giannone (1676-1748) sulle censure, intitolato *Istoria civile del Regno di Napoli*. Sul Giannone si rinvia alla relativa voce di DEL COL Andrea, in *Dizionario storico dell'Inquisizione*, v. II, pp. 682-683. Relativamente all'impresa editoriale del Coppellotti, nata nell'ambito dei collaboratori del Du Tillot, terminata il 23 febbraio 1769 a pochi giorni dalla pubblicazione del *Monitorio*, e stampata in 525 copie, si rinvia a PELIZZONI Luigi, scheda bibliografica, in DE PASQUALE

sante notare che nel 1770, invece, gli ambienti ecclesiastici filoromani danno la caccia a un libraio ambulante detto "Il soldato", che vendeva le proibite *Lettere persiane* di Charles-Louis de Montesquieu[25].

Lo scenario cambia quando, dal novembre del 1771, il duca Ferdinando destituisce il ministro Du Tillot e nomina nei ruoli statali fondamentali alcuni collaboratori che aderiscono alla sua ottica restauratrice. Solo apparentemente, infatti, lo Stato è allineato con le corti borboniche "illuminate" di Francia e Spagna; in realtà i ceti dirigenti sono divisi sul piano ideologico e Ferdinando spera di ritornare alla situazione precedente. Ma non è possibile in poco tempo ripristinare l'assetto primitivo, perché la Santa Sede per sette anni non manda alcun segno di apertura.

Questa incerta situazione emerge in una lettera del 30 marzo 1776, in cui il frate Giuseppe Porta del convento domenicano di Parma scrive al confratello Raimondo Migliavacca a Roma sulla volontà del duca di ristabilire il Sant'Ufficio e di restituirlo ai domenicani. Accenna, inoltre, preoccupato, alla stampa del *Cours d'étude pour l'instruction du prince de Parme* (dedicato allo stesso sovrano) di Étienne Bonnot de Condillac, che esprime pienamente

---

Andrea, GODI Giovanni (a cura di), *Il Ducato in scena. Parma 1769: feste, libri, politica*. Catalogo della mostra, Parma, Biblioteca Palatina, 23 settembre–28 novembre 2009, Parma 2009, p. 160; DALLASTA, *Appoggi, archivio, astuzia*, p. 375.
Un analogo interesse a stabilire contatti con intellettuali operanti all'estero, in particolare a Parigi, è messo in evidenza nella Toscana degli anni Sessanta e Settanta del Settecento da LANDI, *Il governo delle opinioni*, cap. IV, pp. 183-244: *L'età di Rosenberg. Dalla "pubblicità" della politica all'uso politico delle stampe (1766-1771)*. Il granduca Pietro Leopoldo di Lorena era molto aperto e tollerante nei confronti dell'introduzione e circolazione di opere destinate a un pubblico scelto e illuminato, interlocutore del governo.

[25] DREI, *Sulle relazioni*, p. 593; DI NOTO Sergio, *Il Collegio dei dottori e giudici e la Facoltà legale parmense in età farnesiano-borbonica (1545-1802)*, Padova, Cedam, 2001, pp. 341-342, nota 95. Sulla proibizione si veda ILI XI, p. 632: *Lettres persanes*, Amsterdam [Rouen?], Pierre Brunel, 1721, in 12°, 2 vol. L'opera era stata interdetta dal Sant'Ufficio con decreto del 24 maggio 1762.

l'ideologia illuminista e sensista ed è carico di un forte potenziale destabilizzante[26]. Nel medesimo anno il duca richiama a Parma il padre teatino Paolo Paciaudi, che era stato licenziato dal Du Tillot, e gli affida la ricostruzione della biblioteca di corte[27]. Alla fine dell'anno, il 26 dicembre 1776, l'inquisitore di Reggio Emilia pubblica un editto generale riguardante anche alcuni territori della diocesi di Parma situati nello Stato estense[28]. Questo fatto può essere interpretato come un segnale di incoraggiamento al governo borbonico.

All'inizio del 1777 il duca prosegue i tentativi presso la Santa Sede per giungere a un concordato sulla riapertura del Sant'Ufficio a Parma e a Piacenza, avvalendosi di un gruppo di domenicani fra i quali svolgono una funzione fondamentale Mozani e Migliavacca[29]. Nel 1780 l'Inquisizione viene effettivamente

---

[26] ACDF, St. St., GG 4 c. L'opera, dedicata al principe Ferdinando di Borbone e stampata a Parma dall'Imprimerie royale nel 1775 in 16 volumi in 8°, verrà messa all'Indice solo nel 1836: ILI XI, p. 238. Sull'argomento si rinvia a CERIOTTI Luca, *Parma francese: intellettuali, potere e censura delle idee negli stati dei Borbone a mezzo il Settecento*, in *Inquisition und Buchzensur im Zeitalter der Aufklärung*, Hubert Wolf (Hrsg.), Paderborn, Ferdinand Schöningh, 2011, pp. 179-193. La lettera è integralmente trascritta alle pp. 184-185.

[27] Paciaudi, che aveva fondato la biblioteca nel 1762 e l'aveva diretta fino al 1774, quando fu affidata ad Andrea Mazza, riprese la direzione dal 1778 al 1785: si veda CIAVARELLA Angelo, *Notizie e documenti per una storia della Biblioteca Palatina di Parma,* Parma, Biblioteca Palatina, 1962, pp. 7-45: 14-23.

[28] AVPr, Cassetta Pettorelli Lalatta, bando a stampa del 26 dicembre 1776 (inedito). Si veda la terza appendice, doc. 20.

[29] Lettere del febbraio e marzo, in particolare del 26 marzo del cardinale Serafino Maccarinelli da Roma a Migliavacca a Modena: "Posso dirle in generale che tutti sono di male animo contro il Sant'Ufficio o almeno di nessun parere per il tribunale, anche quelli che ne dovrebbero essere li difensori e promotori [...]. Non posso parlar di più per non dire spropositi maggiori" (ACDF, St. St., GG 4 c). Si veda anche la lettera del 7 giugno del duca Ferdinando da Colorno al padre generale dell'Ordine per informarlo che sta fabbricando la sua nuova chiesa da affidare ai domenicani dell'osservanza. Il duca vorrebbe fondare la chiesa di S. Liborio a cui destina 500.000 lire di Parma, ma per attuare il progetto sono necessarie le approvazioni del generale stesso e del papa. Il duca

ripristinata nei Ducati: il 29 luglio di quell'anno è firmato il concordato, il 2 agosto viene pubblicato il *Motu proprio* del duca e il 12 agosto esce l'*Editto generale del S. Ufficio*[30]. Tutti questi documenti dettano norme anche sulla censura libraria[31]. A questo punto Mozani riceve tutti i beni e l'archivio che gli erano stati sottratti al momento della soppressione e viene nominato come inquisitore per Parma dalla Santa Sede[32]. Già dai suoi primi atti (si veda l'appendice cronologica) dimostra di voler tornare alla tradizione e di affidarsi ai cardinali delle congregazioni romane: nel 1782 invia al Sant'Ufficio l'elenco dei suoi collaboratori, fra cui alcuni consultori e revisori dei libri che comprendono pure don Giuseppe Lorenzo Capretti, accompagnato dal titolo "Sacri Iuris

---

scrive altre lettere allo stesso destinatario nei mesi successivi allo stesso scopo. Riferendosi alle soppressioni attuate nel 1769 afferma: "Todas estas suppressiones fueron irregulares y illegitimas y yo quiero remediar a todo" (AGOP, XIII. 568, cc. 104-146). Sul cardinale domenicano Serafino Maccarinelli: *Prosopographie*, II, pp. 757-759.

[30] AVPr, cassetta unica Inquisizione. Il testo dell'editto è trascritto nella terza appendice, doc. 24. Per il *Motu proprio* si veda il doc. 23.

[31] Il testo del Concordato tra Ferdinando di Borbone e il papa Pio VI (29 luglio 1780), definito *Sistema del Tribunale della S. Inquisizione ne' Regi Domini di Parma, Piacenza e Guastalla prefisso in occasione del suo ristabilimento*, è trascritto nella terza appendice, doc. 22. Si trova in ACDF, St. St., GG 4 c (pubblicato da DREI, *Sulle relazioni*); una copia del "Motu proprio" di Ferdinando e dell'Editto dell'inquisitore sono in AVPr, cassetta unica Inquisizione. I tre documenti sono pubblicati in DALLASTA, *Appoggi, archivio, astuzia*, pp. 413-429. Il 22 agosto Mozani scrive a Roma per informare le Congregazioni dell'avvenuta pubblicazione di questi atti, inviandone copia, e aggiunge con soddisfazione: "Ho riaperto dunque il S. Tribunale. Tutto mi è stato restituito dal Patrimonio dei Poveri, cioè tutti li beni [...]. Così pure Mons. Vescovo mi ha rimesso l'archivio" (ACDF, St. St., GG 4 a).

[32] Diversi documenti descrivono la sorte dell'archivio e della raccolta libraria dell'Inquisizione, fra cui: ASPr, Culto, b. 101: lettera di Giulio Cesare Misuracchi al duca, 17 giugno 1780. Si veda la seconda appendice, Cronologia, anno 1780.

Doctor"[33]; nel 1786 pretende la censura del *Catechismo* dell'exgesuita Ferdinando Calini già pronto per le stampe bodoniane[34]; l'anno dopo, il 14 aprile, chiede ai cardinali dell'Indice di pronunciarsi circa un sonetto che ha suscitato pareri discordanti tra i revisori[35]; in settembre segnala ai cardinali che nella diocesi vi sono "fra li regolari e preti secolari molti giansenisti [...] e molti quesnellisti", essendosi "l'heresia [...] sparsa"[36]. Presto, però, il Mozani è oppresso da nuove difficoltà, perché dal maggio-giugno 1796 entrano nei Ducati le truppe napoleoniche che provocano la caduta del governo borbonico e, nel 1805, la definitiva soppressione dell'Inquisizione[37]. Tuttavia, fra il 1796 ed il 1798, Mozani dimostra ancora una volta la propria circospezione, distruggendo l'archivio dell'ente che dirige, allo scopo di non farlo acquisire dagli ufficiali francesi napoleonici. Per depistare i loro controlli forma, attraverso opportune selezioni, un archivio molto più ri-

---

[33] I nomi dei collaboratori (tratti dalla lettera di Mozani del 23 febbraio 1782, ACDF, St. St., GG 4 a) sono riportati nella seconda appendice, anno 1781.
[34] Si veda la seconda appendice, anno 1786. L'autore poi stamperà a Venezia: CALINI, Ferdinando, *Catechismo ragionato, o sia La dottrina della chiesa sopra le materie più necessarie a sapersi circa il dogma e circa il costume. Opera utilissima ad ogni genere di persone, e ad uso principalmente de' parrochi, e de' catechisti. Del sig. abate Ferdinando conte Calini*, Venezia, presso Giuseppe Rosa, 1787, 5 v., 8°.
[35] Si veda la seconda appendice, alla data 14 aprile 1787 (ACDF, St. St., GG 4 c).
[36] ACDF, St. St., GG 4 c, lettera del Mozani all'Indice, 7 settembre 1787. Già in una lettera a Migliavacca del 12 luglio 1769 (ACDF, St. St., GG 4 c) Mozani aveva sottolineato l'adesione di molti ecclesiastici a tesi sospette.
[37] Dal 1796 fino al 1805 Parma e Piacenza vivono il periodo napoleonico della loro storia. Sui momenti iniziali di questa fase si veda ZANNONI Mario, *La guerra tra Napoleone Buonaparte e don Ferdinando di Borbone: la battaglia di Fombio, 8 maggio 1796*, Parma, Silva, 2010. Si è conservato in AVPr (cassetta unica Inquisizione) un editto pubblicato dall'ultimo inquisitore, Vincenzo Tommaso Passerini, il 22 giugno 1802 (trascritto nella terza appendice, documento n. 26).

dotto, una sorta di falso archivio, che è quello che ancora oggi si conserva presso l'Archivio di Stato di Parma[38].

---

[38] Questo archivio manipolato e astutamente selezionato è in ASPr, nel fondo *Conventi e confraternite soppressi nel 1805*. I documenti non sono falsi, ma estrapolati dalle buste in cui si trovavano originariamente. A conferma che l'operazione venne compiuta dal Mozani è sufficiente confrontare la grafia con cui furono stilati i titoli sulle buste e quella delle numerose lettere dell'inquisitore conservate in ACDF (già citate) e in ASPr (Culto, b. 101).

Episodi di censura libraria nel Settecento

L'indagine sulla censura libraria a Parma nel Settecento si fonda su documenti conservati in Vaticano (le due serie "Censura librorum" e "Titula librorum" dell'Archivio della Congregazione per la dottrina della fede) e negli archivi parmensi (talvolta confluiti nella bibliografia locale), ma anche sull'analisi materiale degli esemplari stampati a Parma nel corso del XVIII secolo (analisi non sistematica, ma per campione), come mostra la tabella seguente. Sugli episodi elencati sinteticamente nella tabella si rimanda ai paragrafi dedicati ai casi di censura in epoca borbonica (subito dopo la tabella) e alla seconda appendice cronologica[1].

Tabella riassuntiva
Legenda:
Concessione *imprimatur*: Concessione dell'*imprimatur* all'autore da parte dell'inquisitore o del suo vicario
Divulgazione: Divulgazione a livello locale della proibizione decretata da Roma
Dubbio: Dubbio rivolto dall'inquisitore o dal suo vicario ai cardinali del Sant'Ufficio su opere già stampate circolanti nei Ducati
Richiesta: Richiesta dell'inquisitore o del suo vicario ai cardinali del Sant'Ufficio per ottenere l'assenso alla stampa dell'opera.

---

[1] Una parte di questi episodi è stata analizzata nel mio saggio *La censura libraria a Parma e Piacenza dal 1749 al 1805 attraverso le letture di uno pseudo inquisitore*, in *Letteratura e istituzioni: la censura libraria asburgica in Italia (1750-1918)*, a cura di William Spaggiari, in *L'italianistica oggi: ricerca e didattica. Atti del XIX Congresso dell'Associazione degli Italianisti (Roma, 9-12 settembre 2015)*, a cura di B. Alfonzetti, T. Cancro, V. Di Iasio, E. Pietrobon, Roma, Adi editore, 2017.

Anno	Inquisitore o vicario dell'inquisitore	Tipologia di pratica	Autore o titolo dell'opera anonima	Fonte
1702	Pichi	Richiesta	Bordoni	ACDF
1702	Pichi	Richiesta	Mattioli	ACDF
1702	Pichi	Richiesta	Pichi	ACDF
1703	Pichi	Richiesta	Torre	ACDF
1703	Pichi	Richiesta	Bordoni	ACDF
1705	Pichi	Richiesta	Pittone	ACDF
1705	Pichi	Richiesta	Torre	ACDF
1706	Pichi	Richiesta	Torre (Appendice)	ACDF
1706	Pichi	Concessione *imprimatur*	Morone (due opere)	Esame esemplare libro
1707	Pichi	Concessione *imprimatur*	Mattioli	Esame esemplare libro
1709	Vicario Onda	Richiesta	Donati	ACDF
1709	Nanni	Richiesta	Bonal	ACDF
1709	Vicario	Richiesta	Filicaia	ACDF
1709	Gennari	Richiesta	De Luccia	ACDF
1709	Gennari	Richiesta	Mattioli	ACDF
1709	Non precisato	Richiesta	Cappuccine di S. Maria della Neve	ACDF
1711	Mazzoleni	Richiesta	Torri	ACDF
1711	Mazzoleni	Richiesta	Cavaliero	ACDF
1711	Mazzoleni	Richiesta	Pittoni	ACDF
1711	Vicario Maffei	Richiesta	Cizzardi	ACDF
1712	Mazzoleni	Richiesta	Turlot	ACDF
1714	Mazzoleni	Richiesta	Sacco	ACDF
1714	Mazzoleni	Richiesta	Savelli (due opere)	ACDF
1714	Mazzoleni	Richiesta	Hossinski	ACDF

1718	Mazzoleni	Richiesta	Spada	ACDF
1721	Galli	Richiesta	*Officium dulcissimi cordis Jesu*	ACDF
1722	Galli	Richiesta	Sassi	ACDF
1723	Galli	Richiesta	Vaghi	ACDF
1724	Vicario Bellotti	Richiesta	Bartolomeo da Rinonico	ACDF
1725	Galli	Richiesta	*Medicina e cirugia*	ACDF
1725	Galli	Richiesta	Canali	ACDF
1725	Galli	Richiesta	Torri	ACDF
1725	Galli	Richiesta	Baldi	ACDF
1726	Galli	Richiesta	Callier	ACDF
1725	Galli	Concessione *imprimatur*	*Per la professione*	Esame esemplare libro
1727	Galli	Richiesta	*Orazione funebre per il duca Francesco Farnese*	Esame esemplare libro
1725	Vicario Cassio	Concessione *imprimatur*	Rosignoli	Esame esemplare libro
1730	Pozzoli	Richiesta	Malaspina	ACDF
1737	Passani	Concessione *imprimatur*	*Componimenti*	Esame esemplare libro
1737	Passani	Richiesta	*Risposta*	ACDF
1738	Passani	Richiesta	*Giornale del 1738*	ACDF
1744	Longhi	Dubbio	Croiset	ACDF
1744	Longhi	Dubbio	*Historia del Testamento*	ACDF
1745	Longhi	Dubbio	Gualdo	ACDF
1745	Longhi	Concessione	*Rime per le*	Esame

		imprimatur	*nozze*	esemplare libro
1745	Longhi	Dubbio	Maffei	ACDF
1745	Longhi	Dubbio	"Mago"	ACDF
1748	Longhi	Richiesta	Negri	ACDF
1749	Longhi	Richiesta	Vela	ACDF
1750	Longhi	Richiesta	Cinque opuscoli o fogli volanti devozionali	ACDF
1751	Longhi	Dubbio	*Rituale Romanum*	ACDF
1751	Longhi	Richiesta	Boiani	ACDF
1751	Longhi	Richiesta	Giovanni da Monticelli	ACDF
1752	Longhi	Richiesta	*Compendio delle indulgenze*	ACDF
1753	Longhi	Richiesta	*Regola del Terzo Ordine*	ACDF
1755	Provicario del Sant'Ufficio	Concessione *imprimatur*	*Rime*	Esame esemplare libro
1756	Cassio	Richiesta	Giovanni da Monticelli (due opere)	ACDF
1759	Vicario Migliavacca	Concessione *imprimatur*	*Componimenti*	Esame esemplare libro
1762	Cassio	Richiesta	*Vita della serva di Dio Angiola Spolverini*	ACDF
1763	Cassio	Divulgazione	Cocchi	ACDF
1765	Cassio	Richiesta	*Vita di don Francesco Sa-*	ACDF

			verio Bedulli di Viadana	
1783	Mozani	Dubbio	*Traité des trois imposteurs*	ACDF
1783	Mozani	Dubbio	De Rossi	ACDF
1787	Mozani	Dubbio	*Vestendo l'abito religioso*	ACDF
1795	Mozani	Dubbio	*In explanationem quinque Decretalium*	ACDF

Il caso di Andrea Mazza

Nel 1759 Du Tillot affidò al benedettino Andrea Mazza il compito di curare e far stampare l'edizione delle opere inedite del cardinale Vittorio Siri (Parma, 1608 – Parigi, 1685), che si trovavano conservate nel monastero di S. Giovanni Evangelista a Parma. L'iniziativa, nonostante i tre anni di lavoro richiesti al Mazza, non poté giungere a conclusione per la contrarietà della corte[2]. La ragione del diniego va ricercata nei giudizi pronunciati dal Siri sul cardinal Richelieu, "troppo franchi per poter essere affidati a

---

[2] BERTI, I, pp. 104-105: 105. Andrea Mazza era monaco cassinense in S. Giovanni Evangelista a Parma. Nel 1782 fu nominato censore dall'inquisitore di Parma Vincenzo Giuliano Mozani (si veda l'appendice cronologica, 1782, 23 febbraio). Morì nel 1797. Su di lui si vedano BERTI, I, pp. 104-105; FRATI Carlo, *Dizionario bio-bibliografico dei bibliotecari e dei bibliofili italiani*, Firenze, Olschki, 1933, pp. 341-342; FARINELLI Leonardo, *Il carteggio di Andrea Mazza conservato nella Biblioteca Palatina di Parma. I corrispondenti*, in "Archivio storico per le province parmensi", IV serie, XXXII (1980), pp. 179-211; PELLEGRINI Paolo, voce *Mazza Andrea* in DBI, vol. LXXII (2009), pp. 474-476; GOLINELLI Paolo, *Figure, motivi e momenti di storiografia monastica settecentesca*, in *Settecento monastico italiano. Atti del I Convegno di studi storici sull'Italia Benedettina*, Cesena, 9-12 settembre 1986, a c. di G. Farnedi e G. Spinelli, Cesena, Badia di S. Maria del Monte, 1990, pp. 693-727: 726-727.

un'edizione a stampa"³. Infatti il Siri dal 1655 aveva svolto la funzione di residente di Ranuccio II Farnese a Parigi, dove ebbe modo di raccogliere molte notizie politiche, poi trascritte nei suoi manoscritti. In epoca borbonica, tuttavia, non sarebbe potuta uscire dai torchi di Parma un'opera che avesse criticato la corte francese, benché riguardante personaggi e fatti del secolo precedente.

Il caso di Giuseppe Guerrieri (o Guerreri)

Il secondo episodio che ci accingiamo ad analizzare accadde nel 1771, quindi poco dopo la soppressione dell'Inquisizione voluta dal Du Tillot, e riguarda il canonico cremasco Giuseppe Guerrieri (o Guerreri)[4], autore di diverse opere teologiche[5] e traduzioni dal francese[6] date alle stampe fra il 1749 e il 1782. Il primo luglio 1771 il manoscritto di un suo catechismo fu sequestrato, come apprendiamo da una lettera inedita scritta dal vescovo di Piacenza Pisani al Du Tillot[7], in cui il prelato rassicura il ministro che non dovrebbe essere stata stampata neppure una copia del catechismo, perché ha "fatto diligenza per iscoprire, se il mentovato canonico tenti veramente di pubblicare, e spacciare lo stesso cate-

---

[3] PELLEGRINI, voce *Mazza*, p. 474.
[4] Nato nell'anno 1700. Su di lui si veda STANISLAO DA CAMPAGNOLA, *Adeodato Turchi*, pp. 26 e 54.
[5] *Raccolta di trattati di diversi autori concernenti alla religion naturale e alla morale filosofia de' cristiani, e degli stoici. Volume primo [-secondo]*, in Venezia, appresso Pietro Valvasense in Merceria all'insegna del Tempo, 1756-1757, 2 v.
Della filosofia morale cristiana libri tre del canonico Giuseppe Guerreri, in Milano, appresso Giuseppe Galeazzi, Regio Stampatore, 1781-1782.
[6] DUGUET Jacques Joseph, *Trattato de' principj dimostrabili della fede cristiana. Tradotto dal francese, accresciuto di annotazioni, e continuato secondo il disegno del primo autore dal capo 5 della quarta parte (ov'egli lo lasciò) fino al fine dal canonico Giuseppe Guerreri. Tomo primo [-sesto]*, in Piacenza, a spese del traduttore, 1749-1754, 6 v., 8°.
[7] ASPr, Carteggio borbonico interno, b. 970, lettera spedita dal vescovo di Piacenza al Du Tillot. Ringrazio Lucia Togninelli per la gentile segnalazione.

chismo". Aggiunge: "Starò occulato, e non ometterò attenzione per venire in chiaro di questo punto". Le ragioni di tale proibizione erano legate ad aspetti teologico-dottrinali, se è giusta la supposizione di Franco Molinari, avanzata nel 1966: lo studioso piacentino, infatti, in quell'anno pubblicava la minuta di una lettera del Du Tillot a Pisani, scritta da Parma il 22 gennaio 1771, nella quale il ministro avvertiva il prelato di aver già vietato al libraio piacentino Camia di "vendere il Catechismo novellamente stampato in Napoli che abbraccia una sentenza oltremodo capace di perturbare le coscienze da tanto tempo acquietate a diversa opinione"[8]. Molinari commentava: "Non è facile precisare di qual catechismo di trattasse. Forse è il catechismo di Guerrieri, di cui non mi fu possibile trovare copie, ma del quale esiste nell'Archivio Vescovile di Piacenza un'ampia esposizione polemica in un foglio volante contenuto nella Corrispondenza Pisani"[9].

Sta di fatto, però, che il catechismo di Guerrieri non compare negli indici dei libri proibiti romani e neppure nella lista delle opere censurate dal governo viennese[10]. Probabilmente le sue idee erano vicine al pensiero dei gesuiti o risultavano sgradite al governo illuminato, all'epoca in cui Du Tillot era ancora in auge. Attualmente non si conoscono esemplari di questo catechismo.

Il caso di Étienne Bonnot de Condillac

Il filosofo francese sensista Condillac compose il *Cours d'étude pour l'instruction du Prince de Parme* dedicato al principe Ferdinando di Borbone durante il soggiorno a Parma tra il 1758 e il 1765, giungendo a ultimare l'opera dopo il ritorno in patria. Dalla Francia inviò alla Reale Tipografia di Bodoni i capitoli che dovevano essere via via impressi. Grazie all'interessamento del ministro Giu-

---

[8] Lettera trascritta in MOLINARI 1966, p. 151.
[9] MOLINARI 1966, p. 151, nota 1.
[10] Si veda www.univie.ac.at/censorship.

seppe Agostino Llano, successore di Du Tillot, nel 1772 l'opera venne stampata, ma il vescovo di Parma Pettorelli Lalatta si oppose alla sua diffusione e diede incarico al benedettino Andrea Mazza di esaminarla[11]. Questi affermò che l'opera era "tinta di massime contrarie ai principii della Religione Cattolica Romana" (come riferisce il Pezzana) e quindi venne interdetta nei Ducati di Parma e Piacenza[12]. Uscì tuttavia un'edizione alla macchia, con falso luogo ("Aux Deux-Ponts") nel 1775 in sedici volumi in formato 8°, che venne vietata nei Ducati il 26 dicembre 1775 con "pubblico avviso"[13]. L'unica copia che circolò a Parma fu sequestrata dalla corte[14]. Nel 1782 arrivarono a Parma esemplari di una nuova edizione in tredici volumi stampati ancora "Aux Deux-Ponts" nello stesso anno 1782: in realtà era l'edizione bodoniana stampata "Dalla Stamperia Reale" circa dieci anni prima[15].

---

[11] *Cours d'étude pour l'instruction du prince de Parme, aujourd'hui S. A. R. l'infant d. Ferdinand, duc de Parme, Plaisance, Guastalle. Par M. l'abbé de Condillac. Tome premier [-seizième]*, à Parme, de l'Imprimerie royale, 1775, 16 v., 8°.

[12] I volumi che contenevano affermazioni contrarie alla fede andavano dall'ottavo al dodicesimo: lo scrive il padre domenicano Giuseppe Porta, del convento di Parma, al confratello Raimondo Migliavacca, che risiedeva a Roma e collaborava con la Congregazione del Sant'Uffizio (nei giorni successivi fu infatti nominato commissario della stessa Congregazione): la lettera del 30 marzo 1776 è conservata in ACDF, St. St. GG 4 c e trascritta in CERIOTTI, *Parma francese*, pp. 184-185. Porta scrive: "il velenoso comincia dal tomo 8 sino al 12" (p. 185).

[13] CERIOTTI, *Parma francese*, p. 184. La definizione di "pubblico avviso" si coglie nella medesima lettera di Giuseppe Porta a Migliavacca (CERIOTTI, *Parma francese*, p. 185).

[14] Questo dato emerge dalla lettera di padre Porta (si veda la nota precedente).

[15] *Cours d'étude pour l'instruction du prince de Parme, aujourd'hui S. A. R. l'infant d. Ferdinand duc de Parme, Plaisance, Guastalle etc. etc. etc par m. l'abbé De Condillac*, [Parma], Aux deux-ponts, 1782, 13 v., 8°. La bibliografia su questa vicenda è molto ampia: si vedano, per esempio, PEZZANA Angelo, *Memorie degli scrittori e letterati parmigiani raccolte dal padre Ireneo Affò e continuate da Angelo Pezzana*, dalla Ducale tipografia, 1825-1833, 4 voll., tomo VII, 1833, pp. 317, 550, 558-560; DREI Giovanni, *Lettere inedite del Condillac al suo principe*, in *Miscellanea historica in honorem Leonis van der Essen*, Paris-Bruxelles, Editions universitaires, 1947, pp.

L'aspetto singolare della vicenda fu che l'opera verrà messa all'Indice solo nel 1836[16], perché, pur essendo il manifesto del sensismo, a Parma fra Sette e Ottocento mancavano i reali oppositori di questa corrente, che erano i gesuiti[17]. La Compagnia di

---

881-891; DAL PRA Mario, *Il Cours d'études di Condillac nuova enciclopedia del sapere*, in *Atti del convegno sul Settecento parmense. Parma, 10-12 maggio 1968*, Parma, Deputazione di storia patria per le province parmensi, 1969, pp. 25-47 (con l'indicazione degli esemplari presso BPPr); GUERCI Luciano, *Condillac storico. Storia e politica nel "Cours d'études pour l'instruction du Prince de Parma"*, Milano-Napoli, Ricciardi, 1978, pp. 110-116; BÉDARIDA Henri, *Parma e la Francia (1748-1789)*, ed. a cura di A. Calzolari e A. Marchi, Milano, Franco Maria Ricci, 1985, tomo II, pp. 81-84; RICKEN Ulrich, *Teoria linguistica e sovversione ideologica: la "Grammaire" di Condillac e la censura del suo "Cours d'études" da parte delle autorità ecclesiastiche di Parma*, in Lia Formigari, Franco Lo Piparo (a cura di), *Prospettive di storia della linguistica. Lingua, linguaggio, comunicazione sociale*, Roma, Editori riuniti, 1988, pp. 241-255; FARINELLI Leonardo, MINGARDI Corrado (a cura di), *Vita del cavalier Giambattista Bodoni tipografo italiano*, Parma, Franco Maria Ricci, 1989, p. 273; FORNARI SCHIANCHI Lucia (a cura di), *Galleria Nazionale di Parma. Catalogo delle opere. Il Settecento*, Parma, Cassa di risparmio di Parma & Piacenza, Milano, F. M. Ricci, 2000, pp. XLVIII-LI e nota 90; *Il bigotto illuminato. Ricordo di Ferdinando di Borbone (1751-1802) nel bicentenario della morte*, a cura di G. Bertini, F. Sandrini, Parma, MUP, 2002, pp. 42-43; BIONDI Carminella, *Condillac a Parma. La lunga premessa al "Cours d'études"*, in *La Francia a Parma nel secondo Settecento*, Bologna, Clueb, 2003, pp. 39-59; EADEM, *Un "philosophe" alla corte di Parma: Étienne Bonnot de Condillac precettore di don Ferdinando*, in *Un Borbone tra Parma e l'Europa. Don Ferdinando e il suo tempo (1751-1802). Atti del Convegno internazionale di studi, Fonteviva, Parma, ex Collegio dei Nobili, 12-14 giugno 2003*, a cura di Alba Mora, Reggio Emilia, Diabasis, 2005, pp. 51-61; CERIOTTI, *Parma francese* (in cui alle pp. 184-185 viene pubblicato un documento conservato in ACDF, St. St., GG 4 c); BADINTER, Élisabeth, *L'infant de Parme*, Paris, Fayard, 2008, p. 133.

[16] ILI XI, p. 238.

[17] L'opinione di Ceriotti è che a Parma sia stato adottato, verso il sensismo e verso questo trattato in particolare, "un atteggiamento di inerzia apparente, in attesa che l'eco dell'opera dell'abate di Grenoble si attenuasse da sé, come il frutto di un *idéologue* più bravo a scrivere libri e a pensare in astratto […] che non a occuparsi fattivamente di un vero allievo, fosse anche uno solo": CERIOTTI, *Parma francese*, p. 191.

Gesù poté rifiorire solo nel XIX secolo e riprendere la propria attività censoria. Le prime tre edizioni dell'opera furono quindi interdette dalla censura laica, non da quella ecclesiastica.

Negli anni in cui Du Tillot fu in auge il sensismo venne favorito negli insegnamenti superiori e universitari: per esempio nel 1768 venne chiamato dallo stesso ministro a insegnare logica e metafisica all'Università di Parma il presbitero, notaio e letterato piacentino Luigi Dodici, formatosi al Collegio Alberoni di Piacenza e in contatto con Ludovico Antonio Muratori. Nell'autunno del 1770 il vescovo di Piacenza lo richiamò in diocesi, cosicché venne sostituito nella docenza universitaria dal chierico regolare teatino Giovanni Battista Carminati. A Piacenza il Dodici fu eletto vicario generale e consultore dell'Inquisizione[18]. Un altro sensista fu Ubaldo Cassina, interessato specialmente al "soggettivismo naturalistico del Rousseau"[19]. Applicarono il sensismo alla letteratura Carlo Castone della Torre di Rezzonico e il somasco Francesco Soave[20]. Quest'ultimo nel 1768 venne assunto come docente di poesia greca, latina e italiana all'Università, per volontà di Du Tillot e di Paciaudi. Il suo *Piano di studi metafisici*, stampato a Parma nel 1781, si ispirava in effetti al *Cours d'étude* del Condillac.

---

[18] BERTI, I, pp. 77-8 e n e p. 80. Insegnò anche al Collegio dei Nobili. Altri docenti dell'Università in questo momento sono Venini, Soave, Contini e Cassina. A parere di BERTI, I, ivi, p. 85, Carminati "è più incline al razionalismo che alla considerazione del sensismo, nonostante i ripetuti riferimenti ad esso. Ha una mentalità realistica, quadrata, matematica". Fu a sua volta sostituito nell'ottobre del 1776 da Gian Antonio Como (ivi, p. 85 e n).

[19] BERTI, I, pp. 85-98: 97. Il suo nome figura fra i docenti dell'Università di Parma nel bando a stampa del 9 febbraio 1768 intitolato "Riformatori, e professori per i nuovi regj studi": ASPr, Gridario, b. 85.

[20] BERTI, I, pp. 102-104, 106 (sul sensismo, che a livello locale è temperato "in poetica ed arte dal platonismo idealistico"). Soave fu chiamato a insegnare nel febbraio 1768 presso l'Università di Parma *Poesia latina, greca ed italiana* (ASPr, Gridario, b. 85, bando del 9 febbraio 1768). Accenni al sensismo a Parma in LOZITO Vincenzo, *Francesco Soave e il sensismo*, Voghera, Boriotti, Majocchi e Zolla, 1914.

Il caso di Carlo Maria Traversari

Il quarto episodio, risalente ancora agli anni di piena attività del Mozani, è quello che coinvolse il servo di Maria Carlo Maria Traversari, discepolo del Guerrieri sopra citato. Il 12 marzo 1781 Traversari scrive da Guastalla (dove era docente) a Roma al papa per lamentarsi di essersi ritrovato due opere condannate dalle congregazioni romane: *De incruenti novae legis sacrificii communione theologico-polemica dissertatio*, stampata a Padova nel 1779, e *Istruzione intorno al santo sacrifizio della messa, indirizzata a Teofila dal P. Carlo Maria Traversari*, stampata a Pavia nel 1780[21]. Le due opere erano infatti state interdette dalle congregazioni il 3 dicembre 1781, come apprendiamo da un foglio volante a stampa, intitolato *Libri novissime prohibiti*, allegato dal Traversari stesso alla propria supplica[22]. Nell'opera *De incruenti novae legis sacrificii communione* si sostiene

---

[21] La lettera circa il Traversari si trova in BPPr, Fondi documentari, cassetta 92 fasc. 32 (segnalatami gentilmente da Fabrizio Tonelli). Per l'identificazione delle opere censurate si veda SCHWEDT Herman, *Römische Inquisition und Indexkongregation. Grundlagenforschung 1701-1813,* a cura di Hubert Wolf, Paderborn, Schöningh, 2009-2010, che raccoglie la documentazione sull'argomento conservata presso ACDF.
Traversari era nato a Lugo di Romagna. Divenne teologo e professore di teologia a Guastalla. Giansenista antigesuita del gruppo di Scipione de Ricci (1741-1810, su cui si veda ILI XI, p. 765), fu avversario di Justinus Febronius in favore di Anastasio Leofilo (pseudonimo di Michele Maria Nannaroni, 1732-1784, domenicano giansenista, su cui si veda ILI XI, p. 647). Esemplari di opere di Traversari sono conservati presso la Biblioteca Maldotti di Guastalla: ROSSI, *Il padre servita Carlo Maria Traversari*, pp. 72-75. Per una sintetica scheda biografica e per un'illustrazione della controversia sulla comunione si veda anche ROSCHINI Gabriele, *Galleria Servitana*, Roma, Pontificia Facoltà Teologica "Marianum", 1976, pp. 506-507.
[22] Del Traversari si annoverano in ILI XI, p. 891: *De incruenti novae legis sacrificii communione theologico-polemica dissertatio,* Padova, Giovanni Antonio Conzatti, 1779 (condannata con decreto della Congregazione del Sant'Ufficio del 3 dicembre 1781) e *Istruzione intorno al santo sacrifizio della messa, indirizzata a Teofila,* Pavia, 1780 (ACDF, Index, Prot. 1781-84, pp. 37, 40, 82; Prot. 1808-19, p. 426,

la tesi che i fedeli dovrebbero comunicarsi con le ostie consacrate durante la messa a cui partecipano e non con quelle consacrate in precedenza, perché solo così essi prendono parte al sacrificio della messa[23]. Si trattava di una questione molto delicata, sulla quale si era aperto un acceso dibattito, peraltro avviato dallo stesso Lutero, che aveva accusato i cattolici romani di cadere in forme di paganesimo quando distribuivano ai fedeli (per esempio agli ammalati) le ostie già consacrate durante le celebrazioni eucaristiche precedenti. Utilizzare queste particole era una manifestazione superstiziosa, perché fuori dalla messa non era possibile la comunione[24]. Invece i gesuiti erano convinti che l'ostia potesse essere distribuita anche fuori dalla messa. È evidente che alla base del problema si colloca la controversia circa la consustanziazione e la transustanziazione, ma la lettera del Traversari rivolta al pontefice descrive l'"indicibile afflizione" dell'autore e la sua sorpresa, poiché i due testi erano usciti dai torchi "con tutte le necessarie approvazioni" del superiore dei Servi di Maria, dell'inquisitore di Padova e "dei pubblici magistrati". Inoltre l'autore dichiara che "non ha mai dato un minimo sospetto di sé" ed è disposto ad apportare le necessarie correzioni in una successiva edizione. Infatti scrive di essere pronto a "ritrattare in altra edizione ciò che possa forse esservi di errore". Non conosciamo il motivo per cui la supplica sia conservata presso la Biblioteca Palatina di Parma, ma l'anno di compilazione della missiva, il 1781, rientra fra quelli in

---

539. Si veda MELZI Gaetano, *Dizionario di opere anonime e pseudonime di scrittori italiani o come che sia aventi relazione all'Italia*, Milano, coi torchi di Luigi di Giacomo Pirola, 1848-1859, 3 v., II, p. 39). In ILI XI, p. 891 si annoverano anche *Esercizii di pietà per la confessione, communione, e per le principali azioni della vita cristiana, una cum Discorso preliminare dell'editore a cristiani lettori,* Genova, 1798 (condannati con decreto della Congregazione dell'Indice del 22 marzo 1819).
[23] ROSSI, *Il padre servita Carlo Maria Traversari*, pp. 72-73.
[24] Sulla proibizione di queste opere di Traversari si veda REUSCH Franz Heinrich, *Der Index der Verbotenen Buchen. Ein Beitrag zur Kirchen- und Literaturgeschichte*, Scientia Verlag Aalen, 1967, 2 vol., II v., pp. 980-981.

cui agiva il Mozani. Il fatto che la lettera si trovi a Parma potrebbe suggerire l'ipotesi che sia stata intercettata dal Mozani (esperto di spionaggio postale, come si ricava dalle sue lettere al confratello Migliavacca: si veda l'appendice cronologica, anno 1768) e quindi non sia mai arrivata a destinazione. Si tenga poi presente che la seconda edizione censurata di Traversari era apparsa a Pavia, che era il centro del giuseppinismo italiano. Anche questa ragione induceva il nuovo inquisitore di Parma, centralista e romanista, a boicottare ogni iniziativa contraria al suo modo di concepire il cristianesimo.

Il caso di Ferdinando Calini

Una dimostrazione del rigorismo di Mozani si coglie nel quinto episodio che analizzeremo, risalente agli anni in cui fu riaperta l'Inquisizione. La vicenda cominciò nel 1786, quando il tipografo Giambattista Bodoni ricevette dal duca Ferdinando di Borbone l'incarico di stampare un *Catechismo ragionato* composto da Ferdinando Calini, filosofo e teologo bresciano, ex membro della Compagnia di Gesù, ordine religioso che in quel momento era soppresso in tutt'Europa[25]. In quell'anno Calini era quindi un prete secolare, ma Mozani venne a sapere del suo progetto editoriale dal proprio vicario di Colorno, che era un ecclesiastico molto vicino al duca. La ragione va individuata nella predilezione del sovrano per la propria reggia colornese. Risiedendovi abitualmente, il duca aveva modo di conversare con il priore del locale convento domenicano, che era appunto il vicario dell'inquisitore. Mozani, appena seppe che stava per essere attuato il progetto editoriale

---

[25] L'argomento è stato affrontato in DALLASTA Federica, *Il mondo del libro nelle pagine dell'"Archivio storico"*, in *Per i 150 anni della Deputazione di Storia Patria per le province parmensi*, presentazione di Marco Pellegri, a cura di Leonardo Farinelli, Parma, Deputazione di storia patria per le province parmensi, numero speciale, 2012, pp. 39-48; si veda anche EADEM, *Appoggi, archivio, astuzia*, p. 383. I documenti citati sul Calini sono in ACDF, St. St., GG, 4c.

senza il suo consenso e la previa approvazione della congregazione romana dell'Indice o del Sant'Ufficio (in realtà non necessaria), intervenne presso il duca e lo dissuase dall'appoggiare l'iniziativa. Mozani era convinto, infatti, che Calini si fosse ispirato al *Catechismo* di Colbert, la cui traduzione in italiano, inglese e spagnolo era stata messa all'Indice nel 1721, 1725 e 1726[26].

Calini non poté fare altro che accettare la censura e dovette cercare altrove un nuovo stampatore. Riuscì poi a pubblicare l'opera in cinque tomi in formato ottavo a Venezia nel 1787 presso lo stampatore Rosa, perché a Parma non fu più possibile realizzare l'impresa per la quale il Bodoni si era già impegnato.

Ripercorriamo la vicenda attraverso i documenti archivistici. Con una lettera inviata il 16 giugno 1786 alla Congregazione del Sant'Ufficio a Roma il Mozani informa i cardinali di avere scritto al vicario del Sant'Ufficio a Colorno, perché a suo nome "esponesse" al duca la necessità che il *Catechismo* dell'ex gesuita Calini fosse approvato dai tribunali ecclesiastici prima di essere stampato. Il vicario gli aveva risposto che il duca aveva dichiarato che l'autore era "un certo abate Calini, ex gesuita bresciano, zio del conte Calini poeta". Ferdinando, quindi, gli aveva concesso di pubblicare il *Catechismo* nella sua stamperia di Parma, non sapendo che la Santa Sede doveva prima visionarlo e approvarlo. Mozani lo aveva tuttavia informato di questa procedura, gli aveva fatto accettare la prassi di sottoporre l'opera all'approvazione

---

[26] I documenti citati sono in ACDF, St. St., GG, 4 c (lettere del 9 e 16 giugno di Mozani all'Indice, del 17 giugno dell'Indice al Mozani). All'ultimo documento è allegato un parere (forse del Migliavacca?) secondo il quale è "molto inverosimile" che Calini si sia servito delle massime del *Catechismo* di Colbert proibito in italiano, inglese e spagnolo; nel manoscritto non apparirebbero, inoltre, affermazioni censurabili che debbano essere corrette. Sul *Catechismo* di Charles-Joachim Colbert de Croissy (vescovo di Montpellier, vissuto fra 1667 e 1738) si veda ILI XI, pp. 230-231 e 722 (voce François-Aimé Pouget, nato a Montpellier, vissuto fra 1666 e 1723, reale autore del *Catechismo* attribuito al Colbert, interdetto nel 1721, 1725 e 1726).

dell'Indice o del Sant'Ufficio e intendeva ormai ordinare al Bodoni di consegnare il manoscritto perché fosse spedito a Roma, ma con la raccomandazione che i cardinali lo rimandassero subito indietro. Nella lettera Mozani aggiunge che il sovrano aveva anche ordinato "al Bodoni di non fare di tutto ciò parola con alcuna persona acciò l'affare succed[esse] con tutta pace, e quiete". Mozani conclude l'epistola dichiarando che nell'attesa di una risposta dalla Congregazione dell'Indice o del Sant'Ufficio voleva "scorrere" l'opera per trovarvi eventuali difetti, perché il duca desiderava che "si stamp[asse] presto"[27].

Non sono emersi ulteriori documenti su questa vicenda, ma Calini, posto di fronte a tante difficoltà, probabilmente decise di ritirare il manoscritto per proporlo ad altri stampatori, sorvegliati da inquisitori meno rigidi. In teoria, infatti, non era necessario, per ottenere l'*imprimatur*, mandare il manoscritto a Roma, ma bastava l'assenso del vescovo locale. Invece Mozani pretese d'imporre questo *iter* burocratico al Calini, che non a caso era un ex-gesuita. C'è da immaginare che i veri motivi che spinsero l'inquisitore a forzare in tal senso la procedura siano da ricondurre all'eterno dissidio fra domenicani e gesuiti, in continua discussione fra loro su temi di natura dottrinale e morale. Anche se Ferdinando di Borbone fu sempre favorevole ai gesuiti e anzi si prodigò per la loro reintroduzione e riabilitazione, non seppe opporsi alle pretese del domenicano Mozani, che ormai era diventato di fatto un suo consigliere, e quindi per ragioni diplomatiche si adeguò alle sue pressioni, credendo così di compiacere la congregazione dell'Indice e indirettamente la Santa Sede, con la quale aveva stipulato il citato *Concordato* nel luglio del 1780, cioè soli sei anni prima di questi fatti. Fatti che ci inducono a credere che il duca volesse incrementare il numero delle edizioni bodoniane, in linea con l'opinione di Omero Masnovo, convinto che il Borbone, durante gli anni della sua ducea, avesse fattivamente contribuito alla

---

[27] ACDF, St. St., GG, 4c.

formazione del catalogo del tipografo di corte. Umberto Benassi si pronunciò in senso contrario a questa interpretazione, accolta invece più recentemente da Giuseppe Bertini, che ha sottolineato l'impegno del duca nella promozione della cultura e nella fondazione di un'Accademia[28].

Il caso del padre Ireneo Affò

Nel 1789, con il falso luogo di Parma, con la falsa data 1788 e col nome dello stampatore parmigiano Filippo Carmignani, uscì a Bologna l'opera in folio intitolata *La Zecca e Moneta Parmigiana illustrate dal Padre Ireneo Affò [...]. Opera di annotazioni accresciuta, ornata colla intera serie delle medaglie de' Duchi e Principi di Parma e data in luce da Guid'Antonio Zanetti Bolognese*[29]. In realtà l'opera venne stampata nella città pontificia, ma l'inquisitore di Bologna e le congregazioni romane del Sant'Ufficio e dell'Indice imposero il *ripiego* del falso luogo di Parma (anziché Bologna) all'editore Zanetti, che si dovette adattare a questa soluzione, anche se in realtà aveva finanziato l'edizione. Inoltre il tomo dell'Affò rappresentava il quinto volume di una collana dedicata alla zecca di diversi Stati italiani, stampata appunto a Bologna dallo Zanetti.

Ma quale problema doveva essere nascosto mediante questo *ripiego*? La difficoltà era di natura politica: il minore osservante Ireneo Affò, infatti, nella sua trattazione storico-numismatica, nominava i Borbone come duchi, mentre per la Santa Sede essi erano solo Infanti di Spagna.

---

[28] Sul dibattito fra Masnovo e Benassi all'inizio del XX secolo si veda *Il bigotto illuminato*, a cura di Giuseppe Bertini - Francesca Sandrini, Parma, Quaderni del Museo Glauco Lombardi, 2002, p. 14.
[29] Sull'Affò: GHIDIGLIA QUINTAVALLE Augusta, voce *Affò Ireneo*, in DBI, I (1960), pp. 31-34; FARINELLI Leonardo (a cura di), *Ireneo Affò nel secondo centenario della morte (1797-1997)*, Parma, Deputazione di Storia patria per le province parmensi, 2002.

Per far luce su questa vicenda possiamo avvalerci di due fonti: le pagine di Angelo Pezzana dedicate alla bibliografia del padre minore osservante[30] e la documentazione inedita conservata pres-

---

[30] PEZZANA Angelo, *Memorie degli scrittori e letterati parmigiani raccolte dal padre Ireneo Affò e continuate da Angelo Pezzana*. Tomo sesto [-settimo ed ultimo], Parma, dalla Ducale tipografia, 1825-1833, VI, pp. 177-180 e 281-284 (scheda dell'opera n. XLI). Alle pp. 281-284 il Pezzana scrive: "Questo libro non fu punto impresso dal Carmignani, comecché le note tipografiche il facciano credere a prima vista: ma fatto stampare in Bologna dal Zanetti a proprie spese; ed è l'edizione medesima che un anno dopo comparve nel tomo V della sua *Nuova Raccolta delle Monete e Zecche d'Italia*. Solo cento esemplari ne furono impressi in carta più grande, pe' quali stampò il Carmignani solamente il frontespizio, la dedicazione del Zanetti al duca Ferdinando, in fronte alla quale si pose la medaglia da lui decretata nell'anno 1771 a premio delle meglio tragedie e commedie italiane [...]. Le sole quattro prime carte sono dunque del Carmignani [...]. Benché il frontespizio abbia l'anno 1788, non uscì però l'opera che in sul cominciare del mese di marzo 1789. La pubblicazione soffrì qualche ritardo di cui furono in colpa primamente le stitichezze dell'inquisitore di Bologna il quale non poteva indursi ad approvare che si stampasse colà un libro in cui sosteneasi all'uopo i diritti de' nostri duchi contro le pretensioni della corte di Roma, e che era dedicato ad uno di questi duchi: secondamente gl'indugi frapposti in Parma per alcun tempo al concedere all'Affò le notizie necessarie al compilamento dell'ultimo capo sulle zecche borboniche; terzamente le difficoltà messe in campo qui nel promettere che un libro impresso colà uscisse colla data di Parma, unico ripiego proposto dall'inquisitore di Bologna a lasciar che appunto colà si stampasse. De' primi intoppi così scriveva l'Affò ad un suo carissimo e rinomato amico: "Propriamente il libro è stampato in Bologna; ma siccome io non ho parlato del tutto p[ropriamente?] circa la natura del dominio di Parma, e il libro si voleva dallo Zanetti dedicare al mio Padrone, così si è permesso in Bologna che rimanga scritto com'era, purché i fogli prodromi, e le approvazioni si stampassero in Parma, come si è fatto. Vi ho fatto apporre l'anno scorso in vece del presente per non ristampar certi fogli ove si era parlato di Carlo III Re di Spagna come ancor vivente. Del libro fatto in questa guisa non ne esistono che 100 copie in carta grande. Si vedrà nel tomo V della *Nuova raccolta delle zecche d'Italia* del prelodato Zanetti, al quale poi lascio l'impegno di distrigarsela come vorrà co' papalini" (lettera a Giulio Bernardino Tomitano, 21 aprile 1789).
L'inquisitore di Bologna non volea nè pure da prima che rimanesse il titolo di duca di Parma nelle copie che si collocarono nel V volume della *Raccolta*, ma

so l'Archivio della Congregazione per la dottrina della fede. Il confronto fra le due tipologie di documentazione fa comprendere ulteriori dettagli.

Pezzana asserisce che la difficile situazione venutasi a creare comportò un ritardo nella stampa, la quale doveva già essere avviata nel 1785; afferma che solo il paratesto con le note tipografiche fu impresso nel 1788 a Parma, mentre il resto dei fascicoli era già stato stampato a Bologna, perché l'inquisitore e i cardinali romani non pretesero che i fascicoli venissero corretti e di nuovo ristampati. In essi i Borbone erano definiti appunto "duchi", un titolo che contrastava con i diritti della Santa Sede. Per risolvere il caso fu consultato anche il cardinal legato di Bologna. Inoltre la data 1788, anziché 1789, si spiega, secondo il Pezzana, con quanto scritto dall'Affò all'amico Giulio Bernardino Tomitano: serviva a eliminare l'incogruenza verificatasi in seguito alla morte del re di Spagna Carlo III di Borbone, che nell'opera veniva definito ancora vivo.

Dalla documentazione inedita conservata presso l'Archivio della Congregazione per la dottrina della fede apprendiamo altri particolari, in parte contrastanti[31]: a Roma la questione fu gestita da

---

finalmente lasciò correre. Anche voleva che l'Affò mutasse diverse locuzioni, e questi promettevalo (lettera del Zanetti, 20 e 24 novembre 1788); ma poscia procacciò il Zanetti alla barba del molesto inquisitore non si recassero in effetto que' cambiamenti. Per le cose anzidette è dunque dimostrato che differenza niuna, tranne le accennate, è tra' cento esemplari che hanno la data di Parma, e quelli che furono inseriti nel predetto quinto volume. E se il Zanetti nella prefazione a questo disse che il *Trattato della Zecca di Parma* fu impresso in questa città, se ne incolpi il volere dell'inquisitor bolognese che vinceva il potere della verità".

[31] ACDF, Tit. Lib. 1784-1797, fasc. 11. Il fascicolo comprende altri documenti del 1788: una lettera dell'inquisitore di Bologna, il frate domenicano Tommaso Vincenzo Pani del 16 settembre; un'altra lettera del medesimo del 22 settembre; un'altra lettera non firmata del 5 ottobre; la sintesi della Congregazione tenuta dai cardinali in S. Maria sopra Minerva a Roma il 24 settembre; una lettera dell'assessore del Sant'Ufficio inviata dalle stanze del Quirinale il 1° no-

padre Migliavacca, in quel momento commissario del Sant'Ufficio. La sua abilità diplomatica e l'amicizia con l'inquisitore di Parma Vincenzo Giuliano Mozani furono probabilmente determinanti per la soluzione del caso. Nella lettera del cardinale Archetti del 10 dicembre si scrive, infatti, che era stato dato allo Zanetti il suggerimento di apporre il falso luogo di un paese svizzero come Losanna, Berna o Basilea. A nostro parere furono forse il Mozani e il Migliavacca a far sì che venisse invece scelta la città di Parma, essendo il tomo dell'Affò dedicato a Ferdinando di Borbone.

Emerge anche tutta l'indecisione dell'assessore del Sant'Ufficio, il quale, il 19 dicembre, scrive che "Non sa decidersi sul partito, [...] di farne la stampa con la data di qualche estera città". Evidentemente era un'operazione illegittima, praticata nei secoli proprio da quegli autori e da quegli stampatori che volevano aggirare gli ostacoli della censura ecclesiastica. L'assessore aggiunge che è indeciso, perché le difficoltà sorte per la pubblicazione dell'opera sono di natura politica, non morale o dottrinale (l'opera contiene "espressioni non coerenti ai diritti della Santa Sede") e il timore è che appaia "molto osservabile la differenza fra il quinto tomo [quello dell'Affò] e gli altri"[32]. Infatti il progetto editoriale dello Zanetti comprendeva l'apporto di più autori sulla zecca di diversi stati, distribuito su più tomi.

---

vembre; una lettera dell'inquisitore di Bologna al padre Raimondo Migliavacca a Roma del 5 novembre; un foglio con alcune considerazioni storiche in cui si cita Ludovico Antonio Muratori; un'altra lettera dell'8 novembre; ulteriori lettere dell'inquisitore di Bologna al commissario Migliavacca a Roma del 15, 22 e 29 novembre, del 6, 12 e 17 dicembre; una lettera dell'assessore del Sant'Ufficio dal Vaticano del 19 dicembre; una lettera al cardinal Boncompagni (segretario di Stato a Roma) da parte del cardinal Archetti da Bologna del 10 dicembre.

[32] ACDF, Tit. Lib. 1784-1797, fasc. 11: lettera dell'assessore del Sant'Ufficio del 19 dicembre 1788.

Chi descrive con più dettagli le difficoltà politiche poste dalla pubblicazione è l'inquisitore di Bologna Tommaso Vincenzo Pani il 22 settembre 1788, quando individua tre passi: nel primo "si chiamano legittimi eredi quelli ai quali avea per testamento lasciato il Ducato il Duca Antonio, per i quali lo aveano dal principio occupato le armi imperiali"; "nell'altro si conferma dall'autore, e si riconosce il diritto che Don Carlo, ed il suo sangue avea sul Ducato di Parma"; "nel terzo si chiama il Ducato di Parma avito stato della Regina Elisabetta, e si dice ricuperato da lei quando lo ebbe Don Filippo, e che lo ebbe per disposizione del Cielo". Pani conferma infine come inaccettabile "la frequente nomenclatura che gli si dà [a don Ferdinando] non solo nelle medaglie, e negli editti di questa corte ma anche dall'autore di Duca di Parma". Il 6 ottobre lo stesso Pani informa i cardinali romani: "Già si sono corretti quei passi che mi davano maggior fastidio, in maniera che Roma non ne può seguir alcun pregiudizio. Adesso sono attorno alla denominazione di Duca; né diffido di poterla ridurre a segno che Roma resti pienamente soddisfatta e non disgustando l'Infante don Ferdinando. Alla più disperata sarebbe pronto il ripiego di stampare il tomo alla data di Parma, che non sarebbe cosa stravagante". Nella lettera del 10 ottobre Pani informa che si è presa la decisione di far sostituire in tutti i luoghi il titolo di Duca con quello di Infante.

L'esame del testo dimostra che l'opera non venne corretta: a pagina 171 si presenta un albero genealogico dei duchi di Parma da Pier Luigi Farnese a Ferdinando di Borbone, in cui si dà a Filippo e a Ferdinando il titolo di duca. A pagina 327 comincia il capitolo XI, dedicato al "Real Infante di Spagna Don Filippo di Borbone divenuto Duca di Parma" e a pagina 337 il capitolo XII, sulla "Zecca Parmigiana beneficamente ristabilita dal Reale Infante di Spagna Don Ferdinando di Borbone Duca di Parma, Piacenza, e Guastalla felicemente regnante".

Possiamo concludere quindi che l'Affò l'ebbe vinta? Sì, perché apparentemente stampò con il suo stampatore di fiducia, il Carmignani, e nel paratesto pubblicò una lettera allo Zanetti, in cui lo definisce "ornatissimo Signore", impegnato ad "arricchire l'Italia con una nuova Raccolta Numismatica del Medio Evo, e degli ultimi tempi"[33].

Il caso del vescovo di Piacenza mons. Gregorio Cerati

Nel 1790 il vescovo di Piacenza mons. Gregorio Cerati (ordinario dal 1783 al 1807) vorrebbe stampare un suo catechismo, ma il duca Ferdinando, probabilmente spinto dall'inquisitore Mozani, ostacola l'iniziativa, "per timore che le nuove idee rivoluzionarie possano circolare nel Ducato". Come pretesto l'inquisitore adduce il fatto che la Diocesi di Piacenza "non conti Regolari e secolari Teologi che siano capaci di giudicare se un libro sia scritto o no con spirito di partito", come scrive il professore di filosofia morale Ubaldo Cassina allo stesso vescovo Cerati nel marzo 1790[34]. Il sovrano non si fida né dell'approvazione dei teologi piacentini, né del parere del teologo canonico Ragazzini, delegato ufficiale del vescovo, e chiede il manoscritto. A quel punto Cassina prende l'iniziativa di far stampare il catechismo dell'amico vescovo a Torino, dove in quel momento non esiste l'Inquisizione, già soppressa da tempo, con la conseguenza che l'anno successivo il Borbone si opporrà alla nomina di Cassina come vicario generale della diocesi di Piacenza, appoggiata da mons. Cerati[35].

---

[33] Ecco le parole dell'Affò rivolte allo Zanetti: "Il vostro impegno di arricchire l'Italia con una nuova Raccolta Numismatica del Medio Evo, e degli ultimi tempi, merita che ognuno si adoperi ad agevolarvene i mezzi, come voi li agevolate a chiunque prende cura di secondarvi, col somministrar largamente recondite notizie, e tipi di monete rarissime nel vostro museo doviziosissimo adunate".

[34] Lettera di Cassina a Cerati, scritta da Pomaro (diocesi di Piacenza), l'8 marzo 1790 (Archivio Parrocchiale di Pomaro; citata in BERTI, I, p. 90 n).

[35] BERTI, I, p. 90.

Il caso di Vittore Sopranzi (o Sopransi)

L'ultimo episodio settecentesco riguarda un religioso nato a Parma, il carmelitano scalzo Vittore Sopranzi, che fu giansenista, giurisdizionalista e partecipò al Concilio di Pistoia con Scipione de' Ricci nel 1786[36]. Pubblicò opere che, a distanza di parecchi anni, nel 1817 e 1825, vennero proibite da Roma[37]: la prima fu *Riflessioni in difesa di Mr. Scipione de Ricci e del suo sinodo di Pistoja, sopra la constituzione Auctorem fidei, pubblicata in Roma, il dì 28 agosto, 1794, sotto il nome del Sommo Pontefice Pio VI*[38]. La seconda fu *Riflessioni sulle omelie di Fra [Adeodato] Turchi, vescovo di Parma*[39].

In quest'ultima opera Sopranzi scrive che le polemiche "contro la scuola di Pavia, il Sinodo di Pistoia, e il preteso Giansenismo dava mirabilmente nel genio delle due Corti di Roma e di Parma"[40]. Inoltre afferma che venivano perseguitati quelli che insegnavano "la morale Evangelica non meno con le parole, che coi fatti", persecuzione alimentata dal partito molinista "dominante in Roma, e per concomitanza anche nella Corte di Parma"[41]. Sopranzi poi definiva il "molinismo" "un sistema di dottrina contra-

---

[36] Su Vittore Sopranzi (1739-1804), in religione padre Vittore di S. Maria, si veda STANISLAO DA CAMPAGNOLA, *Adeodato Turchi*, pp. 50-59. Su Scipione de' Ricci e il concilio di Pistoia: DEL COL, *L'Inquisizione in Italia*, p. 719.

[37] REUSCH, *Der Index*, pp. 974-975; *Prosopographie von römischer Inquisition und Indexkongregation: 1814-1917,* von Herman H. Schwedt; unter Mitarbeit von Tobias Lagatz, Paderborn, Schöningh, 2005, II v., pp. 1205-1214 (voce Paolo Polidori): 1211 (condanna delle *Riflessioni sulle omelie di Turchi:* giudizio per la Congregazione dell'Indice espresso nel 1825 e decreto emanato il 5 settembre 1825).

[38] L'opuscolo uscì senza l'indicazione del luogo di stampa nel 1796. Fu proibito con decreto del 30 settembre 1817 della Congregazione dell'Indice (ILI XI, pp. 845-846).

[39] Uscì a Biella presso G. Gromo nel 1802 (ma senza l'indicazione dell'anno di stampa) e fu proibita con decreto del 5 settembre 1825 della Congregazione dell'Indice (ILI XI, pp. 845-846).

[40] SOPRANZI, *Riflessioni*, I, p. 31.

[41] SOPRANZI, *Riflessioni*, I, p. 254.

ria direttamente a quello di S. Agostino e di S. Tommaso sopra i punti fondamentali della Religione"[42].

Infine difende le teorie espresse da diversi autori che furono censurati dalle congregazioni romane, come le *Riflessioni sul nuovo testamento* di Quesnel[43].

Episodi ottocenteschi

Nel XIX secolo la stampa continuerà a essere sorvegliata sia dall'autorità ecclesiastica, sia da quella laica. Anche se gli studi sulla censura ottocentesca in Italia non sono per ora numerosi[44], le fonti non mancano[45]. A livello locale, per esempio, la censura ecclesiastica colpì lo scrittore e poeta carmelitano Evasio Leone (1765-1821), nato a Casale Monferrato, che aveva pubblicato "co' tipi bodoniani" nel 1818 l'opera *Sul sepolcro di Sua Altezza Reale la principessa Carlotta Augusta di Galles. Visione di Evasio Leone*[46], poi interdetta dalla Congregazione romana dell'Indice con decreto del 26 agosto 1822[47].

La censura laica era invece demandata alla Direzione generale di Polizia, i cui atti sono conservati presso l'Archivio di Stato di Parma[48]. Un caso interessante è la biografia di Giambattista Bodoni, stampata dalla tipografia ducale nel 1816. L'autore, Giuseppe De Lama, un personaggio della corte parmense molto legato al

---

[42] SOPRANZI, *Riflessioni*, II, p. 123
[43] SOPRANZI, *Riflessioni*, II, p. 108; BERTI, I, pp. 66-68: 67.
[44] Fra gli studi recenti si veda: *Prescritto e proscritto: religione e società nell'Italia moderna (secc. XVI-XIX)*, a cura di Andrea Cicerchia, Guido Dall'Olio e Matteo Duni, Roma, Carocci, 2015.
[45] L'argomento è stato considerato, già quasi un secolo fa, da CURTI, Adele, *Alta polizia: censura e spirito pubblico nei ducati parmensi (1816-1829)*, in "Rassegna storica del Risorgimento", IX (1922), pp. 399-590.
[46] Parma, co' tipi bodoniani, 1818, [8], LXII, [2] p., 4°.
[47] ILI, vol. XI, p. 532.
[48] ASPr, Segreteria di Stato e di Gabinetto 1816-1848, Serie XIII: Direzione generale di Polizia, bb. 314, 316-7, 318; Affari interni, bb. 409, 413, 415-416.

Bodoni, fu costretto a pubblicare sulla "Gazzetta di Parma", il 27 e 29 marzo del 1817, una smentita per negare che l'opera fosse sua, perché essa sembrava inneggiare al partito filonapoleonico, visto che riportava le dediche del Bodoni ai dedicatari delle sue stampe, fra cui molti personaggi napoleonici[49].

Le tracce dell'attività della Direzione generale di Polizia si osservano generalmente nei *colophon* delle pubblicazioni uscite dai torchi locali. Ad esempio la *Nuova descrizione della città di Parma compilata dal professore Paolo Donati* uscì nel 1824 "per Giuseppe Paganino" con la dicitura: "Visto ed approvato per la stampa li 26 luglio 1824. Il professore D. Domenico Santi Censore. Visto il parere del Censore se ne permette la stampa li 29 luglio 1824. Il Consigliere di Stato Direttore G[enera]le di Polizia C[av]. [Antonio] Cattucci". Ne deduciamo, quindi, che la Direzione generale di Polizia si affidava a un censore e, dopo averne ricevuto il parere positivo, approvava la stampa.

A Parma erano oggetto di particolare attenzione le opere liriche allestite nei teatri, le locandine che ne davano pubblicità e i libretti stampati per permettere agli spettatori di seguire il testo. Il 6 luglio 1827 il Cattucci scrisse alla duchessa Maria Luigia per segnalarle che in un avviso teatrale sottoposto alla sua approvazione il nome della sovrana era indicato con il titolo di "imperatrice". Si trattava di un'inesattezza; infatti il Cattucci proseguiva la lettera raccontando: "Ne permisi la stampa a condizione che al nome di Imperatrice si sostituisse quello di Principessa Imperiale, titolo da essa assunto, e voluto. Ma siccome, da alcuni stampatori si suole prima stampare e distribuire le stampe, e poi chiedere l'approvazione della stampa, giacché in tal guisa non temono le pene del Regolamento dei stampatori, che in tali casi è quella della confisca degli esemplari stampati, così l'avviso teatrale […] è stato

---

[49] CURTI, *Alta polizia*, pp. 429-431; BERTINI Giuseppe, *La travagliata nascita della Vita del cavaliere Giovan Battista Bodoni di Giuseppe De Lama (1816)*, Salamanca e Parma, Biblioteca Bodoni, 2017.

pubblicato dando a S. M. il titolo di Imperatrice, e quindi ne presento a V. E. una copia distaccata da un luogo pubblico [...]"[50].

Il Cattucci nel settembre del 1828 segnalò l'arrivo nello Stato di un libro fatto giungere da Parigi dal libraio Blanchon: *Mémoires anecdotiques sur l'interieur di Palais, et sur quelques événemens de l'Empire*, di L. F. J. De Bausset. Cattucci evidenziò: "In quest'opera si parla molto di S. M., e se ne parla con quel sommo rispetto, che è dovuto all'Augusta Sua Persona", però vi si pubblica una lettera della sovrana. Aggiunge: "Sono d'avviso, che qualora un libro parli del sovrano, ancorché ne parli in bene, non convenga lasciarlo in commercio prima che il sovrano il sappia, e dichiari di essere contento, e tanto più se vi si trovino stampate lettere sue come nel caso presente"[51].

Il Cattucci è ancora il mittente di un'altra lettera inviata al Gabinetto della sovrana, nella quale formula un giudizio sul *Regolamento per gli Stampatori*, considerato difettoso "sul modo di punire gli stampatori". Il suo parere è che "In uno Stato, che ammetta la libertà della stampa, è senza dubbio necessario requisito di conoscere l'autore dell'opera, perché egli è solo responsabile di ciò, che fa stampare, ma in uno Stato, ove tutto quello che si stampa è soggetto a censura, il solo censore è responsabile di ciò, che lascia stampare, ed il solo stampatore è punibile se stampa senza sottomettere alla censura; ed ecco perché qui solo si dà licenza di stampare agli stampatori"[52].

Nel novembre 1832 il Presidente dell'Interno Francesco Cocchi scrive al Segretario degli Affari interni per consegnare "un esem-

---

[50] ASPr, Segreteria di Stato e di Gabinetto 1816-1848, Direzione generale di Polizia, bb. 316-7.

[51] ASPr, Segreteria di Stato e di Gabinetto 1816-1848, Direzione generale di Polizia, bb. 316-7, lettera di Cattucci al Capo di Gabinetto di Maria Luigia, 2 settembre 1818.

[52] ASPr, Segreteria di Stato e di Gabinetto 1816-1848, Direzione generale di Polizia, bb. 316-7, lettera di Cattucci al Capo di Gabinetto di Maria Luigia, 14 maggio 1828.

plare di un almanacco francese posto in vendita dal mercante di chincaglierie in Parma Signor Cosimo Boni, e di cui dalla predetta Direzione [di Polizia] è stata sospesa la vendita per essere quell'almanacco ornato d'incisioni che rappresentano le barricate eseguite in Parigi dai rivoltosi nel luglio 1830"[53].

Si rivela particolarmente interessante anche la disamina condotta il 4 maggio 1833 dal consigliere di Stato e direttore generale di polizia Odoardo Sartorio[54] su un opuscolo che tale "Signor Molossi" vorrebbe dare alle stampe, destinandolo a libro di testo per i fanciulli delle scuole elementari. Il censore giudica che l'autore "abbia in alcune delle dodici lezioni detto troppo, ed in alcun altra poco". Dove il Molossi parla della religione cattolica avrebbe dovuto circondarla di "riverenza maggiore" e trattarla separatamente rispetto all'ebraica, che è solo "tollerata".

Trattando del governo e dell'amministrazione, l'autore "ha trascurato di far apprezzare la forma monarchica di cui li Ducati si governano, dimostrandone, come avrebbe dovuto, e potuto, le prerogative in virtù delle quali la vera libertà individuale è garantita, le sostanze sono assicurate, il commercio e l'industria prospererebbero a misura della docilità, e della buona fede dei popoli, la pace, la tranquillità, e la concordia dei quali sono mirabilmente favorite, e tutelate dalla monarchia".

Nel capitolo sulla storia dei Ducati, "stava bene taciuto alla pag. 25 che Pier Luigi Farnese fosse figliuolo del papa Paolo III, e che questi cadesse vittima trucidata dei congiurati nobili piacentini; e che Ranuccio fosse principe estremamente rigoroso, perché facesse decapitare diversi nobili congiurati contro di lui". Esaminando un capitolo su temi storici più attuali, il censore così si la-

---

[53] ASPr, Segreteria di Stato e di Gabinetto 1816-1848, Affari interni, b. 408, 12 novembre 1832.
[54] Su Odoardo Sartorio, direttore generale di polizia nei Ducati di Parma, Piacenza e Guastalla, assassinato nel 1834, si veda CASA Emilio, *L'uccisione di Odoardo Sartorio e la prigionia di Pietro Giordani dal ms inedito "La ducea di Maria Luigia"*, in "Aurea Parma", XI (1927), pp. 205-212.

menta: "Disse assai poco lo stesso nostro autore [...] accennando i Trattati, mercé di cui vennero questi Ducati sotto il Materno Dominio dell'Attuale Augusta Sovrana, poiché lascia desiderare tutto ciò, che intorno al giusto, clemente, e generoso di Lei regime esporre si potea, onde promovere nell'animo dei giovanetti l'amore, e la fedeltà verso il principe". Il criterio adottato è questo: "Qualunque elemento d'istruzione che non venga diretto ad inspirare al giovinetto il sentimento della religione, dell'affezione, e della confidenza nel principe sarà sempre falso"[55].

Al settembre 1836 risale la condanna del *Cours d'étude* del Condillac da parte delle congregazioni romane, su sollecitazione del teologo Raffaele Fornari (1788-1854), a cui abbiamo accennato in precedenza[56].

Un altro episodio riguarda la circolazione a Piacenza di libelli satirici contro i gesuiti, diffusi fra il giugno e il luglio del 1837, con sonetti che accusavano la sovrana di aver dato "stanza in Piacenza all'orda gesuitica nel 1836. Perché la gioventù abbrutita dalla sozza ignoranza ed allevata nella vile ipocrisia crescesse indegna de' Tempi degnissima del Trono"[57].

Per gestire razionalmente la gran quantità di stampe che usciva dalle tipografie locali la Direzione generale di Polizia compilava un registro bimestrale o trimestrale in cui riportava il titolo dell'opera, l'autore e il "numero delle copie che si mandano" all'ufficio stesso per l'approvazione da parte degli stampatori di Parma, Piacenza e Guastalla[58].

---

[55] ASPr, Segreteria di Stato e di Gabinetto 1816-1848, Affari interni, b. 409, 4 maggio 1833. Lettera del Consigliere di Stato al Segretario di Gabinetto di Maria Luigia.
[56] ILI XI, p. 238.
[57] ASPr, Segreteria di Stato e di Gabinetto 1816-1848, Affari interni, b. 418, 30 giugno e 4 luglio 1837.
[58] ASPr, Segreteria di Stato e di Gabinetto 1816-1848, Direzione generale di Polizia, bb. 314 (anni 1825, 1826), 315 (1827), 316-317 (1828, 1829, 1830), 318

Gli episodi ottocenteschi riportati dimostrano la progressiva laicizzazione della censura, che però non giunse a sostituire del tutto l'attività delle congregazioni romane.

(1831); Affari interni, 407-408 (anni 1831, 1832), 409-410 (1833), 411-412-413-414-415-416 (1834-1835-1836), 417-418 (1837).

Conclusioni

Quali risultati si possono trarre da questo studio che si fonda su documenti alternativi a quelli dell'archivio dell'ente? Innanzitutto sarebbe un errore minimizzare il ruolo giocato dall'Inquisizione nella società parmense del Settecento: essa intimoriva la popolazione e in particolare tutte le categorie di ecclesiastici, perché le denunce, anche e specialmente verso di loro, venivano sporte, le indagini compiute, gli arresti eseguiti, le torture inflitte. Le carceri, restaurate all'inizio del Seicento e poi di nuovo nel 1781, erano continuamente utilizzate, tanto che alcuni prigionieri vi rimanevano rinchiusi per anni (si veda nell'appendice cronologica il caso del gesuita padre Giovanni Andrea Lottici, in corrispondenza dell'anno 1701) e vi sopravvivevano con una "spesa cibaria" di una lira al giorno o poco più (appendice cronologica, anno 1728)[1]. Inoltre parecchi incarcerati venivano torturati anche solo a scopo intimidatorio (appendice cronologica, anno 1725) e talvolta condannati alle "galere". Nel 1781 l'inquisitore acquistò nuovi attrezzi per la tortura e per la detenzione (appendice cronologica alla data).

I rei potevano essere arrestati e messi in prigione anche solo per aver negato l'esistenza dell'Inferno (appendice cronologica, anno 1726). Una delle rare concessioni ai prigionieri consisteva nella possibilità di essere accolti momentaneamente in qualche ospedale in cui curarsi, in caso di malattia (appendice cronologica, anni 1729-1730).

La censura libraria, fino all'epoca di Du Tillot, era molto attiva, sia in funzione preventiva, prima della pubblicazione dei testi, sia

---

[1] Vi era stato un rinnovamento edilizio nel Seicento, di cui si conserva il progetto nell'Archivio di Stato a Parma: ASPr, Mappe e disegni, vol. 5, mappa n. 49.

per ostacolare la circolazione dei libri interdetti già editi, che, se individuati, venivano sequestrati (appendice cronologica, anno 1743). La censura preventiva rappresentava un reale pericolo per gli autori, gli stampatori e, di conseguenza, anche per i lettori. Il tipografo Mario Vigna, in un interrogatorio a cui fu sottoposto dall'inquisitore negli anni Sessanta del XVII secolo, sfogò la propria esasperazione, definendo l'autorizzazione alla stampa "questo benedetto *imprimatur*!"[2]. Possiamo quindi immaginare il fastidio che provavano tutti coloro che dipendevano, nella loro attività intellettuale e professionale, da queste lunghe pratiche burocratiche dall'esito estremamente incerto.

Per effetto della mancata concessione dell'*imprimatur* dovuta alla cavillosità di censori e inquisitori, molti libri già pronti per le stampe rimasero in forma manoscritta (si veda per esempio nella cronologia, anni 1762-1763, il caso della biografia di Angiola Spolverini). Quanta letteratura scomparve in questo modo? È difficile stabilirlo, ma ci consoliamo sapendo almeno che la documentazione conservata presso l'Archivio della Congregazione per la dottrina della fede è in grado oggi di restituirci i nomi di alcuni di questi autori e i titoli delle loro opere mai giunte alle stampe.

Se ora ci concentriamo sulle figure degli inquisitori, constatiamo in loro diversi modi di interpretare la propria funzione. Alcuni di essi, come per esempio Giacinto Maria Longhi da Milano, a metà secolo (1739-1752), si mostrarono più zelanti di altri. Il loro continuo invio di missive ai cardinali romani era finalizzato a farsi apprezzare dalla Congregazione del Sant'Ufficio: in questo modo gli inquisitori avrebbero potuto aspirare a una promozione, cioè al trasferimento presso una sede più prestigiosa rispetto a Parma, o addirittura a essere cooptati nei dicasteri romani, con il conferimento del cardinalato: potevano diventare "maestro del Sacro Palazzo", oppure segretari e commissari delle congregazioni del

---

[2] ACDF, O 2 c, fasc. 7.

Sant'Ufficio e dell'Indice[3]. Spesso questi frati "in carriera", pur di dimostrarsi collaborativi e ferventi, segnalavano a Roma problemi inconsistenti, come, per esempio, l'iconografia "sospetta" di un nuovo dipinto sulla facciata di una chiesa, che a loro giudizio poteva risultare in contrasto con i dogmi della fede, come accadde a Piacenza negli anni 1734-5 (si veda l'appendice cronologica alla data).

Questo modo di agire li metteva, però, in cattiva luce presso i loro confratelli nei cenobi in cui dimoravano, al punto che padre Vincenzo Giuliano Mozani, consapevole di ciò, scrisse che l'Inquisizione era "la rovina dei conventi" (appendice cronologica, anno 1780)[4]. Comunque, con questa strategia o con altri mezzi che oggi sono più difficilmente documentabili, gli inquisitori Giovanni Battista Pichi da Ancona e Giovanni Domenico Liboni da Ferrara riuscirono a compiere una brillante scalata e furono promossi giudici della fede a Milano, rispettivamente nel 1709 e nel 1738. Per un ecclesiastico domenicano, come erano gli inquisitori di Parma, giungere nella Milano asburgica e arrivare a influenzare con la censura il mondo dell'editoria e del commercio librario in una delle principali capitali culturali e tipografiche europee, doveva essere una responsabilità stimolante e rappresentare l'apice del successo[5]. Inoltre Milano era il centro della Provincia religiosa

---

[3] Il frate Serafino Maccarinelli da Brescia, per esempio, passò dalla direzione del Tribunale della fede di Crema (1750-1757) alla Congregazione del Sant'Ufficio.

[4] Lettera dell'inquisitore Giuliano Vincenzo Mozani al confratello Raimondo Migliavacca, membro della Congregazione del Sant'Ufficio; senza data, dell'anno 1780, in ACDF, St. St. GG 4 c.

[5] Su Milano come importante centro tipografico, sul suo primato culturale nel Settecento e sulla censura libraria nel XVIII secolo si vedano: INFELISE Mario, *I libri proibiti: da Gutenberg all'Encyclopédie*, Roma, Laterza, 1998, pp. 89-120; PUGNO Giuseppe Maria, *La tipografia nel Milanese*, in *Trattato di cultura generale nel campo della stampa*, Torino, SEI, 1964-1969, 5 voll., V, 1974, pp. 211-217; BERENGO Mario, *Intellettuali e librai nella Milano della Restaurazione*, Torino Einaudi, 1980, pp. 3-4. Comunque, nonostante la perdita del primato intellettuale, Ve-

domenicana "utriusque Lombaridiae": era quindi una meta molto ambita. "Condanne e carriere", come recita il titolo di questa monografia, erano quindi strettamente connesse.

Un altro aspetto che si coglie dalla documentazione è il fatto che con l'avvento del governo illuminato e poi all'epoca della soppressione e del ristabilimento dell'Inquisizione i rapporti fra giudici della fede e corte ducale furono mantenuti a un doppio livello: ufficiale e ufficioso. Ufficialmente il governo esautorava e limitava sempre più il potere degli ecclesiastici, ma ufficiosamente serbava con loro una certa intesa, che era quasi una nascosta alleanza. Per esempio nell'agosto del 1769 Du Tillot, dopo avere preteso il pagamento delle tasse introdotte dalle "nuove leggi" di natura giurisdizionalista, restituì di nascosto all'inquisitore Pietro Martire Cassio da Borgo Taro la medesima somma di 1075 lire che si era fatto versare (si veda l'appendice cronologica alla data).

I rapporti fra potere laico e religioso erano tuttavia complessi, tanto che l'ambiguità e i "voltafaccia" erano consueti sia da parte degli ecclesiastici che da parte degli amministratori ducali: lo si nota nel comportamento opportunista dei nove vescovi a capo delle diocesi che sorgevano negli Stati parmensi, i quali, negli anni in cui il ministro Du Tillot fu in auge, lo assecondarono, mentre nel 1771, quando capirono che stava per essere licenziato dal duca e abbandonato dal re di Francia, ne ignorarono le richieste (si veda l'appendice cronologica alla data).

Mozani, l'ultimo inquisitore dotato di un reale potere, già nel 1769, al momento della soppressione dell'ente, era consapevole dei complessi effetti delle riforme e aveva fin da allora previsto "che le cose [sarebbero andate] al rovescio", ovvero che l'Inquisizione sarebbe stata ristabilita: così provvide a mettere in

---

nezia mantenne per il Settecento un livello quantitativo straordinario: 31664 edizioni, rispetto alle 7885 edizioni di Milano (dati desunti da OPAC SBN). Ringrazio Arnaldo Ganda per queste indicazioni bibliografiche.

salvo le carte più preziose del suo archivio, prima di consegnarlo alle autorità civili e vescovili. Era convinto, infatti, che l'Inquisizione svolgesse una funzione indispensabile nella società del tempo: contrastare l'avanzata dell'Illuminismo e del giurisdizionalismo. Questa interpretazione della missione inquisitoriale rappresenta però un'eccezione dovuta al fatto che Mozani faceva parte di una piccola cerchia di intellettuali con forti motivazioni ideali. In realtà l'Inquisizione si dimostrò una grande "macchina" che funzionava per se stessa e per la sua perpetuazione: gli inquisitori erano mossi, come già ribadito, dall'esigenza di essere approvati dai cardinali romani per acquistare prestigio e raggiungere le sedi preferite, quali Ancona, Bologna e Ferrara, nello Stato pontificio, ma specialmente Milano, che, dopo il tramonto di Venezia, era diventata la vera capitale tipografica, editoriale e culturale italiana, nonché sede della corte asburgica[6]. Non va sottovalutato, poi, il fatto che i Tribunali della fede che sorgevano nelle città papali o in sedi rilevanti disponessero di risorse economiche molto maggiori rispetto a città come Parma, per cui era scontato che alcuni inquisitori più ambiziosi aspirassero a diventarne i titolari.

A far funzionare la "macchina" inquisitoriale erano però anche altre figure minori, come i patentati del Sant'Ufficio. Questi, infatti, erano spinti a prestare il loro servizio dalla prospettiva di ottenere privilegi come il porto d'armi o la possibilità di essere giudicati da tribunali ecclesiastici, in caso di denuncia. Contribuivano a rafforzare l'istituzione anche i semplici fedeli che si facevano delatori ai danni dei loro vicini di casa o dei loro conoscenti, perché, oltre a sgravarsi la coscienza, ricevevano l'approvazione e la

---

[6] Padre Tommaso Menghini da Albacina, dopo essere stato inquisitore di Parma, nel 1680 venne trasferito ad Ancona e Ferrara; Vincenzo Maria Mazzoleni da Bergamo, in seguito alla funzione esercitata nella capitale farnesiana, verrà nominato per la sede di Bologna: CERIOTTI-DALLASTA, pp. 65-71.

stima degli inquisitori, figure che nella società del tempo rivestivano un ruolo di potere ed erano profondamente temute.

A sua volta la popolazione, per certi aspetti, si sentiva tutelata dalla "macchina" inquisitoriale e la invocava per ottenere protezione: si pensi alla sorveglianza che essa esercitava nei confronti degli ebrei[7], considerati la causa di tanti mali, oppure alla punizione del frequente reato della *sollicitatio ad turpia* commesso in confessionale a scapito delle fedeli, sia da parte del clero secolare che da parte di quello regolare.

In questo modo la "macchina" continuava a lavorare come "uno Stato nello Stato", combattendo le "velenose dottrine" che si andavano diffondendo in Italia, provenienti in particolare dalla Francia[8].

L'istituzione, però, nel secondo Settecento aveva vita breve e nei vari Stati italiani venne smantellata definitivamente. Nei Ducati parmensi era destinata a scomparire dopo pochi anni dall'arrivo delle truppe napoleoniche.

L'argomento che abbiamo cercato di esplorare merita, a nostro giudizio, ancora tanta attenzione e ci auguriamo che questa monografia, che rappresenta principalmente un repertorio di fonti a disposizione degli studiosi, solleciti future ricerche.

---

[7] Mozani il 9 aprile 1781 si lamentò con il suo confidente, il padre Migliavacca, del proprio collega di Piacenza, Paolo Vincenzo Giovannini da Torino, che aveva un atteggiamento troppo arrendevole e conciliante verso gli ebrei. Si veda l'appendice cronologica, anno 1781.

[8] La prima citazione è tratta da una lettera di Du Tillot del 4 marzo 1769 (si veda l'appendice cronologica, alla data), la seconda dall'editto generale dell'inquisitore Vincenzo Tommaso Passerini del 1802 (terza appendice, doc. 26).

Prima appendice: l'inventario della biblioteca di don Capretti

Avvertenze:
L'identificazione dei titoli si fonda sulla consultazione dei repertori *on line* dell'*Istituto Centrale per il Catalogo Unico delle biblioteche italiane e per le informazioni bibliografiche* (OPAC SBN: www.iccu.sbn.it ed EDIT 16: http://edit16.iccu.sbn.it/web_iccu/ihome.htm) e sul repertorio dell'Istituto Beni Culturali dell'Emilia-Romagna (www.polocer.it).

Nel riportare i titoli si adottano i criteri dell'*Istituto Centrale per il Catalogo Unico* per quanto riguarda l'indicazione delle note tipografiche (entro parentesi tonda sono trascritti i dati desunti da *colophon*), dei numeri di pagina (fra parentesi quadra sono riportate le pagine o carte non numerate), del formato (il *folio* è espresso con l'indicazione "2°", il quarto con "4°" e così via), delle eventuali immagini (antip. = antiporta; calcogr. = calcografica; front. = frontespizio; tav. = tavola) e dei dati corretti al posto di quelli erronei ("i. e." = id est = cioè).

Si riporta anche il codice identificativo desunto da OPAC SBN.

La segnalazione dei numerosi errori commessi dal compilatore dell'inventario è posta entro parentesi quadra. Quando l'identificazione dell'edizione non è stata possibile, si è proposto comunque il confronto con un'altra simile edizione dell'opera, accompagnato da adeguata segnalazione (per es.: "Altra edizione"). Gli errori rintracciati nei repertori *on line* sono stati corretti senza ulteriori segnalazioni.

Fra parentesi quadra sono posti i numeri di carta del manoscritto inventariale, mentre le collocazioni in armadi e scaffali (da "A n. 1" in avanti) sono state lasciate fuori parentesi, perché riportate dal compilatore del documento, come del resto le precisazioni "Libreria prima", "Libreria seconda" e "Libreria terza".

[c. 1r]

Nota de' libri lasciati dal fu ecc.mo signor Dottor de Sacra Teologia colleggiato Don Giuseppe Lorenzo Capretti Priore di S. Benedetto di questa città di Parma defonto li 20 settembre 1782.

Libreria prima

A n. 1

[1] Cosmographia a patre Achile Becchatelli man[u]sc. Tomi 1
Manoscritto del gesuita Achille Beccadelli, docente di matematica a Parma, che pubblicò alcune sue osservazioni sull'eclissi solare del 3 maggio 1715[1].

[2] Tanara il cittadino in villa t. 1 Venezia Prodotti 1580 [1680]
Tanara, Vincenzo (m. ca. 1669), *L'economia del cittadino in villa, del signor Vincenzo Tanara. Libri 7. Riueduta, ed accresciuta in molti luoghi dal medesimo auttore, con l'aggiunta delle qualità del cacciatore*, in Venetia, appresso li Prodotti, 1680, 544 p., ill., 4°. IT\ICCU\SBLE\001174.

[3] Meditazioni di Tommaso di Gesù t. 1 Roma Fei 1552 [1652]
Tomás de Jesús (1569-1627), *Compendio dell'oratione mentale opera del reu. padre fra' Tomaso di Giesù. Nuouamente dalla lingua spagnola nell'italiana tradotta*, in Roma, nella stamperia di Giacomo Fei, 1652, [16], 391, [9] p., 4°. IT\ICCU\TO0E\041600.

[4] Opere di Santa Catterina da Siena t. 4 Siena Bonetti 1707
Caterina da Siena santa, *L'opere della serafica Santa Caterina da Siena nuovamente pubblicate da Girolamo Gigli. Tomo primo [-quarto]*, in Siena, appresso

---

[1] MAZZUCHELLI, Giovanni Maria, *Gli scrittori d'Italia cioè Notizie storiche, e critiche intorno alle vite, e agli scritti dei letterati italiani del conte Giammaria Mazzuchelli bresciano*, in Brescia, presso a Giambatista Bossini, 1753-1763, 6 voll., v. II, parte II, p. 576.

il Bonetti nella Stam. del Pubbl., 1707-1721, 4 v., 4°.
IT\ICCU\VIAE\009489.

[5] Giordano vita de' religiosi t. 1 Roma Martinelli 1585
Iordanus de Quedlinburgo, *Del viuer dei frati del beato p.f. Giordano di Sassonia, dell'Ordine eremitano di santo Agostino libri quattro, tradotti dalla lingua latina, nella volgare: ne i quali si tratta delle quattro communioni necessarie a i professori della disciplina monastica, et dell'origine, et progresso del detto Ordine; et si dechiara la regola di s. Agostino. Con vtilità, non sol delle persone regolari*, in Roma, appresso Giouanni Martinelli, alla Fenice, 1585 (in Roma, nella stamparia di Vincentio Accolti, 1585), [20], 323, [37] p., in 4°.
IT\ICCU\RMLE\001174.

[6] Summa Bullarj Stephani Quaranta t. 1 Venezia Giunti 1522
Quaranta, Stefano (m. 1678), *Summa bullarii earumque summorum pontificum constitutionum quæ ad communem Ecclesiæ vsum post volumina iuris canonici, vsque ad sanctissimum d.n.d. Paulum papam 5. emanarunt. Authore Stephano Quaranta i.v.d. vnà cum additionibus Prosperi de Augustino. Cum duplici indice. Accesserunt etiam quattuor Tractatus canonici, necnon Extrauagantium communium liber sextus, & alia prout versa pagina indicabit*, Venetiis, apud Iuntas, 1622, [32], 639, [1] p., 4°. IT\ICCU\UM1E\009499.

[7] D. Anselmi Cantuariensis t.1 Venezia ad signum spei 1549
Si possono avanzare due ipotesi identificative:
La prima: Hervaeus (monaco di Bourg-Dieu, 1080 ca.-1150 ca.), *D. Anselmi Cantuariensis archiepiscopi, Luculentissimæ, in omnes sanctissimi Pauli apostoli epistolas enarrationes*, Venetijs, ad signum Spei, 1549, [12], 432 c., 4°.
IT\ICCU\BVEE\004181.
La seconda: Anselmus Cantuariensis (santo), *Omnia D. Anselmi Cantuariensis archiepiscopi theologorum omnium sui temporis facile principis opuscula: cum luculentissimis eiusdem in aliquot euangelia enarrationibus, Antonij Democharis Ressonaei industria nunc primum restituta*, Venetijs, ad signum Spei, 1549, [8], 231, [1], 159, [1] c., 4°. IT\ICCU\BVEE\019121.

[8] Sotus in libro sententiarum t. 2 Venezia Nicolini 1570
Soto, Domingo de (1494-1560), *Commentariorum fratris Dominici Soto Segobiensis, theologi, in quartum Sententiarum, tomus primus [-secundus]. Cum indice copiosissimo, atque locupletissimo*, Venetiis, excudebat Dominicus Nicolinis, 1570, 2 v. ([24], 417 [i.e. 415, 1]; [4], 284 c.), 4°. IT\ICCU\BVEE\016167.

[9] Sotus de' gratia t. 1 Venezia Pratti [apud Floravantem a Prato] 1584
Soto, Domingo de (1494-1560), *De natura et gratia, libri tres. Reuerendi P.F. Dominici Soto, Segobiensis. Vna cum Apologia aduersus Catharinum de certitudine gratiae, & Decretis sacri Concilij Tridentini. Opus profecto eximium; sed nunc demum a plurimis quibus scatebat mendis vendicatum, doctissimisque annotationibus illustratum. Cum triplici eorum indice, quorum primus capita, secundus sententias, tertius Lutheri ostendit errores*, Venetiis, apud Florauantem à Prato, 1584 (Venetiis, apud Florauantem a Prato, 1584), [16], 301, [3] p., 4°. IT\ICCU\BVEE\019385.

[10] Don Basilii Magni opera t. 1 Venezia ad signum spei 1548
Basilius Magnus (santo), *Omnia D. Basilii Magni archiepiscopi Caesareae Cappadociae quae extant opera a Iano Cornario medico physico, & Adamo Fumano latinitate donata: cum annotationibus in margine nuper additis cum indice rerum omnium catalogum autem omnium in hoc opere contentorum sequens folium indicat*, Venetiis, ad signum Spei, 1548, [24], 551, [1] carte, 4°. IT\ICCU\UBOE\000158.

[11] Granata vita cristiana t. 2 Venezia Angolini [Angelieri] 1582
Luis de Granada, *Tutte le opere del R.P.F. Luigi di Granata dell'ordine de' predicatori, vltimamente da lui stesso emendate, accresciute, & quasi formate di nuouo. Tradotte dalla lingua spagnuola, nella nostra italiana. Con l'aggiunta di molte Annotationi, & d'una Prattica del viuer christiano. Impressione terza*, in Vinegia, presso Giorgio Angelieri, 1582, 5 v. ill., 4°. IT\ICCU\TO0E\001106.
Il primo volume si intitola *Del memoriale della vita christiana, del R.P.F. Luigi di Granata parte prima – seconda*. Quindi Capretti forse possedeva solo questo primo volume e non tutti e cinque.

[12] Sum[m]ulae logicae Marini de Cabrinis t. 1 manuscritto
Manoscritto.

[13] Logica eiusdem auctoris t. 1 manuscritto
Manoscritto.

[14] Phisica eiusdem auctoris t. 4 manuscritto
Manoscritto.

[15] Tractatus Theologicus de sacramentis eiusdem t. 1 manuscritto
Manoscritto.

[16] Tractatus de poenitentia eiusdem t. 1 manuscritto
Manoscritto.

[17] Tractatus de fide eiusdem t.1 manuscritto
Manoscritto.

[18] Tractatus de Deo eiusdem t. 1 manuscritto
Manoscritto.

[19] Tractatus de iustitia, et iure in specie t. 1 manuscritto
Manoscritto.

[20] Tractatus de gratia P. Agnani S.I. t. 1 manuscritto
Manoscritto.

[21] Tractatus de beatitudine eiusdem t. 1 manuscritto
Manoscritto.

[22] Tractatus de sacramentis in genere P.Balzi t. 1 manuscritto
Manoscritto.

[23] Disertatio de personatibus P. Simonis ducibalo t.1 manuscritto
Manoscritto.

[24] Tractatus legalis de fideicommissis t.1 manuscritto
Manoscritto.

[25] Tractatus duplex legales de jure patronato t. 1 manuscritto
Manoscritto.

[c. 1v]

[26] Capreolus Stella de observantia t. 1 Brescia Beresciani [Bresciani] 1510
Capriolo, Angelo, *Venerabilis viri fratris Angeli Capreoli Brixiani ordinis Carmelitarum de obseruantia libellus merito Stella nuncupatus,* (Brixiae, impressit Io. Antonius Brixianus, 1511 die iii Ianuarii), [114] c., 4°. IT\ICCU\SIPE\013764.

[27] Scuola dell'aritmetica del Carisi t. 5 Parma Monti 1726
Carisi, Pellegrino Felice, *La scuola dell'aritmetica prattica nella quale con facilità, e chiarezza si dimostrano i primi, e principali erudimenti, e le regole più necessarie per apprendere in poco tempo i veri modi di conteggiare da se medesimo. Data in luce dal padre fr. Pellegrino Felice Carisi, della città di Correggio. Divisa in tre' libri*, in Parma, per Paolo Monti, 1707-1726, 5 v., 4°. IT\ICCU\UBOE\045496.

[28] Sinopsis Aristotelis effatorum t. 1 Bologna Ferroni 1568 [1668]
Magnani, Fulvio, *Synopsis effatorum Aristotelis quibus tota peripatetica doctrina, & explicatur, & expurgatur. Opus medicis, philosophis, iurisprudentibus, ac theologis apprimè necessarium. Fuluij Magnani Bononien. philosophiae, ac theologiae doctoris illustriss. Bononiae Senatui dicatum*, Bononiae, ex typographia Ferroniana, 1668, [8], 340, [8] p., 4°. IT\ICCU\UBOE\005744.

[29] Figatelli Aritmetica t. 1 Venezia Peccori 1726
Figatelli, Giuseppe Maria (1612-1682), *Trattato aritmetico di Giuseppe Maria Figatelli, nel quale con somma brevità, e chiarezza si contiene quanto di bello, e di buono si trova sparso per gli autori, e quanto si possa desiderare, per sapere maneggiare il numero non solo nelle quantità razionali, e per le regole mercantili: ma nelle quantità irrazionali ancora, pertinenti alla scienza maggiore del numero. Divisa in due parti. Opera utilissima non solo a' mercanti, e à chi desidera d'imparare; ma a' maestri ancora. In questa settima impressione aggiuntovi l'algebra*, in Venezia, appresso Santo Pecori, 1726, [8], 344 p., 8°. IT\ICCU\PALE\006384.

A n. 2

[30] Tabula Bergomensis Divi Thomae t. 1 Bologna Azognidi [Azoguidi] 1473
Pietro da Bergamo (m. 1482), *Religiosissimi uiri fratris Petri de Bergomo ordinis Praedicatorum sacre theologie professoris eximii Super omnia opera diuini doctoris Thomae Aquinatis tabula feliciter incipit* (Bononiae, ex officina Baldaseris Azoguidi ciuis Bononiensis, 1473 die undecimo Martii), [264] c., 2°. IT\ICCU\VIAE\036778.

[31] Rifflessioni sopra l'opinione probabile Ruspoli t. 1 Brescia Boscino [Bossino] 1739
Gaetano Maria da Bergamo, *Riflessioni sopra l'opinione probabile per i casi della coscienza nella teologia morale opera teologico-ascetica divisa in due parti. Composta da fr. Gaetano Maria da Bergamo. Parte prima [-seconda]*, in Brescia, dalle stampe di Giam-Batista Bossino, 1739, 2 v., 4°. IT\ICCU\TO0E\044060.

[32] Graveson Istoria Ecclesiastica t. 3 Brescia Boscino 1739
Altra edizione rispetto ad Amat de Graveson, Ignace Hyacinthe, *Historia ecclesiastica variis colloquiis digesta ubi pro theologiae candidatis res precipuae, non solum ad historiam, sed etiam ad dogmata, criticam, chronologiam & ecclesiae disciplinam pertinentes, per breves interrogationes, & responsiones perstringuntur, & in praeclaro ordine collocantur. Auctore fr. Ignatio Hiacyntho Amat de Gra-*

veson. Pars prima [-tertia], Venezia, apud Ioannem Baptistam Recurti, 1738, 3 v., 4°. IT\ICCU\LO1E\038945.

[33] Suo indice t. 1 Idem
Indice dell'opera precedentemente annoverata.

[34] Gotti teologia scolastica opere t. 9 Bologna S. Tom. d'Aquien 1727
Stamperia di S. Tommaso d'Aquino, *Theologia scholastico-dogmatica juxta mentem D. Thomae Aquinatis accomodata per F. Vincentium Ludovicum Gotti ordinis Praedicatorum, sacrae theologiae magistrum, doctorem collegiatum, & in patria Bononiensi universitate controversiarum fidei publicum professorem*, Bononiae, ex Typographia Bononiensi Sancti Thomae Aquinatis, 16 v., 1727-1735. Capretti possiede solo nove dei sedici volumi di cui si compone l'edizione. IT\ICCU\UBOE\003974.

[35] Analases in psalterium P. Thomae le Blanch t. 1 Bologna Benazzi 1681
Opera non identificata, edita dal Benacci a Bologna.

[36] Calini Annotazioni d'un Pastor Arcade t. 1 Verona Ramanzini 1734
Annotazioni di un pastor arcade in risposta alle annotazioni fatte dal padre Cesare Calini della Compagnia di Gesù al suo Trattenimento istorico, e cronologico nella terza edizione contro del quale scrisse già il suo Trattenimento Parmindo Ibichense, in Verona, per Dionisio Ramanzini, 1734, [8], 146, [2] p., 4°. IT\ICCU\RMLE\009584.

[37] Calini Quaresimale t. 1 Venezia Recurti 1732
Calino, Cesare, *Quaresimale. Cesare Calino della Compagnia di Gesù*, Venezia, appresso Gio. Battista Recurti, 1732, [16], 534, [2] p., 4°. IT\ICCU\RAVE\008177.

[38] Calini Antico Testamento t. 1 Venezia Recurti 1724
Calino, Cesare, *Lezioni sacre, e morali sopra il libro primo de' ré. Adattate ad ammaestrar ne' costumi ogni genere di persone. Opera di Cesare Calino*, in Venezia, presso Gio. Battista Recurti alla Religione, 1725, 10 v., 12°. Capretti possiede solo un volume (del 1724) dei dieci che componevano l'edizione. La differenza nella data potrebbe essere un errore del redattore della lista bibliografica. Edizione del 1724: IT\ICCU\CAGE\002193; edizione del 1725: IT\ICCU\CAGE\002189.

[39] Calini Nuovo Testamento t. 1 Venezia Recurti 1728
Calino, Cesare, *Trattenimento istorico, teologico, e scritturale sopra i santi vangeli, in cui si espone la divinità, e incarnazione, e vita, e morte, e risurrezione di nostro signor Gesù Cristo. Opera di Cesare Calino della Compagnia di Gesù*, Venezia, appresso Gio. Battista Recurti, 1728, xxiv, 562, 4 p., 4°. IT\ICCU\RLZE\000171.

[40] Biacca Tratenimento istorico, e cronologico (manca il primo) t. 1 Napoli
Biacca, Francesco Maria (1673-1735), *Trattenimento istorico, e cronologico, in tre libri diviso, del signor d. Francesco Maria Biacca opposto al Trattenimento istorico, e cronologico del padre Cesare Calino con che si mostra non essere la Storia delle antichità giudaiche di Gioseffo Ebreo né falsa, né discordante dalla Sacra scrittura, della quale a luogo a luogo si discutono diversi passi. Si aggiungono le tavole cronologiche sì moderne, che antiche, ed insieme conciliate; ed al compimento dell'opera si danno per appendice due Dissertazioni intorno alle Settimane di Daniello. Tomo primo [-secondo]*, in Napoli [i.e. Milano], 1728, 2 v., 4°. Si tratta di un esempio di stampa alla macchia. Capretti possiede solo il secondo volume. IT\ICCU\MODE\019260.

[41] S. Teresa opere spirituali t. 1 Venezia Baglioni 1723
Teresa de Jesús (santa), *Opere spirituali della Santa Madre Teresa di Giesù, fondatrice delle monache e padri Carmelitani Scalzi, divise in due tomi. Aggiuntovi in questa nuova impressione la seconda parte delle lettere, con le annotazioni*, Venezia, nella stamperia Baglioni, 1723, 2 v., 4°. IT\ICCU\LO1E\026517.

[42] Decretales Gregorii IX gottico t. 1
Edizione in caratteri gotici, quindi in tedesco, ma non identificabile.

[43] Canali della carità t. 2 Bologna Franceschi 1763
Opera non identificata, forse dello stesso della seguente: Canali, Giulio Cesare Luigi, *L'adolescenza vittoriosa. Vita della divota giovane Gesualda Antenori una delle prime sorelle della carità, in Bologna scritta, e data in luce dal parroco di s. Isaia e dedicata al merito sublime dell'illustriss., e reverendiss. signor Annibale Priore Beccadelli canonico della metropolitana*, in Bologna, nella stamperia di Lelio dalla Volpe, 1734.

[44] Graveson de vita Christi t. 1 Venezia Recurti 1728
Amat de Graveson, Ignace Hyacinthe, *Tractatus de vita, mysteriis, et annis Jesu Christi, Servatoris nostri, contra infideles, judæos, et hæreticos, dissertationibus dogmaticis et chronologicis iuxtà germanam Divi Thomæ mentem illustratus auctore r.p.f. Ignatio Hiacyntho Amat de Graveson, editio altera ab auctore recognita*, Venetiis, apud Jo. Baptistam Recurti, 1728. IT\ICCU\TO0E\023515.

A n. 3

[45] Tertuliani opera omnia t. 1 Venezia Albrizzi 1701
Tertullianus, Quintus Septimius Florens, *Q. Florentis Septimii Tertulliani presbyteri Carthaginiensis Opera omnia, iuxtà correctionem Pamelii, de la Cerda, Ambianensis, Rigaltii, priori Albaspinæi, aliorumque doctissimorum catholicorum virorum fideliter castigata. Quorum scholiis adjectæ sunt notæ ex Salmasio, Rhenano, Heraldo, Mercerio, Lupo, aliisque desumptæ cum indicibus necessariis. Præcedunt etiam authoris vita, doctrina, & scripta, item librorum argumenta*, Venetiis, ex typographia Hieronymi Albritij, 1701, 2 v. ([64], 477 [i.e. 483, 1], [4], 206 [i.e. 208, 72] p.), 2°. IT\ICCU\TO0E\066562.

[46] Enchiridion operum omnium S. Augustini t. 1 Augusta Steiiner 1537
Augustinus, Aurelius (santo), *Omnium operum diui Aurelii Augustini episcopi, undecumque doctissimi, epitome: et quid vir ille ecclesiae sacramentis, necnon sacrae scripturae locis communioribus insignioribusque senserit, scripserit, simulatque docuerit, per Ioannem Piscatorium Lithopolitanum, hoc libro fidelissime, & com-*

pendiaria quadam via diligentissimè comportatum. Ad sacrarum literarum lectores pios ac candidos decastichon Stephani Vigilij Pacimontani, Augustae Vindelicorum, Heinricus Steyner excudebat, 1537, 3 v., ill., 2°. IT\ICCU\LO1E\029735.

[47] D. Thomae opera t. 7 Venezia Scotti 1586
Tommaso d'Aquino (santo), *Scriptum diui Thomae Aquinatis doctoris angelici, in quatuor libros sententiarum magistri Petri Lombardi quorum Dinstinctiones ac Quæstiones ostendit index*, Venetijs apud hæredem Hieronymi Scoti, 1586, 4 v., 2°. IT\ICCU\RMLE\006359. È possibile che gli altri tre volumi elencati nell'inventario fossero altre edizioni consistenti in commenti di Tommaso ad Aristotele, sempre stampate da Scoto nel 1586 o in date prossime (si veda il catalogo OPAC SBN in cui effettivamente ne vengono annoverate parecchie).

[48] D. Dyonisius Cartusianus in psalmos t. 1 Colonia Quentel 1534
Denis le Chartreux (1402-1471), *D. Dionysij Carthusiani Insigne commentariorum opus, in psalmos omnes Dauidicos. Quos ipse multiplici sensu, quantum fieri potuit, nempe literali, allegorico, tropologico, & anagogico (id quod nemo hactenus praestitit) non nisi solidissimis sacrae scripturae locis, doctissime explanat. Accedit ad haec, eiusdem in matutinalia 7. Cantica in Magnificat quoque, aeditio altera ad archetypon summa cura, ita vt accuratius fieri vix potuerit, denuo collata correctaque*, Coloniae, impensis Petri Quentel, 1534. Mense Augusti, [6], CCLXXVI, [i.e. 376] c., 2°. IT\ICCU\BVEE\019467.

[49] Conciliorum omnium t. 5 Venezia Nicolini 1585
Conciliorum omnium, tam generalium, quam prouincialium, quae iam inde ab Apostolorum temporibus, hactenus legitime celebrata haberi potuerunt; volumina quinque. Quibus nouissima hac editione, post Surianam, accessere praesertim Nicaenum, & Ephesinum, celeberrima concilia. In quorum omnium collocatione, temporum ratio habita est, & eruditae notationes per catholicos theologos additae Sixti 5. pontificis maximi, foelicissimis auspicijs, Venetijs, apud Dominicum Nicolinum, 1585, 5 v., 2°. IT\ICCU\RMLE\000010.

[50] Lorini in psalmos t. 4 Venezia Albrizzi 1720
Lorin, Jean (1559-1634), *Joannis Lorini Commentarii in Librum psalmorum quatuor tomis comprehensi, in quibus praeter accuratam sensus literalis explanationem, variarum tum editionum, tum lectionum collationem cum vulgata quae defenditur, phraseon etiam scripturae atque vocabulorum disquisitionem, mystici omnis generis sensus, ex patribus, praecipue Graecis Latinisque, traduntur Editio novissima, et correctissima. Cum indicibus locorum sacrae scripturae, ac rerum magis exquisitarum & insigniorum,* Venetiis, sumptibus Hieronymi Albritii, 1718-1721, 4 v., 2°.

[51] De Pineda in Iob t. 2 Venezia Bettanini 1739
Pineda, Juan de (1557?-1637), *Joannis De Pineda Societatis Jesu, Commentariorum in Job libri tredecim: quibus, praeter luculentam Hebraici textus interpretationem, tum é sacra, tum é prophana schola annotationem, ipsa versionis latinæ vulgatæ auctoritas asseritur: indice præterea septemplici, nova, & facili non minus, quam artificiosa methodo, cuivis editioni commoda concinnato, locupletati. Tomus primus [-secundus],* Venetiis, apud Homobonum Bettaninum, 1739, 2 v., 2°. IT\ICCU\UM1E\006374.

A n. 4

[52] Gonzales comentaria in quinque libros Decretalium t. 4 Venezia Pezzana 1737.
Altra edizione (precedente), ma dello stesso stampatore: González Téllez, Manuel, *Commentaria perpetua in singulos textus quinque librorum Decretalium Gregorij 9. Tomus primus [-quintus]. Editio Veneta, iuxta editionem Lugdunensem ab ipsomet authore recognita, & emendata; cum additionibus, tum prioribus suis locis restitutis, tum etiam aliquot recentioribus,* Venetijs, apud Nicolaum Pezzana, 1699, 5 v., 2°. IT\ICCU\RMGE\001765.

[c. 2r]

[53] Bullarium Romanum t. 5 Londra [Lione] Bordé 1797 [1697]
Laerzio Cherubini (m. ca. 1626), *Magnum Bullarium Romanum, ab Leone Magno usque ad s.d.n. Clementem 10. Opus absolutissimum Laertii Cherubini & a D. Angelo Cherubino. Editio nouissima. Quinque tomis distributa, vitis et iconi-*

bus aeneis omnium pontificum decorata. Tomus primus (-quintus), Lugduni, sumptibus Petri Borde, Joannis & Petri Arnaud, 1692-1697, 5 v., ill., 2°. IT\ICCU\RMLE\017649.

[54] Bellarmini de controversiis christianae fidei t. 4 Milano Bellagata [Bellagatta] 1721
Bellarmino, Roberto, *Disputationum Roberti Bellarmini Politiani, S.R.E. cardinalis, de controversiis christianae fidei adversus hujus temporis haereticos, quatuor tomis comprehensarum. Editio ab auctore recognita & in hac ultima editione aucta aliis opusculis suis quaeque locis insertis, cum indicibus locupletissimis*, Mediolani, ex typographia haeredum Dominici Bellagattae, 1721, 4 v., 2°. IT\ICCU\URBE\016233. La censura austriaca nel 1776 condannò l'opera di Bellarmino intitolata *Responsio Cardinalis Bellarmini ad tractatum septem theologorum,* stampato a Colonia nel 1607[2].

[55] Et in psalmis t. 1 Venetia Zane 1726
Il 6° volume (edito da Francesco e Cristoforo Zane) della seguente edizione è dedicato al commento dei salmi: Bellarmino, Roberto, *Disputationum Roberti Bellarmini Politiani, S.J. s.r.e. cardinalis, de controversiis christianæ fidei adversus hujus temporis hæreticos. Quatuor tomis comprehensarum. Tomus primus [-septimus]. Editio ultima juxta Venetam anni 1599. Correctionibus tamen, & additionibus auctoris in fine, nec non indicibus locupletissimis nobilitata*, Venetiis, apud Joannem Malachinum, sub signo s. Ignatii, 1721-1728, 7 v. ill., 2°. IT\ICCU\RAVE\006198.

[56] Summa divi Thomae t. 5 Padova Seminario 1698
Tommaso d'Aquino (santo), *Angelici doctoris Sancti Thomae Aquinatis Summa theologica in quinque tomos distributa, cum commentariis Thomae De Vio cardinalis Cajetani et elucidationibus literalibus P. Seraphini Capponi a' Porrecta ordinis Praedicatorum. Omnia ad plurima exempla hac editione comparata, variis characteribus, luculentis ad marginem notis, & citatorum locorum, unde ea deprompta sunt, cum suis fontibus collatione illustrata*, Patavii, ex typographia Seminarii, 1698, 5 v., 2°. IT\ICCU\RLZE\012464.

---

[2] Si veda il sito: www.univie.ac.at/censorship.

[57] Casus Di[o]ecesis Bononiensis t. 3 Bologna Longhi 1767
Malvezzi, Vincenzo, *Casus conscientiae ac sacrorum rituum Bononiensis dioecesis parochis atque presbyteris ad discutiendum propositi anno 1767. Nunc autem resoluti de mandato eminentiss. & reverendiss. domini d. Vincentii card. Malvezzi Bononiae archiepiscopi*, Bononiae, typis Longhi impressoris archiepiscopalis, [1767?], 39, [1] p., 4°. IT\ICCU\UBOE\122435.

[58] Dall'Occa Institutiones theologicae t. 4. Lucca Giusti 1766
Dall'Occa, Giovanni Battista, *Institutiones theologicae auctore Joanne Baptista dall'Occa nunc primum editae ad usum seminarii Lucensis eminentiss. d. Vincentio cardinali Malvetio Bononiensi archiepiscopo. Tomus primus [-quartus]*, Lucae, ex typographia Jacobi Justi, 1766, 4 v., 8°. IT\ICCU\CFIE\015122.

B n. 1

[59] Plutarco Vitte degli uomini illustri t. 2 Venezia Ferrari 1669 [1569]
Plutarchus, *Vite di Plutarco Cheroneo de gli huomini illustri greci et romani nuouamente tradotte per M. Lodouico Domenichi et altri, et diligentemente confrontate co' testi greci per M. Lionardo Ghini: con la vita dell'auttore, descritta da Thomaso Porcacchi, & co' sommaria a ciascuna vita, con tauole*, in Vinegia, appresso Gabriel Giolito de' Ferrari, 1569, 2 v., 4°. IT\ICCU\TO0E\001476.

[60] Leggendario de SS. Benedettini t. 1 Venezia Parini [Pavino] 1744
Altra edizione (precedente) dello stesso stampatore: Bernardo Maria Amico, *Leggendario de' santi benedettini in cui si espongono le vite di cento santi dell'Ordine di s. Benedetto, descritti, e consacrati alla SS. Trinità. Dal p. don Bernardo Maria Amico di Milano benedettino olivetano*, in Venezia, per Luigi Pavino, 1726, [16], 522, [2] p., 4°. IT\ICCU\PUVE\027379.

[61] Conferenze spirituali del padre Arnoldo t. 2 Trento Brunati 1716
Solitarius loquens sive conferentii spirituales habiti a PP. Carmelitis Discalceatis in eremo commorantibus a R.P. Fr. Arnoldo a SS. Petro & Paulo ejusdem ordinis

religioso professo, sacri theologii lectore nec non olim eremi incola, deducti. Opus non contemplativis tantum sed etiam concionatoribus perutile et in prima editione serenissimo Maximiliano Emmanueli S.R.I. electori et Bavarii duci dedicatum, Trento, ex typographia Joannis antonii Brunati, MDCCXVI, 2 v., 4°. IT\ICCU\RLZE\015584.

[62] Stella vanità mondana t. 1 Venezia Guerilli 1604
Estella, Diego de (1524-1578), *Dispregio della vanità del mondo, composto dal molto R.P.F. Diego Stella dell'ordine di S. Francesco, diuiso in tre parti. Agguinteui di nuouo le Meditationi dell'Amor di Dio del medesimo auttore. Il tutto tradotto nuouamente dalla lingua spagnuola nella italiana dal Gio. Battista Peruschi della compagnia di Giesù. Con tre tauole*, in Venetia, appresso Giouanni Guerigli, 1604, [120], 190, [2], 188, 183, [1], 202, [2] p., 4°. IT\ICCU\LO1E\013377.

[63] Trattato cronologico del p[ad]re Aurelio da Genova Cap. t. 1 Genova Franchelli 1712
Aurelio da Genova (m. 1732, cappuccino), *Tractatus chronologicus a variis auctoribus compilatus studio fr. Aurelii a Genua Capucini et ab eodem in duos libros distributus*, Genuæ, ex typographia Ioannis Baptistæ Franchelli, in vico Fili, 1712, [16], 488, [14] p., 4°. IT\ICCU\UM1E\004546.

[64] Moneta Tractatus de distributionibus quotidianis t. 1 Roma Ruffinelli 1618
Moneta, Giovanni Pietro, *Duo tractatus alter De decimis tam spiritualibus quam papalibus, alter De optione canonica et in hac tertia impressione ab auctore ipso recognit atque integris etiam quaestionibus locupletati. Auctore Io. Petro Moneta Mediolanensi presbytero Congr. Cler. Regul. S. Pauli. Cum summarijs, ac duplici indice, altero capitum, et quaestionum, altero rerum singularium copiosissimo*, Romae, sumptibus Io. Angeli Ruffinelli, ex typographia Andreae Phaei, 1618, [12], 340, [48] p., 4°. IT\ICCU\CAGE\009769 e IT\ICCU\BVEE\068839.

[65] Diez Mariale della Beata Vergine t. 1 Venezia Giunti 1608
Dias, Filippe (ca. 1550-ca. 1601), *Mariale della sacratissima Vergine Maria nel quale si contiene molte considerationi spirituali, & ponti principalissimi della s.*

Scrittura, sopra tutte le sue festiuità. Doue si tratta della sua vita et miracoli. Con vn trattato della Passione di n. s. Giesù Christo & della solitudine di essa Vergine santissima. Opera molto vtile et necessaria, non solo a theologhi, predicatori, confessori, ma anco ad' ogn' altra persona che facci professione di vita spirituale. Composto dal m.r.p.f. Filippo Diez. Nuouamente tradotto di spagnolo in italiano dal r.p.f. Matthia Fasano Con quatro tauole, vna delle materie, due della Sacra Scrittura del Testamento Vecchio, & Nouo, & la quarta delle cose più notabili,che in detta opera si contengono, in Venezia, appresso i Giunti, 1608, [68], 651 [i.e. 655], [1] p., 4°. IT\ICCU\RMSE\085507.

[66] Sermoni varj di S. Agostino, e d'altri cattolici t. 1 Venezia Ferrari 1667 [1567]
Aurelius Augustinus (santo), *Varii sermoni di santo Agostino, et d'altri catholici, et antichi dottori, vtili alla salute dell'anime, messi insieme, et fatti volgari da monsig. r Galeazzo vescovo di Sessa. Con due tauole vna de' sermoni, et l'altra delle cose più notabili*, in Vinegia, appresso Gabriel Giolito de' Ferrari, 1567, [28], 448, p. 4°. IT\ICCU\LIAE\001081.

[67] Tractatus theologici de Deo, de gratia, de sacramentis t. 1: manuscritto
Manoscritto.

[68] Institutiones iuris civilis t. 1: manuscritto
Manoscritto.

[69] Compositiones oratoriae t. 1: manuscritto
Manoscritto.

[70] Baldassar trattati de cibi, e del bere t. 1 Carmagnola Bellone 1589
Pisanelli, Baldassarre (m. 1586), *Trattato de' cibi, et del bere del signor Baldassar Pisanelli medico bolognese. Ridotto in vn'assai bell'ordine, & aggiontoui di molte dotte, et belle annotationi sopr'ogni capo dal sig. Franc. Gallina. Di nuouo ristampato, & con diligenza ricorretto*, in Carmagnola, appresso Marc'Antonio Bellone, 1589, [8], 238, [2] p., 4°.

[71] Trattato sopra la luce manuscritto t. 1
Manoscritto.

[72] Vida de Ioseph Patriarca t. 1 Saragozia de Luna 1658
Edizione spagnola non individuata della biografia del personaggio biblico Giuseppe.

[73] Vita di S. Tommaso d'Aquino t. 1 Roma Ghezzi 1668
Frigerio, Paolo (n. 1605), *Vita di s. Tomaso d'Aquino. Nuouamente raccolta dal processo della sua canonizatione, dalle opere del santo, e da antichi manoscritti. Da Paolo Frigerio romano, prete della Congregatione dell'Oratorio*, in Roma, per Egidio Ghezzi, 1668, [12], 221, [27] p., [1] c. di tav. ritr. calcogr., 4°. IT\ICCU\TO0E\032259.

[74] Bordonus de Praecedentia t. 1 Parma Vigna 1654
Bordoni, Francesco (1595-1671), *Theatrum praecedentiae quarumcumque personarum graduatarum, tam ecclesiasticarum, quam secularium, et praesertim regularium, atque omnium religionum inter se. Fabricatum per p. magistrum f. Franciscum Bordonum Parmensem, religionis tertii ordinis S. Francisci Generalem*, Parmae, typis Marij Vignae, 1654, [8], 275, [1] p., 4°. Riportato in Lasagni 2012, II, p. 1046[3]. IT\ICCU\URBE\015608.

[75] Toletus Instructio sacerdotum t. 1 Venezia Ber[t]ani 1614
Altra edizione (precedente) dello stesso editore: Toledo, Francisco (1532-1596), *Francisci Toleti Instructio sacerdotum, ac poenitentium, in qua omnium absolutissima casuum conscientiæ summa continetur. Accessit hac postrema editione tractatus de sacro ordine a Martino Fornario Opus nuperrime auctum, ac duplici indice illustratum*, Venetiis, apud Petrum Mariam Bertanum, 1609, [16], 692, [48] p., 4°. IT\ICCU\CAME\010534.

[76] Ghislandi supra Evangelia t. 1 Venezia Zalteri 1598
Gislandi, Antonio (documentato nel 1490), *Opus aureum, ornatum omni lapide pretioso singulari, nouissime editum, atque diligentissimè à pluribus erroribus*

---

[3] Sul Bordoni: SCHWEDT, *Die Römische Inquisition. Kardinäle und Konsultoren 1601 bis 1700*, pp. 115-122.

emendatum, super Euangelijs totius anni. Authore fr. Antonio De Gislandis. Cum indice locupletissimo dubiorum, Venetiis, apud Marcum Antonium Zalterium, 1598, [8], 320 c., 4°. IT\ICCU\TO0E\014925.

[77] Bellegrandi Compendium criminalium [criminale?] t. 1 Venezia Brigonzi 1672
Opera non individuata. Lo stampatore Brigonzi era effettivamente attivo a Venezia negli anni a cui risalirebbe l'edizione.

[78] Viaggio di Terra Santa gottico t. 1
Opera non individuata per mancanza di precisazioni sull'autore e per assenza di note tipografiche. Il carattere è gotico.

[79] Canonica Criminalis t. 1 Venezia Guerilli 1614
Diaz De Lugo, Juan Bernard, *Practica criminalis canonica, seu litium controuersiarumque in foro passim ecclesiatico verti solitarum copiosae, & iuridicae decisiones olim a reuer. & perillustri viro d. Ioanne Bernardo Diaz de Luco, Calaguritanae cathedralis apud Hispanos ecclesiae episcopo conscripta, nunc vero clarissimi viri Ignatii Lopez de Salzedo canonici iuris in Complutensi Academia pubblici primarijque professoris additionibus illustratae nouissima hac editione a plurimis quibus scatebant mendis, quam diligentissime perpurgatae*, Venezia, apud Ioannem Guerilium, 1614, [40], 638 p., 4°. IT\ICCU\RLZE\001029.

[80] Marco Marulo Ben vivere t. 1 Venezia Bindoni 1680 [ma 1580]
Marko Marulić (1450-1524), *Opera di Marco Marulo da Spalato circa l'institutione del buono, e beato viuere, secondo l'essempio de' Santi, del Vecchio e Nuovo Testamento, divisa in sei libri, tradotta in lingua toscana da maestro Remigio Fiorentino*, in Venetia, appresso Francesco, Gasparo Bindoni, & fratelli, 1580, [4], 227 [i.e. 226] c., 4°. IT\ICCU\TO0E\019006.

[81] Bossius Tractatus varii criminales t. 1 Venezia Laurenti 1562
Bossi, Egidio (1488-1546), *Aegidii Bossii tractatus varii, qui omnem fere criminalem materiam excellenti doctrina complectuntur, & in quibus plurima ad fiscum, & ad principis autoritatem, ac potestatem, necnon ad vectigalium conductiones, remissionesque pensionum pertinentia diligentissime explicantur. Vna cum ele-*

gantissimis summariis, et indice rerum, verborum, ac sententiarum memorabilium. Tertia editio, Venetiis, apud Franciscum Laurentinum, de Turino, 1562, [68], 300 c., 4°. IT\ICCU\RMLE\002864.

[c. 2v]

[82] Annotazioni Altoleto [al Toleto] t. 1 Venezia Tozzi 1604
Vittorelli, Andrea (1580-1653), *Annotationes ad instructionem sacerdotum Francisci Toleti card. sacerdotibus ab Andrea Victorello Bassanensi ex grauissimis auctoribus excerpte*, Venetiis, sumptibus Petri Pauli Totij bibliopolae Patauini, 1604, [16], 110 c., 4°. IT\ICCU\UM1E\000080.

[83] Synodus Nembrina t. 1 Parma Viotti 1660
Diocesi di Parma, *Constitutiones synodales ab illustriss.mo et reuerendiss.mo d. Carolo Nembrino episcopo Parmae promulgatae in Synodo dioecesana Parmensi anno 1659 die 5, 6, 7 mense iunij*, Parmae, typis Erasmi de Viothis impressoris episcopalis, 1660, [12], 212, [2] p., 4°. Riportato in Lasagni 2012, II, p. 944. IT\ICCU\PARE\057452.

[84] Confutazione de' sette teologi t. 1 Bologna Belagamba 1607
Comitoli, Paolo (gesuita, m. 1626), *Confvtatione del libro de' sette teologi contra l'interdetto apostolico. Con tre principali trattati. Composta dal Reu.do P. Paolo Comitolo*, Bologna, per Gio. Battista Bellagamba, 1607, [11], 156 [3] p., 4°. IT\ICCU\RLZE\013354. L'opera difende il papa contro i sette teologi (fra cui Paolo Sarpi) che si erano schierati a favore della Repubblica di Venezia quando fu lanciato l'interdetto papale del 1606. L'argomento riguarda quindi il giurisdizionalismo. Sul Comitoli si veda Josephus Fejér S. J., *Defuncti primi saeculi Societatis Jesu 1540-1640*, Roma, Curia Generalitia Societatis Iesu, Institutum Historicum, 1982, Pars I, p. 57.

[85] Matthaeucci Observationes doctrin[ales] adversus Quietistarum errores t. 1 Venezia Pezzana 1711
Matteucci, Agostino, *Observationes doctrinales adversus quietistarum errores, ab Innocentio XI proscriptos, & Sanctarum Scripturarum oraculis directoribus a fr. Augustino Matthaeucci*, Venetiis, apud Nicolaum Pezzana, 1711, [32], 236,

[20] p., 8°. L'opera è rivolta contro le tesi dei quietisti seguaci di Miguel de Molinos, autore condannato nel 1687 da Innocenzo XI. IT\ICCU\RLZE\009408 e IT\ICCU\BVEE\061006.

[86] Bordonus de homicidio proditorio t. 1 Parma Vigna 1667
Bordoni, Francesco (1595-1671), *Homicidii proditorii vindicatio, et restitutio in eum pristinum statum, in quo illud Bartolus constituerat, per r. p. f. Franciscum Bordonum Parmensem Tertij ordinis regularis sancti Francisci theologum*, Parmæ, apud Marium Vignam, 1667, [12], 284 p., 4°. Riportato in Lasagni 2012, II, p. 1067. IT\ICCU\RAVE\011424.

[87] Bossius tractatus de triplici iubileo t. 1 Milano Vighoni 1670
Bossi, Giovanni Angelo (1590-1665), *De triplici Iubilei priuilegio tractatus in quo morales quæstiones de facultate absoluendi à casibus reseruatis; vota commutandi, vel dispensandi; et operibus a summo pontifice præscriptis exercendis; confessarijs, dilucidantur. Accessit appendix de confessarijs sollicitantibus. Auctore Io. Angelo Bossio Mediol. congr. cler. reg. s. Pauli. Per R.P.D. Io. Andream Cermenatum eiusdem congreg. sacerdotem, in compendium exactè redactus*, Mediolani, ex typographia Francisci Vigoni, 1670, [16], 360, [28] p., 8°. L'appendice riguarda il reato della *sollicitatio ad turpia* in confessionale. IT\ICCU\BVEE\047994.

[88] La Sacra Liturgia t. 2 Venezia Poletti 1715
Baldassarri, Antonio (1645-1724), *La sacra liturgia dilucidata, in cui con chiara dottrina, e con seletta erudizione si spiega ciò, che concerne il divin sacrifio della messa. Opera composta dal padre Antonio Baldassarri. Divisa in due parti. Parte prima (-seconda)*, in Venetia, appresso Andrea Poletti, 1715, 2 v., 12°. IT\ICCU\TO0E\045520.

B n. 2

[89] Praxis archiep. Curiae Neapolitanae t. 1 Venezia Guerilli 1667
Genovese, Marco Antonio, *Praxis archiepiscopalis curiæ Neapolitanæ. Auctore M. Antonio Genuense Neapol. I.V.D. Montis Marani, posteà Iserniensi episcopo. Locupletata in hac omnium nouissima editione nonnullis materijs, & exornata*

multis additionibus, quæ in alijs impressionibus omissæ fuere. Cum in eo, quidquid in alijs etiam Curijs Archiepiscopalibus, & Episcopalibus frequenter occurrere solet, copiosè, ac dilucidè contineatur, Venetiis, apud Guerilios, 1667, [8], 392, [44] p., 4°. IT\ICCU\RAVE\024343.

[90] Ceremoniale pro eletione Romanorum Pontificum t. 1 Roma Camer Apostol 1622

Chiesa cattolica, *Caeremoniale continens ritus electionis Romani pontificis. Gregorij papae XV iussu editum. Cui praefiguntur constitutiones pontificiae, et conciliorum decreta ad eam rem pertinentia*, Romae, ex typographia Camerae Apostolicae, 1622, 122, [10] p., ill., 4°. IT\ICCU\RMLE\014557.

[91] Bogdanovitz de annuntiatione B. M. Virginis t. 1 Roma Boemi 1693

Bogdanowicz, Bernard (n. 1640), *Thesaurus divitiarum caelestium, misero generi humano in annunciatione beatae Mariae Virginis, et incarnatione verbi filii Dei Patris misericorditer elargitus. In duas partes distinctus. Prima pars agit de exordio humanae salutis, in salutatione angelica exortae: continens expositionem Evangelii, missus est. Secunda pars agit de progressu humanae salutis, in incarnatione dominica initiatae: complectans mysterium & fructum incarnationis dominicae. Cui etiam annexa sunt 24. elogia de praerogativis beatae Virginis Mariae. Compositum operâ & studio R.P. FR. Bernardi Bogdanovitz Poloni monachi ord. Cistercien.*, Romae, typis Joannis Jacobi Komarek apud S. Angelum Custodem, 1693, 3 v. ([56], 455, [1]; [12]; 62, [2]) p., [1] c. di tav. calcogr., 4°. IT\ICCU\BVEE\039270.

[92] Biblioteca Romani Pontificis t. 1 Londra [Lione] Bojssat 1643

Jacob, Louis (sec. XVII), *Bibliotheca pontificia duobus libris distincta. In primo agitur ex professo de omnibus Romanis pontificibus. Cui adiungitur catalogus haereticorum. Accedit fragmentum libelli S. Marcelli Romani martyris, B. Petri apostoli discipuli, è peruetusto breuiario MS. Flauiniacensi desumptum, & hactenus ineditum. De disputatione B. Petri & Simonis Magi. Autore R.P.F. Ludouico Iacob à S. Carolo, Cabilonensi, Burgundo, ordinis Carmelitarum alumno*, Lugduni, sumptib. haered. Gabr. Boissat, & Laurentij Anisson, 1643, [52], 491, [5] p., 4°. IT\ICCU\BVEE\022305.

[93] Regola di S. Benedetto Com[m]entario t. 1 Venezia Recurti 1750
Altra edizione (precedente) dello stesso editore: Martin, Claude (1619-1696), *Pratica della Regola di s. Benedetto del padre d. Claudio Martin benedettino corretta ed accresciuta di due altre operette del medesimo autore. Nuova traduzione dal francese d'altro monaco della Congregazione casinense,* in Venezia, appresso Gio. Battista Recurti, 1744, XXXVI, 408 p., 12°. IT\ICCU\PUVE\007478

[94] Summa Dianna t. 1 Venezia Giunti 1644
Diana, Antonino (1585-1663), *Summa Diana in qua a.r.p.d. Antonini Diana Panormitani cler. regul. opera omnia sex partibus comprehensa, Diana ipso committente, & approbante, Ausonio veró Noctinot Siculo operam dante, in unicum volumen arctantur, alphabetico simul & doctrinali ordine digestum, & bipartitum,*Venetiis, apud Iuntas, et Baba, 1644, [16], 432, 435, [13] p., 4°. IT\ICCU\UM1E\002664.

[95] Urtadus in Propositiones damnatas t. 1 Ispali Lopez 1701
Potrebbe consistere in Fuente Hurtado, Diego de la, *Theologia reformata, qua plures enodantur morales difficultates ex mente SS. D.N. Innocentii papæ XI. Auctore R. P. Didaco de la Fuente Hurtado*, Hispali, ex typographia Thomæ Lopez de Haro, 1701, [4], 485, [15] p., 4°. IT\ICCU\TO0E\037676.

[96] Rainandus de apostasia t. 1 Roma Tani 1648
Raynaud, Theophile, *Iudae posteri apostatae a religiosis ordinibus. Lucubratio R.P. Theophili Raynaudi ex Societate Iesu,* Romae, ex typographia Bernardini Tani, 1648, [16], 485, [15] p., 4°. IT\ICCU\BVEE\048703.

[97] Graffi de casibus reservatis t. 2 Milano Guidelli [Bidelli] 1610
Graffi, Giacomo (m. 1620), *Practica quinque casuum summo Pontifici reseruatorum iuxta decretum Clementis 8. Nec non aliorum omnium, Archiepiscopis, & Episcopis, etiam censuram habentium, per totam fere Italiam; iuxta quorumcunque locorum, & dioecesum consuetudinem. Perquam utilis, & necessaria poenitentibus, confessarijs, & poenitentiarijs; in qua omnis elucidatio, quae desiderari potest, exacte continetur, cui etiam subsequitur compendiosa interprettio undecim casuum regularibus superioribus reservatorum. Auctore R.P.D. D. Iacobo a Graffiis de Capua.*

Nunc magis correcta & emendata, quam antea, Mediolani, apud Io. Baptistam Bidellium, 1610, [64], 683, [1] p., 4°. IT\ICCU\LO1E\012804.

[98] Graffi Decisiones t. 4 Venezia Gennaro 1593
Graffi, Giacomo (m. 1620), *Decisiones aureae casuum conscientiae, in quatuor libros distributae, d. Iacobo de Graffiis a Capua authore: nunc denuo recognitae, innumerisque penè locis emendatae, atque multis additionibus, locupletatae & auctae: confessariis, atque poenitentibus maximè vtiles*, Venetiis, ex officina Damiani Zenari, 1593, [30], 509, [1] c., 4°. IT\ICCU\LO1E\005936.

[99] Francolini de horis canonicis t. 1 Roma Osmerini 1581
Francolini, Marcello (1533-1591), *Marcelli Francolini presbyteri et doctoris Bodiani De tempore horarum canonicarum tractatus in tres partes diuisus. Quid in hoc tractatu praeter id quod in titulo explicitum est, contineatur, sequens capitum elenchus post quartam paginam breuiter indicabit*, Romae, apud Ioannem Osmarinum, 1581, [16], 515, [1] p., 24 c., ill., 4°. IT\ICCU\RMLE\001079.

[100] Soto de iustitia et iure t. 1 Venezia Bertani 1608
Altra edizione (precedente): Soto, Domingo de (1494-1560), *R.p.f. Dominici Soto Segobiensis, or. praed. theologi praeclarissimi De iustitia, & iure, libri decem*, Venetiis, apud Minimam Societatem, 1594, [64], 1008 p., 4°. IT\ICCU\RLZE\018177.

[101] Valensis de iure canonico t. 1 Venezia Basilio 1702
Opera di diritto canonico non individuata.

[102] Cabrinus de reservatis t. 1 Venezia Bertoli 1690 [1692]
Cabrini, Giuseppe (m. 1670), *Elucidarium casuum reservatorum cujus prior pars resolutiva, concinnaque methodo complectitur selectas de iure reservante resolutiones ad confessariorum praxim potissimùm spectantes, altera verò summatim continens dilucidas annotationes, et resolutivam praxim in censuras, et casus in dioecesi Brixiensi reservatos. Auctore Josepho Cabrino*, Venetiis, apud Antonium Bortolum, 1692, [16], 381, [31] p., 4°. IT\ICCU\BVEE\048545.

[103] Mazzucchelli de reservatis t. 1 Milano Quinti 1726
Mazuchelli, Oliviero, *Tractatus de casibus reservatis in diœcesi Mediolanensi auctore Oliverio Mazuchello in duas partes divisus. Altera casuum reservatorum in communi, reservatorum altera in particulari. Cum indice notabilium in fine. Hac novissima editio à multis mendis expurgata. Pars prima (-secunda)*, Mediolani, apud Carolum Quintum, 1726, 2 v., 4°. IT\ICCU\TO0E\037009.

[104] Gavantus de sacris ritibus t. 1 Venezia Giuliani 1685
Gavanti, Bartolomeo (1569-1638), *Thesaurus sacrorum rituum, seu commentaria in rubricas missalis, & breuiarii Romani auctore Adm. R.P. D. Bartholomæo Gauanto. Nouissima hac editione accessit Calendarium reformatum iuxta decreta S. Rit. Cong. emanata vsque in præsentem diem. Opus integrum, expurgatum, cui adhæret Manuale episcoporum, Praxis Dioecesanae Synodi, & Visitationis, D. Io. Baptistæ Sanuto episcopo Taruisino*, Venetiis, apud Iulianos, 1685, 3 v., 4°. IT\ICCU\TO0E\030631.

[105] Decretum Graziani t. 1 Venezia Giunti 1615
Decretum Gratiani emendatum et notationibus illustratum, vna cum glossis, Gregorii 13. pont. max. iussu editum. Ad exemplar Romanum diligenter recognitum. Coniunctis doctissimis ad omnes iuris canonici partes additionibus Augustini Carauitæ Andreæ Alciati Prosperi Carauitæ Marcelli Francolini ac nunc recens in vnum volumen congestis. Cum indice Margarita nuncupato, Venetiis, apud Iuntas, 1615, 3 parti in 2 v. ([94], 1020, [4], 1021-1904, [28], 130, [6] p.; 78 c.; 107, [1] c.), antip. calcogr., 4°. IT\ICCU\RMGE\001284. Capretti possedeva uno solo dei due volumi.

[106] Locatus Iudiciale inquisitorum t. 1 Roma Bladio 1668
Locati, Umberto (1503-1587), *Opus quod iudiciale inquisitorum dicitur, per F. Vmbertum Locatum Placentinum, inquisitorem, sacrae theologiae professorem ex diuersis eiusdem sacrae theologiae, & I.V.D. extractum. Cum additione nonnullarum quaestiuncularum, & decisionum quorumdam notabilium casuum tam in Vrbe, quam Placentiae discussorum, ac formulis agendorum in fine positis. Cum duplici indice*, Romae, apud haeredes Antonij Bladij impressores Camerales, 1568, [8], 595, [29] p., 4°. IT\ICCU\BVEE\004846.

[107] Benetti Medico Morale t. 1 Mantova Pazzoni 1718
Benetti, Giovanni Domenico, *Opus medico-morale diuisum in duas partes. Prima continet adnotationes in Jo. Bascarini medici Ferrariensis. Secunda continet appendicem de missa, et de horis canonicis auctore Jo. Dominico Benetti*, Mantuae, ex typographia S. Benedicti, apud Albertum Pazzonum impressor. archiduc., 1718, 4°. IT\ICCU\BVEE\061045.

[108] Massobrio Praxis Concursuum t. 1 Milano Bidelli 1625
Massobrio, Giovanni Antonio, *Praxis habendi concursum ad vacantes parochiales eccl. ad stylum Curiae Romanae accomodata, elucubrata, & miro ordine disposita. Per Io. Ant. Massobrium I.V.D. Opus planè nouum, & nunc primum publici iuris factum. Accessit tractatus de Synodo Dioecesana. Habetur quatruplex index ad praxim, & duplex ad tractatum, absolutissimus*, Mediolani, apud Ioannem Baptistam Bidellium, 1625, 2 v. [100], 336 [i.e. 334], [2]; 103, [21] p., 4°. IT\ICCU\MILE\009362.

[109] Ceremoniale Episcoporum t. 1 Venezia Zieri 1614
Chiesa cattolica, *Cærimoniale episcoporum iussu Clementis 8. pontificis maximi nouissimè reformatum. Omnibus ecclesiis, præcipuè metropolitanis, cathedralibus, & collegiatis perutile, ac necessarium. Cum indice capitum*, Venetiis, apud Cieras, sub signo Europæ, 1614, [4], 96 c. mus., 4°. IT\ICCU\UM1E\009406.

[c. 3r]

B n. 3

[110] Bartoli de iure civili t. 1 Bisilea [Basilea] Oporini 1563
Non individuato. Potrebbe trattarsi di un testo giuridico di Bartolo da Sassoferrato, stampato a Basilea da Oporino, che nel 1566 stampò infatti: *Distinctionum Bartoli de Saxoferrato, iuris interpretum coryphaei, tabulae*, Basileae, per Ioannem Oporinum & Episcopios fratres (1566 mense martio), [16], 1023 [i.e. 723], [33] p., 4°. IT\ICCU\VIAE\019201.

[111] Roijnfestuel Teologia moralis t. 1 Venezia Albrizzi 1727
Altra edizione di poco precedente (se la cifra 1727 nel manoscritto non è errata): Reiffenstuel, Anaklet (frate francescano, 1642?-1703), *Theologia*

moralis brevi simulque clara methodo comprehensa, atque juxta sacros canones, et novissima decreta summorum pontificum diversas propositiones damnantium, ac probatissimos auctores, succinctè resolvens omnes materias morales. Authore Anacleto Reiffenstuel. Cum appendice. Post Italas, Germanasque non paucas editio novissima, eaque pluribus in locis vel aucta, vel ornata, Venetiis, apud Jo. Baptistam Albritium q. Hieron. propè ecclesiam S. Juliani sub signo nominis Jesu, 1724, [32], 496 p., 2°. IT\ICCU\UM1E\011839.

[112] Lugo Opera t. 5 Venezia Pezzana 1718
Lugo, Juan de (cardinale, 1583-1660), *Cardinalis de Lugo Opera omnia. Editio summo studio, ac diligentia a mendis expurgata. Cum indicibus necessariis,* Venetiis, sumptibus Nicolai Pezzana, 1718, 7 v., 2°. IT\ICCU\RMSE\001276.

[113] Basseus Teologia moralis t. 2 Venezia Pezzana 1690
Bassée, Eloi, de la, *Flores totius theologiæ practicæ, tum sacramentalis, tum moralis, authore p.f. Eligio Basseo, ordinis ff. minorum s. Francisci capucinorum prouinciæ Gallo-Belgicæ. Tomus primus [-secundus]. Editio vltima nouissimè recognita, & in meliorem, ac faciliorem vsum quam anteà redacta,* Venetijs, apud Nicolaum Pezzana, 1690, 2 v., 2°. IT\ICCU\BVEE\053183.

[114] Lessius de Iustitia, et Iure t. 1 Venezia Viezeri 1734
Altra edizione rispetto a Lessius, Leonardus (1554?-1623), *Leonardi Lessii, societatis Iesu De iustitia et iure nec non virtutibus annexis libri quatuor,* Venetiis, 1617, [68], 611 p., 2°. IT\ICCU\PARE\047516.

[115] Epitome Canonum cardinalis de Laurea t. 1 Venezia Bartoli 1706
Brancati, Lorenzo (1612-1693), *Epitome canonum omnium qui in conciliis generalibus, ac provincialibus, in Decreto Gratiani, in Decretalibus, in Epistolis, & Constitutionibus Romanorum pontificum, usque ad Alexandri 7. annum 4. continentur. Authore Fr. Laurentio Brancato de Lauraea. Editio novissima,* Venetiis, apud Antonium Bortoli, 1706, [8], 530, [2] p., 2°. IT\ICCU\MILE\005583.

[116] Gonzales de usu probabilismi t. 1 Roma Boemi 1694
González de Santalla, Tirso (1624-1705), *Fundamentum theologiae moralis, id est Tractatus theologicus de recto usu opinionum probabilium; in quo ostenditur, ut quis licité possit sequi opinionem probabilem faventem libertati adversùs legem, omnino necessarium esse, & sufficere, quòd post diligentem veritatis inquisitionem, ex sincero desiderio non offendendi Deum susceptam, opinio illa ipsi appareat. Authore P. Thyrso Gonzalez theologiae professore Salmanticensi,* Romae, sumptibus Jo. Jacobi Komarek Bohemi, typographi, ac characterum fusoris apud S. Angelum custodem, 1694, [20], XVI, 400 p., 2°. IT\ICCU\BVEE\052885.

[117] Gobat Opera t. 2 Venezia Bertani 1716
Gobat, Georges, *Operum moralium tomi tres in quorum primo habentur experientiae theologicae sive Experimentalis theologia qua casibus factis non fictis explicatur in ordine ad praxin universa materia septem sacramentorum. In secundo quinarius tractatuum theologo-iuridicorum quo continentur, prudentiae edisseruntur. Tractatus quinque,* Venetijs, sumptibus Jacobi Bertani, 1716, 3 v., 2°. IT\ICCU\TO0E\143501.

[118] Duard Opera t. 4 Roma Cavalli 1632
Duardo, Leonardo, *Commentariorum in extrau. Pii papæ 5. De forma creandi census in duas partes, in proemium scilicet, & in octo §§. distinctam. Tomus primus (-secundus). Auctore Leonardo Duardo Manicalciatensi. Cum duplici indice quæstionum scilicet, & rerum memorabilium copiosissimo*, Romæ, apud Franciscum Caballum, 1632-1634, 2 v., 2°. IT\ICCU\RLZE\012240.

[119] Azonius Decisiones morales t. 3 Roma Zanetti 1600
Opera forse di Azzone (giureconsulto morto circa nel 1230), ma non individuata.

[120] Molina Opera t. 3 Venezia Società minima 1602
Molina, Ludovico, *Ludouici Molinae De iustitia, tomus primus. Complectens tractatum primum, & ex secundo disputationes 251 usque ad vltimas voluntates inclusiue. Cum triplici indice, quorum primus disputationum, alter locorum sacrae scripturae, tertius rerum memorabilium capita complectuntur*, Venetiis, apud so-

cietatem minimam, 1602, [78] p., 1008 col., 2°. IT\ICCU\CAGE\032877.

[121] Calmet disertationes in libros Sacrae Scripturae t. 2 Lucca Venturini 1729
Calmet, Augustin, *Prolegomena, et dissertationes in omnes, et singulos S. Scripturæ libros. Authore r.p.d. Augustino Calmet ordinis S. Benedicti. Opus Gallicè primum ab authore, nunc vero Latinis literis traditum, & in duos tomos distributum a Joanne Dominico Mansi Lucensi, congregationis Matris Dei Tomus primus [-secundus]*, Lucæ, sumptibus Leonardi Venturini, 1729, 2 v., 2°. IT\ICCU\TO0E\023404.

[122] Reijnstestuel de regulis Iuris t. 1 Venezia Bertoli [Bortoli] 1733
Si tratta del sesto volume dell'opera di Reiffenstuel, Anaklet (1642?-1703), *Jus canonicum universum clara methodo iuxta titulos quinque librorum Decretalium in quaestiones distributum, solidisque responsionibus, & objectionum solutionibus dilucidatum. Authore R.P.F. Anacleto Reiffenstuel, Ordinis minorum Sancti Francisci reformatorum Provinciae Bavariae lectore jubilato. Tomus primus [-quintus]*, Venetiis, apud Antonium Bortoli in via Mercatoria sub signo educationis, 1730-1733, 6 v., 2°. IT\ICCU\MILE\000840.
Il sesto volume si intitola: *Jus canonicum universum clara methodo dilucidatum seu tractatus de regulis juris continens per quaestiones, & fundatas responsiones solidam earum explicationem, quae quinto & sexto libro decretalium sunt annexae.*

B n.4

[123] Cardinalis Bona Opera omnia t. 1 Antuerpia Verdassen 1739
Bona, Giovanni (1609-1674), *Eminentissimi domini d. Joannis Bona opera omnia, quotquot hactenus separatim edita fuere. Editio nova aucta opusculo posthumo de praeparatione ad mortem anno 1731*, Antuerpiae, apud Joannem Baptistam Verdussen via vulgo Cammestraet, sub signo duarum cicognarum, 1739, XXIII, [1], 702 p., 2°. IT\ICCU\RMLE\018357.

[124] Cornelius a Lapide t. 11 Venezia Baglioni 1740
Il secondo volume dell'opera: Cornelius a Lapide, R. p. *Cornelii a Lapide commentaria in Vetus et Novum Testamentum. Editio novissima anterioribus auctior, & correctior, ac indicibus necessariis illustrata*, Venetiis, ex typographia Balleoniana, 1740, 11 v., 2°. IT\ICCU\TO0E\023569.

[125] Calmet in Biblia t. 9 Venezia Coletti 1730
Calmet, Augustin (biblista ultramontano, dell'ordine cassinense, 1672-1757), *Commentarium literale in omnes ac singulos tum Veteris cum Novi Testamenti libros authore R.P.D. Augustino Calmet ordinis S. Benedicti, Congregationis SS. Vitoni & Hidulphi. E Gallico in Latinum sermonem translatum*, Venetiis, apud Sebastianum Coleti, 1730-1732, 9 v., 2°. IT\ICCU\PUVE\008328.
C n.1

[126] Istoria dell'Indie t. 1 Venezia 1534
Potrebbe trattarsi di un'opera simile (benché la data di stampa non coincida) a: Casas, Bartolomé de las, *Istoria o breuissima relatione della distruttione dell'Indie Occidentali di monsig. reuerendiss. don Bartolomeo dalle Case, o Casaus, Siuigliano vescouo di Chiapa città regale nell'Indie. Conforme al suo vero originale spagnuolo, già stampato in Siuiglia. Con la traduttione in italiano di Francesco Bersabita. Dedicata all'amicitia*, in Venetia, presso Marco Ginammi, 1626, [16], 154, [2] p., 4°. IT\ICCU\UBOE\001012.

[127] Opere spirituali di suor Orsola Fontebuoni t. 1 manuscritt.
Manoscritto.

[128] Thucijtidis Istoria t. 1 Parigi Christiani, e Wecchelli 1535
Thucydides, *Thouchydidou Syngraphēs B. Thucydidis Historiae liber secundus*, Parisiis, ex officina Christiani Wecheli sub scuto Basiliensis, 1535, 75, [5] p., 4°. IT\ICCU\BVEE\008949.

[129] Vita della Beata Veronica Milanese t. 1 Milano Pontici 1518
Opera simile a: Isolani, Isidoro (m. 1528), *La Santissima, e miracolosa vita della beata Veronica, monaca del venerabile monasterio di santa Marta, di Milano, con parti delle sue mirabili, & celesti visioni. Raccolte dal R.P.F. Isidoro de gli Iso-*

lani. Nuouamente tradotta in lingua italiana dal R.M. prete Giouanni Antonio Azzio Gallarato Milanese, parochiano della chiesa di S. Vito in Porta Ticinesa di Milano, in Brescia, per Vincenzo Sabbio, 1581 (a instanza di Antonio et Antonino delli Antonii, et Gio. Battista Sirturi compagni), [26], 257, [13] p., 8°. IT\ICCU\BVEE\004698.

[130] Institutiones Rettoricae Alexandri Villani t. 1 manuscritto[4]
Manoscritto fatto rilegare da don Capretti nel 1728.

[131] Niremberg [Wiremberg?] Sentenze Cristiane t. 1 manuscritto
Manoscritto.

[132] Collectanea carminum
Raccolta di poesie non individuata per mancanza di note tipografiche.

[133] Quevedo Vigliegas; Politica di Dio; Il Governo di Cristo; La Tirania del diavolo t. 1 manuscritto
Manoscritto.

[134] Compositiones poeticae t. 1 manuscritto
Manoscritto.

[135] Aeneae Spennactis t.1 manuscritto
Manoscritto.

[c. 3v]

---

[4] Questo manoscritto si trova presso l'Istituto dei Salesiani di Parma. Il frontespizio è in caratteri rossi e neri e riporta il seguente titolo: "Institutiones rhetoricae ex optimis selectisque auctoribus depromptae perpetuisque exemplis illustratae [...] Studio, ac opera numquam satis laudatae iuventutis in Parmensi Universitate Rethoricae Licaeum excolentis anno 1600. Hunc autem in librum collegit, et dedit solertia perillustris D. Allexandri Villani; [...] hunc in modum relegari jussit Joseph Laurentius Caprettus anno 1728".

[136] Vita della Venerabil suor Crocefissa Benedetina t. 1 Venezia Rossetti 1709
Turano, Girolamo, *Vite, e virtù della venerabile serva di Dio suor Maria crocifissa della concezzione, dell'ordine di San Benedetto del monastero di Palma. Descritte dal dottor d. Girolamo Turano*, in Venezia, presso Marino Rossetti, 1709, [12], 439, [1] p. ill., ritr., 4°. Si tratta della biografia di una mistica benedettina della città di Palma di Montechiaro (Agrigento). IT\ICCU\LIAE\005012.

[137] Foresti Mapamondo istorico t. 13 Parma dall'Oglio 1708
Foresti, Antonio, *Mappamondo istorico, cioè ordinata narrazione dei quattro sommi imperi del mondo da Nino primo imperatore degli Assirj, sino a Leopoldo austriaco, e della monarchia di Cristo da S. Pietro primo Papa, sino a' nostri dì. Opera del p. Antonio Foresti della Compagnia di Gesù. Ampliata con un'appendice al tomo 4. toccante le vite de' primi dominanti in Sicilia, e de' re di Napoli, con una brieve notizia del reame di Portogallo, scritte già dal medesimo autore*, in Parma, per Giuseppe dall'Oglio, 1708-1722, 16 v., 4°. IT\ICCU\BA1E\007648. Capretti possiede solo 13 dei 16 volumi.

[138] Poesie spirituali di Gio Enriquez t. 1 manuscritto
Manoscritto.

[139] Sensi civili del marchese Bisanconi t. 1 manuscritto
Manoscritto.

[140] Origine della città di Lodi t. 1 manuscritto
Manoscritto.

[141] Gioseffo Ebreo Opera spirituale t. 1 manuscritto
Manoscritto.

[142] Congresso accademico di D. Agostino Martinelli manuscritto t. 1
Manoscritto.

[143] Il Bertarido Opera s[c]enica t. 1 manuscritto
Manoscritto.

[144] Istoria della Regina di Scozia t. 1 manuscritto
Manoscritto.

[145] Relazione spagnuola nella stessa lingua t. 1 manuscritto
Manoscritto.

[146] Varchi sopra il g[i]uoco dello scacchiere t. 1 manuscritto
Manoscritto di un'opera di Benedetto Varchi (1503-1565).

[147] Fiorenza assediata t. 1 manuscritto
Manoscritto.

[148] Luciano Samosatense della Calunia t. 1 manuscritto
Manoscritto.

[149] Mistica teoligia [sic] di S. Bonaventura spagnuolo t. 1 manuscritto
Manoscritto.

C n.2

[150] Vita di suor Maria di Agreda t. 5 Trento Parone 1733 [1730] Jiménez Samaniego, José (1622-1692), *Vita della ven. madre suor Maria di Gesù abadessa del convento dell'Immacolata Concezione di Agreda. Composta in idioma spagnuolo dal reverendissimo padre F. Giuseppe Ximenez Samaniego tradotta nell'italiano da un suo divoto. Ed in quest'ultima impressione notabilmente emendata di gravi, e molti errori*, in Trento, per Giambatista Parone stampatore e librajo vescovile, 1730, [4], 132 p., 4°. IT\ICCU\URBE\019931. Nel 1776 la censura austriaca proibì quest'opera e questa edizione[5].

---

[5] Si veda il sito: www.univie.ac.at/censorship.

Un'opera di María de Jésus de Agreda venne condannata dalla Congregazione dell'Indice il 30 luglio 1678: ILI XI, p. 586.

[151] Felice Potestà Examen Ecclesiasticum t. 1 Venezia Baglioni 1741
Potestà, Felice, R.P.F. *Felicis Potestatis Panormitani examen ecclesiasticum in quo universae materiae morales, omnesque fere casus conscientiae excogitabiles, solide ac perspicue resolvuntur: cum denunciationibus ad monitoria, atque edicta. Editio novissima, cui praeter alias additiones accessit appendix thesium Quesnellianarum*, Venetiis, ex typographia Balleoniana, 1741, [8], 724 p., 4°. IT\ICCU\RMSE\097531.

[152] Lezioni del Padre Zucchoni t. 5 Venezia Baglioni 1729
Zucconi, Ferdinando (1647-1732), *Lezioni sacre sopra la Divina Scrittura composte, e dette dal padre Ferdinando Zucconi della Compagnia di Giesù. Tomo primo [-quinto]*, Venezia, nella stamperia Baglioni, 1729, 5 v., 4°. IT\ICCU\LO1E\025942 e IT\ICCU\UM1E\010880.

[153] Cattaneo Buona morte t. 3 Venezia Pezzana 1731
Altra edizione, non veneziana: Cattaneo, Carlo Ambrogio, *Esercizio della buona morte del padre Carl'Ambrogio Cattaneo della Compagnia di Gesù*, in Milano, presso gli eredi di Domenico Bellagatta, nella contrada di Santa Margherita, 1731, 4°. IT\ICCU\LO1E\010795.

[154] Cajno Prediche t. 3 Milano Bellagatta 1722
Casini, Francesco Maria, *Delle prediche dette nel Palazzo Apostolico da fra Francesco Maria d'Arezzo cappuccino oggi cardinale Santa Prisca. Tomo primo [-terzo]*, in Milano, nella stamperia degli eredi di Domenico Bellagatta, 1722, 3v., ill., 4°. IT\ICCU\BA1E\016774.

[155] Rosignoli Opere spirituali t. 3 Venezia Baglioni 1713
Rosignoli, Carlo Gregorio (1631-1707), *Opere spirituali e morali del padre Carlo Gregorio Rosignoli della Compagnia di Giesù, distribuite in tre tomi*, Venezia, presso Paolo Baglioni, 1713, 3 v., 4°. IT\ICCU\TO0E\028095.

[156] Barcia Svegliarino cristiano t. 5 Venezia Bertani 1711
Barcia y Zambrana, José de, *Suegliarino cristiano di discorsi dottrinali sopra particolari assunti, disposto, acciocché il peccatore ritorni al suo douere di monsignor d. Giuseppe de Barcia, e' Zambrana. Tradotto dal castigliano nella lingua italiana dal padre maestro Giovanni Antonio Panceri. Prima editione veneta*, in Venetia, per Matteo Garbiza a spese di Giacomo Bertano, 1711, [16], 483, [1] p., 4°. IT\ICCU\LIAE\004423.

C n.3

[157] Benez de Iustitia et Iure t. 1 Venezia 1595
Bañez, Domingo (1528-1604), *R.P.F. Dominici Bañes, ordinis Praedicatorum. Decisiones de iure & iustitia. In quibus quid aequum, vel iniquum sit, et qua ratione ad aequitatem, et iustitiam recurrendum in omnibus negotijs, & actionibus, copiosè explicatur. Cum indice rerum omnium, quae in hoc opere continentur, summa diligentia ordine alphabetico non inconcinnè digesto*, Venetiis, apud Minimam Societatem, 1595, [16], 226 [i.e. 224] p., 225-240 col., 241-423, [1] p., 2°. IT\ICCU\BVEE\011806.

[158] Barbosa Tractatus varii t. 1 Londra [Lione] Bordé Arnard [Arnaud] 1699
Opera non individuata del teologo portoghese Agostino Barbosa (1590-1649), forse una riedizione di *Variae iuris tractationes*, uscito nel 1631 a Lione: *Variae tractationes iuris in quibus continentur quinque tractatus legales iuxta seriem alphabeticam brevi methodi dispositi autore Augustino Barbosa*, Lugduni, sumptibus Laurentii Durand, 1631. IT\ICCU\BVEE\070326.

[159] Grassetti de homicidio proditorio t. 1 Londra [Lione] Coral 1660
Grassetti, Ippolito (1603-1663), *Hippolyti Grassetti. Anatome necis proditoriæ, continens accuratam inspectionem eorum omnium, quæ ad homicidij proditorij fabricam spectant. Opus nouum atque omnibus in vtroque foro iudicibus necessarium*, Lugduni, sumptibus Benedicti Coral, in vico Mercatorio, sub signo Victoriæ, 1660, [34], 495, [57], 23, [1] p., 2°.
IT\ICCU\MILE\006776.

[160] Suarez Teologia t. 1 Venezia Pezzana 1733
Suárez, Francisco (1548-1617), *Theologiæ r.p. Francisci Suarez e Societate Jesu summa seu compendium, a r.p. Francisco Noel concinnatum, & in duas partes divisum. Pars prima (-secunda)*, Venetiis, apud Nicolaum Pezzana, 1733, 2 v., 2°. IT\ICCU\UM1E\006308.

[161] Dicastillo de Iuramento, et censuris t. 1 Antuerpia Meursi 1662
Dicastillo, Juan Inocencio de, *Ioannis Dedicastillo Societatis Iesu doctoris theologi Tractatus duo de iuramento periurio et adiuratione, nec non de censuris et poenis ecclesiasticis*, Antuerpiæ, apud Iacobum Meurisium, 1662, [8], 190, [2], 536, [36] p., 2°. IT\ICCU\CFIE\006923.

[162] Sbogar Teologia t. 1 Praga Hoffec Ker 1708
Sbogar, Giovanni Maria, *R.P.D. Joannis Mariae Sbogar Theologia radicalis, in qua fundamentaliter veritas propugnatur contra omnes propositiones, olim ab aliquibus auctoribus temere doctas, ab Alexandro VII, Innocentio XI & Alexandro VIII proscriptas; ac ordine alphabetico, in centum sexaginta duobus tractatibus, selectissimis casibus adornatis, serio examinatas & discussas; universis theologis, confessariis, ac jurisperitis scitu apprime necessariis nec non omnium rerum, ac verborum uberrimus visitur index, alter tractatuum, tertius propositionum. Secunda editio, priori longe emendatior*, Neo-Pragae [Praga], typis Hampelianis impressit Joannes Georgius Hoffaecker, prostat venalis in Collegio S. Benedicti in Hratzino, 1708, [24], 980 [i.e. 960], [116] p., 2°. IT\ICCU\LO1E\038555.

[163] Tamborinus Theoligia [theologia] Moralis t. 1 Venezia Pezzana 1734
Tamburini, Tommaso (gesuita, 1591-1675), *R.p. Thomæ Tamburini Caltanisettensis Societatis Iesu, Theologia moralis, in qua declarantur sequentes tractatus, nempè: De decalogi præceptis. De sacramentis. De contractibus. De censuris & irregularitate. De bulla cruciatæ. De confessione. De communione. De sacrificio missæ. De quinque ecclesiæ præceptis. Editio novissima a plurimis mendis. Cum indicibus locupletissimis*, Venetiis, apud Nicolaum Pezzana, 1734, 3 v., 2°. IT\ICCU\UM1E\010792.

[c. 4r]

[164] Cottoni Controversie morali t. 1 Venezia Tomasini 1661
Cottone, Antonio (terziario francescano, 1613-1682), *Antonii Cotonii Nicosiensis, tertij ordinis S. Francisci Controversiarum celebrium ad statum & mores christiane reipublicae pertinentium, libri decem. In quibus repudiata summa Diana vniuersa morum doctrina nouo ordine traditur Tomus prior*, Venetiis, apud Christoforum Tomasinum, 1661, [28], 711, [49] p., [1] c. di tav., ritr., 2°. IT\ICCU\RMLE\025935.

[165] Cardenas Opera omnia moralia t. 1 Venezia Pezzana 1710
Cardenas, Juan de (gesuita, 1612-1684), *R.P. Joannis De Cardenas Crisis theologica, sive disputationes selectae ex morali theologia, in quatuor partes distinctae. Pars prima (-quarta). Editio tertia Veneta cum additionibus suo loco positis, & hac notula designatis, quæ in aliis impressionibus in calce legebantur*, Venetiis, apud Nicolaum Pezzana, 1710, 3 v., 2°. IT\ICCU\RMLE\031222.

[166] Rainaldus Observationes mixtae t. 3 Roma Herculi 1688
Poterbbe essere: Rinaldi, Giovanni Domenico, *Ioannis Dominici Raynaldi Obseruationes criminales, ciuiles, et mixtæ liber primus [-tertius]. In quo discutiuntur quæstiones rariores in foris, tum ecclesiasticis, tum sæcularibus disceptari solitæ, etiam iuxta praxim tribunalis Sancti Officij, & ad regimen politicum accomodatæ, & signanter agitur*, Romæ, sumptibus Nicolai Chellini, 1688-1698, 4 v., 2°. IT\ICCU\RAVE\015498. Capretti possiede solo tre dei quattro volumi.

[167] Passerini de occidente unum pro alio t. 1 Parma Monti 1639 [1693]
Passerini, Pietro Francesco (1612-1695), *De occidente unum pro alio tractatio methodica, juridico-moralis, ac theorico-practica, nedum criminalis, et civilis, sed etiam canonicæ, ac moralis disciplinæ professoribus utilissima. Authore Petro Francisco Passerino*, Parmæ, excudebant Albertus Pazzonus & Paulus Montius socii, 1693, [16], xxvii, [1], 425, [3] p., 2°. IT\ICCU\MILE\005344.

[168] Sajro Clavis regia t. 2 Venezia Barezzi 1625
Sayer, Gregory (1560-1602), *Clauis regia sacerdotum casuum conscientiæ, siue Theologiæ moralis thesauri locos omnes aperiens, in qua præcipuæ canonistarum, et summistarum difficultates ad communem praxim pertinentes doctissimè deciduntur, & copiosissimè explicantur, authore r.p.d. Gregorio Sayro Anglo. Hac vero sexta, & nouissima editione aucta fuit admodum reu. d. Georgii Polacchi Veneti perdoctis, ac vtilibus appendicibus nunquam alias impressis, praeter nouas additiones r.d. Francisci Baretii Veneti. Accessit insuper Summa sacramenti poenitentiæ eiusdem Satri: necnon Catenula aurea de comparatione peccatorum. Cum quintuplici fidelissimo indice*, Venetiis, apud Baretium Baretium, 1625, 3 v. ([88], 484; [4], 372 [i.e. 460]; [8], 44 p.), 2°. IT\ICCU\UM1E\008226.

[169] Sajro de censuris t. 1 Venezia Barezzi 1625 [1627]
Sayer, Gregory (1560-1602), *Thesaurus casuum conscientiae continens praxim exactissimam de censuris ecclesiasticis, alijsque poenis, & canonicis impedimentis, in septem libros distributus, authore r.p.d. Gregorio Sayro Anglo. Accesserunt in hac editione additiones admodum proficuae r.d. Francisci Baretij Veneti in eosdem Libros de censuris; necnon Decisiones casuum coscientiae per eundem Sayrum ex doctrina consiliorum Martini Azpilcueta doctoris Nauarri depromptae*, Venetijs, apud Baretium Baretium, 1627, 2 v., 2°. IT\ICCU\UM1E\003931.

[170] Diana Dogmaticus t. 1 Napoli Mosca 1697
Morales, Carlos de, *A.r.p.d. Antoninus. Diana Panormitanus Congre. cler. regul. doctor celeberrimus Dogmaticus, siue id omne, quod controuersim ex professo, vel obiter ipse varijs in resolutionibus discussit, quibus pontificia potestas aduersus praecipuos nostrae religionis hostes. Cui in calce affixus idem venit vindicatus, seu defensus ab omnibus proscriptis propositionibus a Summis Pontificibus Alexandro 7. Innocen. 11. Et Alexandro 8. Interceptum, addito, demptoue nihil, a.r.p.d. Carolo Morales Madritensi eiusdem Congre. clericorum regularium non sine immenso labore, industria, studioque, ac ab infinitis mendis, quibus opera ipsa scatebant repurgatum*, Neapoli, ex typographia Felicis Mosca & heredum Layni, 1697, 2 v. ([28], 384 [i.e. 382], [54] p.; [6], 146 p.) ill., 1 ritr., 2°. IT\ICCU\CAGE\005627.

[171] Auctores varii de testibus t. 1 Colonia Gimnico 1574
Non individuato. Potrebbe trattarsi di: *Variarum lectionum libri ad iuris ciuilis interpretationem. Introductio ad studium iuris et aequitatis leges duodecim tabularum compositae. Per Ioannem Oldendorpium. Adiecta est lex Pomponii de origine iuris, illustrata scholiis Vdalrici Zazii. Accessit duplex index, unus titulorum, alter axiomaton*, Coloniae Agrippinae, apud Ioannem Gymnicum, 1575, [12], 366, [18] p., 2°. IT\ICCU\CERE\000714.

[172] Antonius a Spiritu Sancto Directorium Regularium t. 1 Venezia Pezzana 1697
Antonius a Sancto Spiritu (m. 1674), *R.mi P. F. Antonij a Spiritu Sancto Directorium regularium, in quo practicabiliores casus, tum ex iure, tum ex bullis pontificijs necnon eminentiss. cardinalium declarationibus illustrantur, & iuxta regulam & constitutiones Carmelitarum Discalceatorum accommodantur; vbi etiam multa de alijs religionibus: in tres partes distributum, quarum prima agit De priuilegijs regularium; secunda De obligationibus religiosorum; tertia De regimine praelatorum regularium. Accessere suis locis relatae passim sententiae damnatae à SS. pontif. Alexandro 7. & Innocentio 11. ab auctore vbique reprobate*, Venetijs, apud Nicolaum Pezzana, 1697, [12], 298, [62] p., 2°. IT\ICCU\CAGE\008306.

[173] Eiusdem Directorium Confessorum t. 1 Venezia Pezzana 1697
Antonius a Sancto Spiritu (m. 1674), *R.mi P.F. Antonij a Spiritu Sancto Directorium mysticum, in quo tres difficil[l]imae viae, scilicet, purgatiua, illuminatiua, et vnitiua, vndique illucidatur; et sanctorum Patrum, praecipuè angelici doctoris D. Thomae; ac seraphica M.N.S. Theresiae, splendoribus, illustrantur. Opus sane cunctis ambulantibus in harum trium viarum tenebris apprimè vtile, & necessarium*, Venetijs, apud Nicolaum Pezzana, 1697, [8], 102, [18] p., 2°. IT\ICCU\CAGE\008299.

[174] Stadiera Inganni spirituali t. 1 Venezia Corona 1732
Stadiera, Francesco, *Inganni della via spirituale del padre Francesco Stadiera della Compagnia del Gesù. Opera utilissima non solo a' predicatori, e confessori. In questa impressione da molti errori corretta, di più cose migliorata, e con un indice copiosissimo arricchita,* in Venezia, presso Giuseppe Corona a S. Giangri-

sostomo all'insegna del Premio, 1732, [12], 600 p., 4°. IT\ICCU\URBE\019549.

C n.4

[175] Raimondi Summa t. 1 Verona Caratoni 1744
Raimundo de Peñafort (santo domenicano, 1175 o 1180 - 1275), *Sancti Raymundi De Pennafort Summa ad manuscriptorum fidem recognita & emendata, Sacrorumque Canonum, qui in codicibus & anterioribus editionibus tantummodo allegantur, testimoniis aucta, juxta editionem anni 1720 quam p. Honoratus Vincentius Laget procuravit. Quid in nova haec editione praestitum sit, ex praefatione intelligitur*, Veronae, ex typographia Seminarii, apud Augustinum Carattonium, 1744, [16], LVII [1], XVI [i.e. XIV, 2], 576, [64] p., 2°. IT\ICCU\UBOE\007327.

[176] Bonacina Opera Moralia t. 3 Milano Bellagatta 1720
Bonacina, Martino, *Martini Bonacinæ Mediolanensis Opera omnia in tres tomos distributa. Quorum priores duo nonnullis tractatibus, queis hactenus caruerant, & innumeris subindē accessionibus, quas adhibitæ notæ consepientes indicant, locupletiores reductuntur ex accurata per ipsummet authorem recognitione hac nouissima editio ā multis mendis expurgata continet omnes additiones, quæ factæ fuerun ab auctore*, Mediolani, ex typographia Dominici Bellagattæ, 1720, 3 v., 2°. IT\ICCU\TO0E\015733.

[177] La Coijx Opera Moralia t. 2 Raven[n]a, e Venezia, Pezzana 1738
Altra edizione: Lacroix, Claude (1652-1714), *Theologia moralis antehac breviter concinnata a r.p. Hermanno Busembaum Societatis Jesu deinde pluribus partibus aucta a r.p. Claudio La-Croix ejusdem societatis postremo vero iterum multis locupletata & studiosis proposita a r.p. Francisco Antonio Zacharia. Tomus primus [- tertius]*, Ravennæ, sed prostant Venetiis apud Nicolaum Pezzana, 1756, 3 v., 2°. IT\ICCU\VIAE\011074.

[178] Sanchez Opera Moralia t. 3 Parma Monti 1723
Sanchez, Tomàs (1550-1610), *Opus morale in præcepta Decalogi, r.p. Thomæ Sanchez Cordubensis, Societatis Jesu theologi. Tomus primus (-secundus). Cum in-*

dice capitum, Parmæ, ex typographia Pauli Monti, sub signo fidei, 1723, 2 v., 2°. IT\ICCU\UM1E\006283.

[179] Sanchez De matrimonio t. 1 Venezia Pezzana 1726
Sanchez, Tomàs (gesuita, 1550-1610), *R. P. Thomae Sanchez. De sancto matrimonii sacramento disputationum. Tomus primus [-tertius]. Posterior, et accuratior editio, superiorum auctoritate recognita, sparsisque hinc inde mendis, quae in prioribus exciderant expurgata*, Venetiis, apud Nicolaum Pezzana, 1726, 3 v., 2°. IT\ICCU\RMSE\081055. Capretti possiede solo un tomo dei tre.
Opera sospesa dalla Congregazione dell'Indice *donec corrigatur* con decreto del 4 febbraio 1627: ILI XI, pp. 800-801.

[180] Loteri de re benefitiaria t. 1 Padova Manfrò [Manfré] 1700
Lotterio, Melchiorre (1570-1631), *Melchioris Lotterii De re beneficiaria tractatus absolutissimus tàm in scholis profitentibus, quàm in foro versantibus utilis, & necessarius, additis in hac novissima editione, à pluribus erroribus repurgata, Sacræ rotæ Romanæ decisionibus ad beneficiorum materiam maximè spectantibus; unà cum locupletissimis indicibus*, Patavii, ex typographia Seminarii apud Joannem Manfrè, 1700, 2 v., 2°. IT\ICCU\RAVE\011027.

[181] Castro Palao Opera moralia t. 3 Venezia Pezzana 1731 [1721]
Castro Palao, Ferdinando de (gesuita, 1581-1633), *R.p. Ferdinandi de Castropalao Operis moralis pars prima (-septima) continens tractatus de conscientia, de peccatis, de legibus, de fide, spe, & charitate. Veneta editio tertia. Cui accedit nunc primum index locupletissimus generalis rerum omnium, quae in tot opere continentur. Opera & studio N. J. B. Dantoine*, Venetiis, apud Nicolaum Pezzana, 1721, 7 v., 2°. IT\ICCU\UM1E\005953. Capretti possiede solo tre dei sette volumi.

[182] Fagnano Decretalium t. 3 Venezia Baglioni 1729
Fagnani, Prospero (1587-1678), *Prosperi Fagnani Commentaria in primum [-quintum] librum decretalium, cum disceptatione de grangiis, quæ in aliis editionibus desiderabatur; ac ipso texto suis locis aptè disposito*, Venetiis, ex typographia Balleoniana, 1729, 6 v., 2°. IT\ICCU\PUVE\005410 e IT\ICCU\RMGE\000311. Capretti possiede solo tre dei sei volumi.

[183] Leotardo de usuris e contractibus t. 1 Londra [Lione] Anipon [Anisson] 1662
Leotardo, Onorato (sec. XVII), *Honorati Leotardi Ic. et senatoris Niciensis Liber singularis de vsuris, & contractibus vsurariis coërcendis: in quo omnes ferè quaestiones ad tractatum eius quod interest & annuorum redituum, pertinentes, non vulgari ratione definitae continentur. Editio tertia, ab authore, dum viueret, correcta; cui nouissime accessit Disputatio eiusdem authoris, siue Nouus tractatus, de eo quod ius Iustinianeum de vsuris statuerit*, Lugduni, sumptibus Laurentij Anisson, 1662, 2 v. ([10], 338 [i.e. 604], [64]; [8], 98, [18] p.), 1 ritr., 2°. IT\ICCU\TO0E\020306.

[184] Ponzi de matrimonio t. 1 Venezia Basilio 1756
Ponti, Basilio, R.p.m.f. *Basilii Pontii de sacramento matrimonii tractatus. Cum appendice de matrimonio catholici cum haeretico. Opus aeque canonici et civilis juris, ac sacrae theologiae professoribus utile ac necessarium. In hac nova editione accedit ejusdem tractatus super confirmatione statuti, ac juramentis*, Venezia, apud Laurentium Basilium, 1756, [12], 602 p., 2°. IT\ICCU\RLZE\036656 e IT\ICCU\LO1E\025525.

[185] Manni discorsi delle anime purganti t. 1 Bologna Reccaldini 1673
Manni, Giovanni Battista (1606-1682), *Sacro trigesimo di varii discorsi per aiuto dell'anime del Purgatorio offerto in loro suffragio dal p. Gio. Battista Manni modanese*, in Bologna, per Giouanni Recaldini, 1673, [16], 645, [3] p., [1] c. di tav., ill., 2°. IT\ICCU\TO0E\038962.

[186] Rizzi Decisiones t. 1 Venezia Turrini 1660
Riccio, Giovanni Luigi, *Collectanea decisionum omnes fere casus in tribunalibus Italiæ, præsertim Romanæ Rotæ, ac Curiæ Archiepiscopalis Neapolitanæ, & eiusdem ciuitatis sacrij consilij Hispaniæ, Galliæ, Germaniæ, & Poloniæ decisos, ac controuersos complectentia. Auctore Ioanne Aloysio Riccio opus omnibus iura profitentibus, ac in foris tam ecclesiasticis, quam secularibus versantibus, vtile, & necessarium. Nouissimè autem in hac nostra impressione corpus totum omnium nouem partium in lucem editum; tribusque generalibus indicibus perlustratum auctorum scilicet, locorum, & materiarum*, Venetiis, apud Turrinos, 1660, 2 v., 2°. IT\ICCU\RLZE\009215.

D n.1

[187] Croiset Opere t. 17 Venezia Baglioni 1725
Croiset, Jean (1656-1738), *Esercizj di pietà per tutti i giorni dell'anno, che contengono l'esplicazione del misterio ovvero la vita del santo onorato in quel giorno, con più riflessioni sopra la pistola, una meditazione sopra il Vangelo della messa, e molte pratiche di pietà per ogni sorta di persone; del padre Giovanni Croiset della Compagnia di Gesù. Gennaio [-Dicembre]. Traduzione dal francese di Selvaggio Canturani [i. e. Arcangelo Agostini]*, Venezia, nella stamperia Baglioni, 1725, 12 v., 12°. IT\ICCU\TO0E\085488.
Idem, *Esercizj di pietà sopra tutte le domeniche e feste mobili dell'anno, che contengono quanto v'è di maggior istruzione e profitto in que' giorni, con più riflessioni sopra la Pistola, una meditazione sopra il Vangelo della messa, e molte pratiche di pietà per ogni sorta di persone. Del padre Giovanni Croiset. Tomo primo [-quinto]. Traduzione dal francese di Selvaggio Canturani*, Venezia, nella stamperia Baglioni, 1725, 5 v., 12°. IT\ICCU\TO0E\086261.
Capretti possiede tutti i 17 volumi: 12 della prima opera, 5 della seconda.

[188] Da Ponte Guida spirituale t. 1 Venezia Baglioni 1715
Puente, Luis de la (gesuita, 1554-1624), *Guida spirituale, in cui si tratta dell'orazione, meditazione, e contemplazione: delle Divine visite. Composta dal padre Lodovico Ponte. Tradotta già dalla lingua spagnuola nell'italiana da monsignor Alessandro Sperelli. Parte prima (-seconda)*, Venezia, presso Paolo Baglioni, 1715, 2 v., 12°. IT\ICCU\TO0E\063834.

[189] Da Ponte Meditazioni t. 6 Bologna dalla Volpe 1725
Puente, Luis de la (gesuita, 1554-1624), *Meditazioni sopra i principali misterj della nostra santa fede colla pratica dell'orazione mentale sopra essi del venerabile padre Ludovico da Ponte della Compagnia di Gesù dall'idioma castigliano tradotte già nel nostro volgare dal signor Giulio Cesare Braccini e da un religioso della medesima Compagnia di Gesù ultimamente rivedute, e corrette, e con altre particolari diligenze alla forma di una assai migliore edizione ridotte*, in Bologna, nella stamperia di Lelio dalla Volpe, 1725-1728, 6 v., 8°. IT\ICCU\UBOE\003888.

[190] Esercizi di S. Ignazio t. 1 Roma Varesi 1673
Ignacio de Loyola (santo), *Esercitii spirituali di S. Ignatio fondatore della Compagnia di Giesù. Con vna breue istruttione di meditare, cauata da' medesimi esercitij*, in Roma, nella stamperia del Varese, 1673, [8], 7, [239] p., ill., 8°. IT\ICCU\TO0E\038527 e IT\ICCU\BVEE\078155.

[191] Panecii Sermones declamatorii Gottico t. 1 Bologna 1506
Panetti, Battista, *Sermones declamatorii doctissimi uiri fratris Baptiste Panetii Ferrariensis sacre theologie professoris* (impressum Bononie, per Benedictum Hectoris ciuem Bononiensem, 1506 die XXVIII Augusti), [4], 271 [i.e. 270] c., 4°. IT\ICCU\TO0E\029423.

[c. 4v]

[192] Vita S. Augustini auctore S. Possidio t. 1 Roma Zampel 1731
Possidius (santo), *S. Aurelii Augustini Hipponensis episcopi vita auctore s. Possidio Calamensi episcopo ad mss. codd. recensita, notisque illustrata opera et studio d. Joannis Salinas Neapolitani*, Romae, typis Jo. Zempel, 1731, [10], XIV, 134 p., [1] antip., 8°. IT\ICCU\BVEE\057488 e IT\ICCU\NAPE\036457.

[193] D. Augustini de Trinitate Gotico t. 1
Trattato *De Trinitate* di S. Agostino, non individuato per mancanza di note tipografiche, ma stampato in caratteri gotici.

[194] SS. Vincentii Lirinensis, et Hilarij Arellacensis Opera t. 1 Roma Zampel 1731
Vincentius Lerinensis (santo), *Sanctorum Vincentii Lirinensis et Hilarii Arelatensis opera ad mss. codd. insignioresque editiones recognita, ac notis observationibusque illustrata a D. Joanne Salinas Neapolitano*, Romae, typis Jo. Zempel, propé montem Jordanum, 1731, [16], 104 p., 4°. IT\ICCU\FOGE\034002. Lo stesso editore, nel medesimo anno, pubblicò di quest'opera anche un'edizione in 8°. L'esemplare posseduto da Capretti potrebbe essere dell'una o dell'altra edizione.

[195] SS. Prosperi Aquitani, et Honorati Massilensis Opera t. 1 Roma Rossi 1732
Prosper Aquitanus (santo), *Sanctorum Prosperi Aquitani et Honorati Massiliensis opera notis observationibusque illustrata a d. Joanne Salinas Neapolitano*, Romae, ex typographia Antonii de Rubeis e foro Rotundae, in via ad Seminarium Romanum, 1732, [32], 312, [8] p., 8°. IT\ICCU\RLZE\010664.

[196] Testamentum novum Greci [Grece] editum t. 1 Basilea Bebelio 1535
Tēs kainēs diathēkēs hapanta. Noui testamenti omnia, (Basileae, apud Io. Bebelium, mense Februario 1535), [8], 367, [1] c., ill., 8°. IT\ICCU\BVEE\019793.

[197] Pagnini in Psalmos t. 1 Oliva Rob Stefani 1557
Potrebbe essere: *Biblia vtriusque Testamenti. De quorum noua interpretatione et copiosissimis in eam annotationibus lege quam in limine operis habes epistolam*, Ginevra [sic], Oliua Rob. Stephani, 1557, 2 v. ([10], 188, 316 [i.e. 312], [2], 436; 336, 41, [1] c.), ill., 2°. IT\ICCU\BVEE\019686.

[198] Calini Lezioni sacre manca il 27 t. 28 Venezia Recurti 1736
Calino, Cesare, *Lezioni sacre, e morali sopra il libro primo de' Re adattate ad ammaestrar ne' costumi ogni genere di persone. Opera di Cesare Calino. Tomo primo (-decimo)*, in Venezia, presso Gio. Battista Recurti alla Religione, 1736-1746, 10 v., 12°. IT\ICCU\CAGE\002221.

[199] Index librorum prohibitorum cum apendice t. 1 in Roma Cam. Apostolica 1717
Chiesa cattolica, Congregazione dell'Indice, *Index librorum prohibitorum usque ad totum mensem Martii 1717 regnante Clemente 11. p.o.m.*, Romæ, ex typographia rev. Cam. Apost., 1717, [20], 531, [1] p., 8°. IT\ICCU\TO0E\012172.

[200] Vita di S. Ignazio di Viglio Nolarci t. 1 Venezia Pezzana 1701
Carnoli, Luigi, *Vita del patriarca sant'Ignatio di Lojola fondatore della Compagnia di Giesù; raccolta già per opera di don Vigilio Nolarci, poscia in questa ultima editione maggiormente corretta, & accresciuta*, Venetia, appresso Nicolò Pezzana, 1701, [16], 691, [21] p. ritr. calcogr., 8°. IT\ICCU\RAVE\073343.

[201] Vita di S. Camillo di Lellis t. 1 Mondovì Gislandi 1671
Cicatelli, Sanzio (secc. XVI-XVII), *Vita del venerabile padre Camillo de Leliis fondatore della religione de' chierici regolari ministri delli infermi dedicata all'illustriss.& eccellentiss. signore, il sig. conte d. Gio Battista Truchi [Santio Cicatelli]*, in Mondovì, per Francesco Maria Gislandi, 1671, [4], 368 p., [1] c. di tav. calcogr. antip., 4°. IT\ICCU\PARE\043580.

[202] Vita di S. Ignazio di Danielo Bartoli t. 1 Milano Agnelli 1704
Bartoli, Daniello (1608-1685), *Vita di S. Ignatio fondatore della Compagnia di Gesù descritta dal p. Daniello Bartoli della medesima Compagnia. Dedicata alla piissima, e nobilissima congregazione dell'Assunta eretta in S. Felice casa professa della Compagnia di Gesù in Milano*, in Milano, nelle Stampe degl'Agnelli, 1704, [12], 516 p., 8°. IT\ICCU\TO0E\024692.

[203] Vita di S. Stinislao [Stanislao] Costa t. 1 Roma Rossi 1727
Vita di S. Stanislao Kostka della Compagnia di Gesù, descritta da un religioso della medesima compagnia, coll'aggiunta degl'atti dellasua canonizazione, cavati dalla segreteria della Sacra Congregazione de' Riti, in Roma, nella stamperia di Antonio de' Rossi, nella strada del Seminario romano, 1727, [4], 172, [4] p., 8°. IT\ICCU\TO0E\150494.

[204] Apparatus Biblicus Patris Bernardi Lammis t. 1 Londra [Lione] Cartò [Certe] 1696
Lamy, Bernard (1640-1715), *Apparatus biblicus. Sive manuductio ad Sacram Scripturam, tum clarius, tum facilius intelligendam, auctore R.P. Bernardo Lamy. Nova editio. Aucta & locupletata omnibus quae in apparatu biblico desiderari possunt*, Lugduni, apud Joannem Certe, bibliopolam in vico Mercatorio,

sub signo Trinitatis (ex typographia Andreae Laurens, Lugdunensis typographi in vico Racemi sub signo Angeli Gabrielis), 1696, [30], 586 [i.e. 592], [74] p., XI c. di tav. ripieg., ill. calcografiche, 8°. IT\ICCU\CSAE\000055.

[205] Sermons pour le [la] caresme t. 2 Parigi Remij 1690
Sono prediche per la Quaresima. Potrebbe trattarsi di un'edizione dell'opera del gesuita francese Bourdaloue Louis (1632-1704), *Sermons du père Bourdaloue, de la Compagnie de Jesus, pour le Caresme*, che uscì più volte a Parigi e a Lione; oppure di analoghe opere del teologo Biroat, Jacques; del gesuita Texier, Claude (1610-1687) o di diversi altri autori (si veda OPAC SBN).

[206] Vani cattechismo t. 1 Venezia Recurti 1724
Vanni, Pietro, *Il catechismo per le feste, ovvero spiegazione delle maggiori solennità, e de' tempi più sacri dell'anno, aggiunto al Catechismo in pratica dall'istesso autore Pietro Vanni*, in Venezia, presso Gio. Battista Recurti, 1724, [16], 199, [1] p., 8°. IT\ICCU\UMCE\014111.

[207] Leonis Allacij de Processione Spiritus Sancti t. 1 Roma de prop. Fide 1658
Allacci, Leone, *Leontos toy Allatioy encheiridion peri tes enporeuseos toy aghioy pneumatos Leonis Allatii De processione Spiritus Sancti enchiridion*, Romae, typis S. Congr. de Prop. Fide, 1658, [276] p., 12°. IT\ICCU\RLZE\000971.

D n. 2

[208] Mastelloni Opere e discorsi t. 4 Napoli Abri 1700
Mastelloni, Andrea (1641-1723), *Pratiche euangeliche domenicali. Proposte ne' venerdì di tutto l'anno, nel corso di tre anni nella chiesa di S. Maria ancillarum dal P.M.F. Andrea Mastelloni. Ripartite in cinque parti secondo i cinque tempi, che osserua, e ne' quali diuide l'anno la Chiesa*, in Napoli, nella stamperia di Nicolò Abri, 1700-1703, 2 v., 2°. IT\ICCU\PALE\002805.

[209] Pazziuchelli Lezioni morali t. 3 Venezia Baglioni 1686
Paciuchelli, Angelo, *Lezioni morali sopra Giona profeta del padre maestro F. Angelo Paciuchelli da Montepulciano dell'ordine de' predicatori. Sesta impressione*, Venezia, Presso Paolo Baglioni, 1686, 3 v., 2°. IT\ICCU\RLZE\017737 e IT\ICCU\TO0E\030806.

[210] Oliva prediche t. 2 Roma Dragonelli 1664
Prediche dette nel palazzo apostolico da Gian Paolo Oliva.E ristampate, in Roma, per Giacomo Dragondelli, 1664, [32], 698, [42] p. IT\ICCU\TO0E\025295.

[211] Trithemij Spanhcaimensis [sic] annalium t. 2 S. Gallo Schlegel 1690
Trithemius, Iohannes (1462-1516), *Joannis Trithemij Spanheimensis. Tomus 1. [-2.] Annalium Hirsaugiensium, opus nunquam hactenus editum, & ab eruditis semper desideratum. Complectens historiam Franciæ et Germaniæ, gesta imperatorum, regum, principum, episcoporum. Nunc primum in gratiam, & utilitatem eruditorum e manuscriptis bibliothecæ monasterij S. Galli publicæ luci datum*, [San Gallo], typis eiusdem monasterij S. Galli, excudebat Joannes Georgius Schlegel, 1690, 2 v., 2°. IT\ICCU\UBOE\002236. Autore di cui fu interdetta un'opera da Roma (ILI XI, p. 894). Nel 1776 la censura austriaca proibì quest'opera (edizione di Norimberga del 1721, in latino)[6].

[212] Iustinus Miechoviensis t. 2 Londra [Lione] Borde 1660
Miechow, Justin de, *Discursus prædicabiles super litanias Lauretanas Beatissimæ Virginis Mariæ, in duos tomos distributi. In quibus omne id, quod vel ad cultum B. Virginis Mariæ pertinet, dilucide tractatur. Adiectus est triplex index. Studio et opera Iustini Miechouiensis. Tomus primus (-secundus)*, Lugduni, sumpt. Phil. Borde, Laur. Arnaud, & Claud. Rigaud, 1660, 2 v., 2°. IT\ICCU\TO0E\052935.

[213] Il Regno di Maria Vergine t. 1 Napoli Monaco 1681
Emmanuele di Gesù Maria, *Il regno di Maria Vergine Madre di Dio nuouo Mariale in cui con sode dottrine, si proua conuenirsi alla santissima Vergine il titolo*

---

[6] Si veda il sito: www.univie.ac.at/censorship.

di regina, lo scettro, e la corona del regno dell'vniuerso creato. Opera che dà copiosa materia a' predicatori, composta dal p. f. Emanuele di Giesù Maria carmelitano scalzo della prouincia di Napoli, in Napoli, nella stamparia di Michele Monaco, 1681, [7] c., 704 col., [11] c., 2°. IT\ICCU\BA1E\001684.

[214] Discorsi per le novene di Maria Vergine t. 1 Venezia Cattani 1670
Opera non identificata, forse simile a: Klodzinski, Hieronim (sec. XVII), *Cento discorsi per le cinque nouene, e solennità de' giorni dell'Immacolata Concettione. Dell'augustiss. Natiuità. Della solennissima annunciatione. Della gloriosissima grauidanza. Della trionfal assuntione, della gran Madre di Dio. Composti dal padre d. Girolamo Clodinio, ouero Klodcinski augusto polacco. Diuisi in cinque parti, et in questa seconda editione corretti,* in Venezia, presso Gio. Giacomo Hertz, 1678, 5 v., 12°. IT\ICCU\RLZE\006214.

[215] Zamoro de prefatione B. M. Virginis t. 1 Venezia Misserini 1619 [1629]
Potrebbe essere: Giovanni Maria da Udine (1579-1649), *De eminentissima Deiparae Virginis perfectione libri tres. In quibus primum generatim de summa illius praestantia, deinde vero singillatim de ipsius virtutibus. Cunctis sacrae theologiae studiosis, vtiles, & accommodati. Auctore f. Ioanne Maria Zamoro Vtinensi,* (Venetiis, ex typographia Nicolai Misserini, 1629), [84], 462, [2] p., ill., 2°. IT\ICCU\VEAE\007240.

[216] Bartoli Opere morali t. 1 Roma Varese 1684
Bartoli, Daniello (1608-1685), *Delle opere del p. Daniello Bartoli della Compagnia di Giesù. Le morali con un indice copioso,* in Roma, nella stamperia del Varese, 1684, [4], 880 [i.e. 884], [76] p., 2°. IT\ICCU\BVEE\036551.

[217] Polijantea celebriorum sententiarum t. 1 Venezia Guerilli 1608
Nani Mirabelli, Domenico (fl. 1500), *Polyanthea nouissimarum nouissima in libros viginti distributa. Opus suauissimis floribus celebriorum sententiarum, tam Graecarum, quàm Latinarum refertum. Primum a Dominico Nano Mirabellio, Bartholomaeo Amantio, & Francisco Tortio, collectum. Nunc vero titulis plurimis auctum, studio, et opera Iosephi Langij Caesaremontani indice titulorum omnium*

totius operis adiuncto, Venetiis, apud Io. Guerilium, 1622, [12], 1492 [i.e. 1496] p., 2°. IT\ICCU\BVEE\039858.

[218] Pontificale Romanum Goticum t. 1 Venezia Giunti 1572
Chiesa cattolica, *Pontificale Romanum ad omnes pontificias caeremonias, quibus nunc vtitur sacrosancta Romana Ecclesia, accommodatum. Nonnullis insuper, quae in antea impressis non habentur accuratissime auctum. Ac in tres partes distinctum. Quarum prima personarum, secunda rerum consecrationes, & benedictiones continet: tertia vero quaedam ecclesiastica officia. Nuper summa diligentia reuisum, emendatum, & impressum,* Venetijs, apud Iuntas, 1572, [4], 243, [1] c., ill., 2°. IT\ICCU\BVEE\020332.

[c. 5r]

[219] Matthaei Bassani Praxis Criminalis t. 1 Ferrara Bortoli 1755
Bassani, Matteo Antonio (sec. XVIII), *Matthaei Antonii Bassani j.u.d. de Solarolo Faventinae dioecesis Theorico-praxis criminalis addita ad modernam praxim d. Thomae Scipioni hic per extensum insertam,* Ferrariae, sed prostant Venetiis, apud Antonium Bortoli, 1755, XXIV, 556 p., 2°. IT\ICCU\PUVE\001562.

[220] Bossuet Istoria t. 4 Padova Seminario 1728
Bossuet, Jacques Bénigne, *La storia delle variazioni delle Chiese protestanti. Opera di monsignor Iacopo Benigno Bossuet vescovo di Meaux, consigliere del re Lodovico XIV, già precettore del serenissimo Dolfino, primo Limosiniere di Madonna la Dolfina; traduzione di Selvaggio Canturani,* Padova, nella stamperia del Seminario appresso Giovanni Manfré, 1728, 3 v., 12°. IT\ICCU\LO1E\013907.

E n. 1

[221] Navarus Praxis Executionis Poenitentiariae t. 1 Parma Borsi 1759
Navarro, Tiburcio, *Manuductio ad praxim executionis litterarum sacrae poenitentiariae, a R.P. Tiburtio Navar ordinis Sancti Francisci recollectorum Aquitaniae in Gallia olim poenitentiario in basilica Lateranensi typis demandata pro illis,*

curam animarum habentibus, ipsorumque poenitentium utilitate. Quoad absolutiones, dispensationes, rehabilitationes, vetorum commutationes & c. impertiendas; modumque recurrendi ad sacram poenitentiariam in casibus S. Sedi reservatis praesertim occultis. Acceedunt insuper constitutio super facultatibus majoris poenitentiarii, Parmae, ex typographia Francisci Borsi, 1759, [8], 212, [12] p., 8°. IT\ICCU\UBOE\115892.

[222] Ursaia de matrimonio t. 1 Roma Buagni 1696
Orsaio, Domenico (secc. XVII-XVIII), *De matrimonii nullitate ex defectu consensus contrahentis, & moralis praesentiae parochi. Dissertatio theologico-legalis Dominici Ursayae a Bosco in provincia Salernitana J.U. & sacrae theologiae doctoris, & in Romana Curia advocati,* Romae, ex typographia Joannis Francisci Buagni, 1696, [8], 143, [1], 39, [1] p., ill., 4°. IT\ICCU\RLZE\024445 e IT\ICCU\BVEE\027041.

[223] Passerini De Polutione Ecclesiae t. 1 Piacenza Bazacchi 1681
Passerini, Pietro Francesco (ca. 1612-1695), *Tractatus legalis, & moralis de pollutione Ecclesiae authore Petro Francisco Passerino in compendio redactus a Francisco Niviano et copiosissimo rerum indice a Io. Angelo de Suzano locupletatus,* Placentiae, in ducali typographia Ioannis Bazachij, 1681, [16], 279, [1] p., 4°. IT\ICCU\BVEE\057825.

[224] Merati Decreta Sacrae Congregationis t. 1 Verona Ramancini 1761
Altra edizione (ma dello stesso tipografo): Gavanti, Bartolomeo (1569-1638), *Decreta sacrae rituum Congregationis in lucem primum edita a reverendissimo padre [patre] Bartholomaeo Gavanto ex cler. regularibus S. Pauli deinde a reverendissimo padre [patre] Cajetano Maria Merato ex clericis regularibus ejusdem s.r.c. consultore. Pars prima continens decreta, quae ad generales, et particulares rubricas missalis pertinent,* Veronae, ex typographia Dionysii Ramanzinj, 1741, 256 p., 8°. IT\ICCU\TO0E\144318.

[225] Polliciari De monialibus proibito t. 1 Bologna Monti 1644
Pellizzari, Francesco, *Tractatio de monialibus in qua resoluuntur omnes ferè quæstiones (& ex ijs plures adhuc non tractatæ) quæ de ijs excitari solent in com-*

muni, & in particolari. Authore p. Francisco Pellizzario, Bononiæ, typis Iacobi Montij, 1644, [20], 504, [48] p., 4°. IT\ICCU\RAVE\018767.

[226] Escobar Teologia Moralis t. 1 Londra [Lione] Arnaud 1674
Nonostante il diverso anno di edizione, si tratta dell'opera di: Escobar y Mendoza, Antonio de (1589-1669), *Liber theologiae moralis, viginti & quatuor Societatis Iesu Doctoribus referatus: quem P. Antonius de Escobar & Mendoza. In examen confessariorum digessit. Post trigesimam-septimam Hispanicam editionem, prodit prima additionibus illustrata,* Lugduni, sumpt. haered. P. Prost, Philippi Borde & Laurentii Arnaud, 1644, [44], 854 [i.e. 852, 12] p., ill., 8°. IT\ICCU\MODE\017396.

[227] Mentegazzi De ieunio t. 1 Piacenza Giacopazzi 1736
Mantegazzi, Alessandro, *De jejunio cum esu carnium conjugendo. Dissertatio theologica eruditis observationibus luculenter ornata. Auctore d. Alexandro Mantegazzi*, Placentiae, apud Philippum Joseph Giacopazzi typographum episcopalem, 1736, 125, [3] p., 8°. IT\ICCU\TO0E\029274.

[228] Cabassuzzi Notizia Conciliorum t. 1 Venezia Bortoli 1703
Cabassut, Jean (1604-1685), *Notitia conciliorum Sanctae Ecclesiae, in qua elucidantur exactissime tum sacri Canones, tùm veteres, novique Ecclesiæ ritus, tùm præcipuæ partes Ecclesiasticæ historiæ. Auctore Joanne Cabassutio Aquisextiensi*, Venezia, apud Antonium Bortoli, 1703, [16], 508, [44] p., 8°. IT\ICCU\UM1E\005092.

[229] Burgos Sijnchagma institutionum teologicarum t. 1 Venezia Peccori 1727
Burgos, Alessandro, *Institutionum theologicarum synthagma exhibens delineationem majoris operis de studio theologico rectè instituendo, ab Alexandro de Burgos opus posthumum*, Venetiis, apud Sanctem Pecori, in vico S. Jo. Chrysostomi, 1727, [8], 180, [4] p., 8°. IT\ICCU\CAGE\002051.

[230] Fleuri Cattechismo istorico proibito t. 1 Napoli Naso 1742
Altra edizione: Fleury, Claude (1640-1723), *Catechisme historique, contenant en abrégé l'histoire sainte et la doctrine chretienne,* Paris, veuve de Gervais Clousier, 1683, 12°. IT\ICCU\PAVE\001468. L'opera di Fleury,

pseudonimo di Charles Bonel, prete, storico ecclesiastico, confessore del re di Francia Luigi XV, di orientamento gallicano, fu condannata quando uscì in italiano con il titolo: *Catechismo istorico, che contiene in ristretto l'historia santa, e la dottrina Christiana*, Venezia, Lorenzo Baseggio, 1742, 8°, 2 v. IT\ICCU\TO0E\153384. L'opera fu sospesa *donec corrigatur* dalla Congregazione dell'Indice con decreto del 5 aprile 1728, e di nuovo con decreto del 7 luglio 1859: ILI XI, p. 349.

[231] Madina Instituzione de Confessori t. 1 Venezia Basa 1587
Medina, Bartolomè de (1526?-1580?), *Breue instruttione de' confessori, come si debba amministrare il sacramento della penitentia. Diuisa in due libri, del M.R.P.F. Bartolomeo de Medina, primo cathedratico, & lettor di theologia di Salamanca dell'Ordine di S. Domenico. Nuouamente tradotta dalla lingua spagnuola nella italiana. Con due tauole copiosissime, & vtilissime*, in Venetia, appresso Bernardo Basa (presso Gio. Battista Bonfadio), 1587, [24], 239, [1] c., 8°. IT\ICCU\UM1E\014068.

[232] Zanardi Summa moralis Dechalogi t. 1 Venezia Salicata 1619
Zanardi, Michele (1570-1642), *Summa diuinorum praeceptorum decalogi. In duas partes diuisa ad summam fere omnium casuum conscientiae necessaria. In hac prima ergo de nouem Decalogi praeceptis. Per f. Michaelem Zanardum, Bergomensem*, Venetiis, ex typographia Salicata, 1619, [52], 1203, [1], p., 8°. IT\ICCU\CAGE\019234.

[233] De la Cruz Directorium conscientiae t. 1 Venezia Bosi 1680
Cruz, Juan de la (m. 1624, domenicano), *Directorium conscientiae in duas partes diuisum. Pars prima (-secunda) in qua per ordinem praeceptorum Decalogi theologia moralis solide, perspicue & breuiter explanatur ad mentem doctoris Angelici D. Thomæ. Auctore Ioanne de la Cruz Talabricensi ord. Prædicatorum. Post quartamdecimam editionem, denuo in communem theologorum moralium vtilitatem luci expositum, plurisque mendis, ac erroribus expurgatum*, Venetiis, ex typographia Antonij Bosij, 1680, [64], 775, [1] p., 8°. IT\ICCU\UBOE\029182.

[234] Anneto Apparatus ad positivam theologiam t. 1 Venezia Baglioni 1701
Annat, Pierre (1638-1715), *Methodicus ad positivam theologiam apparatus in quo in gratiam candidatorum positivæ & scholasticæ theologiæ, scripturæ sacræ, traditiones divinæ, SS. ecclesiæ patrum; sacrorum ecclesiæ conciliorum, pontificarum ecclesiæ dicisionum, necnon ortarum in ecclesia hæresum clara, brevis & expedita delineatur idea. Auctore R.P. Petro Annato*, Venetiis, apud Paulum Balleonium, 1701, [16], 812, [4] p., 8°. IT\ICCU\TO0E\043250.
L'opera di questo frate, teologo e professore francese, generale della Congregazione della Dottrina cristiana, fu sospesa *donec corrigatur* con decreto del Sant'Ufficio del 31 gennaio 1713 (ILI XI, p. 74). Lo stesso Sant'Ufficio il 3 ottobre 1714 ne concesse il permesso di lettura, se fosse stato corretto.

[235] D. Bonaventurae Sermones t. 1 Brescia Turlini 1516
Altra edizione (non identificata), rispetto a: *Sermones de sanctis d. Io. Eustachii Bonauenturae, seraphici doctoris diligenter emendati, & suae nuper integritati restituti. Quorum index, rerumque adnotandarum suo ordine proximis pagellis patebit*, Brixiae, in aedibus Polycreti Turlini, 1597, [22], 320 [i.e.], 342, [4] p., 8°. IT\ICCU\LO1E\038310.

[236] Bosuet Spiegazione della messa t. 1 Venezia Storti 1727
Bossuet, Jacques Bénigne, *Spiegazione d'alcune difficoltà sopra le orazioni della messa. Ad un nuovo cattolico. Di monsignor Jacopo-Benigno Bossuet vescovo di Meaux. Tradotta dalla lingua francese nell'italiana,* in Venezia, presso Francesco Storti, in Merceria all'insegna della fortezza, 1727, 191, [1] p., 12°. IT\ICCU\TO0E\079967. Un'opera di questo giansenista moderato venne proibita da Roma nel 1745: ILI XI, p. 154: Projet de reponse.

[237] Concilium Tridentinum t. 1 Venezia Ziletti 1573
Concilio di Trento (1545-1563), *Canones, et decreta sacrosanti oecumenici, et generalis concilij Tridentini, sub Paulo 3., Iulio 3., et Pio 4., pontificibus max. Cum citationibus ex utroque Testamento, & iuris pontificij constitutionibus, aliisque conciliis, quae ab Ecclesia Romana maxime probantur, collectis ab Horatio Lutio Calliensi, iurisconsulto praestantissimo. Additis Pii 4. pont. max. bullis, triplicique indice, & aliis multis rebus ad rem in primis facientibus*, Venetiis, ex

officina Stellae Iordani Ziletti, 1573, [24], 280, [136] p., 8°. IT\ICCU\RMLE\000468.

[238] Cozza de solicitatione t. 1 Venezia Storti 1738
Cozza, Lorenzo, *Dubia selecta emergentia circa sollicitationem in confessione sacramentali juxta apostolicas constitutiones ex probatis auctoribus digesta, atque discussa. Per R.P.F. Laurentium Cozza a S. Laurentio. Adjectis ad calcem nonnullis decretis ad Sanctum Officium spectantibus, summariè collectis*, Venetiis, apud Franciscum Storti, 1738, XII, 247, [5] p., 12°. IT\ICCU\MILE\053518.

[239] Possevini De officio curati t. 1 Venezia Surini 1612
Possevino, Giovanni Battista (1552-1622), *De officio curati, ad praxim, præcipuè circa repentina, & generaliora. Liber Io. Baptistæ Bernardini Posseuini Mantuani, hac postrema editione emendatus, auctoris additionibus notisque Andreæ Victorelli ad singula capita suis locis positis auctus. Accessere sacræ Congregationis ad nonnulla Concilij Triden. capita De matrimonio declarationes à quamplurimis animarum curatoribus desideratæ, ex probatis auctoribus desumptæ*, Venetiis, apud Antonium Turinum, 1612, [48], 362 [i.e. 332], [14], 33, [3] p., 8°. IT\ICCU\RAVE\069251, IT\ICCU\RAVE\021485 e IT\ICCU\UM1E\004364.

[240] Berti Raccolta spirituale t. 1 Pavia, Ghidini, 1717
Leoni, Antonio (inquisitore domenicano del XVIII secolo, di cui l'inquisitore Berti pubblica l'opera), *Raccolta d'alcune particolari operette spirituali proibite orazioni, e divozioni vane, e superstiziose, indulgenze nulle, o apocrife, ed imagini indecenti, ed illecite. Fatta dal fu reverendissimo padre maestro f. Antonio Leoni inquisitore generale di Bologna. Nuovamente data alla luce con altre operette, e con un'aggiunta sommaria delli decreti, e constituzioni apostoliche pertinenti al S. Uffizio, e delle proposizioni dannate da Martino 5. sino al regnante pontefice Clemente 11. dal padre f. Giuseppe Maria Berti inquisitore di Pavia*, in Pavia, per Gio. Antonio Ghidini stampator vescovale, e del S. Uffizio, 1717, 204 p., 8°. IT\ICCU\NAPE\028533. L'opera è una sorta di Indice dei libri proibiti.

[241] Precationes ante, et post missam, t. 1 Roma Zanetti 1604
Libro liturgico di cui non è stata individuata l'esatta edizione. Si veda, però: *Precationes ante, & post missam dicendae. Ex missali romano aliisque locis desumptae. Nunc emendatae, atque auctae,* Neapoli, apud Lazarum Scorigium, 1635, 32 p., 12°. IT\ICCU\RCAE\012064.

[242] Hannasi Exempla Sacrae Scripturae t. 1 Napoli Severini 1711
Nicolas de Hanappes (1225 ca.-1291), *Virtutum vitiorumque exempla ex universo utriusque legis promptuario decerpta per rev. dominum d. Nicolaum Hanapum post multas impressiones, nunc denuo a multis erroribus expurgata ad lucem redeunt per fr. Seraphinum Montorio,* Neapoli, apud Paulum Severinum, 1711, [12], 638 [i.e. 640] p., 12°. IT\ICCU\NAPE\007907.

[243] Busembaum Medula theologiae moralis t. 1 Milano Merelli 1660
Altra edizione: Busenbaum, Hermann (1600-1668), *Medulla theologiae moralis facili ac perspicua methodo resoluens casus conscientiae. Ex varijs probatisque authoribus concinnata ab Hermanno Busembaum. Septima editio auctior, in qua addita sunt in indice rerum suis locis nomina plurimorum authorum,* Mediolani, typis Iosephi Marelli, sub signo Fortunae, 1665, [12], 625, [23] p., 12°. IT\ICCU\TO0E\028693.

[244] Bosuet de Iubileo t. 1 Venezia Albrizzi 1736
Bossuet, Jacques Bénigne, *Meditazioni sopra la remissione de' peccati nel tempo del giubileo, e delle indulgenze, tratte principalmente dal Concilio di Trento, con una lettera sopra l'adorazione della Croce, da monsignor Jacopo Benigno Bossuet,* in Venezia, per Giambatista Albrizzi Q. Girol., 1736, [10], 114, [4] p., 8°. IT\ICCU\FERE\000246.

[245] Sumula Cajetani t. Venezia Farri 1575
De Vio, Tommaso, *Summula Caietani, S. Xisti cardinalis. illustriss. ord. praedicat. Per quam docta, compendiose resoluta, atque secundum s. sancti oecumenici, & generalis Concilij Tridentini, & canones, & capita castigatissima. Additis (ut vocant) sommarijs, et copiosa rerum praecipuarum indice,* Venetiis, apud Dominicum Farreum, 1575, [32], 606 p., 8°. IT\ICCU\TO0E\022102.

[246] Vigelij Nicolaj Metodus universi Iuris Pontifici t. 1 Basilea Oporiciani 1580
Vigel, Nikolaus (1529-1600), *Nicolai Vigelii Methodus vniuersi iuris pontificij absolutissima, in quinque libros distincta. Ex qua patet, in quibus ius pontificium cum iure ciuili consentiat, in quibus ab eo discrepet, illúdue distinguat*, Basileae, ex officina Oporiniana (per Balthasarum Han, Hieronymum Gemusaeum, & Polycarpi fratris haeredes), 1580, [16], 990, [2], p., 8°. IT\ICCU\RMLE\002013.

[247] Modus legendi abreviaturas t. 1 Venezia 1585
Altra edizione: *Modus legendi abbreuiaturas passim in iure tam ciuili, quam pontificio occurrentes, denuò integritati suæ restitutus. Huic accessere tituli, quæ & rubricæ vulgò nuncupantur, in uniuersum ius ciuile, ex Haloandri recognitione ascripti. Adiunximus præterea libellum, qui Flores legum inscribitur, cum additionibus, & concordantiis doctorum*, Venetiis, apud Iacobum Leuncinum, 1572, 284, [4] p., 8°. IT\ICCU\UM1E\007231.

[c. 5v]

[248] Lombardi Sententiarum t. 1 Venezia Salicati 1572
Petrus Lombardus, *Petri Lombardi Sententiarum libri 4. Post omnes omnium editiones ex collatione diuersorum exemplarium emendatissimi, & ad singulos libros titulorum, ac ad finem rerum indice copiosissimo aucti et locupletati*, Venetiis, apud Altobellum Salicatium, 1572, [8], 444, [32] c., 8°. IT\ICCU\TO0E\020297.

[249] Discorsi sopra il sacramento del matrimonio t. 1 Venezia 1607
Paleotti, Gabriele (1524-1597), *Del sacramento del matrimonio auuertimenti alli reuerendi curati di ordine di monsignor illustrissimo & reueren. cardinal Paleotti arciuesc. di Bologna*, in Venetia, appresso Agostino Angelieri, 1607, 78 [i.e. 79, 1] c., 8°. IT\ICCU\URBE\010164.

[250] Segneri Confessore instruito t. 1 Brescia Turlini 1672
Segneri, Paolo (1624-1694), *Il confessore istruito. Operetta, in cui si dimostra à vn confessor nouello la pratica di amministrare con frutto il sagramento della peni-*

tenza. Data in luce da Paolo Segneri, in Brescia, per Giacomo Turlino, 1672, [16], 226, [2] p., 12°. IT\ICCU\LO1E\021266.

[251] Cattalogus Excomunicationum t. 1 Bologna Cocchi 1616
Chiesa cattolica, *Catalogus excommunicationum, quae extra bullam coenae Dom. sunt reseruatae papae, vel episcopo, vel nemini; iussu illustrissimi Alexandri Ludouisij archiepisc. Bonon. collectae, & decem capitibus comprehensae, ad commodum parochorum, aliorumque confessariorum, atque poenitentium; cum indice in fine*, Bonon., apud Bartholomaeum Cochium, ad instantiam Simonis Parlaschae, 1616, 96, [12], 24 p., 12°. IT\ICCU\BVEE\053811.

[252] Lucerna confessariorum pro absolutione ab haeresi t. 1 Pavia Parma Pazzoni Monti 1695
Nidi, Raimondo, *Lucerna confessariorum, ut lumen videant in absolvendo ab excommunicatione lata in primo Canone Bullae Cœnæ, nimirùm in hæreticos eis credentes, fautores &c. Scriptore Fr. Raymundo Nido Soncinate ordinis praedicatorum, [Parma]*, Papiæ, et Parmæ, apud Albertum Pazzonum, & Paulum Montium socios, 1695, [16], 182, [10] p., 4°. IT\ICCU\UM1E\009432.

[253] Barbosa De officio episcopi t. 3 Roma Camera Apostolica 1623
Barbosa, Agostinho (1590-1649), *Pastoralis solicitudinis siue De officio, et potestate episcopi tripartita descriptio. Auctore Augustino Barbosa*, Romae, ex typographia Camerae Apostolicae, 1623, 3 v., 4°. IT\ICCU\CFIE\023294.

[254] Leureni De vicarijs episcoporum t. 1 Venezia Pezzana 1709
Leuren, Peter (1646-1723), *R. P. Petri Leurenii Tractatus quaternarius de episcoporum vicariis, eorumdemque coadjutoribus: de capitulo sede vacante, et de archidiacono. Opus methodo nova, et clara per quaestiones, & responsa canonica deductum*, Venetiis, apud Nicolaum Pezzana, 1709, [24], 484 p., 4°. IT\ICCU\TO0E\115478. La presenza di quest'opera si comprende tenendo presente che Capretti era un collaboratore del vescovo.

[255] Barbosa De officio parochorum t. 1 Venezia Millochi 1676
Barbosa, Agostinho (1590-1649), *Augustini Barbosae I.V.D. Lusitani Pastoralis solicitudinis, siue De officio, et potestate parochi, tripartita descriptio; hac vltima editione ab ipso auctore recognita, & quamplurimis additamentis (suis quaeque locis apposita) plus tertia parte maior facta. Cum duplici indice locupletissimo*, Venetiis, apud Benedictum Milochum, 1676, [64], 392 p., 4°. IT\ICCU\URBE\014646.

[256] Misleri de origine principum editio secunda correctior t. 1 Tubingia Cotta 1683
Myler ab Ehrenbach, Johann Nikolaus (1610-1677), *Nycolai Myleri ad Ehrenbach, Jcti, Archeologia ordinum imperialium, seu De principum & aliorum statuum Imperii Rom. Germanici prisca origine, liber singularis,* Tubingae, impensis Joh. Georgii Cottae, Acad. Bibliopolae, literis Martini Rommeii, 1683, 231 p., 4°. IT\ICCU\CFIE\011860.

[257] Seri Vindiciae Catharini t. 1 Padova Conzatti 1727
Serry, Jacques Hyacinthe (1659-1738), *Ambrosii Catharini vindiciæ. De necessaria in perficiendis sacramentis intentione, theologica disputatio opera ac studio f. Jacobi Hyacinthi Serry ord. præd. doctoris Sorbonici, et in academia Patavina primarii sacræ theologiæ professoris*, Patavii, typis Jo. Baptistæ Conzatti, 1727, 8°. IT\ICCU\TO0E\004077. Questo autore francese, frate domenicano, professore di teologia all'Università di Padova, consultore della Congregazione dell'Indice, ebbe alcune opere interdette: ILI XI, p. 830. Si veda anche l'item 259.

[258] Summa Pisanella t. 1 Milano 1444 [sic]
Potrebbe consistere nell'edizione seguente, essendo evidentemente errata la data di stampa riportata nel manoscritto: Niccolò da Osimo, *Incipit liber qui dicitur supplementum. Quoniam summa que magistrutia seu pisanella vulgariter nuncupatur*, (Mediolani, per Leonardum Pachel & Uldericum Sinczenzeler, 1479 secundo kalendas Maias [30 aprile]), [350] c., 4°. IT\ICCU\LO1E\047251.

[259] Seri in Augustinum, et Thomam editio secunda t. 1 Padova Conzatti 1724
Serry, Jacques Hyacinthe (1659-1738, domenicano), *Divus Augustinus divo Thomæ, ejusque angelicæ scholæ secundis curis conciliatus, in quæstione de Gratia primi hominis, & angelorum. Opera ac studio F. Jacobi-Hyacinthi Serry. Editio secunda. Priori multo auctior, magnaque rerum accessione illustrata, & contra nonnullos obscuros prioris impugnatores vindicata, asserta, confirmata*, Patavii, typis Joannis Baptistæ Conzatti, 1724, [28], 270, [2] p., 12°. IT\ICCU\TO0E\142172. Si veda anche l'item 257.

[260] Navarus in Decretalia t. 1 Venezia Gueglieri 1599
Azpilcueta, Martin de (ca. 1491-1586), *Martini Azpilcuetae doctoris Nauarri I. C. Consiliorum seu Responsorum, in quinque libros, iuxta numerum & titulos Decretalium, distributorum, tomi duo, qui in hac postrema editione consiliis pene trecentis aucti & multo melius, quam antea digesti sunt. Accessit index titulorum totius iuris canon. Adiungitur in fine index totius operis*, Venetiis, apud Ioannem Guerilium, 1599-1600, 3 v., in 4°, [20], 782, [2] p. IT\ICCU\RMLE\000133. Don Capretti dispone solo del primo volume.

[261] Navari Opera t. 4 Venezia Ugolini 1597
Potrebbe essere, nonostante la diversa edizione: Azpilcueta, Martin de (ca. 1491-1586), *D. Martini ab Azpilcueta Nauarri i.v.d. praeclarissimi ac celeberrimi Commentaria, & tractatus hucusque editi atque nunc recens in vnum collecti & in tres tomos distincti*, Venetiis, apud Ioannem Baptistam Hugolinum, 1590, 3 v., ritr., 4°. IT\ICCU\CAGE\022730 e IT\ICCU\CNCE\003746.

[262] Clericati Opera editio secunda t. 9 Venezia Poletti 1707
Chiericato, Giovanni Maria (1633-1717), *De sacramentis in genere ac de sacramentalibus: nec non de sacramentis baptismi, confirmationis, atque extremæ unctionis, decisiones auctore Joanne Clericato præposito Patavino. Editio secunda*, Venetiis, apud Andream Poleti, sub signo Italiæ, 1707, 4°. IT\ICCU\PUVE\001813.

[263] Lopez de contractibus editio purior t. 1 Brescia 1546 [1596]
Luis López (m. 1596), *Tractatus de contractibus et negotiationibus, duobus contenti libris. Fratre Ludouico Lopez authore. In quibus quaestiones, earumque resolutiones perutiles quidem. Haec autem editio purior, ac purgatior multo quam priores in lucem prodit*, Brixiae, apud Societatem Brixiensem, 1596, 2 v., 4°. IT\ICCU\UBOE\000217.

[264] Lopez Instructio conscientiae t. 1 Brescia Marchetti 1594
Luis López (m. 1596), *Instructorii conscientiae r.p.f. Ludouici Lopez ordinis praedicatorum prima [-secunda] pars nunc variis locorum authoritatibus locupletatum opera Petri Matthaei i.v.d. Accessit eiusdem sub calce operis de iudicibus lectio. Cum duplici indice locorum communium, & materiarum vtriusque partis copiosissimo*, Brixiae, apud Petrum Mariam Marchettum, 1594, 2 v., [8], 394 [i.e. 384] p., 4°. IT\ICCU\LIAE\000929.

[265] Lumbier In propositiones damnatas proibito t. 1 Parma Rosati 1684
Lumbier, Raimundo (carmelitano scalzo, 1616-1684), *R.mi p. m. f. Raymundi Lumbier Obseruationes theologicae morales, circa propositiones, nouissime ab Innocentio 11.: necnon circa alias, ab Alexandro 7. haud pridem damnatas. Editio latina multo auctior*, Barcinone, et Parmae, typis Iosephi ab Oleo, & Hypoliti Rosati, 1684, [16], 479, [41] p., 4°. IT\ICCU\UBOE\021777. Autore spagnolo, predicatore, qualificatore nel Consiglio Supremo dell'Inquisizione spagnola e docente di Sacre Scritture all'Università di Saragozza, la cui opera *Obseruationes theologicae morales* fu interdetta dalla Congregazione dell'Indice il 23 novembre 1683 (essendo uscita in prima edizione a Barcellona nel 1682): ILI XI, p. 564.

[266] Durandus Rationale divinorum officiorum t. 1 Venezia Tridini 1572
Durand, Guillaume (1230-1296), *Rationale diuinorum officiorum, a R.D. Gulielmo Durando Mimatensi episcopo I.V.D. clariss. concinnatum: atque nunc recens utilissimis adnotationibus illustratum. Adiectum fuit praeterea aliud Diuinorum officiorum rationale, ab Ioanne Beletho ab hinc ferè quadringentis annis conscriptum, ac nunc demùm in lucem editum*, Venetiis, apud Cominum de Tridino, 1572, [4], 375, [1] c., 4°. IT\ICCU\TO0E\016156.

E n. 2

[267] Diana Opera omnia t. 5 Venezia Baglioni 1698
Cinque tomi dell'opera di Diana, Antonino (1585-1663), *R.P.D. Antonini Diana Coordinati, seu omnium resolutionum moralium, ejus ipsissimis verbis ad propria loca, & materias, per v.p. Martinum de Alcolea. Tomus primus (-decimus). Editio novissima, multis in locis aucta, e a quampluribus, quibus caeterae scatebant, erroribus purgata cui de novo accessit tomus decimus*, Venetiis, apud Paulum Balleonium, 1698, 10 v., 2°. IT\ICCU\TO0E\029455.

[268] Mendo Opera t. 3 Londra Boisat 1668
Boissat pubblicò almeno due opere di Mendo a Lione nel 1668, ma non è stata individuata un'edizione in tre volumi, come indicato dal titolo nel manoscritto.
Le due opere stampate furono: Mendo, Andres (1608-1685), *R. p. Andreae Mendo Lucronensis e Soc. Iesu. De ordinibus militaribus, disquisitiones canonicae, theologicae, morales, et historicae, pro foro interno, & externo. Secunda editio, ab ipso auctore addita*, Lugduni, sumptibus Horatii Boissat, & Georgii Remeus, 1668, [16], 439, [49] p., ill., 2°; IT\ICCU\BVEE\037349. *R. P. Andreae Mendo Lucronensis e Soc. Iesu De iure academico, selectae quaestiones theologicae, morales, iuridicae, historicae, & politicae, de academiis, magistratibus, collegiis, professoribus. Cum appendice de academiarum, ac studiosorum iuramento defendendi Immaculatam Conceptionem Deiparae. Editio secunda, cum triplici indice*, Lugduni, sumptibus Horatii Boissat, & Georgii Remeus, 1668, [20], 516, [48] p., 2°. IT\ICCU\RMGE\000542.

[269] Nogueira Questiones singulares t. 1 Venezia Baglioni 1702
Nogueira, Luiz (1620-1696), *R.P Ludovici Nogueira. Quaestiones singulares, experimentales, & practicae, per quatuor disputationes distributae. 1. continet quaestiones singulares de sacramentis. 2. quaestiones de missis. Cum indicibus disputatioum, ac quaestionum*, Venetiis, apud Paolum Ballonium, 1702, [24], 386, [18] p., 2°. IT\ICCU\RMLE\024248.

[270] Laijman
È impossibile definire l'opera e l'edizione di questo titolo del teologo Paul Laymann, autore, fra l'altro, del seguente trattato: *Theologia moralis*

in 5. libros partitae. Quibus materiae omnes practicae, cum ad externum Ecclesiasticum, tùm internum conscientiae forum spectantes, noua methodo explicantur. Tomus primus [-secundus], Roma, typis Stephani Curtij, 1690. IT\ICCU\RLZE\013539.

[271] Controversie Facchinej t. 1 Venezia Modesti 1619
Pynacker, Cornelis (1597-1614), *Andreae Fachinaei Foroliviensis controversiae, ex centuriis 13. juxta serie pandectarum dispositae, et assertorie decisae. Authore Cornelio Pynackero*, Groningae, excudebat Iohannes Sassius ordinum & academiae typographus, vaeneunt apud Iohannem Huberti librivendam academicum, 1619, [43] c., 8°. IT\ICCU\URBE\026536.

[272] Farinacius Praxis Criminalis t. 1 Parma Viotti 1605
Farinacci, Prospero, *Prosperi Farinacii Praxis, et theorica criminalis amplissima, quatuor titulis partita. De reo confesso, & conuicto. Poenis temperandis. Varijs, & diuersis quaestionibus. Varijs, ac diuersis criminibus*, Parmae, ex typographia Erasmi Viothi, 1605, [80], 618, [2] p., 2°. Edizione elencata in Lasagni 2016, II, pp. 802-803. IT\ICCU\BVEE\071035.

[273] Farinacius de haeresi t. 1 Roma Pheij 1616
Farinacci, Prospero, *Prosperi Farinacij Tractatus de haeresi. In quo per quaestiones, regulas, ampliationes, & limitationes. Quid à iure ciuili, & canonico. Quid à sacris concilijs, summorumq. pontificum constitutionibus statutum. Quid verius, & magis communiter in hac materia receptum sit. Et quid demum in practica seruetur, solito authoris ordine explicatur. Cum argumentis, summarijs, et indice locupletissimo. Ad Paulum 5. Pont. Opt. Max,* Romæ, ex typographia Andreæ Phæi, 1616, [20], 686, [240] p., 2°. IT\ICCU\TO0E\002098.

[274] Summa divi Thomae t. 1 Londra Salamandri 1567
Haddon, Walter (1516-1572), *G. Haddoni legum doctoris, Lucubrationes passim collectae, & editae. Studio & labore Thomae Hatcheri Cantabrigiensis*, Londini, apud Gulielmum Seresium, 1567, 2 v. ([8], 350, [2]; [2], 140, [2]) p., 4°. IT\ICCU\BVEE\016762.

[275] De Turre Institutiones Sacrae Scripturae t. 4 Parma Monti 1711
Turre, Josephus Maria de, *Institutiones ad verbi Dei scripti intelligentiam, multis ab authoribus collectas & in quatuor tractatus digestas, Sacrorum Bibliorum perstudiosis exhibet R.P.Fr. Joseph Maria de Turre. Tractatus primus [-quartus]*, Parmae, typis Pauli Montii, 1711, 4 v., 2°. IT\ICCU\UBOE\004974.

F n. 1

[276] Faciolati Orationes et aliae t. 1 Padova Manfré 1729
Facciolati, Jacopo, *Jacobi Facciolati Orationes 12. Acroases dialecticae, epistolae philologicae et exercitationes aliae, quae recensentur pag. proxima. Editio altera italica retractatior & auctior*, Patavii, typis seminarii, apud Joannem Manfré, 1729, [16], 558, [2] p., 8°. IT\ICCU\PUVE\007869.

[c. 6r]

[277] Fagiuoli Rime piacevoli parte prima t. Lucca Marescandoli 1729
Fagiuoli, Giovanni Battista (1660-1742), *Rime piacevoli di Gio. Battista Fagiuoli fiorentino. Parte prima [- sesta]*, in Lucca, per Salvatore e Gian Domen. Marescandoli a spese della Società, 1729-1734, 6 v., 8°. IT\ICCU\FERE\001028. Capretti ha solo il primo dei sei volumi.

[278] Giornata Villarecia del Bondi t. 1 Parma Stamperia Reale 1773
Bondi, Clemente, *Giornata villereccia poemetto in tre canti*, Parma, dalla Stamperia reale, 1773, [8], 62, [2] p., ill., 4°. IT\ICCU\PARE\065873 e IT\ICCU\TO0E\039816.

[279] Schedarium liberale Francisci Passerini t. I Piacenza Bazzachi 1659
Passerini, Pietro Francesco (1612-1695), *Schedarium liberale, in quo orationes sacro-profanae, praefationes gymnasticae continentur. Auctore Petro Francisco*

Passerino, Placentiae, in camerali typographia Ioannis Bazachij, 1659, [16], 276, [2] p., 4°. IT\ICCU\VEAE\003485.

[280] Epistulae Fallaridis t. 1 Cremona Riccardi 1505
Phalaris (tiranno di Siracusa, VI sec. a. C.), *Epistole Phalaridis nouiter impresse* (Cremonæ, per Franciscum Ricardum de Luere impensa magistri Dominici de Zauarisiis, 1505), [44] c. IT\ICCU\RMLE\038102.

[281] Poemata Laurentii Gamba t. 1 Antuerpia Plantini 1569
Gambara, Lorenzo (1496-1586), *Laurentii Gambarae Brixiani Poemata*, Antuerpiae, ex officina Christophori Plantini, 1569, 170, [6] p., 8°. IT\ICCU\TO0E\017646.

[282] Sanazaro Opera t. 1 Venezia Ramondini 1752
Sannazzaro, Iacopo, *Le opere volgari di m. Jacopo Sanazzaro, cavaliere napoletano, con tutte le illustrazioni, ed accrescimenti, con cui sono state fin'ora impresse*, in Venezia, nella stamperia Remondini, 1752, 140, [2] p., 8°. IT\ICCU\PARE\079101.

[283] Lamentazioni di Geremia volgarizate t. 1 Piacenza Zambelli
Quattrofrati, Francesco Maria, *Le lamentazioni di Geremia volgarizzate. Parafrasi lirica di F.M.Q. accademico innominato*, Piacenza, nella stampa vescouale del Zambelli, [1701], 144 p., 8°. IT\ICCU\LO1E\007781.

[284] Puer Marianus Carmina t. 1 Parma Ducale stamp[eria] 1730
Negri, Antonio (sec. XVIII, 1° metà), *Alcimus, seu Puer marianus Antonii Nigri Parmensis carmina in quinque libros digesta*, Parmae, ex typographia Serenissimae Celsitudinis, 1730, [12], 179, [1] p., antip., 8°. IT\ICCU\PARE\064047.

[285] Rifflessioni di Lamindo t. 2 Venezia Pezzana 1717
Muratori, Lodovico Antonio, *Delle riflessioni sopra il buon gusto nelle scienze e nelle arti, di Lamindo Pritanio. Parte prima [-seconda]*, in Venezia, presso Nicolò Pezzana, 1717, 2 v., 12°. IT\ICCU\RMRE\001033.

[286] Erodoto Istoria Greca t. 1 Venezia Bindoni 1539
Herodotus, *Herodoto Alicarnaseo historico Delle guerre de Greci & de Persi, tradotto di greco in lingua italiana per il conte Mattheo Maria Boiardo. Di nouo ristampato, & con summa diligentia reuisto & corretto* (in Venetia, per Bernardino de Bindoni milanese ad instantia de m. Marchio Sessa, 1539), 304, [4] c., 8°. IT\ICCU\CFIE\011043 e IT\ICCU\BVEE\014106.

[287] Inscriptiones Emmanuelis Tesauri editio tertia t. 1 Roma Diversini 1667
Panealbo, Emanuele Filiberto (sec. XVII), *D. Emmanuelis Thesauri Inscriptiones quotquot reperiri potuerunt; opera & diligentia Emmanuelis Philiberti Panealbi, cum eiusdem notis & illustrationibus. Editio tertia. Innumeris mendis authoris manu expurgata. Multisque inscriptionibus, et indice perutili rerum notabiliorum aucta*, Romae, sumptibus Blasij Diuersini, & Felicis Cesaretti, 1667 (Romae, ex typographia Fabij de Falco, 1667), [16], 564 [i.e. 566, 14] p., 8°. IT\ICCU\BVEE\035592.

[288] Prosodia Italiana del Spadafora t. 1 Venezia Baseggio 1703
Spadafora, Placido (1628-1691), *Prosodia italiana, ouero l'arte con l'uso degli accenti nella volgar favella d'Italia accordati dal padre Placido Spadafora con la giunta nel fine di tre brevi trattati: l'uno della Zeta, e sua varietà; l'altro dell'E, ed O, chiusi ed aperti. Il terzo della buona, e rea pronuntia, nelle due lingue, italiana, e latina. Quarta impressione corretta, e migliorata*, in Venezia, appresso Lorenzo Baseggio, 1703, [24], 648 [i.e. 646], [2] p., 8°. IT\ICCU\BVEE\035592.

[289] Plautus Comediae t.1
È impossibile individuare l'esatta edizione latina delle *Commedie* di Plauto.

[290] Poesie di Madrisio t. 1 Padova Manfré 1713
Madrisio, Niccolò, *Poesie toscane di Niccolò Madrisio patrizio udinese, con un saggio ancor di latine*, in Padova, nella stamperia del Seminario, appresso Giovanni Manfré, 1713, [24], 586, [2], 47, [1] p., 12°. IT\ICCU\LIAE\002949.

[291] Laberinto de Pazzi t. 1 Venezia Padovani 1555
Potrebbe essere l'opera di: Garzoni, Tommaso, *L'hospidale de' pazzi incurabili*, di cui furono stampate varie edizioni (per esempio: in Venetia, appresso Gio. Battista Somasco, 1586, [4], 88, [8] c., 4°).

[292] Galutii Carmina t. 1 Roma Mascardi 1611
Galluzzi, Tarquinio (1574-1649), *Tarquinii Gallutii Sabini e Societate Iesu Carminum libri tres*, Romæ, apud Iacobum Mascardum, 1611, [16], 341, [3] p., 8°. IT\ICCU\BVEE\037007.

[293] Seneca de Beneficii t. 1 Venezia Piacentini 1738
Seneca, Lucius Annaeus (4 a. C.-65 d. C.), *De' benifizii tradotto di lingua latina in volgare fiorentino da Benedetto Varchi. Con annotazioni in margine, e tavola delle cose più segnalate. Aggiuntavi la vita dell'autore e gli argomenti de' libri*, in Venezia, appresso Francesco Piacentini, 1738, XLIII, [1], 352 p., [1] c. di tav. ill., 8°. IT\ICCU\LIAE\006031.

[294] Majoraggi Orationes t. 1 Westphal Rassfeldt 1599
Maioragio, Marco Antonio (1514-1555), *M. Antonii Maioragii Orationes et praefationes, vnà cum Dialogo de eloquentia, olim à Ioan. Petro Ayroldo Marcellino, Venetijs in lucem prolatae, nunc vero, mendis infinitis exemtis, ad iuventutis utilitatem denuo editae studio & opera M. Danielis Caesaris Ossitiensis*, Monasterii Wesphal., typis Lamberti Rassfeldt, 1599, [24], 720, [8] p., 8°. IT\ICCU\URBE\027441.

[295] Majoraggi Contra Nizolia t. 1 Milano 1549
Maioragio, Marco Antonio (1514-1555), *M. Antonii Majoragij Reprehensionum libri duo, contra Marium Nizolium Brixellensem: in quibus multa & uaria disputantur, quae cum magnam in legendo iucunditatem, tum non mediocrem utilitatem afferre possunt. Huc accessit recusatio omnium eorum, quae Nizolius in Decisionibus eiusdem M. Antonij Maioragij, tanquam male posita, notauit*, Mediolani, 1549, [8], 231, [1] p., 4°. IT\ICCU\BVEE\018394.
In realtà l'edizione fu stampata a Basilea da Johann Oporinus, come indica la scheda in EDIT 16.

[296] Taurillo Carmina t. 1 Parma Viotti 1600
Torelli, Pomponio, *Pomponii Taurelli, Montisclariculi comitis, Academici Innominati. Parmensis. Carminum libri sex*, Parmae, ex typographia Erasmi Viotti, 1600, [4], 166, [2] p., 4°. IT\ICCU\RMLE\000479. Edizione annoverata in Lasagni 2016, II, pp. 792-793.

[297] Ioannis Carlagnieri Geografia manuscritto t. 1
Manoscritto.

[298] Cicognini Lagrima di Geremia t. 1 Fiorenza Tignoni [Pignoni] 1627
Cicognini, Jacopo, *Lagrime di Gieremia profeta. Del dott. Iacopo Cicognini accad. humorista. Dedicate all'illustriss. sig. conte Iacopo Strozzi*, in Fiorenza, appresso Zanobi Pignoni, 1627, 110, [2] p., 4°. IT\ICCU\CFIE\004847.

[299] Isocratis Orationes t. 1 Basilea Isingrini 1555
Isocrates, Isokratous Logoi apantes, kai Epistolai. *Arpokrationos kai Souida peri tinon par' Isokratei lexeon. Isocratis Orationes partim doctorum virorum opera, partim meliorum exemplarium collatione, nunc demum multo quam antea emendatiores excusae. Quibus iam quoque praeter aliorum aeditionem accesserunt eiusdem Isocratis Epistolae, atque Harpocrationis et Suidae difficiliorum apud eundem dictionum explicatio*, Basileae, per Michaelem Isingrinium, 1555, [44], 583 p., 8°. IT\ICCU\LIAE\000628.

[300] Bertoldo, Bertoldino e Caccaseno, con rami ed[itio] ult[erior] t. 1 Bologna Volpe 1736
Bertoldo con Bertoldino e Cacasenno in ottava rima con argomenti, e figure in rame, in Bologna, per Lelio dalla Volpe, 1736, [12], 310, [2] p., 20 c. di tav. ill. calcogr., 1 ritr., 12°. IT\ICCU\UBOE\033357.

[301] Petri Cittadelle Satire, Sogni t. 1 Venezia Lelli 1536
Cittadella, Pietro (m. 1554), *Petri Cittadellae Patauini Satyre due. Somnia duo. Dialogi tres Progymnasmata*, Venetiis, apud Hieronymum Lilium & fratres, 1536, mensis octobris, [24] c., 8°. IT\ICCU\CNCE\014192.

[302] Glottoerisio ad Marcum Antonium t. 1 Padona Ami 1552
Giunteo, Pietro Fidenzio, *Glottocrysii Petri Fidentii Iunctaei ad Marcum Antonium Venerium patricium Venetum, ac praetorem Patauinum dignissimum praetorio munere egregie functum, uersus panaegyrici coram ipso, & omni nobilitate Patauina, presso omnium pollice, decantati*, Patauii, Iacobus Fabianus, & Ioannes Baptista Amicus excudebant, sumptibus Petri Antonij Alciati, 15. calen. Nouemb. 1552, [32] c., 8°. IT\ICCU\UBOE\006801, IT\ICCU\VIAE\012101 e IT\ICCU\PUVE\022299.

[303] Vulpiani de Fato t. 1 Venezia Padovani 1552
Ulpini, Ulpiano, *Ulpiani Veronensis De fato et de hominis potestate liber ex Alexandri scriptis* (Venetiis, in aedibus Ioannis Patauini, 1552), [32] c., 8°. IT\ICCU\RMLE\032133.

[304] Delfici Perusini de laudibus artium liberalium t. 1 Padova Fabriani 1553
Fantocci, Ippolito, *Hippolyti Fantotii Delphici Perusini, De liberalium artium laudibus oratio, initio studii Patauii habita 14. Cal. Nouembris*. 1553, Patauij, apud Iacobum Fabrianum, [20] c., 8°. IT\ICCU\PUVE\026460.

[305] Petri Mochij de cruciatu, et exilio cupidinis t. 1 Venezia Vitali
Mochius, Petrus, *Petri Mochij Senensis De cruciatu, exilioque cupidinis ad Andream Priolum patritium Venetum dialogus*, (Venetijs, per Bernardinum Vitalem Ven.), [18] c., 8°. IT\ICCU\RMLE\030083.

[306] Rapicii Andreae Carmina t. 1 Venezia Bonelli 1552
Rapicio, Andrea, *Andreae Rapitii, nobilis Tergestini. Facilioris musae carminum libri duo. Quorum prior epigrammata quaedam continet*, Venetijs, apud Ioannem Mariam Bonellum, 1552, 27, [1] c., 8°. IT\ICCU\VEAE\009479.

[c. 6v]

[307] Boroni Panegirici t. 1 Londra Hugnetan [Huguetan] 1654
Altra edizione, ma dello stesso editore: Baronis, Bonaventura (ca. 1610-1696), R.P.F. *Bonaventuræ Barronij Panegyrici sacro-prophani, necnon Controuersiæ et stratagemata; siue Orationes rhetoricæ miscellaneæ, quibus accessit Ephemeris obsidionis Dunkanon. Editio altera auctior, & emendatior*, Lugduni, sumptibus Ioannis-Antonij Huguetan & Marci-Antonij Rauaud, 1656, 8, 328 i.e. 332, 4 p., 8°. IT\ICCU\TO0E\031367.

[308] Plutarco
Edizione delle *Vite parallele* non individuata per mancanza di note tipografiche.

[309] Lettere Famigliari del Pallavicino t. 1 Venezia Rampazetti 1566
Pallavicino, Giuseppe (n. 1126), *Delle lettere del signor Gioseppe Pallauicino da Varrano libri tre*, in Venetia, appresso Francesco Rampazetto, 1566, 8°. IT\ICCU\LO1E\002454.

[310] Homero Carmina t. 1 Venezia Burgo 1537
Homerus, *Homeri Ilias, Andrea Diuo Iustinopolitano interprete, ad verbum translata. Herodoti Halicarnassei libellus, Homeri vitam fidelissime continens, Conrado Heresbachio interprete. Cum indice copiosissimo*, Venetiis, [Giacomo Pocatela], 1537 (Venetiis, apud d. Iacob a' Burgofrancho, 1537 mense Martio), [20], 277, [1] c., 8°. IT\ICCU\BVEE\011351.

[311] Inscrizioni di Pavolo Gionio [Giovio] t. 1 Venezia Bindoni 1559
Giovio, Paolo (1483-1552), *Le iscrittioni poste sotto le vere imagini degli huomini famosi in lettere. Di mons. Paolo Giouio vescouo di Nocera. Tradotte di latino in volgare da Hippolito Orio Ferrarese*, in Venetia, appresso Francesco Bindoni, 1559, [16], 285, [3] p., 8°. IT\ICCU\RMLE\004979.

[312] Boccalini Ragualio di Parnasso proibito t. 1 Venezia Guerilli 1637
Boccalini, Traiano, *De' ragguagli di Parnaso del signor Traiano Boccalini romano, centuria prima (-seconda). Et in questa settima impressione aggiontoui cinquan-*

ta ragguagli, intitolati parte terza, in Venetia, appresso gli Gueriglij, 1637, 3 v. ([52], 332; [32], 292; [20], 96 p.), 8°. IT\ICCU\TO0E\013567.

[313] La Clio rinvenita Poesia t. 1 Venezia Valvassense 1680
Opera encomiastica non individuata, stampata da Valvasense.

[314] La scuola Mabilona t. 1 Roma Rossi 1701
Ceppi, Nicola Girolamo, *La scuola mabillona nella quale si trattano quei studj, che possono convenire agl'ecclesiastici; con una lista delle principali difficoltà, che si trovano nella lettura de concilij, de Padri, e dell'istoria. Già eretta per li pp. benedettini di Francia, & ora aperta à tutti li religiosi d'Italia dal maestro Nicola Girolamo Ceppi*, in Roma, per Antonio de Rossi alla Piazza di Ceri, 1701, 12°. IT\ICCU\PUVE\004414.

[315] Arginis Barclaj Nominum propriorum elucidatio t. 1 Venezia Daba 1656
John Barclay (1582-1621), *Io. Barclaij Argenis. Editio nouissima. Cum nominum propriorum elucidatione hactenus nondum edita*, Venetijs, ex typographia Francisci Baba, 1656, [48], 616, [8] p., ill., front. calcogr., 12°. IT\ICCU\BVEE\031681.

[316] Trajano Boccalino t. 1
Non viene specificata l'opera di Boccalini, ma due titoli di questo autore sono inclusi negli indici dei libri proibiti: ILI XI, p. 142.

[317] Psalterio Davidico t. 1 Bologna Pisari 1696
Salterio stampato a Bologna da Antonio Pissarri, ma non individuato nei cataloghi. Furono stampate, in varie città europee, numerose edizioni dello *Psalterium Davidicum*.

[318] Galeria del Cavaglier Marini t. 1
Non viene precisata l'edizione della famosa opera di Marino Giambattista, *La Galeria del cavalier Marino distinta in pitture et sculture*, di cui vi fu, per esempio, un'edizione in Ancona, per Cesare Scaccioppa, 1620. Opere proibite (non questa del Marino) sono in ILI XI, p. 588. La censura austriaca condannò l'Adone nel 1776 (edizione di Amsterdam del

1679: *L'Adone, poema del cavalier Marino, con gli argomenti del conte Fortuniano Sanvitale e l'allegorie di don Lorenzo Scotto, aggiuntovi la tavola delle cose notabili, con le lettere del medesimo cavaliere*)[7].

[319] Petrarca t. 1 Venezia Nicolini 1575
Petrarca, Francesco (1304-1374), *Il Petrarca di nuouo ristampato, et diligentemente corretto*, in Venetia, appresso Domenico Nicolino, 1575, 345, [15] p., ill., 1 ritr., 12°. IT\ICCU\BVEE\018176.

[320] Il salmista Toscano in Piacenza Bazacchi 1678
Mattei, Loreto, *Il salmista toscano del signor Loreto Mattei reatino: parafrasi lirica sopra il salterio. Opera vniuersalmente applaudita; & hora molto più accreditata per l'impulso pio, che alla sollecitudine di questa seconda impressione hà dato la sac[ra] ces[area] real m[aestà] dell'augustiss[ima] imperatrice Eleonora Gonzaga d'Austria. Dall'autore medesimo riueduta, e corretta*, Piacenza, nella stamperia duc. di Gio. Bazachi, 1678, 24°. IT\ICCU\UM1E\003708.

[321] Ciceronis Opera omnia t. 1
Edizione dell'intera produzione di Cicerone non individuata per mancanza di note tipografiche. Capretti, peraltro, sembra che possedesse solo il primo volume.

[322] Castiglioni Opere vuolgari t.1 Padova Comino 1733
Castiglione, Baldassarre, *Opere volgari, e latine del conte Baldesar Castiglione. Novellamente raccolte, ordinate, ricorrette, ed illustrate, come nella seguente lettera può vedersi, da Gio. Antonio, e Gaetano Volpi*, in Padova, presso Giuseppe Comino, 1733 (1732), [32], XXXII, 436 p., [1] c. di tav. ritr., 4°. IT\ICCU\LO1E\003806.

[323] Ovidij Operum t. 1 Venezia Coletti 1731
Ovidius Naso, Publius, *Pub. Ovidii Nasonis Operum tomus primus (-quartus). Interpretatione et notis illustravit Daniel Crispinus, Helvetius, jussu christianissimi regis, ad usum serenissimi delphini*, Venetiis, apud Sebastianum Coleti, 1731,

---

[7] Si veda il sito: www.univie.ac.at/censorship.

4 v., 4°. Le edizioni proibite di Ovidio sono elencate in ILI X, p. 308.
IT\ICCU\LIAE\017568.

[324] Demostenis Orationes t.1 Roma Rossi 1712
Demosthenes, *Demosthenous Demegorikoi logoi Latinisi metaphrathentes. Demosthenis Orationes de republica ad populum habitae: Latio donatae ab Jo. Vincentio Lucchesinio cum notis criticis, et historicis*, Romae, ex typographia Antonii de Rubeis in Platea Cerensi, 1712, [48], 449, [23] p., 4°.
IT\ICCU\LO1E\016342.

[325] Platina Stati Oratori t. 1 Bologna Benazzi 1718
Platina, Giuseppe Maria, *Stati oratorj dedicati all'eminentissimo e reverendissimo sig. cardinale Giacomo Boncompagno arcivescovo di Bologna da fra Gioseffo Maria Platina minor conventuale*, in Bologna, per li successori del Benacci, 1718, XXIV, 692 p., 4°. IT\ICCU\TO0E\026242.

[326] Adagia Pauli Manutii t. 1 Venezia Muschi 1609
Altra edizione coeva: Manuzio, Aldo (1547-1597), *Eleganze insieme con la copia della lingua toscana, e latina, scielte da Aldo Manutio. Vtilissime al comporre nell'vna, & l'altra lingua. Con tre nuoue tauole*, in Venegia, presso Altobello Salicato, 1609, [16], 320, [32] p., 8°. IT\ICCU\UM1E\003261.

[327] Causinus de eloquentia sacra et humana t. 1 Londra [Lione] Anisson 1657
Altra edizione coeva: Caussin, Nicolas (1583-1653), *Nicolai Caussini, Trecensis, e Societate Iesu, De eloquentia sacra et humana, libri 16. Editio septima, non ignobili accessione locupletata. Cum accuratis indicibus*, Lugduni, sumptibus Petri Rigaud, 1657, [36], 1010, [58] p., 4°. IT\ICCU\FOGE\033198.

[328] Veneroni Dizionario Italiano, e Francese t. 1 Lione Baudet 1724
Altra edizione dello stesso stampatore: Oudin, Antoine (1595-1653), *Dictionaire italien, et françois. Mis en lumière par Antoine Oudin continué par Laurens Fereti romain, enrichi plus noblement, corrigé de plusieurs fautes, et augmenté. Mis en ordre pour les Italiens curieux d'apprendre la langue françoise par le sieur Jean Veneroni. Tome premier [-second]. Et dans cette dernière edition enrichi*

de nouveaux titres, à Lyon, chez la veuve d'Antoine Boudet, libraire, rue Merciere, à la Croix d'or, 1725, 2 v., 4°. IT\ICCU\TO0E\146679. Sembra che Capretti disponesse solo del primo volume.

[329] Ripa Iconologia t. 1 Padova Tozzi 1611
Ripa, Cesare, *Iconologia, ouero Descrittione d'imagini delle virtù, vitij, affetti, passioni humane, corpi celesti, mondo e sue parti. Opera di Cesare Ripa perugino caualliere de' santi Mauritio, & Lazaro. Di nuouo in quest'vltima editione corretta diligentemente, & accresciuta di sessanta e più figure poste a luoghi loro: aggionteui copiosissime tauole per solleuamento del lettore*, in Padoua, per Pietro Paolo Tozzi nella stamparia del Pasquati, 1611, [32], 552 p., ill., 4°. IT\ICCU\FERE\000950.

[330] Cornelio Tacito t. 1 Venezia Alberti 1607
Tacitus, Publius Cornelius, *Gli Annali di Cornelio Tacito caualier romano de' fatti, e guerre de' Romani, così ciuili, come esterne; seguite dalla morte di Cesare Augusto, per fino all'imperio di Vespasiano. Doue con bellissimo ordine si uede il misero stato, nel quale si trouò Roma, e tutto l'imperio romano, nella mutazione di sette imperadori, cioe', Tiberio, Claudio, Nerone, Galba, Otone, Vitellio, e Vespasiano, et doue con molte cagioni d'altre guerre, si tocca quella della guerra giudaica. Da Giorgio Dati fiorentino nuouamente tradotti di latino in lingua toscana*, in Venetia, appresso Giouanni Alberti, 1607, [20], 602, [2] p., 4°. IT\ICCU\NAPE\004619.

[331] Ringhieri Giocchi liberali t. 1 Bologna Ettore 1498
Anche tenendo conto che la data di stampa riportata dal manoscritto è errata, non è stato possibile individuare l'edizione bolognese di quest'opera, di cui si riporta di seguito un'altra edizione sempre bolognese: Ringhieri, Innocenzio (sec. XVI), *Cento giuochi liberali, et d'ingegno, nouellamente da m. Innocentio Ringhieri ritrouati, et in dieci libri descritti*, in Bologna, per Anselmo Giaccarelli, 1551. IT\ICCU\BVEE\001523.

[332] Majoraggi de mutatione hominis [sic] t. 1 Milano Burgi 1547
Majoragio, Marco Antonio (1514-1555), *De mutatione nominis. M. Antonii Maioragii oratio iudicialis, qua variis rationibus probatur vnicuique licere sibi no-*

men immutare, Mediolani, Antonius Burgius excudebat, 1547, 4°. IT\ICCU\BVEE\013318.

[333] Tulii de senectute manuscritto t. 1
Manoscritto dell'opera *De senectute* di Cicerone.

[334] Consolatoria di Fr. Saba di Castiglione t. 1 Bologna Simonetti 1529
Castiglione, Sabba da, *Consolatoria di f. Sabba di Castiglione*, impresso in Bologna, per Giouanni Maria de Simonetti da Cremona, nel mese di martio, 1529, [16] c., 4°. IT\ICCU\CNCE\010156.

[335] Torello debito del Cavaliere t. 1 Parma Viotti 1596
Torelli, Pomponio, *Trattato del debito del caualliero, di Pomponio Torelli*, in Parma, nella stamperia di ErASMo Viotti, 1596, [4], 192, [8] c., 4°. Edizione riportata in Lasagni 2016, II, p. 781. IT\ICCU\BVEE\007812.

[336] Bembo prose t. 1 in Napoli Mosca 1714
Pietro Bembo, *Le prose di m. Pietro Bembo, nelle quali si ragiona della volgar lingua, scritte al cardinal de' Medici. Divise in tre libri. In questa nuova edizione unite insieme con le giunte di Lodovico Castelvetro. Tomo primo (-secondo)*, in Napoli, per Bernardo-Michele Raillard, e Felice Mosca, 1714, 2 v., 4°. IT\ICCU\RAVE\009549.

[c. 7r]

[337] Sansuino Raccolta d'orazioni a principi t. 1 Venezia Sansuino 1561
Delle orationi volgarmente scritte da molti huomini illustri de tempi nostri. Parte prima (-seconda). Raccolte, riuedute et corrette, per Francesco Sansouino, in Venetia (appresso Francesco Sansouino, 1561), 2v., 4°. IT\ICCU\TO0E\037820.

[338] Magalotti Lettere scientifiche in Venezia Occhi 1734
Magalotti, Lorenzo (1637-1712), *Lettere scientifiche, ed erudite del conte Lorenzo Magalotti, gentiluomo trattenuto, e del consiglio di stato dell'altezza reale del serenissimo gran duca di Toscana*, in Venezia, a' spese della Compagnia, 1734, 4°. IT\ICCU\PUVE\005217. Sul Magalotti si veda Landi, *Il governo delle opinioni*, p. 120.

[339] Museo privato e pubblico t. 1 Londra Prost 1635
Clement, Claude (1594-1642), *Musei, siue Bibliothecæ tam priuatæ quam publicæ extructio, instructio, cura, vsus. Libri 4. Accessit accurata descriptio Regiæ Bibliothecæ S. Laurentii Escurialis auctor P. Claudius Clemens*, Lugduni, sumptibus Iacobi Prost, 1635, [24], 552, [24] p., 4°. IT\ICCU\NAPE\010995.

[340] Icones simbolicae t. 1 Milano Malatesta 1626
Giarda, Cristoforo (1595-1649), *Bibliothecae Alexandrinae Icones symbolicae P.D. Christofori Giardae cler. reg. S. Pauli elogiis illustratae. Pars prior*, [Mediolani], ex typographia hered. Melchioris Malatestae impressoris Regj Ducalis, [1626: data dell'*imprimatur*], [12], 1-12, [4], 13-22, [4], 23-33, [5], 35-42, [4], 43-49, [5], 51-56, [4], 57-64, [4], 65-70, [4], 71-75, [5], 77-90, [4], 91-98, [4], 99-106, [4], 107-110, [4], 111-115, [5], 117-125, [5], 127-134, [4], 135-140 p., ill. calcogr., front., 4°. IT\ICCU\RMLE\013839. Questo autore ecclesiastico è legato alla storia di Parma e in particolare alla seconda guerra di Castro (1646-1649), combattuta fra il duca Ranuccio II Farnese e il papa.

[341] Grammatica Rossi t. 1 Venezia Razacchi [Bazacchi?] 1677
Sembra errato il luogo di stampa riportato dal manoscritto. L'edizione potrebbe essere piacentina, presso il Bazachi: Rossi, Pio (1581-1667), *Osseruazioni sopra la lingua volgare, con la dichiarazione delle men note, e più importanti voci; aggiungesi appresso vn trattato Dell'ortografia o sia modo di distinguere le parti del periodo; et in fine La grammatica volgare per sapere intal fauella parlare, e scriuere correttamente. Opere postume del reuerendiss. padre d. Pio Rossi da Piacenza, generale della Congregazione de' monaci di S. Gieronimo in Italia*, Piacenza, nella stampa Ducale di Gio. Bazachi, 1677, [20], 308 p., [1] c. di tav., 4°. IT\ICCU\IEIE\000222.

[342] Ravasini Carmina t. 1 Modona Capponi 1706
Ravasini, Tommaso (1665-1715), *Thomae Ravasini Parmensis operum poeticorum pars prior [-tertia]*, Mutinae, typis Antonii Capponi, impress. episcop., 1706-1708, 2 v., 4°. IT\ICCU\RMLE\032075.

[343] Poesie per le nozze del fu Duca Antonio Farnese t. 1 Parma Stamp[eria] Ducale 1728
Frugoni, Carlo Innocenzo, *Poesie per le acclamatissime nozze delle altezze serenissime, il serenissimo Antonio Farnese colla serenissima principessa Enrichetta d'Este raccolte, ed umiliate al serenissimo signor duca padrone da Carlo Innocenzio Frugoni genovese C.R.S. istorico, e poeta di S.A.S*, Parma, nella stamperia di S.A.S., 1728, [8], 644, [16] p., 4°. IT\ICCU\NAPE\011454.

F n. 2

[344] Lexicon Greco Latinum t. 1 Basilea Curio 1545
Gesner, Konrad, *Lexicon Graecolatinum nouissime ab innumeris mendis recognitum, & insigni accessione auctum per Conradum Gesnerum Tigurinum*, Basileae (ex officina Hieronymi Curionis) 1545, [466] c., 2°. IT\ICCU\LO1E\006976.

[345] Pizzinelli Mondo simbologico t. 1 Milano Vigone 1669
Picinelli, Filippo (1604-1678), *Mondo simbolico formato d'imprese scelte, spiegate, ed illustrate con sentenze, ed eruditioni, sacre, e profane; in questa impressione da mille, e mille parti ampliato. Studiosi diporti dell'abbate D. Filippo Picinelli. Con indici copiosissimi*, in Milano, nella stampa di Francesco Vigone, 1669. IT\ICCU\VEAE\003871.

[346] Afaitati Fiori istorici t. 1 Milano Malatesta 1711
Antonio Maria da Albogasio, *Fiori istorici, overo compendio d'erudizioni virtuose, e fatti illustri d'uomini grandi, antichi, e moderni, sagri, e profani, e loro detti memorabili. Raccolti dal P.F. Antonio Maria Affaitati. Ed a publico utile disposti in ordine alfabetico. Opera varia, dilettevole*, in Milano, nella Regia ducal corte per Marc'Antonio Pandolfo Malatesta stampatore regio camerale, 1711, [12], 778, [2] p., 2°. IT\ICCU\TO0E\029077.

[347] Ovidj Metamorfosis t. 1 Venezia Griffi 1565
Ovidius Naso, Publius, P. *Ouidij Nasonis Metamorphoseon libri 15. Raphaelis Regii Volaterrani luculentissima explanatio, cum nouis Iacobi Micylli additionibus. Lactantij Placiti in singulas fabulas argumenta. Eruditissimorum virorum Coelii Rhodigini, Ioan. Baptistae Egnatii, Henrici Glareani, Gilberti Longolii, & Iacobi Fanensis, in pleraque omnia loca difficiliora annotationes. Index omnium figuras etiam nouiter apposuimus*, Venetiis, apud Ioan. Gryphium, 1565, [16], 337, 3] p. ill., 2°. Le edizioni proibite di Ovidio sono elencate in ILI X, p. 308. IT\ICCU\MILE\002549.

[348] Petrarchae Opera Gotico t. 3
Non individuato per mancanza di note tipografiche. Questa edizione delle opere di Francesco Petrarca è stampata in caratteri gotici.

[349] Rodigini Lectiones antiquae t. 1 Venezia Lazzari 1516
Edizione di incerta identificazione: Ricchieri, Ludovico (1469-1525), *Sicuti antiquarum lectionum commentarios concinnarat olim Vindex Ceselius, ita nunc eosdem per incuriam interceptos reparauit Lodouicus Caelius Rhodiginus* (Venetiis, in aedibus Aldi, et Andreae soceri, mense Februario 1516), [80], 862, [6] p., 2°. IT\ICCU\BVEE\021317.

[350] Margarita poetarum gotico t. 1 Venezia Pinzi 1497
Non individuato. Potrebbe consistere in una raccolta di opere poetiche di più autori, come quella realizzata da Albrecht von Eyb (1420-1475), *Oratorum omnium poetarum: Hystoricorum: ac philosopho[rum] eleganter dicta: per clarissimum uirum Albertum de Eiib in unum collecta faeliciter incipiunt*, ([Venezia, Teodoro Ragazzoni], kalen. februarii 1487), [232] c., 4°. IT\ICCU\TO0E\160311.

[351] Picchi Mirandulae Opera omnia Gotico t. 1 Venezia Monteferri 1519
Pico della Mirandola, Giovanni, *Ioannis Pici Mirandulae omnia opera. Ioannis Pici Mirandulae uita per Ioannem Franciscum illustris principis Galeotti Pici Filium elegantissime conscripta,* Venezia, per Gulielmum de Fontaneto de Monteferrato, 1519, [508] c., 2°. IT\ICCU\RLZE\003016.

[352] Macrobii et Aulii Caelii Opera Gotico t. 1 Venezia de Lucro [Luero] 1489
Gellius, Aulus, *Auli Gellii Noctium Atticarum commentarii capitula primi libri*, (Venetiis, per Bernardinum de Choris de Cremona & Simone de Luero, 1489 die 13. Augusti), [10], CXXI p., 2°. IT\ICCU\LO1E\041725.

[353] Rossi Sentenze t. 2 Venezia Guerilli 1657
Potrebbe essere: Rossi, Pio de (1581-1667), *Conuito morale per gli etici, economici, politici, di don Pio Rossi, portata prima [-seconda]. Nuouamente corretta, e ristampata, vtilissima a chi legge, scriue, insegna, gouerna, impera*, in Venetia, appresso i Gueriglij, 1657, 2 v., 2°. IT\ICCU\BA1E\002776.

[354] Aristotelis Rethorica, et Poetica t. 1 Venezia Giunti 1550
Si tratta del primo volume di una collana di undici volumi dell'opera di Aristoteles, *Aristotelis Omnia quae extant opera nunc primum selectis translationibus, collatisque cum graecis emendatissimis exemplaribus, Auerrois Cordubensis in ea opera omnes qui ad nos peruenere commentarii, aliique ipsius quorum aliqui non amplius à Latinis visi, nuper à Iacob Mantino sunt conuersi*, Venetiis, apud Iuntas, 1550-1552 (apud haeredes Lucaeantonij Iuntae Florentini, 1550), 11 v., ill., 2°. IT\ICCU\CFIE\000349.

[355] Index Scriptorum omnis generis proibito t. 1 Basilea
Potrebbe essere: *Catalogus scriptorum, ab Helvetiis ac foederatis Reformatae Religionis, annis quinquaginta posterioribus seculi decimi septimi, editorum, in omni eruditionis genere. Editio secunda, auctior & emendatior*, Basileae, typis J. Jacobi Battierii, 1702, [46] c., 12°. IT\ICCU\RMLE\066969.

[356] Quintiliani Oratoria t. 1 Venezia Locchatelli 1493
Quintilianus, Marcus Fabius, *Raphaelis Regii in deprauationes oratoriae Quintiliani institutionis annotationes* (Venetiis, per Bonetum Locatellum, mandato ac sumptibus nobilis viri Octauiani Scoti ciuis Modoetienses, 1493 XVI kalendas sextiles), [206] c., 2°. IT\ICCU\RCAE\017879.

[357] Atteneo del uomo nobile t. 2 Bologna 1704
Paradisi, Agostino (documentato nel 1708), *Ateneo dell'uomo nobile opera legale, storica, morale, politica, e kavalleresca, divisa in dieci tomi. Il 1. De' quali*

tratta della nobiltà. 2. Dell'onore. 3. De' titoli. 4. Delle armi gentilizie. 5. Delle precedenze. 6.Delle ingiurie, e nemicizie private. 7. Delle mentite. 8. Del duello. 9. Della pace. 10. Dell'amicizia. Di Agostino Paradisi tomo primo [-quinto], in Venezia, appresso Antonio Bortoli, 1704-1713, 4 volumi, 2°. IT\ICCU\CFIE\003117. Capretti possiede solo due dei quattro volumi.

[358] Filosofia naturale Collegii Complutensis t. 2 Londra [Lione] Boissat 1668

L'opera (probabilmente un commento alla *Physica* di Aristotele) non è stata individuata. Si veda, però, la seguente proposta identificativa: Carmelitani Scalzi, Collegio Complutense di San Cirillo, *Collegii complutensis sancti Cyrilli discalceatorum. Disputationes in Arist. dialecticam & phylosophiam naturalem. Iuxta miram angelici doctoris d. Thomae doctrinam & eius scholam*, Lugduni, sumptibus Ioannis Antonii Huguetan & Guillelmi Barbier, 1668, 4 v., 2°. IT\ICCU\CAGE\019097.

[359] Thesaurus filosophiae moralis t. 1 Torino Zapatta 1670

Tesauro, Emanuele (1591-1677), *La filosofia morale deriuata dall'alto fonte del grande Aristotele Stagirita, dal conte, et caualier Gran Croce don Emanuele Tesauro*, in Torino, per Bartolomeo Zapata, 1670, [4] 532, 22, [2] p., [1] c. di tav., 2°. IT\ICCU\TO0E\032257.

[360] Spada Epiteti italiani t. 1 Bologna Benacci 1665

Spada, Giovanni Battista (domenicano, m. 1660), *Giardino de gli epiteti, traslati, et aggiunti poetici italiani del padre maestro f. Gio. Battista Spada di Firenzuola piacentino, dell'Ordine de' Predicatori, di nuouo ristampato, & corretto da un virtuoso*, in Bologna, per l'Erede di Vittorio Benacci, 1665, [36], 832 p., 2°. IT\ICCU\TO0E\026582.

[361] Aristotelis Opera omnia Greco t. 1 Basilea Io Beb. 1550

Aristoteles, *Aristotelous Hapanta. Aristotelis summi semper philosophi, et in quem unum uim suam uniuersam contulisse natura rerum uidetur, opera quaecumque hactenus extiterunt omnia. Per Des. Eras. Roterodamum*, Basileae, per Io. Beb. et Mich. Ising., 1550, 1 [16], 572 p., 2°. IT\ICCU\RMLE\009474.

[362] Vocabulario spagnuolo, ed italiano t. 2 Roma Ruffinelli 1620
Franciosini, Lorenzo (sec. XVII), *Vocabolario italiano, e spagnolo non più dato in luce. Nel quale con la facilità, e copia, che in altri manca, si dichiarano, e con proprietà conuertono tutte le voci toscane in castigliano, e le castigliane in toscano. Con le frasi, & alcuni prouerbi, che in ambe due le lingue giornalmente occorrono; con una chiara, e breue regola per leggere, e scriuere, & una succinta introduzione, con auuertimenti di molte cose notabili. Composto da Lorenzo Franciosini Fiorentino*, in Roma, a spese di Gio. Angelo Ruffinelli, & Angelo Manni, 1620, 2 v. ([8], 669; [8], 784 p.), 8°. IT\ICCU\UM1E\005699.

[363] Grammatica Spagnuola, ed Italiana t. 1 Ginevra Associati 1707
Franciosini, Lorenzo (sec. XVII), *Grammatica spagnuola, ed italiana, in questa nova e quinta impressione diligentemente corretta ed aumentata, come nella pagina seguente si vede; composta da Lorenzo Franciosini Fiorentino, dell'una, e dell'altra lingua professore in Siena*, in Genevra, appresso gli Associati, 1707, [16], 574, [2] p., 8°. IT\ICCU\RMSE\054033.

[364] Metamorfosi lirica d'Orazio t. 1 Bologna Longhi 1682
Horatius Flaccus, Quintus, *Metamorfosi lirica d'Oratio. Parafrasato, e moralizzato da Loreto Mattei*, in Bologna, per Gioseffo Longhi, 1682, [16], 362, [6] p., 8°. IT\ICCU\TO0E\042685.

[365] Bona espugnata del cavalier Con. Piazza t. 1 Parma Stampaeria Ducale 1694
Piazza, Vincenzo (1668-1745), *Bona espugnata poema del cavalier conte Vincenzio Piazza al serenissimo Cosimo terzo Granduca di Toscana. Coll'Allegoria estratta dal conte Marcantonio Ginanni. E cogli Argomenti del conte Fabbrizio Monsignani*, in Parma, nella Stampa di Corte di S.A.S., 1694, XVI, 303, [1] p., [14] c. di tav. ill., 8°. IT\ICCU\TO0E\002513.

[c. 7v]

[366] Georgi Hippoliti de Georgis Prolusio t. 1 Piacenza Zimbelli [Zambelli] 1688
Georgiis, Georgius Hippolytus de, *Georgii Hippolyti de Georgiis Prolusio et laureae serenissimo Raynutio 2. Parmae, Placentiae & c. Duci*, Placentiae, typis Zambelli, 1688, 184 p., 8°. IT\ICCU\MODE\029692.

[367] Pauli Manutii Epistolae t. 1 Brescia Turnini 1623
Manuzio, Paolo, *Paulli Manutii Epistolarum libri 12. Vno nuper addito eiusdem quæ præfationes appellantur*, Brixiæ apud Jacobum Turlinum, 1623, [16], 436 [i.e. 446], 107, [5] p. IT\ICCU\TO0E\019926.

[368] Bordonus De professione regulari t. 1 Milano Ghisolfi 1635
Bordoni, Francesco (1595-1671), *Tractatus de professione regulari ad leges iuris communis, & constitutiones summorum pontificum, praesertim Sixti 5. Gregorij 14. Clementis 8. & Vrbani item 8. Auctore p.f. Francisco Bordono ex Regularibus Tertij Ordinis*, Mediolani, ex typographia Philippi Ghisulphij, ad instan. Io. Baptistae Cerri, & Caroli Ferrandi, 1635, [24], 380, [4] p., 8°. IT\ICCU\CFIE\015637.

[369] Boccalini Ragualii di Parnasso proibito t. 1 Milano Lucarini 1614
Boccalini, Traiano, *De ragguagli di Parnaso di Traiano Boccalini*, in Milano, per l'herede di Pietro Martire Locarni & Gio. Battista Bidelli compagni, 1613-1614, 2 v., 8°. IT\ICCU\TO0E\008266. Capretti possiede solo un volume dei due.

[370] Cicerone Epistole Famigliari t. 1 Venezia Aldo 1545
Cicero, Marcus Tullius, *Le epistole famigliari di Cicerone, tradotte secondo i ueri sensi dell'auttore, et con figure proprie della lingua uolgare*, 1545, (in Vinegia, nelle case de figliuoli di Aldo, 1545), 333, [1] c., 8°. IT\ICCU\CNCE\012264.

[371] Homero Odisea Greco t. 1 Venezia
Potrebbe essere: Homerus, *L'Odissea d'Omero di Giuseppe Bossoli. Tomo primo [-terzo]*, Venezia, presso Antonio Zatta e figli, 1793-1794, 3 v., 8°. IT\ICCU\LO1E\003755 e IT\ICCU\USSE\000001.

[372] Lilii Gijraldi Dialogi duo de Poetis t. 1 Fiorenza 1551
Giraldi, Lilio Gregorio (1479-1552), *Dialogi duo de poëtis nostrorum temporum. Eiusdem epistola uersu conscripta, in qua agitur de incommodis, quae direptione urbana passus est. Eiusdem progymnasma & eiusdem quaedam carmina, & item quaedam Coelij Calcagnini*, Florentiae, 1551 (Lorenzo Torrentino), 187, [21] p., 8°. IT\ICCU\BVEE\013097.

[373] Doni, Mondi celesti, terrestri, ed infernali t. 1 Venezia Farri 1577
Altra edizione precedente di due anni: Doni, Anton Francesco, *Mondi celesti, terrestri, et infernali, de gli accademici pellegrini. Composti dal Doni; mondo piccolo, grande, misto, risibile, imaginato, de pazzi, et massimo. Inferno de gli scolari, de mal maritati, delle puttane, & ruffiani, soldati, & capitani poltroni, dottor cattiui, legisti, artisti, de gli vsurai, de poeti & compositori ignoranti*, in Venetia, appresso Domenico Farri, 1575, [16], 431, [1] p., 2 ritr., 8°. IT\ICCU\BVEE\018307.
L'intera produzione del Doni fu inserita nell'Indice dei libri proibiti stampato a Parma nel 1580 e in quelli romani redatti nel 1590 e del 1593, rimasti inediti. Altre opere del Doni (*Lettere*) furono invece incluse negli indici romani pubblicati nel 1559 e del 1564 (ILI X, p. 156). La censura austriaca nel 1776 vietò i suoi *Tre libri di pistolotti amorosi*[8].

[374] Salustio t. 1 Venezia Gregori 1523
Sallustius Crispus, Gaius, *Salustio con alcune altre belle cose, volgaregiato per Agostino Ortica della Porta genouese* (in Vinegia, per Gregorio di Gregori, 1523 del mese de decembrio), CXXVII, [1] c., 16°. IT\ICCU\BVEE\009386.

[375] Ovidio Epistole t. 1 Piacenza Ardizzoni 1641
Altra edizione: Ovidius Naso, Publius, *Heroidum epistolæ Pub. Ouidii Nasonis, et Auli Sabini ad earum aliquot responsiones; cum Guidonis Morilloni argumentis, ac scholiis. His accesserunt Ioan. Baptistæ Egnatij Obseruationes. Cum Henrici Farnesii Eburonis, de dignitate artis poeticæ elogio,* Placentiæ, apud

---

[8] Si veda il sito: www.univie.ac.at/censorship.

Ioannem Bazachium, 1609, 231, [1] p., 8°. IT\ICCU\TO0E\032835.
Le edizioni proibite di Ovidio sono elencate in ILI X, p. 308.

[376] Casilii Carmina pars prima t. 1 Napoli Lazzeri 1667
Casilio, Giovanni Battista (1596-1675), *Sacræ poeseos pars prima quæ continet Heroica carmina auctore p. Io. Baptista Casilio e Societate Iesu*, Neapoli, typis Hyacinthi Lazzari, 1667, [8], 404, [4] p., 8°. IT\ICCU\MILE\038699.

[377] Grisoni Ordini di cavalcare t. 1 Venezia Valgrisi 1552
Grisone, Federico (XVI sec.), *Ordini di caualcare, et modi di conoscere le nature de' caualli, emendare i vitij loro, et ammaestrargli per l'uso della guerra & commodità de gli huomini. Composti dal signor Federico Grisoni gentilhuomo napolitano*, in Venetia, appresso Vincenzo Valgrisi, nella bottega d'Erasmo, 1552, 238, [2] p. ill., 8°. IT\ICCU\TO0E\052033.

[378] Dionisio Libico De situ abitabilis orbis t. 1 Venezia 1543
Dionysius Periegetes, *Dionysius Lybicus poetae [poeta] De situ habitabilis orbis a Simone Lemnio poeta laureato nuper Latinus factus*, Venetiis (per Bartholomeum cognometo Imperatorem & Franciscum eius generum), 1543, [40] c., ill., 8°. IT\ICCU\BVEE\013287.

[379] Terenzo t. 1 Venezia Rizzardi [Bizzardi] 1611
Terentius Afer, Publius, *Terentius a M. Antonio Mureto, locis prope innumerabilibus emendatus. Eiusdem Mureti libellus annotationum in singulas comedias, quibus tum correctionum, magna ex parte, ratio redditur, tum loci obscuriores explicantur*, Venetiis, apud Georgium Bizzardum, 1611, [16], 175, [1] c., 8°. IT\ICCU\PUVE\021685.

[380] Satire dell'Ariosto proibito t. 1 Venezia Zoppini 1583
Sette libri di satire di Lodouico Ariosto. Hercole Bentiuogli. Luigi Alemanni. Pietro Nelli. Antonino Vinciguerra. Francesco Sansouino. E d'altri scrittori. Autori dell'opera. Con vn discorso in materia della satira. Di nuouo raccolti per Francesco Sansouino, in Venetia, appresso Fabio, & Agostin Zopini fratelli, 1583, [8], 206, [2] c., 8°. IT\ICCU\TO0E\019207. La proibizione venne in-

trodotta con l'Indice di Parma (ILI IX, p. 175) e di nuovo con l'Indice di Innocenzo XI nel 1681 (ILI XI, pp. 808-9).

[381] Cartas missivas Spagnuolo t. 1 Madrid Cuesta 1608
Altra edizione rispetto alla seguente: Peliger, Juan Vicente (documentato nel 1599), *Primera y segunda parte del estilo y metodo de escriuir cartas missiuas, y responder, como conuiene, a ellas en qualquier genero de conceptos, negocios, y ocasiones conforme a la nueua prematica de Castilla. Compuesto, y trazado por Iuan Vicente Peliger natural de la insigne y leal ciudad de Valencia de Aragon. Agora en esta vltima impression corregido, y emendado*, en Madrid, por Iuan de la Cuesta. A costa de Miguel de Siles, 1615, [16], 414, [2] p., 8°. IT\ICCU\BVEE\036352.

[382] Iuvenalis Satire t. 1 Venezia Pezzana 1707
Iuvenalis, Decimus Iunius, *Decii Junii Juvenalis et Auli Persii Satyrae, cum interpretatione, ac notis p. Josephi Juvencii è Societate Iesu*, Venetiis, apud Nicolaum Pezzana, 1707, 298, 93, [1] p., 12°. IT\ICCU\LIAE\019911.

[383] Sidronj Hosschii Elegie t. 1 Brescia Grimani
Hossche, Sidron (1596-1653), *Sidronii Hosschii e Societate Iesu Elegiarum libri sex. Item Guilielmi Becani ex eadem Societate Idyllia & Elegiae. Praemittitur Sidronij Hosschij vita, una cum illustrissimorum virorum poematibus in eius obitum scriptis iussu eminentissimi principis Fabij Chisij S.R.E. cardinalis, qui fuit Alexander 7. pont. max.*, Lugduni, & Brixiae, apud Dominicum Grumum, 1695, XX, 280 p., 12°. IT\ICCU\VEAE\001251.

[384] Lettere missive t. 1 Bologna Reccaldini 1673
Potrebbe essere (nonostante il diverso stampatore): Moscheni, Carlo (sec. XVII), *Lettere missiue, e responsiue delle bestie, con l'osseruationi sopra cadauna lettera. Publicate, e dedicate da Carlo Moscheni all'Vniuersità de Signori Curiosi*, in Bologna, per Giacomo Monti, 1673, 310 p., 12°. IT\ICCU\TSAE\016596.

[385] Il segretario francese del Conte Bussi t. 1 Milano Agnelli 1725
Altra edizione dello stesso stampatore: Bussy-Rabutin, Roger de (1618-1693), *Il segretario francese maestro dell'italiano, o sia raccolta di varie lettere del conte Bussy, ed altri. Tradotte dal francese in italiano da Michel'Angiolo Boccardi*, in Milano, nelle stampe di Francesco Agnelli, 1741, 12°. IT\ICCU\TO0E\046913.

[386] Guarini Pastor Fido t. 1 Venezia Pitteri 1711
Altra edizione (successiva) rispetto a: Guarini, Battista (1538-1612), *Il pastor fido, tragicomedia pastorale del signor cavalier Battista Guarini*, in Venezia, appresso Francesco Pitteri, 1740, 230 p., [1] c., 12°. IT\ICCU\FERE\000916.

[387] Flores illustrium poetarum t. 1 Venezia 1554
Mirandola, Ottaviano (documentato nel 1507), *Illustrium poetarum flores, per Octauianum Mirandulam collecti, & in locos communes digesti*, Venetiis, in Vico Sanctae Mariae formosae, ad signum Spei, 1554, [8], 264 c., 16°. IT\ICCU\PUVE\013237.

[388] Vida Opera t. 1 Londra [Lione] Griffi 1566
Altra edizione: Vida, Marco Girolamo, *Marci Hieronymi Vidae Opera. Quorum catalogom sequens pagella continet*, Antuerpiae, apud Philippum Nutium, 1566, 246 c., 12° lungo. IT\ICCU\LO1E\004354.

[389] Alfonso di Fonte Le sei Giornate t. 1 Venezia Farri 1567
Fuentes, Alonso de (n. 1515), *Le sei giornate del S. Alfonso di Fonte. Nelle quali oltre le materie di filosofia, s'ha piena cognitione delle scienze, astronomia, & astrologia: dell'anima, & della notomia del corpo humano. Nuouamente di lingua spagnuola tradotte dal S. Alfonso Vlloa*, in Vinegia, appresso Domenico Farri, 1567, [8], 128 c., 8°. IT\ICCU\BVEE\014600.

[390] Epistole d'Ovidio volgarizate da Remigio Fiorentini t. 1 Milano Bidelli 1620
Ovidius Naso, Publius, *Epistole d'Ovidio di Remigio Fiorentino divise in due libri*, Milano, appresso Gio. Battista Bidelli, 1620, 330 p., 8°.

IT\ICCU\LO1E\021457. Le edizioni proibite di Ovidio sono elencate in ILI X, p. 308.

[391] Proverbi in rima del Passetti t. 1 Ferrara Baldini 1610
Pasetti, Antonio Maria (sec. XVI), *Prouerbi notabili, sentenze graui, documenti morali, e detti singolari, & arguti; di diuersi auttori, antichi, & moderni. Raccolti, & accommodati in rime, da Antonio Maria Pasetti*, in Ferrara, per Vittorio Baldini, stampatore camerale, 1610, 585, [63] p., 12°. IT\ICCU\BVEE\037705.

[392] Muretti Orationes t. 1 Venezia Alberti 1586
Muret, Marc Antoine (1526-1585), *M. Antonii Mureti Orationes 23. Earum index statim post praefationem continetur. Eiusdem interpretatio quincti libri Ethicorum Aristotelis ad Nicomachum. Eiusdem hymni sacri, & alia quaedam poematia*, Venetiis, apud Ioan. Alberti, 1586, 3 v. ([8], 320; 56; [6], 37, [5] p.), 8°. IT\ICCU\BVEE\006633. Capretti possiede solo uno dei tre volumi.

[393] Crispi Salustii De coniuratione Catilinae t. 1 Venezia Aldi 1521
Sallustius Crispus, Gaius, *C. Crispi Sallustii De coniuratione Catilinae. Eiusdem De bello Iugurthino. Orationes quaedam ex libris Historiarum C. Crispi Sallustij. Eiusdem Oratio contra M. T. Ciceronem. M. T. Ciceronis Oratio contra C. Crispum Sallustium. Eiusdem Orationes quatuor contra Lucium Catilinam. Porcij Latronis Declamatio contra Lucium Catilinam*, (Venetiis, in aedibus Aldi, et Andreae soceri, mense Ianuario 1521), [8], 142, [2] c., 8°. IT\ICCU\UM1E\000026.

[394] Saggi poetici di Giulio Strozzi t. 1 Venezia Alberti 1621
Strozzi, Giulio (1583-1652), *I saggi poetici di Giulio Strozzi*, Venezia, per l'Alberti, 1621, 247 [i.e. 249, 3] p.; 142, [2] p., ill., 12°. IT\ICCU\RMRE\001146.

[395] Iustinus Istoria t. 1 Venezia Armani 1665
Iustinus, Marcus Iunianus, *Iustinus ex M. Zuerii Boxhornii recensione*, Venetiis, typis Francisci Armanis, 1665, 367, [5] p., 12°.
IT\ICCU\VIAE\002921.

[c. 8r]

[396] Eckii Enchiridion t. 1 Venezia 1535
Eck, Johann (1486-1543), *Enchiridion locorum communium Ioannis Eckii, aduersus Lutheranos. Ab authore iam quarto recognitum, & octo locis auctum, & a pluribus mendis calcographi emunctum. Accesserunt insuper non spernendæ additiones fratris Tilmani Coloniensis*, Venetiis (per Ioannem Patauinum & Venturinum de Ruffinellis), 1535, 167, [1] c., 16°.
IT\ICCU\BVEE\021682.

[397] Fasciculus Mijrhae de vita Christi t. 1 Venezia 1541
Flumaro, Vincenzo (m. 1571), *Fasciculus myrrhae in quo vita Christi secundum literam Noui Testamenti describitur, concordata cum figuris & prophetiis veteris instrumenti cum nonnullis expositionibus*, Venetiis, (per Ioannem Patauinum), 1541, 157, [1] c., 12°.

[398] Manuale Theologiae Dogmaticae t. 1 Parma Rosati 1716
Manuale theologiae dogmaticae, sive ad tritissimam in fidei controversiis interrogationem, ubi scriptum est Catholicorum vera, acatholicorum falsa responsio. Addità in hàc ultimà editione controversia praeliminari de indifferentia religionis, Parmae, ex typographia Joseph Rosati, 1716 (Roma, Bologna ed in Parma per Giuseppe Rosati, 1716), 24° lungo. IT\ICCU\TO0E\055088.

[399] [...] Flores legum t. 1 Venezia Millocchi 1630
Altra edizione (ma dello stesso stampatore): Thomasettis, Thomas de, *Flores legum cum suis exceptionibus & declarationibus ex varijs legibus, glossis, doctoribus collectis ab admodum reuerendo D. Thoma De Thomasettis I.V.D. & archipresb. Mestrense; et in hac impressione recogniti, & emendati*, Venetiis, apud Benedictum Milochum, 1675, [32], 276 p., 24° lungo.
IT\ICCU\AQ1E\002434.

[400] Exemplorum memorabilium, cum Ethicorum, tum Christianorum Eborensis t. 1 Venezia 1586
Rodrigues Eborense, André, *Sententiae, et exempla ex probatissimis quibusque scriptoribus collecta, et per locos communes digesta, per Andream Eborensem Lusitanum. Et ne oneroso volumine grauaretur lector, totum opus in duos diuisum est tomos: quorum alter sententias, alter exempla refert [tomus prior] [-posterior]*, Venetiis, 1586, 2 v., 16°. IT\ICCU\PARE\068508. Il secondo volume si intitola: *Exemplorum memorabilium cum ethnicorum, tum christianorum e quibusque probatissimis scrptoribus, per Andream Eborensem Lusitanum selectorum. Tomus posterior*, [64], 845, [3] p.

H n. 2

[401] D. Petri Grisologi t. 1 Parigi Caudire 1631
Petrus Chrysologus (santo), *D. Petri Chrysologi archiepiscopi Rauennatis, Sermones in Euangelia de Dominicis & festis aliquot solemnioribus totius anni, insignes & peruetusti, cum triplice indice, Euangeliorum & Epistolarum, locorum S. Scripturae, rerumque & verborum, in lucem editi*, Parisiis, apud Reginaldum Chaudière, via Iacobaea, sub scuto Florentiae, 1631, [32], 196, [i.e. 594], [14] p., 8°. IT\ICCU\UMCE\025209.

[402] Beati fra Alani Opera t. 1 Venezia Baglioni 1665
Alain de la Roche, *Beati f. Alani rediuiui rupensis Tractatus mirabilis. De ortu atque progressu psalterij Christi, et Mariæ, eiusque Confraternitatis. Auctore R.P. Ioanne Andrea Coppestein Mandalensi Ordini Prædicatorum. Opus vere aureum. In hac ultima impressione post chronologiam P. Angeli Florilli addita fuerunt aliqua exempla huius nostri sæculi*, Venetiis, apud Paulum Baleonium, 1665, [32], 591, [1] p., 8°. IT\ICCU\RMSE\005249.

[403] Sermoni di S. Giovanni Climaco t. 1 Milano Tini 1585
Ioannes Climacus (santo), *Sermoni di S. Giovanni Climaco abbate nel Monte Sinai, ne' quali discorrendosi per la scala di trenta gradi, s'insegna il modo di salire breuemente alla perfettione. Di nuouo ristampata & coretta*, in Milano, [Libreria della Sirena] apresso Francesco, & gli heredi di Simon Tini, 1585, [16], 431 [i.e. 435, 77] p., 8°. IT\ICCU\BVEE\004965.

[404] D. Iuliani Massilensis Episcopi Opera t. 1 Venezia Bosi 1696
Salvianus Massiliensis, *D. Salviani Massiliensis episcopi Opera. Cum ampliori eiusdem vita, & adnotationibus locorum difficilium, & singulorum librorum, necnon epistolarum argumentis, quibus additum fuit d. Vincentii Lirinensis commonitorium*, Venetiis, ex typographia Bosij, 1696, [12], 468 p., 8°. IT\ICCU\UM1E\000286.

[405] Compendium theologiae veritatis Beati Alberti Magni t. 1 Venezia Somaschi 1684 [1584]
Hugo Ripelinus Argentoratensis (ca.1200-1268), *Compendium theologicae veritatis, beati Alberti Magni Ratisponensis episcopi; ex ordine fratrum Praedicatorum assumpti. Septem libris digestum; cum centenario codice Alberti nomine sub sereniss. duce Venetiarum insignito collatum: & expurgatum. Cum scholijs vtilissimis. Per R.P.F. Seraphynum Caponi è Porrecta eiusdem ordinis sacrae theologiae magistrum editis. Indice quadruplici pro studiosis & praedicatoribus coornatum*, Venetijs, apud Ioannem Baptistam Somascum, 1584, [32], 547, [53] p., 8°. IT\ICCU\RMLE\000692.

[406] D. Bonaventurae Doctoris De via salutis t. 1 Gabrielli 1674
Potrebbe essere un'opera e un'edizione simile alla seguente: Bonaventura da Bagnorea (santo), *Diaeta salutis opusculum ex aureis S. Bonaventurae ordinis minorum s.r.e. cardinalis episcopi Albanensis eximi Ecclesiae Doctoris. Denuo impressum ad incitamentum pietatis,* Romae, ex typographia Hieronymi Mainardi, 1724, [8], 280 p., 8°. IT\ICCU\RLZE\034503.

[407] SS. Nili et Marci Abbatum Opera t. 1 Venezia 1557
Nilus (santo), *Praeclara Nili et Marci abbatum opera e Graeco in Latinum conuersa, Petro Francisco Zino Veronensi interprete,* Venetiis, [Giovanni Battista e Melchiorre Sessa], 1557, 76 c., 8°. IT\ICCU\RMLE\002309.

[408] D. Antonii de Padua Sermones t. 1 Venezia Bertani 1575
Diui Antonij de Padua minoritae, *Sermones super Euangelijs totius quadragesimae. Ad christianae pietatis augumentum utiles, & necessarij, multoque illustriores, & castigatiores redditi. Cum indice rerum memorabilium, ac sermonum,* Vene-

tijs, apud Ioan. Antonium Bertanum, 1575, [16], 365, [3] p., 8°. IT\ICCU\BVEE\019431.

[409] D. Dorothei Sermones t. 1 Cremona Genari 1595
Dorotheus Gazaeus, *Sancti Dorothei Sermones 21 quorum argumenta sequens sexta pagina indicabit. A Chrisostomo Calabro è Graeca in Latinam linguam translati, atque exactionis diligentia quam hactenus emendati*, Cremonae, [Barucino Zanni] apud Petrum Zennarium, 1595, 140 c., 8°. IT\ICCU\CFIE\000132.

[410] Paragrafi de salmi di Davidde t. 2 Urbino Fantuzzi 1727
Altra edizione: Lallemant, Jacques Philippe (1660-1748), *Breuissima parafrasi de' Salmi di Dauid interpretati seguitamente, con il loro senso proprio, e letterale, con l'argomento di ciaschedun Salmo. Parte prima [-seconda]*, in Urbino, nella stamperia della Venerabile Cappella de SS. Sagramento, 1747, 2 v., 12°. IT\ICCU\RMLE\034240.

[411] Ebornensis Sententiae, et exempla t. 1 Venezia Combi 1621
Rodrigues Eborense, André, *Sententiae, et exempla ex probatissimis scriptoribus collecta, & per locos communes digesta per Andream Eborensem Lusitanum, et in duos tomos redacta, quorum alter sententias, alter exempla refert. Anteriori editioni accesserunt Sententiae insignes comicorum quinquaginta Graecorum Latinè collectae, & alio volumine distinctae. Hac vero ultima, omnia summo studio renouata, & mendis expurgata*, Venetiis, apud Ioan. Baptistam Combum, 1621, 3 v., 12°. IT\ICCU\UMCE\013330. Capretti possiede solo uno dei tre volumi.

H n. 3

[412] Psalmi Davidis omnes in Carmen conversi t. 1 Antuerpia Plantini 1587
Dauidis regis et prophetae psalmi omnes, in carmen conuersi, per Iacobum Latonum, canonicum Louaniensem. Adiecta est ad finem eiusdem Dauidis super morte Saulis & Ionathae Trenodia, Antuerpiae, ex officina Christophori Plantin, architypographi regij, 1587, 276, [4] p., 8°. IT\ICCU\TO0E\036373.

[413] Dichiarazione litterale delli Inni t. 1 Venezia Occhi 1729
Magri, Domenico (1604-1672), *Dichiarazione letterale degl'inni secondo la correzione di Urbano ottavo. Opera di Domenico Magri maltese*, in Venezia, presso Domenico Occhi, in Merceria sotto l'Orologio, all'Unione, 1729, 8°. IT\ICCU\UMCE\019636.

[414] Unio Hermani t. 1 Londra [Lione] Vinghi 1531
Vnio Hermani Bodii in vnum corpus redacta, et diligenter recognita, (Lugduni, apud Petrum Vingleum, 1531 ad. VIII Eid. Maij), [16], 224 c., 8°. IT\ICCU\UM1E\027134.

[415] S. Diadochi de perfectione spirituale t. 1 Fiorenza Sermartelli 1573
Diadochus Photicensis (santo), *Sancti Diadochi episcopi Photices in vetere Epiro Illyrici capita centum de perfectione spirituali. Sancti Nili capita centum quinquaginta de oratione ad Deum. Francisco Turriano societatis Iesu interprete e Graeco, & prioris interpretationis correctore, collatis tribus per vetustis exemplaribus, et scholijs appositis*, Florentiae, apud Bartholomaeum Sermartellium, 1573, [16], 124, [4] p., 8°. IT\ICCU\RMLE\001743.

[416] Panigharola sopra i salmi t. 1 Venezia Zoppini 1586
Panigarola, Francesco (1548-1594), *Dichiaratione de i Salmi di Dauid, fatta dal reuer. padre frate Francesco Panigarola*, in Venetia, appresso Fabio & Agostin Zoppini, 1586, [8], 501, [3] p., 8°. IT\ICCU\LIAE\001600.

[417] Tauleri de Passione Christi t. 1 Colonia Quentel 1558
Altra edizione: Tauler, Johannes, *Ioannis Thauleri Exercitia de vita et passione saluatoris nostri Iesu Christi, pietati & deuotioni maxime inseruientia*, Coloniae, sumptibus Ioannis Crith, anno 1607, 462, [4] p., 12°. IT\ICCU\UMCE\012138.

[418] D. Augustini sermones t. 1 Venezia Meruli
Potrebbe essere: Augustinus, Aurelius (santo), *Opus, sermones omnes, tum de tempore, tum de sanctis complectens*, Venetiis, [s.n.], 1562, [498] c., 4°. IT\ICCU\CNCE\003423.

[419] Merlo Paradisus animae christianae proibito t. 1 Londra [Lione] Guillini 1678
Merler, Jacob (1597-1644), *Paradisus animæ christianæ, lectissimis omnigenæ pietatis delitiis amœnus. Studio et opera Jacobi Merlo Horstii. Editio altera longe auctior et c. legatior*, Lugduni, ex typographia P. Guillimin in vico Bellæ Corderiæ, anno 1678, 18°. IT\ICCU\TO0E\075733.

[420] D. Gertrudis exercitia t. 1 Palermo Martini [Marino] 1700
Gertrud die Grosse (santa), *S. Gertrudis Insinuationum diuinae pietatis exercitia pia & rara intimae deuotionis suauitate castam animam in Deum eleuantia*, Panormi, apud Felicem Marino, 1700, 323, [1] p., 12°. IT\ICCU\PALE\003569.

[421] D. Ignatii exercitia t. 1 Roma Coll. Societatis 1576
Ignacio de Loyola (santo), *Exercitia spiritualia Ignatij de Loyola*, Romae, in Collegio Societatis Iesu, 1576, 280, [8] p., 16°. IT\ICCU\BVEE\021487.

[c. 8v]

[422] Belloni iurium sententiae t. 1 Venezia Cassani 1550
Anche se il nome del tipografo non coincide (del resto Cassani era attivo a Modena), sembra di poter identificare il titolo con la seguente opera ed edizione: Bellon, Jean (documentato nel 1545), *Communes iurium sententiae. Quibus additae sunt contrariorum oppositiones & solutiones. Per Ioannem Bellonem Tolosatem. His nouissime accesserunt insigniores ueteris & noui testamenti loci. Omnia demum ab authore recognita & locupletata*, Venetiis, ex officina Erasmiana, Vincentii Valgrisii, (in aedibus Petri & Io. Mariae de Nicolinis de Sabio), 1550, 175, [1] p., 8°. IT\ICCU\BVEE\010782.

[423] B. Alberti Magni Paradisus animae t. 1 Bologna Ramondini
Albertus Magnus (santo), *Beati Alberti Magni Paradisus animae. De virtutibus, liber primus. Eiusdem De adhaerendo Deo, liber secundus. Ad veterum doctorum exemplaria emendatus, & nunc accurate restitutus*, Bononiae, ac Bassani, typis Io. Antonij Remondinj, 224, p., 16°. IT\ICCU\VIAE\004357.

[424] B. Alberto Magno Paradiso dell'anima in lingua spagnuola t. 1 Madrid Sanchez 1601
Altra edizione: *Opera spirituale di Alberto Magno intitolata Paradiso dell'anima. Tradotta in lingua toscana per Messer Frosino Lapini. Nuouamente stampata*, in Fiorenza, appresso i Giunti, 1556, [8], 112 c., 16°. IT\ICCU\RMLE\007974.

[425] Lessius de virtutibus Opus spirituale t. 1 Delinggae Lochner 1631
Altra edizione: Lessius, Leonardus (1554?-1623), *De iustitia et iure caeterisque virtutibus cardinalibus. Libri quatuor. Adsecundam secundae d. Thomae, a quaest. 47. vsque ad quaest. 171. Auctore Leonardo Lessio e societate Iesu. Editio tertia, auctior et castigatior*, Mediolani, apud haer. Petri Martyris Locarni & Io. Baptistam Bidellum socios, 1613, [10], 611, [56] p., 2°. [IT\ICCU\MILE\003338.

H n. 4

[426] D. Bonaventurae in secundo sententiarum t. 4 Venezia 1580
Bonaventura da Bagnorea (santo), *Diui Bonauenturae s.r.e. episcopi card. Albanensis doctorisque seraphici, ord. Minorum in primum [-quartum] librum Sententiarum elaborata dilucidatio. Collectis vniuersis prioribus editionibus; quidquidaut elegantiae, aut eruditionis in illis antea sparsim legebatur huic vni appositum est totum & longe copiosius, ac emendantius ita ut vix amplius sit, quod in tanto opere desiderari queat. Recognoscente r.p.m. Angelo Rocch. Augustiniano. Cum quintuplici indice*, Venetiis, [al segno della Concordia], 1580, 5 v., 8°. IT\ICCU\PBEE\009620.

I n. 1

[427] S. Maria Maddalena de Pazzi Avertim[enti] spir[ituali] t. 1 Parma Rosati 1690
L'opera di S. Maria Maddalena de' Pazzi fu stampata da vari editori, ma quella del parmigiano Rosati non è stata individuata, forse perché andarono perdute tutte le copie. Si veda comunque: *Avvertimenti, et avvisi dati da S. Maria Maddalena De Pazzi a diverse religiose, mentre visse, profittevoli ad*

ogn'anima, che desidera la perfezzione, e la propria salute. Con l'aggiunta di vari documenti sopra l'amor proprio, e regole di perfezzione date da Cristo alla santa, in Roma, per Gio Francesco Chracas, 1717, 198, [6] p., [1] c. di tav., antip. calcogr., 12°. IT\ICCU\RMSE\075907. Negli stessi anni S. Maria Maddalena de' Pazzi fu proclamata santa patrona di Parma e si stampò anche l'opera seguente: Vaghi, Carlo, *Detti, et auuertimenti morali, e spirituali di s.m. Maddalena de Pazzi fiorentina dell'Ordine carmelitano protettrice della città di Parma raccolti dalla vita scritta dal suo padre confessore, dal p.m.f. Carlo Vaghi confessore delle Monache bianche carmelitane di Reggio. Ad instanza, & utilità delle religiose nouizze*, in Parma, per Giuseppe dall'Oglio & Ippolito Rosati, 1688, 188, [4] p., 16°. IT\ICCU\CFIE\046593.

[428] Il direttore delle religiose t. 1 Roma Schei 1645
Direttore delle religiose, cauato dalle opere di monsignor Francesco di Sales, vescouo, e prencipe di Gineura, in Roma, a spese di Ermanno Scheus, all'insegna della Regina (per Lodovico Grignani), 1645, [12], 386, [10] p., 24° lungo. IT\ICCU\UM1E\024857.

[429] Scupoli Combattimento spirituale t. 2 Bologna Longhi
Scupoli, Lorenzo, *Combattimento spirituale del padre Lorenzo Scupoli chierico regolare*, in Bologna, per il Longhi, 2 v., 408 c., 24°. IT\ICCU\PBEE\002087.

[430] Hortulus Marianus t. 1 Colleg. Agripino 1630
Lacroix, François de, *Hortulus marianus, sive praxes variae colendi B.V. Mariam, auctore R.P. Fr. de la Croix Soc. Iesu,* Col[oniae] Agripp[inae], sumpt. Corn[elii] Egmondt et sociorum, 1630, [8], 11-326, [10] p., ill., 12°. IT\ICCU\TO0E\161173.

[431] Compendium cerimoniarum, et rituum t. 1 Parma [Bologna] Ferroni 1661 [1681]
Capelli, Francesco Maria (1612-1688), *Circulus Aureus seu Breue compendium caerimoniar. & rituum, quibus passim ad suas. & proximi vtilitates presbyteris vti contingit. A p.f. Franc. Mariade [!] Capellis a Bononia Ord. Min. Capuccinorum Concionat. Septima editio*, [Bologna], Venetijs, Parmae, & Bonon. typis Ferronij, 1661, 461, [11] p., [1] c. di tav. calcogr., 16°.

IT\ICCU\ANAE\037474. Su Giambattista Ferroni, attivo a Bologna fino al 1681, si veda Lasagni, *L'arte tipografica*, 2016, I v., p. 208.

[432] Martialis Carmina t. 1
Non individuata l'esatta edizione delle poesie dell'autore latino Marziale per mancanza di note tipografiche.

[433] Aqua di Nocera t. 1 Foligno Zenobi 1689
Camilli, Annibale (sec. XVI-XVII), *Del bagno di Nocera nell'Vmbria potentissimo alli morsi velenosi, detto Acqua santa, ouero Acqua bianca. Trattato vtilissimo doue si dichiara la miniera, la virtù, e l'vso di tal'acqua; con nuoua aggiunta, tanto di dett'acqua, quanto della terra, che nasce in detto monte. Consagrato all'eminentiss. e reuerendiss. sig. Card. Lorenzo Brancati di Lauria*, in Fuligno, nella Stamp. Episc. del S. Offitio, e Pub. di Gaet. Zenobj, 1689, 12, [2], 104 p., [1] c. di tav. ripieg. ill., 12°. IT\ICCU\BVEE\031288.

[434] Manacelli [Monacelli] Esercizi spirituali t. 1 Parma Monti 1710
Ipotizzando sia il nome dell'autore (Manacelli anziché Monacelli) che la data di stampa errati (1712 anziché 1710), il titolo potrebbe coincidere con: Diocesi di Parma, *Istruzzione per li dieci giorni d'esercizj spirituali. Parte prima [-seconda] esposta agli ordinandi da D. Francesco Monacelli vicario generale della città di Parma*, in Parma, per Paolo Monti, 1712, XXXIII, [1], 258, [6] p., ill., 12°. IT\ICCU\RMLE\055827.

[435] Della Lesina t. 1 Venezia Armani [Armanni] 1666
Della famosissima Compagnia della Lesina dialogo, capitoli, ragionamenti. Con l'assotigliamento in tredici punture della punta d'essa lesina. Alla quale s'e rifatto il manico in trenta modi, & dopo quelli in venti altri. Con la nuoua Aggiunta del modo di riceuer'i nouitij delle pene a' cattiui Lesinanti, di tre consulte delle matrone per entrar' in questa Compagnia. E degli auuertimenti sopra le malitie de' contadini. Post'insieme dall'Academico Speculatiuo, e raccolti dall'Economo della Spilorceria. Con la tauola delle cose più notabili, in Venetia, per l'Armanni, 1666, [12], 437, [7] p., 12°. IT\ICCU\VIAE\020089.

I n. 2

[436] Avvisi per cure d'anime t. 1 Venezia Cavalcalupo 1564
Diaz de Lugo, Juan Bernardo (m. 1556), *Auisi di coloro che hanno cura di anime. Del reuerendiss. s. don Giouan Bernardo Dias di Luco Opera utilissima, e pure hora recata da la lingua spagnola in questa nostra, da M. Giouan Tarcagnota*, in Venetia, appresso Gerolamo Caualcalupo, 1564, [8], 200 c., 16°.
IT\ICCU\UM1E\002188.

[437] Colombier Pinamonti Patrignani t. 1 Parma Dall'Oglio 1728
Verosimilmente si tratta di tre opere rilegate insieme del gesuita francese Claude de La Colombière (santo, 1641-1682) e dei gesuiti italiani Giovanni Pietro Pinamonti (1632-1703) e Giuseppe Antonio Patrignani (1659-1733).

[438] Franciotti Meditazioni t. 4 Venezia 1615
Potrebbe essere: *Delle pratiche di meditationi per auanti, e dopo la santissima Communione; sopra tutti i Vangeli dell'anno. Del p. Cesare Franciotti della Congregazione della Madre di Dio. Accresciute nuouamente dall'istesso di due parti. Diuise in sei parti*, in Venetia, presso Sebastiano Combi, 1615, 6 voll., 12°, ill. Capretti possiede solo quattro dei sei volumi.
IT\ICCU\CAGE\009502.

[439] Le sette trombe t. 1 Brescia Bazzola 1626
Altra edizione: Bartolomeo da Saluzzo, *Paradiso de' contemplatiui, doue si tratta per modo di dialogo delle virtù, & altre cose necessarie all'anima per la perfetta contemplazione, opera utilissima. Nuouamente composta, & data in luce dal r.p. Bartolomeo da Soluthio minor osseruante riformato*, in Roma e poi in Brescia, per il Bozzola, 1608, [24], 408, [24] p., 12°. IT\ICCU\PALE\000500.

[440] Vita di S. Giuseppe t. 1 Roma Mascardi 1640
Binet, Etienne (1569-1639), *Il ritratto de diuini fauori fatti a s. Giuseppe e della famiglia di Giesù Christo. Del padre Stefano Binetti. Tradotto dalla lingua francese nell'italiana dal sig. Alessandro Cenami*, in Roma, per Vitale Mascardi, ad instanza di Francesco Giuliani, 1640, [12], 179, [1] p., 12°.
IT\ICCU\CFIE\016218.

[441] Rime del Tasso t. 1 Venezia Vasalini 1586
Tasso, Torquato (1544-1595), *Delle rime, et prose del s. Torquato Tasso. Parte prima [- quinta, e sesta parte]*, in Venezia, appresso Giulio Vasalini, 1586, 2 v. ([48], 192; [12], 201, [3] p.), 12°. Capretti possiede solo uno dei due volumi. IT\ICCU\LO1E\000328.

I n. 3

[442] Finetto Meditazioni t. 1 Venezia Aertz 1687
Finetti, Bernardo (m. 1689), *Riflessi di spirito, meditationi, e trattenimenti spirituali d'vn anima, che ritirata dal mondo per dieci giorni nella solitudine delle sua camera, o del proprio cuore va cercando il suo Signore Iddio. Opera spirituale, e morale. Indirizzata ad vn'anima diuota dal P.D. Bernardo Fineti. Seconda edittione*, in Venetia, per Gio. Giacomo Hertz, 1687, [24], 454, [2] p., antip. calcogr., 12°. IT\ICCU\RAVE\018196.

[443] Bruno Meditazioni t. 4 Venezia Gioliti 1595
Bruno, Vincenzo (1532-1594), *Delle meditationi sopra i principali misterii della vita, et passione di Christo N. S. Parte prima [-seconda]. Con le figure, & profetie del vecchio Testamento, & con i documenti, che da ciascun passo dell'Euangelio si cauano. Raccolte da diuersi santi padri, & da altri deuoti autori per il padre Vincenzo Bruno, della Compagnia di Giesù. Di nuouo corrette, riordinate, & in quest'ultima impressione ampliate in molti luoghi*, in Venetia, appresso i Gioliti, 1595, 2 v. ill., 12°. IT\ICCU\CNCE\007733.

[444] Colombier Ritiramento spirituale t. 1 Venezia Poletti 1777 [1707]
Claude de La Colombière (santo), *Ritiramento spirituale del R.P. Claudio della Colombière della Compagnia di Gesù, ove sono notate le grazie, e lumi particolari, che Dio gli communicò ne' suoi esercizj spirituali nel tempo di trenta giorni, tradotto dal francese in lingua toscana da una persona divota cui sta a cuore la maggior gloria di Dio, e la salute delle anime*, in Venezia, presso Andrea Poletti, 1707, 12°. IT\ICCU\VIAE\037291.

[445] Conforto degl [de gli] afflitti t. I Venezia Imberti 1616
Non individuato. Si avanza l'ipotesi che possa trattarsi o dell'opera di Loarte, Gaspar de (1498-1588), *Conforto de gli afflitti, doue si tratta de i frutti, & rimedii delle tribulazioni. Composto nuouamente per il R.P. Gaspar Loarte, dottor theologo della Compagnia di Giesù*, Macerata, appresso Sebastiano Martellini, 1578, 282, [6] p., ill., 12°. IT\ICCU\RLZE\003761 e IT\ICCU\SIPE\024895; oppure della seguente opera (ma in altra edizione): Sellito, Agostino, *Conforto de' fedeli agonizanti, nel quale con pietose regole s'insegna il modo d'aiutare, e consolare gli christiani, che stanno per morire: composto dal r.p.f. Agostino Sellita d'Auersa. Aggiuntoui alcune proteste diuotissime di s. Carlo; e del p.f. Bartolameo da Salutio & altre diuote orationi*, in Venetia, appresso Ghirardo Imberti, 1621, [10], 242 [i.e. 238] p., 8°. IT\ICCU\UM1E\000346.

[446] Assedio, e liberazione di Viena t. 1 Parma Vigna 1683 [1685]
Lotti, Lotto (1667-1714), *Ch'n'hà ceruel hapa gamb; o sia la liberatione di Vienna assediata dall'armi ottomane poemetto giocoso di Lotto Lotti in lingua popolare bolognese*, in Parma, per gli heredi del Vigna, 1685, [16], 121, [7] p., 6 c. di tav., ill. calcogr., 8°. IT\ICCU\VEAE\001923.

[c. 9r]

[447] Lucii Flori rerum Romanarum t. 1 Venezia Poletti 1665
Altra edizione: Florius, Lucius Annaeus, *Lucii Annaei Flori Epitome rerum Romanarum*, Mannhemii, cura & sumptibus societatis litteratae, 1779, 239, [1] p., ill., 8°. IT\ICCU\VIAE\031838.

[448] S[ci]pione Rime t. 1 Milano Bidelli 1623
Cella, Scipione (n. 1540), *Rime, dell'eccellente dottore Scipione de' sig. della Cella, raccolte dopo sua morte; et hora con aggiunta ristampate con altre del sig. segretario Sessa, & vna difesa d'vn suo sonetto*, in Mil[ano], app. Gio. Batt. Bid[elli], 1623, [24], 252 [i.e. 152] p., 12°. IT\ICCU\LO1E\020841.

[449] Renati Rapini Honorum t. 1 Milano Malatesta 1723
Rapin, René (1621-1687), *Renati Rapini Societatis Jesu Hortorum libri quatuor. Nova editio Florum indicem Italis reddens e Gallico idiomate*, Mediolani, typis Josephi Pandulphi Malatestae, 1723, 12°. IT\ICCU\PARE\062798.
Gesuita francese, teologo, ebbe interdetta un'opera dalla congregazione del Sant'Ufficio nel 1681: ILI XI, p. 741: *Epistola pro pacando super regaliae negotio summo pontifice Innocentio XI ad eminentissimum cardinalem Alderanum Cibo pontifici status administrum*, s.l., 1680, in 8°.

[450] Plutarci Moralium pars secunda t. 1 Parigi Giuliani 1566
Plutarchus, Plutarchi Chaeronei, *Moralia opuscula, quotquot reperire licuit Latio donata*, Parisiis, apud Michaelem Iulianum, in clauso Brunello, sub stellae coronatae signo, 1566, 3 v., 8°. IT\ICCU\RMLE\009735. Capretti possiede solo uno dei tre volumi.

G n. 1

[451] Foresti Strada al santuario t. 1 Venezia Recurti 1712
Foresti, Antonio, *La strada al santuario mostrata a' cherici, i quali aspirano al sacerdozio, dal padre Antonio Foresti da Carpi della Compagnia di Gesù. Opera postuma*, in Venezia, appresso Gio. Battista Recurti in Marceria alla Religione, 1712, 12°. IT\ICCU\TO0E\150662.

[452] Nadasi Anni caelestis t. 4 Bologna Barbieri 1673
Nadasi, János, *R.p. Ioanni Nadasi Annus caelestis, Iesu regi, et Mariae reginae, sanctorum omnium sacer: ad suppeditandum quotidianis meditationibus, pijs desiderijs, et colloquijs, nouam in dies materiam, opportunus. Editio quinta, vtraque Viennensi, Bononiensi, & Coloniensi accuratior*, Bononiae, typis HH. Dominici Barberij, sumptibus Ludouici Gasparini bibliopolae, 1673, 4 v., 12°. IT\ICCU\CAGE\021019.

[453] Spinola Meditazioni t. 6 Genova Colla [Celle] 1668
Spinola, Fabio Ambrogio (1593-1671), *Delle meditationi sopra le feste di Nostra Signora, e de' santi principali di tutto l'anno distese dal padre Fabio Ambrosio Spinola della Compagnia di Giesù. Parte seconda. Con l'aggiunta di nuoue medita-*

tioni sopra altre feste de' santi, & vna nouena sopra l'apostolo dell'Indie S. Francesco Sauerio, in Genoua, per Benedetto Celle, 1668, [4], 235 [i.e. 335, 1] p., 12°. IT\ICCU\BA1E\003099.

[454] Confessioni di S. Agostino t. 1 Venezia Pezzana 1709
Augustinus, Aurelius (santo), *Confessioni di s. Agostino libri 10. Riuedute, e di nuouo ristampate ad istanza di molte persone religiose & con l'indice de' capitoli*, in Venetia, appresso Nicolò Pezzana, 1709, 429, [3] p., 18°. IT\ICCU\PALE\000451.

[455] Pensieri cristiani t. 1 Venezia Louisa 1723
La Rochefoucauld, François de (1613-1680), *Riflessioni, o sentenze, e massime morali del signor Della Rochefoucault, e di madama la marchese di Sable' con diversi pensieri, & altre massime cristiane tradotte dal linguaggio francese nell'italiano. Da Antonio Minunni e dedicate a sua eccellenza sig. Giovanni Priuli q.m Alessandro*, in Venetia, per Domenico Louisa, 12°. IT\ICCU\VIAE\021193. La scheda in ICCu segnala che l'edizione probabilmente fu stampata dopo il 1718, data che compare a c. 12r nel testo di approvazione dei Riformatori dello Studio di Padova. Quindi è possibile che l'anno 1723 riportato dall'inventario sia quello esatto.

[456] Diana Resolutiones casuum t. 1 Antuerpia Maursi [Marsilio] 1641
Diana, Antonino (1585-1663), *R.P.D. Antonini Diana Panormitani Practicae resolutiones lectissimorum casuum. Editio ultima quinta parte auctior. Cum indice etiam locupletiore*, Antuerpiæ, apud Ioannem Marsilium, 1641, 589 p., 24°. IT\ICCU\CFIE\019705.

[457] Quotidianae Ecclesiae militantis preces t. 2 Roma Rossi 1730
Altra edizione: *Quotidianae ecclesiae militantis ad triumphantem preces respondentes sanctorum imaginibus in autenticis Romae an. 1720*, Romae, typis Jo. Zempel, apud Montem Jord., 1741, 4 v. 24°. IT\ICCU\UM1E\026484.

[458] Vita del cardinal Bellarmino t. 1 Bologna Benazzi 1682
Marazzani, Francesco (1626-1690), *Ristretto della vita di Roberto Cardinal Bellarmino arciuescouo di Capua della Compagnia di Giesù. Dalle vite distese dalli padri Fuligati, e Bartoli estratto dal p. Francesco Marazzani tutti e tre della medesima Compagnia, e dedicato,* in Bologna, per l'herede del Benacci, [1682], 392, [16] p., 18°. IT\ICCU\TO0E\032450.

[459] S. Pietro dal Cantara Trattato dell'orazione t. 1 Brescia Turlini 1691
Altra edizione: Pedro de Alcántara (santo), *Trattato dell'oratione, e meditatione. Composto da S. Pietro d'Alcantara dell'ordine di S. Francesco de' Minori Osseruanti,* in Mondovì, per gl'heredi del Gislandi, 1691, 12°. IT\ICCU\TO0E\051393.

[460] Victoriae de praecipuis Ecclesiae tribulationibus t. 1 Antuerpia Steelsi 1545
Non individuato.

[461] Regola di S. Francesco t. 1 Venezia Giunti 1625
Non individuato.

[462] Ordine della messa francese, e latino t. 1 Parigi Sangravi
Non individuato.

G n. 2

[463] Segneri Manna dell'anima t. 13 Venezia Baseggio 1700
Segneri, Paolo (1624-1694), *La manna dell'anima, ouero Esercizio facile insieme, e fruttuoso per chi desideri in qualche modo di attendere all'orazione. Proposto da Paolo Segneri della Compagnia di Giesù, per tutti i giorni dell'anno,* in Venezia, presso Lorenzo Basegio, 1700, 12 v., 18°. IT\ICCU\UM1E\004434.

G n. 3

[464] Vite d'alcuni nobili convitori t. 1 Napoli Parnini [Parrino] 1700 [1720]
Patrignani, Giuseppe Antonio, *Vite d'alcuni nobili convittori stati, e morti nel seminario romano, segnalati in bontà, colla nota d'alcuni qualificati personaggi stati nel medesimo. Opera del p. Giuseppe Ant. Patrignani della Compagnia di Gesù con aggiunta del Ritiro d'un dì del mese. Tomo primo [-secondo]*, in Napoli, per Dom. Ant. e Nicola Parrino, 1720, 2 v., 12°. IT\ICCU\IEIE\007682.

[465] Meditazioni di varij autori t. 1 Venezia Recurti 1719
Motivi di amare Iddio spiegati in meditazioni estratte dalle opere di alquanti autori della Compagnia di Gesù, in Venezia, presso Gio. Battista Recurti, alla Religione, 1719, [12], 408 p., ill., antip. calc., 12°. IT\ICCU\RMSE\106748.

[466] Meditazioni di diversi dottori di S. Chiesa t. 3 Venezia Giolito 1586
Terza parte delle meditationi di diuersi dottori di S. Chiesa, nuouamente tradotte, e corrette dal R.P.F. Nicolò Aurisico Buonsigli. Di nuouo poste in luce. Et questo è il terzo Grado della Scala Spirituale, in Venetia, appresso i Gioliti, 1586, [24], 503, [1] p., 12°. IT\ICCU\BVEE\062718.

[467] Bruno Meditazioni t. 1 Venezia Gioliti 1586
Bruno, Vincenzo (1532-1594), *Meditationi sopra i misterii della passione et resurrettione di Christo N.S. con le figure, & profetie del vecchio Testamento, & con i documenti, che da ciascun passo dell'Euangelio si cauano. Raccolte da diuersi santi padri, & altri deuoti autori per il padre Vincenzo Bruno, sacerdote della Compagnia di Giesù*, in Venetia, appresso i Gioliti, 1586, [24], 591, [9] p. ill., 12°. IT\ICCU\BVEE\016691.

[468] Solliloqui di S. Agostino t. 1 Modena Capponi 1694
Augustinus, Aurelius (santo), *Meditazioni, soliloquij, e manuale del glorioso vesc., e dottore S. Agostino, con le Meditazioni di S. Anselmo vesc. Cantuariense, di S. Bernardo abbate, e dell'idiota sapiente. Tradotte dal latino in volgare da d. Maria Stella Scutellari monaca professa dell'ordine di S. Benedetto nel monastero di*

S. Alessandro di Parma per sua diuozione, e per vso dell'orazione, in Modana, per il Capponi, e Pont. St[ampatore] Ep[iscopale], [post 1694, data dell'*imprimatur*], [12], 595, [5] p., 12°. IT\ICCU\BVEE\079067.

[469] Thomas a Kempis t. 1 Venezia Pezzana 1726
De imitatione Christi libri quatuor. Auctore Thoma a Kempis canonico regulari ordinis S. Augustini, Venetiis, apud Pezzana, 1726, 396, [12] p., 24°. IT\ICCU\VEAE\009926.

[470] Arme dei sovrani t. 1 Napoli Bulifoni 1681
Finè de Brianville, Claude Oronce (m. 1675), *Giuoco d'arme dei sovrani, e degli Stati d'Europa. Per apprender l'arme, la geografia, e la storia loro curiosa. Di C. Oronce Fine, detto di Brianville. Tradotto dal francese in italiano, & accresciuto di molte notizie necessarie per la perfetta cognizion della storia da Bernardo Giustinian veneto*, in Napoli, presso Antonio Bulifon all'insegna della sirena, 1681, 16°. IT\ICCU\UBOE\030408.

[471] La vera Sapienza del Pinamonti t. 1 Parma Pescatori 1723
Altra edizione: Pinamonti, Giovanni Pietro (1632-1703), *La vera sapienza overo considerazioni utilissime all'acquisto del santo timor di Dio. Disposte per tutt'i giorni della settimana. Dal p. Gian. Pietro Pinamonti della Compagnia di Gesù*, in Roma, nella stamperia del Bernabò, 1725, 12° lungo. IT\ICCU\BVEE\093647.

[472] Dies sacra t. 1 Venezia Storti 1739
Potrebbe trattarsi di un'altra edizione rispetto alla seguente: Scotti, Giovanni (1681-1755, gesuita), *Dies sacra per loca sacrae Scripturae progrediens, auctore Joanne Scotti, Societatis Jesu*, Bononiae, typis Laelii a Vulpe, 1753, 215, [1] p., 12°. IT\ICCU\PARE\056519.

[473] Dialogi tres annonimi t. 1 Modona Cassiani 1692
Bacchini, Benedetto, *Anonymi dialogi tres 1. De costantia in aduersis. 2. De dignitate tuenda. 3. De amore erga rempublicam. Edidit e priuatis schedis Iacobus Cantellus*, Mutinae, typis haeredum Cassiani impr[ressoris] ep[iscopalis], 1692, 158, [10] p., 24°. IT\ICCU\MILE\024496.

[c. 9v]

[474] Vita di Giovanni Bergumans t. 1 Bologna Benazzi 1724
Cepari, Virgilio (1564-1631), *Vita di Giovanni Berchmans fiammingo religioso della Compagnia di Gesù descritta dal p. Virgilio Cepari della medesima Compagnia*, in Bologna, per il Sassi success. del Benacci, 1724, 12°. IT\ICCU\LO1E\034312.

G n. 4

[475] Les grandes Veritez de la religion t. 3 a Taulouse [Toulouse] Bondé [Boudé] 1704
Barrière, Jean François, *Les grandes veritez de la religion; pour purifier le chretien, le conformera a Jesus-Christ, et l'vnira a Dieu. Diuisé en trois parties. Par le R. P. Francois Barrière, de la Compagnie de Jesus. Tome 3*, à Toulouse, chez la veuve de J. J. Boudé, imprimeur & libraire, à la Porterie, 1704, 12°. IT\ICCU\BVEE\058775.

[476] Duhan Philosophus t. 1 Parigi Società 1728
Duhan, Laurent (1656 ca.-1726), *Philosophus in utramque partem, sive selectæ et limatæ difficultates in utramque partem, cum responsionibus, ad usum scholæ, circa celebres universæ philosophiæ controversias. Authore Laurentio Duhan. Editio nova, auctior & dilucidior*, Parisiis, sumptibus Societatis, 1728, [8], XLVIII, 464 p., 12°. IT\ICCU\TO0E\151785.

[477] La maniera di pensare t. 1 Lione Baritel 1701
Bouhours, Dominique (1628-1702), *La manière de bien penser dans les ouvrages d'esprit. Dialogues. Nouvelle edition*, à Lyon, chez Hilaire Baritel, rue Mercière à la Constance, 1701, [12], 545, [31] p., 12°. IT\ICCU\CFIE\003958.

[478] Confessioni di S. Agostino t. 1 Parigi Coignard 1687
Augustinus, Aurelius (santo), *Sancti Aurelij Augustini, Hipponensis episcopi Confessionum libri 13. Emendatissimi, et notis illustrati; cum novis in singula capita argumentis*, Parisis, typis et sumptibus Joannis Baptistae Coignard, re-

gis typographi ac bibliopolae ordinarii, via Jacobaea sub bibliis aureis, 1687, [12], 428, [32] p., 12°. IT\ICCU\RMSE\083542.

[479] Istoria della Villa di Genova [Ginevra] t. 1 Lione Amaulrij 1680
Spon, Jacques, *Histoire de la ville et de l'Estat de Genève. Depuis les premièrs siècles de la fondation de la ville jusqu'à present: tirée fidellement des manuscrits, par Iac. Spon. Tome 1 [-2]*, à Lyon, chez Thomas Amaulry, libraire, rue Mercière à la Victoire, 1680, 2 v., ill., 8°. IT\ICCU\BVEE\041624.

[480] Vita de Santi d'ogni mese t. 2 Bologna Pisari 1711
Filippini di Bologna, *Raccolta delle vite de' santi, che si dispensano per avvocati, e protettori in ciascun mese dell'anno a' fratelli dell'oratorio di S. Filippo Neri di Bologna, con la direzzione per immitare le loro virtù. Industria spirituale de' padri della congregazione del medesimo oratorio. Quinta impressione*, in Bologna, per Costantino Pisarri all'insegna di S. Michele, 1711, 2 v., 8°. IT\ICCU\PBEE\010051.

G n. 5

[481] Retrajte spirituelle de trois jours t. 1 Lione Plaignard 1732
Martel, Gabriel, *Retraite spirituelle de trois jours, pour servir de préparation au renouvellement des vœux par le R.P. Gabriel Martel*, à Lyon, chez Claude Plaignard, rue Mercière, au grand Hercule, 1732, 12°. IT\ICCU\TO0E\079287.

[482] Lettere di S. Francesco di Sales t. 3 Padova Manfré 1709
François de Sales, *Lettere spirituali di S. Francesco di Sales vescovo, principe di Geneva, fondatore dell'Ordine della visitazione di s. Maria, tradotte dal francese nell'italiano da un suo divoto*, Padova, nella stamperia del seminario, appresso Giovanni Manfré, 1709, 3 v., 12°. IT\ICCU\CFIE\019193.

[483] Rogazi l'ottimo stato t. 1 Venezia Recurti 1725
Rogacci, Benedetto (1646-1719), *L'ottimo stato. Opera postuma del padre Benedetto Rogacci della Compagnia di Gesù*, in Venezia, appresso Gio. Battista Recurti, 1725, lx, 443, [1] p., 12°. IT\ICCU\CFIE\018490.

[484] Princeps judicum principum t. 1 Salmantico [sic] Tabernierli 1628
Home de Abreu, Francisco, *Cholobulemanaction idest, Præceps iudicium principum. Auctore Francisco Homine Abraeo sacrum D.D. Francisco Mellio, principum non præcipitum soboli*, Salmanticæ, apud Hyacinthum Taberniel, 1628, [16], 328 p., ill., 8°. IT\ICCU\NAPE\024522.

[485] Il maestro italiano t. 1 Venezia Baseggio 1702
Veneroni, Giovanni (1642-1708), *Il maestro italiano che contiene quanto si ricerca per imparare facilmente, & in poco tempo à parlare, leggere, e scrivere in italiano. Dal signor Veneroni. Riveduto, corretto, & accresciuto da un maestro francese co i pareri di piu autori. Da D. Lodovico dalla Spina*, in Venezia, presso Lorenzo Basegio, 1702, [12], 468 p., 12°. IT\ICCU\UM1E\026819.

[486] Le Faut mourir, et les exases inutiles t. 1 Lione Mathevet 1666
Jacques, Jacques (documentato nel 1655), *Le medecin liberal, qui donne, gratis, des remedes salutaires contre les frayeurs de la mort. Troisième partie, & suite du Faut-mourir. Par M. Iacques Iacques, chanoine honoraire en l'église metropolitaine de Nostre-Dame d'Ambrun*, à Lyon, chez Charles Mathevet, rue Mercière, à S. Thomas d'Aquin, 1666, [12], 215, [1] p., 12°. IT\ICCU\TO0E\134226.

[487] Il segretario della corte t. 1 Lione Bisson [Besson] 1713
Puget de la Serre, Jean, *Le secretaire de la cour ou la maniere d'écrire selon le temps. Augmenté des complimens de la langue françoise, inscriptions des lettres, et de la doctrine amoureuse. Dedié a mr. De Malherbe par Mr. De Serre*, à Lyon, chez Antoine Besson, rue Tupin proche l'empereur, 1713, 390, [14] p. 12°. IT\ICCU\TO0E\137017. Furono stampate anche edizioni in italiano.

[488] Biel Expositio Canonis Missae t. 1 Venezia Sessa 1567
Biel, Gabriel (1495 m.), *Sacrosancti canonis missæ expositio pia, et catholica, a doctissimo viro m. Gabriele Biel in epitomen contracta. Ac recens explosis mendis enchiridii forma edita*, Venetiis, apud hæredes Melchioris Sessæ, 1567, 130, [2] c., 12°. IT\ICCU\CNCE\006027.

[489] Il fondamento della vita cristiana di s. Ignatio t. 1 Parma Rosati 1712
Potrebbe trattarsi di un'opera di S. Ignazio di Loyola.

G n. 6

[490] Panegirici francesi manca il terzo t. 4 Lione Plaignard 1762
Opera ed edizione non individuate. Si vedano però le seguenti opere (ma nessuna risulta edita in quattro volumi): Masson, Claude, *Panegyriques des saints, preschez par le r.p. Cl. Masson, prêtre de l'oratoire de Jesus. Tome premier [-second]*, à Lyon, chez Leonard Plaignard, rue Mercière, au grand Hercule, 1694, 2 v., 8°; Bourée, Edme-Bernard (sec. XVIII), *Nouveaux panegyriques des saints, diverses autres pièces, et quelques conferences ecclesiastiques, préchés par le R.P. Edme Bernard Bourée*, à Lyon, chez Leonard Plaignard, 1707, 12°.

[491] Relazione istorica t. 1 Cologna Martau 1723
Bertrand, Jean-Baptiste, *Relation historique de tout ce qui s'est passé à Marseille pendant la dernière peste,* Cologne, chez Pierre Marteau, imprimeur-libraire, 1723, [16], 472 p., 12°. IT\ICCU\RT1E\008352.

[492] Meditazioni di S. Tommaso d'Aquino t. 1 Venezia Recurti 1722
Massoulié, Antonin, *Meditazioni cavate dall'angelica dottrina di san Tommaso sopra le tre vie purgativa, illuminativa ed unitiva per gli esercizj di dieci giorni con la sua pratica, o sia Trattato, nel quale si spiegano in particolare gli atti delle principali virtù. Del p. Antonino Massoulie dell'Ordine de' Predicatori. Trasportato dalla lingua francese nella italiana da una persona divota di s. Caterina da Siena. Terza edizione*, in Venezia, presso Gio. Battista Recurti, 1722, [32], 496 p., 12°. IT\ICCU\TO0E\148053.

[493] Croiset Orazioni cristiane t. 1 Venezia Billoni [Baglioni] 1740
Croiset, Jean (1656-1738), *Orazioni cristiane, ovvero tutti gli esercizj ordinarj del cristiano, con un ristretto di sua fede. Del rev. padre Giovanni Croiset della Compagnia di Gesù. Traduzione dal francese di Selvaggio Canturani*, Venezia,

nella stamperia Baglioni, 1740, xxiii, [1], 587, [1] p., ill. calcogr., 12° lungo. IT\ICCU\RAVE\032988.

[494] Aurelii Sijmmaco Epistolae t. 1 London Wingendorp 1653
Quintus Aurelius Symmăchus (340 ca - 402/403), *Q. Aureli Symmachi v.c.p.u. & cos. ord. Epistolarum libri decem cum Ambrosii nonnullis*, Lugd. Batauorum, imprimi fecit Gerhard Wingendorp, 1653 (excudebat Seuerynus Matthæi), [10], p. 19-461, [3] p., 12°. IT\ICCU\LO1E\022318

H n. 1

[495] D. Hieronimij Epistolae selectae t. 1 Parigi Nivelli 1502
Altra edizione, ma presso lo stesso stampatore: Hieronymus (santo), *D. Hieronymi Stridoniensis Epistolae selectae, & in libros tres distributae, opera D. Petri Canisij. Nunc denuo ad exemplar Mariani Victorij emendatae*, Pariis, apud Sebastianum Niuellium, 1588, [16], 417, [49] c., 16°. IT\ICCU\CERE\035505.

[496] Lactantii Firmiani t. 1 Londra [Lione] Tornesij 1569
Edizione molto vicina a: Lactantius, Lucius Caecilius Firmianus, *L. Coelii Lactantii Firmiani Diuinarum institutionum lib. 8. De ira Dei liber 1. De opificio Dei liber 1. Epitome in libros suos, liber acephalos. Carmen de phœnice. Carmen resurrectione dominica. Carmen de passione Domini. Omnia ex fide & authoritate lib. ovum manuscriptorum emendata*, Lugduni, apud Ioannem Tornæsium, typog. regium, 1567, 785, [47] p., 16°. IT\ICCU\LI3E\000161.

[497] Opuscula aurea Thomae a Kempis t. 1 Venezia Giunti 1576
Thomas a Kempis, *Opuscula aurea, vereque lucidissima, venerabilis Thomæ de Kempis, canonici regularis. In quibus suauissimi flores, vberrimique virtutum fructus, ad cœnobiticam praesertim vitam mirum in modum conducentes, cumulatissimè excipiuntur. Quibus D. Vincentij Prædicatorum ordinis, De spirituali vita pientissimum opus nuper accessit*, Venetiis, apud Iuntas, (excudebat Petrus Dehuchinus, sumptibus dictorum de Iuntis), 1576, 360, [8] c., 12°. IT\ICCU\BVEE\016895.

[498] Opera di S. Antonio arcivescovo fiorentino t. 1 Venezia Cavalcalupo 1564

Antonino (santo), *Opera di santo Antonio arciuescovo fiorentino, de lui medesimo composta in vulgare, vtilissima, et necessaria alla instruttione de'sacerdoti, et di qualunque altra persona, la quale sia desiderosa saper uiuere christianamente. Et il modo di confessarsi bene di tutti i suoi peccati. Con vna brieue instruttione per gli sacerdoti curati. Tutta di nuovo riformata*, in Venetia, per Gerolamo Caualcalupo, 1564, 169, [13] c., 16°. IT\ICCU\CNCE\002061.

[499] De poenitentia, et confessione secreta t. 1 Venezia 1535

Eck, Johann (1486-1543), *De poenitentia et confessione secreta semper in ecclesia Dei obseruata. Libri 2. De satisfactione, & aliis pœnitentiæ annexis, contra Lutherum. Liber vnus. Ioanne Eckio authore*, Venetiis, [Giovanni Padovano], (per Ioannem Patauinum, & Venturinum de Ruffinellis), 1535, 133, [3] c., 16°. IT\ICCU\BVEE\021679.

[c. 10r]

[500] Niremberghi Bilancia del tempo t. 1 Venezia Millochi 1683

Nieremberg, Juan Eusebio, *La differenza fra il temporale, e l'eterno. Opera del padre Gio. Eusebio Nieremberg della Compagnia di Giesù. Trasportata dalla lingua spagnuola alla italiana da un religioso della medesima compagnia*, in Venetia, per Benedetto Milocho, 1683, 12°. IT\ICCU\LIAE\003860. La variante del titolo è *Bilancia del tempo, e dell'eternità*.

[501] Rime di Antonio Ongaro t. 1 Bologna Tebaldini 1644

Ongaro, Antonio (ca. 1569-1599), *Rime di Antonio Ongaro l'Affidato Accademico Illuminato. Di nuouo corrette, & accresciute, e diuise in prima, seconda, e terza parte*, in Bologna, per Nicolò Tebaldini ad inst[anza] degli h[eredi] di Eu. Dozza, 1644, 3 v. in 1 v. ([16], 187, [1]), 16°. IT\ICCU\UM1E\011862.

I n. 4

[502] Boccalini Paragone t. 1 Cosmopoli Last. 1667
Boccalini, Traiano, *Pietra del paragone politico di Traiano Boccalini con una nuova aggiunta dell'istesso*, in Cosmopoli [Leida], per Cornelio Last, 1667, 24°. IT\ICCU\TO0E\007625. Stampa alla macchia.

[503] Verep[a]eus Pr[a]edicationum Enchiridium t. 1 Antuerpiae Belleri 1598
Verepaeus, Simon (1522-1598), *Catholicum precationum selectissimarum Enchiridion. Ex Sanctorum Patrum et illustrium tum veterum tum recentim auctorum scriptis, & precationum libellis concinnatum: per m. Simonem Verepaeum. Editio ultima, & superioribus castigatior, & auctior*, Antuerpiae, ex officina Ioan. Belleri, apud viduam sub aquila aurea, (typis Danielis Veruliet), 1598, 48, 471, 9 p., ill., 12°. IT\ICCU\PUVE\009618.

[504] Tractatus mysteriorum Missae t. 1 Londra [Lione] Frelloni 1546
Titelmans, Franz (1502-1537), *Tractatus mysteriorum missae, cum duplici canonis expositione. Meditationes pro cordis in Deo stabilitione, Francisci Titelmanni*, Lugduni, sub Scuto Coloniensi (excudebant Ioannes & Franciscus Frellonii fratres), 1546, 270, [10] p., 16°. IT\ICCU\CFIE\016089.

[505] Gualdi La guida dell'anima t. 1 Reggio Vedrotti 1724
Non individuato. Diversi autori pubblicarono un'opera con questo titolo: Di Stefano, Angelo Maria Gabriele; il frate minore Palma, Gioacchino; Aresi, Paolo; Fontana, Alberto (sec. XVII).

[506] Novene diverse t. 1 Venezia Lavisa [Lovisa] 1772
Opera d'argomento religioso stampata da Domenico Lovisa, ma non individuata.

[507] Ritiramento spirituale d'ogni mese t. 1 Bologna Pissari 1772
Vari autori composero un'opera con questo titolo. Si vedano per esempio gli item 444, 578, 607.

[508] Segreti universali t. 1 Venezia Bariletti 1559
Altra edizione: Rossello, Timotheo (sec. XVI?), *Della summa de' secreti vniuersali in ogni materia parte prima [-seconda] di don Timotheo Rossello, sì per huomini & donne, di alto ingegno, come ancora per medici, & ogni sorte di artefici industriosi, & a ogni persona virtuosa accomodare*, in Vinegia, per Giouanni Bariletto, 1561, 2 v., 8°. IT\ICCU\CNCE\030767.

[509] Amorosi stimoli dell'anima t. 1 Venezia Alberti 1769
Altra edizione: Moro, Maurizio (secc. XVI-XVII), *Amorosi stimoli dell'anima penitente, del R. P. D. Mauritio Moro tragiche querele, rime sacre, & varie. Dedicati all'illustriss. Gio. Boschiart*, in Venetia, presso Giouanni Alberti, ad istantia di Santo Grillo, & fratelli, 1609, 12°. IT\ICCU\BVEE\039418.

[510] Dogmi del Mazzarino t. 1 Colonia Scelliba [Seliba] 1698
Epilogo de' dogmi politici secondo i dettami rimastine dal cardinal Mazzarino dal latino nell'italiano idioma ultimamente trasportati, in Colonia, per Gio. Seliba [i.e. Napoli s.n.], 1698, 162, [6] p., 12°. IT\ICCU\NAPE\004972. Esempio di stampa alla macchia (Colonia anziché Napoli; falso stampatore).

[511] Della grazia e del peccato t. 1 Colonia 1691
Dezza, Massimiliano (1628-1704), *Frutti della divina gratia cioè considerationi e discorsi sopra la gravità del peccato mortale, e sopra la stima dell'amicitia di Dio opera del padre Massimiliano Deza Lucchese*, Colonia, a spese di Girolamo Albrizzi, 1691, [24], 570, [6] p., 12°. IT\ICCU\FOGE\033817.

I n. 5

[512] Officium Divinum tremestri 4 Torino, Stamperia Reale 1764
Chiesa cattolica, *Breviarium Romanum ex decreto sacrosancti concilii Tridentini restitutum S. Pii 5. pontificis maximi jussu editum, Clementis 8. et Urbani 8. auctoritate recognitum, in quo officia novissima sanctorum accurate sunt disposita, in quatuor anni tempora divisum. Pars hiemalis [-autumnalis]*, Taurini, ex typographia regia, 1764, 4 v., 12°. IT\ICCU\RAVE\075004.

[513] Carmina Ermani t. 1 Milano Caroli 1712
Hugo, Herman (1588-1629), *Pia desideria auctore Hermanno Hugone societatis Iesu*, Mediolani, ex typographia Caroli Iosephi Quinti, 1712, 135 [1] p. ill., 12°. IT\ICCU\VIAE\042911.

[514] Tumulto di Napoli t. 1 Ferrara 1647
Opera simile a: De Santis, Tommaso, *Historia del tumulto di Napoli parte prima. Di Tommaso De Santis nella quale si contengono tutte le cose occorse nella città, e Regno di Napoli, dal principio del gouerno del Duca d'Arcos, fin'il dì 6 d'aprile 1648. Alla maestà cattolica di Filippo 4.*, Leyden, nella stamparia d'Elseuir, 1652, [4], 469 [i. e.: 467, 1] p., 4°. IT\ICCU\SBLE\017589.

[515] Castor Durante t. 1 Trevigi Daponte 1653
Durante, Castore, *Il tesoro della sanità di Castor Durante di Gualdo, medico & cittadino romano. Nel quale s'insegna il modo di conseruar la sanità, & prolongar la vita, & si tratta della natura de' cibi et de' rimedij de' nocumenti loro*, in Treuigi, appresso Simon da Ponte, 1653, [16], 330 [i.e. 320] p., 16°. IT\ICCU\UFIE\001619.

I n. 6

[516] Languet Trattato della confidenza in Dio t. 1 Venezia Recurti 1739
Languet, Jean Joseph, *Trattato della confidenza nella misericordia di Dio per consolazione di quelli, che sono disanimati dal timore. Accresciuto d'un'altro trattato della falsa felicità delle persone del mondo, e della vera felicità della vita cristiana. Opera di monsignor Gio. Giuseppe Languet vescovo di Soissons. Tradotta dalla lingua francese nella italiana*, in Venezia, presso Gio. Battista Recurti, 1739, 12°. IT\ICCU\CFIE\015730.

[517] Diotallevi Beneficenza in Dio t. 1 Milano Agnelli 1724
Edizione vicina a: Diotallevi, Alessandro (1647-1722), *La beneficenza di Dio verso degli uomini, e l'ingratitudine degli uomini verso Dio. Considerazioni del padre Alessandro Diotallevi*, in Milano, nelle stampe di Francesco Agnelli, 1725, 11 c., [14], 477 p., 12°. IT\ICCU\LO1E\005885.

[518] Muratori Esercizi spirituali t. 1 Venezia Recurti 1741
Altra edizione: Segneri, Paolo (1673-1713), *Esercizi spirituali esposti secondo il metodo del padre Paolo Segneri juniore della Compagnia di Gesù da Lodovico Antonio Muratori bibliotecario del serenissimo signor duca di Modena*, in Venezia, presso Gio. Batista Recurti, 1723, [24], 492 p., 12°. IT\ICCU\PUVE\009770.

[519] Barbieri Considerazioni t. 2 Venezia Storti 1739
Barbieri, Giuseppe Filiberto, *Considerazioni sopra alcune verità principali della nostra santa fede, e discorsi spettanti alle stesse composti, e detti in Bologna nella chiesa di S. Lucia dal padre Giuseppe Filiberto Barbieri Parte Prima [-seconda]. Accresciuta in questa seconda edizione di altre considerazioni, e discorsi*, in Venezia, presso Francesco Storti in merceria all'insegna della fortezza, 1739, 2 v., 12°. IT\ICCU\PALE\002593.

[520] Instruzione alle monache t. 1 Venezia Corona 1741
Altra edizione: Pietro Antonio di Venezia (1655-1728), *Facile direttorio ovvero Compendiosa istruzione alle monache per ben confessarsi. Con un trattato, che dimostra sino ove s'estendi l'autorità delle badesse, o priore sopra le loro suddite; opera del p. Pietr'Antonio di Venezia minorita riformato*, in Venezia, per Giuseppe Corona, 1723, 12°. IT\ICCU\TO0E\104266.

[521] Idiota sapiens t.1 Londra [Lione] Ceurrillij 1632
Raynaud, Theophile (gesuita), *Idiota sapiens; antehac truncus, nunc integer. Ex m.s. cod. Lugd. Theophilus Raynaudus magnam partem nunc primùm edit*, Lugduni, sumptibus Vincentii de Coeurssillys, vico Tupino sub flore Lilij, 1632, [32], 566, [18], 69 [i.e.71], [5] p., antip., 32°. IT\ICCU\TO0E\039970.

[522] Vita spirituale t. 1 Parma Vigna 1663
Opera non individuata in Lasagni 2016, II, pp. 1056-1058, ma lo stesso Lasagni ci suggerisce l'identificazione con: Mattia da Parma, *Viaggio dell'anima per andare a Dio guidato dalla diuina volonta, e vita spirituale. Di nuouo ristampata*, in Parma, per il Vigna, 1658, [12], 408, [1] p., p. 409-595, [3] p., 12°. IT\ICCU\RAVE\029555.

[523] Vademecum sive viatoris cristiani Raphael t. 1 Vienna Cosmerori 1671
Edizione simile a: Christianus, Tobias, *Vade Mecum Sive Viatoris Christiani Raphael. Suggerens Documentorum Moralium Numerum triginta trium trigesies ter acceptum, ad honorem trium Christi Viatoris annorum. In Usum Viatorum, & aliorum, quibus plenioribus uti libris minùs licet, aut minùs libet*, Molshemii Straubhaar, 1670 (edizione individuata nel catalogo della Bayerische Staatsbibliothek).

[524] Catullus Tibullus Propertius t. 1 Londra [Lione] Griffi 1548
Catullus, Gaius Valerius, *Catullus. Tibullus. Propertius. His accesserunt Corn. Galli fragmenta*, Lugduni, apud Seb. Gryphium, 1548, 336 p., 16°.
IT\ICCU\LO1E\005562.

L. n. 1

[525] Romoli singolare dottrina t. 1 Venezia Spineda 1610
Romoli, Domenico (sec. XVI), *La singolar dottrina di M. Domenico Romoli nel qual si tratta dell'officio del scalco; del condimento di ogni viuanda; delle stagioni d'ogni animale, vccelli, & pesci; del far banchetti d'ogni tempo. Nel fine un breue trattato del regimento della sanità. Di nuouo con somma diligenza ricorretta, & ristampata. Con la tauola copiosissima di tutto quello che in essa si contiene*, in Venetia, appresso Lucio Spineda, 1610, [8], 375, [1] c., 8°.
IT\ICCU\VIAE\000816.

[c. 10v]

[526] Esercizi del cristiano interiore t. 1 Venezia Pezzana 1671
Argentan, Louis François d', *Esercitii del christiano interiore, ne' quali s'insegnano le pratiche per conformare il nostro interiore a quello di Giesù Christo, e per viuere della sua vita. Composti dal p. Luigi Francesco d'Argentano cappuccino autore del christiano interiore in lingua francese. E nouellamente tradotti nell'italiana*, Venetia, appresso Nicolò Pezzana, 1671, [42], 610 p., 12°.
IT\ICCU\RMLE\031181.

[527] Le grandezze di Maria Vergine t. 1 Venezia Recurti 1717
Nasi, Gian'Agostino, *Le grandezze di Maria Vergine espresse in settanta due considerazioni, che contengono la vita, le virtù, ed i titoli più singolari della stessa,* in Venezia, presso Gio. Battista Recurti alla Religione, 1717, [24], 556, [12] p., 12°. IT\ICCU\LIGE\004966.

[528] Teopiste amaestrata dalla suor Paola Maria di Gesù t. 1 Genova Peri 1648
Alberti, Giovanni Andrea, *Teopiste ammaestrata secondo gli esempi della madre suor Paola Maria di Giesù Centuriona, carmelitana scalza. Opera del padre Gio. Andrea Alberti della Compagnia di Giesù,* in Genoua, sotto la cura di Gio. Domenico Peri, 1648, [16], 540, [12] p., antip. e 1 ritr. calcogr., 12°. IT\ICCU\BVEE\048587. Opera censurata dal Sant'Ufficio *donec corrigatur* con decreto del 4 giugno 1692: ILI XI, p. 57. Le biografie delle mistiche erano sospese prudenzialmente, perché diffondevano, secondo le Congregazioni, pratiche "fasulle", espressione di una santità considerata simulata e non autentica. Il timore era quello che le biografie favorissero la divulgazione di una santità "finta".

[529] Meditazioni sopra le sette festività principali di Maria Vergine t. 1 Milano Piccaglia 1602
Bruno, Vincenzo (1532-1594), *Delle meditationi sopra le sette festiuità principali della B. Vergine, le quali celebra la Chiesa, et sopra il commune de' santi. Parte prima [-quarta]. Composte dal r. padre Vincenzo Bruno, della Compagnia di Giesù,* in Milano, per l'herede del q. Pacifico Pontio, & Gio. Battista Piccaglia compagni, 1602, 4 v., 12°. IT\ICCU\UM1E\017628.

[530] Esercizi particolari t. 1 Parma Viotti 1566
Essercitii particolari d'una serua del signore, al cui essempio può qualsivoglia monaca, o altra persona spirituale occuparsi dalla mattina alla sera, per venir più presto alla perfettione, & piacer più a Christo sig. nostro. Molto utili & necessarij per rinouare lo spirito, & osseruanza ne i monasterij di monache per questi nostri tempi. Di nuouo ristampati per ordine dell'illustriss. & reuerendiss. monsig. Ferrante Farnese vescouo di Parma, in Parma, appresso Seth Vioto, 1566, 23, [1] c., 8°. IT\ICCU\CNCE\018305. Riportata in Lasagni 2016, II, pp. 724-725.

[531] Manzini sette ricoveri spirituali t. 1 Piacenza Bazzachi 1706
Opera non individuata.

[532] Meditazioni per rinovare lo Spirito t. 1 Parma Dall'Oglio 1684
Come ci informa Roberto Lasagni, non si è conservato alcun esemplare attualmente noto dell'edizione *Meditazioni per rinnovare lo spirito*, Parma, Giuseppe dall'Oglio e Ippolito Rosati, 1684, 192 p., 8°. La prima edizione fu stampata a Roma.

[533] Totius Summae Theologiae D. Thomae Aquinatis t. 1 Milano Vigoni 1668
Gravina, Domenico (1547-1653), *Totius summæ theologicæ s. Thomæ Aquinatis compendium rhytmicum. F. Dominico Grauina ord. Præd. S. Theol. magist. auctore hac vltima editione à mendis. Per f. Thomam de Sarra vindicatum*, Mediolani, ex typographia Francisci Vigoni, 1668, [12], 304, [8] p., 24°. IT\ICCU\UM1E\013918.

[534] Avanzini Vita e dottrina di Gesù Cristo t. 1 Parma Rosati 1686
Come ci informa Lasagni, non si è conservato alcun esemplare attualmente noto dell'opera *Vita e dottrina di Gesù Cristo*, Parma, eredi di Galeazzo Rosati, 1683 o 1693. Altra edizione: Avancini, Nicola (1611-1686), *Vita e dottrina di Gesù Cristo raccolta da' quattro euangelisti, e distribuita in materia da meditare per tutti i giorni dell'anno dal padre Nicolò Avancino della Compagnia di Gesù; e dal latino trasportata nell'idioma italiano da un religioso dell'istessa Compagnia: di nuovo ristampata, e corretta. Parte prima [-seconda]*, in Padova, nella stamperia del Seminario appresso Giovanni Manfrè, 1702, 2 v., 12°. IT\ICCU\LIGE\001627.

[535] Razionale divinorum officiorum t. 1 Venezia Cavalcalupo 1563
Belethus, Ioannes (sec. XII), *Rationale divinorum officiorum Ioanne Beletho theologo Parisiense authore. Opus annis abhinc fere quadringentis conscriptum, nunc demum operae Cornelij Laurimani Vltraiectini in lucem editum, ac diligenter a*

mendis compluribus repurgatum, Venetijs, apud Hierony[mum] Caualcalupum, 1563, [30], 396, [22] p., 16°. IT\ICCU\BVEE\020270.

L n. 2

[536] Meditazioni della Passione di Gesù Cristo manca il 1 t. 2 Roma Rossi 1709
Edizione simile a: Carsughi, Ranieri, *Meditazioni della passione del N.S. Giesù Cristo per li venerdì, e dell'eccellenze della Madonna ss.ma per li sabati, di tutto l'anno. Composte dal p. Ranieri Carsughi della Compagnia di Gesù*, in Roma, nella stamperia di Antonio de' Rossi alla Piazza di Ceri, 1705, 16°. IT\ICCU\RT1E\003065. Si veda l'item 545.

[537] Quevedo Villiegas Politica di Dio t. 1 Venezia Parino [Pavino] 1709
Quevedo, Francisco de, *Politica di Dio, Governo di Cristo N.S. scritta a Filippo 4. re delle Spagne con le penne de' Sacri Euangelisti da don Francesco di Quevedo Villiegas tradotta dallo spagnuolo. Presentata e dedicata a sua Maestà il re Federigo 4. da Michel Feré*, in Venezia, appresso Alvise Pavino, 1709, [16], 483, [5] p., 12°. IT\ICCU\TO0E\140570.

[538] Dialoghi della morte, e dell'anima t. 1
Opera non individuata per mancanza di note tipografiche.

[539] Trattato della carità t. 1 Firrenze [Firenze] Giunti 1595
Dominici, Giovanni (1357-1419), *Trattato de la carità, del reuerendiss. cardinale Gio. Domenico fiorentino, dell'ordine de Predicatori, a vtilità di tutti quelli, che desiderano viuere in carità. Di nuouo ristampato*, in Firenze, per Filippo Giunti, 1595, [24], 579, [1] p., 8°. IT\ICCU\BVEE\062740.

[540] Figatelli Medico sacro t. 1 Venezia Valvasense 1677
Figatelli, Giovanni, *Medico sacro che si piglia pensiero de gl'incurabili; e pratica rimedij preseruatiui, opera moralissima, e scritturale data in luce da D. Giouanni Figatelli prete secolare da Casumaro. Dedicata alla madre di Dio Maria Vergine et al patriarca San Giuseppe. Il trattato sarà utilissimo, e più che di proposito a qualunque stato di persone, che desiderano la propria, e l'altrui salute,* in Venetia, per

Gio. Francesco Valuasense, si vende dal Guaraldi libraro in Cento, 1677, 477, [3] p., 12°. IT\ICCU\VIAE\021124.

[541] Nepueci Amore di Gesù t. 1 Venezia Storti 1725
Altra edizione: Nepveu, François (gesuita), *Dell'amore di Gesù e de' mezzi per acquistarlo. Trattato scritto nell'idioma francese dal P. Francesco Nepueu della Compagnia di Gesù. Tradotto, e ristampato già in occasione delle S. Missioni del P. Paolo Segneri. Aggiuntovi un ristretto della Divozione al Sacro Cuore di N.S. Gesù Cristo, cavata dalle opere del ven. P. Claudio la Colombière*, in Venezia, per Francesco Storti, 1756, xvj, 284 p., 18°. IT\ICCU\UM1E\021798.

[542] Ricordi o documenti di S. Filippo Neri t. 1 Mondovì Rossi 1701
Neri, Filippo (santo), *Detti, ricordi, e documenti morali, e spirituali di S. Filippo Neri, fondatore della Congregazione dell'Oratorio, utilissimi ad ogni stato di persone. Raccolti dalla Vita scritta del santo scritta da Pietro Giacomo Bacci prete dell'istessa della Congregatione. Aggiontiui alcuni Affetti sopra le orationi iaculatorie pratticate dall'istesso santo*, in Mondovì, per Vincenzo de' Rossi, 1701, [24], 156, [1] p. antip., 24°. IT\ICCU\TO0E\160848.

[543] Caldera mystica teologia t. 1 Milano stam. Archip. 1636
Caldera, Fernando, *Mistica theologia, et essercitio di fede viua, & oratione mentale, composto in Madrid l'anno 1623. Dal padre f. Ferdinando Caldera, dell'ord. di S. Francesco di Paola. Tradotto nuouamente in italiano a beneficio dell'anime da vn diuoto seruo della Madre di Dio*, in Milano, per il stampatore archiepiscopale, 1636, 468 [i.e. 398, 10] p. ill., 12°. IT\ICCU\UM1E\013591.

[544] Giardino di divozione ad onor di S. Antonio di Padova t. 1 Parma Rossetti
Edizione di opuscolo simile a: *Esercizio di divozione in onore di s. Antonio di Padova da farsi ne' nove giorni, che precedono la di lui festa nella chiesa dedicata ad esso santo*, in Faenza, nella stamperia dell'Archi impressor vescov. cam. e del s. Uficio, 1739, 16 p., ritr., 12°. IT\ICCU\RAVE\055156.

L n. 3

[545] Meditazioni sopra gl'Evangeli t. 1 Roma Rossi 1709
Carsughi, Ranieri, *Meditazioni sopra gli evangelii per le domeniche di tutto l'anno, e per ciascun giorno della quaresima. Composte dal p. Ranieri di Giesù. Tomo primo [-terzo]*, in Roma, con l'aggiunta nella stamperia di Antonio de' Rossi alla Piazza di Ceri, 1709, 3 v., 8°. IT\ICCU\RAVE\028152. Si veda l'item 536. Capretti possiede solo uno dei tre volumi.

[546] Lanspergo Pharetra divini amoris t. 1 Venezia Gherardo 1554
Landsperger, Johann (1489-1539), *Pharetra diuini amoris tradotto in volgare per don Seraphino da Bologna canonico regolare, nuouamente ristampato & con diligentia emendato, con molte salutifere cose aggionte. Contiene in sé documenti, & regole utili & necessarie a ciascheduno che desideri fare uita spirituale, & gran profetto [profitto] in quella*, in Vineggia, per Pauolo Gherardo (per Giouan Maria Bonelli), 1554, [8], 581, [1] c. ill., 8°. IT\ICCU\RLZE\018142.

[547] Historia naturalis Caij Plinii Secundi t. 1 1510
Plinius Secundus, Gaius, *C. Plinii Secundi Veronensis Historiae naturalis libri decem et octo primi [-secundi] voluminis ab Alexandro Benedicto ve. physico emendatiores redditi*, (1510 die ultimo mensis Augusti), 2 v., 8°. IT\ICCU\MILE\002347. Capretti possedeva solo un volume dei due.

[548] Meditazione sopra li misterj della Passione t. 1 Milano Piccaglia 1602
Bruno, Vincenzo (1532-1594), *Meditationi sopra i misteri della Passione, et Resurrettione di Christo N.S. Raccolte da diuersi Santi Padri, & da altri deuoti autori per il padre Vincenzo Bruno*, in Milano, per l'herede del q. Pacifico Pontio, & Gio. Battista Piccaglia compagni, 1602, [14], 545, [5] p., 12°. IT\ICCU\TO0E\028700.

L n. 4

[549] Orleans Sermoni, ed ammaestramenti cristiani t. 1 Venezia Pezzana 1713
Orléans, Pierre Joseph d' (1641-1698), *Sermoni, ed ammaestramenti cristiani, sopra varie materie del P. d'Orleans della Compagnia di Gesù, trasportati dal linguaggio francese nella favella italiana da Selvaggio Canturani*, in Venezia, presso Nicolò Pezzana, 1713, [24], 684 p., 12°. IT\ICCU\BVEE\049635.

[550] Vita di fr. Bernardo da Corleone Capuccino t. 1 Milano 1679
Edizione simile a: *Breve ristretto della vita del beato F. Bernardo da Corleone cappuccino*, in Milano, per il Frigerio stampatore, 1783, 16 p., [1] c. di tav., ritr., 8°. IT\ICCU\MILE\049141.

[551] Istoria dell'origine di tutte le religioni t. 1 Venezia Zoppini 1581
Morigia, Paolo, *Historia dell'origine di tutte le religioni, che fino ad hora sono state al mondo, con gli autori di quelle: in che prouincia, sotto qual imperadore, e papa, & in che tempo hebbero i loro principii. Oltre a molte illustre donne, che spreggiarono i regni, e fecero vita religiosa. Con l'origine ancora de le religioni militari. Raccolta dal r.p.f. Paolo Morigia milanese. Nuouamente da lui medesimo riformata, & accresciutoui di molte religioni che non sono nella prima impressione, oltre a diuerse cose. Con la tauola di tutto quello che nell'Opera si contiene*, in Venetia, presso Fabio, & Agostino Zoppini fratelli, 1581, [8], 275, [1] c., 8°. IT\ICCU\BVEE\005762.

[552] La solitudine di Filagia t. 1 Roma Mascardi 1659
Barry, Paul de (1587-1661), *Solitudine di Filagia ouero indirizzo all'anima amante della santità, per occuparsi con profitto. Negli esercitij spirituali vna volta l'anno, per otto, o dieci giorni, del p. Paolo De Barry della Compagnia di Giesù. Tradotta dalla lingua francese nell'italiana da un padre della medesima Compagnia*, in Roma, per Vitale Mascardi, a spese di Giouanni Casoni, 1659, [36], 450, [6] p., 12°. IT\ICCU\RMSE\086322.

[c. 11r]

[553] Pratica della Regola di S. Benedetto t. 1 Milano Ramellati 1686

Martin, Claude (1619-1696), *Pratica della regola di S. Benedetto nella guisa viene osseruata da Monaci Benedettini della congregatione di S. Mauro in Francia. Tradotta dalla lingua francese nell'italiana per opera d'un monaco dello stesso ordine di S. Benedetto*, in Milano, per Ambrogio Ramellati, 1686, [36], 228 p., 12°. IT\ICCU\RMLE\035947.

[554] Mistica città di Dio; frutti dell'albero della vita di suor Maria di Gesù t. 1 Trento Paroni 1723.

Si tratta di due opere distinte, ma collegate:

María de Jesus (suora), *Mistica città di Dio miracolo della sua onnipotenza, & abisso della grazia. Istoria divina, e vita della Vergine Madre di Dio, Regina e Signora Nostra Maria Santissima. Riparatrice della colpa d'Eva, e mediatrice della grazia, manifestata in questi ultimi secoli, per mezzo dell'istessa Signora, alla sua serva suor Maria di Gesù, abbadessa del monistero dell'Immacolata Concezione, della villa d'Agrida. Tomo primo [-quinto]*, in Trento, per Giovanni Parone stampator vescovale, 1723, 5 v., 4°. IT\ICCU\TO0E\081884.

Giovambattista da Gentilino, *Frutti dell'albero della vita, col modo di ben servirsene, o siano dottrine di Maria Santissima, poste in pratica per mezzo d'alcuni divoti esercizj. Coll'aggiunta d'un brevissimo compendio di tutta la vita di Maria Signora nostra Parte prima [-seconda]*, in Trento per Giovambattista Parone stamp. vesc[ovile], 1723, 2 v., 12°. IT\ICCU\TO0E\155967.

La censura austriaca proibì nel 1776 l'opera *Città (mistica) di Dio, Istoria divina e vita della Vergine, madre di Dio manifestata alla sua serva suor Maria da Giesù, abbadessa del monistero dell'immaculata Concezione della Villa d'Agredá*, Trento, 1713. in 4°. IT\ICCU\RAVE\014117.

Fine della prima libreria.

[c. 11v: bianca]

[c. 12r]

Libreria seconda.

n. 1

[555] Croniche delli ordini francescani t 3 Venezia Miloco 1617.
Marcos de Lisboa (1511-1591), *Croniche de gli ordini instituiti dal p[adre] s. Francesco; volume primo [-secondo], della prima parte*, in Venetia, appresso Pietro Miloco, 1617, 2 v., 4°. IT\ICCU\UM1E\006666.

[556] Vita del Reverendo D. Gio Batt[ist]a Gnochi sacerdote parmigiano manoscritto.
Questo manoscritto si trova presso l'Istituto dei Salesiani di Parma. Sul frontespizio si legge: "Vita del Reverendo D. Giambattista Gnochi (1569-1630) sacerdote Parmigiano e primo confessore delle Madri Cappuccine di S. Maria della Neve e la Vita dell'Eccellentissimo S. Duca di Poli d. Appio Conti". Più in basso la stessa mano che ha aggiunto la frase "e primo confessore delle Madri Cappuccine di S. Maria della Neve" ha aggiunto: "Fuit olim ex libris Collegii P.P. Soc. Jesu, postmodum emptus a Joseph. Laur.o Capretti penes publ. Bibliobolam [sic] 1743 Parmae". Probabilmente l'aggiunta è autografa del Capretti. Il manoscritto è di circa 64 carte non numerate ed è coperto in cartone. Sul dorso è stato riportato il titolo a penna.
Gnocchi fu autore dell'opera *Scuola della santissima vergine Maria S.N. per eccitarsi alla sua diuotione, & al suo amore. Diuisa in tre parti. Raccolta per d. Gio. Battista Gnocchi, da varij santi & altri diuoti autori*, in Parma, per Odoardo Fornouo, 1630-1632, 3 v., 8°. IT\ICCU\UM1E\018517.

[557] Croniche dell'ordine minore di S. Francesco t. 1 Venezia Barezzi 1621 [1612].
Marcos de Lisboa (1511-1591), *Delle croniche de' frati minori del serafico p[adre] s. Francesco, parte terza; diuisa in dieci libri; ne' quali si descriuono le vite, e miracoli di trecento e più santi, e sante; e si racconta la riforma, & osseruanza dell'ordine, & suo accrescimento: composta dal reuerendiss. monsig. Marco da Lisbona e tradotta di lingua spagnuola nella nostra italiana dal signor Horatio Diola Bolognese. Con quattro copiosissime tauole*, in Venetia, appresso Barezzo Ba-

rezzi libraro alla Madonna, 1612, [60], 352 [i.e.356] c., ill., 4°. IT\ICCU\UM1E\005935. L'opera va collegata all'item 555.

[558] Meditazioni per le monache manuscritto t. 1.
Manoscritto.

[559] Istoria del Principe Eugenio t. 1 Madrid Sanchez.
Potrebbe essere un'opera simile a: *Diario della gran campagna seguita in Fiandra nel 1708. Ouero istoria del proseguimento dei fatti del sereniss. Principe Eugenio di Sauoja ove descrivesi la sorpresa di Gant, e Bruges; la battaglia d'Audenarda; il giornale del mirabile assedio della città, ed altro diario delli grandi eserciti alleato, e francese. Con suoi indici nel fine*, in Nap., per Michele Luigi Mutio, si vende nella sua libreria sotto l'infermaria di S. M. la Nuova, 1709, 12°. IT\ICCU\RMLE\020978.

[560] Centiloquio della Cruz t. 1 Valladolid Fernandez 1614.
Edizione simile a: Cruz, Paulo da, *Centiloquio de encomios de los santos, sacados de los euangelios, que se cantan en sus festiuidades. Dedicado a la Virgen madre de Dios. Compuesto por fray Pablo de la Cruz*, en Valladolid, por Diego Fernandez de Cordoua, impressor de libros, 1612, [8], 414, [68] c., 4°. IT\ICCU\RMLE\026241.

[561] Linas Dottrina cristiana in Barcellona Figuero 1704.
Opera non individuata, stampata da Rafael Figuerò.

[562] Vita di S. Bernardo Abbate t. 1. Piacenza Zambelli 1695.
Filippo di S. Giuseppe (sec. XVII.), *Compendio della vita, virtù, e miracoli del mellifluo dottore di Santa Chiesa S. Bernardo primo abbate di Chiaraualle, composto, dal padre D. Filippo di S. Giuseppe abbate del monastero di S. Gio. Battista di Fiorenzuola in Lombardia de' monaci riformati di san Bernardo dell'Ordine cisterciense*, Piacenza, nella Stampa Vesc. del Zambelli, 1695, XVI, 281 [i.e. 279, 1] p., 8°. IT\ICCU\BVEE\049881.

[563] Bogdanovitz in litanias Lauretanas t. 1 Roma Cam. Apostolica 1691.
Bogdanowicz, Bernard (n. 1640), *Corona Virginalis de laudibus Deiparae Virginis, in litanias lauretanas, ex sententijs S. Bernardi abbatis Claraeuallensis ceù ex fragrantissimis floribus, Mariae Virginis encomia spirantibus contexta: omnibus Mariae cultoribus ad contemplandum, & imitandum eam; necnon concionatoribus ad praedicandum laudes ipsius, perutilis: Ioanni S.R.E. cardinali de Goessen, dedicata a R.P.F. Bernardo Bogdanouitz Polono*, Romae, typis Reuerendae Camerae Apostolicae, 1691, [20], 282, [2] p., 4°. IT\ICCU\BVEE\049390.

[564] Possevini apparatus ad studia divinae scripturae t. 1 Ferrara Baldini 1609.
Possevino, Antonio (ca.1534-1611), *Antonij Posseuini Mantuani Societatis Iesu Apparatus ad studia d. Scripturæ, theologiae scholasticae, & practicae, siue moralis de casibus conscientiæ, Quarta editio auctior*, Ferrariæ, apud Victorium Baldinum, typographum episcopalem, 1609, [4], 141 [i.e. 139, 3] c., 4°. IT\ICCU\TO0E\001513.

[565] Plavinich Manus Christi amoris t. 1 Venezia Sali 1625.
Non individuato.

[566] Chartario Praxis interrogandi Reos t. 1 Braciano Phaei 1639.
Cartari, Flaminio, *Praxis et theoricae interrogandorum reorum. Libri quattuor. Auctore Flaminio Chartario V.I.C. Vrbeuetano. Novissima omnium quinta hac editione adhibita castigatiori lima*, Bracciani, ex typographia Andreae Phaei typographi ducalis ad instantiam Io. Dominici Franzini sub signum Fontis, 1639, [4], 261, [23] p., 4°. IT\ICCU\NAPE\010192.

[567] Esposizione della dottrina cristiana t. 5 Venezia Ramondini 1761.
Esposizioni sulla dottrina cristiana, opera utilissima ad ogni genere di persone sì ecclesiastiche, che secolari, e particolarmente a' confessori, ed a' parrochi, che hanno l'obbligo d'istruire il popolo. Tomo primo [-quinto]. Nuova edizione riveduta e corretta, in Venezia, nella Stamperia Remondini, 1761, 5 v., 12°. IT\ICCU\LIAE\016060.

[568] Solitudine Serafica t. 1 Piacenza Bazzacchi 1706.
Solitudine serafica, ouero Esercizj spirituali per vn ritiramento di dieci giorni, secondo il vero spirito di s. Francesco; proposti da un padre capuccino e tradotti dalla lingua francese dal r.p. Cherubino da Correggio con vn breue metodo per farli con profitto del r.p. Michel'Angelo da Ragusi predicatore capuccino, Piacenza, nella stampa ducale di Lealdo Leandro Bazachi, 1706, 328 p., 8°. IT\ICCU\RAVE\014222.

[569] Vita del Cardinale Alberoni t. 1 Amsterdam Lucca 1720.
Rousset de Missy, Jean (1686-1762), *Istoria del cardinal'Alberoni dal giorno della sua nascita fino alla metà dell'anno 1720: Parte prima [-seconda]. Seconda edizione, divisa in due parti, & accresciuta di varie curiosità, con aggiunta de' Manifesti pubblicati da sua eminenza, e di un carteggio citato nel primo di essi*, in Amsterdam, per Ipigeo Lucas, 1720, 243, [1] p., [1] c. di tav. ritr. calcogr., 8°. IT\ICCU\BA1E\014206.

[570] Maffei Esercizi spirituali t. 1 Venezia Poletti 1724.
Maffei, Pietro Antonio, *Esercizii spirituali di s. Ignazio Lojola, ricavati dalle più profittevoli riflessioni fatte sopra questa materia, e proposti alle persone ecclesiastiche per un'annuo ritiramento di dieci giorni da Pietro Antonio Maffei della Compagnia di Gesù. Seconda impressione*, Venezia, presso Andrea Poleti, 1724, [32], 472 p., 12°. IT\ICCU\PBEE\001112.

[571] Il cuore in pace t. 1 Firenze Albicini 1727.
Edizione simile a: Freschot, Casimir (1640?-1720), *Il cuore in pace, o sia l'arte di viuere in pace con ogni sorte di persone, saggio morale, portato dal francese*, in Bologna, per il Monti, 1700, [12], 288 p., 12°. IT\ICCU\UM1E\026584.

[572] Thomas a Kempis opere t. 5 Bologna Ferrona [Ferroni] 1678.
Thomas a Kempis, *Opere del venerabile d. Tomaso da Kempis canonico regolare, tradotte dal latino al volgare da fra Clemente. Diuise in cinque volumi*, in Bologna, presso Domenico Maria Ferroni, 1678, [8], 458, [2] p., [1] c. di tav. antip. calcogr., 12°. IT\ICCU\RAVE\024303.

[573] Sacro cuore di Gesù t. 1 Venezi Recurti 1723.
Croiset, Jean (1656-1738), *La divozione al Sacro Cuore di Nostro Signor Gesù Cristo, di un sacerdote della Compagnia di Gesù tradotta dal francese nell'italiano. Aggiuntovi il compendio della vita di Suor Margherita Maria Alacoque, della quale Iddio si è servito per diffondere questa divozione*, in Venezia, presso Gio. Battista Recurti, 1723, [24], 527, [1] p. antip., ill. calcogr., 12°. IT\ICCU\PBEE\000486.

[574] Nucleus Catholicae devotionis t. 1 Viena Kurner 1663.
Edizione simile a: Corner, David Gregor (1585-1648), *Nucleus catholicae deuotionis. Ex magno promptuario r.mi dn. dn. Dauidis Gregorii Corneri. Accessit Breuiarium lacorum, continens officium b. Mariae virginis, cum fasciculo litaniarum approbatarum; opera r.p. Bertholdi de Paar*, Viennae, sumptibus Matthaei Riccii, 1660, [48], 612, [12] p., antip. calcogr., 8°. IT\ICCU\UM1E\026529.

[575] Wierembergh Pratica del Catthecismo [catechismo] t. 1 Venezia Miloco 1676.
Nieremberg, Juan Eusebio, *Pratica del cathechismo romano, e della dottrina christiana. Cauata principalmente dalli cathechismi di Pio 5. e Clem. 8. composti conforme al decreto del sacro Conc. Trid. da leggersi ogni domenica, & ogni giorno di festa al popolo. Composta dal p. Giovanni Eusebio Nieremberg*, Venezia, per Benetto Miloco, 1676, [12], 573, [1] p., 12°. IT\ICCU\RLZE\006018.

[576] Fagiuoli rime facete t. 2 Amsterdam Barbagrigia 1729.
Fagiuoli, Giovanni Battista (1660-1742), *La fagiuolaja ovvero rime facete del signor dottor Giambatista Fagiuoli avvocato fiorentino. Libro primo [-quinto]*, in Amsterdam [i.e. Venezia], presso l'erede del Barbagrigia, ad instanza di Gioele Anagrimo, 1729-1730, 5 v., 12°. Capretti possiede solo due dei cinque tomi. Si tratta di una stampa alla macchia. IT\ICCU\VIAE\002941.

[577] Sermones funebres Gotico t. 1 Venezia
Non individuato per mancanza di note tipografiche.

[578] Ritiramento spirituale d'ogni mese t. 1 Venezia Baglioni 1734.
Croiset, Jean (1656-1738), *Ritiramento spirituale d'un giorno per ciascun mese, composto in francese da un religioso della Compagnia di Giesù, trasportato in italiano da un prete dell'oratorio*, Venezia, nella stamperia Baglioni, 1734, 308, [4] p., 12°. IT\ICCU\UM1E\019256.

[579] Pinamonti Religiosa in solitudine t. 1 Venezia Pezzana 1735.
Pinamonti, Giovanni Pietro (1632-1703), *La religiosa in solitudine, opera, in cui si porge alle monache il modo d'impiegarsi con frutto negli Esercizj spirituali di s. Ignazio. Data in luce da Gio. Pietro Pinamonti della Compagnia di Gesù. Decimaquinta edizione*, in Venezia, presso Niccolò Pezzana, 1735, 449, [7] p., 12°. IT\ICCU\UM1E\021730.

[580] Bufier Geografia t. 1. Venezia Pitteri 1747.
Buffier, Claude (1661-1737), *Geografia universale esposta nei differenti metodi, che possono abbreviare lo studio, e facilitar l'uso di questa scienza, col soccorso de' versi artificiali; dal P. Buffier della Compagnia di Gesù. Riveduta, corretta, e accresciuta de' cangiamenti di dominio. Quarta edizione col Trattato della Sfera del medesimo autore*, in Venezia, appresso Francesco Pitteri, 1747, [24], 444 p., [17] c. di tav. ripieg. illustrazioni calcografiche, 12°. IT\ICCU\BVEE\095136.

[581] Mariale sanctorum patrum t. 1 Brescia Fontana 1624.
Gregorio Gallicano, *Mariale, siue apophthegmata sanctorum Patrum in omnibus festiuitatibus & materijs Virg. Mariae. Auctore F. Gregorio Gallicano. Opus verbi Dei concionatoribus vtilissimum, in quo quidquid beati Ecclesiae Patres de Virg. Maria tam in omnibus festiuitatibus, quam materijs, ac membris eiusdem, scripserunt, accommodatissime habetur*, Brixiae, apud Bartholomaeum Fontanam, 1624, [16], 316, [4] p., 8°. IT\ICCU\MILE\000856. Si veda la voce n. 596.

[582] Tesoro della dottrina cristiana t. 1
Edizione non individuabile per mancanza di note tipografiche. Potrebbe essere l'opera di Turlot, Nicolas (1590-1651), *Il vero tesoro della dottrina cristiana scritto in lingua latina da Nicolo Turlot. E trasportata nell'italiana da vn*

ecclesiastico desideroso di concorrere al profitto dell'anime con quest'opera, in Torino, a spese di Gio. Batt. Casabianca (per Gio. Battista Zappata), 1700, [16], 895, [1] p., 4°. IT\ICCU\TO0E\037876.

[c. 12v]

[583] Calendario perpetuo t.1 Bologna Benazzi 1705.
Fagioli, Marco Antonio, *Calendario perpetuo rationale, ouero modo, et ordine perpetuo di recitare gli vffici, e celebrare le messe di tutti i santi del breuiario, e messale romano, e delle feste proprie della serafica religione, con l'aggiunta de' santi, e beati de' tre stati del terzo ordine. Opera, e fatica di D. Marco Antonio da Lugo*, in Bologna, per l'erede di Vittorio Benacci, 1705, [16], 384 p. ill., 8°. IT\ICCU\RMSE\005368.

[584] Lanspergi de passione Christi t. 1 Colonia Sennepei [Gennepaei] 1536.
Landsperger, Johann (1489-1539), *Iohannis Lanspergii De agone seu passione Christi libri tres, ab autore ipso ad huc uiuo nunc primum recens editi*, Coloniae, ex officina Iasparis Gennepaei, sub intersignio Viri Syluestrisin antiquo foro, vbi & prostant, 1536, [32], 759, [1] p., 8°. IT\ICCU\UBOE\033212.

[585] Notizie per la Sacra Scrittura t. 1 Milano Agnelli 1708.
Calusco, Taddeo, *Varie notizie molto vtili per facilitare l'intelligenza, e lo studio della Sacra Scrittura, raccolte, e date in luce dal p. Taddeo Caluschi dottore. Con l'aggiunta di vna breue dissertazione dell'vltima Pasqua di Giesù Christo*, in Milano, nelle stampe dell'Agnelli scultore e stampatore, 1708, [24], 349, [1] p., [2] c. di tav. ripieg., 12°. IT\ICCU\TO0E\035496.

[586] Iacobi de Voragine Sermones dominicales t. 1 Venezia Concordiae 1589.
Jacobus de Voragine, *Sermones dominicales per totum annum; reuer. D.D. magistri Iacobi de Voragine ordinis praedicatorum, quondam archiepiscopi Ianuensis. Nunc demum à quamplurimis erroribus expurgati, & vetusti codicis collatione ad integritatem suam restituti. Cum indice duplice, tum rerum omnium notabilium*,

tum singulorum sermonum, Venetiis, ad signum Concordiae (apud Florauantem à Prato), 1589, [24], 395, [1] c., 8°. IT\ICCU\BVEE\019958.

[587] Formulae pro novitii manuscr. t. 1.
Manoscritto.

[588] Bellati obbligazioni del marito verso la moglie t. 1 Parma Monti 1712.
Bellati, Antonfrancesco (1665-1742), *Obbligazioni di un marito cristiano verso la moglie esposte in una lettera dal Padre Antonfrancesco Bellati. Edizione quarta*, in Parma, per Paolo Monti, 1712, XXXV, [I], 123, [1] p., 12°. IT\ICCU\MODE\018638.

[589] Dicta Platonis, Aristotelis t. 1 Venezia Vicentini 1532.
Dicta notabilia, et in thesaurum memorie reponenda, Platonis. Aristotelis. Commentatoris. Porphirij. Gilberti poretani. Boetij. Senece. Apuleij, recens impressa, cunctisque mendis expurgata. Quibus addita sunt stupenda Aristotelis problemata (impensis Venetiis, per magistrum Sebastianum Vincentinum impress[or]e[m], 1532 die. XXVII. Iunij), XCIIII, [2] c., 8°. IT\ICCU\BVEE\003162.

[590] Volpini. Sentimenti t. 1 Parma Monti 1721.
Volpini, Giuseppe (sec. XVIII), *Sentimenti di Giuseppe Volpini parmigiano, professore di filosofia, e medicina. Divisi in due lettere; nella prima delle quali trattasi della origine, e natura de' vermini del corpo umano e nella seconda del buon'uso de' vescicanti*, in Parma, per Paolo Monti, 1721, [8], 103, [1] p., 8°. IT\ICCU\UM1E\025198.

n. 2.

[591] Formularium institutionum t. 1 Brescia Marchetti 1593.
Maggi, Giovanni Battista (sec. XVI), *Compilatio formularum diversorum instrumentorum contractuumque et actuum, eorumque quae coram mag. D. Consulibus Iustitiae quarteriorum Brixiae fiunt*, Brixiae, apud Petrum Mariam Marchettum, 1593, 3 v., 4°. IT\ICCU\MILE\009905.

[592] De metheoris manuscr. t. 1.
Manoscritto.

[593] Raccolta di varie prediche manuscr. t. 1.
Manoscritto.

[594] Sumole di logica manuscr. t. 1.
Manoscritto.

[595] Manuale della prefazione [perfezione] evangelica t. 1. Vienna Ghelen.
Non individuato, anche se effettivamente lo stampatore Ghelen operava a Vienna.

[596] Mariale S[anctor]um Patrum t. 1. Brescia Fontana 1624.
Si veda la voce n. 581.

[597] Bevullet il cristiano, e l'ecclesiastico t. 6 Padova Manfré 1715.
Beuvelet, Mathieu (1622-1657), *Il cristiano e l'ecclesiastico istruiti nelle lor dignità e obbligazioni. Opera divisa in tomi 6. Composta e ristretta in meditazioni per tutte le domeniche, feste, ed altri giorni dell'anno da mons. Matteo Bevvellet. Portata dal francese da Selvaggio Canturani. Tomo primo [-sesto]*, in Padova, nella Stamperia del Seminario appresso Giovanni Manfrè, 1715, 6 v., 12°. IT\ICCU\TO0E\047544.

[598] Cattaneo massime eterne t. 1. Milano Agnelli 1736.
Cattaneo, Carlo Ambrogio, *Massime eterne proposte in varie lezioni per chi si ritira negli esercizj spirituali di S. Ignazio. Opera postuma del padre Carl'Ambrogio Cattaneo*, in Milano, nelle stampe di Francesco Agnelli, 1736, 336 p., 12°. IT\ICCU\TO0E\079290.

[599] Avanzini, Vita, et doctrina Jesu Christi t. 1. Venezia Pezzana 1708.
Altra edizione: Avancini, Nicola (1611-1686), *Vita et doctrina Jesu Christi ex quatuor evangelistis collecta: et in meditationum materiam ad singulos totius anni dies distributa per Nicolaum Avancinum Societatis Jesu. Pars prima [-et secunda]*, Venezia, apud Franciscum et Nicolao Pezzana, 1771, [38], 405, [1] p., 12°. IT\ICCU\RLZE\008253.

[600] Manuale sacro della religiosa t. 1 Roma Zenobi 1734.
Leonardo da Porto Maurizio, *Manuale sacro, ovvero raccolta di varie divozioni proprie d'una religiosa che aspira alla perfezione. Operetta del Padre Leonardo da Porto Maurizio. Prima [-seconda] parte*, in Roma, nella stamperia di Filippo Zenobj. Si vendono da Giuseppe Vaccari incontro il Palaz[zo] di Vene[zia], 1734, 2 v., 8°. IT\ICCU\FOGE\020496.

[601] Blojo consolazione de pusilanimi t. 1 Roma Volpe 1730.
Blosio, Lodovico, *Consolazione de' pusillanimi, raccolta dalla Sagra Scrittura, da santi, ed antichi padri dall'abate Lodovico Blosio tradotta dall'idioma latino nell'italiano da Giam-Batista Lucini. Con una breve regola per un novizzo di Spirito, un divoto esercizio su la Passione di Gesù Cristo, e alcune regole per la perfezione, raccolte dal medesimo Blosio, e aggiunte in questa impressione*, in Roma ed in Bologna, per Lelio dalla Volpe, 1730, 340 p., [3]c. di tav. ill. calcogr., 12°. IT\ICCU\UM1E\015957.

[602] Avvisi per lo stato religioso t. 1 Venezia Zane 1735.
Du Sault, Paul (m. 1724), *Avvisi e riflessioni sopra le obbligazioni dello stato religioso; per animare quelli, che l'anno abbracciato ad adempiere la loro vocazione. Opera utile non solamente ai religiosi, ma ancora a tutti quelli, i quali vogliono vivere nel mondo con soda pietà. Composta da un monaco benedettino della congregazione di S. Mauro, e tradotta dal francese da un altro monaco benedettino della congregazione casinese. Tomo primo [-secondo]*, Venezia, appresso Cristoforo Zane, 1735, 2 v., 8°. IT\ICCU\LIGE\004664. Capretti possiede solo uno dei due volumi.

[603] Similitudines ex biblijs t. 1. Londra [Lione] Coloniensi 1543.
Alardus Amstelredamus (1490-1544), *Similitudines, siue collationes ex Bibliis sacris & veterum Orthodoxorum commentariis, per Alardum Amstelredamum concinnatae, plurimum allaturae adiumenti verbi Dei concionatoribus, iuxta ac Scripturae sacrae tractatoribus. Hieron. in Matth. cap. 18*. Lugd. sub scuto Coloniensi (excudebant Ioannes & Franciscus Frellonii, fratres) 1543, [48], 304 c., 8°. IT\ICCU\TO0E\019071.

[604] Lipomani Dogmi Cattolici t. 1 Venezia Zio.
Lippomano, Luigi, *Confirmatione et stabilimento di tutti i dogmi catholici, con la subuersione di tutti i fondamenti, motiui & ragioni de i moderni eretici sino al numero 482*, in Venetia, per Domenico Zio, [4], 651, [1] c., 8°.

[605] Oratorio de religiosi t. 1 Venezia Valgrisi 1569.
Guevara, Antonio de (m. 1545), *Oratorio de' religiosi, et essercitio de' virtuosi, composto per lo illustre sig. don Antonio di Gueuara vescouo di Mondognedo, nuouamente tradotto di spagnuolo in italiano da Lucio Mauro*, in Venetia, appresso Vincenzo Valgrisi, 1569, 80, [4], 81-398, [14] p., 8°. IT\ICCU\LO1E\005737.

[606] Sancholes in exequis defunctorum t. 1 Salmantico [Salmanticae] Ferdinandi 1585.
Sanzoles, Alphonso de (n.1530), *Funerale, in exequiis defunctorum, considerationes ad morum compositionem, super Epistolas & Euangelia officis defunctorum verbis Euangeliorum, Dominicarum & Festorum, vt index demonstrabit. Authore Fratre Alfonso à Sançoles Praedicatore*. Salmanticæ, excudebat Ioannes Ferdinandus expensis Martini de Cantalpino (ex officina Ildefonsi à Terranoua & Neyla), 1585, [96], 574, [98] p. ill., 8°. IT\ICCU\RMLE\013267.

[607] Bourdalione Ritiramento spirituale t. 1 Venezia Pezzana 1732.
Bourdaloue, Louis, *Ritiramento spirituale ad uso delle comunità religiose. Opera del r.p. Bourdaloue della Compagnia di Gesù, tradotta dal linguaggio francese nell'italiano da Selvaggio Canturani*, in Venezia, presso Niccolò Pezzana, 1732, [24], 347, [1] p., 12°. IT\ICCU\VIAE\018215.

[608] Rossignoli verità eterne t. 1. Parma Monti 1729.
Rosignoli, Carlo Gregorio (1631-1707), *Verità eterne, esposte in lezioni ordinate principalmente per li giorni degli esercizj spirituali. Raccolte dal p. Carlo Gregorio Rosignoli della Compagnia di Gesù. Nuova edizione accresciuta*, in Parma, per gli eredi di Paolo Monti, 1729, XXIII, [1], 492 p., [17] c. di tav. antip., ill. calcogr., 12°. IT\ICCU\RAVE\012890.

[609] Colombier Lettere spirituali t. 1 Venezia Coletti 1719.
Claude de La Colombière (santo gesuita), *Lettere spirituali del r. padre Claudio de la Colombière tradotte dal linguaggio francese nell'italiano da Giambattista Bianchi*, in Venezia, per Sebastiano Coleti, 1719 [8], 340 p., [1] c. di tav. ritr., 12°. IT\ICCU\VIAE\038218.

[610] Geiger Chatachesis extemporaneae t. 3 S. Gallo Schlegel 1689.
Geiger, Mauritius, *Cathecheses extemporaneae in quinque capita doctrinae christianae pro instructione rudium compilatae in gratiam parochorum a R. P. Mauritio Geiger Conventuali monasterij S. Galli & p. t. Parocho Rosacensi*, typis monasterij S. Galli, 1689, [14], 598, 552 p., 18°. IT\ICCU\LIGE\007967.
[c. 13r]

[611] S. Vincenzo Ferreri sermoni t. 1 Antuerpia Wacci 1570.
Potrebbe essere (nonostante il diverso stampatore): Vincentius Ferrerius (santo), *Beati Vincentii natione Hispani, Sermones hyemales. Auctoris vitam, indicemque locupletissimum in fronte libri praefiximus. Eisdem denuò summa cura per D. Damianum Diaz Lusitanum, theologiae professorem, recognitis, luculentae adnotationes in margine accesserunt*, Antuerpiae, apud Philippum Nutium, 1570, [32], 752 p., 8°. IT\ICCU\BVEE\017585.

[612] Lezionario Cattechistico t. 1 Milano Malatesta 1717.
Massimo da Valenza (m. 1740), *Lezionario catechistico, composto, e dato in luce dal padre f. Massimo da Valenza, predicatore cappuccino, non solo per commodo di chi hà cura d'anime, mà anche per utile di qualunque fedele. Seconda impressione dal medesimo autore più purgata, e d'altre lezioni accresciuta*, in Milano, nella stamperia di Giuseppe Pandolfo Malatesta, 1717, [16], 369, [1] p., 8°. IT\ICCU\BA1E\011908.

[613] Notitie orbis sacre, et profane t. 1 Padova Manfré 1715.
Fuga, Vincenzo (1737-1815), *Notitiae orbis sacri, & profani ab ejus exordio ad praesentia usque tempora compendium, auctore Vincentio Fuga*, Patavii, typis Seminarii, apud Joannem Manfré, 1715, 256, [8] p., 12°. IT\ICCU\UBOE\022401.

[614] Vita di S. Margherita da Cortona t. 1 Venezia Tomasini 1738.
Opera ed edizione non rintracciate. Circolavano testi come: Ricasoli Baroni, Pandolfo (sec. XVII), *Vita della beata Margherita da Cortona quasi nouella Maddalena. Diuisa in quattro parti. Del molto illustre, e M.R. sig. Pandolfo Ricasoli Baroni*, in Venetia, appresso Gio. Guerigli, 1622, [8], 390, [2] p., ill. calcogr., 8°. IT\ICCU\BVEE\037718; oppure: Preato, Bartolomeo, *La vita della gran penitente Santa Margherita di Cortona del terz'ordine di S. Francesco, accuratamente, e ordinatamente descritta dal p.f. Angelico da Vicenza. Con in fine una chiara notizia del predetto terzo istituto*, Venezia, presso Tommaso Bettinelli, 1757, 230, [2] p., ill., 8°. IT\ICCU\VIAE\012467.

[615] Corsetti Praxis Caeremoniarum t. 1 Napoli Parnini [Parrino] 1694.
Corsetti, Bartolomeo, *Nouissima Bartholomaei Corsetti presbyteri Benacensis, parochialique S. Petri Liani praepositi, ad instar coerimonialis episcoporum. Praxis sacrorum rituum ac caeremoniarum que in missis silemnibus aliique ecclesiasticisis functionibus in minoribus ecclesiis & parochialibus non collegiatis servari debent nupter ab ipso auctore recognitum et in hac altera editione ab innumeris pene, quibus scatebat mendis, expurgatum, nouissimisque additionibus locupletatum. Editio nouissima diligenter emendata et correcta*, Neapoli, ex noua officina sociorum Dom. Ant. Parrino & Micaelis Aloysii Mutii, sumptibus Dom. Ant. Parrino, 1694, [20], 562, [62] p., 8°. IT\ICCU\RLZE\001098.

[616] Cattechismo Romano volgare t. 1 Venezia Ramondini [Remondini] 1749.
Catechismo cioé istruzione a' parrochi tradotto dal latino in volgare dal reverendo padre f. Alessio Figliucci, e pubblicato per comandamento della s. memoria del sommo pontefice San Pio 5. Con le sue esatte divisioni conforme al latino, arricchito di quattro tavole, e de' suoi sommarj. Nuova edizione migliorata, e diligentissima-

mente corretta, in Venezia, nella stamperia Remondini, 1749, XXXII, 640 p., 8°. IT\ICCU\VIAE\003156.

[617] Martirologio Romano t. 1 Venezia Nicolini 1585.
Martyrologium Romanum, ad nouam kalendarij rationem, Venetiis, apud Dominicum Nicolinum, 1585, [24], 307, [5] p., 8°. IT\ICCU\CNCE\011427.

[618] D[ivi] Augustini in Novum, et Vetus Testamentum t. 1 Venezia Vaugri 1543.
Augustinus, Aurelius (santo), *D. Aurelii Augustini tam in Vetus quam in Nouum Testamentum commentarij, ex omnibus eiusdem lucubrationibus per Ioannem Gastium Brisacensem collecti, denuo recogniti & quam diligentissime castigati*, Venetiis, ex officina Erasmiana apud Vincentium Vaugris, 1543, [28], 332 c., 4°. IT\ICCU\LO1E\006472.

[619] Vita di S. Luigi Gonzaga t. 1 Mantova Pazzoni 1727.
Sacchini, Francesco (1570-1625), *Ristretto della vita, e delle virtù di S. Luigi Gonzaga della Compagnia di Gesù, tradotto in italiano dal latino, in cui lo compose il P. Francesco Sacchini. Con un'aggiunta degli atti della sua canonizzazione, ed alcune sue grazie, e miracoli*, in Mantova, nella stamperia di San Benedetto, per Alberto Pazzoni impressore arciducale, 1727, [16], 348, [4] p., [1] c. di tav. ritr., 8°. IT\ICCU\TO0E\071432.

[620] Bossuet Stato dell'orazione t. 1 Venezia Storti 1734.
Bossuet, Jacques Bénigne, *Istruzione sopra gli stati d'orazione in cui si espongono gli errori de' falsi mistici de' nostri tempi cogli atti della loro condannagione. Opera di monsignore Jacopo Benigno Bossuet. Tradotta dal francese*, in Venezia, presso Francesco Storti in Merceria all'insegna della Fortezza, 1734, xxxij, 400 p., 8°. IT\ICCU\TO0E\049485.

[621] Benedicti XIV Bullarium t. 4 Parma Borsi 1754 [1758].
Benedictus (papa, XIV), *Sanctissimi domini nostri Benedicti papae 14. Selectae quaedam constitutiones, bullae, decreta, epistolae &c., animarum pastoribus & confessariis utiliores ac necessariae. Volumen primum [-quartum]. Unica Parmensis*

editio, aliarum uberrima, Parmae, excudebat Franciscus Borsi, 1758, 4 v., 8°. IT\ICCU\PARE\056868.

[622] Mileri Nomoalogia [Archologia] ordinum imperialium t. 1 Tubingie Cotta 1663.
Myler ab Ehrenbach, Johann Nikolaus, *Nicolai Myleri ab Ehrenbach Archologia ordinum imperialium, seu De principum & aliorum statuum Imperii Rom. Germanici prisca origine, Liber singularis*, Tubingæ, impensis Joh. Georgii Cottæ, acad. Bibliopolæ, literis Johan. Henrici Reisii, 1663, [8], 231, [1] p., 4°. IT\ICCU\NAPE\022267.

[623] Massi monacha instruita t. 1 Roma Chracas 1701.
Massi, Giacomo, *L'abbadessa, e monaca istruita nel buon governo spirituale, e temporale, e resoluzione de' dubbj, che possono occorrere nelle loro regole. Con gl'avvisi necessarj a' confessori, e visitatori di esse. Composto, e dato in luce da Giacomo Massi prete secolare. All'eminentissimo, cardinale Gasparo Carpegna vicario di Nostro Signore, &c*, in Roma, a spese di Luc'Antonio Chracas, appresso la gran Curia Innocenziana, 1701, [12], 304 p., 4°. IT\ICCU\RLZE\033380.

[624] Sillingardi trattato delle tentazioni t. 1 Modena Verdi 1605.
Sillingardi, Gasparo (1537-1607), *Trattato delle tentationi diuiso in tre parti. Di doue potrà ogni fedele apprendere, che cosa siano tentationi, onde vengano, e perché vengano. Dell'illustriss. & reuerendiss. monsignor Gasparo Sillingardi vescouo di Modona. Con due tauole*, in Modona, presso Gio. Maria Verdi, stampator episcopale, 1605, [24], 420 p., 4°. IT\ICCU\UM1E\009522.

[625] Vita di S. Filippo Neri t. 1 Roma Grugiotti 1622.
Bacci, Pietro Giacomo, *Vita del b. Filippo Neri Fiorentino fondatore della Congregatione dell'Oratorio. Raccolta da' processi fatti per la sua canonizatione da Pietro Iacomo Bacci Aretino*, in Roma, appresso Andrea Brugiotti, nella stamperia di Pietro Discepolo, 1622, [8], 320, [24] p., 4°. IT\ICCU\PARE\043310.

n. 3.

[626] Vita di Suor Catterina Orefici t. 1 Lucca Riccomini 1774.
Si tratta di un libro di contenuto agiografico, non individuato, su suor Maria Caterina di San Benedetto, al secolo Domenica Orefici, monaca dell'ordine delle Canonichesse Regolari di S. Agostino a Pontremoli (1699-1766).

[627] P[ad]re Azzi Quaresimale t. 1 Venezia Pitteri 1711.
Altra edizione: Azzi, Felice degli (1671-1745), *Quaresimale del padre Felice degli Azzi da Parma, della più stretta osservanza, o riforma di S. Francesco*, in Venezia, appresso Francesco Pitteri, 1740, [36], 396 p., [2] c. di tav. ripieg., ill., 4°. IT\ICCU\TO0E\045000.

[628] Travagli di Gesù Christo t. 1 Venezia Pezzana 1674.
Thomé de Jesus (1529-1582), *Travagli di Giesù composti dal M. R. P. Fr. Tomaso di Giesù. Tradotti prima dalla lingua portughese nella castigliana da Christoforo Ferrera, e Sampayo, et hora di nuovo dalla castigliana nella volgar comune italiana dal P. Lodovico Flori. In questa ultima traduttione vi si è aggiunta la maggior parte delle autorità latine della Sacra Scrittura, e de' santi dottori, che si son potute trouare. Con tre tavole molto copiose*, Venetia, per Nicolò Pezzana, 1674, [8], 572, [12] p., 4°. IT\ICCU\VIAE\041336.

[629] Fuschi de visitatione ecclesiarum t. 1 Roma Fei 1616.
Fusco, Paolo de, *Pauli Fuschi episcopi Sarnensis De visitatione et regimine ecclesiarum. Libri duo. In quo latissime, et exactissime disseruntur suo ordine, iuxta sacros canones conciliorum omnium. Cum titulorum, ac sententiarum, rerumque notabilium amplissimo indice, ordine alphabetico digesto*, Romae, ex typographia Andreae Phaei, 1616, [8], 480, [72] p., 4°. IT\ICCU\LIAE\004128.

[630] Pratica di coscienza per le monache t. 1 Brescia Gromi 1689.
Richiedei, Paolo, *Pratica di coscienza per tutte le religiose claustrali diuisa in ventidue trattati: cioè obedienza, pouertà, castità, clausura, officio diuino, messa, silenzio, orazione, carità, vmiltà, buon esempio, mortificazione, digiuno, e beni di sopraerogazione. Aggiontaui la pratica insieme circa l'esame di coscienza, confessione,*

communione, e perfezzion religiosa. Con *vn trattato pure dell'autorità che tiene ogni superiora sopra le sue monache: et vn altro spettante à tutte le officiali da lei istituite, in materia de' loro officij. Opera del p. maestro f. Paolo Richiedei de' predicatori*, in Brescia, per Domenico Gromi, 1689, [8], 590, [2] p. ill., 4°. IT\ICCU\UM1E\007848.

[631] Mattei Istoria delle guerre tra Francia e Spagna t. 1 Venezia Barezzi 1628.
Matthieu, Pierre (1563-1621), *Historia verace delle guerre seguite frà le due gran corone di Francia, e di Spagna; durante il regno de' christianissimi re, Francesco 1. Henrico 2. Francesco 2. Carlo 9. Henrico 3. & Henrico 4. il Grande, re di Francia, e di Nauarra, insino alla pace di Veruins, & alla morte di Filippo 2. re di Spagna: con la genealogia della real casa di Francia, dal re Faramondo sino al viuente rè Luigi 13. il Giusto: del signor Pietro Mattei trasportata dalla lingua francese nell'italiana, & arricchita di sommarij dal sig. D. Girolamo Canini; accopiatoui appresso gli stati di Francia, et la loro possanza, & anche di quella de gli istessi re del signor Matteo Zampini*, in Venetia, presso il Barezzi, 1628, 2 v. ([16], 72, 28; 140, [4] p.), 4°. IT\ICCU\NAPE\004737.

[632] Directorium visitatorum t. 1 Roma Faciotti 1593.
Resta, Luca Antonio (vescovo, m. 1597), *Directorium visitatorum, ac visitandorum cum praxi, et formula generalis visitationis omnium, & quaruncumque ecclesiarum monasteriorum, regularium, monialium, piorum locorum, & personarum. Auctore R.P.D. Luca Ant. Resta Messapiense episcopo Andrien*, Romae, ex typographia Guielmi [Guilelmi] Facciotti, 1593, [16], 219, [9] p. 1 ritr., 4°. IT\ICCU\RMLE\001223.

[633] Sermones Discipuli t. 1 Venezia Sessa 1584.
Herolt, Johann (XV sec.), *Sermones discipuli, de tempore & de sanctis, cum exemplorum promptuario, ac miraculis B. Virginis. Quibus annexi sunt etiam casus papales, et episcopales, necnon à sacra Communione inhibitiones. Ab innumeris, quibus referti erant mendis, quàm accuratissimè nuper repurgati, atque suæ integritati restituti. Cum indice copiosissimo, ac fidelissimo rerum notabilium, atque materiarum in opere contentarum*, Venetiis, apud hæredes Melchioris Sessæ, 1584, 2 v. ([56], 624; [8], 160, 205, [19], 44, [4]) p., 4°. IT\ICCU\RMLE\012527.

[634] Stapletti super evangelia t. 2 Venezia Ricciardi 1608.
Stapleton, Thomas (1535-1598), *Promptuarium catholicum ad instructionem concionatorum contra haereticos nostri temporis, super omnia euangelia totius anni, tam dominicalia, quam de festis. Authore Thoma Stapletono. Hac sexta editione plurimis in locis nouis additionibus ab eodem authore recens locupletatum. Additus est index rerum copiosissimus*, Venetiis, apud Petrum Ricciardum, 1608, 2 v., 4°. IT\ICCU\CAGE\017157.

[635] Vita di S. Gertrude t. 1 Venezia Colosini 1605.
Gertrud die Grosse (santa), *La vita della B. Vergine Gertruda. Ridotta in cinque libri dal R. F. Gio. Lanspergio monaco della Certosa. Tradotta per l'eccell. medico M. Vicenzo Buondi, et in questa vltima editione aggiuntiui gli essercitij di detta santa. Con due tauole, l'vna de' capitoli, & l'altra delle cose notabili*, in Venetia, appresso Gio. Battista Colosini, 1605, [20], 605, [1] p., 4°. IT\ICCU\CFIE\007844.

[636] Omilie, ed orazioni di Clemente XI t. 1 Venezia Poletti 1727.
Clemens (papa, XI), *Le omelie ed orazioni della santità di n. signore papa Clemente 11. Volgarizzate da Giovan Mario de' Crescimbeni accademico della Crusca. Terza impressione*, in Venezia, per Andrea Poletti, 1727, [14], 368 p. ill., 1 ritr. calc., 8°. IT\ICCU\NAPE\021145.

[637] Septali de peste t. 1 Milano Bidelli 1622.
Settala, Lodovico (1552-1633), *Ludovici Septalii de peste, & pestiferis affectibus. Libri quinque*, Mediolani, apud Ioannem Baptistam Bidellium, 1622, [16], 343, [17] p., 4°. IT\ICCU\PUVE\010414.

[638] Bauldry Manuale cerimoniarum sacrarum t. 1 Venezia Baglioni 1726.
Bauldry, Michel, *Manuale sacrarum caeremoniarum, juxta ritum S. Romanae ecclesiae; in quo omnia quae ad usum omnium cathedralium, collegiatarum parochialium accuratissime tractantur; auctore Michaele Bauldry. Editio septima Veneta, supra caeteras emendata, novisque additionibus locupletata; addita quinta parte loco caeremonialis episcoporum*, Venetiis, ex typographia Balleoniana, 1726, [16], 432 p., [1] c. di tav. ill., 4°. IT\ICCU\BRIE\010931.

[639] A portu liturgia morale t. 1 Venezia Lovisa 1705.
Ippolito di Porto, *De cultu Dei, et hominum opus liturgico-morale liber primus liturgicus continens adnotationes ad rubricas missalis Romani de ritu seruando in celebratione missae. Auctore Hippolyto a Portu*, Venetiis, apud Dominicum Lovisam, 1705, [8], 384 p., 4°. IT\ICCU\BVEE\060696.

[c. 13v]

[640] Granata Conciones de tempore t. 1 Venezia Salamandra 1578.
Luis de Granada, *Primus [- secundus] tomus concionum de tempore, quae à prima dominica Aduentus vsque ad Quadragesimae initium in ecclesia haberi solent. Adiectae sunt in fine quinque de poenitentia conciones, quae diebus Dominicis in Quadragesima post meridiem habitae sunt. Authore r.p.f. Ludouico Granaten.*, Venetiis, ad candentis Salamandrae insigne (apud Ioannem Antonium Bertanum), 1578, [16], 513 [i.e. 507], [1] c., 4°. IT\ICCU\UBOE\024978.

[641] Landulfus de Saxonia Vita Christi t. 1 Venezia Rubini 1568.
Ludolph von Sachsen (sec. XIV), *Vita Iesu Christi redemptoris nostri, ex foecundissimis euangeliorum sententiis, per Ludolfum de Saxonia sacri Carthusiensium ordinis obseruantissimum. Cui accessit vita Diuae Annae, ac Beati Ioachim parentum gloriosissimae Virginis Mariae, in qua etiam eiusdem sacrosanctae Virginis historia continentur. Adiecto insuper duplici indice. Omnia ad vetustorum exemplarium fidem accuratissimè recognita, hacque postrema editione summo studio à quàmplurimis erroribus castigata, candorique pristino restituta*, Venetiis, excudebat Bartholomaeus Rubinus, 1568, [28], 563, [1] c., 4°. IT\ICCU\BVEE\010092.

[642] Opere di S. Maria Maddalena de Pazzi t. 1 Venezia Baglioni 1675.
Maria Maddalena de' Pazzi (santa), *Opere di santa Maria Maddalena de' Pazzi carmelitana monaca del venerando munistero di S. Maria degl'Angioli di Firenze. Raccolte dal M.R.P. maestro frà Lorenzo Maria Brancaccio carmelitano dell'osseruanza di S. Maria della Vita in Napoli. E diuise dal medesimo in cinque parti. Con la vita della medesima santa descritta dal signor D. Vincenzo Puccini,*

in Venetia, presso Paolo Baglioni, 1675, 2 v., 4°. IT\ICCU\BVEE\050623. Capretti possiede solo uno dei due volumi.

[643] Piatti Stato religioso t. 1 Venezia Franceschi 1600.
Piatti, Girolamo (1545-1591), *Del bene de lo stato de' religiosi libri tre, del M.P.R. Girolamo Piatti, sacerdote de la Compagnia di Giesù, dal signor Bartolomeo Zucchi gentilhuomo di Monza fatti in lingua toscana e dal medesimo signor Zucchi in questa seconda impressione rieduti, & abbelliti*, in Venetia, appresso gli heredi di Francesco de' Franceschi, 1600, [32], 930 [i.e.810, 2] p., 4°. IT\ICCU\BVEE\019111.

[644] Sermoni, ed omelie, de santi padri t. 1 Venezia Bertani 1573.
Raccolta di prediche non individuata.

[645] Sperelli della messa t. 1 Venezia Ruinetti 1696.
Sperelli, Alessandro, *Parainesis teletourgike. Parenesi teleturgica in cui si scuoprono i tesori nel sacrifizio della messa nascosti, e si dà il modo a' sacerdoti, & a' laici di farne acquisto. Opera di monsignor Alessandro Sperelli. Edizione terza accresciuta dal dottor d. Gio. Maria Moratti*, in Venezia, per Giuseppe Maria Ruinetti, 1696, [16], 310, [26] p. , [1] c. di tav. ill., 8°. IT\ICCU\MODE\016945.

[646] Manco il religioso santo t. 1 Venezia Manfré 1718.
Manco, Bernardino (1624-1690), *Il religioso santo del P. Bernardino Manco. Del vero e proprio moto perpetuo, o assiduo di alcune virtù, che conducono il religioso non solo a farsi santo, ma a farsi presto santo e perfetto. Opera distinta in sei libri. Seconda impressione*, in Venezia, appresso Gio. Manfré, 1718, [4], 387, [1] p., 8°. IT\ICCU\UBOE\022974.

[647] Vita della Beata di Cha[n]tal t. 1 Roma Sciara 1734.
Saccarelli, Carlo Antonio (1684-1758), *Vita della Venerabile Madre Giovanna Francesca Fremiot di Chantal fondatrice dell'ordine della Visitazione di S. Maria, composta da Carlantonio Saccarelli de' Ch[i]erici Regolari ministri degl'infermi, e dal medesimo dedicata alla Sacra Real Maestà di Maria Clementina Subieski regina della Gran Brettagna*, Roma, nella stamperia del Komarek al

Corso in Piazza di Sciarra, 1734, [24], 572, [20] p., [1] c. di tav. calc., ill., 4°. IT\ICCU\RLZE\025366.

[648] Orsi dis[s]ertazione dogmatica morale t. 1 Roma Majnardi 1727.
Orsi, Giuseppe Agostino (1692-1761), *Dissertazione dogmatica, e morale contro l'uso materiale delle parole in cui dimostrasi colla tradizione de' Padri e d'altri antichi scrittori che le parole, ne' casi eziandio di grave, o estrema necessità, non perdono per legge della Repubblica il valor del lor significato. Opera del p.l.f. Giuseppe Agostino Orsi*, in Roma, nella stamperia di Girolamo Mainardi, 1727, [8], XXII, [2], 232, [4] p., ill., 4°. IT\ICCU\TO0E\047227.

[649] Gotti la vera Chiesa di Cristo t. 3 Milano Malatesta 1734.
Gotti, Vincenzo Lodovico, *La vera Chiesa di Cristo dimostrata da' segni, e da' dogmi contra i due libri di Giacomo Picenino. Opera dell'emin., e rev. cardinale fr. Vincenzo Lodovico Gotti dell'ordine de' Predicatori, in questa seconda edizione corretta e notabilmente accresciuta dal medesimo autore. Tomo primo [-terzo]*, in Milano, nella regio-ducal corte, per Giuseppe Richino Malatesta, stampatore regio-camerale. Si vendono da Giuseppe Cairoli libraro sotto al portico de' Figini, 1734, 3 v., 4°. IT\ICCU\TO0E\021723.

[650] Vita di S. Filippo Neri t. 1 Brescia Rizzardi 1706.
Bacci, Pietro Giacomo, *Vita di S. Filippo Neri fiorentino fondatore della Congregazione dell'Oratorio, scritta dal p. Pietro Giacomo Bacci ed accresciuta di molti fatti e detti dell'istesso Santo, cavati da i processi della sua canonizzazione*, in Brescia, dalle stampe de gli eredi di Gio. Maria Rizzardi, 1706. IT\ICCU\PARE\000212.

[651] Lambertini sopra le feste t. 2 Bologna Longhi 1740.
Benedictus (papa, XIV), *Annotazioni sopra le feste di nostro Signore e della beatissima Vergine secondo l'ordine del calendario romano. Opera composta dall'eminentiss. e reverendiss. sig. cardinale Prospero Lambertini. Tomo primo [-secondo]*, in Bologna, nella stamperia del Longhi stampatore arcivescovile, 1740, 2 v., 4°. IT\ICCU\MILE\001329.

[652] Martirologium Romanum t. 1 Venezia Ciera 1690.
Chiesa Cattolica, *Martyrologium Romanum Gregorii 13. pontificis maximi iussu editum, et Innocentii vndecimi auctoritate recognitum, accessit huic editioni eorum memoria, qui a Summis Pontificibus, vsque ad Alexandrum 8. pontificem maximum. In Sanctorum numerum relati sunt*, Venetiis, apud Cieras, 1690, [36], 162 [i.e. 180], 73, [3] p., 4°. IT\ICCU\VIAE\006444.

[653] Zaccharia Antifebronio t. 2 Cesari Amatina 1767.
Antifebronio di Francescantonio Zaccaria della Compagnia di Gesù, parte I. Polemica & parte II. Storica, in Pesaro, stamperia Amatina, 1767, 2 v., in 4°. IT\ICCU\MILE\003220. Dalla censura austriaca fu interdetto nel 1776. Nel 1784 la censura austriaca vietò un altro suo libro tradotto in tedesco.

n. 4.

[654] Getii Tesaurus Animae t. 4 Milano Ramellati 1639.
Ghezzi, Francesco (m. 1639), *Thesaurus animae ex morali theologia ad sensum diui Thomae Aquinatis explicata collectus, auctore F. Francisco Ghetio de Como sacrae theologiae doctore almi ordinis praedicatorum. Jn hoc opere theologia moralis omniscij diui Thomae Aquintis, diuinae voluntatis interpretis in formam redigitur scholasticam, dilucidatur, ab obiectis recentiorum omnium vindicatur, & quòd sit fons omnium summistarum, manifestatur*, Mediolani, typis Io. Petri Ramellati, 1639 (ex typographia Ambrosiana prope Rosam), 4 v., 2°. IT\ICCU\BVEE\052957.

[655] Cassiodorus in psalmos gotico t. 1 Venezia Scotti 1517.
Cassiodorus, Flavius Magnus Aurelius, *Cassiodori clarissimi Senatoris Romani in Psalterium expositio* (Venetijs, impensa heredum quondam Domini Octauiani Scoti Modoetiensis ac sociorum, 8 die Martij 1517), [18], 227, [1] c., 2°. IT\ICCU\BVEE\001968.

[656] Braccharini de jure doctoratus t. 1 Roma Tinassi 1677.
Edizione simile alla seguente: Brancaccini, Domenico Maria, *Magistri fr. Dominici Mariæ de Brancaccinis Florentini De iure doctoratus libri 4*, Romæ, typis, & sumptibus Nicolai Angeli Tinassij impressoris Cameralis, &

Vaticani, 1689, [20], 484 [i.e. 494], [34] p., 2°. IT\ICCU\RMGE\001375.

[657] Summa D. Thomae contra gentes t. 1 Venezia Giunti 1524.
Tommaso d'Aquino (santo), *S. Tho. contra gentiles. Cum commento. B. Thomas Aquinas ex praedicatoria familia contra gentiles acriter pugnat hoc codice: & gloriose triumphat. Cuius nobis iacula ad consimilia certamina Franciscus Ferrariensis solerter expedit. Huic Clemens 7. pon. max. post egregium regimen observantiae quae Lombardiae nuncupatur regenti conuentum & gymnasium Bononiense totius ordinis curam merito commisit. Anno salutis. 1524. Quo & impressum est hoc opus,* (Venetijs, summa diligentia & expensis nobilis viri D. Luceantonij Iunta Florentini, 1524, die 10 Octobris) [16], 525, [1] c., 2°. IT\ICCU\BVEE\022844.

[658] Coaruvias opera omnia t. 2 Venezia Scotti 1581.
Covarrubias y Leyva, Diego (1512-1577), *Didaci Couarruuias a Leyua Toletani, Opera omnia, multo quàm prius emendatiora, ac multis in locis auctiora, in duos diuisa tomos. Index rerum omnium notabilium locupletissimus. Tomus primus [-secundus]*, Venetiis, apud haeredem Hieronymi Scoti, 1581, 2 v., 2°. IT\ICCU\BVEE\016083.

[659] Innocentii IV in libros Decretalium t. 1 Venezia 1570.
Innocentius IV (papa), *Diuina Innocentii 4. pontificis maximi doctoris subtilissimi in 5 libros decretalium commentaria. A D. L. Paulo Rosello adnotationibus, summarijsque quibusdam in locis ab hinc multos annos ornata. Nunc verò M. D. Leonardi à Lege iuriscon. Mantuani diligentiori studio recognita, atque ab innumeris erroribus, quibus summi viri deprauata passim & mutila vbique se deprehendisse conquerebantur, tam in textu, quàm in allegationibus integritati suae restituta: nouis rerum omnium notabilium summis amplius duobus millibus in locis, in quibus deerant, atque additionibus eiusdem illustrata*, Venetiis, 1570, 2 v. ([16], 684; [92] p.), 2°. IT\ICCU\BVEE\012355.

[660] Rinaldi annali ecclesiastici t. 2 Roma Varesi 1670.
Rinaldi, Odorico (1595-1671), *Annales ecclesiastici ab anno 1198 vbi card. Baronius desinit auctore Odorico Raynaldo Taruisino Congregationis Oratorii presbytero. Tomus 13.[-21.]*, Romae, ex typographia Varesii, 1646-1677, 10 v.,

2°. IT\ICCU\TO0E\030592. Capretti possiede solo due dei dieci volumi.

[661] Muratori Carità cristiana t. 1 Modena Sogliani 1723.
Muratori, Lodovico Antonio, *Della carità cristiana, in quanto essa è amore del prossimo, trattato morale di Lodovico Antonio Muratori bibliotecario del serenissimo sig. duca di Modena &c. Dedicato alla sacra cesarea cattolica real maestà di Carlo 6. imperadore de' romani, re delle Spagne, Ungheria, Boemia &c*, in Modena, per Bartolomeo Soliani stampatore ducale, 1723, xxxii, 443, [1] p., 4°. IT\ICCU\TO0E\036162.

[662] Gotti opera t. 10 Roma Barnabò 1736.
Gotti, Vincenzo Lodovico, *Veritas religionis christianae et librorum quibus innititur contra atheos, polytheos, idolatras, mahometanos, & judaeos demonstrata per fr. Vincentium Ludovicum Gotti Tomus 1. [-7.]*, Romæ, ex typographia Rochi Barnabò, 1735-1740, 7 volumi in 12 tomi, 4°. IT\ICCU\CAGE\005147. Capretti possiede solo dieci tomi, anziché dodici.

[663] Sani prediche t. 1 Bologna Volpe 1732.
Sani, Paolo Antonio (m. 1730), *Opere postume del padre maestro Paolo Antonio Sani minor conventuale da Bologna divise in due parti: la prima contiene le prediche, la seconda le orazioni panegiriche, e accademiche*, in Bologna, nella stamperia di Lelio dalla Volpe, 1732, [8], 322, [2] p., 4°. IT\ICCU\TO0E\049227.

[664] Storia di S. Pietro Martire t. 1 Milano Malatesta 1741.
Campana, Pier Tommaso, *Storia di S. Piero martire di Verona del sagro ordine de' Predicatori scritta dal padre fr. Pier-Tommaso Campana*, in Milano, nella regio-ducal corte, per Giuseppe Richino Malatesta stampatore regio-camerale, 1741, [16], 320, [16] p., 4°. IT\ICCU\TO0E\024371.

[665] Wigandt tribunal confessariorum t. 1 Venezia Pezzana 1724.
Wigandt, Martin (m. 1708), *Tribunal confessariorum, et ordinandorum declinato probabilismo; complectens omnes usitatiores materias theologico-morales juxta dogmata Thomae Aquinatis. Opera, ac studio r.p. Martini Wigandt. Quinta editio*

Veneta, à r.p. Francisco Vidal Gemino aucta tractatu propositionum damnatarum, & bullae cruciatae, Venetiis, apud Nicolaum Pezzana, 1724, [40], 840, [12] p., 4°. IT\ICCU\PUVE\004781.

[666] Vocabulario latino t. 1 Venezia Baseggio 1724.
Accademia della Crusca, *Vocabolario degli Accademici della Crusca compendiato da un accademico animoso, secondo l'ultima impressione di Firenze del 1691. Edizione terza ricorretta al serenissimo e reverendissimo signor cardinale Francesco-Maria de' principi di Toscana*, in Venezia, appresso Lorenzo Baseggio, 1724, 2 v., 4°. IT\ICCU\TO0E\027975.

[667] Vita di S. Francesco di Sales t. 1 Venezia Pezzana 1720.
Gallizia, Pier Giacinto (m. 1737), *La vita di S. Francesco di Sales vescovo, e prencipe di Geneva, fondatore dell'ordine della Visitazione scritta da Pier Giacinto Gallitia. In questa seconda edizione, rivista, ed accresciuta dall'autore*, in Venezia, presso Nicolò Pezzana, 1720, [24], 491, [9] p., 4°. IT\ICCU\TO0E\055410.

[668] Concina teologia cristiana t. 2 Bologna Occhi 1760.
Concina, Daniele, *Theologia christiana dogmatico-moralis contracta in tomos duos. Auctore f. Daniele Concina ord. Praed. Tomus prior [-alter]*, Bononiae, Simonis Occhi Veneti bibliopolae Curis, 1760, 2 v., 4°. IT\ICCU\MILE\002704.

[c. 14r]

[669] Storia della Bolla Unigenitus t. 1 Colonia Manfré 1757.
Lafitau, Pierre François, *Istoria della costituzione Unigenitus scritta in francese da monsignor Pietro Francesco Lafiteau vescovo di Sisteron tradotta nell'idioma italiano da Innocenzo Nuzzi patrizio romano e cameriere di onore della santità di nostro signore papa Benedetto XIV con una breve giunta degli ultimi eventi*, in Colonia, a spese di Giovanni Manfrè, 1757, XIX, [1], 240 p., 4°. IT\ICCU\PUVE\006087. La censura austriaca condannò venti pubblicazioni riguardanti la Bolla Unigenitus, dal 1715 all'anno 1800[9].

---

[9] Si veda http://www.univie.ac.at/censorship/.

[670] Maggio disquisitiones liturgicae t. 1 Palermo Bossi 1666.
Maggio, Francesco Maria, D. *Francisci-Mariae Maggio clerici regularis Panormitani De Sacris Caeremoniis obiri solitis in Dei templis, ac monasteriis, praesertim in Diuino officio & choro, disquisitiones rituales, asceticae, et vtplurimum nouae. Quae vel ex sanctis patribus, vel ex sacris conciliis, vel ex priscis, aut probae notae scriptoribus, ad Romanum morem, discussis omnium pene ordinum ritibus, ad Lydium veluti lapidem, explicantur. Opus non modo religiosis*, Panormi, typis Augustini Bossij eiusdem Augustini Bosij sumptibus, 1666, [20], 484 p., ill., 2°. IT\ICCU\RLZE\025204.

[671] Lazana consulta varia t. 1 Venezia Baba 1651.
Lezana, Juan Bautista de (1586-1659), *Consulta varia theologica, iuridica, et regularia pro conscientiarum instructione, circa controuersias in alma vrbe, etiam apud sacra tribunalia agitatas; quorum vltimum pro coronide est de singularissimo d. Petri papatu in Ecclesiam, d. Paulo apostolo etiam excluso, per P.M. Io. Baptistam de Lezana*, Venetiis, apud Franciscum Baba, 1651, [8], 402, [18] p., 2°. IT\ICCU\BVEE\049592.

n. 5.

[672] Fragossi de regimine Reipublicae Christianae t. 3 Londra [Lione] Anyson 1667.
Fragoso, Joao Baptista (1559-1639), *R. P. Fragosi regiminis reipublicae christianae, ex sacra theologia, et ex utroque iure, ad utrumque forum coalescentis tomus primus, in quo, quae ad magistratuum civilium gubernationem, potestatem, iurisdictionem, et obligationes pertinent, fuse exponuntur. Nunc secundum prodit multo correctior*, Lione, sumptibus Laurentii Anisson, 1667, [8], 720, 723-1032, [50] p, 2°. IT\ICCU\RLZE\012369.

[673] Gibalini Scienza Canonica t. 2 Londra [Lione] Bordé 1670.
Gibalin, Joseph, *R.p. Iosephi Gibalini e societate Iesu theologi Scienza canonica et hieropolitica opus nouum, in tres tomos partitum; in quo singula, quæ toto corpore iuris pontificij sparsa sunt, ad certa, & indubitata principia reducuntur. Tomus primus [-tertius]*, Lugduni, sumptibus Laurentij Arnaud, & Petri Borde, 1670, 3 v., 2°. IT\ICCU\RMGE\001748. Capretti possiede solo due dei tre volumi.

[674] Tomasini Disciplina Ecclesiae vetus, et nova t. 3 Lucca Venturini 1728.
Thomassin, Louis (1619-1695), *Vetus et nova Ecclesiae disciplina circa beneficia et beneficiarios, distributa in tres partes, sive tomos, quae & ipsae in tres libros singulae distributae sunt. Authore eodemque interprete Ludovico Thomassino oratorii Gallicani presbytero*, Lucae, sumptibus Leonardi Venturini, 1728, 3 v., 2°. IT\ICCU\MILE\000101.

[675] Barbosa de canonicis, et dignitatibus t. 1 Venezia Feltrini 1707.
Barbosa, Agostinho (1590-1649), *Augustini Barbosae Tractatus de canonicis, et dignitatibus. Aliisque inferioribus beneficiariis cathedralium, & collegiatarum ecclesiarum, eorumque officiis, tam in choro, quam in capitulo. Ab ipso authore recognitus, & hac ultima editione quamplurimorum additamentorum accessione locupletatus. Cum summariis, et indicibus copiosis*, Venetiis, apud Natalem Feltrini in Via Mercatoria sub signo Virtutis Coronatae, 1707, [8], 176, [28] p., 2°. IT\ICCU\UBOE\008363.

[676] Barbosa de Concilium Tridentinum t. 1 Venezia Feltrini 1709.
Barbosa, Agostinho (1590-1649), *Augustini Barbosae Collectanea doctorum, qui in suis operibus Concilii Tridentini loca referentes illorum materiam incidenter tractarunt, & varias quaestiones, in foro ecclesiastico versantibus maxime utiles, deciderunt. Hac ultima editione ab ipso auctore recognita, & quamplurimorum additamentorum accessione sesquiamplius aucta. Cum summariis, et quinque indicibus copiosis*, Venetiis, apud Natalem Feltrini in Via Mercatoria sub signo Virtutis Coronatae, 1709, [16], 414, [2] p., 2°. IT\ICCU\UBOE\008432.
Barbosa ebbe due opere condannate nel 1621 e 1642: ILI XI, p. 103. Una era proprio sul Concilio di Trento.

[677] Del Bene de juramento, et voto t. 1 Londra [Lione] Barbieri 1669.
Del Bene, Tommaso (1605-1673), *R.P.D. Thomæ Del Bene, Tractatus de iuramento; in quo de eius et voti relaxationibus, irritationibus, tractatur. Cui decisiones Sacræ Rotæ Romanæ ad hanc materiam spectantes accedunt. Nunc primum*

prodit in lucem, Lugduni, sumptibus Ioannis-Antonij Huguetan, & Guillielmi Barbier, 1669, [16], 682, [154] p., 2°. IT\ICCU\MILE\006719.

[678] Del Bene de officio S. Inquisitionis t. 2 Londra [Lione] Bordé 1673.
Altra edizione: Del Bene, Tommaso (1605-1673), *R.P.D. Thomae Delbene Tractatus de locis theologicis, ad tomos De officio S. Inquisitionis pernecessarius*, 108 i.e. [208] p., 8°. IT\ICCU\BVEE\063162. La scheda ICCU SBN segnala che l'edizione, priva di data di stampa, dovrebbe essere successiva al 1666. Il manoscritto potrebbe essere quindi attendibile, indicando il 1673.

[679] Bertoni de negligentiis, et ommissionibus t. 1 Ferrara Pomatelli 1704.
Bertoni, Andrea (m. 1698), *De negligentiis et omissionibus tractatus, auctore Andrea Bertono Opus posthumum nunc primo editum in duas partes divisum cum triplici indice*, Ferrariae, sumptibus Bernardini Pomatelli impres. episcopalis, 1704, [26], 492, [16] p., 2°. IT\ICCU\MILE\005273.

[680] Bordoni de poenitentia t. 1 Parma Monti 1703.
Potrebbe essere (nonostante il diverso titolo): Bordoni, Francesco (1595-1671), *Reverendissimi p. m. Francisci Bordoni Parmensis Opus posthumum, de recenti primò in lucem proditur, quod consistit in duas appendices ad Manuale consultorum in causis sancti Officii contràhæreticam pravitatem occurrentibus paulò ante impressum. Non minori diligentia, quàm industria admodum reverendi patri magistri Francisci Odoardi Mancini*, Parmæ, typis Pauli Montj, sub signo Fidei, 1703, [10], 308, [2], 309-394, [2], 395-669, [1] p., ill., 2°. IT\ICCU\RAVE\014784.

[681] Bordoni Centum consilia t. 1 Parma Rosati 1689.
Bordoni, Francesco (1595-1671), *Centum consilia in vtroque iure, et foro tam interno, quam externo exarata. Per reuerendiss. P.M. Franciscum Bordonum Parmensem. Nunc primo prodeunt ex manuscriptis authoris scelecta*, Parmae, typis Ioseph ab Oleo, & Hippolyti Rosati, 1689, [24], 265, [3] p., 2°. IT\ICCU\VIAE\024340.

[682] Bordoni Tractatus de miraculorum esentia t. 1 Parma Monti 1703.
Bordoni, Francesco (1595-1671), *Reverendissimi P. Francisci Bordoni Parmensis sacrae theologiae doctoris collegiati Opus posthumum, consistens in diversis meditationibus, ordine contexto super miraculorum essentiam, & qualitatem; quo facilius aperitur aditus ad beatificationem, & canonizationem servorum Dei, Hac enim in lucem nunc primo prodeunt una cum Aduocato mulierum Passionis Christi. Quem libellum scripsit vivens ipse auctor, non minori labore, quàm industria P. Francisci Odoardi Mancini de Parma preordinata, & in hunc modum ea meliori solicitudine, qua fuit possibilis, excerpta, cum brevi narratione mortalis vitae auctoris*, Parmae, typis Pauli Monti sub signo fidei, 1703 [8], iij, [1], 451, [1] p., 2°. IT\ICCU\RLZE\013305.

[683] Coninck de moralitate natura, et effetibus actuum super naturalium in genere t. 1 Antuerpia Nucci 1623.
Coninck, Gilles de, *De moralitate, natura, et effectibus actuum supernaturalium in genere. Et fide, spe, ac charitate, speciatim. Libri quatuor. Auctore Ægidio de Coninck siue Regio Bellano, è Soc. Iesu*, Antuerpiæ, ex officina Martini Nutij, 1623, 2°. IT\ICCU\BVEE\048041.

[684] Coninck de sacramentis et censuris t. 1 Londra [Lione] Landrii 1624.
Coninck, Gilles de, *Commentariorum, ac disputationum in vniuersam doctrinam d. Thomae. De sacramentis et censuris, tomi duo. Auctore Aegidio de Coninck. Postrema editio aucta & recognita*, Lugduni, sumptibus Claudij Landry, 1624, 2 v., 2°. IT\ICCU\CFIE\016412.

[685] Carena de officio S. Inquisitionis t. 1 Bologna Monti 1668.
Carena, Cesare, *Tractatus de officio sanctissimae Inquisitionis, et modo procedendi in causis fidei. In tres partes diuisus auctore Caesare Carena Cremonensis I.C. His accesserunt quindecim quaest[iones] ad inquisitores d. Guidonis Fulcodij, nunc primum impressae, & eiusdem auctoris annotationibus illustrata. Hac nouissima editione addita fuit Praxis inquisitorum Francisci Pegnae cum additionibus Carenæ, & Tractatus de strigibus eiusdem Carenae, cum indicibus copiosissimis*, Bononiae, typis Iacobi Montij, 1668, [24], 448 [i.e. 450], [50] p., 2°. IT\ICCU\RAVE\015383.

[686] Aguirre de virtutibus et vitiis t. 1 Roma Rossi 1717.
Saénz de Aguirre, José (1630-1699), *De virtutibus et vitiis disputationes ethicae, in quibus accuratè disseritur quicquid ferè spectat ad philosophiam moralem, ab Aristotelem traditam decem libris ethicorum ad Nicomachum auctore Josepho Saenz de Aguirre*, Romae, ex typographia Antonii de Rubeis, propè S. Sylvestrum de Capite in Via Vitis, 1717, [24], 602, [14] p., 2°. IT\ICCU\UBOE\003537.

[687] Juenin institutiones theologicae t. 2 Londra [Lione] Società 1736.
Juénin, Gaspard (1650-1713), *Institutiones theologicae ad usum seminariorum. Authore Gaspare Juenin, oratorii gallicani presbytero. Tomus primus [-secundus]. Editio nova anterioribus multo auctior, & accuratior in duos tomos distributa. Accessit in fine in hac editione verus sensus Ecclesiae circa gratiam contra Jansenium, juxta auctoris doctrinam*, Lugduni, sumptibus Societatis, 1736, 2 v., 2°. IT\ICCU\UBOE\010038.

[688] Regula juris t. 2 Londra [Lione] Micheli 1587.
Regularum utriusque iuris tam civilis quam pontificii, quae a clarissimis iurisconsultis varie conscriptae ac collectae hactenus circumferebantur quarta hac editione multo auctiorum emendatiorumque tomus primus [-secundus]. Index rerum et locupletissimus ad finem secundi voluminis reiectus est, Lugduni, apud Stephanum Michaelem, 1587, 2 v., 2°. IT\ICCU\MILE\008280.

[689] Bail. Conciliorum summa t. 2 Padova Manfré 1701.
Bail, Louis (1610-1669), *M. Ludovici Bail Abbavillæi Summa Conciliorum omnium ordinata, aucta, illustrata ex Merlini, Joverii, Baronii, Binii, Coriandoli, Sirmundi, aliorumque collectionibus, ac manuscriptis aliquot, cum annotationibus, & controversiis partim dogmaticis, partim historicis, ac verborum indice locupletissimo. Ultima hac editione a pluribus erroribus diligenti multorum exemplarium collatione expurgata. Ea porrò in sex classes distribuitur. 1. Concilia exhibet Veteris Testamenti. 2. Concilia orientalia. 3. Concilia occidentalia. 4. Vulgata provincialia. 5. Ex regionibus variis addita. 6. Decreta aliquot pontificia ac Synodos diœcesanas*, Patavii, ex typographia Seminarii, apud Joannem Manfrè, 1701, 2 v., 2°. IT\ICCU\MILE\001118.

n. 6.

[690] Calepinus septem linguarum t. 1 Padova Manfré 1708.
Calepino, Ambrogio (1435-1510), *F. Ambrosii Calepini Bergomensis Dictionarium septem linguarum. Nova hac editione diligentissimè castigatum; tantaque verborum, ac rerum copia auctum, ut supplemento ad calcem opus fuerit. Accedit lexicon Italico-Latinum multò, quàm anteà, copiosius, unà cum Henr. Farnesii appendiculis*, Patauii, ex typographia Seminarii apud Joannem Manfré, 1708 (si vende in Venezia, in Merceria, all'insegna della Fenice risorta), 4 v. ([8], 952; [2], 392; 64; [2], 67-228 p.), 2°. IT\ICCU\UBOE\031565.

[691] D. Bernardi Abbatis Opera t. 1 Londra [Lione] Giunti 1538.
Bernardus Claraevallensis (santo), *Opera Bernardi. Diui Bernardi abbatis Clareuallis, ordinis Cisterciensis, Opera omnia diuinae institutionis refertissima, accuratione iam denuo censura recognita ac reposita*, Lugduni, excudebatur [Jacques Giunta], 1538 (industria Nicolai Petit, artis impressioriae peritissimi, & bibliopolae, 1538), [32], 315, [76] c., 2°. IT\ICCU\URBE\045026.

[692] Bordoni Manuale consultorum t. 1 Parma dall'Oglio 1693.
Bordoni, Francesco (1595-1671), *Reuerendissimi patris Francisci Bordoni Manuale consultorum in causis S. Officii cui accessit discursus de concursu et examine clericorum ad benefitia vacantia. Opera posthuma undequaque absolutissima, nunc primum edita*, Parmae, sumptibus Iosephi ab Oleo per Hippolytum, & fratres de Rosatis, 1693, [8], xxx, [2], 535, [1], [4], 78 [i. e. 80] p., 2°. IT\ICCU\BVEE\055816.

[693] Bordoni opera t. 5 Londra [Lione] Huguetan 1665.
Bordoni, Francesco (1595-1671), *R.p.m. Francisci Bordoni Opera omnia, iuridico-regularia, et moralia; in quinque tomos distributa. Quorum 1. Sacrum tribunal iudicum in causis sanctæ fidei. 2. Resolutionum partem priorem. 3. Resolutionum partem alteram. 4. Resolutionum partem vltimam, decisionum miscellaneas, & theatrum præcedentiæ. 5. Praxim criminalem, & tractatum de professione regulari*, Lugduni, sumptibus Ioannis-Antonii Huguetan, & Marci-Antonii Rauaud, 1665, 5 v., 2°. IT\ICCU\UM1E\008071.

[694] Bordoni de opinione probabili in concursu probabiliori t. 1 Londra [Lione] Huguetan 1669.
Bordoni, Francesco (1595-1671), R.*p.m. Francisci Bordoni Parmensis Propugnaculum opinionis probabilis in concursu probabilioris. Operum tomus sextus. Cui accedit Additio sex fundamentorum ad propugnaculum eiusdem opinionis. Nunc primum prodit in lucem*, Lugduni, sumptibus Ioannis Antonij Huguetan, & Guillielmi Barbier, 1669, [12], 312, [32] p., 2°. IT\ICCU\BVEE\053909.

[c. 14v]

[695] Zacchiae questiones medico-legales t. 3 Londra [Lione] Nantis 1674.
Zacchia, Paolo (1584-1659), *Pauli Zacchiae Romani. Quaestionum medico-legalium, tomi tres. Editio nova à variis mendis purgata, passimque interpolata, cura Ioan. Danielis Horstii. Praeter indices librorum, titulorum & quaestionum, annexus est index rerum notabilium locupletissimus*, Lugduni, ex typographia Germani Nanty, 1673-1674, 3 v., 2°. IT\ICCU\BVEE\030981.

[696] Baldassarre di S. Catterina opere mistiche t. 1 Bologna Barbieri 1671.
Baldassarre da S. Caterina da Siena (1597-1676), *Splendori riflessi di sapienza celeste vibrati da' gloriosi gerarchi Tomaso d'Aquino e Teresa di Giesù sopra il castello interiore, e mistico giardino metafore della santa. Opera del P.F. Baldassarro di S. Catarina di Siena carmelitano scalzo*, in Bologna, per l'erede di Domenico Barbieri, 1671, [32], 694, [46] p., 2°. IT\ICCU\BVEE\055657.

[697] Roderico de privilegiis religionis t. 1 Venezia Società 1611.
Opera ed edizione non identificate. Simili, forse, a: Cruz, Juan de la (m. 1624, domenicano), *De statu religionis et de priuilegijs, quibus a summis pontificibus est decoratus; epitome. Itemquè Tractatus de casibus reseruatis, iuxta regulam sanct. D.N. papae Clementis 8. Regularibus praescriptam: priori, auctore R.P.F. Ioanne de la Cruz Talabricensi sacri Ordinis praedicatorum, posteriori R.P.F. Francisco a Coriolano, Ordinis min. S. Francisci capuccinorum*, Coloniae Agrippinae, apud Iohannem Kinchium sub Monocerote, 1619, 2 v. ([4], 98, [2]; [14], 87 [i.e 94] p.), 4°. IT\ICCU\BVEE\048424.

[698] Philippi a Sanctissima Trinitate teologia mystica t. 1 Londra [Lione] Bordé 1656.
Philippe de la Très Sainte Trinité (1603-1671), *Summa theologiae mysticae R.P.F. Philippi a Sanctissima Trinitate Carmelitarum Discalceatorum provinciae Sanctae Theresiae in Gallia Provincialis. In qua demonstratur via montis perfectionis, et in tres partes apte divisa secure & foeliciter decurritur: manifestatis opportune, quae passim occurrere solent, periculis. Nunc primum in lucem prodit*, Lugduni, sumptibus Philip. Borde, Laur. Arnaud, & Cl. Rigaud, 1656, [16], 484, [40] p., [1] c. di tav., ill, 2°. IT\ICCU\RLZE\012522.

[699] Natalis ab Alexandro Istoria ecclesiastica t. 8 Parigi Dezallier 1714.
Altra edizione: Noël, Alexandre, *R.P. Natalis Alexandri ordinis FF. Praedicatorum in Sacra facultate Parisiensi doctoris et emeriti professoris Historia Ecclesiastica veteris nouisque Testamenti ab orbe condito ad annum post Christum natum millesimum sexcentesimum: et in loca eiusdem insignia dissertationes historicae, chronologicae, criticae, dogmaticae, in octo divisa tomos*, Parsiis, Dezallier, 1699, 8 v., 2°. IT\ICCU\TO0E\041750.

[700] Vanespen Commentarius t. 4 Lovanio Società 1759.
Espen, Zeger Bernard van (1646-1728), *Zegeri Bernardi Van Espen Opera canonica quae hactenus in lucem prodierunt. Pars prima (-septima). Quibus accedit in hac secunda editione commentarius in canones et decreta juris veteris ac novi*, Lovanio, sumptibus Societatis, 1732, 4v. in 2, 2°. IT\ICCU\SBLE\018958.
Tutte le opere di questo autore, prete belga nato a Lovanio, giurista e professore nella sua città natale, giansenista e gallicano, furono condannate dal Sant'Ufficio nel 1704, nel 1713 e dalla Congregazione dell'Indice nel 1732: ILI XI, p. 908. Van Espen fu anche difensore di Guillaume van de Nesse (1718-1789), autore dell'opera *Motivum juris pro r. domino Guilielmo Van de Nesse pastore s. Catharinae in civitate Bruxellensi apud Senatum Brabantiae supplicante, contra ill.mum ac r.mum d. Archiepiscopum Melchliniensem inthimatum & excipientem, diuisum in quatuor capita*, pubblicata non prima del 1705, 98, 36, 12 p., 4°. IT\ICCU\PUVE\020345. Febronius (Hontheim) si ispirò a lui: entrambi auspicavano l'indipendenza della Chiesa francese e tedesca da Roma.

[701] Barbosa summa apostolicarum decisionum t. 1 Londra [Lione] Arnald 1645.
Barbosa, Agostinho (1590-1649), *Augustini Barbosae Summa apostolicarum decisionum, extra ius commune vagantium, quae ex variis approbatissimorum doctorum libris hucusque impressis, & ad calcem vniuscuiusque allegatis eorum sub fide collectae ad maiorem studiosorum omnium commoditatem alphabetico ordine disponuntur. Nunc primum in lucem prodit*, Lugduni, sumptibus haered. Petri Prost, Philippi Bordes, & Laurentij Arnaud, 1645, [16], 654, [102] p., 2°. IT\ICCU\RMSE\001301.

Fine della seconda libreria.

[c. 15r]

Libreria terza.

n. 1

[702] Savelli praxis criminalis t. 1 Parma Monti 1717.
Savelli, Marcantonio, *Pratica universale del dottor Marc'Antonio Savelli auditore della Rota criminale di Firenze compendiosamente estratta per alfabetto dalle principali leggi, bandi, statuti, ordini, e consuetudini, massime criminali, e miste, che si osservano nelli Stati del serenissimo gran duca di Toscana. Con aggiunta di varie conclusioni di ragione comune, ed una notabile prefazione di fabricare, e risolvere li processi criminali, Con molte aggiunte, e benigne interpretazioni del medesimo autore, e del cav. Guido Antonio Savelli suo figliuolo. Con due repertorj*, in Parma, per Paolo Monti, all'insegna della Fede, 1717, [8], 408 p., 2°. IT\ICCU\UBOE\008408.

[703] Annali carmelitani t. 2 Milano Galiardi 1688.
Fornari, Giuseppe (1655-1748), *Anno memorabile de Carmelitani, nel quale a giorno per giorno si rappresentano le vite, l'opere, & i miracoli di S. Elia profeta loro patriarca, e di tutti li santi, e sante, beati, e venerabili eroi del suo sacro ordine della beatissima madre di Dio Maria Vergine del Monte Carmelo, ordinato, e disposto dal padre maestro Giuseppe Maria Fornari. Tomo primo [-secondo]*, in Mi-

lano, per Carlo Federico Gagliardi, 1688-1690, 2 v., 2°.
IT\ICCU\CAGE\011695.

[704] Riforma de scalzi manca il 1° e 2°, t. 2 Parma Monti 1686.
Edizione stampata a Parma da altro editore: Giuseppe di Santa Teresa, *Riforma de' Scalzi di Nostra Signora del Carmine dell'osseruanza primitiua fatta da santa Teresa di Giesù nell'antichissima religione, fondata dal gran profeta Elia. Scritta dal m. reuerendo padre fr. Giuseppe di santa Teresa suo istorico generale. Tradotta dalla lingua castigliana in quest'italiana dal padre fr. Carlo Luigi di Sant'Alessio del detto Ordine della congregatione d'Italia. Tomo terzo*, in Parma, per Galeazzo Rosati, 1686, [32], 712 p., 2°. IT\ICCU\BVEE\055938.

[705] Gregorii de Valentia Theologiae t. 4 Venezia Ziotti [Ciotti] 1592.
Valencia, Gregorio de (1549-1603), *Gregorij de Valentia Metimnensis, e Societate Iesu, sacrosanctae theologiae in academia Ingolstadiensi professoris Commentariorum theologicorum tomi quatuor. In quibus omnes materiae, quae continentur in Summa Theologica diui Thomae Aquinatis, ordine explicantur*, Venetijs, apud Ioannem Baptistam Ciottum, 1592-1600, 4 v., 2°. IT\ICCU\BVEE\053544.

[706] Mauro Teologia, manca il primo, t. 2 Roma Tinassi 1687.
Mauro, Silvestro (1619-1687), *Opus theologicum in tres tomos distributum in quo praecipua totius theologiae capita accuratè pertractantur. Authore p. Sylvestro Mauro Societatis Iesu. Tomus primus [- tertius]. Adiecto ad finem tertij tomi indice rerum notabilium*, Romæ, typis, & sumptibus Nicolai Angeli Tinassij, 1687, 3 v., 2°. IT\ICCU\UM1E\003810. Capretti possiede solo il 2° e 3° volume.

[707] Vasquez in prima parte D. Thomae t. 4 Venezia Dacchini [Deuchini] 1608.
Vázquez, Gabriel (1551-1604), *Gabrielis Vasquez Bellemontani, theologi celeberrimi e Societate Iesu, Commentariorum, ac disputationum in primam partem, & in primam secundæ Summæ theologiæ sancti Thomæ Aquinatis, tomi tres. Nouissime impressi iuxta ipsius vltimum exemplar Hispaniæ ab auctore diligentissime recogniti, & aucti. Cum triplici indice, Taruisij*, Venetijs, sumptibus Euangeli-

stæ Deuchini bibliopolæ commorantis, 1608-1609, 4 v., ritr., 2°. IT\ICCU\RAVE\013487.

[708] Bertaroli consiliorum in criminalibus t. 1 Venezia Somaschi 1585.
Bertazzoli, Bartolomeo (1520-1588), *Consiliorum seu Responsorum iuris in criminalibus, & poenalib. controuersijs emissorum Bartholomei Bertazzolii liber primus [-secundus]. Multiplici rerum cognitione ad quotidianam criminum praxis spectantium maxime refertus à Claudio Bertazzolio auctoris filio euulgatus, ac recognitus. Et additionibus perquam necessariis adauctus*, Venetiis, apud Ioannem Baptistam Somaschum 1583-1585, 2 v., 2°. IT\ICCU\BVEE\016043.
Capretti possiede solo il secondo volume.

[709] Vasquez in primam secundae D. Thomae t. 1 Venezia Giunti 1609.
Vázquez, Gabriel (1551-1604), *Gabrielis Vasquez Bellemontani Commentariorum, ac disputationum in primam secundae, summae theologiae sancti Thomae Aquinatis, tomus primus. Nouissime impressus ad vltimum exemplar hispanum, ab ipsomet auctore diligentissime recognitum*, Venetiis, apud Bernardum Iuntam, Io. Bapt. Ciottum & socios, 1609, 2 v., 2°. IT\ICCU\CAGE\043273. Capretti possiede solo uno dei due volumi.

[710] Passerini de occidente unum pro alio t. 1 Parma Pazzoni 1693.
Passerini, Pietro Francesco (1612-1695), *De occidente unum pro alio tractatio methodica, juridico-moralis, ac theorico-practica, nedum criminalis, et civilis, sed etiam canonicæ, ac moralis disciplinæ professoribus utilissima. Authore Petro Francisco Passerino*, Parmæ, excudebant Albertus Pazzonus & Paulus Montius socii, 1693, [16], xxvii, [1], 425, [3] p., 2°. IT\ICCU\MILE\005344.

n. 2.

[711] Opere di S. Francesco di Sales t. 1 Venezia Bartoli 1746.
Altra edizione, forse simile alla seguente: *Delle opere di S. Francesco di Sales Vescovo e principe di Geneva*, Venezia, presso Niccolò Pezzana, 1732-1748, 5 vol., 12°. IT\ICCU\BVEE\058230.

[712] Calmet dell'antico, e nuovo Testamento t. 2 Venezia Pezzana 1767.
Calmet, Augustin, *La storia dell'Antico, e Nuovo Testamento, del padre d. Agostino Calmet benedettino. Tomo primo [-secondo]. Traduzione dal francese di Selvaggio Canturani*, Venezia, presso Niccolò Pezzana, 1767, 2 v., 4°. IT\ICCU\TO0E\023377.

[713] Bourdaloue opere t. 4 Venezia Zane 1726.
Bourdaloue, Louis, *Sermoni del padre Luigi Bourdaloue della Compagnia di Gesù, per le feste de' Santi, e per vestiture e professioni religiose, trasportati dal francese nell'italiano da Selvaggio Canturani. Parte prima*, in Venezia, appresso Francesco Zane, 1726, [12], 388 p., 4°. IT\ICCU\TO0E\045034.

[714] Ioli Ragionamenti t. 2 Venezia Recurti 1740.
Joly, Claude (1610-1678), *Ragionamenti a' parrocchiani sopra varj soggetti di morale di monsignor Claudio Joli divisi in due tomi, trasportati dall'idioma francese nell'italiano. Tomo primo [-secondo]*, in Venezia, presso Gio. Battista Recurti, 1740, 2 v., 4°. IT\ICCU\TO0E\060316.

[715] Pasqualone del Sant'Offizio t. 1 Roma Cam. Apostol. 1693.
Masini, Eliseo (m. 1627), *Sacro arsenale, ouero Prattica dell'Officio della S. Inquisizione, con l'inserzione d'alcune regole fatte dal p. inquisitore Tomaso Menghini domenicano, e di diuerse annotationi del dott. Giovanni Pasqualone*, in Roma, nella stamperia della Reu. Cam. Apost., 1693, [8], 427, [49] p., 4°. IT\ICCU\RAVE\017813. Giovanni Pasqualone (o Pasqualoni, 1643-1713) era avvocato fiscale e consultore del Sant'Ufficio[10].

[716] Bourdaloue Quaresimale t. 1 Venezia Rossetti 1713.
Bourdaloue, Louis, *Prediche quaresimali del padre Luigi Bourdaloue. Traslatate [sic] dalla favella francese nell'italiana*, in Venezia, per Marino Rossetti, all'insegna della Pace, 1713, [16], 586 [i.e. 578], [4] p., 4°. IT\ICCU\UBOE\036006.

---

[10] SCHWEDT Herman, *Die Römische Inquisition. Kardinäle und Konsultoren 1601 bis 1700*, Freiburg, Herder, 2017, pp. 459-460. Sul Masini: ivi, pp. 386-389.

[717] Gambard Missionario Parocchiale t. 1 Venezia Baglioni 1737.
Gambart, Adrien, *Il missionario parrocchiale, ovvero sommario di esortazioni familiari sopra le cinquantadue domeniche dell'anno di Adriano Gambard sacerdote. Tradotto dal francese nell'italiano da Gostanzo Grasselli. Parte prima [-quarta]*, Venezia, nella stamperia Baglioni, 1737, [6], 752 p., 4°. IT\ICCU\CAGE\004896.

[718] Rodriguez della perfezione cristiana t. 1 Venezia Guerillo 1642.
Essercitio di perfettione e di virtù christiane. Composto dal rev. pad. Alfonso Rodriguez sacerdote della Compagnia di Giesù. Diuiso in tre parti. Diretto a' i religiosi della medesima Compagnia. E tradotto dalla lingua spagnola nella italiana dal segretario Tiberio Putignano. Parte prima [-terza], in Venetia, appresso li Guerigli, 1642, 3 v., 4°. IT\ICCU\PARE\037594. Capretti possiede solo uno dei tre volumi.

[719] Colombiere Sermoni sacri t. 2 Venezia Baglioni 1712.
Claude de La Colombière (santo), *Sermoni sacri del r.p. Claudio La Colombiere della Compagnia di Gesù. Nuovamente tradotti dalla lingua francese nell'italiana, e divisi in due tomi. Tomo primo [-secondo]*, Venezia, presso Paolo Baglioni, 1712, 2 v., 4°. IT\ICCU\TO0E\027374.

[720] Bordone decisioni t. 1 Venezia Baglioni 1650.
Bordoni, Francesco (1595-1671), *Decisiones miscellaneae quinque centum dubiorum nouorum ad publicam vtilitatem clericorum, religiosorum, & secularium expositorum; per f. Franciscum Bordonum Parmensem*, Venetiis, apud Paulum Baleonium, 1650, [24], 422, [18] p., 4°. IT\ICCU\RMGE\000829.

[721] D. Gregorii opera t. 1 Venezia Rota 1571.
Gregorius I (papa), *Opera d. Gregorii papae, huius nominis primi, cognomento magni, omnia quae extant, accuratissima diligentia a mendis multis denuo repurgata. Cum indice duplici, altero rerum, verborum, sententiarumque, altero locorum S. Scripturae explicatorum, utroque magna sedulitate conscripto*, Venetiis, apud Bartholomaeum Rotam, 1571, 2 v., 4°. IT\ICCU\TO0E\016961. Capretti possiede solo uno dei due volumi.

[722] Medina de restitutione t. 1 Brescia Società 1606.
Medina, Juan de, *Io. Medinæ De poenitentia, restitutione, & contractibus, præclarum et absolutum opus, in duos diuisum tomos*, Brixiae, apud novam Societatem Brixiensem, 1606, 2 v., 4°. IT\ICCU\RAVE\008197. Capretti possiede solo uno dei due volumi.

[723] Regia Oratoria t. 1 Milano Agnelli 1710.
Ipotesi identificativa: Spinosa, Luca Giacinto, *Esatissima descrizione, e significato di tutte le imprese incise nel grand rame dedicato all'ill.mo, et ecc.mo sig.re Ercole Giuseppe Turinetti del Sacro Romano Impero stampato in occasione di publica difesa di filosofia, fatta dal r. studente f. Luca Giacinto Spinosa dell'ordine de' predicatori nello studio generale di S. Eustorgio con la direzione del m. r. p. lettore f. Giuseppe Domenico Canonica del medemo ordine, e lettor maggiore in detto studio*, in Milano, nelle stampe degl'Agnelli, 1710, 11, [1] p., 4°. IT\ICCU\MILE\049871.

[724] Regia Parnassis t. 1 Venezia Baglioni 1720.
Altra edizione, molto simile: Vanière, Jacques, *Regia Parnassi seu Palatium Musarum, in quo synonyma, epitheta, periphrases, et phrases poëticæ, ex officina Textoris, delectu epithetorum, scala Parnassi, arte poëtica, thesauro poëtico, & elegantiis poëticis. Auctore P.V. Soc. Jesu*, Venetiis, ex typographia Balleoniana, 1726, [36], 852 p., ill., 8°. IT\ICCU\RAVE\018026.

[725] Breviarium Romanum, cum libello, sanct[orum] recent[ium] t. 1 Venezia Pezzana 1684.
Chiesa Cattolica, *Missale Romanum, ex decreto sacrosancti Concilij Tridentini restitutum, b. Pij 5 pontificis maximi iussu editum Clementis 8 & Urbani 8 auctoritate recognitum cui accessere Sanctorum missae usque ad SS. D.N. Innocentium 11 Novo Ritu decoratae, tam de Praecepto, quam ad Libitum, suis locis ordinatim, &congrue dispositae*, Venetiis, apud Nicolaum Pezzana, 1684, [34], 460, LXXXII, 8, 28, [34] p. ill., 2°. IT\ICCU\CSAE\001554.

[726] Missale Romanum t. 1 Venezia Pezzana 1663.
Octauae festorum, hoc est lectiones secundi & tertij nocturni singulis diebus recitandae infra octauas festorum. A sacra rituum congregatione. Nona edditio locupletior

alijs, Venetiis, apud Nicolaum Pezzana, 1663, [16], 271, [1] p. front. calcogr., 8°. IT\ICCU\BA1E\001891.

[727] Indulgenze di Livorno t. 1 Firenze Capperini [Paperini] 1734.
Valsecchi, Virginio, *Delle indulgenze e delle disposizioni per conseguirle. Alla nobile e pia città di Livorno,* in Firenze, nella stamperia di Bernardo Paperini, 1734, xxxiv, 383 p., 8°. IT\ICCU\LIAE\000167.

[728] Bona Cardinalis Opusculum t. 1 Venezia Recurti 1725.
Potrebbe consistere in Bona, Giovanni (1609-1674), *De sacrificio missæ tractatus asceticus Joannis Bonæ. Cui accessit ejusdem testamentum quo se continuo preparavit ad mortem,* Venetiis, apud Jo. Baptistam Recurti, 1725, 215, [1] p., ill., 24°. IT\ICCU\RAVE\022442. L'identificazione si fonda anche sulla considerazione che il titolo riportato nell'inventario è "opusculum" e l'edizione proposta è in formato 24°.

[c. 15v]

[729] Afforismi d'Ipocrate t. 1 Venezia Mora 1721.
Edizione veneziana non individuata di Antonio Mora, un po' precedente rispetto a: *Hippocratis Aphorismi, atque Praesagia latine versa cum recognitione, & notis Andreae Pastae Bergomatis,* Venetiis, apud Io. Baptistam Novelli, 1764, xlviii, 372 p., 12°. IT\ICCU\PBEE\005649.

[730] Mani morte t. 1 Venezia Pitteri 1766.
Florio, Francesco (1705-1792), *Le mani morte ossia Lettera all'autore del Ragionamento intorno ai beni posseduti dalle chiese,* in Venezia, appresso Francesco Pitteri, 1766. IT\ICCU\PARE\016974. Era la risposta a un'altra opera: Antonio Montagnacco, *Ragionamento intorno a' beni temporali posseduti dalle chiese, dagli ecclesiastici e da quelli tutti, che si dicono mani morte,* in Venezia, appresso Giuseppe Zorzi, 1766. IT\ICCU\TO0E\046603. Quest'ultima fu interdetta dalla Congregazione del Sant'Ufficio con decreto del 15 settembre 1766: ILI XI, p. 632.

n. 3

[731] Scaglia Pratica del S. Officio t. 1 manuscr.
Manoscritto del cardinale Desiderio Scaglia, bresciano, frate domenicano (1568-1639)[11].

[732] Proclama spagnolo t. 1 Barcellona Mateuad 1640.
Sala y Berart, Gaspar (1598-1671), *Proclamacion catolica a la magestad piadosa de Filipe el Grande rey de las Españas, y emperador de las Indias nuestro señor, los conselleres y conseio de ciento de la ciudad de Barcelona*, en Barcelona, por Sebastian y Iayme Mateuad impresor de la ciudad y su vniuersidad, 1640, [4], 135 [i.e. 145, 3] p. ill., 2°. IT\ICCU\BVEE\044510.

[733] Pandola de ecclesia Galicana manuscr.
Manoscritto.

[734] est juris ecclesiae t. 1.
Titolo non individuato per mancanza di note tipografiche e per la forma laconica del titolo.

[735] Pignatelli consultationum t. 1 Roma Corvi 1675.
Capretti possiede un solo volume (comprendente il 2° e 3° tomo, pubblicato nel 1675) della seguente opera in dieci volumi: Pignatelli, Giacomo (1625-1698), *Iacobi Pignatelli Consultationum canonicarum, pro pubblico usus quotidiano. In quibus pricipui controversii de iis, qui ad sanctorum canonizationem, ac sacros ritus, ad s. Concilium Tridentinum, ad episcopos & regulares, ad immunitatem, libertatem, ac iurisdictionem ecclesiasticam potissimum spectant*, Romae, typis Iosephi Corui, 1668-1697, 10 vol., 2°. IT\ICCU\RLZE\030112.

---

[11] SCHWEDT, *Die Römische Inquisition. Kardinäle und Konsultoren 1601 bis 1700*, pp. 543-547. Sulla *Prattica per procedure nelle cause del S. Officio*: ivi, p. 545 (manoscritto conservato presso l'Archivio di Stato di Milano).

[736] Catena aurea D. Thomae t. 1 Venezia 1521.
Tommaso d'Aquino (santo), *Opus aureum sancti Thomae de Aquino super quatuor euangelia nuperrime reuisum multis mendis purgatum & emendatum studiosissime: ac omnium textuum concordantijs & auctoritatum per doctores inductarum: verissimis quottationibus: necnon marginalibus summarijs decoratum cum singulari tabula totius operis,* (Venetijs, mandato & expensis heredum Octauiani Scoti Modoetiensis sociorumque, 1521, die 13. Nouembris), [14], 317, [1] c., 2°. IT\ICCU\BVEE\008018.

[737] Vasquez de poenitentia t. 1 Antuerpia Keerbergi 1615.
Vázquez, Gabriel (1551-1604), *A quaestione octuagesima quarta, vsque ad nonagesimam tertiam. In quo de poenitentia disseritur. Ad calcem demum accessere tractatus duo, alter de matrimonio alter de excommunicatione,* Antuerpiae, apud Ioannem Keerbergium, 1615, [8], 555, [60] p., 2°. IT\ICCU\RMLE\056671.

[738] Biblia sacra, t.1, Venezia, Pezzana, 1731
Biblia sacra vulgatae editionis Sixti 5. & Clem. 8. Pont. Max. auctoritate recognita. Editio nova, notis chronologicis, historicis, et geographicis illustrata, juxta editionem Parisiensem Antonii Vitré. Nunc denuo revisa, et optimis exemplaribus adaptata cum indicibus copiosissimis, Venetiis, apud Nicolaum Pezzana, 1731, [20], 1060, liv [i.e. lxiv] p. ill., antip. calcogr., 4°. IT\ICCU\TO0E\038397.

[739] Bibliorum concordantiae t. 1 Venezia Pezzana 1719.
Sacrorum Bibliorum vulgatae editionis concordantiae Hugonis cardinalis ordinis Praedicatorum, recensitae, atque emendatae, primum a Francisco Luca, nunc demum variis locis expurgatae, & locupletatae cura, & studio V.D. Huberti Phalesii. Editio nouissima, prioribus longe auctior, & correctior, in qua plurimi errores in numeris ad proprium redacti fuere, & cum ipso Bibliorum textu accuratissime collata, Venezia, apud Nicolaum Pezzana, 1719, [12], 1030 p. ill., 2°. IT\ICCU\TO0E\023628.

[740] Lopez epitome sanctorum patrum t. 2 Trevisii D[e]ucchini 1605.
Solo due dei cinque volumi dell'opera di Lopez, Juan (1524-1632), *Epitomes sanctorum patrum, per locos communes, qui ad virtutum, et vitiorum tractationem & ad fidei nostrae mysteriorum expositionem pertinent, ad sacras conciones. Tomus primus [-quintus]. Auctore reuerendiss. d. f. Iohanne Lopez episcopo Monopolitano, ex sacra ord. praedicat. familia prouinciae Hispaniae, assumpto. Additiones nunc vt recentiores, in hac tertia aeditione ita vberiores, appositae visuntur. Cum duobus Indicibus, altero Rerum notatu dignarum, altero Sacrae Scripturae locorum explicatorum*, Taruisij, ex typographia Euangelistae Deuchini, Venetiis, sumptibus Io. Bapt. Ciott. bibliopolae, 1605, 5 v., 2°. IT\ICCU\UM1E\023573.

[741] Tamborinus de jure Abbatissarum t. 1 Roma Faciotti 1638.
Tamburini, Ascanio (m. 1666), *De iure abbatissarum, et monialium; siue Praxis gubernandi moniales, aliasque mulieres sub habitu ecclesiastico, et regulari degentes. Cui accedunt Sacrae Rotae Romanae decisiones præsertim quædam nouissimæ, non antea in lucem editæ, quae vna cum formulario epistolarum pastoralium, institutionum, ordinationum, reformationum, in fine operis apponuntur. Auctore D. Ascanio Tamburinio*, Romæ, ex typographia Petri Antonij Facciotti, 1638, [84], 383, [1], xcviij, [10], 63, [1] p., 2°. IT\ICCU\MILE\004094.

[742] L'Idea di varie lettere t. 1 Venezia Giunti 1612.
Pucci, Benedetto (1540-1621), *Aggionta all'idea di varie lettere vsate nella segretaria d'ogni principe, e signore. Con nuoui concetti sentenziosi di Cornelio Tacito di d. Benedetto Pucci Camaldolese*, in Venetia, appresso Bernardo Giunti, Gio. Battista Ciotti, & compagni, 1612, 67, [1] p., 4°. IT\ICCU\UM1E\009705.

[743] Gotti de gestis SS.rum apostolorum t. 1 Roma Bernabò 1737.
Si tratta del 5° volume dell'opera del cardinale Gotti, Vincenzo Lodovico (1664-1742), *Veritas religionis christianae et librorum quibus innititur contra atheos, polytheos, idolatras, mahometanos, & judaeos demonstrata per fr. Vincentium Ludovicum Gotti. Tomus 1. [-7]*, Romæ, ex typographia Rochi Barnabò, 1735-1740, 7 volumi in 12 tomi, 4°. IT\ICCU\CAGE\005147. Il

5° volume, infatti, stampato nel 1737, ha questo titolo: *Veritas religionis christianæ contra atheos, polytheos, idololatras, mahometanos, & judaeos ex mirabili ejus propagatione per apostolos & eorum gesta comprobata per fr. Vincentium Ludovicum Gotti. Tomus 5. continens gesta sanctorum Petri & Pauli & aliorum apostolorum & c.*

[744] Vocabulario della Crusca t. 1 Venezia Basseggio 1724.
Accademia della Crusca, *Vocabolario degli Accademici della Crusca compendiato da un accademico animoso, secondo l'ultima impressione di Firenze del 1691*, in Venezia, appresso Lorenzo Basegio, 1724, 2 v., 4°. IT\ICCU\TO0E\027975.

[745] Rabbi sinonimi t. 1 Venezia Storti 1733.
Rabbi, Carlo Costanzo, *Sinonimi ed aggiunti italiani raccolti da Carlo Costanzo Rabbi bolognese. Con un trattato de' sinonimi, degli aggiunti, e delle similitudini*, in Venezia, presso Francesco Storti, in Merceria, 1733, [12], 284 p., 4°. IT\ICCU\CFIE\011114.

[746] Lettere di S. Teresa t. 1 Venezia Baglioni 1721.
Teresa de Jesús (santa), *Lettere della santa madre Teresa di Giesù fondatrice delle monache e padri Carmelitani Scalzi, tradotte dalla lingua spagnuola nell'italiana da d. Oratio Quaranta con le annotazioni di monsignor Gio. di Palafox, e Mendoza nuovamente tradotte dall'idioma spagnuolo nell'italiano da Carlo Sigismondo Capece romano. Parte prima [-seconda]*, Venezia, nella Stamperia Baglioni, 1721, 2 v., 4°. IT\ICCU\BASE\019723.

[747] S. Teresa Opere coordinate t. 1 Venezia Baglioni 1689.
Altra edizione: Teresa de Jesús (santa), *Opere di s. Teresa coordinate con nuouo, ed vtilissimo modo, doue con le parole medesime della santa si tratta distintamente delle virtù teologiche ridotte a questo metodo dal ven. padre fr. Marco di San Giuseppe carmelitano scalzo*, in Venetia, appresso Antonio Tiuanni, 1694, [16], 304 p. antip. calc., 4°. IT\ICCU\UMCE\027699.

[748] P. Balzi Casus reservati dioecesis Parmensis t. 1 manuscr.
Manoscritto.

n. 4.

[749] Casus conscientiae in episcopali Curia decidendi ann. 1691, 92, 93 manus. t. 1.
Manoscritto.

[750] S. Giovanni dalla Croce opere t. 1 Venezia Barezzi 1643.
Juan de la Cruz (santo), *Opere spirituali del venerabil padre f. Giouanni della Croce primo Scalzo della riforma del Carmine, e coadiutore della santa vergine Teresa fondatrice di essa, con vn breue sommario della vita dell'autore, & alcuni discorsi del p.f. Diego di Giesù di detto ordine, sopra le dette opere: tradotte dalla spagnuola nella lingua italiana dal p. fr. Alessandro di San Francesco*, in Venetia, appresso il Barezzi, 1643, [16], 561, [39] p., 4°. IT\ICCU\UM1E\007806.

[751] Ferrari Biblioteca t. 9 Venezia Storti 1758.
Ferraris, Lucio (1687-1763), *Prompta bibliotheca canonica, juridico-moralis, theologica, partim ascetica, polemica, rubricistica, historica ordine alphabetico congesta, ac in octo tomos distributa ab adm. r. p. f. Lucio Ferraris. Tomus primus [-octavus]. Editio tertia ab ipsomet authore innumeris mendis expurgata, et copioso supplemento in ceteris editionibus praetermisso locupletata, et ad calcem octavi tomii reposito*, Bononiae, sed prostant Venetiis, apud Franciscum Storti, 1758, 8 v., 2°. IT\ICCU\MILE\009391.

[752] Scaramelli direttorio assetico rustico t. 3 Venezia Occhi 1760.
Altra edizione, di due anni precedente e in tre tomi: Scaramelli, Giovanni Battista, *Direttorio ascetico in cui s'insegna il modo di condurre l'anime per vie ordinarie della grazia alla perfezione cristiana. Opera del p. Gio. Battista Scaramelli della compagnia di Gesù*, in Venezia, presso Simone Occhi, 1762, 2 v., 4°. IT\ICCU\TO0E\028043.

[753] Conferenze spirituali t. 1 Genova Sionico 1709.
Arcangelo dell'Epifania, *Conferenze di vita spirituale, e stato mistico in guida dell'anime incaminate a Dio per le tre vie purgatiua, illuminatiua, vnitiua. Ordinate in otto trattati dal reu. padre Archangelo dall'Epifania*, in Genova, per Gio.

Battista Scionico, 1709, [24], 674 [i.e. 676] p., 4°. IT\ICCU\BVEE\058844.

[754] Antoine t. 1 Parma Borsi.
Potrebbe essere: Muratori, Lodovico Antonio, *Della pubblica felicità oggetto de' buoni principi. Trattato di Lodovico Antonio Muratori bibliotecario del serenissimo signor duca di Modena*, Parma, per li fratelli Borsi, 1766, XVI, 286, [2] p., 8°. IT\ICCU\LO1E\032041.

[755] Institutione ecclesiasticae Benedicti XIV t. 1 Parma Borsi, 1762.
Benedictus XIV (papa), *Institutionum ecclesiasticarum Benedicti 14. pont. opt. max. olim Prosperi card. de Lambertinis, tomus primus [-secundus]. Editio quarta Latina post plurimas Italas, omnibus auctior & castigatior*, Parmae, excudebant fratres Borsi, 1762, 2 v., 4°. IT\ICCU\MILE\001273.

[c. 16r]

[756] Iacobi Simancae opera de officio t. 1 Ferrara Pomatelli 1692.
Simancas, Diego (1583 m., vescovo), *Opera Jacobi Simancae episcopi Pacensis, et postmodum Zamorensis juriscons. praestantiss. Hoc est de catholicis institutionibus liber theorice, et praxis haereseos, sive enchiridion judicum vjolatae religionis. Annotationes in Zanchinum, et liber singularis de patre haeretico. Quae omnia huc usque dispersa ad commodiorem usum in hac novissima impressione congessit in unum, notis illustravit, Franciscus Castracanius Ferrariens. cathedralis canonicus*, Ferrariae, typis Bernardini Pomatelli, 1692, [12], 642, [2] p., 2°. IT\ICCU\VEAE\005932.

[757] Eiimericus directorium inquisitoria t. 1 Roma Ferrari 1587.
Eymerich, Nicolás, *Directorium inquisitorum F. Nicolai Eymerici ordinis Praed. Cum commentariis Francisci Pegñae. In hac postrema editione iterum emendatum & auctum, & multis litteris Apostolicis locupletatum. Accessit haeresum, rerum et verborum multiplex, & copiosissimus index*, Romae, in aedibus Populi Romani apud Georgium Ferrarium, 1587, 2 v. ([32], 687, [57]; [8], 153,

[7] p.), 2°. IT\ICCU\BVEE\005182. Capretti possiede solo uno dei due volumi.

[758] Synodus Saladina ex ecclesia Parmensi S. Benedicti t. 1 Parma Rosati 1691.
Diocesi di Parma, *Synodus diaecesana ab episcopo Parmensi Thoma Saladino, habita anno Domini 1691. Nonis maij. Ineunte mense quarto interregni pontificij ab obitu Alexandri Octaui. Publicata vero 18. kal. septembris elapso iam mense a die creationis sanctissimi D.N. Innocentii 12*, Parmae, apud Galeatium Rosatum impressorem episcopalem, [1691], [4], 371, [1] p., [1] c. di tav. ripieg., 4°. IT\ICCU\TO0E\034879.

[759] Benedictus XIV de synodo dioecesana t. 2 Ferrara Manfré 1756.
Benedictus (papa, XIV), *Sanctissimi domini nostri Benedicti papae 14. De synodo dioecesana libri tredecim in duos tomos distributi. Tomus primus [-secundus]*, Ferrariae, impensis Jo. Manfrè, 1756, 2 v., 4°. IT\ICCU\RMGE\000884.

[760] P. Viva Theses damnatae t. 2 Padova Manfré 1727.
Viva, Domenico (1648-1726), *Damnatæ theses ab Alexandro VII, Innocentio XI& Alexandro VIII. Necnon Jansenii ad theologicam trutinam revocatæ. Auctore P. Dominico Viva Societatis Jesu Tomus primus [- secundus]. Editio undecima sedulo expolita, atque indicibus locupletata*, Patavi, ex typographia seminarii apud Joannem Manfré, 1727, [20], 596, [12], 103, [1] p., 4°. IT\ICCU\TO0E\037908.

n. 5.

[761] Barufaldi ad rituale Romanum t. 1 Venezia Ramondini 1763.
Baruffaldi, Girolamo (1675-1755), *Ad rituale Romanum commentaria auctore Hieronymo Baruffaldo. Editio novissima*, Venezia, ex typographia Remondiniana, 1763, viii, 288 p., 2°. IT\ICCU\RLZE\020828.

[762] Mostazus de causis piis t. 1 Venezia Baglioni 1735.
Mostazo, Francisco, *D.D. Francisci a Mostazo Tractatus de causis piis in genere, et in specie. Opus quidem perutile non solum judicibus & visitatoribus ecclesiasticis & quod nunc denuo in lucem prodit, additis Tractatibus de sodalitiis, seu confraternitatibus ecclesiasticis & laicalibus, & De vicario apostolico ab Joanne Baptista Basso episcopo Anagnino exaratis. Tomus primus [-secundus]. Cum triplici indice, primo librorum, et capitum; altero rerum notabilium; tertio locorum juris*, Venetiis, ex typographia Balleoniana, 1735, 2 v., 2°. IT\ICCU\LO1E\026241. Capretti possiede uno solo dei due volumi.

[763] Reductiones Parmensis Dioecesis t. 3 manusc.
Manoscritto.

[764] Segneri opere t. 3 Parma Monti 1714.
Segneri, Paolo (gesuita, 1624-1694), *Opere del padre Paolo Segneri della Compagnia di Giesù distribuite in tre tomi, con un breve ragguaglio della sua vita. Come nella pagina prima si vede. Tomo primo [-terzo]*, Parma, per Paolo Monti, all'insegna delle Fede, 1714, 3 v., 2°. IT\ICCU\RAVE\002913. La censura austriaca, antigesuita, nel 1776 vietò l'opera di Segneri, *Panegyrici sacri*, stampata ad Augusta nel 1772.

[765] Ligorio teologia morale t. 2 Bologna Ramondini [Remondini] 1762.
Liguori, Alfonso Maria de' (santo), *Theologia moralis R. P. D. Alphonsi de Ligorio, juxta methodum medullae R. P. Hermanni Busembaum Societatis Jesu, cujus ideo liber in hoc opere praemittitur. Adjuncta in calce perutili instructione ad praxim confessariorum. Editio quarta accuratius a mendis expurgata, nouisque doctrinis, & numquam antea editis adcedit etiam Francisci Antonii Zachariae. Tomus primus [-tertius]*, Bononiae, sumptibus Remondinianis, 1762, 3 v., 2°. IT\ICCU\BVEE\056390. Capretti possiede solo due dei tre volumi.

[766] Pasqualigo de sacrificio missae t. 2 Venezia Baglioni 1707.
Pasqualigo, Zaccaria (1600-1664), *R.p.d. Zachariae Pasqualigo De sacrificio novae legis quaestiones theologicae morales juridicae. Tomus primus [-secundus]*, Venetiis, apud Paulum Balleonium, 1707, 2 v., 2°. IT\ICCU\UM1E\006509.

[767] Joseph a Spiritu Sancto Teologia mistica scolastica t. 1 Napoli Abbati 1724.
José do Espiritu Sancto (1608-1674), *Cursus theologiae mystico-scholasticae in tres tomos divisus; in quo abditissima dubia mystica explanatur, methodo scholastica juxta miram, solidamque doctrinam angelici praeceptoris D. Thomae sacrae theologiae principis. Materiam continens, secundum doctrinam, & methodum patrum Salmanticensium auctore Joseph a Spiritu Sancto Tomus primus [-secundus]*, Hispali, & denuo Neapoli, ex typogr. Stephani Abbatis, 1724, 2 v., 2°. IT\ICCU\PARE\052217. Capretti possiede solo uno dei due volumi.

[768] Calisti Campeti theologia pastoralis t. 1 Londra [Lione] Arnald [Arnaud] 1668.
Campetti, Pierre Calixte, *R.p. Petri Callisti Campeti Pastor catholicus, siue Theologia pastoralis, in tres partes distributa, catechisticam, moralem, et sacramentalem. Pars prima catechistica, in qua de oratione Dominica, de salutatione angelica, & de symbolo apostolorum fusè quantum satis agitur. Nunc primum in lucem prodit*, Lugduni, sumpt. Phil. Borde, Laur. Arnaud, & Petri Bordé, 1668, [24], 554, [18] p., 2°. IT\ICCU\CFIE\007015.

[769] Morini de sacramento poenitentiae t. 1 Venezia Pezzana 1702.
Morin, Jean, *Joannis Morini Blesensis, Congregationis Oratorii D.N. Jesu Christi Praesbyteri, Commentarius historicus de disciplina in administratione sacramenti poenitentiae. Tredecim primis seculis in Ecclesia Occidentali, & huc usque in Orientali observata, in decem libros distinctus. Ad operis coronidem complures libelli poenitentiales, et confessionis peccatorum edendi, poenitentiaeque de iis agendae ordines, Greci, Latini, Hebraei, ex antiquissimis variorum seculorum codicibus eruti, nuncprimum [sic] in lucem prodeunt: Graeci, et Hebraei Latinitate donati, et illustrati*, Venetiis, apud Nicolaum Pezzana, 1702, [32], 674 p., 2°. IT\ICCU\TO0E\069361.

[770] Mastrio theologia moralis t. 1 Venezia Salvioni 1731.
Mastri, Bartolomeo (1601-1673), *Theologia moralis ad mentem DD. seraphici, & subtilis concinnata, et in disputationes vigintiocto distributa auctore f. Bartholomæo Mastrio de Meldula. Editio septima*, Venetiis, apud Hieronymum Savioni, 1731, [32], 750, [2] p., 2°. IT\ICCU\UM1E\006503.

[771] Marcantio hortus pastorum t. 1 Padova Manfré 1728.
Marchant, Jacques (1587-1648), *Hortus pastorum, in quo continetur omnis doctrina fidei, et morum ad conciones, catechismum, controversias, & casus conscientiæ. Auctore R. D. Jacobo Marchantio*, Patavii, ex typographia seminarii apud Joannem Manfrè, 1728, [20], 800 p., 2°. IT\ICCU\TO0E\065801.

[772] Cibo dell'anima t. 1 Parma Borsi 1756.
Non si conosce nessun esemplare di questa edizione (come attesta Lasagni – parere orale), ma di un'altra edizione successiva: Rainaldi Giuseppe, *Cibo dell'anima, overo Dell'orazione mentale sopra la passione di Cristo Sig. nostro per tutti i giorni del mese, con altre meditazioni per la settimana di Giuseppe Rainaldi. E ristampato con nuova aggiunta d'alcune sentenze dell'utilità, e necessità della medesima orazione. Da monsignor Giovanni Andreis*, in Bologna, per Costantino Pisarri, all'insegna di S. Michele, 1716, 334, [2] p., ill., 24° lungo. IT\ICCU\RAVE\034338.

[773] Pr[a]eces exceptae a SS.tis patribus t. 1.
Raccolta di preghere tratte dai testi dei Padri della Chiesa, non individuata.

[774] Tempesti mistica teologia t. 2 Venezia Recurti 1757.
Tempesti, Casimiro Liborio, *S. Bonaventura cardinale, dottor serafico di Santa Chiesa, e maestro esimio di spirito, ovvero mistica teologia secondo lo spirito e le sentenze del santo divisa in quattro parti e così composta, e coordinata dal p. Casimiro Liborio Tempesti*, in Venezia, presso Gio. Battista Recurti, 1757, 2 v., 8°. IT\ICCU\TO0E\039071.

[775] Rotarius apparatus universae teologiae moralis t. 1 Venezia Baglioni 1741.
Roero, Tommaso Francesco, *Apparatus universæ theologiæ moralis, pro examine ad audiendas confessiones à Tyronibus sustinendo. Auctore p.d. Thoma Francisco Rotario. Editio novissima, ab erroribus, qui in præcedentibus editionibus irrepserant, diligenter expurgata*, Venetiis, ex typographia Balleoniana, 1741, 576 p., 12°. IT\ICCU\TO0E\104138.

[776] S. Francesco di Sales Massime t. 1 Venezia Carminati 1739.
François de Sales, *Massime dottrinali fedelmente raccolte dalle opere di san Francesco di Sales da un canonico della cattedrale di Verona*, in Venezia, appresso Pietro Carminati, 1739, [20], 387, [1] p., 12°. IT\ICCU\RMSE\101598.

[777] Raijarmont rifflessioni morali t. 1 Venezia Baglioni 1718.
Fontaine, Nicolas (1625-1709, giansenista), *Riflessioni morali sopra l'istoria del Vecchio e Nuovo Testamento, cavate da' santi padri, per regolar i costumi de' fedeli d'ogni condizione. Date in luce dal signor di Rayaumont in lingua francese, e nuovamente tradotte in lingua italiana*, Venezia, nella stamperia Baglioni, 1718, [18], 652 p., 12°. IT\ICCU\URBE\044442. Di Fontaine fu interdetta un'opera in francese nel 1687: ILI XI, p. 353.

[778] Marinoni speculum asseticum t. 1 Milano Malatesta 1719.
Marinoni, Giovanni Francesco, *Speculum asceticum, sacra monita ad vitam pie instituendam, breuioris theoricae studiosis, compendiarijs tabulis, exhibens, per otium religiosum d. Ioannis Francisci Marinoni*, Mediolani, typis Iosephi Pandulphi Malatestae, 1719, [28], 253, [3], 12°. IT\ICCU\BVEE\062308.

[779] Pianamonti [Pinamonti] la religiosa in solitudine t. 1 Venezia Pezzana 1735.
Pinamonti, Giovanni Pietro (1632-1703), *La religiosa in solitudine, opera, in cui si porge alle monache il modo d'impiegarsi con frutto negli esercizj spirituali di s. Ignazio. Data in luce da Gio. Pietro Pinamonti della Compagnia di Gesù. Decimaquinta edizione*, in Venezia, presso Niccolò Pezzana, 1735, 449, [7] p., 12°. IT\ICCU\UM1E\021730.

[780] Stentuzzi Lettere a monache t. 1 Venezia Bertinelli [Bettinelli] 1751.
Stentucci, Biagio, *Lettere di risposta a monache intorno a varj punti di coscienza, di spirito e di regolarità. Raccolte dal dottor D. Biagio Stentucci*, in Venezia, presso Tommaso Bettinelli, 1751, [8], 316, [4] p., 8°. IT\ICCU\TO0E\035303.

[781] Scaramelli dissernimento di spiriti t. 1 Venezia Occhi 1756.
Scaramelli, Giovanni Battista, *Discernimento de' spiriti per il retto regolamento delle azioni proprie ed altrui. Operetta utile specialmente ai direttori delle anime, del padre Gio. Battista Scaramelli della Compagnia di Gesù. Seconda edizione*, in Venezia, appresso Simone Occhi, 1756, [16], 264 p., 8°. IT\ICCU\TO0E\039964. Un'opera di questo autore fu interdetta dalla Sacra Congregazione dei Riti il 2 ottobre 1769: ILI XI, p. 811.

[c. 16v]

[782] Ligorio La vera sposa di Gesù Christo t. 2 Bassano Remondini 1771.
Liguori, Alfonso Maria de' (santo), *La vera sposa di Gesù Cristo, cioè la monaca santa per mezzo delle virtù proprie d'una religiosa. Opera dell'illustriss. e reverendiss. mons. d. Alfonso de' Liguori. Terza edizione divisa in due tomi*, in Bassano, a spese Remondini di Venezia, 1771, 2 v., 8°. IT\ICCU\FOGE\013123. La censura austriaca condannò nel 1776 la traduzione in latino dell'opera di Liguori intitolata *Praxis confessarii*, stampata nel 1771.

[783] Da Ponte Compendio della meditazione t. 2 Venezia Recurti 1735.
Puente, Luis de la (1554-1624), *Compendio delle meditazioni del venerabile padre Ludovico da Ponte della Compagnia di Gesù. Tomo primo [-secondo]*, in Venezia, presso Gio. Battista Recurti, 1735, 2 v., 8°. IT\ICCU\TO0E\016945.

[784] Cathechismus Romanus t. 1 Bassano Remondini 1733.
Catechismus Romanus ex decreto sacrosancti Concilii Tridentini, jussu Pii 5. pontificis maximi editus, in capita, & sectiones distinctus, varisq; SS. Patrum sententiis, & utriusque tum Novi, tum Veteri Testamentis auctoritatibus munitus, & omni cura emendatus. Cui etiam duo indices adjecti: alter earum rerum, quae ad evangelia dominicalia, & aliquot festorum accomodari possunt: alter earum, quae in toto opere continentur, Bassani, ex typographia Jo. Antonii Remondini, 1733, [64], 528 p., 8°. IT\ICCU\RLZE\013093.

[785] Casteluchi direttorio mistico t. 1 Venezia Occhi 1768.
Bernardo da Castelvetere (cappuccino), *Direttorio mistico per li confessori, ovvero Istruzione, in cui con modo chiaro, breve, e facile si dà la pratica al direttore di cominciare, proseguire, e perfezionare un'anima nel cammino spirituale fino alli più elevati gradi di unione. Opera di F. Bernardo da Castelvetere*, in Venezia, presso Simone Occhi, 1768, XXIV, 452, [4] p., 12°.

[786] Rituale Romanum ex ecclesiae Patris S. Benedicti t. 1 Venezia Pezzana 1730.
Missale Romanum ex decreto sacrosancti Concilii Tridentini restitutum, s. Pii 5. pontificis max. jussu editum, Clementis 8. & Urbani 8. auctoritate recognitum; in quo missae sanctorum ad hanc usque diem emanatae, accurate disponuntur, Venetiis, apud Nicolaum Pezzana, 1730, [36], 452, XCII, p., 4°.
IT\ICCU\VIAE\011047.

Fine della terza libreria.

Parma lì 25 febbraio 1783. Alessandro Evangelista priore di S. Benedetto.

Seconda appendice: cronologia

Il secolo si apre con una situazione politica d'ancient régime: i duchi Farnese sono al potere da 155 anni, rappresentati ora da Francesco, poi, alla sua morte nel 1727, dal fratello Antonio. È inquisitore Giovanni Battista Pichi da Ancona, nominato il 13 marzo 1700. È vescovo di Parma Giuseppe Olgiati, di Piacenza Giorgio Barni, di Borgo San Donnino Alessandro Roncovieri.

1701

Probabilmente fra l'anno 1700 e il 1701 viene dimesso dalle carceri del Sant'Ufficio di Parma, dopo una reclusione di sette anni, il gesuita padre Giovanni Andrea Lottici, che il 4 aprile 1693 era stato condannato alla detenzione e al perpetuo divieto di ascoltare le confessioni sacramentali, dopo essere stato accusato da quattro donne di *sollicitatio ad turpia*[1].

8 febbraio: l'inquisitore Pichi pubblica un bando comprendente l'elenco dei libri proibiti dalla Congregazione dell'Indice, in attuazione del decreto emesso il 22 dicembre[2].

Il vicario di Pichi potrebbe essere quel padre Giovanni Domenico Frangiosi che, con il titolo appunto di vicario, in un documento notarile non datato, consegna alcune suppellettili liturgiche "a nome de' molto Reverendi Padri di S. Giuseppe di Fontanellato al signor don Giulio Corsi sachrista e custode dell'argenterie e

---

[1] ACDF, St. St. UV 6, fasc. 21, cc. 486-498 (con gli interrogatori delle quattro testimoni).
[2] ASPr, Raccolta manoscritti, b. 82. Il bando viene stampato a Parma da Giuseppe Rosati, "Sancti Officii impressoris". CERIOTTI-DALLASTA, p. 238n. Giovanni Battista Pichi da Ancona svolse il suo incarico dal 28 marzo 1699 al 13 marzo 1708, come emerge da ASPr, Conventi e confraternite soppressi, Inquisizione di Parma, buste 1-3. CERIOTTI-DALLASTA, pp. 69-70.

thesoro della B. V. del Santissimo Rosario di Parma"[3]. Giulio Corsi è anche notaio del Sant'Ufficio di Parma[4].

21 marzo: viene redatto l'inventario *post mortem* dell'architetto ducale Giovanni Simone Boscoli, nella cui biblioteca figura l'opera proibita di Ferrante Pallavicino *Baccinata dell'Api Barberine*[5].

5 luglio: Pichi invia alla Congregazione del Sant'Ufficio la "Nota delle spese ordinarie" della prima parte dell'anno (corrispondenti a 885 lire e 10 soldi). Tutte le spese ordinarie e straordinarie ascendono a 1213 lire, ma ne sono previste altre per riparare alcuni edifici, in particolare il Casino di S. Lazzaro, "rovinato dalle militie per rubbamenti de ferramenti, abbruggiamenti di porte, finestre et altro'"[6].

1702

L'inquisitore Pichi scrive alla Congregazione dell'Indice, perché fra Paolo Lombardini, procuratore generale del Terz'Ordine francescano, chiede licenza di stampare l'opera di Francesco Bordoni, già revisionata, e per la quale è stata già fornita una risposta dall'Indice: "Praevia correctione imprimatur". Quindi supplica la Congregazione di permettere che l'opera si stampi nella medesima città, secondo la correzione fatta. La risposta arriva l'11 febbraio con l'assenso alla stampa, a condizione che vengano apportate le correzioni indicate. Il Sant'Ufficio poi pretende di visionare

---

[3] ASPr, Notarile, Inserti, notaio Ferdinando Pugnetti, f. 34: foglio sciolto.
[4] Si veda il bando del 1701 trascritto nella terza appendice, doc. 1.
[5] ANDPr, notaio Girolamo Onesti, f. 9464. L'inventario è trascritto in DALLASTA Federica, *Alcune biblioteche private di architettura e discipline affini nella Parma farnesiana*, in *Il torchio e l'architetto. Opere a stampa e biblioteche di architettura nei ducati di Parma e Piacenza in età farnesiana (1545-1731)*, a cura di Carlo Mambriani, Roma, Quasar, 2013, pp. 89-102: 90-93. Sulla proibizione dell'opera *Baccinata overo Battarella per le Api Barberine. In occasione della mossa delle armi di N. S. Papa Urbano ottavo contra Parma*, [Venezia], nella stamperia di Pasquino a spese di Marforio, 1642: ILI X, p. 678 (del 19 settembre 1668).
[6] ACDF, St. St. GG 4 c.

il manoscritto corretto per verificare l'accoglimento delle modifiche; passerà ancora un anno prima dell'assenso definitivo[7].

18 maggio: viene rinchiuso nelle carceri del Sant'Ufficio di Parma il padre Ferdinando Manfredi. Vi rimarrà per dieci anni, fino al 25 novembre 1712[8].

14 novembre: bando a stampa di scomunica di Matteo e Giacomo Baruffi (o Barusi) e Pietro Costa, abitanti a Basilicanova, emesso da mons. Luigi Dalla Rosa, vicario generale del vescovo di Parma, perché i due fedeli non si sono accostati ai sacramenti. Li si avverte che, se persevereranno per un anno nella scomunica, saranno perseguiti dal Sant'Ufficio come sospetti d'eresia[9].

24 novembre: l'inquisitore Pichi informa la Congregazione dell'Indice che il gesuita Ercole Mattioli vuole "mandare alla luce" un libro da lui nuovamente composto di cui trasmette il frontespizio: *Il cielo maestro di sacra politica e sacra moralità lezioni erudite in cui si trovano le questioni più belle delle sfere celesti. Ad ogni questione proposta fisicamente corrispondono due distinti discorsi: uno politico, l'altro morale allusivi al Fisico trattato.* La risposta positiva arriva il 5 dicembre 1702[10].

---

[7] ACDF, St. St., Tit. Libr. 1702-4, 3.
[8] ASPr, Culto, b. 101; CERIOTTI-DALLASTA, *Il posto di Caifa*, p. 215. Si tratta di un foglio sciolto, manoscritto, che annovera dapprima le spese sostenute per il Manfredi quando fu rinchiuso nelle carceri della "rocchetta" (prigione civile) "dal mese di marzo [1702] fino al dì 18 maggio [1702]" e poi le "Spese fatte per il P. Ferdinando Manfredi nel tempo, che fù trattenuto nel Sant'Offizio di Parma dal dì 18 maggio 1702 fino al dì 25 novembre 1712". Per ogni anno la spesa oscilla fra le 850 e le 1100 lire moneta di Parma. Siccome il padre era riuscito a pagarsi nei dieci anni di prigionia 10.506 lire, contro le 10.964 effettivamente spese, il disavanzo fu di 458 lire. Non abbiamo notizie su questo ecclesiastico, ma il fatto che possedesse i soldi per pagarsi la detenzione dovrebbe dimostrare che era un prete secolare, non regolare. Come secolare poteva anche essere il cappellano di una confraternita.
[9] AVPr, cassetta unica Inquisizione.
[10] ACDF, St. St., Tit Libr. 1702-4, 34. Così l'inquisitore presenta l'opera: "Il cielo maestro di sacra politica e sacra moralità lezioni erudite in cui si trovano le questioni più belle delle sfere celesti. Ad ogni questione proposta fisicamente

L'inquisitore Pichi pubblica a Parma presso Alberto Pazzoni e Paolo Monti una propria raccolta poetica, *L'arpa celeste*[11]. Non si è conservata la richiesta alla Congregazione, ma solo gli *imprimatur* stampati sul libro[12].

1703

23 febbraio: l'inquisitore Pichi scrive all'Indice a proposito della richiesta di Giovanni Torre, presidente del Consiglio ducale di Piacenza, di dare alle stampe una propria appendice sulla giurisdizione ecclesiastica. La Congregazione risponde il 14 marzo, non permettendone la stampa, perché l'appendice contiene "plures propositiones circa iurisdictionem ecclesiasticam"[13].

27 febbraio: l'inquisitore Pichi scrive all'Indice: "Desiderando questi padri del Terz'Ordine di S. Francesco in Parma dare alla

---

corrispondono due distinti discorsi: uno politico, l'altro morale allusivi al Fisico trattato". L'opera verrà stampata nel 1704 dal tipografo Paolo Monti.

[11] QUÉTIF, Jacques - ECHARD, Jacques, *Scriptores ordinis praedicatorum recensiti notisque historicis et criticis illustrati, inchoavit Jacobus Quetif, absolvit Jacobus Echard*, Torino, Bottega d'Erasmo, 1961, 2 v., (1° ed. Parisiis, apud A. Picard, [poi] J. Vrin, 1910-1934) II, p. 792; CERIOTTI-DALLASTA, pp. 69-70 (con bibliografia precedente).

[12] L'opera esce nel 1702 presso Alberto Pazzoni e Paolo Monti con gli *imprimatur* del vicario episcopale, del vicario del Pichi e del presidente della Camera ducale: "Imprimatur Aloysius dalla Rosa Vicarius generalis. Imprimatur Fr. Jos. Cornelius Vicarius Generalis Sancti Officii Parmae. Vidit: P. A. M. dalla Rosa Praeses Camerae etc.".

[13] ACDF, C. L., 1703, fasc. 9. Pichi allega alla sua lettera il sommario dell'appendice del Torre, articolata in cinque capitoli: nel primo si asserisce che gli ecclesiastici sono tenuti agli stessi oneri a cui sono soggetti gli altri sudditi; nel secondo si vieta al vescovo di Piacenza di visitare le orsoline della stessa città, benché delegato dalla Sede Apostolica; nel terzo si dichiara che l'ospedale laico non può essere visitato dal vescovo e non gode di immunità; nel quarto si dimostra che la "Casa degli orfani" di Piacenza non gode del privilegio del foro ecclesiastico; nell'ultima si conferma che gli ecclesiastici sono tenuti a contribuire con "frumenta pro subsistentia mercati publici".

luce un altro libro del padre Francesco Bordoni, io, per eseguire i comandi della S. Congregazione trasmetto qui annesse a Vostre Eccellenze il suo frontespizio". La risposta arriva il 14 marzo 1703 con l'invito ai confratelli del Terz'Ordine a trasmettere l'intero manoscritto a Roma. Il 20 aprile, quindi, il Pichi manda il testo *De homicidio tam in genere quam in specie* del Bordoni, ma la risposta da Roma, datata 2 maggio 1703, non è positiva, perché il testo necessita di revisione. Tuttavia, entro la fine del 1703, dopo anni di richieste, risposte e modifiche, finalmente tutte le opere postume del Bordoni possono così vedere la luce[14].

Luglio: processo celebrato nel Sant'Ufficio di Parma contro don Giacomo Diomiguardi Rosa, mandatario del Sant'Ufficio di Parma, colpevole di aver percosso e ferito un "villano" che pascolava furtivamente bovini in una sua proprietà. La vittima aveva querelato in vescovado don Giacomo e l'ordinario aveva mandato la

---

[14] ACDF, St. St., Tit Lib 1702-4, 46. Nel 1703 giungono alle stampe, coi tipi di Monti, due volumi di Bordoni curati dal frate Francesco Odoardo Mancini: *Opus posthumum consistens in diversis meditationibus; Opus posthumum complectens Appendices ad Manuale consultorum*. Le licenze di stampa sono del generale dei Terziari (frate Bonaventura Guglieri), dell'inquisitore Pichi, del vicario vescovile Luigi Dalla Rosa, del presidente della Camera Ducale Marchese Pier Luigi Dalla Rosa. Il consultore è il predicatore Carlo Francesco Falletto. Sull'argomento si vedano SCHWEDT Herman H., voce *Bordoni Francesco*, in DSI, I v., p. 216; voce *Bordoni Francesco* in *Biographisch-Bibliographisches Kirchenlexikon*, Nordhausen, T. Bautz, 2003, v. 21, coll. 143-149; *Systematisches Repertorium zur Buchzensur 1701-1813. Inquisition*, Paderborn, Schöningh, 2009, pp. 8-9. I due periti del Sant'Ufficio che si pronunciarono criticamente su *Appendix tertia de miraculis* e su *Opus tertium posthumum de blasphemia, et sortilegiis* furono Pietro Antonio Rossi e Pietro Francesco della Concezione Zanoni. Il Sant'Ufficio permise la stampa solo se fossero state apportate le modifiche richieste. In precedenza, nel 1669, il Sant'Ufficio aveva imposto modifiche al *Manuale* del Bordoni sul tema del Probabilismo. L'autore non si era adeguato, aveva stampato l'opera, per cui in seguito si era dovuto difendere.

denuncia alla Congregazione del Sant'Ufficio. I cardinali, il 7 luglio, ordinano all'inquisitore la formazione del processo[15].

Processo celebrato nel Sant'Ufficio di Parma contro il chierico Carlo Boselli, mandatario per il vicariato di Zibello, colpevole di omicidio; la sentenza di condanna in contumacia viene pronunciata dall'inquisitore[16].

1704

Aprile: il frate domenicano Vincenzo Maria Mazzoleni da Bergamo è promosso ad "munus magistri studentium" nel Capitolo della Provincia di Lombardia celebrato a Bologna[17]. Diventerà poi inquisitore di Parma.

Giugno: la Congregazione dell'Indice pubblica un'appendice all'*Index librorum prohibitorum* del 1681[18].

1705

Il 3 marzo e il 27 maggio l'inquisitore Pichi invia a Roma per l'approvazione le copie manoscritte dei frontespizi di *De controversiis episcopalibus* del giurista romano Francesco Maria Pittone (o

---

[15] ACDF, St. St. GG 4 c: notizie tratte dall'inquisitore Giuliano Vincenzo Mozani sui privilegi dei patentati, desunte dall'esame dell'archivio e allegate alla lettera dell'11 maggio 1787 al confratello Migliavacca e alla Congregazione del Sant'Ufficio.

[16] ACDF, St. St. GG 4 c: notizie tratte dall'inquisitore Giuliano Vincenzo Mozani sui privilegi dei patentati, desunte dall'esame dell'archivio e allegate alla lettera dell'11 maggio 1787 al confratello Migliavacca e alla Congregazione del Sant'Ufficio.

[17] AGOP, XIII.520: *Acta capituli provinciae utriusque Lombardiae*, Ticini Regii, ex typographia Iacobi Andreae Ghidini, 1704.

[18] Si veda il sito *on line* dell'Istituto Centrale per il Catalogo Unico, OPAC SBN (www.opac.sbn.it).

Pittoni) e dell'opera *Clementis XI controversiarum fidei* del domenicano Giuseppe Maria Torri, suo confratello in S. Pietro Martire[19].

Maggio: Pichi invia a Roma l'elenco delle "spese cibarie somministrate a Lorenzo Ughi dal primo dell'anno a tutto li 6 di maggio che andò alla Gallera a [una lira e alcuni soldi] il dì: 181 lire e 8 soldi. Per spese cibarie somministrate a Michele Paulovita dal 1° marzo a tutto li 12 maggio che è stato in carcere: 105 lire. Per cattura, sentenza et essecutione della madesima a sbirri: 24 lire"[20].

Dicembre: Pichi invia a Roma l'elenco delle "spese cibarie somministrate a Gioacchino Barat carcerato dal Sant'Ufficio di Piacenza da trasmettersi a Roma dalli 29 di ottobre a tutto l'anno 1705: lire 90 e 14 soldi"[21].

1706

12 gennaio: il vescovo di Parma mons. Giuseppe Olgiati fa pignorare gli ecclesiastici per ottenere il sussidio promesso dal clero al principe; tra gli ecclesiastici anche alcuni patentati del Sant'Ufficio[22].

L'inquisitore Pichi il 15 gennaio e 9 febbraio spedisce anche il sommario di un opuscolo che il suo confratello Giuseppe Maria Torri aveva chiesto di poter aggiungere alla propria opera, già consegnata allo stampatore. I cardinali gli rispondono di trasmet-

---

[19] ACDF, rispettivamente St. St., Tit. Libr. 1705-10, 7 e 1705-10, 5. Non ho individuato queste due opere, ma presso ASPr, Culto, b. 101 esiste un manoscritto di quattro pagine del Pittoni (che si definisce avvocato nella curia romana) in cui si affrontano dubbi riguardanti il diritto canonico. Potrebbero essere risposte dell'autore ai dubbi sollevati dalla censura romana (per esempio sui benefici del cardinale *a latere*).
[20] ACDF, St. St. GG 4 c.
[21] ACDF, St. St. GG 4 c.
[22] ACDF, St. St. GG 4 c: notizie tratte dall'inquisitore Giuliano Vincenzo Mozani sui privilegi dei patentati, desunte dall'esame dell'archivio e allegate alla lettera dell'11 maggio 1787 al confratello Migliavacca e alla Congregazione del Sant'Ufficio.

tere loro il manoscritto per esaminarlo ed egli manda i cinque tomi di cui si compone tutto il testo[23].

26 febbraio: Pichi manda alla Congregazione del Sant'Ufficio la "Nota delle spese" (2075 lire e 11 soldi) e "del ricevuto" (2140 lire, 5 soldi e 6 denari) del 1705. Firmano la "Nota" sia Pichi che il notaio Giulio Corsi[24].

Nel 1706 e 1707 Pichi appone il suo *imprimatur* su due opere del gesuita padre Morone stampate a Parma[25].

1707

Viene approvato e stampato un altro scritto del gesuita Ercole Mattioli[26].

1708

21 gennaio: lettera del cardinale Imperiali della Congregazione sopra la disciplina dei regolari al priore del cenobio di S. Pietro Martire, da cui si coglie la distribuzione degli ambienti nel con-

---

[23] ACDF, St. St., Tit. Libr. 1705-10, 37. Non sono emerse ulteriori notizie.
[24] ACDF, St. St. GG 4 c.
[25] MORONE Carlo Tommaso, *Annuale di prediche per la novena di S. Francesco Saverio*, Giuseppe Rosati, 1706; IDEM, *Panegirici e discorsi della Passione del Signore*, Giuseppe Rosati, 1707. Il consultore è nel primo caso Francesco Carlo Masini terziario francescano e nel secondo caso Domenico Ambrogio della Purificazione, carmelitano scalzo; gli *imprimatur* sono del Pichi e del vicario Luigi Dalla Rosa; il *vidit* è del presidente della Camera ducale (marchese Pier Luigi Dalla Rosa). Siccome in ACDF non si è trovata traccia di *iter* censorio relativo alle due opere di Morone, si può dedurre che in alcuni casi gli inquisitori non consultassero i dicasteri centrali prima di dare l'*imprimatur* a un'opera.
[26] MATTIOLI Ercole, *Le meteore celesti più maravigliose sposte come esemplari a cavarne i ritratti delle maraviglie politiche e morali*. Anche quest'opera viene stampata da Paolo Monti con l'assenso del generale dei gesuiti, del Pichi, del vicario generale Luigi Dalla Rosa e dal presidente della Camera Ducale, il marchese Pier Luigi Dalla Rosa. Non abbiamo trovato tracce documentarie in ACDF.

vento stesso. I frati desiderano collocarvi anche un "professorio"[27].

13 marzo: termina il mandato di inquisitore di Giovanni Battista Pichi da Ancona, sostituito da Angelo Michele Nanni da Modena[28]. Pichi ottiene la nomina a inquisitore di Milano, ruolo che ricoprirà fino al 1715[29].

1709

11 gennaio: il frate domenicano Angelo Maria Onda da Ceriana, vicario del Sant'Ufficio di Parma, invia alla Congregazione del Sant'Ufficio una lettera relativa all'opera *Panegirici* del gesuita Bartolomeo Donati per chiedere l'assenso alla stampa. I cardinali risponderanno il 30 gennaio successivo[30].

---

[27] AVPr, Conventi domenicani di Parma, cassetta unica, S. Pietro Martire: si specifica che nel convento "il luogo da destinarsi per Professorio sarà diviso e separato in tutto dal rimanente della Comunità". Quindi si descrivono gli spazi del convento in un foglio accluso. Si parla anche della vita nel convento, dei digiuni, della frequenza del coro, dell'uso del patrimonio, dell'osservanza della regola, dell'orazione mentale, dell'esame di coscienza, delle entrate per messe ed elemosine.
[28] CERIOTTI-DALLASTA, pp. 69-70; *I giudici della fede*, p. 101.
[29] *I giudici della fede*, p. 90.
[30] ACDF, Tit. Lib. 1705-1710, fasc. 116. Le seguenti notizie su padre Onda mi sono state gentilmente fornite da Herman Schwedt: il frate proveniva dal paese di Ceriana, nei pressi di San Remo, in Liguria. Il 26 settembre 1702 fu eletto vicario generale dell'Inquisizione a Modena, ma per motivi che non siamo in grado di determinare non esercitò mai quest'incarico. L'inquisitore di Modena scrisse a Roma in data 15 ottobre 1702 per informare che padre Onda aveva rinunciato all'incarico e propose nuovi candidati. L'anno successivo, il 10 ottobre 1703, la Congregazione romana elesse padre Onda vicario generale del Sant'Ufficio di Parma. Con lettera del 21 maggio 1709 l'inquisitore di Parma Angelo Michele Nanni da Modena scrisse a Roma per avvertire che padre Onda aveva dato le dimissioni, essendo stato eletto priore del convento di S. Domenico a Pisa; con la stessa lettera il medesimo inquisitore propose nuovi candidati e la Congregazione elesse padre Pio Serafino Magnanini da Modena nuovo vicario generale del Sant'Ufficio di Parma.

19 marzo: il nuovo inquisitore Angelo Michele Nanni invia alla Congregazione del Sant'Ufficio il frontespizio de *Il cristiano moderno* del francescano osservante François Bonal, sia nella traduzione italiana, sia nell'originale francese[31], mentre il suo vicario concede il necessario permesso alla ristampa delle *Poesie toscane* di Vincenzo da Filicaia[32].

15 maggio: in questa data dovrebbe terminare l'incarico di Nanni, sostituito da Tommaso Maria Gennari da Chioggia[33]. L'esame delle opere a stampa non aiuta a risolvere il quesito: infatti nella citata opera di Filicaia non appare l'*imprimatur* dell'inquisitore Gennari, ma del vicario episcopale.

Gennari invia ai cardinali i frontespizi delle opere *De legatis pro victu religiosis mendicantibus* di Pietro Marcellino De Luccia e di *La via Latea delle scienze* del già citato gesuita Mattioli. Gennari dichiara che le opere "sono state rivedute e non si trova cosa veruna che s'opponga alle leggi prescritte in tal materia", eppure i cardinali pretendono di visionare il manoscritto del *De legatis*[34], mentre concedono la stampa alla *Via Latea*[35].

---

[31] ACDF, St. St., Tit. Libr. 1705-10, 122, 19 marzo 1709. Non sono emerse alcuna risposta da Roma e alcuna menzione dell'edizione italiana nei repertori consultati. L'edizione di riferimento citata dall'inquisitore è BONAL François, *Le chrestien du temps*, à Lyon, chez François Comba, 1688.

[32] L'opera esce nel 1709 presso Monti con i seguenti permessi: "Reimprimatur Aloysius dalla Rosa Vicarius Generalis Parmae. Reimprimatur: Vicarius Sancti Officii Parmae. Vidit: Alexander Marquieti Consiliarius, et Serenissimae Ducalis Camerae Praeses" (esemplare consultato in BPPr: CC.XI.27180).

[33] CERIOTTI-DALLASTA, p. 70. *I giudici della fede*, p. 101. La nomina dovrebbe risalire al 2 ottobre, ma questa data sembra contraddetta da altri avvenimenti riportati in questa cronologia.

[34] ACDF, St. St., Tit. Libr. 1705-10, 135. Si tratta di DE LUCCIA Pietro Marcellino (secc. XVII-XVIII), *De legatis pro victu religiosis mendicantibus relicto. Dissertatio unica. In qua agitur de obligatione indispensabili hæredum satisfaciendi legata quomodocumque relicta rr. pp. religiosis Seraphicæ Regulæ d. Francisci*, Parmae, excudebat Paulus Montius sub signo Fidei, 1711. Il volume presenta ben quattro pagine dedicate ai giudizi e alle approvazioni delle autorità religiose: da parte del "Fr. Timotheus à Flexia S. Theologiae professor ac Sacrorum Rituum Congreg. consul-

A questi anni risale una vicenda che vede come protagoniste le cappuccine di S. Maria della Neve di Parma, autrici di una biografia della loro consorella defunta Gertrude. Non sono emerse le prime richieste di *imprimatur* dell'opera, né altri documenti che permettano di capire come si concluse la pratica. Il 24 aprile 1709 il Sant'Ufficio affida al consultore padre Giovanni Damasceno Baraldi una seconda revisione dell'opera, che evidentemente nella prima versione non era stata approvata[36]. A distanza di diciotto

---

tor", del "Fr. Paulinus Bernardinus Ord. Praed. S[acri] A[postolici] P[alatii] Mag.r", dei "Cardinales Sacrae Congregationis Concilii Tridentini interpretes", di Pietro Paolo Lampugnani, frate del convento dei Minimi di S. Giovanni Battista di Parma e consultore del Sant'Ufficio (che datò 13 gennaio 1710 il suo esteso e articolato parere). Infine leggiamo due *imprimatur* e un *vidit* pronunciati il 9 marzo 1710: i primi del Gennari e di Luigi Dalla Rosa (vicario episcopale), l'ultimo di Lorenzo Masini (presidente della Camera Ducale). Su Timotheus Pescherard de la Flèche, cappuccino francese, segretario generale a Roma dell'ordine cappuccino "pro Gallia", poi vescovo, morto nel 1744, si veda *Lexicon Capuccinum. Promptuarium historico-bibliographicum ordinis fratrum minorum capuccinorum (1525-1950)*, Romae, Bibliotheca Collegii Internationalis S. Laurentii Brundusini, 1951, col. 1338. Su Paolino Bernardini, OP (deceduto nel 1713), si veda *Prosopographie*, I, pp. 145-148.

[35] ACDF, St. St., Tit. Libr. 1705-10, 135. Gennari presenta *La Via Latea* con queste parole: vi "Si discorre del gran pregio del sapere, si ributtano tutte le scuse che s'adducono da chi si ricusa di studiare, s'adducono le cause estrinseche, che influiscono nelle scienze, si prescrivono i mezzi opportuni per non errare nel Camino delle scienze". L'opera, un'esortazione rivolta ai giovani a studiare, espressa con una semplice prosa in volgare, fu stampata in 4° dal Monti nel 1711. Nelle pagine iniziali sono riportate le licenze dei superiori: "Die 13 Febr. 1710. Imprimatur Fr. Thomas Maria Gennari inquisitor generalis S. Officii Parmae. Imprimatur Aloysius dalla Rosa Vicarius Generalis. Vidit: L[aurentius] Masini Praeses Camerae etc.".

[36] ACDF, St. St., Tit. Libr. 1710-21, 2. Sul francescano conventuale Giovanni Damasceno Bragaldi (nato nel 1664 a Castel Bolognese, morto nel 1715 a Roma, professore a Roma, consultore dell'Indice e del Sant'Ufficio, antiquietista e antigiansenista) si rinvia a *Prosopographie*, I, pp. 221-225 (con bibliografia precedente). Non sono stati individuati pareri ("voti") scritti da Damasceno per l'Indice, ma una ventina per il Sant'Ufficio. Uno di questi giudizi fu espresso relativamente a un'opera proibita del domenicano Raffaele Grillenzoni di Bo-

mesi, il 20 ottobre 1710, la duchessa di Parma Dorotea Sofia di Neuburg invia da Piacenza una lettera al conte Santi, suo agente a Roma, affinchè favorisca l'approvazione da parte dei cardinali della biografia, che si trova ancora in corso di revisione. Anche le monache spediscono una supplica ai cardinali[37], i quali rispondono il 26 novembre dello stesso anno, informando che il revisore Baraldi non ha ancora riferito il suo parere, ma aggiungono: "quod providebitur", cioè "cosa che sarà risolta"[38]. Forse l'opera non uscì mai, per il sospetto di "affettata santità"[39].

---

logna (nato da genitori di Carpi, quindi all'inizio della sua vita religiosa chiamato "da Carpi"; inquisitore di Como e morto nel 1644), pubblicato da SCHWEDT Herman, *Quietisten und ein verbotenes Buch des Inquisitors R. Grillenzoni (1688)*, in BUHLMANN Nicolaus U., STYRA Peter (Herausgeber), *Signum in Bonum. Festschrift für Wilhelm Imkamp zum 60 Geburtstag*, Regensburg, Friedrich Pustet, 2011, pp. 579-605. Su Damasceno si veda anche SCHWEDT Herman, *Gli inquisitori generali di Siena, 1560-1782*, in *Le lettere della Congregazione del Sant'Uffizio all'inquisitore di Siena 1581-1721*, a cura di Oscar di Simplicio, Trieste, Edizioni Università di Trieste, 2009, pp. IX-LXXVI: LXIX-LXX.

[37] La lettera delle monache, inviata al conte Santi, reca il sigillo in carta e recita così: "Si supplica umilmente V. S. Ill.ma a dare la necessaria permissione che possa essere riveduta e stampata la […] vita per consolazione delle monache di quel monastero e di qualunque altro ha avuto cognizione della medesima [monaca Geltrude "religiosa di gran virtù e vita essemplarissima"], in conformità anche delle premure che ne ha quella Signora Duchessa": ACDF, St. St., Tit. Libr. 1705-10, 2.

[38] ACDF, St. St., Tit. Libr. 1705-10, 2.

[39] Sull'argomento della santità si vedano *Donna, disciplina e creanza cristiana dal XV al XVII secolo. Studi e testi a stampa*, a cura di ZARRI Gabriella, Roma, Edizioni di storia e letteratura, 1996; BRAMBILLA Elena, *Manuali d'esorcismo, canoni di santità e nuova scienza (fine '600-primo '700). Indice e Sant'Uffizio tra Neoscolastica spagnola e influenze cartesiane*, in *Rome et la science moderne: entre Renaissance et Lumières; études réunies par Antonella Romano*, [Rome], École Française de Rome, 2008, pp. 555-593; PONZIANI Daniel, *Misticismo, santità e devozione nel "secolo dei lumi". Percorsi di ricerca nell'Archivio della Congregazione per la Dottrina della Fede*, in *Inquisition und Buchzensur im Zeitalter der Aufklärung*, Hubert Wolf (Hrsg.), Paderborn, Schöningh, 2011, pp. 323-349; JACOBSON SCHUTTE Anne, voce *Finzione di santità*, in DSI, II, pp. 601-604.

27 agosto: lettera del notaio del Sant'Ufficio di Parma Giulio Corsi con "Nota di tutti li capi, o corpi di beni stabili, ed altri redditi di qualsivoglia sorte rispettivamente posseduti da questa Inquisizione": in tutto sono 26 proprietà fra beni stabili, censi, livelli, pensioni, estratti dal *Libro mastro*. La somma totale è di 2194 lire e soldi 17 (equivalenti a 127 scudi romani e 24 soldi). Compare anche la "Nota dei crediti maturati, decorsi e non esatti dall'Inquisizione di Parma a tutto li 26 agosto 1709", corrispondenti a 658 lire e 15 soldi (in scudi romani 36 lire e 19 soldi: questi crediti derivano da affitti e censi). Il notaio aggiunge che le cantine ducali forniscono due boccali di vino al giorno e che la dispensa ducale dà "sei oncie d'oglio" all'anno. Inoltre viene donato all'inquisitore anche l'olio per la lampada della cappella di S. Croce[40].

Settembre: viene nominato come qualificatore della Congregazione romana del Sant'Ufficio il frate minore dei riformati Flaminio Dondi da Parma, il quale pronuncia dieci perizie su manoscritti destinati alle stampe (dal 31 maggio 1707 al 27 giugno 1731)[41].

1710

17 gennaio: l'inquisitore Gennari invia due lettere alla Congregazione dell'Indice con copia manoscritta del frontespizio dell'opera *De legatis pro victu religiosis mendicantibus* di Pietro Marcellino De Luccia e *La via Latea delle scienze* (opere su cui si veda questa cronologia in corrispondenza all'anno 1709)[42]. Gennari asserisce che le opere "sono state rivedute e non si trova cosa veruna che

---

[40] ACDF, St. St. GG 4 c.
[41] *Prospographie*, I, pp. 514-515.
[42] Il sottotitolo aggiunge qualche particolare: "Si discorre del gran pregio del sapere, si ributtano tutte le scuse che s'adducono da chi si ricusa di studiare, s'adducono le cause estrinseche, che influiscono nelle scienze, si prescrivono i mezzi opportuni per non errare nel Cam[m]ino delle scienze".

s'opponga alle leggi prescritte in tal materia". I cardinali rispondono che il manoscritto del *De legatis* deve essere trasmesso loro, mentre la *Via Latea* si può stampare[43].

Aprile: promosso "ad munus magistri studentium" il frate Giuseppe Maria Galli da Como; promossi "ad lauream magisterii simplicis in theologia" ancora Galli e Antonino Pozzoli da Lodi, che in seguito verranno nominati inquisitori di Parma[44].

9 luglio: nominato inquisitore Vincenzo Maria Mazzoleni da Bergamo[45].

20 ottobre: la duchessa di Parma Dorotea Sofia di Neuburg invia da Piacenza una lettera al conte Santi, ministro del duca a Roma, affinché favorisca l'approvazione da parte della Congregazione dell'Indice dell'opera già citata nel 1709 sulla monaca cappuccina Gertrude di Parma, che è in corso di revisione (si veda questa cronologia nell'anno 1709). Anche le monache cappuccine del monastero della Neve di Parma inviano una supplica affinchè si dia licenza di stampare appunto questa biografia della consorella Gertrude. La lettera delle monache, inviata al conte Santi, reca il sigillo in carta e recita così: "Si supplica umilmente V. S. Ill.ma a dare la necessaria permissione che possa essere riveduta e stampata la [detta] vita per consolazione delle monache di quel monastero e di qualunque altro ha avuto cognizione della medesima [monaca Gertrude, "religiosa di gran virtù e vita essemplarissima"], in conformità anche delle premure che ne ha quella Signora Duchessa [Dorotea Sofia di Neuburg]"[46].

---

[43] ACDF, Tit. Lib. 1705-10, 135.
[44] AGOP, XIII.520: *Acta capituli provinciae utriusque Lombardiae*, s.n.t., 1710. Viene trasferito anche Tommaso Maria Glasco "de Hybernia" (originario dell'Irlanda) "da Hybernia" a Parma.
[45] CERIOTTI-DALLASTA, pp. 70-71; *I giudici della fede*, p. 101.
[46] ACDF, Tit. Lib. 1705-10, 2.

26 novembre: i cardinali dell'Indice rispondono che il revisore Giovanni Damasceno non ha ancora riferito la sua censura su tale biografia e aggiungono: "quod providebitur"[47].

Vengono inviate a Roma le spese sostenute dal Sant'Ufficio di Parma "Per condurre a Reggio Gio Francesco Bagostilla ch'è d'ordine della S. Congregazione si manda da Piacenza a Roma: 27 lire e 1 soldo"[48].

1711

13 gennaio: l'inquisitore Mazzoleni invia alla Congregazione del Sant'Ufficio la "Nota di spese" (849 lire, 14 soldi e 6 denari) "e ricevuto" (448 lire, 10 soldi) dell'anno 1710 (con firme di Mazzoleni e del notaio Giulio Corsi)[49].

26 gennaio: mons. Giuseppe Olgiati è nominato vescovo di Como e lascia la diocesi di Parma.

20 febbraio: l'inquisitore Mazzoleni fa pervenire a Roma le richieste per la stampa di un trattato legale di Benedetto Giuseppe Torri dedicato al duca Francesco Farnese[50].

11 maggio: è nominato vescovo di Parma mons. Camillo Marazzani.

31 maggio: muore il vescovo di Borgo San Donnino mons. Alessandro Roncovieri.

10 luglio: gli inquisitori di Parma e di Bologna, rispettivamente il Mazzoleni e Giordano Vignali da Bologna, inviano a Roma la richiesta di approvazione dell'opera di Bernardo Cavaliero *Metodi,*

---

[47] ACDF, Tit. Lib. 1705-10, 2.
[48] ACDF, St. St. GG 4 c.
[49] ACDF, St. St. GG 4 c.
[50] ACDF, St. St., Tit. Libr. 1710-21, 6 (20 febbraio 1711). Il titolo nella richiesta epistolare è *Innesto legale di teorica pratica criminale e politica ad istruzione del giudice*. Non ho individuato l'opera nei repertori consultati. I cardinali rispondono il 4 marzo del 1711, autorizzando la stampa.

regole, consigli e avvertimenti per chi comincia non solo ma per chi già trovandosi in qualunque genere di studi avanzato brami in quelle fondarsi[51].

L'inquisitore Mazzoleni chiede l'assenso anche per un'opera legale dell'avvocato Francesco Maria Pittoni, o Pittone (*De controversiis patronorum*), ma il 22 luglio riceve la risposta di trasmettere il primo e il secondo tomo[52]. Pittoni nel 1705 aveva già stampato a Parma un altro trattato, ma la cauta reazione dei cardinali è del tutto comprensibile, perché nel 1709 era stata interdetta un'ulteriore sua opera stampata a Venezia nel 1702[53]. Probabilmente l'autore si rifiutò di mandare l'intero manoscritto e rivolse una supplica direttamente alla Congregazione, affinchè essa autorizzasse la stampa senza pretendere l'esame del manoscritto, temendo che esso si perdesse. I cardinali, il 16 settembre successivo, informarono però di questa supplica l'inquisitore e autorizzarono la stampa dell'opera, se fosse arrivato il *placet* del papa Clemente XI, in deroga a un decreto di Alessandro VII. Il 13 ottobre Mazzoleni comunicò ai cardinali, pertanto, che si rimetteva a quanto gli avevano indicato[54].

---

[51] ACDF, St. St., Tit. Libr. 1710-21, 13 (10 luglio 1711). Si tratta dell'opera del chierico regolare CAVALIERO Bernardo, *Metodi, regole, consigli, ed avvertimenti utilissimi non solamente per chi comincia, ma per chi già trovandosi in qualunque genere di studj avanzato, brami con la facilità, e con la brevità possibile vie più in quello formarsi*, in Bologna, [per Giulio Borzaghi], 1713. Sul Vignali: *I giudici della fede*, p. 56.
[52] ACDF, Tit. Lib. 1710-21, fascicoli 13 e 14 (10 luglio). Si tratta dell'opera *De controversiis patronorum*.
[53] ILI, v. XI, p. 715; *Systematisches Repertorium zur Buchzensur 1701-1813. Indexcongregation*, p. 744.
[54] L'inquisitore scrive: "Quando nel libro intitolato *De Controversiis Patronorum* etc. composto dall'avvocato Pitoni [Pittone], che attualmente si rivede, non si trovi cosa censurabile, ne permetterò l'impressione, senza mandarlo costà, poiché l'Eccellenza Vostra con l'umanissima sua delli 19 settembre prossimo passato così si degna di prescrivermi" (ACDF, St. St., Tit. Libr. 1710-21 14). Non sappiamo se l'opera venne effettivamente stampata fra il 1711 ed il 1712 da Monti. Si conservano però esemplari successivi di qualche anno, impressi sempre a Parma da Giuseppe Dall'Oglio nel 1719 in due tomi. Nell'edizione del 1719 appaiono il parere favorevole del consultore Odoardo Bonvicini, giure-

5 settembre: si conclude presso il Sant'Ufficio di Parma il processo contro don Pellegrino, confessore di monache[55].

30 dicembre: atto notarile di *liberatio livellaria*, con elenco di frati di S. Pietro Martire, fra cui Giacinto da Vigevano[56].

Il Sant'Ufficio di Parma deve sostenere spese per il trasporto di un carcerato, probabilmente francese: Gioacchino Barat[57].

Altra stampa autorizzata nel 1711 è *Il tutto in poco* del sacerdote parmigiano Liborio Mauro Cizzardi[58].

La Congregazione dell'Indice pubblica un'aggiunta all'*Index librorum prohibitorum*.

1712

8 gennaio: l'inquisitore Mazzoleni invia l'elenco dello speso e del ricevuto dell'Inquisizione di Parma alla Congregazione del Sant'Ufficio[59].

---

consulto del Collegio, gli *imprimatur* di Giuseppe Maria Galli (inquisitore) e Giovanni Fedolfi (provicario generale del vescovo), il *vidit* di Lorenzo Masini (presidente della Camera Ducale). Nel 1727 morirà il consultore del Sant'Ufficio Odoardo Bonvicino: su di lui si veda ALLODI, I, pp. VIII, 447, 474, 602; v. II, p. 217.

[55] ASPr, Comune di Parma, b. 4158: BORRA, *Diario istorico e meteorologico*, III: 1711-1714 (originale); III: 1711-1718 (copia). Ci siamo serviti della copia, pp. 85 segg.; documento trascritto in CERIOTTI-DALLASTA, pp. 208-9.

[56] AVPr, cassetta S. Pietro Martire.

[57] ACDF, St. St. GG 4 c.: "Alli sbirri per assistere alla pubblicazione della sentenza e custodirla sulla porta della chiesa e poi accompagnarlo [Gioacchino Barat] fuori di città: 12 lire. Mandare a Reggio Gioacchino Barat carcerato diretto a Roma dal Sant'Ufficio di Piacenza e dato al veturino per l'andare e ritorno: 28 lire. Al sbirro che l'ha accompagnato: 16 lire, 10 soldi".

[58] CIZZARDI Liborio Mauro, *Il tutto in poco, overo il segreto scoperto*, in Parma, per Giuseppe Rosati, 1711. *Imprimatur* di Luigi dalla Rosa (vicario generale del vescovo), Carlo Girolamo Maffei (vicario dell'inquisitore) e *vidit* di Lorenzo Masini (presidente della Camera Ducale).

[59] ACDF, St. St. GG 4c.

Esce un libello polemico di Scipione Maffei contro il duca Francesco Farnese, accusato di aver acquistato il titolo di "Gran Maestro dell'Ordine equestre di S. Giorgio", sborsando una notevole somma di denaro. È lecito supporre che il duca, venuto a conoscenza di questo attacco, abbia chiesto e ottenuto la condanna dell'opera del Maffei da parte delle Congregazioni romane per impedirne la circolazione[60].

8 marzo: risposta positiva alla lettera dell'inquisitore Mazzoleni, il quale aveva inviato alla Congregazione dell'Indice, per l'approvazione alla stampa, una copia manoscritta del frontespizio dell'opera *Il vero tesoro della dottrina cristiana* di Nicolò Turlot, tradotta dal francese all'italiano[61].

---

[60] MAFFEI Scipione, *De fabula equestris Ordinis Costantiniani*, Tiguri, Gratz, 1712, in cui l'autore dimostra la falsità dei documenti relativi all'Ordine. Il decreto con cui fu interdetta l'opera risale al 5 marzo 1714: ILI, v. XI, p. 568. L'opera è inclusa nell'Indice dei libri proibiti del 1758. Sull'argomento si vedano STERZI Mario, *Attorno ad un'operetta del marchese Scipione Maffei messa all'Indice*, in *A Vittorio Cian, i suoi scolari dell'Università di Pisa (1900-1908)*, Pisa 1909, pp. 141-167; BERNINI Ferdinando, *Storia di Parma*, Parma, Battei, 1951, p. 127; TURCHI Marcello, *Origini, problemi e storia dell'ordine costantiniano di San Giorgio di Parma*, Parma, Donati, 1983, pp. 6, 51-64; WAQUET Françoise, *Le modèle français et l'Italie savante: conscience de soi et perception de l'autre dans la republique des lettres, 1660-1750*, Rome, École Française de Rome, 1989, pp. 157, 192, 228-9; REBELLATO Elisa, *La fabbrica dei divieti. Gli indici dei libri proibiti da Clemente VIII a Benedetto XIV*, Milano, Bonnard, 2008, p. 220 (l'autrice spiega che nel 1757 il papa Benedetto XIV, durante le fasi di redazione dell'*Index* che apparirà l'anno successivo, preferì omettere il nome di quegli autori cattolici di cui era stata proibita un'opera, per difenderli dall'ignominia: per questa ragione l'opera del Maffei venne indicata solo mediante il titolo). Un'altra opera di Maffei verrà interdetta nel 1749: *L'arte magica dileguata* (si veda DEL COL, *L'Inquisizione in Italia*, p. 712).

[61] ACDF, St. St., Tit. Libr. 1710-21, 23, risposta dei cardinali dell'8 marzo 1712 all'inquisitore Mazzoleni. L'opera venne effettivamente stampata da Giuseppe Rosati, "a spese del medesimo" nel 1712, con l'*imprimatur* rilasciato il 29 marzo 1712 da Mazzoleni e dal vicario generale del vescovo (F. Monacellius), e con il *vidit* di Lorenzo Masini, presidente della Camera Ducale.

Aprile: Mazzoleni viene destinato alla sede di Bergamo[62], ma probabilmente il trasferimento non viene attuato, perché l'anno successivo il frate risulta ancora inquisitore a Parma.

22 maggio: comincia nel Sant'Ufficio di Parma il processo contro Gaspare Camorani (o Camurani) da Maizana, della diocesi di Genova, che sarà condannato "ad triremes perpetuas" e all'abiura in pubblico per essersi spacciato presbitero e aver ascoltato abusivamente confessioni sacramentali[63].

26 agosto: cinque testimoni denunciano don Antonio Quaglia da Cortemaggiore di non essersi inginocchiato e tolto il cappello nel momento in cui venivano date le benedizioni del SS. Sacramento nella vicina chiesa dei gesuiti. La causa prosegue anche nel 1713 presso il tribunale della fede di Parma[64].

---

[62] AGOP, XIII.520: *Acta capituli provinciae utriusque Lombardiae*, Mediolani, ex typographia Iosephi Pandulphi Malatestae, 1712.

[63] ACDF, St. St. N 1 b, fasc. 9. Era un contadino analfabeta, sposato, padre di quattro figli, che quattro volte all'anno lasciava la famiglia e andava a vagabondare per i paesi di campagna, spacciandosi per un prete e chiedendo elemosine per celebrare le messe il giorno seguente (20 soldi per ogni messa, dicendo che era una somma minore rispetto a quanto chiedevano gli altri preti). Era vestito da prete e mostrava una patente papale che gli permetteva di ascoltare confessioni sacramentali in qualsiasi luogo. Il processo cominciò in seguito alla denuncia del prete don Giuseppe Valenti, mandatario del Sant'Ufficio nel luogo di Sissa (diocesi di Parma), su indicazione del parroco di Fontanelle (Sissa). Il reo fu consegnato al bargello, il quale lo fece trasportare alle carceri del Sant'Ufficio di Parma, nel timore che fuggisse. Gli furono trovate 107 lire e 10 soldi di Parma, una patente del rettore della chiesa di S. Bartolomeo di Maizana, spedita il 2 marzo 1710 "per il R. D. Gasparo Camurani e suo compagno". In un altro passo del lungo processo sembra di capire che i due si fossero messi d'accordo. A Gasparo furono trovati nella borsa un *Ufficiolo* della Beata Vergine, alcuni collari da preti "alla romana" e una veste da prete lacera. Ben otto testimoni lo accusarono, fra cui quattro o cinque donne che aveva appena confessato. I testimoni raccontano che, per ottenere le elemosine, Gasparo andava dicendo che la sua casa era rimasta distrutta in un incendio.

[64] ACDF, St. St. M 7 o.

3 dicembre: episodio non precisato di contrasto fra il vescovo di Borgo San Donnino e il vicario locale del Sant'Ufficio[65].

1713

30 gennaio: viene nominato vescovo di Borgo San Donnino mons. Adriano Sermattei.
Lettera dell'inquisitore Mazzoleni alla Congregazione del Sant'Ufficio con la nota delle spese del 1712: ricevuto 2503 lire e 18 soldi; speso 2316 lire e 4 soldi; rimanenza (dopo aver sottratto altre spese) 52 lire, 17 soldi e 6 denari[66].
22, 25 febbraio e 13 marzo: carteggio fra l'inquisitore Mazzoleni e i cardinali del Sant'Ufficio su chi debba avere la precedenza fra l'inquisitore e il provicario della curia vescovile di Parma nelle sottoscrizioni per l'*imprimatur* dei libri[67].
15 marzo: i cardinali si pronunciano sul comportamento di don Antonio Quaglia di Cortemaggiore (caso sorto nel 1712), con-

---

[65] ACDF, St. St. GG 4 c: notizie storiche tratte dall'inquisitore Giuliano Vincenzo Mozani dall'archivio del proprio ente e allegate alla lettera del 18 dicembre 1781 al confratello Migliavacca (si veda in questa cronologia alla data).
[66] ACDF, St. St. GG 4 c.
[67] ACDF, O 2 d, fasc. 5. Il dubbio nasce dal fatto che nella curia di Parma non esiste il "vicario generale formale, ma chi esercita tal carica ha il solo titolo di provicario". Inoltre non si trovano "decreti, o esempi, che in tal circostanza possan valere di regola". Quindi il quesito è: i vicari generali del Sant'Ufficio (che sono "formali") devono "deferire" ai provicari episcopali, come se questi ultimi fossero vicari generali "formali", anche se non lo sono? Una prima risposta risale al 22 febbraio: "Praecedentiam deberi vicario"; una seconda risposta è datata 25 febbraio: è "mente di cotesta S. Congregazione che il provicario vescovile (quando non sia vicario generale) preceda al vicario del Sant'Ufficio". Segue un appunto di Paolo Antonio Cappellano, coadiutore: il vescovo, "coll'ingenuità sua propria, mi ha detto, che stima ch'il vicario del Sant'Ufficio abbia ragione, ed ha toccati di passaggio alcuni ripieghi per sottoscrivere le stampe: o che il suo provinciale sottoscriva sotto il vicario del Sant'Ufficio, ma senza usare allora il titolo di provinciale, o che esso vescovo sottoscriverà tutto egli medesimo".

dannandolo all'*abiuratione de levi* e al carcere, ad arbitrio della Congregazione del Sant'Ufficio[68].

17 e 20 ottobre: Mazzoleni scrive ai cardinali per informarli di aver incontrato un luterano che intendeva recarsi a Roma per abiurare, ma poi non ha potuto proseguire il cammino e ha chiesto all'inquisitore di Parma di essere riconciliato con la Chiesa cattolica. Si tratta di Carlo Ferdinando Wiperman di Rosthoc, nel Ducato di Maexlemburg (oggi Rostock nel Meclemburgo-Pomeriana Anteriore), di trent'anni, predicatore e lettore di teologia luterana quietistica, figlio del soprintendente e "dottor primario della setta dei luterani quietisti, [...] quasi vescovo d'essa setta". L'inquisitore scrive: il luterano, giunto "ai confini del Bolognese, vedendosi intimati trenta giorni di quarantena, e scemandogli il denaro, è retrocesso, ed è venuto da me per esser reconciliato". Il pentito ha parlato all'inquisitore a proposito dei luterani quietisti, una setta nata settant'anni prima "nel Ducato di Meclemburgo" da un tale Spanner. Inoltre ha descritto il loro rito del battesimo. Dall'eretico sono stati sollevati sette dubbi circa il sacramento, a cui sono state fornite le rispettive soluzioni da parte dell'inquisitore. Alla fine del documento appare trascritta la risoluzione accompagnata dal decreto dei cardinali, emesso il 27 giugno 1715: il pentito dovrà essere battezzato sotto condizione e

---

[68] ACDF, M 7 o. Cinque testimoni avevano affermato che in occasione delle benedizioni del Sacramento davanti al popolo il Quaglia si trovava nei pressi della chiesa dei gesuiti di Cortemaggiore, ma non si scoprì il capo e non si piegò sulle ginocchia. Invitato a compiere tali gesti, rispose: "Voi altri siete coglioni, perché questa benedizione non vale una merda!". Il 26 agosto i testimoni riferirono tutto al vicario di Busseto; il 29 novembre fu stabilita la carcerazione del Quaglia a Piacenza; il 17 febbraio 1713 il presbitero venne invece trasportato alle carceri del Sant'Ufficio di Parma. Nel processo si difese dicendo che aveva pronunciato quelle parole inavvertitamente, essendosi arrabbiato per la rottura della sella del suo carro.

a patto che confessi i propri peccati, commessi quando era luterano[69].

A Parma viene redatto l'inventario *post mortem* di Seth Viotti, discendente dei tipografi, che documenta il possesso di libri proibiti e riguardanti argomenti teologici discussi o controversi[70].

1714

6 febbraio: la Congregazione del Sant'Ufficio autorizza l'inquisitore Mazzoleni a mandare alle stampe l'opera del medico parmigiano Pompeo Sacco, *Hipocratis medicina practica,* di cui l'inquisitore aveva inviato in precedenza il frontespizio del manoscritto, e consente la ristampa della *Pratica universale* del Savelli, di cui l'inquisitore aveva pure inviato il frontespizio[71].

---

[69] ACDF, S. O., Dubia baptesimalia 1760-1766, fasc. 15, cc. 526r-547v; St. St. H 7 c, fasc. 3; St. St. UV 51, fasc. 6. Quest'ultimo fascicolo è suddiviso in tre sottofascicoli; il secondo è firmato dal consultore del Sant'Ufficio frate Damasceno.

[70] ASPr, Epistolario scelto, b. 17, fasc. 27, anno 1713. Pubblicato in PELIZZONI Luigi, *La libreria "Viotta". Un'importante biblioteca privata a Parma nel primo Settecento*, in *Quaecumque recepit Apollo. Scritti in onore di Angelo Ciavarella*, a cura di L. Farinelli, G. Fiaccadori, G. Pettenati, M. Silva, in "Bollettino del Museo Bodoniano di Parma", VII (1993), pp. 373-395. Fra le opere proibite compaiono CACCIATORE Diego, *Censura al ragguaglio diciotto di Traiano Boccalini*, in Milano, appresso Lodouico Monza, 1651; CLARIO Isidoro, *Epistolae ad amicos*, Modena, typis Antonii Capponi Impress. Episc., 1705. Vi appare un'opera di Ferrante Pallavicino di cui, forse deliberatamente, non viene specificato il titolo.

[71] ACDF, St. St., Tit. Libr. 1710-21, 54 (6 febbraio 1714). Le opere giungeranno alle stampe solo tre anni dopo: SACCO Pompeo, *Medicina practica rationalis Hippocratis sanioribus neotericorum doctrinis illustrata*, ex typographia Celsit[udi]nis Suae Ser.mae, 1717. Il consultore fu Luigi Perone, medico del Collegio, che si pronunciò alla fine del 1713; l'*imprimatur* concesso fu solo quello di Mazzoleni. L'altra opera di cui venne autorizzata la stampa era quella di SAVELLI Marcantonio, *Pratica universale del dottor Marc'Antonio Savelli auditore della Rota criminale di Firenze compendiosamente estratta per alfabeto dalle principali leggi, bandi, statuti, ordini, e consuetudini, massime criminali, e miste, che si osservano nelli Stati del serenissimo gran duca di Toscana. Con aggiunta di varie conclusioni di ragione comune, ed una notabile pre-*

20 febbraio: la Congregazione accorda la stessa positiva concessione a un'altra opera del medesimo Savelli, *Summa diversorum tractatuum praxis criminalis*[72], di cui l'inquisitore aveva inviato il frontespizio[73].

21 agosto: l'inquisitore Mazzoleni invia alla Congregazione dell'Indice, per l'approvazione alla pubblicazione, copia manoscritta del frontespizio dell'opera di Dionisio Libero Hossinski (o Kossin, che si dichiara "della corte di S. Maestà Cesarea" e fa "premurosa istanza" per la stampa). Il titolo dell'opera è *Alessandro coronato di nuovi allori*, biografia di Alessandro Magno[74].

16 ottobre 1714: il duca Francesco Farnese si rallegra con l'inquisitore di aver convertito al battesimo la giovane Ottolenghi, ebrea di Fiorenzuola[75].

1715

21 febbraio: Carlo Francesco Badia, consorziale della cattedrale di Parma, "esaminatore sinodale e qualificatore dei libri per la Santa Inquisizione", approva la biografia di Alessandro Magno del citato Hossinski[76].

---

fazione di fabricare, e risolvere li processi criminali, Con molte aggiunte, e benigne interpretazioni del medesimo autore, e del cav. Guido Antonio Savelli suo figliuolo. Con due repertorj, in Parma, per Paolo Monti all'insegna della Fede, 1717, [8], 408 p., fol.
[72] ACDF, St. St., Tit. Libr. 1710-21, 56 (20 febbraio 1714). SAVELLI Marcantonio, *Summa diversorum tractatuum. Praxis criminalis*, Parma, Monti, 1717.
[73] ACDF, Tit. Lib. 1710-21, 56.
[74] ACDF, Tit. Lib. 1710-21, 65.
[75] ASPr, Archivio Du Tillot, b. 50, fasc. 51; cfr. lettera della principessa Dorotea Sofia al padre Grossi inquisitore a Piacenza del 9 ottobre 1714, ibidem; appunto trascritto da Giovanni Drei in ASPr, Carte Drei, b. Inquisizione, fasc. "Eretici", foglio 10.
[76] ACDF, St. St., Tit. Libr. 1710-21, 65 (21 agosto 1714). L'autore si dichiara all'inquisitore Mazzoleni membro della corte di S. Maestà Cesarea e "fa premurosa istanza" per la stampa di *Alessandro coronato di nuovi allori*. L'inquisitore invia a Roma copia manoscritta del frontespizio dell'opera. Il nome dell'autore

27 giugno: i cardinali del Sant'Ufficio giungono alla risoluzione finale del caso posto nell'ottobre del 1713 dall'inquisitore Mazzoleni circa il battesimo del luterano Carlo Ferdinando Wiperman o Wipperman[77].

1716

Marzo: la Congregazione dell'Indice pubblica un'appendice all'*Index librorum prohibitorum* del 1681.

1717

Marzo: la Congregazione dell'Indice pubblica una nuova appendice all'*Index librorum prohibitorum* del 1681.

18 dicembre: in un atto notarile in cui compare l'elenco dei frati di S. Pietro Martire è presente anche il padre lettore Carlo Girolamo Maffei, "vicario del Sant'Ufficio". Pietro Martire Cassi (o Cassio) è secondo lettore nel convento domenicano[78].

---

appare, nella stampa, come Dionisio Barone di Kossin e il titolo come *L'eroismo ponderato nella vita di Alessandro il Grande illustrata con discorsi istorici, politici e morali*, Monti, 1723. Imprimatur di Vincenzo Maria Mazzoleni e di Giovanni Fedolfi, provicario generale. Il *vidit* è di Lorenzo Masini, presidente della Camera Ducale.

L'opera fu esaminata dall'abate Carlo Francesco Badia, che è documentato come consultore del Sant'Ufficio dal 1715 e autore di due edizioni stampate a Parma: *I disegni de la divina sapienza su'l peccato de l'umana natura. Oratorio sacro posto in musica dal signor D. Bernardo Sabbadini veneziano da recitarsi da li R.R. Preti de la Congregazione de l'Oratorio, a la Madonna de la Fava in Venezia*, per Alberto Pazzoni, e Paolo Monti, 1698 e *Applausi di gioia celebrati in Parma per la promozione alla sacra porpora dell'eminentiss. sig. cardinale Giulio Piazza patrizio parmigiano*, per Paolo Monti, 1712.

[77] ACDF, S. O., Dubia baptesimalia 1760-1766, fasc. 15, cc. 526r-547v e H 7 c, fasc. 3.
[78] AVPr, cassetta S. Pietro Martire.

1718

La Congregazione dell'Indice autorizza la stampa della biografia di Alessandro Magno di Dionisio Libero Hossinski, sopra citata[79].

5 aprile: in un atto notarile in cui compare l'elenco dei frati del convento di S. Pietro Martire è presente ancora il padre lettore Carlo Girolamo Maffei, "vicario del Sant'Ufficio"[80].

Maggio: la Congregazione dell'Indice pubblica un'appendice all'*Index librorum prohibitorum* del 1681.

15 luglio: l'inquisitore Mazzoleni invia a Roma la copia manoscritta del frontespizio dell'opera *Consiliorum Jo. Baptistae Spadae* per chiederne l'approvazione alla ristampa (dopo la prima edizione a Roma nel 1658 da parte del tipografo Nicola Angelo Tinassi) e ottiene il consenso[81].

15 settembre: Mazzoleni termina il mandato di inquisitore[82]. Al 1718, ma in una data non nota, dovrebbe risalire la nomina del nuovo inquisitore Giuseppe Maria Galli da Como[83].

---

[79] ACDF, St. St., Tit. Libr. 1710-21, 65 (21 agosto 1714).
[80] AVPr, cassetta S. Pietro Martire.
[81] ACDF, St. St., Tit. Libr. 1710-21, 103 (15 luglio 1718). L'inquisitore Mazzoleni invia per l'approvazione copia manoscritta del frontespizio dell'opera *Consiliorum Jo. Baptistae Spadae* (che era già stata stampata a Roma nel 1658 da Tinassi) e ottiene l'approvazione. Nel primo tomo compaiono, con la data 1718, il parere del revisore (il giurista Pietro Tommaso Bonelli) e le approvazioni di Mazzoleni, del provicario del vescovo (Giovanni Fedolfi) e il *vidit* del presidente della Camera Ducale (Lorenzo Masini). L'opera di Spada verrà pubblicata da Monti dopo due anni in tre volumi *in folio* col titolo *Consiliorum Jo. Baptistae Spadae, patritii Lucensis, Camerae et Fisci Apostolici advocati, tomus primus [-tertius]. Cum novissimis annotationibus, summo studio ac diligentia collectis a Leopoldo Josepho Crescini j.c. Parmensi & in hac Universitate Legum criminalium interprete*.
[82] CERIOTTI-DALLASTA, pp. 70-71.
[83] CERIOTTI-DALLASTA, p. 71; *I giudici della fede*, p. 101.

1719

15 marzo: il vescovo di Borgo San Donnino mons. Adriano Sermattei viene nominato ordinario di Viterbo e Tuscania.

15 maggio: viene nominato vescovo di Borgo San Donnino mons. Gherardo Zandemaria, di nobile famiglia parmigiana.

20 maggio: l'inquisitore di Parma Giuseppe Maria Galli pubblica un nuovo editto generale del Sant'Ufficio, che ricalca le norme già espresse dai suoi predecessori, fra cui l'obbligo ai librai di compilare entro tre mesi dalla data di emanazione della grida "l'inventario vero e fedele di tutt'i libri, col nome dell'autore, stampatore, comentatore, del luogo, tempo, nel quale sono stati stampati". La norma intima ancora ai librai: "Né ardiscano tenere, e vendere altri libri non notati nel detto inventario, e dovranno avere nelle botteghe loro l'Indice de' libri proibiti, per potersi governare nel comprar', e vendere libri, conforme alle regole di quello". L'editto obbliga corrieri, "daziari", gabellieri e stampatori a consegnare notule bibliografiche della loro merce[84]. Galli appare molto zelante sul fronte della censura libraria: lo dimostrano le tante richieste da lui inviate a Roma e una voce dell'inventario dell'archivio del Sant'Ufficio redatto a distanza di qualche decen-

---

[84] Infatti anche a queste categorie, oltre ai "barcaroli, condottieri, viandanti, portinari", sono rivolti gli "Ordini particolari" dell'editto emesso dall'inquisitore Galli il 20 maggio 1719, conservato in ASPr, Consorzio dei vivi e dei morti, ecclesiastici, tomo 1, n. 57. Nella parte generale si condannano, come al solito, tutti coloro "che abbiano avuto, o abbiano libri, o scritti proibiti, continenti eresie, o libri di eretici, che trattino di religione senza autorità della S. Sede Apostolica, o che gli abbiano letti, o tenuti, o stampati, o fatti stampare, o difesi, leggano, tengano, stampino, facciano stampare, introducano, o difendano sotto qualsivoglia pretesto, o colore libri di negromanzia, magia, o continenti sortilegi, incanti, e simili superstizioni, massimamente con abuso delle cose sacre".

nio, al momento della soppressione, nel 1769, quando verranno enumerate ben 34 buste contenenti i volumi da lui esaminati[85].

Il cronista parmigiano Giustiniano Borra riferisce di alcuni festeggiamenti celebrati in S. Pietro Martire o nella chiesa delle monache di S. Domenico durante l'anno 1719: il 29 gennaio per la "translazione del corpo di S. Tomaso", preceduta nelle due giornate antecedenti da un'accademia e una "difesa pubblica" nella stessa chiesa, come da consuetudine ogni anno; il 4 agosto festa solenne con musica e benedizione del venerdì nella chiesa di S. Domenico; il 30 agosto la solennizzazione di S. Rosa da Lima con musica e benedizione "del Venerabile"[86].

1720

9 luglio: controversia per un appezzamento di terra posto tra il torrente Parma, il convento di S. Pietro Martire e le proprietà dell'arcidiacono della cattedrale Felice Arcioni. Si propone come mediatore il conte Carlo Sanvitale, prefetto del duca Francesco Farnese. All'atto notarile è allegato l'elenco dei frati, che comprende l'inquisitore Giuseppe Galli da Como[87].

Occupazione dei Ducati di Parma e Piacenza da parte delle truppe imperiali. A Roma esce un'opera a stampa a difesa della

---

[85] ASPr, Archivio Du Tillot, b. 50: Inventario dei beni del Sant'Ufficio di Parma, redatto da Giulio Spinazzi, ufficiale della cancelleria del Supremo Magistrato delle Finanze e secondo notaio camerale, pubblicato in DALLASTA, *Appoggi, archivio, astuzia*, pp. 351-430, pp. 405-410: 406: "n. 34 di grossi volumi marcati al di fuori dal 1714 sino al 1725 inclusivamente [...], i quali volumi 34 non altro contengono, che una miscellanea di stampe moltissime, e di assai diverse materie, consegnate dai stampatori al S. Uffizio, per ottenere il permesso della impressione". Se ne veda la trascrizione nella terza appendice, doc. 22.
[86] ASPr, BORRA, *Diario*, ms. 37, vol. 4, cc. 7 (29 gennaio), 52 (4 agosto), 57 (30 agosto).
[87] ADNPr, notaio Francesco Borelli, f. 12350, atti 65 e 66.

sovranità pontificia sui Ducati di Parma e Piacenza, di cui il duca Francesco spera di potersi avvalere contro le pretese imperiali[88].

Vengono pubblicati a Parma quest'anno e in quelli immediatamente successivi altri due libelli anonimi a favore della sovranità pontificia contro le pretese imperiali sui Ducati di Parma e Piacenza. Il dibattito poi verrà ripreso nel 1727 (alla morte del duca Francesco, per i timori legati all'estinzione della casa farnesiana), nel 1765 (alla morte del duca Filippo di Borbone) e nel 1768 (quando il papa lancerà contro il governo parmense il suo *Monitorio*)[89].

---

[88] A Roma, invece, viene pubblicata la seguente opera: FONTANINI, Giusto (1666-1736), *Della istoria del dominio temporale della Sede Apostolica nel Ducato di Parma e Piacenza. Libri 3 [...] segue l'appendice de' documenti con una tavola cronologica*, in Roma, 1720.

[89] La prima opera è di NICOLI Francesco Maria (1661-1740), *Dissertazione istorico-politica, e legale sopra la natura, e qualità delle città di Piacenza, e Parma*, [1720], opera su cui si vedano: MELZI Gaetano, *Anonime e pseudonime*, I, p. 319; POGGIALI Cristoforo, *Memorie storiche di Piacenza*, Piacenza, Filippo G. Giacopazzi, 1776, XII, p. 247. La seconda opera è: *Ragionamenti familiari sopra il dominio, e sovranità temporale nello stato di Parma, e Piacenza, nelli quali si esamina con ogni attenzione l'istoria del dominio temporale della sede apostolica nel Ducato di Parma, e Piacenza pubblicata con le stampe di Roma da M. l'abate Giusto Fontanini, e la Dissertazione istorico-politica- e legale sopra la natura, e qualità di Piacenza, e Parma di un'altro autore anonimo, e si pone in chiara evidenza la giustizia, e la verità di tale materia*, opera attribuita a Giuseppe Ceschi o a Martino Colla, pubblicata tra il 1720 e 1726. Si veda: MELZI, *Anonime e pseudonime*, II, coll. 404-5.

Si sofferma su questi temi BENASSI, *Guglielmo Du Tillot*, X (2° p.), pp. 55-57, che sottolinea come le pretese di una sovranità diretta della Santa Sede su Parma e Piacenza non fossero incompatibili con la dipendenza dall'Impero. E tuttavia Du Tillot, "d'accordo con la Spagna e la Francia, non volle mai riconoscere né questa, né quella soggezione, e restò fermo nel sostenere la piena indipendenza in virtù dei trattati, salvo, s'intende, il protettorato ibero-gallico" (ivi, p. 56).

1721

Muore il monaco cassinense Benedetto Bacchini, che aveva svolto funzioni di consultore del Sant'Ufficio di Parma[90].
Nel Sant'Ufficio di Modena si celebra il processo per atti sacrileghi contro Pellegrino Abbati originario di Parma, "sguattero del marchese Molza"[91].
17 marzo: l'inquisitore Galli scrive a Roma per chiedere un parere sull'opportunità di stampare un libello devozionale anonimo intitolato *Officium dulcissimi cordis Jesu* (di cui allega il manoscritto in ottavo di dieci carte). Il 2 aprile la Congregazione risponde di non permetterne la stampa[92].
19 marzo: muore il papa Clemente XI.
8 maggio: viene eletto papa Innocenzo XIII.

1722

14 aprile: l'inquisitore Galli chiede licenza di stampa per l'opera di Lorenzo Sassi, "persona ordinaria", dal titolo: *Insegnamenti politici cristiani dati dal card. Giulio Mazzarino poco avanti la sua morte al cristianissimo re di Francia Luigi XIV*[93].

---

[90] Sul Bacchini a Parma: LASAGNI 1999, I, pp. 198-205: 199; MISSERE FONTANA Federica, *Benedetto Bacchini (1651-1721) tra cronologia e numismatica, con un'appendice sulle monete trovate nella tomba di San Cassiano a Imola nel 1704*, in "Rivista italiana di numismatica e scienze affini", CIV (2003), pp. 399-478.
[91] ASMo, Sant'Ufficio, b. 196, fasc. 3. TRENTI Giuseppe, *I processi del tribunale dell'Inquisizione di Modena: inventario generale analitico, 1489-1874 [i. e. 1784]*, Modena, Aedes Muratoriana, 2003, p. 181.
[92] ACDF, C. L., 1718-1721, fasc. 28. Il libretto propone le preghiere, gli inni e gli "oremus" da recitare nei vari momenti del giorno: "ad matutinum", "ad primam", "ad sextam", "ad nonam", "ad vesperas", "ad completorium". Il tutto è preceduto da una lettera con incipit "Pie lector".
[93] ACDF, St. St., Tit Lib 1722-28, 7 (14 aprile 1722). Nella lettera dell'inquisitore l'opera appare col titolo *Insegnamenti politici cristiani dati dal card. Giulio Mazzarino poco avanti la sua morte al cristianissimo re di Francia Luigi XIV*. La

29 aprile: la Congregazione risponde all'inquisitore Galli, affinché mandi il manoscritto dell'opera che si vuole stampare[94].

10 maggio: l'inquisitore invia il manoscritto di 57 carte. Manca tuttavia la risposta della Congregazione[95].

8 agosto: atto notarile di *alienatio*, con un allegato che annovera diversi censi del convento di S. Pietro Martire creati fra il 1655 e il 1705[96].

16 agosto: dovrebbe risalire a questa data un nuovo bando stampato a Parma riguardante i libri proibiti[97].

1723

Nell'inventario *post mortem* di don Pietro Francesco Ruberti, maestro di scrittura delle principesse Farnese, compare il *De phenomenis in orbe lunae,* in cui si tratta delle teorie di Galileo Galilei[98].

25 maggio: l'inquisitore Galli scrive alla Congregazione dell'Indice: "Intende questo stampatore Monti far la ristampa di due libri i di cui frontespizi umilio qui annessi a V. E. perché osservo esservi delle agionte. Fra tanto che li faccio rivedere starò in

---

risposta della Congregazione è del 29 aprile successivo: la Congregazione risponde di mandare il manoscritto di 57 carte, che viene spedito dopo pochi giorni, il 10 maggio. Non sappiamo come si conclude la vicenda, perché manca l'ulteriore risposta della Congregazione e non abbiamo individuato quest'opera nei repertori consultati.

[94] ACDF, Tit Lib 1722-28, 7.
[95] ACDF, Tit Lib 1722-28, 7.
[96] AVPr, Cassetta S. Pietro Martire.
[97] ASPr, Culto, b. 101: vi si conserva un appunto presumibilmente dell'archivista Giovanni Drei (1881-1950), che elenca i bandi pubblicati dagli inquisitori di Parma, ma senza riportarne la collocazione. Questo risalirebbe al 16 agosto 1722.
[98] ASPr, inserti, notaio Benedetto Sacchi, f. 100, 23 maggio 1723: annovera LA GALLA Giulio Cesare, *De phoenomenis in orbe lunae noui telescopij usu a d. Gallileo Gallileo nunc iterum suscitatis physica disputatio,* Venetiis, apud Thomam Balionum, 1612. Di Galilei fu interdetto solo il *Dialogo sopra i due massimi sistemi,* con decreto del 1634, in vigore fino al 1822: ILI XI, p. 368.

att[enzion]e de comandi di codesta Suprema. I due frontespizi sono: *Promptuarium pro sacerdote in villa continens Propositiones damnatas a summis pontificibus [...] ac decreta varia [...] accessit instructio confesariorum [...]*, Panormi, 1716, apud Angelum Felicella[m][99]; *Sacerdos in villa: enchiridion theologiae moralis includens resolutiones casuum conscientiae [...]*, Panormi, 1698, typis Ioseph Gramignani[100]. La risposta dell'Indice arriva il 9 giugno con la concessione alla reimpressione[101].

1724

7 marzo: muore il papa Innocenzo XIII.

6 maggio: l'inquisitore di Parma scrive all'Indice: "Mi vien fatta istanza per la licenza di stampare un'opera del Padre Maestro [Carlo] Vaghi carmelitano: ne mando qui incluso il frontespizio: *Commentaria fratrum, et sororum ordinis Beatae Mariae Virginis de Monte Carmelo Congregationis Mantuanae opus confectum*. La risposta

---

[99] Manca nel repertorio di ICCU SBN questa edizione, ma se ne trova una precedente: MARCHESE Francesco (venerabile, 1623-1697), *Sacerdos in villa. Enchiridion theologiae moralis, includens resolutiones casuum conscientiae, qui praesertim sacerdotibus in villis tum missionum causa, tum ad animi oblectamentum, tum denique pro animarum cura gerenda degentibus occurrere possunt. Circa tractatus de sacrosancto missae sacrificio, ac mirabili eucharistiae sacramento. Auctore V.J.D. abbate D. Francisco Marchese panormitano. Editio secunda*, Panormi, typis Cortese, 1706.
[100] Il titolo è uguale all'edizione del 1706, ma con le seguenti note tipografiche: Panormi, typis Joseph Gramignani, 1698.
[101] ACDF, St. St., Tit. Libr. 1722-28, 31 (25 maggio 1723, con risposta positiva il 9 giugno successivo). Dal repertorio ICCU SBN risulta però che a Parma si siano stampate, del Marchese, solo *Vita di santa Margarita di Cortona, terziaria dell'Ordine di S. Francesco, raccolta da i processi per la sua canonizzazione*, Venezia, ed in Parma nella stamperìa di Cristoforo Salaroli, sulla Rocchetta, 1747 e *Vita dell'ammirabile penitente santa Margarita di Cortona terziaria dell'ordine del p. s. Francesco raccolta, e ridotta in breve compendio da un religioso min. osserv. nella SS. Nunziata di Parma. Aggiuntovi in fine un facile metodo di novena ad onore di detta santa*, in Parma ed in Milano, appresso Giuseppe Marelli, 1756.

dell'Indice giunge il 15 maggio 1725 con l'approvazione alla stampa[102].

29 maggio: viene eletto papa Benedetto XIII.

Maggio: la Congregazione dell'Indice pubblica un'appendice all'*Index librorum prohibitorum* del 1681.

1° settembre: Domenico Maria Bellotti, vicario del Sant'Ufficio di Parma, scrive alla Congregazione dell'Indice per la ristampa del *Liber aureus* di Bartolomeo da Rinonico, ottenendone l'assenso: "Desidera questo stampatore Paolo Monti ristampare un libro il di cui titolo [è] *Liber aureus* per cui questi Padri Cappuccini glien'hanno fatta istanza". Manda quindi il frontespizio da cui si evincono le note tipografiche: Bononiae, apud Alexandrum Benatium, 1590. La risposta giunge il 14 febbraio 1725 ed è positiva[103].

1725

26 febbraio: l'inquisitore Galli fa richiesta all'Indice per stampare un libro di medicina e invia il frontespizio di *Medicina e Cirugia naturale infusa dal Supremo Autore nella Creazione del Vivente diretta dalla Circolazione del Sangue, essenza vera della natura, la quale insegna al medico e cirugico il vero di guarire tutte sorte di mali dedicata a [...] Isabella Farnese regina delle Spagne dal dottor Giovanni Massoneau aquitaniese professore di medicina e cirugia*. La risposta positiva arriva il 28 febbraio del 1725[104].

---

[102] ACDF, St. St., Tit. Libr. 1722-28, 65 (6 maggio 1724). L'opera giunse alle stampe l'anno successivo: VAGHI Carlo, *Commentaria fratrum, et sororum ordinis Beatissimæ Mariæ Virginis de Monte Carmelo Congregationis Mantuanæ*, Parmæ, typis Joseph Rosati, 1725.

[103] ACDF, St. St., Tit. Libr. 1722-28, 73, 1° settembre 1724. L'edizione di riferimento indicata dall'inquisitore è Bartolomeo da Rinonico (o da Pisa), *Liber aureus, inscriptus liber conformitatum vitae beati, ac seraphici patris Francisci ad vitam Iesu Christi Domini Nostri*, Bononiae, apud Alexandrum Benatium, 1590. Non ho individuato nei repertori l'edizione parmense.

[104] ACDF, St. St., Tit. Libr. 1722-28, 77, 26 febbraio 1725. Il titolo del frontespizio spedito recita: *Medicina e Cirugia naturale infusa dal Supremo Autore nella*

28 agosto: l'inquisitore Galli chiede all'Indice da parte del padre servita Benedetto Angelo Maria Canali la licenza per stampare la *Vita de primi sette beati del suo ordine*[105], "a cui fine mi presentò un decreto della Congregazione de Riti che unito al frontespizio troverà qui annesso". Infatti si è conservato questo decreto a stampa, risalente al 30 luglio 1725, firmato dal cardinale Fabrizio Paolucci ("Paulutius") e impresso a Roma dalla Camera Apostolica, che autorizza il culto ai sette santi. La risposta dell'Indice arriva il 25 febbraio 1725 ed è positiva[106], benché in precedenza un'opera di Canali fosse stata esaminata dalla Congregazione dell'Indice[107].

Creazione del Vivente diretta dalla Circolazione del Sangue, essenza vera della natura, la quale insegna al medico e cirugico il vero di guarire tutte sorte di mali dedicata a [...] Isabella Farnese regina delle Spagne dal dottor Giovanni Massoneau aquitaniese professore di medicina e cirugia. La risposta positiva arriva immediatamente, il 28 febbraio del 1725. L'opera viene effettivamente stampata con qualche variazione nel titolo: MASSONEAU Giovanni, *Medicina, o cirugia naturale creata coll'uomo nell'uomo dall'autore medesimo della natura, la quale nel moto circolare del sangue, vera essenza della natura, nascosta, dimostra al medico, o cerusico il vero modo di operare per la guarigione de' mali. Alla S.C.R.M. di Elisabetta Farnese regina delle Spagne umiliata dal dottor Giovanni Massoneau aquitaniese, professore di Medicina e Cirugia*, Parma, Giuseppe Rosati, 1725.

[105] ACDF, St. St., Tit. Libr. 1722-28, 100, 28 agosto 1725. L'inquisitore precisa al segretario dell'Indice: "a cui fine [Canali (ante 1698-1745)] mi presentò un decreto della Congregazione de Riti che unito al frontespizio trovarà qui annesso". Infatti è annesso il decreto risalente al 30 luglio 1725, firmato dal cardinale Paulutius, cioè Fabrizio Paolucci (1651-1726), stampato a Roma dalla Camera Apostolica, che autorizza il culto ai "Sette santi". La risposta arriva il 25 febbraio 1725 ed è positiva. Venne cambiato il titolo: *Istoria breve dell'origine dell'Ordine dei servi, e de fatti illustri de suoi primi sette beati, con alcuni antichi monumenti non ancora usciti alla luce*, Parma, eredi di Paolo Monti, 1727.

[106] ACDF, Tit. Lib. 1722-28, 100.

[107] Sull'autore (Parma, ante 1698-1745) si vedano: ROSCHINI Gabriele Maria, *Galleria servitana*, Roma, Pontificia facoltà teologica Marianum, 1976, pp. 437-8; LASAGNI 1999, I, p. 837. Canali incontrò difficoltà censorie negli anni 1717-1718 per la pubblicazione di un'opera di medicina con descrizioni anatomiche, il *Cursus philosophicus ad mentem doctoris solemnis Henrici de Gandavo*, 4 voll., Parmæ, typis Pauli Montii, 1715 (seconda edizione Parmae, typis Pauli Montii, 1716). I

30 ottobre: l'inquisitore Galli presenta istanza del dottor Giuseppe Benedetto Torri per la stampa di un libro legale (un tomo in folio): *De crimine et poena stupri tractatus authore Benedicto Joseph Torri I. V. D. Caferonensi* e altra richiesta del gesuita Gianantonio Baldi per un'opera "in materia ascetica di puoca mole": *Orazione continua per mezzo di aspirazioni tratte principalmente dalla Sacra Scrittura per le persone religiose o bramose della virtù*. La risposta positiva dell'Indice arriva il 14 novembre 1725[108].

Circa il 10 dicembre: la contadina Isabella Poma afferma davanti ad alcuni testimoni, in una stalla, che non esiste l'inferno. I testimoni la denunciano al parroco; questi informa l'inquisitore, il quale si rivolge ai cardinali del Sant'Ufficio. Essi, nel 1726, riconosciuto il reato di "pretesa prolazione di proposizione ereticale", rispondono che la donna deve essere dapprima torturata a scopo intimidatorio ("per solam territionem torqueatur"), poi abiurare, essere sottoposta alle "penitenze salutari" e infine incarcerata[109].

---

giudizi pronunciati sul *Cursus* furono di Giovanni Battista Fiorentini e Giuseppe Maria Baldrati nelle sedute del 13 luglio 1717 e 19 settembre 1718. Si veda *Systematisches Repertorium zur Buchzensur 1701-1813. Indexcongregation,* pp. 851-2 e 862-3. Fu chiesto all'autore di correggere alcune parti del libro, operazione in seguito alla quale fu concesso l'*imprimatur.*

[108] ACDF, St. St., Tit. Libr. 1722-28, 106, 30 ottobre 1725. La risposta positiva della Congregazione arriva il 14 novembre 1725. La prima opera (che è dedicata al duca Antonio Farnese) è TORRI Benedetto Giuseppe, *De crimine, et poena stupri tractatus novissimus ex recentiorum rei criminalis interpretum scriptis, quem Antonio I Farnesio d. d. Benedictus Joseph Torri*, Parmae, ex typographia Joseph Pescatori, 1728, mentre non ho individuato la seconda opera.

[109] ACDF, L 6 c, fasc. 1. Il 21 gennaio 1726 si presenta come "sponte comparente" al parroco Maria Maddalena del quondam Giovanni Battista Aimi di anni sessanta, la quale racconta che Isabella aveva dichiarato che aveva sentito dire "esservi l'Inferno solamente per intimorire". Vengono esaminati altri testimoni, i quali asseriscono che Isabella aveva dichiarato che non esiste neppure il Purgatorio. Il parroco aveva informato l'inquisitore, aggiungendo che Isabella "è sempre stata di poco buona fama [...] libertina in proferire parole disoneste". Isabella si difende dalle accuse, dicendo che non credeva che tale affermazione fosse "eresia, perché lo aveva sentito dire da un tal don Bernardi-

1726

26 febbraio: l'inquisitore Galli espone all'Indice la richiesta del conte Raffaele Tarasconi Smeraldi di stampare un'opera francese di Monsieur de Callier da lui tradotta in lingua italiana. Manda il frontespizio: *Della maniera di trattare affari coi sovrani, della utilità de trattati, della scelta degli ambasciatori e degli inviati*. La risposta positiva dell'Indice giunge il 13 marzo 1726[110].

30 aprile: la Congregazione dell'Indice concede per tre anni al frate servo di Maria e teologo Giuseppe Antonio Corti la licenza di possedere e leggere alcuni libri proibiti[111].

27 giugno: l'inquisitore Galli accorda l'*imprimatur* al libro intitolato *Per la professione che fa nell'insigne monistero di S. Agostino in Parma D. Anna Vittoria Maria Leni [...]*, stampato a Parma dagli eredi di Paolo Monti nello stesso anno 1726. Appongono il proprio *imprimatur* e il proprio *vidit* rispettivamente il provicario generale del

---

no, di cui non sa il cognome", morto quattro anni prima. L'inquisitore è del parere che sia giusto assolvere la donna, perché non è eretica, ma ha sentito male, è ignorante e idiota. Per giustificarla cita il *Manuale* del Bordoni, sezione 77, n. 44.

[110] ACDF, St. St., Tit. Libr. 1722-28, 121, 26 febbraio 1726. Galli manda il frontespizio di *Della maniera di trattare affari coi sovrani, della utilità de trattati, della scelta degli ambasciatori e degli inviati*. La risposta positiva giunge il 13 marzo 1726. Si tratta di: DE CALLIÈRES François (1645-1717), *Della maniera di trattare affari coi sovrani, della utilità de trattati, della scelta degli ambasciadori, e degli inviati, e delle qualità necessarie per ben riuscire in questa sorta d'impieghi. Opera scritta in linguaggio francese da monsieur De Callier, e portata nell'italiano dal C. C. R. T. S*, eredi di Paolo Monti, 1726. Nell'opera a stampa si leggono l'*imprimatur* dell'inquisitore Giuseppe Maria Galli (del 4 aprile 1726), del provicario generale del vescovo (A. Gratianus, del 27 agosto 1726) e il *vidit* del presidente della Camera Ducale, Giovanni Antonio Schizzati.

[111] ASPr, Culto, b. 8. La concessione è del 30 aprile 1726 e verrà rinnovata l'8 aprile 1731 per altri tre anni: CERIOTTI-DALLASTA, pp. 255-256.

vescovo, Alessandro Graziani, e Giovanni Antonio Schizzati, come presidente della Camera ducale[112].

1727

26 febbraio: muore il duca Francesco Farnese.

27 febbraio: diventa duca di Parma e Piacenza il fratello Antonio Farnese.

Galli è il titolare del Sant'Ufficio quando viene concesso l'*imprimatur* all'opera composta a perenne memoria delle esequie del principe Francesco Farnese[113].

Nel Sant'Ufficio di Modena si svolge il processo per bestemmia contro l'orefice e orologiaio Giovanni Francesco Toschi, originario di Parma[114].

Ricomincia il dibattito circa l'autorità pontificia o imperiale sui Ducati di Parma e Piacenza, con un'opera in tre volumi del senatore milanese De Colla contro il libello anonimo e senza note tipografiche intitolato *Informazioni sopra la natura e qualità degli Stati di Parma e Piacenza*[115].

---

[112] L'esemplare considerato è conservato presso la Biblioteca Palatina di Parma, collocazione BB. 10. 25883.

[113] *Orazione funebre nelle solenni esequie celebrate a Francesco I duca di Parma, Piacenza, Busseto dalla comunità di Busseto nella chiesa maggiore di detta città l'anno del Signore 1727 composta dal padre Marc'Antonio Aichperger della Compagnia di Gesù*, in Parma, per Giuseppe Rosati, 1727, con licenza de' superiori. Nel colophon: "Die 12 Julii 1727. Imprimatur A. Gratianus Pro Vic. Generalis. Die 12 Julii 1727. Imprimatur F. Dominicus Maria Bellotti S. Officii Parmae Vic. Generalis. Vidit Jo. Antonius Schizzati Praeses Camerae". Non si è conservata documentazione in ACDF, probabilmente perché l'*imprimatur* venne concesso prima dal provicario del vescovo e in un secondo momento dal vicario dell'inquisitore.

[114] ASMo, b. 202, fasc. 8. TRENTI, *I processi del tribunale dell'Inquisizione di Modena*, p. 186.

[115] DE COLLA Giovanni Martino Felice, *Apologia per la scrittura pubblicata in Milano l'anno 1707 ed osservazioni critiche sopra l'istoria del dominio temporale della sede apostolica nel ducato di Parma e Piacenza pubblicata in Roma l'anno 1720 e sopra la dissertazione istorico-politica, e legale della natura, e qualità delle città di Piacenza e Parma,*

1728

23 agosto: termina il mandato di Galli[116].

Spese sostenute dall'inquisitore di Parma e comunicate alla Congregazione del Sant'Ufficio: in aprile "fatto accomodare la camera della corda e una zivella [manovella] nova per la medemesima [sic] tra ferro e fattura lire 40"; in luglio: "per le cibarie d'Antonio Zanetta carcerato povero per giorni 23: lire 40, soldi 5. Per giorni 29: 51 lire, soldi 1"; in dicembre: "per la cattura di Giuseppe Gabbi detto Boccaccia: dato al bargello e sbirri lire 12"[117].

8 dicembre: il servo di Maria frate Benedetto Maria Conversi tiene una predica per l'Avvento nella cattedrale di Parma sull'Immacolata Concezione, utilizzando termini ed espressioni che suscitano la riprovazione di alcuni presenti. Due di questi, il 9 e 10 dicembre, si recano dall'inquisitore per denunciare il frate. L'11 dicembre il religioso si presenta spontaneamente all'inquisitore per ammettere di avere usato espressioni inappropriate e quindi viene ammonito a non ricadere in futuro nello stesso errore[118].

---

nel ducal palazzo di Milano, per Giuseppe Richino Malatesta stampatore regio camerale, 1727, 3 voll. L'opera è di Giovanni Martino Felice De Colla, le cui iniziali si trovano in calce alla dedica nel primo volume: MELZI, *Dizionario di opere anonime e pseudonime*, I, p. 76. BENASSI, *Guglielmo Du Tillot*, X (2° p.), pp. 55-56.

[116] CERIOTTI DALLASTA, pp. 71-72.
[117] ACDF, St. St. GG 4 c.
[118] ACDF, St. St. M 6 h (con rimando alla "Positio in volumine 3241"). I termini utilizzati sono "frenetico" e "frenesia". Secondo gli accusatori il Conversi "Tacciò di frenetici e disse che era una frenesia quella di coloro, che tengono l'opinione e sentenza opposta alla Concezzione [sic] di Maria Vergine senza macchia [...]". Il frate aggiunse: "Fate un'abbondante limosina, che quelli che la faranno daranno a divedere di credere immacolata la concezione di Maria Vergine, e quelli che non la faranno, mostraranno di non crederla, e però eschino questi tali fuori di chiesa, che sono indegni del nome cristiano". Il frate, quando si presentò all'inquisitore, l'11 dicembre, ammise di avere usato i termini "frenetico" e "frenesia" per dare più efficacia alla propria predica ("in

1729

Due sono i carcerati presso il Sant'Ufficio: di essi, però, conosciamo solo il nome. Dai titoli che accompagnano i nominativi sembra di poter intuire che uno fosse un presbitero e l'altro un frate. Infatti per tutto gennaio sono elencate le spese cibarie per "D[on] Galosi carcerato: 52 lire, soldi 12", mentre negli ultimi giorni di febbraio viene imprigionato "frate Francesco Muratori carcerato per 5 giorni: 10 lire"[119].

15 febbraio: l'inquisitore Antonino Pozzoli da Lodi emana un nuovo editto generale del Sant'Ufficio[120].

Febbraio: spese cibarie per "D. Galosi carcerato: 52 lire, soldi 12"[121].

"Dato a sbirri che condussero fra Francesco Muratori: 30 lire".

Marzo: spese cibarie "per Galosi e Muratori": ognuno "52 lire, soldi 12".

Aprile: "spesa fatta dal padre maestro vicario col padre notario ne' viaggi di Castel S. Gio[vanni], Ponte Nuro e Fiorenzuola per la causa di fra Francesco Muratori lire 237".

Spese cibarie per Galosi e Muratori: "52 lire, soldi 12".

Maggio: spese cibarie per Galosi per 15 giorni: 26 lire; per Muratori: "52 lire, soldi 12".

---

proposito di voler dare maggiore energia al suo assunto") e asserì di avere pronunciato queste parole: "Ciascheduno faccia la limosina a Maria Vergine Immacolata, e chi non ha cuore di fargliela, esca pure di chiesa, perché si mostra poco buon cristiano". I protagonisti di questa vicenda sono il frate milanese di 34 anni Benedetto Maria Conversi, il padre domenicano Barbaglia da Brescia, il chierico secolare Michele Baganti di 22 anni e il nobile Giovanni Palmia di 66 anni.

[119] ACDF, St. St. GG 4 c. Si tratta forse di un presbitero? Infatti il cognome Galosi è preceduto dalla lettera "D".

[120] ASPr, Consorzio dei vivi e dei morti, Ecclesiastici, tomo 1°, n. 63, editto del 15 febbraio 1729.

[121] ACDF, St. St. GG 4 c. Anche le altre spese successive documentate quest'anno sono conservate in ACDF, St. St. GG 4 c.

23 giugno: il vescovo di Parma Camillo Marazzani pubblica un editto con cui obbliga i fedeli della sua diocesi a partecipare alla processione in cattedrale, pena la scomunica[122].

Da giugno a dicembre: spese cibarie per Muratori: 52 lire, soldi 12 al mese.

In una data non nota del 1729 il frate domenicano Pietro Martire Cassio concede, come vicario dell'inquisitore di Parma, il suo *imprimatur* alle *Lezioni spirituali* del gesuita Carlo Gregorio Rosignoli[123].

1730

I prigionieri del Sant'Ufficio sono quattro, ma uno viene liberato nel corso dell'anno. Dei tre rimanenti uno è indigente e deve essere nutrito a spese dell'Inquisizione; uno viene ricoverato in ospedale e il terzo sottoposto a tortura.

7 gennaio: l'inquisitore Pozzoli invia a Roma la "Nota delle spese" (lire 1237 e 17 soldi) e del "ricevuto" (lire 729) dell'anno 1729. La comunicazione presenta due firme: di Antonio (o Antonino) Pozzoli in calce alla lettera e di Giuseppe Galli alla fine della "Nota"[124].

11 gennaio: il sacerdote Gio Battista Oriolo già il 17 marzo 1729 era stato condannato dal Sant'Ufficio di Parma al carcere "ad arbitrio" per *sollicitatio ad turpia* in confessionale, con perpetua proibizione ad ascoltare le confessioni sacramentali: ora i cardinali

---

[122] Evento raccontato dal cronista Giustiniano Borra di Parma, nel suo *Diario*: ASPr, Manoscritti di biblioteca, n. 37, V, alla data.

[123] ROSIGNOLI Carlo Gregorio, *Verità eterne esposte in lezioni ordinate principalmente per li giorni degli esercizj spirituali*, in Parma, per gli eredi di Paolo Monti, 1729. "Reimprimatur: A. Gratianus Pro Vicarius Generalis; Fr. P. M. Cassius Vicarius Generalis S. Officii Parmae. Vidit Joannes Antonius Schizzati Praeses Camerae". Non si è conservata documentazione in ACDF. La concessione si evince dall'esemplare conservato presso la Biblioteca Palatina di Parma.

[124] ACDF, St. St. GG 4 c.

gli fanno grazia della libertà, ma rimane ferma la proibizione di confessare. I cardinali, invece, non fanno grazia ad altri carcerati del Sant'Ufficio di Parma, fra cui Antonio Zannetti, Francesco Maria Rosati e Giuseppe Gabbi[125].

21 febbraio: decreto della Congregazione del Sant'Ufficio, in base al quale l'inquisitore di Parma deve dimettere dal cercere don Pietro Zucchi, prete secolare, carcerato per abuso delle benedizioni *ad venerea*, dopo la denuncia di quattro donne, che lo hanno accusato di aver commesso "atti venerei" mentre dava benedizioni. Zucchi, accusato anche di "falso dogma", si professa innocente. L'inquisitore riceve l'incarico di parlare con l'avvocato dei rei, il quale a sua volta dovrà incontrare il vescovo, affinché questi ingiunga al prete di non impartire mai più benedizioni alle donne[126].

23 febbraio: muore papa Benedetto XIII.

24 aprile: riguardo al padre, servo di Maria, Michelangelo Trieste da Parma, degente nel convento dei Servi di Maria di Parma, accusato di *sollicitatio ad turpia* in confessionale, viene letta dalla Congregazione del Sant'Ufficio la denuncia della giovane accusante, Maria Luchini, sporta al Sant'Ufficio di Parma l'11 aprile. I cardinali raccomandano all'inquisitore: "Observetur"[127].

Maggio: presso la Congergazione del Sant'Ufficio si discute sul caso segnalato dal vescovo di Reggio Emilia, relativo alla volontà di una nobile vedova di sposarsi, in deroga alle norme del Concilio di Trento[128].

---

[125] ACDF, Decreta del 1730, cc. 6v- 7r.
[126] ACDF, St. St. H 7 m, fasc. 2. Il documento è accompagnato da alcune osservazioni scritte dall'avvocato dei rei del Sant'Ufficio di Parma, padre Domenico Cesare Florello, ai cardinali. Il reato commesso dal prete secolare Pietro Zucchi è definito come "abusus benedictionum ad venerea".
[127] ACDF, Decreta del 1730, c. 63r.
[128] ACDF, St. St. GG 4 d: don Lodovico Forni "ha esposto a questa Congregazione a nome della Contessa Teresa Malaspina Parmigiana, vedova del Conte Giuseppe Toccoli, e del Conte Clemente Nerio, figlio del fu don Tomaso Lapi cavalier fiorentino, ambedue abitanti a Parma, li quali, desiderando insieme ac-

12 luglio: viene eletto papa Clemente XII.

19 luglio: il sacerdote Francesco Maria Biacca parmigiano, degente a Milano, è inquisito dal Sant'Ufficio di Parma "per proposizione di dogma ereticale in materia venerea". I cardinali, letti gli atti processuali, ascoltato il parere dei consultori, stabiliscono di scrivere all'inquisitore di Parma che faccia un esame generale alle giovani e ai testimoni nominati nel processo e poi trasmetta alla Congregazione gli atti[129].

25 luglio: l'inquisitore Antonino Pozzoli scrive all'Indice: "Il marchese Giuseppe Malaspina vorrebbe qui dare alle stampe certo suo libro" e manda il frontespizio: *Riflessioni critiche sopra il poema di Dante per mezzo delle quali si mostra che la lettura di un tal poema non sia utile a sacri oratori, contro a ciò che asserisce un accademico fiorentino in una sua lettera riferita nei giornali de letterati d'Italia tomo 31 art. 9. Del Marchese Giuseppe Malaspina conte Palatino, dottore d'ambe le leggi e sacerdote secolare, tomo uno*. La risposta giunge il 9 agosto 1730[130].

Febbraio: "spese cibarie di Giuseppe Gabbi povero carcerato per il presente mese: lire 28"[131].

---

casarsi per liberarsi da ogni pericolo spirituale e temporale, secondo le cause che adducono, supplicano a dare facoltà al medesimo vescovo di Reggio, di sposarli in secreto senza la licenza del proprio parroco e dell'ordinario di Parma, ove dimorano, contro la disposizione del Concilio Tridentino al capitolo primo sessione 24 de reform. […]. Quindecim ex iisdem fuerunt in voto, non expedire, petitam facultatem concedere, nisi adducantur alia motiva". A questo documento è allegata la richiesta del vescovo di Reggio del 12 maggio 1730.
[129] ACDF, Decreta del 1730, c. 111 r.
[130] L'inquisitore ne manda il frontespizio. La risposta favorevole risale al 9 agosto 1730. ACDF, St. St., Tit. Libr. 1729-45, 33, 25 luglio 1730. Non abbiamo individuato l'opera nei repertori consultati.
[131] ACDF, St. St. GG 4 c. Le spese successive documentate quest'anno sono nella stessa busta. Marzo: "Spese cibarie di Giuseppe Gabbi povero carcerato per il presente mese: lire 31"; aprile: "Spese cibarie di Giuseppe Gabbi povero carcerato per il presente mese: lire 30"; maggio: "Spese cibarie di Giuseppe Gabbi povero carcerato per il presente mese: lire 31"; giugno: "Spese cibarie di Giuseppe Gabbi povero carcerato per il presente mese: [lire] 30"; luglio: "Spese cibarie di Giuseppe Gabbi povero carcerato per il presente mese: lire 31";

Giugno: "per la tortura di Gabbi: dato alli sbirri [lire] 6"[132].

Luglio: "per 15 giorni di spese cibarie fatte in questo Sant'Ufficio ad Antonio Zanetta (o Zannetti) in occasione che dalla S. Congregazione fu abilitato dalla Ruota di Salso a qualche ospitale sinché risanasse: 15 lire".

Settembre: "spese cibarie dal 22 alla fine del mese a Francesco Bertinelli carcerato povero: lire 9".

Ottobre: "tortura di Bertinelli: date alli sbirri lire 6. Spese cibarie a Bertinelli: lire 31".

Novembre: "spese cibarie di Francesco Bertinelli povero carcerato per il presente mese: lire 30".

Dicembre: "spese cibarie di Francesco Bertinelli povero carcerato per il presente mese: lire 31".

Con la morte del duca Antonio, il 20 gennaio 1731, si estingue il ramo maschile della dinastia farnesiana. Nel 1734 Carlo di Borbone, figlio di Elisabetta Farnese, diventa re di Napoli e nel 1736 rinuncia ai Ducati di Parma e Piacenza. Dall'aprile del 1736 fino al 1748 gli Austriaci prendono possesso dei Ducati a nome dell'imperatore Carlo VI, alla cui morte, nel 1740, subentra la figlia Maria Teresa. Dal 1744 al 1748 Piacenza passa allo Stato di Sardegna; il Ducato di Parma e il Piacentino austriaco vengono ag-

---

agosto: "spese cibarie di Giuseppe Gabbi povero carcerato per il presente mese: lire 31"; settembre: "Spese cibarie di Giuseppe Gabbi povero carcerato per il presente mese: lire 30"; ottobre: "Spese cibarie di Giuseppe Gabbi povero carcerato per il presente mese: lire 31"; novembre: "Spese cibarie di Giuseppe Gabbi povero carcerato per il presente mese: lire 30"; dicembre: "Spese cibarie di Giuseppe Gabbi povero carcerato per il presente mese: lire 31".

[132] Da questa nota (ACDF, St. St., GG 4 c) ricaviamo il costo di un singolo intervento di tortura su un reo: sei lire, che probabilmente venivano destinate al boia, al medico, al notaio verbalizzante e a eventuali coadiutori. Sulle uscite e le entrate di una sede inquisitoriale e in particolare sui compensi mensili attribuiti alla fine del XVI secolo a queste figure che collaboravano con l'inquisitore, si veda MAIFREDA Germano, *I denari dell'inquisitore: affari e giustizia di fede nell'Italia moderna*, Torino, Einaudi, 2014, p. 92.

gregati allo Stato di Milano. Nel 1745 il territorio è occupato dagli Spagnoli, ma nel 1746 torna agli Austriaci, che riprendono anche Piacenza.

1731

9 gennaio: l'inquisitore Pozzoli invia alla Congregazione la "Nota delle spese" (2334 lire) e del "ricevuto" (1768 lire e 18 soldi e 6 denari) del 1730. Firmano l'inquisitore e il notaio Girolamo Campanini[133].

20 gennaio: muore il duca Antonio Farnese.

8 aprile: la Congregazione dell'Indice concede nuovamente per tre anni al frate servita teologo Giuseppe Antonio Corti la licenza di possedere e leggere alcuni libri proibiti[134].

31 agosto: muore il vescovo di Piacenza mons. Giorgio Barni.

Settembre: "Trasportato [il carcerato] Muratori a Reggio e condannato dalla Congregazione [del Sant'Ufficio] alla galera: 20 lire. In più: 1 lira e 10 soldi [di] mancia al veturino, e 12 [lire] per condotta a Reggio"[135].

4 dicembre: fine del mandato dell'inquisitore Pozzoli, di cui però non è nota la data di nomina[136].

17 dicembre: il vescovo di Borgo San Donnino, mons. Gherardo Zandemaria, è nominato vescovo di Piacenza.

Fra le spese sostenute dall'inquisitore nel corso di tutto l'anno sono annoverate quelle di sostentamento per i due carcerati del Sant'Ufficio Giuseppe Galli [Gabbi] e Francesco Bertinelli, i quali ricevono cibo per una lira al giorno[137].

---

[133] ACDF, St. St. GG 4 c.
[134] ASPr, Culto, b. 8; CERIOTTI-DALLASTA, pp. 255-256.
[135] ACDF, St. St. GG 4 c.
[136] CERIOTTI-DALLASTA, p. 72; *I giudici della fede*, p. 101 (gli autori propongono dubitativamente la nomina nel 1728 e la fine del mandato nel 1733).
[137] ACDF, St. St. GG 4 c.

Dicembre: spesi lire 157 e soldi 14 "per aver fatto rifare una parte del tetto della casa del Sant'Ufficio situata nel terraiuolo di S. Paolo"[138].

1732

9 giugno: è nominato vescovo di Borgo San Donnino mons. Severino Antonio Missini.

15 luglio: la Congregazione concede al vescovo di Borgo San Donnino, mons. Missini, la licenza di tenere e leggere libri proibiti (a parte quelli di autori dannati ed eretici) per tre anni[139]. La concessione verrà rinnovata il 19 marzo 1738[140].

29 novembre: il frate servo di Maria, Michelangelo Trieste di Parma, si dichiara colpevole di *sollicitatio ad turpia* in confessionale al Sant'Ufficio di Reggio Emilia. La Congregazione, dopo aver letto la denuncia della vittima (del 30 novembre), stabilisce che il frate debba abiurare *de vehem[en]ti* e compiere le "penitenze salutari"[141].

1733

4 marzo: essendo vacante la sede del Sant'Ufficio di Parma, viene nominato il frate Giovanni Domenico Liboni da Ferrara, in quel momento inquisitore di Como ("Novocomensem")[142]. Dal 1738

---

[138] ACDF, St. St. GG 4 c.
[139] ACDF, Decreta del 1732, c. 187: "Lecto memoriale R. p. d. Severini Antonii Missini moderni episcopi Burgi Sancti Donnini eminentissimi oratoris tenendi, et legendi libros prohibitos (exceptis excipiendis) ad triennium [cardinales] concesserunt".
[140] ACDF, Decreta del 1738, c. 137r.
[141] ACDF, Decreta del 1733, cc. 147-8.
[142] ACDF, Decreta del 1733, p. 60v; *I giudici della fede*, p. 101 (gli autori propongono le date 1733-1738).

Liboni verrà nominato inquisitore di Milano, sede in cui rimarrà fino al 1743[143].

23 aprile: Liboni prende possesso della sede di Parma come nuovo inquisitore[144].

4 agosto: editto generale a stampa del Sant'Ufficio, firmato da Liboni e dal notaio del Sant'Ufficio Girolamo Campanini[145].

1734

Giugno: la Congregazione dell'Indice pubblica un'appendice all'*Index librorum prohibitorum* del 1681.

5 agosto: il vicario di Borgo Taro (Parma) consegna all'inquisitore di Piacenza un memoriale contro l'arciprete di Bedonia Malaspina, il quale non impartisce la dottrina cristiana ai suoi parrocchiani secondo le norme e i tempi previsti[146].

Presso il Sant'Ufficio di Reggio Emilia negli anni 1733 e 1734 vengono celebrati i processi contro l'ebreo Simone Fontanelli, originario di Colorno, e contro il servo di Maria Michelangelo Trieste, originario di Parma, ma residente nel convento di Montecchio Emilia (nella diocesi di Reggio), per *sollicitatio ad turpia*[147].

1° dicembre: secondo una fonte archivistica terminerebbe il mandato di Liboni[148].

---

[143] *I giudici della fede*, p. 90.
[144] ASPr, Conventi e confraternite soppressi, Sant'Ufficio, bb. 1-3.
[145] AVPr, cassetta unica Inquisizione. Si veda la terza appendice, doc. 6.
[146] ACDF, St. St. GG 4 b.
[147] ASMo, b. 208, I, fasc. 2 e I, fasc. 32. TRENTI, *I processi del tribunale dell'Inquisizione di Modena*, pp. 190-191. Trieste è citato nella presente cronologia nel 1732 per *sollicitatio ad turpia*. Sul reato della *sollicitatio ad turpia* in confessionale si veda DE BOER Wietse, voce "Sollecitazione in confessionale", in DSI, v. III, pp. 1451-5.
[148] ASPr, Conventi e confraternite soppressi, Sant'Ufficio, bb. 1-3. Il dato è in contraddizione con *I giudici della fede*, p. 101, secondo cui l'incarico finirebbe invece nel 1738.

1735

24 marzo: padre Giovanni Battista Giampé, inquisitore di Piacenza, scrive ai cardinali del Sant'Ufficio per chiedere un parere a proposito dell'iscrizione che è stata fatta dipingere dai gesuiti di Piacenza sulla facciata della loro chiesa l'anno precedente dal pittore d'architetture Giovanni Carlo Nonni, in occasione della festa di S. Pietro. Il dubbio è sorto in seguito alla segnalazione di don Giacinto Cardani, il quale lo ha manifestato al vicario del Sant'Ufficio di Piacenza, frate Giorgio Maria Tornielli. Prima dei restauri, sopra la porta vi erano dipinti i santi Ignazio e Francesco Saverio "in genocchioni" ai lati del nome di Gesù e in adorazione del monogramma, che era "alquanto di sopra" rispetto ai due santi. Nel momento in cui avviene la segnalazione, cioè dopo i restauri, "non vi sono più i detti santi in genocchioni, né il nome di Gesù, ma una semplice inscrittione con le seguenti lettere e parole esposte, cioè: D. O. M. Petro et Paulo Apostolorum principibus". Don Cardani ha interpellato suo zio, don Abramo, prevosto della Madonna della Ceriola, il quale si è dichiarato altrettanto dubbioso. Infatti don Giacinto Cardani scrive: "parendomi che questa inscrittione sia contraria a ciò che insegna la nostra Santa Madre Chiesa, che un solo e non due sia il prencipe delli apostoli, perciò pare che non si debba permettere la soddetta iscrittione".
I cardinali affidano la questione al censore Thomas Seropius, che, citando vari autori come S. Bernardo, Leone Magno e Bonifacio VIII, dimostra la legittimità del soggetto affrescato[149].

---

[149] ACDF, Dubia varia, 1731-53, fasc. 4, cc. 87-97. La frase citata di don Cardani è tratta dalla sua deposizione, allegata dall'inquisitore alla lettera ai cardinali. La deposizione è firmata anche dal notaio del Sant'Ufficio di Piacenza, frate Carlo Giuseppe Bidelli, e dall'inquisitore di Piacenza Tornielli. Il censore Thomas Seropius ritiene che l'iscrizione non debba essere sottoposta ad alcuna censura (cc. 90r-92r), sulla base delle affermazioni di diversi autori, fra cui Bonifacio VIII, il quale aveva dichiarato che Pietro e Paolo sono entrambi princi-

1737

5 agosto: l'inquisitore di Parma Giovanni Andrea Passano (o Passani) da Ferrara concede l'*imprimatur* a un libro stampato a Parma dal tipografo Monti. Aggiungono in subordine il proprio *imprimatur* e il *vidit* rispettivamente il provicario generale vescovile padre Paolo Aimi (Aymus) e il presidente della Camera Ducale Antonio Zunti[150].

4 ottobre: l'inquisitore Passano scrive ai cardinali a Roma, per chiedere il parere sulla stampa dell'opera *Risposta ad un libello famoso intitolato Disinganno intorno alla guerra di Corsica*. L'inquisitore si impegna ad affidare la revisione a un consultore esperto, ma il 16 ottobre la Congregazione risponde invitandolo comunque a trasmettere il manoscritto[151].

---

pi della Chiesa. La Congregazione approva la censura del consultore il 18 maggio del 1735.

[150] *Componimenti festivi per la gloriosa laurea nelle due leggi del sig. conte Antonio Costerbosa [...]*, in Parma, nella stamperia Monti, [1737]. L'esemplare considerato si trova presso la Biblioteca Palatina di Parma, collocazione CC. 03.27845. Sul provicario Paolo Aimi si veda ALLODI, II, pp. 363, 365. Sulle precedenze nelle sottoscrizioni si veda la presente cronologia in corrispondenza dell'anno 1713.

[151] Passano scrive, ricalcando il titolo dell'opera, che il libro è stato "scoperto da Curzio Iuliano Corso ad un suo amico, dimorante nell'isola, con cui l'autore ha preteso di difendere come lecita la ribellione di alcuni Corsi contro la Ser.ma Repubblica di Genova. Questo manoscritto è anonimo, ma per quanto mi viene supposto altro non contiene se non che un rimprovero a' Corsi della lor ribellione come illecita ed ingiusta". Curiosamente l'inquisitore non indica il nome di colui che ha presentato la richiesta di stampa. Si tratta dell'opera anonima intitolata *Risposta ad un libello famoso intitolato Disinganno intorno alla guerra di Corsica*. ACDF, St. St., Tit. Libr. 1729-45, 119. Non sappiamo come si conclude la vicenda. GIUSTINIANI Pietro Maria, *Risposta ad un libello famoso intitolato disinganno intorno alla guerra di Corsica scoperto da Curzio Tulliano Corso ad un suo amico dimorante nell'isola, con cui l'autore ha preteso di difendere come lecita la ribellione di alcuni corsi contro la serenissima repubblica di Genova*, Friburgo, presso Innoc. Teodorico Hautt., 1737.

Presso il Sant'Ufficio di Reggio Emilia viene celebrato il processo per maleficio e stregoneria contro il padre Tommaso Beghini, frate domenicano originario di Parma[152].

1738

8 e 24 gennaio: scambio di lettere fra l'inquisitore di Parma Giovanni Andrea Passano e i cardinali del Sant'Ufficio, a proposito del libro anonimo intitolato *Giornale del 1738 distinto co' fasti di Gesù Cristo e colle memorie d'alcuni suoi santi ecclesiastici secolari*. Dopo le correzioni, si potrà stampare l'opera[153].

5 febbraio: fine del mandato dell'inquisitore Passano[154].

19 marzo: come nel 1732, la Congregazione dell'Indice concede di nuovo al vescovo di Borgo San Donnino la facoltà di tenere e leggere libri proibiti, esclusi quelli dannati ed eretici[155].

23 marzo: "Spese fatte dalla S. Inquisizione di Parma nella causa da essa aggitata contro il [...] Gregorio Fabri, nanti il R.mo p. inquisitore [....]". Il documento attesta precisamente tutte le spese processuali, che ammontano complessivamente a 120 lire[156].

13 agosto: il frate Umberto Maria Viali da Tabia (o Taggia, al presente inquisitore di Fermo) viene nominato inquisitore di Parma[157].

20 ottobre: editto generale a stampa del Sant'Ufficio firmato da Viali[158], in cui si ribadisce: "Ordiniamo [...] a' stampatori [...] che

---

[152] ASMo, b. 212, I, fasc. 11. TRENTI, *I processi del tribunale dell'Inquisizione di Modena*, p. 195.
[153] ACDF, C. L. 1737-1738, fasc. 6.
[154] ASPr, Conventi e confraternite soppressi, Sant'Ufficio, bb. 1-3; *I giudici della fede*, p. 101 (gli autori limitano il mandato all'anno 1738).
[155] ACDF, Decreta del 1738, c. 137 r.
[156] ASPr, Notarile, notaio Antonio Squarzia, inserti, b. 13, atto 1060, in data 23 marzo 1738, con allegato datato 29 aprile.
[157] ACDF, Decreta del 1738, cc. 362v- 363v; *I giudici della fede*, p. 101 (1738-1739).
[158] AVPr, cassetta unica Inquisizione.

non stampino cosa alcuna [...] senza la nostra licenza, e consueta approvazione, ed approvate che saranno, ed impresse, non si divolghino in modo alcuno, senza aver prima ottenuto da noi il *Publicetur*"[159].

6 dicembre: fine del mandato di Viali[160].

Presso il Sant'Ufficio di Modena viene celebrato il processo per bestemmia ereticale contro Felice Mariotti, soldato originario di Parma[161].

1739

19 giugno: il frate domenicano Giacinto Maria Longhi da Milano, nuovo inquisitore di Parma (a partire da una data imprecisata[162]) scrive all'Indice per segnalare la circolazione di opere che lo insospettiscono: "Ritrovo un libro stampato in Venezia e dispensato qui in Parma a molti curati e sacerdoti e perché lo giudico proibito in vigore dei Decreti altre volte [e]manati dall'Eccellenze Vostre ho stimato bene ritrovarne le copie che ancora aveva il stampatore e circa le già dispensate, attenderò gli oracoli dell'Eccellenze Vostre alle quali trasmetto il titolo del detto libro". Il 1° luglio la Congregazione risponde, invitando il frate a mandare una copia del libro, di cui però non viene indicato il titolo[163].

---

[159] Bando a stampa: ASPr, Gridario, 20 ottobre 1738; AVPr, cassetta unica Inquisizione. L'atto conferma le norme precedenti sull'importazione e pubblicazione dei libri a stampa negli Stati parmensi (un accenno al bando in CERIOTTI-DALLASTA, p. 88).
[160] ASPr, Conventi e confraternite soppressi, Sant'Ufficio, bb. 1-3.
[161] ASMo, b. 211, II, fac. 20. TRENTI, *I processi del tribunale dell'Inquisizione di Modena*, p. 194.
[162] *I giudici della fede*, p. 101: gli autori indicano le date 1739-1752 per il mandato di Longhi. Da ASPr, Conventi e confraternite soppressi, Sant'Ufficio, bb. 1-3 emergerebbe invece che l'inizio del mandato risalga al 26 aprile 1740. Anche per la conclusione si hanno dubbi (si veda la cronologia, anno 1753).
[163] ACDF, St. St., Tit. Libr. 1729-45, 124.

Giugno: la Congregazione dell'Indice pubblica un'appendice all'*Index librorum prohibitorum* del 1681.

Luglio: la Congregazione aggiorna l'*Index*, aggiungendo anche una "notula aliquot opusculorum, historiuncularum, ac orationum etiam proscriptarum".

9 settembre: il sacerdote Francesco Scotti di Parma è inquisito dalla curia episcopale di Parma per sortilegi compiuti allo scopo di trovare tesori. Sono inquisiti pure Alessandro Rossi e Beatrice Valle, *testes fiscales* contro Scotti; essi si sono accusati spontaneamente di *apostasia formale ad demonem*, abuso delle particole consacrate, dell'olio santo e del sacrificio della messa, con la complicità di molte persone di entrambi i sessi, anche del clero regolare. La Congergazione risponde al vescovo, raccomandandogli di tener carcerato il sacerdote Scotti e di compiere contro di lui una perquisizione fino a nuovo ordine della stessa Congergazione; ordina inoltre che il vescovo mandi copia autentica degli atti della perquisizione. La Congregazione dà facoltà al vescovo di scegliere una o più persone ecclesiastiche idonee a raccogliere le deposizioni dei testimoni e, in seguito, a trasmetterle a Roma[164].

7 ottobre: i cardinali, dopo aver letto la lettera del vescovo di Parma che propone di sospendere la carcerazione dello Scotti fino al mese di novembre, rispondono che autorizzano l'inquisitore a decidere autonomamente come gli pare opportuno[165].

14 ottobre: i cardinali del Sant'Ufficio, dopo aver letto gli atti del processo a carico dello Scotti spedito loro dall'inquisitore, stabiliscono che quest'ultimo debba procedere e far confessare Beatrice Valle[166].

21 ottobre: i cardinali, dopo aver letto la confessione di Alessandra Rossi, coinvolta nel caso di Scotti, rispondono

---

[164] ACDF, Decreta del 1739, cc. 334r.
[165] ACDF, Decreta del 1739, c. 375r.
[166] ACDF, Decreta del 1739, c. 383r.

all'inquisitore di proseguire con il processo e di accogliere altre comparizioni spontanee[167].

13 novembre: i cardinali leggono la lettera del vescovo che chiede la facoltà di esaminare Giuseppe Valle, padre di Beatrice Valle, testimone e complice, oltre ad altri parenti e affini di lei. I cardinali gliene concedono la facoltà[168].

1740

27 gennaio: la Congregazione registra che sono arrivati gli atti delle perquisizioni compiute dal vescovo su Francesco Scotti e sui suoi complici. I cardinali ordinano all'inquisitore "quod carceratus constituat per sortilegijs juxta instrutiones d[omini] fiscalis" e nel frattempo che sia dato al revisore Balestrazzi il libro trovato al carcerato Scotti nella perquisizione[169].

6 febbraio: muore papa Clemente XII.

26 aprile: a questa data risalirebbe l'inizio del mandato di Giacinto Maria Longhi da Milano come inquisitore di Parma[170].

17 agosto: viene eletto papa Benedetto XIV, disponibile a un rinnovamento religioso e culturale della Chiesa cattolica[171].

22 agosto: in un atto notarile in cui compare l'elenco dei frati di S. Pietro Martire è annoverato anche il padre Filippo Mossara, vicario del Sant'Ufficio[172].

---

[167] ACDF, Decreta del 1739, c. 389r.
[168] ACDF, Decreta del 1739, c. 445v.
[169] ACDF, Decreta del 1740, c. 41r. Il revisore è Innocenzo Balestracci da Montone, frate minore conventuale, nato a Montone (Umbria) nel 1673; nel 1739 divenne consultore del Sant'Ufficio; morì nel 1745: *Prosopographie*, I, pp. 89-90. L'ordine ingiunto significa che il carcerato deve rispondere alle domande che gli farà l'avvocato fiscale romano. Tali domande verranno trasmesse per iscritto dall'avvocato fiscale romano all'inquisitore di Parma.
[170] ASPr, Conventi e confraternite soppressi, Sant'Ufficio, bb. 1-3.
[171] DEL COL, *L'Inquisizione in Italia*, p. 712.
[172] AVPr, cassetta S. Pietro Martire.

A quest'anno risale la causa contro il padre Giacomo Pacini, originario di Bologna, frate dell'ordine dei crociferi di Parma (chierici regolari ministri degli infermi), per *sollicitatio ad turpia* in confessionale[173].

1741

2 marzo: scambio epistolare ancora sul caso di Francesco Scotti (incarcerato nella curia vescovile, perché accusato di possesso di libri proibiti, pratica di sortilegi, apostasia formale *ad Demonem* con abuso e spregio delle sacre particole e dei sacramenti). Alessandra Rossi e Beatrice Valle sono le denuncianti e le complici. Antonio Valle, giovane di sedici anni, compare spontaneamente, denunciando se stesso e lo Scotti di proposizioni ereticali e di adorazione del demonio. I cardinali, sulla base della lettura del processo, scrivono al vescovo, ordinando che Scotti debba abiurare *de vehementi* e che, dopo aver compiuto le "penitenze salutari" imposte, sia condannato al carcere ad arbitrio della Congregazione "ultra Festa Paschalia". Il vescovo ammonirà la Rossi e la Valle per indurle a ritrattare. Esse pure dovranno compiere le "penitenze salutari"[174].

14 luglio: l'inquisitore di Parma rivolge una supplica alla Congregazione, affinché al frate domenicano padre Domenico Maria Maganzesi sia concessa la facoltà di celebrare la messa. Questo religioso, il 4 maggio del 1738, era stato condannato per *sollicitatio ad turpia* in confessionale, all'abiura *de vehementi* e al carcere per cinque anni con inabilitazione perpetua ad ascoltare la confessione sacramentale e il 1° marzo 1741 era stato riammesso a vivere in qualche convento domenicano assegnato dal padre provinciale dell'Ordine. La Congregazione risponde affermativamente alla ri-

---

[173] ASMo, b. 215, II, fasc. 28. TRENTI, *I processi del tribunale dell'Inquisizione di Modena*, p. 198. La causa rientra fra gli atti riguardanti il Sant'Ufficio di Parma.
[174] ACDF, Decreta del 1741, cc. 109r e 208r.

chiesta, purché il religioso celebri le messe al mattino presto in una cappella privata[175].

1742

2 febbraio: l'inquisitore di Parma chiede alla Congregazione la facoltà di concedere al padre teatino Nicola Scorza la possibilità di accogliere una denuncia sporta da una monaca del suo istituto che non vuole rivelare la propria identità. I cardinali, in data 14 febbraio, attribuiscono all'inquisitore la facoltà di delegare padre Nicola, affinché questi possa accogliere la denuncia[176].

Luglio: la Congregazione dell'Indice pubblica un'appendice all'*Index librorum prohibitorum* del 1681.

1° agosto: i cardinali leggono la relazione sulla comparizione spontanea della monaca Andelarda Giuseppa Ruschi, professa nel monastero di S. Chiara di Busseto, depositata il 16 maggio; inoltre leggono la lettera dell'inquisitore di Parma datata 5 luglio sull'esame generale della monaca Isabella Galluzzi dello stesso monastero, da cui si deduce che l'ebreo Giuseppe Vita aveva sedotto le due monache, allo scopo di convertirle alla religione ebraica. L'inquisitore dichiara di non aver potuto eseguire gli ordini. I cardinali stabiliscono di scrivergli di nuovo[177].

1743

8 maggio: il vescovo chiede alla Congregazione la proroga della facoltà di ammettere al giuramento i soldati dimoranti a Parma che desiderano contrarre matrimonio e che devono dichiarare di essere celibi appunto sotto giuramento. I cardinali gli rispondono

---

[175] ACDF, Decreta del 1741, cc. 270v –271r.
[176] ACDF, Decreta del 1742, c. 46v.
[177] ACDF, Decreta del 1742, c. 248v.

che può ammettere al giuramento i soldati di qualsiasi nazione, come all'epoca dell'Anno Santo[178].

31 maggio: Longhi scrive a Roma per comunicare che a Parma si trova un libraio francese, Giuseppe Gagliardi, che ha fatto venire una cassa di libri dalla Francia e ha esibito all'inquisitore la lista dei titoli. Longhi non si è accontentato di visionare l'elenco e ha preteso di esaminare la cassa, trovandovi "molti [titoli] non espressi nella lista presentata[gl]i, et anche diversi proibiti, e per[ci]ò li trattenn[e] tutti nel S. Officio". Longhi poi ha restituito al mercante i libri non proibiti, ma ha trattenuto i proibiti e i dubbiosi (di cui manda l'elenco). Inoltre si è fatto consegnare dal libraio una "sicurtà di 25 scudi d'oro", come prevede la multa stabilita dal Sant'Ufficio ai "trasgressori in tale materia". L'elenco comprende cinque titoli proibiti e quattro dubbiosi (il quarto titolo consta di otto tomi, ognuno con proprio frontespizio). La risposta da Roma è datata 19 luglio 1743, con l'ingiunzione di restituire al libraio i libri non proibiti, ma di tenere sequestrati i proibiti[179].

---

[178] ACDF, Decreta del 1743, c. 167 r.: "cuiusque inter nationes, ut alias ipsi indultus fuit ad annum santum".

[179] ACDF, C. L. 1748-1750, fasc. 5 bis. Nel prosieguo del documento si legge che il mercante si difese dall'accusa di non aver elencato completamente i testi, dicendo che "non era colpa sua, ma di chi gli aveva mandato i libri dalla Francia". Inoltre fa presente all'inquisitore che la requisizione gli arreca un grave danno economico, "avendo già pronti i compratori". L'inquisitore scrive ai cardinali: "Stimai bene di dargli i libri che non sono proibiti, e trattenni quelli che sono proibiti con altri dubiosi con farmi dare la sicurtà di 25 scudi d'oro, tassato dall'editto del Sant'Ufficio ai trasgressori in tale materia". Per aver ragguagli l'inquisitore invia a Roma la lista dei titoli proibiti e di quelli dubbiosi. I primi comprendono *Histoire du Peuple de Dieu depuis son Origine, par le P. Iassac Berrucier [Berruyer, Isaac Joseph (1681-1758)] de la Compagnie de Jesus Nouvelle edition corrigée*, Paris, Bordelet, 1740; *Le droit de la Guerre, et de la Paix par Hugues Grotius*, Amsterdam, Pierre de Coup, 1739; *Instructions generales en forme de catechisme, ou l'on explique en abregé par l'ecriture sainte [...] la morale crétienne [...] imprimèes par ordre de Messire Charles Joachim Colbert eveque de Montpellier*, Lyon, Paignard 1719; *Histoire de gouvernement de Venice*, Lyon, chez Jacques Certe, 1740; *Lettres historiques, et*

23 ottobre: Longhi pubblica l'editto generale del Sant'Ufficio[180].

1744

10 gennaio: comincia il carteggio fra l'inquisitore Longhi e l'assessore del Sant'Ufficio Guglielmi per valutare se ammettere o sequestrare ai lettori due libri che circolano a Parma: uno sul Sacro Cuore, composto dal gesuita francese Jean Croiset e poi tradotto in italiano, l'altro un'"Historia del testamento vecchio, e nuovo, rappresentata con figure in rame intagliate da Domenico Rossetti, con esplicazioni estratte da santi padri, che molto edificano, e servono a ben regolare li costumi in ogni condizione di persone, in tre tomi divisa". Longhi è dubbioso, perché ha visto il primo titolo elencato nell'Indice dei libri proibiti, mentre per il secondo sa che "nell'osservazioni alla regola quarta e nona [dell'Indice del 1596], [vi è] la proibizione anche de' sommari, e compendi, sebbene historici della Sagra Scrittura, in qualsivoglia lingua scritti"[181].

---

galantes de deux dames, Amsterdam, 1738. Tra i libri che suscitano dubbi: *Pamela, à Londres, chez Jean Osborne*, 1742; *Memoires du Marechal de Tourville vice Amiral de France*, Amsterdam, 1742; *Reflexions sur l'Ame des Bêtes en forme d'amusemens philosophiques*, 1740; *Entretiens de Madame la Comptesse [...] au sujet des affaires presentes par rapport a la religion*, 1739. Quest'ultima opera forma una collana di otto volumi con altri sette titoli molto simili, di cui indico di seguito solo la parte che cambia (2° vol.: *Madame la Prieure*, 1737; *Monsieur le Commandeur*, 1737; *Monseigneur l'eveque*, 1738; *Docteur*, 1738; *Monsieur l'Abbé*, in due tomi, 1740; *Monsieur le Curé*, 1741).

[180] ASPr, Consorzio dei vivi e dei morti, gridario, ecclesiastici, tomo 1, n. 70, 23 ottobre 1743: "Sapendo coll'esperienza di molto tempo, che alcuni non si fan[n]o scrupolo di denonciare al S. Officio quelli, che tengono, o legono libri proibiti, non avendo le necessarie licenze, preghiamo per le viscere di Gesù Cristo i signori parochi di questa nostra giurisdizione a volere illuminare i loro popoli dell'obbligo, che li corre, anche, sotto pena di scomunica (quando fossero libri di eretici, e che trattassero della religione) di denonciare questi tali".

[181] ACDF, Dubia varia, 1731-1753, fasc. XI. Longhi scrive: "Qui corre per le mani di queste monache il libro intitolato La divozione al Sagro Cuore di No-

Le risposte ai quesiti proposti risalgono al febbraio successivo: sul primo libro i cardinali intendono consultare i censori Tamburini e Besozzi[182], mentre sul secondo l'assessore Guglielmi raccomanda all'inquisitore di non introdurre nessuna innovazione. A qualche giorno di distanza arrivano i pareri dei due censori sul

---

stro Signor Gesù Cristo di un sacerdote della Compagnia di Gesù, tradotta dal francese nell'italiano, stampato in Venezia l'anno 1731 presso Gio Batta Recurti. Perché ritrovo nell'Indice dei libri proibiti nella pagina 525 proibito il detto libro, ne seguenti termini: "La divozione al Sagro Cuore di Nostro Signore Gesù Cristo composta da un Padre della Compagnia di Gesù in Lione 1674, ho stimato bene di sentire l'oracolo dell'Eccellenze Vostre se devo lasciar correre, o pure ritirare detto libro. Corre pure il libro intitolato Historia del testamento vecchio, e nuovo, rappresentata con figure in rame intagliate da Domenico Rossetti, con esplicazioni estratte da Santi Padri, che molto edificano, e servono a ben regolare li costumi in ogni condizione di persone, in tre tomi divisa". Longhi prescisa che il suo dubbio nasce dal fatto di aver visto "nell'osservazioni alla regola quarta e nona, la proibizione anche de sommari, e compendi, sebbene historici della Sagra Scrittura, in qualsivoglia lingua scritti". Puntualizza che la citata "Historia è stata ristampata in Venezia l'anno 1737 presso Giambattista Albrizzi quondam Girolamo".
Il primo libro è CROISET Jean (1656-1738), *La divozione al Sagro Cuore di nostro Signor Gesù Cristo, di un sacerdote della Compagnia di Gesù. Tradotta dal francese nell'italiano. Aggiuntovi il Compendio della vita di suor Margherita Maria Alacoque, della quale Iddio si è servito per diffondere questa divozione*, in Venezia, presso Gio. Battista Recurti, 1731. L'edizione francese fu effettivamente interdetta con decreto dell'Indice dell'11 marzo 1704 (ILI XI, p. 256). Nella stessa collocazione archivistica presso ACDF vi è un rimando al "Volume delle censure" dal 1703 al 1708, cc. 277-280. Il secondo libro è *Istoria del Testamento Vecchio e Nuovo, adornata di bellissime figure con spiegazioni estratte da' Ss. Padri, che molto edificano* [...], in Venezia, per Giambatista Albrizzi q. Girolamo, 1737. L'opera non è annoverata in ILI XI. Sull'*Indice* del 1596 e l'*Osservazione alla regola quarta o nona*: FRAGNITO Gigliola, *La Bibbia al rogo: la censura ecclesiastica e i volgarizzamenti della Scrittura, 1471-1605,* Bologna, Il mulino, 1997, pp. 173-198.
[182] Nel documento si legge Tambuorini. Si tratta del benedettino modenese Fortunato Tamburini (1683-1761), chiamato a pronunciarsi su molte opere (*Prosopographie*, II, pp. 1222-1228). Gioacchino Besozzi fu un cistercense milanese (1679-1755), che collaborò con il Sant'Ufficio come consultore: *Proposopgraphie*, I, pp. 157-160.

primo libro (18 e 26 febbraio): dopo aver confrontato le edizioni francese e italiana, "decreverunt pro nunc nihil esse innovandum" e gli esemplari posseduti dalle monache possono esser loro concessi.

4 giugno: nuovo aggiornamento dell'*Index librorum prohibitorum* da parte della Congregazione dell'Indice.

1745

12 marzo: Longhi trasmette all'Indice un libro intitolato *Baptisma puerorum in uteris existentium dissertatio medico-theologica* del Padre Gabriele Gualdo, chierico regolare, professore di teologia (seconda edizione corretta, stampata a Padova nel 1712 dai fratelli Sardi) per sapere se deve lasciarlo "correre" (probabilmente è a conoscenza che nel 1710 era stato proibito a Roma un *Tractatus* di quest'autore). La risposta dell'Indice giunge il 31 marzo: l'opera non è proibita, quindi la può lasciar andare ("dimittat"), ma nel frattempo è invitato a spedirne un esemplare. Poi la Congregazione compie una ricerca nei propri archivi e trova che erano stati effettivamente pronunciati "due voti [pareri] di due relatori uniformi in assolvere il suddetto libro"[183].

21 marzo: Longhi accorda l'*imprimatur* al libro intitolato *Rime per le nozze di Catterina marchesa Meli Lupi di Soragna col signor marchese Carlo Malaspina*, in Parma, Monti, 1745. Aggiungono l'*imprimatur* e il *vidit* rispettivamente il vicario generale vescovile Paolo Aimi ("P. Aymus") e tale "Mercader A. C."[184].

26 marzo: Longhi comunica all'Indice un nuovo dubbio: "Qui è venuto un libro fatto stampare dal cavalier Maffei il di cui intento è di far vedere che quando uno impresta denaro ad un altro puote

---

[183] ACDF, St. St., Tit. Libr. 1729-45, 155. Sulla proibizione del *Tractatus probabilitatis*, stampato a Lovanio da Gilles Prost nel 1708, si veda ILI, v. XI, p. 412.

[184] L'esemplare esaminato si trova presso la Biblioteca Palatina di Parma, collocazione CC. 0327845. "Mercader A. C." potrebbe sciogliersi in "Mercader advocatus Camerae". Non abbiamo individuato altre notizie su questa figura.

esiggere il frutto [interesse] senza far né censo [tassa] né altro ed [il libro] è dedicato al papa. Poiché questa è una dottrina contraria a tutti li Santi Padri, anzi alla Sacra Scrittura, supplico la Paternità Vostra Reverendissima degnarsi di farmi sapere com'è sentito costì un tal libro, e come debbo io contenermi". Gli viene risposto che il libro non è stato ancora interdetto e perciò il padre commissario dell'Indice dovrà attenersi al "prudente giudizio" dell'inquisitore[185].

20 aprile: Longhi manifesta perplessità anche sulle *Lettere familiari* di "Mago". La lettera contiene l'autenticazione della copia da parte del notaio del Sant'Ufficio Girolamo Campanini e la firma di Longhi. La risposta rassicurante dell'Indice arriva il 5 maggio[186].

---

[185] ACDF, St. St., Tit. Libr. 1729-45, 152. Non è immediata l'identificazione dell'opera, che potrebbe essere stata stampata dal tipografo messinese Giuseppe Maffei, attivo nella prima metà del Settecento. L'oscurità con cui l'inquisitore si esprime potrebbe essere motivata dalla volontà di depistare i controlli postali messi in atto dalla corte. Anche nella lettera successiva è possibile che il nome dell'autore del libro sia stato abbreviato intenzionalmente. La risposta della Congergazione è la seguente: "Opus de quo agitur non est adhuc prohibitum, ideo prudenti arbitrio inquisitoris remittere instantia[m] ab eodem patre Comissario".

[186] Il mittente allude probabilmente alle *Lettere familiari* di Lorenzo Magalotti (1637-1712), che dichiara di aver letto "in parte", avendovi trovato alcune massime che gli pare "patischino qualche eccezione", quindi le ha fatte ricopiare e inviare alla Congregazione. C'è un passo sulla distinzione fra eretici formali e materiali (questi ultimi sono gli ignoranti). Parla del loro destino dopo la morte e poi scrive: "Ora vedete quanto la teologia è discreta, e quanto ella riferisce al lume naturale della ragione raffigurato da esso, come un'emanazione della Sapienza di Dio sopra l'anime umane". Poi afferma che se un ignorante calvinista si fa convertire da un cattolico "pecca mortalmente" e morendo in quello stato "si danna per aver creduto un'opinione buona, e cattolica, laddove a non averla creduta, in virtù semplicemente del battesimo si sarebbe salvato. Ora che dite? Vi par che la Fede, per quel che tocca i motivi della sua credibilità sia così stolida, così cieca?". Nel prosieguo appaiono l'autenticazione della copia da parte del notaio del Sant'Ufficio Girolamo Campanini e la firma di Longhi. ACDF, St. St., Tit. Libr. 1729-45, 153.

Giugno: la Congregazione dell'Indice pubblica un'appendice all'*Index librorum prohibitorum* del 1681.

Fra la primavera del 1745 e del 1746 viene alla luce il caso di un frate cappuccino (Felice Gabbi da Parma) che perseguita un suo confratello diacono, Antonio da Modena, infrangendo un decreto di Urbano VIII. Il diacono, in precedenza, aveva denunciato frate Felice al Sant'Ufficio di Reggio Emilia per un delitto che nella documentazione, però, non viene spiegato nei dettagli[187].

1746

Ottobre: la Congregazione dell'Indice pubblica una nuova appendice all'*Index librorum prohibitorum* del 1681.

5 novembre: muore il vescovo di Piacenza, mons. Gherardo Zandemaria.

17 novembre: i cardinali ordinano all'inquisitore di Parma che l'inquisito per sodomia e "falso dogma" Andrea Spottarelli, "rustico" di Soragna, sia sottoposto a lieve tortura, *abiura de vehem[enti]*, "penitenze salutari" e triremi per sette anni. Infatti il giovane non solo pratica la sodomia, ma in base a nove testimoni afferma che non vi sia colpa in ciò. Interrogato, ha ammesso che

---

[187] ACDF, St. St. N 1 e, fasc. 12 bis. Le vessazioni erano state compiute nel 1745 contro il diacono frate Antonio da Modena, "in odio di una dinunzia dal medesimo fatta nel Sant'Ufficio di Reggio, del quale delitto si rese negativo, e li 10 aprile del medesimo anno 1745 fu dimesso da quelle carceri"; il 7 aprile 1745 i cardinali avevano infatti stabilito che padre Francesco da Milano venisse liberato dalle prigioni; il 10 aprile 1745 anche il diacono fu dimesso dal carcere del Sant'Ufficio di Reggio; quasi un anno dopo, il 27 maggio 1746, Longhi scrisse ai cardinali, ricordando loro che il cappuccino Gabbi era stato imprigionato per sei mesi, come stabilito dalla stessa Congregazione; il 7 giugno 1746 i cardinali decretarono la carcerazione del cappuccino nelle prigioni del Sant'Ufficio di Parma, nel caso in cui egli avesse continuato a non rispettare i doveri dei religiosi. L'inquisitore giudica il cappuccino Gabbi un "religioso dabbene e di particolare integrità", quindi chiede ai cardinali come regolarsi. Evidentemente la situazione non si era ancora risolta.

è peccato, "ma che pochi erano quelli che stavano senza fare tali cose". Carcerato, confessa di aver praticato con Felice Zanati, teste fiscale, e con tale Brandino. Entrambi i testimoni, interrogati separatamente, asseriscono che questo comportamento non è censurabile[188].

1747

10 aprile: viene nominato vescovo di Piacenza mons. Pietro Cristiani.

Tra i definitori del capitolo della provincia religiosa dei predicatori di Lombardia figura anche Pierpaolo Salvatori, vicario del Sant'Ufficio di Parma; è approvato il trasferimento del padre Domenico Maria Torre da Napoli a Parma[189].

1748

11 marzo: l'inquisitore di Parma, come altri inquisitori italiani, riceve una sovvenzione dalla Congregazione del Sant'Ufficio; per la sede di Parma la somma è di 20 scudi. La consegna avviene così: il frate domenicano Giacinto Cassina, maestro di Casa della Congregazione, consegna l'importo a don Pier Maria Banzacchi, monaco cassinense del monastero di S. Giovanni Evangelista a Parma, che in quel momento si trova presso il monastero di S. Callisto a Roma. Il monaco a sua volta ha il compito di recarlo all'inquisitore a Parma[190].

22 marzo: Longhi scrive a Roma per chiedere un parere sulla biografia del sacerdote don Jacopo Antonio Panizza, morto a

---

[188] ACDF, St. St. M 5 p, fasc. 4.
[189] AGOP, XIII.520: *Acta capituli provinciae utriusque Lombardiae*, Bononiae, ex typographia Sancti Thomae Aquinatis, 1747, pp. 3 e 5.
[190] ACDF, ASV 63, 1748, n. 7. Le altre sedi inquisitoriali sono quelle di Piacenza (100 scudi), Ferrara (80), Reggio Emilia (70), Modena (25), Gubbio (25), Spoleto (24), Fermo (20), Vicenza (20) e Zara in Dalmazia (16).

Guastalla il 2 maggio 1744, raccontata dall'abate Giuseppe Negri, canonico della stessa città (*Memorie intorno la vita del sacerdote D. Jacopo Antonio Panizza*). Il 3 aprile gli viene comunicato di trasmettere il libro. Il 19 aprile Longhi risponde che il volume è già stato dato da rivedere a Venanzio da S. Luigi, agostiniano scalzo, padre provinciale della provincia romana. Viene allegata una lettera di padre Venanzio in latino, che asserisce: "Nihil inveni, quod catholicae fidei, aut bonis moribus adversetur". Il 18 giugno l'assessore del Sant'Ufficio Guglielmi dà con decreto l'assenso alla stampa[191].

Periodo borbonico: 1749-1802. A seguito del trattato di Aquisgrana, i Ducati di Parma e Piacenza, a cui si aggiunge Guastalla, passano a Filippo di Borbone e, dopo la sua morte, al figlio minorenne Ferdinando. Dal 1749 al novembre 1771 funge da primo ministro il francese Guillaume Du Tillot.

1749

26 marzo: a Basilicagoiano, nella diocesi di Parma, si verifica un caso di irrisione del sacramento della confessione, giudicato dall'inquisitore[192].

---

[191] ACDF, C. L. 1748-1750, fasc. 5.
[192] ACDF, St. St. N 1 c. A Basilicagoiano il laico Pietro Securi si è posto sulle spalle un panno bianco, fingendo di essere l'arciprete che veniva per benedire la casa. Nell'abitazione c'era una donna anziana ammalata nel letto, la sua parente Barbara Securi, la quale chiese di potersi confessare. Per burla Pietro accettò, udì i peccati di lei e la assolse dicendo: "Ti assolvo vecchia Buzzerona" e le diede come penitenza di recitare tre orazioni domenicali. I presenti, di nascosto, ascoltarono i peccati confessati. I testimoni affermano che Barbara fosse convinta di accostarsi a una vera confessione. I cardinali, sentito il parere dei consultori, stabiliscono che a Pietro Securi e agli altri che si erano presentati spontaneamente vengano attribuite ammonizioni gravi e l'obbligo di osservare il segreto della confessione ascoltata. Pietro, in particolare, merita di essere ammonito "de incursa irregularitate" per irrisione del sacramento della penitenza. L'arciprete deve avvertire Barbara della invalidità della finta confessione.

23 maggio: il padre Ildefonso Vela della Congregazione di S. Paolo si rivolge a Longhi per far stampare la vita di Margherita Brendoli, intitolata *Azioni della serva di Dio Margherita Brendoli di Parma detta la Penitente, scritte in ristretto*. Longhi, come al solito, scrive a Roma, ricevendone una risposta positiva il 4 giugno, così che l'opera viene stampata nel medesimo anno[193].

17 maggio: bozza manoscritta di un editto dell'inquisitore di Piacenza Giorgio Maria Tornielli contro gli ebrei[194].

13 giugno: minuta di lettera del ministro ducale all'inquisitore di Parma, affinché siano sorvegliati gli ebrei[195].

17 giugno: ulteriori lettere ministeriali all'inquisitiore di Piacenza, che caldeggiano l'azione dell'Inquisizione contro gli ebrei dimoranti nello Stato[196].

19 giugno: l'inquisitore di Piacenza risponde a tali inviti, dichiarando che raccoglierà informazioni sugli ebrei di Cortemaggiore e Fiorenzuola per capire se vi è qualche "disordine" nel "commercio domestico tra cristiani ed ebrei"[197].

5 luglio: l'inquisitore Tornielli scrive all'abate Giambattista Seratti, uditore generale, per elencare i problemi provocati dagli

---

Le altre persone coinvolte risultano: Giovanni, Pietro, Bartolomeo, Odoardo Securi, Francesca Martini e Maria Giovanna, moglie di Odoardo Securi, tutti "sponte comparenti" il 5 aprile 1749.

[193] ACDF, St. St., Tit. Libr. 1746-58, 20. Non ho individuato l'opera nei repertori consultati.

[194] ASPr, Carteggio borbonio interno, b. 871 (maggio-luglio 1749), fasc. "Giugno", lettera datata 19 giugno del Tornielli al ministro, citata da BENASSI, *Guglielmo Du Tillot*, III (1916), p. 283. Benassi citava l'attuale b. 871 come b. 832, perché la distribuzione del materiale archivistico era diversa da oggi. Sul controllo degli ebrei in questi anni si veda anche ASPr, Archivio Du Tillot, b. 32, in cui è presente il fascicolo "Ebrei".

[195] ASPr, Carteggio borbonico interno, b. 871, fasc. "Giugno", lettera citata da BENASSI, *Guglielmo Du Tillot*, III (1916), p. 283 come b. 832.

[196] ASPr, Carteggio borbonio interno, b. 871, fasc. "Giugno", lettera citata da BENASSI, *Guglielmo Du Tillot*, III (1916), p. 283 come b. 832.

[197] ASPr, Carteggio borbonio interno, b. 871.

ebrei: "la venuta frequentissima alla città, la dimora de medemi ebrei anche forastieri, massime di Reggio nella città, e ciò per longo tempo; la famigliarità delli ebrei con li cristiani, l'andare li ebrei nelle case de cristiani, e massime di certe donne povere. Farsi servire da cristiani nelle feste comandate. Mangiare assieme co' cristiani"[198].

25 luglio: minuta di una lettera governativa, non firmata, all'inquisitore di Parma, inviata per scusare il comportamento della guardia ducale, che ha "visitato" (cioè perquisito) per errore il "picciolo casino di cotesto Sacro Tribunale". Infatti il Sant'Ufficio di Parma aveva un edificio nel borgo di S. Lazzaro, ma la guardia non sapeva chi ne fosse il proprietario: "Ciò è succeduto per mancanza di cognizione che questa fabrica appartenesse al detto Tribunale, mentre per gli ordini antecedenti doveva essere rispettato, giusta l'intenzione dell'Altezza Sua Reale, gelosa di non infinger li privilegi del Sant'Ufficio. Di tanto debb'io rendere intesa la Paternità Vostra Reverendissima, affinché sia persuasa del rincrescimento per il succeduto sbaglio; ed assicurandola che in altra occasione goderà di tutti li dovuti riguardi anche a riflesso del di lei merito singolare, di cui si ha qui distinta stima"[199].

30 luglio: Longhi scrive al duca Filippo per lamentarsi dell'ingerenza dell'auditore generale, l'abate Giambattista Seratti, in aspetti che riguardano la fede. Infatti in un albergo della città era arrivato uno straniero sospettato di essere luterano e il Seratti aveva fatto fare irruzione nell'albergo alle sue guardie[200].

10 settembre: il governatore di Parma Giambattista Arcelli emana una grida severa contro gli ebrei. Sono eccettuati gli "israe-

---

[198] ASPr, Archivio Du Tillot, b. 32.
[199] ASPr, Carteggio borbonico interno, b. 871, fascicolo "Luglio".
[200] BENASSI, *Guglielmo Du Tillot*, III (1916), p. 283: Benassi cita ASPr, Carteggio borbonico interno, b. 835, alle date 30 luglio, 26, 28, 31 agosto 1749. Queste lettere non si trovano nelle attuali bb. 871 e 872, che raccolgono le minute e le epistole da maggio a ottobre 1749.

liti" che fanno parte dell'Università degli ebrei, ma poi anch'essi sono costretti a rinnovare le convenzioni di tolleranza, come accadrà nell'aprile successivo[201].

20 ottobre: l'inquisitore di Piacenza, padre Giorgio Maria Tornielli, scrive al ministro a proposito dell'arruolamento obbligatorio di patentati del Sant'Ufficio fra le milizie ducali. L'inquisitore ribadisce l'esenzione da tali servizi per i patentati, in base a "decreti de' sommi pontefici": tale arruolamento sarebbe addirittura proibito a questi soggetti[202].

9 e 30 dicembre: essendo ammalato l'inquisitore di Parma, il suo vicario Pier Paolo Salvatori esamina il testo della "promessa" che tutti gli anni i convittori del seminario di Reggio Emilia rivolgono alla Vergine Immacolata, per valutare se sia teologicamente corretta e se si possa stampare, come i seminaristi convittori richiedono. Il testo recita così: i seminaristi credono "[...] Maria immune dall'originale peccato, sin tanto che Apostolica decisione non ce lo vieta, pronti [a] dare la vita per mantenerlo, come ci obbliga la virtù di Religione qualor così a Dio Signore vogliam esser tenuti [...]". La risposta dei cardinali impone la cancellazione delle parole "come ci obbliga la virtù della religione"[203].

---

[201] ASPr, Archivio Du Tillot, b. 32. BENASSI, *Guglielmo Du Tillot*, III (1916), p. 283, che cita ASPr, Carteggio borbonico interno, b. 835. Questa lettera è attualmente nella b. 872. Ulteriori documenti sugli ebrei (in particolare di Colorno) sono conservati in ACDF, St. St. AA 5c (editti, licenze, disciplina del commercio, piante della vecchia sinagoga di Colorno).
[202] BENASSI, *Guglielmo Du Tillot*, capitolo III (1916), pp. 283-284.
[203] ACDF, C. L. 1748-1750, fasc. 15. Nella lettera del 9 dicembre Salvatori comunica ai cardinali romani che il testo è stato trasmesso all'inquisitore "con la relazione d'alcune grazie, che credansi ottenute coll'intercessione di Maria Vergine immacolatamente concetta, [relazione] assai imbrogliata e confusa, il voto che ogni anno fanno li convittori del Seminario di Reggio, affine di fare sì l'uno che l'altro stampare", per cui "ha creduto bene [l'inquisitore] di impormi di trasmetter prima [...] la copia del voto suddetto all'Eccellenze loro". Nel fascicolo manca però la relazione "assai imbrogliata e confusa" che sarebbe stata stampata con il voto.

1750

28 marzo: ricevuta di pagamento di 15 scudi romani dal maestro di Casa della Congregazione del Sant'Ufficio, il frate domenicano Giacinto Cassina, all'inquisitore di Parma. Il pagamento avviene, come nel 1748, attraverso due monaci cassinensi (fra cui Florentino Di Vecchi), a nome del padre lettore Benaglia[204].

17 agosto: padre Tornielli, inquisitore di Piacenza, invia al ministro di don Filippo i propri ringraziamenti "per gli ordini dati all'Uditore Criminale per il buon servigio di quel santo tribunale"[205].

Settembre: la Congregazione dell'Indice pubblica un'appendice all'*Index librorum prohibitorum* del 1681.

30 ottobre e 24 novembre: lettere di Longhi a Roma per trasmettere cinque brevi testi che gli sono stati consegnati dal frate minore osservante Giovan Maria da Viadana, dimorante nel convento di S. Secondo Parmense, per essere stampati. L'esame delle proposte, che prosegue nel 1751 con l'intervento del censore frate Teodoro dello Spirito Santo, carmelitano scalzo, si conclude con esiti diversi[206].

---

[204] ACDF, ASV, 64, n. 5, c. 443r.
[205] Appunto trascritto da Giovanni Drei in ASPr, Carte Drei, b. Inquisizione, fasc. "Eretici", foglio 10 in carta blu (ma la lettera originale non si trova in ASPr, Carteggio borbonico interno, b. 877).
[206] ACDF, C. L., 1751, fasc. 3. Si veda questa Cronologia, anno 1751. Longhi nella sua lettera aggiunge che il frate gli ha portato anche un libretto stampato il 27 dicembre 1727, che tratta della "grande indulgenza" dell'*Exaudiat*, approvata da Urbano VIII con sua bolla *Salvator noster*, data in Roma il 23 dicembre 1623. Inoltre il frate gli ha recato una lettera enciclica di Benedetto XIV manoscritta, che concede la facoltà di dare la benedizione papale più volte all'anno e di assolvere i fedeli dalle censure e dalle pene previste dalla bolla *In coena Domini*.

2 dicembre: nomina del padre Raimondo Maria Migliavacca da Milano, dell'ordine dei predicatori, a vicario del Sant'Ufficio di Parma[207].

1751

13 gennaio: i cardinali del Sant'Ufficio si pronunciano sulla richiesta dell'inquisitore Longhi di far stampare cinque brevi testi per libretti o fogli volanti, su invito del frate minore osservante Giovan Maria da Viadana[208].
Il primo è il *Compendio della Regola del Terz'Ordine di S. Francesco d'Assisi per li fratelli e sorelle secolari*: non deve essere impresso[209].

---

[207] Padre Raimondo Migliavacca (su cui si veda *Prosopographie*, II, pp. 832-833: sulla nomina del 2 dicembre: p. 832) era nato circa nel 1719 a Milano (sette anni prima di Mozani); nel 1750 era stato eletto vicario generale dell'Inquisizione di Parma, dove era rimasto fino al 1763, quando fu nominato inquisitore di Gubbio. Già nel 1765 era tornato in Emilia come inquisitore di Modena. Dopo quattordici anni nella capitale estense, dove potè assistere alle vicende del confinante Stato borbonico, nel 1779 divenne commissario del Sant'Ufficio e quindi si spostò a Roma all'epoca in cui don Ferdinando dimostrava la sua volontà di ripristinare l'Inquisizione nei suoi Stati. Dal 1789 al 1796 ritornò nel convento di Parma, dove morì il 19 agosto 1796 all'età di 77 anni, probabilmente assistito dal confratello più giovane Vincenzo Giuliano Mozani.
[208] ACDF, C. L. 1751, f. 3. Il fascicolo contiene diversi documenti: la lettera di Longhi del 24 novembre 1750; un biglietto di frate Teodoro dello Spirito Santo, carmelitano scalzo, incaricato dell'esame degli opuscoli stessi, su richiesta dei cardinali, il quale asserisce di essersi già dedicato alla loro lettura dal 7 dicembre 1750 e di essere in procinto di ricopiare il voto che esibirà il sabato successivo ai cardinali; il parere scritto (alle cc. 113-116) del medesimo padre Teodoro; uno scritto datato 13 gennaio 1751 dell'assessore del Sant'Ufficio Guglielmi sulla censura di padre Teodoro; una lettera minuta del 22 gennaio 1751 al padre Teodoro da parte dei cardinali, i quali conferiscono al frate anche il compito di formulare un "Piano sulla Bolla delle Indulgenze da concedersi a' Francescani, a similitudine di quanto fu praticato dalla Santa Memoria di Paolo V per le indulgenze de' Regolari nella costituzione *Romanus Pontifex*".
[209] ACDF, C. L. 1751, f. 3. Si tratta di un manoscritto che riproduce il frontespizio e la prefazione dell'opera a stampa *Compendio delle Regole del Terz'Ordine*, in

Il secondo è il foglio volante *Fons patens*: questo deve essere inviato ai cardinali[210].
Il terzo è l'opuscolo *Modus acquirendi indulgentias a summis pontificibus praecipue Urbano VIII eremitis Camaldulensibus specialiter concessas*: anch'esso deve essere mandato ai cardinali[211].
Il quarto è l'*Epistola encyclica Sanctissimi Domini Benedicti XIV die 19 martii 1748*: ne è concesso immediatamente l'*imprimatur*[212].

Roma, nella stamperia Camerale, 1728 ed in Parma in quest'anno 1750, con *approbatio* (ma attualmente non è censito in OPAC SBN alcun esemplare).
[210] ACDF, C. L. 1751, f. 3, c. 129. Il titolo completo è: *Fons patens domui David. (Zacchar. 13.1) al Terz'Ordine Serafico de Penitenti instituito dal P. S. Francesco ed approvato dal Sommo Pontefice Nicolò IV nella sua bolla Super montem: Ecco aperto, come ad adunanza prediletta da Dio, il Fonte perenne delle seguenti Indulgenze, e Privilegi*. Il fascicolo contiene la citata lettera di Longhi data 30 ottobre 1750, in cui si spiega che il foglio volante *Fons patens*, in Parma, nella stamperia di Cristoforo Salaroli su la Rocchetta, 1745, su quattro colonne (attualmente non censito in OPAC SBN) contiene diverse "indulgenze plenarie" e "non plenarie". Nel retro del foglio volante si legge: "Questa carta fu donata a me Fr. Gian Maria da Viadana dal P. M. R. Novato di Parma li 21 agosto 1750, e mi disse che l'aveva fatta stampare lui medemo". Si tratta del frate francescano Fortunato Alessio Novati da Parma (1692-1760), su cui si veda LASAGNI 1999, III, p. 671. In seguito a queste sollecitazioni la Congregazione stabilirà di chiedere al papa la revoca di tutte le indulgenze concesse al Terz'Ordine francescano fino a quel momento, per poterne stabilire delle nuove, come realizzato da Paolo V nella sua costituzione *Romanus Pontifex*.
[211] ACDF, C. L. 1751, f. 3, c. 126. Si tratta di un opuscolo di 24 pagine in 32°, con legatura in carta decorata, intitolato *Modus acquirendi indulgentias a summis pontificibus, praecipue Urbano VIII. Eremitis Camaldulensibus specialiter concessas, et confirmatas a Clemente IX*, Parmae, typis haeredum Pauli Monti, 1728 (attualmente non censito in OPAC SBN). Gli *imprimatur* sono i seguenti: "Die 17 Decembris 1727. Imprimatur Fr. Joseph Maria Galli inquisitor. Die 11 Januarii 1728. Imprimatur A. Gratianus Pro-Vic. Gen. Vidit Jo. Anton. Schizzati Praeses Camerae".
[212] ACDF, C. L. 1751, f. 3. Si tratta di un manoscritto in folio di quattro pagine, così intitolato: *Epistola encyclica SS.mi Domini Nostri Benedicti XIV*, trascritto da un libretto a stampa, impresso Romae 1748, ex Typographia Reverendae Camerae Apostolicae.

Il quinto è il *Breve raguaglio dell'origine, essenza e propagazione del Terz'Ordine de penitenti*[213].

22 gennaio: Longhi segnala ai cardinali che a Parma circola un *Rituale Romano* di recente pubblicazione, nel quale si trova anche riportata la formula di una benedizione che era stata proibita dall'Indice; chiede perciò ai cardinali se deve sequestrare le copie che potrà rintracciare, ma gli viene sollecitamente risposto (il 3 e il 10 febbraio 1751) che il papa Benedetto XIII aveva autorizzato tale formula[214].

28 maggio: l'inquisitore scrive a Roma per chiedere il parere del Sant'Ufficio a proposito della stampa di un'opera di Ferrante Alfonso Maria Boiani, alla quale ha negato provvisoriamente l'*imprimatur*[215].

---

[213] ACDF, C. L. 1751, f. 3, cc. 138-174. Si tratta di un manoscritto in *folio*, contenente molti elenchi di indulgenze.

[214] "Essendo capitato qui a Parma un Rituale Romano stampato in Venezia presso Andrea Poletti l'anno 1744 nel quale vi è la Benedicione dell'aqua che si fa nella vigilia dell'Epifania e nel fine della detta Benedicione dell'acqua vi sono le seguenti parole: Ad fovendam simul et incitandam Fidelium devotionem, Sanctissimus Dominus noster Benedictus XIII omnibus et singulis utriusque sexus Christi Fidelibus qui in pervigilio Epiphaniae Domini huiusmodi Aquae benedictioni quavis in Ecclesia illa fiat, devote adfuerint, centum indulgentiae dies perpetuo est largitus. E sapendo che detta benedizione fu proibita con decreto della Sacra Congregazione dell'Indice sotto li 4 di dicembre l'anno 1724, ho stimato [...]". L'inquisitore è invitato dai cardinali a comportarsi in conformità con la lettera della Congregazione dell'Indice del 6 febbraio 1751, che infatti è allegata, in cui si riportano le parole del segretario dell'Indice, pronunciate dopo aver letto la lettera dell'inquisitore di Parma: "È ben vero che la benedizione è proibita, ma si continua a praticare a Roma nelle chiese di rito latino e greco e il papa Benedetto XIII l'ha approvata ed è stata stampata per sua volontà nel 1727 nella stamperia di Girolamo Mainardi, quindi non cade sotto la proibizione". Le proibizioni dell'Indice sono state "aggiunte [...] con privata autorità e non approvate dalla Santa Sede". ACDF, Tit. lib. 1729-45, 37.

[215] ACDF, Tit. lib. 1746-1758, 41. La risposta risale al 9 giugno dello stesso anno.

Giugno-luglio: Longhi si lamenta con il ministro ducale di dover riprendere il comportamento di membri della corte borbonica, che si cibano di carne nei giorni proibiti[216].

18 luglio: lettera ministeriale al governatore di Parma, affinché "chiami a sé tutti gli osti, pasticcieri, locandieri, bettolinieri, ed altri di simil esercizio in questa città, e intimi a medesimi sotto pena della R[egia] indignazione, e conseguentemente di quelli che saranno di suo sovrano arbitrio il doversi astenere dal servire di carne ed altri cibi vietati da S. Chiesa ne' giorni e tempi dalla medesima proibiti chicchesia"[217].

17 agosto: Longhi scrive alla Congregazione per segnalare che un sacerdote secolare non intende prestare giuramento all'inquisitore, ma solo al vescovo[218].

19 settembre: l'inquisitore invia a Roma la richiesta per ottenere l'approvazione alla stampa di un'opera del frate cappuccino Giovanni da Monticelli[219].

---

[216] BENASSI, *Guglielmo Du Tillot*, III, p. 283: ASPr, Carteggio borbonico interno, b. 884, tre lettere datate 7, 9 e 12 febbraio 1752. Benassi citava la b. 845, che oggi corrisponde appunto alla b. 884 (la quale raccoglie materiale del 1752, senza precisazione del mese).
[217] ASPr, Carteggio borbonico interno, b. 884, 7 febbraio 1752: si richiama una ingiunzione precedente del 18 luglio 1751.
[218] ACDF, St. St. GG 4 c. "Essendo morto il sacerdote don Pavolo Aymi già provicario generale di questo Mons. Vescovo Marazzani, dal medesimo Mons. Vescovo fu fatto provicario generale il sacerdote don Francesco Maria Bertolini, quale ricusò di prendere il giuramento del Sant'Ufficio con dire che l'aveva preso da Mons. Vescovo e perché sa che i vicari o provicari del vescovo hanno l'obbligo di prestar giuramento coram episcopo et inquisitore o almeno che tal giuramento consti all'inquisitore, ho stimato bene di significare all'eccellenze loro ciò che succede anche per evitare l'inconvenienti che ponno seguire per tale indulgenza. Mons. Vescovo mi disse che averebbe mandato il novo signor provicario a prendere il giuramento, mentre lui glielo aveva dato, ma poi bisogna che si mutasse di tal intenzione e non ha voluto che il provicario prenda il giuramento né coram episcopo e inquisitore simul, né nel Sant'Ufficio".

1752

31 gennaio e 8 febbraio: il ministro Giuseppe Carpintero ordina al priore di S. Pietro Martire (su invito di Cassio, in questo momento inquisitore a Modena) di non accogliere più nel convento frati stranieri provenienti dagli Stati i cui sovrani non ammettono, a loro volta, la presenza di religiosi parmensi o piacentini[220].

7 febbraio: ordine ministeriale al governatore di Parma Arcelli sul rispetto delle proibizioni riguardanti l'assunzione di cibo (si veda la presente cronologia alla data 18 luglio 1751).

9 febbraio: risposta di Arcelli[221].

12 febbraio: Arcelli dichiara di aver disposto l'arresto di un oste che aveva trasgredito gli ordini[222].

10 marzo: l'inquisitore Longhi trasmette a Roma al Sant'Ufficio un libretto a stampa intitolato *Compendio della indulgenza plenaria della Porziuncola di Assisi* per chiedere ai cardinali l'autorizzazione alla ristampa. La risposta negativa è indicata nel decreto della Congregazione del 22 marzo[223].

---

[219] ACDF, Tit. lib. 1746-1758, fasc. 43. La risposta arriva il 1° dicembre dello stesso anno. Si veda anche, nella stessa unità archivistica, il fasc. 60, relativo a una richiesta risalente al 1756 di un'altra opera del medesimo autore.
[220] BENASSI, *Guglielmo Du Tillot*, III (1916), p. 289. Sul Carpintero si veda ASPr, Carte Moreau, b. 29, documento del 18 marzo 1751.
[221] ASPr, Carteggio farnesiano e borbonico interno, b. 884, 9 febbraio.
[222] ASPr, Carteggio farnesiano e borbonico interno, b. 884, 12 febbraio.
[223] ACDF, C. L., 1752, fasc. 5. Il libro era già stato stampato a Cremona nel 1742 nella stamperia del Richini; Longhi dichiara nella sua lettera ai cardinali: "Avendolo attentamente letto e parendomi non troppo veridico, ho stimato bene di mandarlo tale quale all'Eccellenze Vostre per sentirne il veridico oracolo". Inoltre Longhi segnala "che è anche stata stampata un'aggionta di 72 privilegi concernenti la porziuncola". Il commissario del Sant'Ufficio Alessandro Pio Sauli dichiara di aver "[...] letto il libretto intitolato *Compendio delle indulgenze plenaria, e giubileo perpetuo per tutti li fedeli cristiani, conceduto dalla propria bocca di S. Gesù Cristo ad istanzia del Santo Padre Serafico Francesco [...]*", ma di aver deciso di non permetterne la reimpressione. Il decreto è firmato dall'assessore del

Marzo: nuovo aggiornamento dell'*Index librorum prohibitorum* da parte della Congregazione dell'Indice.

Aprile: il frate domenicano Giovanni Paolo Malvicini viene trasferito dal convento di Napoli a quello di Parma[224].

25 maggio: l'inquisitore concede agli ebrei di Colorno di ricostruire la loro sinagoga, anche grazie all'assenso già accordato alla loro comunità dalla Congregazione romana del Sant'Ufficio il 17 maggio del medesimo anno[225].

24 ottobre: secondo alcune fonti bibliografiche risalirebbe a questa data la fine del mandato dell'inquisitore Longhi[226], ma da documenti conservati presso l'Archivio della Congregazione per la dottrina della fede si evince che egli fu attivo nello stesso ruolo anche nel 1753 (si veda in questa cronologia). Morì nel 1754, quando fu sostituito da Cassi (o Cassio) da Borgo Taro.

Il governo borbonico intende imporre il prelievo fiscale anche al clero: a questo scopo tenta di giungere a un concordato con la Santa Sede, ma il tentativo fallisce, come accadrà ancora nel 1756, 1759, 1761 e 1763[227].

1753

20 gennaio: muore il vescovo di Borgo San Donnino, mons. Severino Antonio Missini.

Sant'Ufficio Pietro Girolamo Guglielmi (nato a Jesi nel 1694 e morto a Roma nel 1773), su cui si veda *Prosopographie*, I, pp. 655-657.

[224] AGOP, XIII.520: *Acta capituli provinciae utriusque Lombardiae*, Venetiis, apud Simonem Occhium, 1752, p. 8.

[225] ASPr, Culto, b. 101: fascicolo di minute intitolato "1749. Regia Giurisdizione riguardo al Tribunale dell'Inquisizione". Sono lettere minute non firmate, di cui la prima porta la data 28 gennaio 1750. La seconda risale al 25 maggio 1752. Documenti sulla vecchia sinagoga di Colorno sono in ACDF, St. St. AA 5 c, fasc. 1.

[226] *I giudici della fede*, p. 101.

[227] MADDALENA, pp. 134-152.

Febbraio: nuovo aggiornamento dell'*Index librorum prohibitorum* da parte della Congregazione dell'Indice.

L'inquisitore Longhi denuncia alla Congregazione la promiscuità di donne cristiane ed ebree nelle filande per la lavorazione della seta[228].

9 aprile: viene nominato vescovo di Borgo San Donnino mons. Girolamo Baiardi.

11 maggio: Longhi sottopone al parere dei cardinali il frontespizio di un libretto che gli è stato consegnato da terziari francescani per una riedizione[229].

23 maggio: i cardinali ordinano a Longhi di inviare il libretto. L'assessore del Sant'Ufficio è Pietro Girolamo Guglielmi.

15 giugno: Longhi manda a Roma "il libro intitolato Regola del Terzo Ordine de Penitenti, il quale ha fatto molta impressione stante la moltiplicità delle indulgenze che vi sono nel medesimo libro". Il decreto dei cardinali risale all'11 luglio e presenta questa risposta: essendo già stata emanata una bolla papale in cui si "dichiarano le indulgenze che veramente godono i Terziari de Penitenti di S. Francesco, perciò Vostra Reverenza non ne permetta la ristampa, se da esso libro non si levano tutte le cose concernenti la materia d'indulgenze, e solamente in esso si riferischino l'indulgenze espresse nella suddetta bolla [papale, già emanata in precedenza]".

9 luglio: Benedetto XIV pubblica la costituzione *Sollicita ac provida*, con la quale stabilisce il percorso censorio delle opere destinate alle stampe[230].

---

[228] ACDF, St. St. TT 2 m.
[229] *Regola del Terzo Ordine de Penitenti instituito dal Serafico Padre S. Francesco per i fratelli e sorelle meramente secolari che vivono nelle loro case sotto la protezione di questo gran Patriarca, confermate da papa Nicolò quarto, e da altri sommi pontefici, col sommario delle indulgenze che possono guadagnare ogni giorno del padre Michel di S. Vito dei Minori Osservanti [...]*, in Luca 1718, per Sebastiano Domenico Capuri e Antonio Maria Santini: ACDF, C. L. 1753-54, fasc. 5. Anche le altre citazioni a proposito di questo volume sono tratte dal medesimo fascicolo.

I libri stampati a Parma in quest'anno, di cui abbiamo analizzato alcuni campioni, non riportano il nome dell'inquisitore negli *imprimatur*. Anche in un volume del 1755 si nota l'indicazione del solo provicario del Sant'Ufficio, ma senza la precisazione del nome.

1754

Muore l'inquisitore Longhi.
22 agosto: viene nominato inquisitore di Parma Pietro Martire Cassi (più spesso chiamato Cassio)[231].
30 ottobre: editto generale del Sant'Ufficio di Parma firmato da Cassio[232]. Suo vicario è fra Giacinto Maria Vismara da Milano[233].
Fra il 1754 e il 1757 l'Inquisizione di Parma è coinvolta nella causa riguardante l'accusa di "affettata santità" mossa nei confronti di Suor Maria Luigia Colli, dimorante a Mulazzo, nei pressi di Sarzana[234].

---

[230] DEL COL, *L'Inquisizione in Italia*, p. 716.
[231] Come suggerisce Herman Schwedt, il cognome Cassi fu latinizzato in Cassius e nuovamente italianizzato in Cassio.
[232] ASPr, Culto, b. 101: bando a stampa del 30 ottobre 1754. Vi si ribadiscono le stesse norme presenti negli editti del 1719 e 1738. Secondo ASPr, Conventi e confraternite soppressi, Sant'Ufficio, bb. 1-3, la data di nomina sarebbe il 22 marzo 1759. Secondo gli autori di *I giudici della fede* il mandato di Cassio si svolgerebbe dal 1754 al 1769.
Secondo Benassi era "un suddito, devoto al Duca e in segreto accordo col governo": BENASSI, *Guglielmo Du Tillot*, X (1° p.), p. 212 (che cita BPPr, Ms. Parm. 505, c. 126: *Note* del Clerici).
[233] Lo si evince da BPPr, Fondo Moreau de Saint-Méry, cass. 37, fasc. XXII, 3, 1 (S. Pietro Martire). L'informazione è contenuta in un documento senza data in cui si elencano i frati del convento e in cui il Cassio figura come inquisitore.
[234] ACDF, C 2 d, fasc. 2. Il fascicolo, fra i vari documenti, contiene "Ex processu Sarzanensi, Lucensi, Parmensi, et Romana circa praefatam affectatam sanctitatem sororis Aloisiae Coli". Si tratta di una terziaria cappuccina, che aveva visioni: "gli pare di vedere Gesù Cristo in mezzo di S. Luigi Gonzaga, e di Sant'Alessio, che sono suoi avocati". Il fascicolo comprende numerose rela-

1755

28 ottobre: il provicario generale vescovile Bertolini, il provicario del Sant'Ufficio di Parma e il consigliere della Camera Ducale Pasqua concedono l'*imprimatur* e il *vidit* a un'opera stampata a Parma dal tipografo Monti[235]. Questa formulazione dell'*imprimatur* è anomala, perché fino a qualche anno prima il nome riportato sui libri era quello dell'inquisitore, mentre ora non compare più ed è sostituito dai soli titoli di "provicario vescovile" e "provicario del S. Ufficio". Sulla diatriba circa la precedenza fra i due vicari nelle sottoscrizioni si veda questa Cronologia all'anno 1713.

Il padre domenicano Giuseppe Eugenio Porta (1724-1802), del convento di S. Pietro Martire, fonda a Parma l'ordine delle Luigine, rivolto all'educazione delle ragazze povere, accolte in un "conservatorio" cittadino[236].

1756

Lo stampatore Monti pubblica gli *Statuti della illustrissima Congregazione del Santissimo Rosario di Parma*[237].

25 maggio: l'inquisitore Cassio invia al Sant'Ufficio la copia del frontespizio di un'opera del cappuccino Giovanni da Monticelli

---

zioni. Emerge il coinvolgimento della marchesa Malaspina, che si era impegnata con le terziarie cappuccine a fondare un monastero.

[235] *Rime in occasione, che prende il sacro velo nell'inclito monistero di S. Domenico in Parma la signora Luigia Bacheri*, Parma, Monti, 1755. L'esemplare considerato si trova conservato in Biblioteca Palatina di Parma, collocazione CC. 03.27859.

[236] LASAGNI 1999, IV, pp. 3-4. Nel 1768 il Porta sarà nominato docente dell'Università locale; nel corso della sua vita diventerà consigliere dei vescovi Pettorelli Lalatta e Gregorio Cerati; manterrà costanti relazioni con il duca Ferdinando.

[237] Un esemplare è conservato in AVPr, cassetta unica Inquisizione. Si tratta di un opuscolo di 16 pagine.

per ottenere l'assenso alla stampa; lo stesso autore sottoporrà all'inquisitore, nel corso del medesimo anno, un'altra opera[238].

Giugno: il francese Guillaume Du Tillot viene nominato "ministro d'azienda" dal duca Filippo di Borbone[239] e comincia a progettare le riforme ecclesiastiche, avendo constatato "la desolazione delle finanze e dell'economia dei Ducati"[240].

14 dicembre: editto a stampa dell'inquisitore Pietro Martire Cassio rivolto ai parroci e ai priori della diocesi che non hanno esposto l'editto generale del Sant'Ufficio pubblicato il 30 ottobre 1754. L'inquisitore non permette tale trascuratezza e raccomanda ai parroci e ai priori di leggere al popolo il bando due volte all'anno[241].

1757

L'inquisitore Cassio riceve le richieste di chi intende accostarsi alla stampa interdetta: nel 1757 e poi ancora nel 1761 il frate cappuccino Adeodato Turchi domanda licenze di lettura per opere proibite di filosofi francesi[242].

14 gennaio: l'inquisitore Cassio invia alla Congregazione la nota delle spese (4202 lire e 3 soldi) e del ricevuto (3170 lire e 10 soldi) del 1756. Firmano la "Nota" lo stesso Cassio e il notaio Innocenzo Giafferri[243].

---

[238] La risposta dei cardinali risale al 16 giugno dello stesso anno: ACDF, Tit. lib. 1746-1758, fasc. 60. Si veda anche, nella stessa unità archivistica, il fasc. 43, relativo alla richiesta del 19 settembre 1751 di un'altra opera del medesimo autore, con risposta del 1° dicembre dello stesso anno.
[239] BENASSI, *Guglielmo Du Tillot*, IX, p. 20.
[240] BENASSI, *Guglielmo Du Tillot*, IX, p. 21. Sulle prime trattative con la corte di Roma: ivi, pp. 20-30.
[241] AVPr, cassetta unica Inquisizione.
[242] STANISLAO DA CAMPAGNOLA, *Adeodato Turchi in un carteggio inedito con Antonio Cerati*, p. 43.
[243] ACDF, St. St. GG 4 c.

16 aprile: Giuseppe Paracaioli, nel suo testamento rogato dal notaio Pietro Francesco Venturini di Parma, lascia una parte della sua eredità al Sant'Ufficio di Parma e in particolare ai carcerati poveri che si trovano reclusi nelle prigioni del Sant'Ufficio[244].

1758

20 gennaio: l'inquisitore Cassio invia alla Congregazione la nota delle spese (11489 lire e 14 soldi) e del ricevuto (3003 lire e 4 soldi) del 1757. Firmano Cassio e il notaio Innocenzo Giafferri[245]. Il primo aggiunge che le carceri sono "in necessità di essere provedute di biancheria, e panni da letto, come di riparare una parete del tutto quale minaccia rovina, perché i travi maestri sono quasi ridotti in polvere e conviene provederne de nuovi".
3 maggio: muore il papa Benedetto XIV.
6 luglio: viene eletto papa Clemente XIII.
Il frate domenicano Vincenzo Mozani da Parma è destinato a lettore di filosofia e teologia morale presso il convento di Roma, "qui satis laudabiliter hoc munus idid. [ibidem] cum civium plausu exercet"; il frate Tommaso Gastaldi è promosso a padre pro-

---

[244] ANDPr, notaio Pietro Francesco Venturini, f. 16016, cc. 24r-28r; notizia riportata nell'inventario dei beni del Sant'Ufficio di Parma, redatto da Giulio Spinazzi nel 1769 (ASPr, Archivio Du Tillot, b. 50). Il "molto illustre" Giuseppe Paracaioli, figlio del fu Marcello, abitante nella vicinia di S. Cecilia di Parma, lascia parte dei suoi averi all'ospedale della Misericordia, alla Confraternita delle Cinque Piaghe eretta nella chiesa di S. Ambrogio e 4000 lire "moneta di Parma ai poveri carcerati del S. Officio" (in particolare si vedano le carte 26v e 27r, in cui si legge che il testatore intende "soccorrere li poveri carcerati di detto S. Officio con provederli di letti, biancarie, e vestito, ed in caso di bisogno anche di vitto"). Il testatore chiede di essere sepolto nella chiesa dei minori osservanti riformati di S. Pietro d'Alcantara. Di questo "Legato Braccajoli" parla anche il Mozani al Migliavacca il 13 febbraio 1781: ACDF, St. St. GG 4 c.
[245] ACDF, St. St. GG 4 c.

vinciale (era stato a Parma dal 1749 al 1757); nel cenobio di Parma sono attivi Studi per i novizi e "Studia formalia"[246].

Dovrebbe risalire a quest'anno la conclusione della pala raffigurante *San Fedele da Sigmaringen e il beato Giuseppe da Leonessa nell'atto di calpestare l'eresia*, commissionata a Giambattista Tiepolo dai cappuccini per la loro chiesa di Parma[247].

Esce un nuovo e aggiornato *Index librorum prohibitorum*, che permette la lettura delle *Sacre Scritture* in volgare[248].

1759

18 giugno: Du Tillot è nominato primo ministro e procede con le riforme di politica ecclesiastica[249].

5 luglio: il provicario generale vescovile Bertolini e il vicario generale del Sant'Ufficio Migliavacca concedono l'*imprimatur* a un libro stampato a Parma. Il *vidit* lo sottoscrive il presidente della Camera Nasalli[250].

Viene approntata un'enciclica papale contro gli "errori moderni" dei Lumi, ma alcuni cardinali si oppongono alla sua pubblicazione: non solo negli Stati parmensi, infatti, ma anche nei dicaste-

---

[246] AGOP, XIII.520: *Acta capituli provinciae utriusque Lombardiae*, Bononiae, typis Laelii a Vulpe, 1758, rispettivamente pp. 17, 3, 19.
[247] La pala viene datata tra il 1752 e il 1758 da CESCHI LAVAGETTO Paola, in *L'arte a Parma dai Farnese ai Borbone*, Bologna, Alfa, 1979, p. 79.
[248] DEL COL, *L'Inquisizione in Italia*, p. 716.
[249] BENASSI, *Guglielmo Du Tillot*, IX, p. 30. Sulla sua politica ecclesiastica fino alla fine dell'anno 1760: ivi, pp. 30-53.
[250] *Componimenti per la solenne laurea in ambe le leggi, che sotto gli auspicj dell'illustrissimo sig. Conte Consigliere D. Gio Battista Arcelli degnissimo governatore perpetuo di Parma etc. etc. viene conferita dal sig. avvocato Andrea Calvi lettore d'istituta nell'Università [...] al signor Fedele Dettagliati parmigiano*, in Parma, nella stamperia di Jacopantonio Gozzi, 1759. L'esemplare esaminato si trova presso la Biblioteca Palatina di Parma, collocazione CC. 0327845.

ri romani manca la concordanza di vedute fra i cardinali a proposito delle nuove concezioni filosofiche[251].

1760

12 agosto: muore il vescovo di Parma mons. Camillo Marazzani.

15 dicembre: sotto la pressione del primo ministro, è nominato nuovo vescovo di Parma mons. Francesco Pettorelli Lalatta, che si mostrerà sempre arrendevole alle iniziative di Du Tillot[252].

1761

9 gennaio: l'inquisitore Cassio invia alla Congregazione la nota delle spese (3715 lire e 8 soldi) e del ricevuto (3139 lire e 17 soldi) del 1760. Firmano Cassio e il notaio Innocenzo Giafferri[253].

30 marzo: dall'ambasciatore di Spagna viene presentato al papa Clemente XIII un memoriale per la limitazione dei privilegi fiscali del clero nei Ducati parmensi. Il pontefice, però, affiancato dal cardinal Ludovico Maria Torrigiani, lo rifiuta[254].

Aprile: nel capitolo della Provincia di Lombardia viene approvato al magistero degli studenti il citato Giuseppe Eugenio Porta, lettore di filosofia a Pavia, che era stato dal 1756 al 1759 a Parma, dove aveva insegnato al Collegio Lalatta[255].

Nel 1761 l'inquisitore di Parma Cassio si deve occupare del caso di Giuseppe Filippo Storni, che persevera a coabitare con la "seconda moglie", nonostante le penitenze salutari e l'abiura per po-

---

[251] DEL COL, *L'Inquisizione in Italia*, p. 714.
[252] BENASSI, *Guglielmo Du Tillot*, X (2° p.), pp. 125, 138, 152.
[253] ACDF, St. St. GG 4 c.
[254] BENASSI, *Guglielmo Du Tillot*, IX, pp. 54-55.
[255] AGOP, XIII.520: *Acta capituli provinciae utriusque Lombardiae*, Faventiae, typis Archi impressoris Cameralis, s.a., p. 7; riferimenti al collegio Lalatta, ivi, p. 9.

ligamia, a cui era già stato condannato. L'inquisitore si rivolge con quattro lettere ai cardinali del Sant'Ufficio per risolvere il caso[256].

Aggiornamento dell'*Index librorum prohibitorum* del 1758 da parte della Congregazione dell'Indice.

1762

Data non precisata (6 marzo?): il duca Filippo di Borbone, sotto la pressione del Du Tillot, emana l'*Editto per l'introduzione de' libri*, per regolare il commercio librario[257]. In questi anni l'editoria locale continua a non mostrare più alcun *imprimatur*.

Maggio: Du Tillot incarica i suoi collaboratori Giacomo Maria Schiattini e Giovanni Battista Riga di elaborare un progetto di prelievo fiscale agli ecclesiastici che non susciti la condanna della Santa Sede. I due propongono un sistema che preveda, fra l'altro, la limitazione dei poteri e dei privilegi del Sant'Ufficio[258].

Maggio: Adeodato Turchi, mentre è guardiano del convento cappuccino di Parma, riceve l'ordine ministeriale di far allontanare dall'Ospedale della Misericordia un frate del suo cenobio che vi presta servizio. L'ordine è stato sollecitato dai Conservatori dell'Ospedale stesso. L'inquisitore di Parma, però, è contrario al provvedimento e il Turchi non sa come agire. Il cappuccino teme le conseguenze dell'inquisitore, perché questi lo potrebbe rag-

---

[256] ACDF, St. St. M 5 d, fasc. 6. L'assessore del Sant'Ufficio Pietro Girolamo Guglielmi e il consultore Benedetto Veterani si occupano del caso.

[257] Non conosciamo il dettato di questo editto, essendo andati perduti tutti gli esemplari stampati che ne riproducevano il testo. Sarebbe datato 6 marzo 1762 ed è menzionato in ASPr, inv. 165 del Gridario, Indice delle gride dal 1749 al 1802, voce "Inquisizione", n. 189, c. 188 (ma non sono stata in grado di individuare il testo del bando). Nello stesso anno e nel successivo vengono proibite, "sotto pena di scomunica", altre pubblicazioni, elencate nel medesimo Indice ai nn. 14, 29, 9, 114: *Le diciotto lettere dette provinciali, De la nature, Emile ou l'education, Del matrimonio*.

[258] BENASSI, *Guglielmo Du Tillot*, IX, pp. 53-71 (in particolare p. 61); MADDALENA, pp. 152-162.

giungere anche quando egli esce dagli Stati parmensi per tenere altrove le proprie prediche. Turchi decide, infine, di trasferire il frate nel vicino convento di Fontevivo[259].

Du Tillot cerca di rendersi favorevole i vescovi, i priori e il clero regolare o secolare attraverso varie strategie[260].

Dicembre: il teatino Paolo Maria Paciaudi entra al servizio della corte come bibliotecario. Ha con sé una personale biblioteca di più di 200 volumi acquistati nei suoi viaggi in Francia, che dona al duca[261].

10 dicembre: l'inquisitore di Parma Cassio manda a Roma il frontespizio di un'opera agiografica sulla Serva di Dio Angiola Spolverini, parmigiana. Il caso prosegue fino al febbraio 1763, ma il dilemma sull'*imprimatur* non viene risolto[262].

---

[259] BENASSI, *Guglielmo Du Tillot*, IX, pp. 74-75.
[260] BENASSI, *Guglielmo Du Tillot*, IX, pp. 71-86. Il Turchi compie missioni politiche per Du Tillot quando si reca a predicare fuori dallo Stato: ivi, p. 204 e X (2° p.), p. 74 (contatto con l'abate Bianchi di Modena nel 1768).
[261] Arricchisce la biblioteca di corte grazie a elargizioni e con "l'acquisizione di pezzi rari, rinvenuti nel corso di appositi viaggi a Venezia e negli Stati pontifici, e di importanti raccolte librarie e biblioteche, come quella del Conte Carlo Pertusati di Milano, della famiglia Simonetta, del vescovo di Piacenza mons. Pietro Cristiani, alle quali si aggiun[gon]o, tra le altre, quelle dei membri della famiglia regnante". Inoltre "gli sta nel cuore la biblioteca Passionei che si potrebbe acquistare": BERTI, I, pp. 116-117, che cita BPPr, Manoscritto Parmense 1586 (Epistolario del Paciaudi), alla data 21 giugno 1762, cc. 102r-105v: 103r.
[262] ACDF, C. L., 1762-1764, fasc. 10. Il fascicolo contiene vari documenti: il primo, a c. 306r, la lettera dell'inquisitore risalente al 10 dicembre 1762, in cui il mittente annunciava che quell'anno era morta la Serva di Dio e mandava la trascrizione del frontespizio dell'opera che si voleva stampare; aggiungeva che il manoscritto era già stato rivisto e approvato da un consultore teologo del Sant'Ufficio di Parma. A c. 307r si trova il frontespizio, da cui si evince che l'autore del libro è padre Don Francesco Noli, superiore del Collegio della Beata Vergine del popolo. Il 12 gennaio l'assessore del Sant'Ufficio chiede all'inquisitore di trasmettere l'intero manoscritto; il 25 gennaio l'inquisitore invia il manoscritto (c. 305r); il 7 febbraio il cardinale Benedetto Veterani risponde che individuerà un qualificatore per giudicare il manoscritto; il 9 febbraio dichiara di aver scelto come qualificatore l'abate Luigi Stampa della Con-

1763

14 gennaio: l'inquisitore Cassio invia alla Congregazione la nota delle spese (3354 lire e 15 soldi) e del ricevuto (2563 lire e 9 soldi) del 1762. Firmano Cassio e il notaio Innocenzo Giafferri[263].

17 gennaio: nuovo aggiornamento dell'*Index librorum prohibitorum* da parte della Congregazione dell'Indice.

31 gennaio: arriva dai cardinali del Sant'Ufficio il *prohibeatur* del libro intitolato *Del matrimonio. Discorso di Antonio Cocchi Mugellano*, apparso nel 1762 in due edizioni con le false date topiche di Londra e Parigi, del medico anatomista e docente universitario Antonio Cocchi[264].

3 marzo: la Congregazione del Sant'Ufficio proibisce ufficialmente *Del matrimonio*[265].

13 aprile: Cassio pubblica un decreto giunto da Roma, emanato il 24 marzo precedente dalla Congregazione del Sant'Ufficio, per divulgare l'interdizione dell'opera *Del matrimonio*[266].

---

gregazione Olivetana, ma siccome Stampa non può accettare l'incarico, è stato scelto padre Fausto Maroni delle Scuole pie.
[263] ACDF, St. St. GG 4 c.
[264] ACDF, C. L. 1762-64, fasc. 8.
[265] ILI XI, p. 227.
[266] ASPr, Consorzio dei vivi e dei morti, Ecclesiastico, tomo II, n. 17, b. 2333. L'inquisitore Pietro Martire Cassio stampa un bando che ripropone nella metà superiore un decreto romano del 16 marzo 1763 (non pubblicabile direttamente a Parma, essendo stato emesso dalla Congregazione del Sant'Ufficio) e nella parte inferiore pone l'ordine ai fedeli, la propria firma e la data Parma, 13 aprile 1763. L'opera condannata, che era già stata inserita l'anno precedente in un bando locale, è *Del matrimonio. Discorso di Antonio Cocchi Mugellano*, in Londra, 1762. Viene indicata e proibita anche l'edizione francese precedente: *Del matrimonio. Ragionamento di un filosofo mugellano, edizione seconda*, in Parigi, nella stamperia Italiana, 1762. È possibile che Londra e Parigi siano falsi luoghi di stampa. Si veda ILI, v. XI, p. 227. Le ragioni della condanna sono precisate nel bando: il libro contiene "propositiones falsas, erroneas, scandalosas, male sonantes, obscaenas, et piarum aurium offensivas". La Congregazione "vetat [...] describere, imprimere, aut describi, vel imprimi facere, aut apud se retinere et legere

27 aprile: Cassio emana un nuovo editto (dopo quello generale del 30 ottobre 1754) che ingiunge a tutti i fedeli di denunciare i possessori di libri proibiti[267].

Proseguono le trattative per un negoziato Parma-Roma in materia di prelievo fiscale sui beni ecclesiastici, destinato però a fallire l'anno successivo: i cardinali accetterebbero una contribuzione temporanea a favore dei laici e anche Du Tillot sarebbe d'accordo, ma Schiattini e Riga gli consigliano di "tener fermo"[268].

12 settembre: nello Stato di Modena viene approvata una legge sulle "manimorte", il cui testo viene inviato a Schiattini da Du Tillot[269].

1764

20 gennaio: l'inquisitore Cassio invia alla Congregazione la nota delle spese (3568 lire e 11 soldi) e del ricevuto (2684 lire e 4 soldi) del 1763. Firmano Cassio e il notaio Innocenzo Giafferri[270].

[librum] sed ipsum Ordinariis locorum, aut [...] inquisitoribus statim, et cum effectu tradere, et consignare". La parte spettante all'inquisitore Cassio recita così: "Noi fr. Pietro Martire Cassio maestro di Sacra Teologia dell'Ordine de' Predicatori, inquisitore gener[ale] di Parma, Borgo S. Donnino dalla S. Sede Apostolica contro l'eretica pravità specialmente delegato. Ordiniamo, che il suddetto decreto sia ristampato, pubblicato, ed affisso ne' luoghi soliti della nostra giurisdizione, avvertendo ognuno a noi soggetto, che avesse, o gli pervenisse il suddetto libro intitolato *Del matrimonio* di qualsivoglia edizione proibito, lo portino all'ordinario de' luoghi, o a noi sotto le pene contenute nell'Indice de' libri proibiti. Dat. dalla S. Inquisizione di Parma questo dì 13 aprile 1763. Fr. Pietro Martire Cassio inquisitore di Parma, e Borgo S. Donnino, etc. D. Innocenzio Giafferri not. etc. In Parma, per il Gozzi stampatore del S. Uffizio".
[267] Non siamo stati in grado di individuare questo nuovo editto, citato in ASPr, Culto, b. 101 e in un appunto di Giovanni Drei, in ASPr, Carte Drei. L'editto del 30 ottobre 1754 è trascritto nella terza appendice, doc. 9 e ricalca lo schema solito degli editti generali.
[268] BENASSI, *Guglielmo Du Tillot*, IX, pp. 67-68; MADDALENA, pp. 163-174.
[269] BENASSI, *Guglielmo Du Tillot*, IX, p. 71.

Maggio: nel capitolo provinciale il frate domenicano Vincenzo Mozani viene approvato al "magistero semplice"[271].

Schiattini consiglia a Du Tillot di attuare provvedimenti per bloccare l'espansione della "manomorta" ecclesiastica, restringere i poteri del Sant'Ufficio e dei tribunali vescovili, ridefinire le dimensioni delle proprietà ecclesiastiche[272].

25 ottobre: don Filippo, manovrato dal ministro, pubblica il bando della *Prammatica sulla Manomorta*, con cui vieta il passaggio di beni nelle proprietà ecclesiastiche, atto che deliberatamente danneggia anche l'Inquisizione e che viene condannato da un breve (o *Monitorio*) papale[273].

Du Tillot decide di sospendere la pubblicazione della *Prammatica*, ma elabora altri progetti che, con l'approvazione delle corti di Madrid e di Parigi, verranno attuati nel 1765[274].

---

[270] ACDF, St. St. GG 4 c.
[271] AGOP, XIII.520: *Acta capituli provinciae utriusque Lombardiae*, Pisauri, in aede Gavellia, 1765, pp. 6 e 9. Mozani ora ha 38 anni. Egli aveva professato a 20 anni, era divenuto lettore di filosofia a Forlì dal 1752 al 1755, lettore di filosofia e teologia a Cagli (nell'attuale provincia di Pesaro-Urbino) dal 1755 al 1758, lettore di filosofia e teologia sempre nello stesso convento dal 1758 al 1761, lettore di filosofia e teologia ancora a Cagli dal 1761 al 1764. Tra i conversi viene citato Giacinto Mazzoleni da Bergamo.
[272] Sulle trattative con Roma in questi anni e sulla *Prammatica*: BENASSI, *Guglielmo Du Tillot*, IX, pp. 109-121; MADDALENA, pp. 174-198.
[273] Bando stampato, a firma del regnante e del ministro Du Tillot, conservato in ASPr, Gridario, b. 85 e inviato ai cardinali insieme al *Piano d'erezione ed istruzioni per la Regia sovraintendenza ai luoghi pii*, con una lettera dell'inquisitore Ciacchi alla Congregazione, del 12 giugno 1767. In una lettera successiva del 31 luglio Ciacchi manda anche il bando a stampa *Avviso per il pagamento delle collette*. I cardinali esortano l'inquisitore ad "attenersi" (ACDF, St. St., GG 4b). DREI, *Sulle relazioni*, p. 578.
[274] MADDALENA, pp. 198-219. Si veda la corrispondenza fra Du Tillot e il marchese Antici (ASPr, Archivio Du Tillot, b. 78, fasc. 1764), in cui si trova un fascicolo manoscritto con un elenco di 38 regole sulla censura e sulla *Prammatica delle Manimorte*.

22 dicembre: l'inquisitore di Piacenza, Francesco Vincenzo Ciacchi da Pesaro, scrive al Du Tillot per informarlo di essere stato nominato inquisitore. Riceverà una risposta di congratulazioni il successivo 5 gennaio[275].

28 dicembre: l'inquisitore Cassio scrive alla Congregazione del Sant'Ufficio per segnalare che un soldato francese che milita nel battaglione ducale si è presentato spontaneamente al vicario del Sant'Ufficio, padre Giacinto Maria Vismara, essendo intenzionato ad abiurare e abbracciare la fede cattolica[276].

Nel 1764 padre Migliavacca, vicario dell'Inquisizione di Parma, viene nominato inquisitore di Modena[277].

---

[275] ASPr, Archivio Du Tillot, b. 50, fasc. 1. Sulla sua nomina e sul regio *placet*: BENASSI, *Guglielmo Du Tillot*, X (1° p.), p. 213, in cui si cita BPPr, Ms. parm. 505.

[276] ACDF, S. O., Dubia baptesimalia 1760-1766, fasc. 15, cc. 518r-524r, 548v-550v. Il documento così definisce il pentito: "Franciscus filius Francisci Beranger miles degens in Castro Parmae sub legione Placentina, diocesis de Nimes natus in loco Somier provinciae Linguadochae in Gallia, aetatis annorum 22 prout dixit". Lo "sponte comparente" dichiara di essere nato da genitori eretici calvinisti, di aver vissuto a Grenoble, di essersi ammalato ed essere stato convinto dal cappellano di Grenoble a diventare cattolico. Decise di recarsi a Roma in pellegrinaggio per abiurare, ma per povertà si fermò a Parma e prese servizio nel battaglione. Qui venne istruito dal padre gesuita Liberale Paganini e ora si presenta all'inquisitore. I documenti riportano una sorta di interrogatorio a cui il francese fu sottoposto dall'inquisitore a proposito del catechismo cattolico appreso dal padre gesuita. Il testo fu redatto dal notaio del Sant'Ufficio di Parma, D. Innocenzo Giafferri. L'inquisitore Cassio concluse il testo con una dichiarazione e la propria firma. I cardinali esaminarono il caso l'11 febbraio, il 13 marzo, il 6 maggio e il 29 maggio 1765, giungendo alla risoluzione che il pentito potesse essere battezzato sotto condizione. Su questo caso si veda anche ACDF, Dubia baptesimalia, 5, fasc. 14.

[277] *I giudici della fede*, p. 92.

1765

11 gennaio: l'inquisitore Cassio invia alla Congregazione la nota delle spese (4311 lire e 18 soldi) e del ricevuto (3615 lire, 16 soldi e 6 denari) del 1764[278].

13 gennaio: don Filippo emana la *Legge di perequazione dei pubblici carichi* o *Prammatica delle Manimorte*, che, annullando l'esenzione degli ecclesiastici dalle tasse statali, colpisce l'Inquisizione[279].

19 gennaio: è in vigore il *Piano* del *Nuovo Tribunale di Giurisdizione*.

30 gennaio: Du Tillot pubblica le *Istruzioni concernenti le incombenze della R. Giunta di Giurisdizione eretta da S. A. Reale all'oggetto di mantenere nei suoi giusti limiti la giurisdizione ecclesiastica*, in 31 punti, in base ai quali l'Inquisizione non può più intraprendere azioni giudiziarie contro i laici, pubblicare ordinanze senza il beneplacito regio, mantenere gruppi armati o svolgere attività editoriale[280].

L'inquisitore di Parma, che a giudizio di Umberto Benassi era "devoto al Duca e in segreto accordo col governo", vi si adegua, mentre quello di Piacenza è restio[281].

29 febbraio: il governo pubblica il *Proclama per le collette*[282].

---

[278] ACDF, St. St. GG 4 c.
[279] ASPr, Gridario, b. 85. L'editto è firmato da don Filippo e da Du Tillot. Su questa fase: DREI, *Sulle relazioni*, p. 578; BENASSI, *Guglielmo Du Tillot*, X (1° p.), pp. 125-148; BADINTER, *L'infant de Parme*, p. 95.
[280] DREI, *Sulle relazioni*, p. 578. Drei indica come collocazione (oggi non più valida) del documento, di cui trascrive vari articoli alle pp. 578-580: Regio Archivio di Parma, Regio Diritto, segnat. H, 843. L'argomento è ripreso da BENASSI, *Guglielmo Du Tillot*, X (1° p.), p. 212, il quale aggiunge che gli articoli delle *Istruzioni segrete* "per la loro gravità speciale furono lasciati per allora nell'ombra, come subito dopo, naturalmente, rimasero sospesi nelle nuove trattative".
[281] BENASSI, *Guglielmo Du Tillot*, X (1° p.), pp. 212-213. Sulla docilità di Cassio: ivi, pp. 216-217, in cui si riportano le testimonianze contenute in BPPr, Ms. parm. 550, Moreau de Saint-Méry, *Note*, cc. 34r, 284v, 285r.
[282] ASPr, Gridario, b. 85.

Febbraio: Du Tillot pubblica le *Disposizioni agli stampatori per attuare la censura libraria*. Questa funzione viene affidata alla "Regia Giunta di Giurisdizione" (ente che in alcuni documenti viene chiamato "Magistrato dei Riformatori", il cui presidente è Giacomo Schiattini[283]) a cui gli stampatori sono tenuti a consegnare il manoscritto originale in duplice copia. Essa rilascia una licenza di stampa che deve precedere le sottoscrizioni dell'ordinario diocesano e dell'inquisitore. La Giunta si impegna a "Non [lasciare] uscire dalle dogane e da questi stati libri procedenti da paesi esteri senza licenza del tribunale"[284]. Questo progetto di legge non si pronuncia sul commercio e sul possesso dei libri interdetti, aspetti sui quali rimane valida la legislazione precedente, mentre per la censura preventiva introduce innovazioni rispetto al passato, simili a quelle attuate in diversi altri Stati italiani.

La Regia Giunta nomina i revisori governativi, chiede al Sant'Ufficio i nomi dei suoi patentati e pretende di conoscere il suo stato patrimoniale per applicare la *Legge di perequazione dei pubblici carichi*. Elabora un *Piano sull'Inquisizione nello Stato di Parma e Piacenza* (si veda l'appendice documentaria, doc n. 18).

---

[283] I nomi dei membri del "Magistrato dei Riformatori" sono esposti nel bando non datato, conservato in ASPr, Gridario, b. 85: Giacomo Maria Schiattini, presidente; conte Aurelio Bernieri, preside delle scuole di S. Rocco, e deputato al Collegio de' Nobili; marchese Prospero Manara, maggiordomo di Settimana di S. A. S., deputato al Collegio de' Nobili; abate d. Sisto Rocci benedettino, teologo di S. A. R., preside delle scuole di S. Rocco, e deputato per l'introduzione de' libri; conte Giulio Cicognara, deputato alle lauree; conte Pompeo Sacco, deputato per le scuole gratuite de' fanciulli; abate Gaetano Baistrocchi, arciprete della cattedrale, deputato per la disciplina e pietà degli scolari; abate Angiolo Mazza, segretario della Università, e del Magistrato. Seguono i nomi e i ruoli dei docenti presso l'Università di Parma, lo Studio di Piacenza, le Scuole di Guastalla e le Scuole di Borgo San Donnino.

[284] Non ho individuato il testo delle *Disposizioni*, ma è possibile che contenesse già alcuni cambiamenti che verranno introdotti nel progetto di riforma dell'Inquisizione di Du Tillot, elaborato negli anni 1769-1770 in 38 punti elencati nel fascicolo già citato, conservato in ASPr, Archivio Du Tillot, b. 78 (pubblicato in DALLASTA, *Appoggi, archivio, astuzia*, pp. 411-412).

Sempre in febbraio si riunisce la Congregazione del Sant'Ufficio a Roma: i cardinali biasimano l'istituzione del tribunale della Giunta di Giurisdizione, che è simile a quello già fondato a Modena, nello Stato estense.

Marzo: la corte di Parma riprende le trattative con Roma, sulla spinta del partito dei moderati prevalente a Madrid, capeggiato dalla regina Elisabetta Farnese[285]. Da Roma si chiede al governo parmense la revoca dei provvedimenti del 1764 e 1765.

24 maggio: Cassio invia a Roma il frontespizio di una biografia sul defunto "pio sacerdote don Francesco Saverio Bedulli viadanese con alcune poesie sacre del medesimo, raccolte da un religioso di Viadana agostiniano della Congregazione di Lombardia". La risposta dell'assessore Benedetto Veterani all'inquisitore è: "procedat [...] ad tramites Decretorum Sancti Officij, et SS. Rituum Congregationis"[286].

29 maggio: giunge la risoluzione dei cardinali del Sant'Ufficio a proposito del soldato francese calvinista Francesco Beranger, che

---

[285] BENASSI, *Guglielmo Du Tillot*, X (1° p.), pp. 170-181.
[286] ACDF, Tit. lib. 1759-1783, fasc. 20. Sul cardinale Benedetto Veterani (nato a Urbino nel 1703 e morto a Roma nel 1776) si veda *Prosopographie*, II, pp. 1297-1298. La lettera di Cassio, conservata nel fasc. 20, dichiara: "Fu esibita manoscritta una vita del sacerdote D. Francesco Saverio Bedulli Viadanese per darla alle stampe, alla quale stà unito il decreto della bo[na] m[emoria] di Urbano VIII. Il suddetto sacerdote, come consta dalla vita manuscritta, è neofito, mentre i di lui genitori nacquero ebrei, ma vennero con tutta la sua famiglia alla fede di Gesù Cristo. Umilio alle EE. VV. il frontispicio": *Notizie della vita del pio sacerdote D. Francesco Saverio Bedulli viadanese con alcune poesie sacre del medesimo, raccolte da un religioso di Viadana agostiniano della Congregazione di Lombardia dedicate all'Ill.ma Casa Bedulli di Viadana*. L'opera fu effettivamente stampata a Parma. Attualmente si conosce solo un esemplare conservato presso la Biblioteca Braidense di Milano: Nani Giovanni Agostino Nicola, *Notizie della vita del pio sacerdote don Francesco Saverio Bedulli viadanese con alcune poesie sacre del medesimo raccolte da un religioso di Viadana Agostiniano della Congregazione di Lombardia*, in Parma, nella stamperia di Giacopo-Antonio Gozzi, xxiii, [1], 202, [2] p., [1] c. di tav., 1 ritr. calcogr., 4°.

nel dicembre del 1764 si era presentato all'inquisitore di Parma per abiurare: sia battezzato sotto condizione[287].

7 giugno: Schiattini scrive al vescovo di Piacenza a proposito delle innovazioni introdotte nella censura preventiva, riportando il parere negativo dell'inquisitore[288].

18 luglio: muore il duca Filippo di Borbone, colpito dal vaiolo mentre si trova ad Alessandria, ospite dei sovrani sabaudi.

Gli succede il figlio Ferdinando, ancora quattordicenne, quindi sotto tutela.

21 ottobre: muore il vescovo di Piacenza, mons. Pietro Cristiani.

Scambio epistolare fra le corti di Parma e Modena a proposito dei patentati del Sant'Ufficio, dei quali si vogliono ridurre i privilegi. In particolare il 18 novembre la Regia Giunta di Giurisdizione abbozza una lettera circa un patentato del Sant'Ufficio condannato alla galera all'inizio del secolo per dilazione di arma proibita[289].

---

[287] ACDF, S. O., Dubia baptesimalia 1760-1766, cc. 518r-524r, 548v-550v e Dubia baptesimalia, 5, fasc. 14.

[288] ASPr, Carte Drei, b. Inquisizione, fasc. 2: "Passò poi l'inquisitore all'affare delle stampe dolendosi meco che i stampatori non andavano più al Sant'Ufficio a prendere la licenza di imprimere e a portar gli originali". Rispose: che "era mente di S. A. che i stampatori devono prendere la licenza" anche dall'inquisitore ma che gli originali dovevano essere conservati assolutamente nell'ufficio laico e che "per parte nostra si era ingiunto alli stampatori che qualora il padre inquisitore volesse anch'egli una copia di quanto si va imprimendo, debbano dargliela". Dissi di "contentarsi della copia". Sulla censura in questi anni: BENASSI, *Guglielmo Du Tillot*, X (1° p.), pp. 200-202.

[289] ASPr, Carte Drei, b. Inquisizione, fasc. "Eretici", sottofasc. "Patentati": "Non fu mai tolerata la dilazione delle armi che in ufficio, e verso il principio del corrente secolo [XVIII] il magistrato laico condannò un patentato in galera per dilazione d'arma proibita fuori d'uffizio" ("Risposta che crede la Regia Giunta doversi dare da S. E. [Du Tillot] al segretario Bianchi di Modena sopra gli articoli proposti nella sua lettera il 7 Nov. 1765").

Nel corso di quest'anno il frate cappuccino Adeodato Turchi tenta di far ottenere al suo amico Antonio Cerati licenze per la lettura di testi di autori illuministi[290].

1766

2 giugno: viene nominato vescovo di Piacenza mons. Alessandro Pisani, "fiero antiriformista"[291].

Giugno: a Parma esce una *Notificazione* che obbliga tutti i sudditi, compreso il clero, a pagare le tasse. Il papa propone in concistoro un "affare segreto" con Parma.

10 luglio: Schiattini scrive a Du Tillot a proposito di un patentato dell'Inquisizione di Piacenza che ha commesso un omicidio. Secondo l'inquisitore Ciacchi l'assassino avrebbe avuto diritto a essere giudicato da un tribunale ecclesiastico e non civile[292].

11 luglio: muore la regina Elisabetta Farnese. Da questo momento in Spagna prevarrà il partito ostile al concordato fra il governo parmense e Roma[293].

18 luglio: il cronista di Parma Antonio Bartolomeo Sgavetta riporta con incredulità la notizia della volontà della corte parmense di far distruggere la cappella della S. Croce, edificio in cui ha sede l'Inquisizione, per creare un nuovo palazzo ducale preceduto da una grande piazza[294].

---

[290] STANISLAO DA CAMPAGNOLA, *Adeodato Turchi in un carteggio inedito con Antonio Cerati*, p. 43.
[291] BENASSI, *Guglielmo Du Tillot*, X (2° p.), p. 154.
[292] BENASSI, *Guglielmo Du Tillot*, X (1° p.), p. 215.
[293] BENASSI, *Guglielmo Du Tillot*, X (1° p.), pp. 185-200.
[294] ASPr, SGAVETTA, *Cronaca 1746-1771,* vol. X, c. 222v: "Volesi per certo si debba far in breve un Pallazzo Nuovo, ed' una gran Piazza, per formar la quale dicono debba andar abbasso Il Giardinino, la Capella della San[ta] Croce ne Padri Domenicani, moltissime altre case per ogni parte. Ma io sono Incredulo! Quando lo vedrò ci presterò Credenza". La citazione relativa al 18 luglio 1766 è tratta da ORSI Anna Rita, *Il X volume (1765-1766) della "Cronaca" del barbiere Antonio Sgavetti. Edizione e glossario*, tesi di laurea, Università degli studi di Parma,

22 luglio: l'inquisitore Cassio scrive all'assessore della Congregazione del Sant'Ufficio a proposito della demolizione della cappella della S. Croce pretesa dalla corte, allegando un'*Informazione sull'edificio e le sue pitture*[295].

Si conservano, su questo tema, altre lettere di Cassio a Du Tillot, oppure del cardinal Corsini (membro della Congregazione romana del Sant'Ufficio) a Cassio. Corsini accetta la "cessione a S. A. R. della cappella" e in questo modo anche Cassio si deve rassegnare[296].

29 luglio: lettera della segreteria di Du Tillot inviata da Colorno all'inquisitore Cassio sulla questione della cappella della S. Croce, a cui seguiranno due lettere di Cassio a Du Tillot, del 30 e 31 luglio[297].

29 luglio: Sgavetta riferisce che è cominciata la demolizione della cappella della S. Croce[298].

30 luglio: la demolizione della cappella è stata conclusa[299].

Facoltà di Magistero, Materie Letterarie, rel. Prof. Giovanni Petrolini, a. a. 1991-92, p. 389.

[295] ACDF, St. St. GG 4 c.

[296] ASPr, Archivio Du Tillot, b. 50, fasc. 1 e fasc. 4.

[297] ASPr, Archivio Du Tillot, b. 50, fasc.1 (sottofascicolo: "Cappella della S.ta Croce"). Vi si legge che "c'è necessità di aggregare al palazzo di ordinaria residenza di S. A. R. il sito che attualmente serve di cappella all'Inquisizione" e quindi chiede la cessione del sito. Lo scrivente è "persuaso" della "maggior accondiscendenza" dell'inquisitore dietro "compensa".

[298] ASPr, SGAVETTA, *Cronaca 1746-1771,* vol. X, c. 239r; trascrizione in ORSI, *Il X volume*, p. 417: "Faccio memoria particolare per chi lege, Oggi incominciano a distrugere la Capella Della San[ta] Croce entro la Portella verso il Pallazzo Rea[le]. Segno del gran disegno stabilito di far la gran Piazza del detto Pallaz[zo], con nuova Prospetiva, Porticato nanti Il Teatro; levando primo a Domenicani, secondo alle Monache di S. Paolo, e si volle, per di dietro alle Mona[che] di S. Alesandro, porcione donatali da Farnesi".

[299] ASPr, SGAVETTA, *Cronaca 1746-1771,* vol. X, c. 239r; trascrizione in ORSI, p. 417: "Oggi si vede scopata detta Capella; e quello devono fare sarà disegno di Monsi[e]ur Pititò, sogetto portato per l'antico, con poca fortuna". Si tratta dell'architetto francese Ennemond-Alexandre Petitot. Sulla commissione duca-

2 agosto: viene emanato un decreto che consente alla corte l'acquisto di caseggiati nei pressi del convento di S. Pietro Martire per l'ampliamento del palazzo ducale[300].
9 agosto: atto in duplice copia con cui l'inquisitore cede il sito. Compare la firma del cardinal Corsini[301].
15 agosto: Cassio scrive a Du Tillot, che si trova a Colorno, in cui comunica che ha ricevuto la lettera della Congregazione del Sant'Ufficio con la risposta concernente l'approvazione della cessione della cappella[302].
16 agosto: Du Tillot a Cassio: si compiace della sollecita adesione della Congregazione alla cessione del sito; anche il duca Ferdinando ha "manifestato un distinto gradimento" e "darà quanto prima le disposizioni coerenti colla piena di lei intelligenza"[303].
27 agosto: Cassio a Misuracchi sulla cessione del sito. Dal priore di S. Pietro Martire è emerso che è necessaria anche un'altra approvazione da Roma, "trattandosi di alienazione perpetua"[304]. Lo stesso giorno Du Tillot scrive a Cassio per rammaricarsi di questa difficoltà, "che viene a essere assai dispiacevole perché produttiva

---

le in oggetto si veda MAMBRIANI Carlo, *Prospetti e sezioni del palazzo ducale progettato*, in *Guglielmo Du Tillot regista delle arti nell'età dei Lumi*, a cura di Gianfranco Fiaccadori, Alessandro Malinverni, Carlo Mambriani, catalogo della mostra, Parma, 28 ottobre 2012 – 27 gennaio 2013, Parma, Fondazione Cariparma, 2012, p. 102. Le incisioni del progetto, realizzate all'acquaforte e al bulino da Simon-François Ravenet, sono conservate presso il Liceo d'arte "P. Toschi" di Parma.
[300] ASPr, Inv. 152/1, Decreti sovrani; si veda MAROCCHI Arnaldo, *Vicende relative al convento e alla chiesa di S. Pietro Martire di Parma,* in "Aurea Parma", LVI (1972), pp. 149-164: 158.
[301] ASPr, Archivio Du Tillot, b. 50, fasc. 1 (sottofascicolo: "Cappella della S.ta Croce").
[302] ASPr, Archivio Du Tillot, b. 50, fasc.1 (sottofascicolo: "Cappella della S.ta Croce").
[303] ASPr, Archivio Du Tillot, b. 50, fasc.1 (sottofascicolo: "Cappella della S.ta Croce").
[304] ASPr, Archivio Du Tillot, b. 50, fasc.1 (sottofascicolo: "Cappella della S.ta Croce").

di un ritardo alle misure già prese per metter mano alla importante opera del riattamento del R. Palazzo". Nel frattempo invita Cassio ad adottare "tutte le facilitazioni per sollecitare l'intento, cui è già concorsa la piena aderenza della Suprema" e a far spogliare la cappella, ritirando il quadro e le suppellettili[305].

27 agosto: Du Tillot da Colorno a Misuracchi per informarlo di aver già dato gli ordini a *monsieur* Garnier, allo scopo di arrivare velocemente alla demolizione della "ceduta cappella", operazione "che non può più oltre differirsi senza una notabile pregiudizio del Real Servigio"[306]. Seguono altre due lettere di Du Tillot a Cassio e Misuracchi del 28 agosto, in cui si evidenzia la preoccupazione del priore dei domenicani di trasferire a una delle cappelle di S. Pietro Martire il culto che si va a togliere nella demolizione della cappella della S. Croce[307].

Agosto-settembre: corrispondenza tra l'inquisitore Cassio, Misuracchi e Du Tillot "per comporre l'affare della cappella nuova dell'Inquisizione", in sostituzione della cappella della S. Croce: i domenicani dimoranti nel convento non accettano, però, che venga riservata all'Inquisizione la cappella, interna alla chiesa conventuale di S. Pietro Martire, dedicata a S. Caterina d'Alessandria: rifiutano "la ideata cappella posta lateralmente al coro e [l'ipotesi di] far darle il titolo e i privilegi dell'antica"[308]. Un altro progetto che viene avanzato è allora di portare la cappella dell'Inquisizione nella sede della confraternita delle Grazie, chiesa dell'"Oltretorrente" (zona a ovest del torrente Parma). Alla fine si

---

[305] ASPr, Archivio Du Tillot, b. 50, fasc.1 (sottofascicolo: "Cappella della S.ta Croce").
[306] ASPr, Archivio Du Tillot, b. 50, fasc.1 (sottofascicolo: "Cappella della S.ta Croce").
[307] ASPr, Archivio Du Tillot, b. 50, fasc.1 (sottofascicolo: "Cappella della S.ta Croce").
[308] ASPr, Archivio Du Tillot, b. 50, fasc. 1: numerose lettere di Cassio a Du Tillot, di Misuracchi a Du Tillot, della segeteria del duca Ferdinando a entrambi, alle date: 21, 27, 28, 29 agosto e 1, 2, 9 settembre.

sceglie la cappella di S. Caterina d'Alessandria interna alla chiesa, andando contro la volontà dei frati[309].

Ai mesi di agosto-settembre risalgono altri documenti che indicherebbero che i giorni della demolizione della cappella della S. Croce furono alla fine di agosto, esattamente un mese dopo le date riportate da Sgavetta. Infatti in una lettera di Misuracchi al Du Tillot si testimonia che il 29 agosto, alla presenza dell'inquisitore, fu rimosso dalla cappella della S. Croce il quadro "preziosissimo" che vi era conservato (il dipinto di Francesco Marmitta, *Cristo portacroce*, oggi presso la Galleria Nazionale di Parma); quindi fu avviata la demolizione del piccolo edificio[310]. Il quadro venne quindi posto nella cappella di S. Caterina nella chiesa di S. Pietro Martire[311].

10 settembre: il cardinale Serafino Maccarinelli scrive a Cassio da Roma, per informarlo che la cappella di S. Caterina, interna alla chiesa di S. Pietro Martire, deve essere ceduta in proprietà all'Inquisizione[312].

A queste date dovrebbe risalire la perizia dell'architetto Ottavio Bettoli, a cui è allegata la pianta della cappella demolita[313].

16 settembre: il cronista Sgavetta riferisce dell'abbattimento della muraglia che fino a poche settimane prima si innalzava davanti

---

[309] ASPr, Archivio Du Tillot, b. 50, fasc. 1: 4 settembre. Misuracchi aveva proposto la cappella del crocefisso della chiesa dei domenicani come adatta a divenir cappella dell'Inquisizione, ma il padre Cassio si oppose, essendo la cappella del Crocefisso della famiglia Baiardi, che aveva qui il deposito dei suoi defunti (ivi, 21 agosto: Misuracchi a Du Tillot).

[310] ASPr, Archivio Du Tillot, b. 50, fasc. 1: 29 agosto: Misuracchi al ministro.

[311] ASPr, Archivio Du Tillot, b. 50, fasc. 1: 9 settembre: Cassio a Misuracchi.

[312] ASPr, Archivio Du Tillot, b. 50, fasc. 4: sulla cappella in chiesa "che si vuole surrogare in luogo di quella, che dée demolirsi".

[313] ASPr, Archivio Du Tillot, b. 50, fasc. 4. Vi è anche un sottofascicolo contenente carte su questo tema, intitolato "Cappella della S. Croce. 1780. Consegnate dal Signor Consigliere Misuracchi e riguardanti la cappella ceduta dall'Inquisizione a S. A. R.".

alla cappella della S. Croce e dell'abbattimento psicologico dell'inquisitore Cassio[314].

23 settembre: il cronista Sgavetta teme che venga distrutta anche la chiesa di S. Pietro Martire per la costruzione del nuovo palazzo ducale[315].

24 settembre: Sgavetta testimonia gli effetti delle demolizioni, esclamando: "Gran ruina dalla Corte! Non si vede niuno dalla gran polvere"[316].

25 settembre: Sgavetta ha compreso quali altre nuove costruzioni verranno compiute per la realizzazione degli edifici governativi[317].

---

[314] ASPr, SGAVETTA, *Cronaca 1746-1771*, vol. X, c. 248r; trascrizione in ORSI, *Il X volume*, p. 432: "Incominciano getar abasso la muraglia d'avanti la Corte della Capella, e parte del Volto, dove si vedono le Famose piture [che] vi erano. C'è Il Pad[r]e Inquisitore Cassi, che dal dispiacere non a quiete, perché spetava a lui Solo, tanto era bella, e vasta, e fra poco tempo sarà Strada. Cose del Mondo, e secreti di Dio Solo".

[315] ASPr, SGAVETTA, *Cronaca 1746-1771*, vol. X, c. 250v; trascrizione in ORSI, *Il X volume* p. 436: "Oggi si dice, che per la nuova fabrica della Corte; oltre alla Capella avuta ci occor[r]erà parte del Coro della Chiesa. Se ciò si verifica, a Dio Chiesa, a Dio Domenicani! Voglia Il Signore non si verifichi, perché mi pare un gran bruto segno per questa Città".

[316] ASPr, SGAVETTA, *Cronaca 1746-1771*, vol. X, c. 251r; trascrizione in ORSI, *Il X volume* p. 437.

[317] ASPr, SGAVETTA, *Cronaca 1746-1771*, vol. X, c. 251r; trascrizione in ORSI, *Il X volume* pp. 437-438: "Oltre alla gran fabrica dell'Reggio Pallazo si deve fare, non facendo altro per ora che demolire verso Il Rosario; c'è ancora quella, quasi finita ch'io non sapevo Dell'Reggio Magistrato [Camerale], ed' altri Uffici, di Computisteria, Colateria, poco distante dal Man(n)eggio de Cava(lli), il quale anch'esso è tutto rifato, spese imense, oltre alla Strada di Genova. E le dovrà pagare noi poveri". Il primo edificio di cui parla Sgavetta era il palazzo del Magistrato Camerale, che si occupava delle finanze statali. La "Colateria" potrebbe essere la "Collatereria generale", un ufficio che gestiva gli arruolamenti dei soldati (se ne conservano in ASPr i registri). Secondo l'opinione di Orsi (p. 438) si tratta, invece, dell'ufficio del giudice collaterale. La studiosa avanza anche altre ipotesi identificative.

12 ottobre: lettera di Cassio alla Congregazione sulla cessione del sito della cappella di S. Croce, ormai distrutta, alla corte[318].

11 novembre: Cassio scrive all'assessore della Congregazione sul problema della nuova cappella, accennando alle "pitture di valore" che abbellivano la cappella ormai demolita[319].

Il carteggio su questo tema prosegue fino al febbraio 1767[320].

25 novembre: esce l'enciclica di Clemente XIII *Christianae reipublicae salus*, che condanna i Lumi in modo blando, essendo l'espressione delle forti divisioni culturali fra i cardinali romani a proposito dell'Illuminismo[321].

29 dicembre: il cancelliere vescovile di Parma viene chiamato dalla Giunta di Giurisdizione per ricevere l'ordine di non pubblicare alcun breve o bolla pontificia senza prima chiedere l'approvazione della stessa Giunta[322].

---

[318] ACDF, St. St. GG 4 c.
[319] ACDF, St. St. GG 4 c.
[320] ACDF, St. St. GG 4 c. Lettere di Du Tillot e Cassio.
[321] DEL COL, *L'Inquisizione in Italia*, p. 714. Sulla presenza di diverse correnti nella corte di Roma: BENASSI, *Guglielmo Du Tillot*, X (2° p.), p. 55, in cui si parla della "corrente immunitista", la più contraria agli editti del governo di Parma in ambito giurisdizionalistico.
[322] ASPr, Carte Moreau, b. 29: "Vedendo la Corte di Parma, che la Santa Sede non voleva accondiscendere a di lei voleri in riguardo alle di lei pretensioni contro gli ecclesiastici, fece intendere al vescovo di Parma, che assolutamente voleva ne sortisse l'effetto quanto sopra di ciò ne aveva stabilito l'Infante Duca defunto, al che opponendosi il vescovo a 29 dicembre, chiamato dal Tribunale [Giunta di Giurisdizione] il vescovile cancelliere, gli fu sotto pena della prigionia ingiunto di non dare esecuzione ad alcun breve, o bolla pontificia in qualunque genere si fosse, senza pria notificarla al Tribunale [Giunta] di Giurisdizione".

1767

13 gennaio: don Ferdinando pubblica il bando della *Prammatica sulla Manomorta*[323]. Fallisce il trattato "d'accomodamento" fra gli Stati parmensi e Roma.

Marzo: l'inquisitore Ciacchi di Piacenza fa arrestare da suoi tre patentati, senza l'autorizzazione sovrana, il padre Merli, servo di Maria, condannato dalla Congregazione del Sant'Ufficio a tre anni di carcere[324]. A sua volta il governo fa imprigionare i due patentati laici e fa bandire il patentato ecclesiastico dai Ducati parmensi, quindi ordina all'inquisitore Ciacchi di consegnare l'elenco dei "Famigliari del Sant'Ufficio" di Piacenza[325].

30 marzo: Ciacchi si reca a Parma a colloquio con Schiattini e gli presenta la nomenclatura dei patentati[326]. Il governo consegna a Ciacchi il *Piano d'errezione ed istruzioni per la Regia Sovraintendenza ai luoghi pii*, che l'inquisitore a sua volta invia alla Congregazione[327]. Si tratta di un tentativo di accordo, articolato in sei punti conformi al sistema introdotto dal duca di Modena e comunicato dal ministro Bianchi al Du Tillot nel 1765[328]. Ciacchi preferirebbe che il governo ducale trattasse direttamente dell'argomento con la

---

[323] Bando stampato, a firma del regnante e del ministro Du Tillot, in St. St. GG 4 b riguardante Piacenza: documento inserito in una lettera dell'inquisitore di Piacenza Ciacchi alla Congregazione, del 12 giugno 1767. Un accenno ai quattro editti contro le immunità ecclesiastiche in BADINTER, *L'infant de Parme*, p. 120.
[324] DREI, *Sulle relazioni*, p. 582; BENASSI, *Guglielmo Du Tillot*, X (1° p.), pp. 213-215.
[325] DREI, *Sulle relazioni*, p. 582.
[326] DREI, *Sulle relazioni*, pp. 582-583; BENASSI, *Guglielmo Du Tillot*, X (1° p.), p. 213.
[327] ACDF, St. St. GG 4 b. BENASSI, *Guglielmo Du Tillot*, X (1° p.), p. 214. Il *Piano* prevede il ritiro delle patenti, l'abolizione della "curia armata" degli inquisitori e l'istituzione di "regi assistenti".
[328] DREI, *Sulle relazioni*, p. 583. Sui contatti fra Du Tillot e l'abate Felice Antonio Bianchi: BENASSI, *Guglielmo Du Tillot*, X (1° p.), p. 204.

Congregazione romana, ma gli viene risposto che il governo parmense non intende rivolgersi ai cardinali e che quindi egli deve immediatamente attenersi al *Piano*[329].

11 aprile: scambi epistolari fra la corte di Parma e la Francia sull'Inquisizione nei Ducati[330].

20 aprile: la campagna denigratoria contro l'Inquisizione viene attuata mediante libelli che vengono fatti circolare nello Stato. Per esempio: *Lettera scritta da un Piacentino [forse Pietro o Donnino Giuseppe Coppellotti?] ad un'amico Parmiggiano, che contiene alcuni riflessi sopra li disordini del Tribunale Ecclesiastico dell'Offizio della Santa Inquisizione a Monsieur [forse Du Tillot?]. Plaisance 20 avril 1767*[331].

Il governo attua lo spionaggio postale ai danni di Ciacchi, che mantiene un continuo scambio epistolare con la Congregazione romana[332].

16 aprile: Michelangelo Faconi scrive da Piacenza a Du Tillot per informarlo che a suo giudizio l'inquisitore Ciacchi "tiene una via diversa da quella della posta" per comunicare con Roma. Infatti Faconi ha aperto una lettera dell'inquisitore indirizzata a pa-

---

[329] DREI, *Sulle relazioni*, p. 584.
[330] BADINTER, *L'infant de Parme*, p. 96 (*Correspondance*, vol. 29, cc. 168v-171r).
[331] ASPr, Archivio Du Tillot, b. 50, fasc. 51. Si tratta di un manoscritto di 32 pagine, cui seguono le "Annotazioni" di altre 10 pagine. Lo stesso fasc. 51 contiene una lettera di Schiattini a Du Tillot dello stesso mese di aprile, con cui il mittente riferisce i suoi litigi con l'inquisitore di Piacenza per il trattamento dei patentati, che vengono difesi dall'inquisitore anche quando commettono reati gravi. Un altro sottofascicolo consiste nella *Nomenclatura dei patentati di Piacenza*, risalente all'aprile del 1767. Secondo DREI, *Sulle relazioni*, p. 589 lo scritto anonimo sotto forma di lettera va attribuito a Copellotti. Se ne parla anche in BENASSI, *Guglielmo Du Tillot*, X (1° p.), p. 213 (in cui si cita ASPr, Ms. di biblioteca, Miscellanea B 568). "Lagnanze di sudditi" al governo per denunciare gli abusi dell'inquisitore di Piacenza sono contenute in una *Memoria* di Giambattista Riga, senza data, di cui una copia del 1803 è conservata in BPPr, Ms. parm. 481, c. 463, citata in BENASSI, *Guglielmo Du Tillot*, X (1° p.), p. 212.
[332] DREI, *Sulle relazioni*, p. 584.

dre Maccarinelli, commissario generale del Sant'Ufficio, trovandovi scritte solo "banalità"[333].

21 maggio: Faconi scrive di nuovo a Du Tillot sullo spionaggio delle lettere dell'inquisitore di Piacenza, impegnandosi a informare il ministro nel caso in cui dalle lettere trasparisse qualche importante informazione. Nel frattempo allega la copia di una lettera scritta dall'inquisitore di Piacenza al padre Maccarinelli, in cui il frate informa i suoi interlocutori romani che "anche in Parma i padri Gesuiti sono caduti in sospetto a questa corte"[334].

Maggio: Schiattini denuncia in un proprio scritto gli abusi commessi dall'Inquisizione di Piacenza, riferendo le testimonianze del parroco della pieve di Bedonia (don Bartolomeo Agazzi) e dell'arciprete Pietro Coppellotti "sopra i mali trattamenti, che si fanno in quelle carceri ai detenuti". Segue la testimonianza scritta di Agazzi;[335].

1° giugno: Faconi informa Du Tillot che è stata aperta un'altra lettera dell'inquisitore di Piacenza indirizzata a padre Maccarinelli e ne allega la copia. In essa si discorre ancora dei gesuiti e si avvisa che è stato eletto priore del convento domenicano di Parma il padre Ferrari[336].

---

[333] ASPr, Culto, b. 101. Sulla violazione delle lettere di Ciacchi: BENASSI, *Guglielmo Du Tillot*, X (1° p.), p. 215.
[334] ASPr, Culto, b. 101; venivano violate anche le lettere del vescovo: DREI, *Sulle relazioni*, p. 584.
[335] ASPr, Archivio Du Tillot, b. 50, fasc. 51. Su questa vicenda: DREI, *Sulle relazioni*, pp. 580-581, 588-589; BENASSI, *Guglielmo Du Tillot*, X (1° p.), p. 215. Si veda in questa Cronologia alla data 5 novembre 1767 (fuga di Agazzi dal carcere del Sant'Ufficio di Piacenza).
[336] ASPr, Culto, b. 101. L'inquisitore di Piacenza termina con una frase difficilmente comprensibile: sembra di poter capire che i frati domenicani di Piacenza stiano attendendo anch'essi l'elezione del loro priore, ma che non possano procedere a tale elezione, a causa "delle pretensioni di maestro [Tommaso] Misuracchi, appoggiate dall'inquisitore Cassio, che sempre più cieco lo vorrebbe vedere a regnare non ostanti li di lui demeriti". Quindi Cassio avrebbe desiderato che Misuracchi divenisse il priore del convento di Piacenza? Su pa-

7 giugno: Schiattini scrive al vescovo di Piacenza e riporta le lamentele di Ciacchi, il quale si era rammaricato dei cambiamenti intervenuti nella burocrazia censoria; eppure le riforme procedono ugualmente[337].

11 giugno: Faconi manda al Du Tillot altre copie di lettere dell'inquisitore di Piacenza inviate a Roma o viceversa[338].

31 luglio: il governo pubblica il bando a stampa *Avviso per il pagamento delle collette*, di fronte al quale la Congregazione del Sant'Ufficio invita l'inquisitore di Piacenza ad "attenersi" alle nuove leggi[339].

18 agosto: Du Tillot scrive all'inquisitore di Piacenza[340].

24 agosto: la Regia Giunta presenta al governo un progetto per esercitare il controllo inquisitoriale nello Stato di Parma e Piacenza, il *Piano sull'Inquisizione,* col quale i beni dell'istituzione vengono pignorati e le sue funzioni affidate ai vescovi. La Regia Giunta intende ritirare le patenti ai "famigliari" del Sant'Ufficio di Parma, Piacenza e Guastalla, e introdurre nel tribunale inquisitoriale ministri ducali col titolo di "Reali Assistenti", dei quali uno sempre presente a ogni atto. Le minuziose istruzioni a questi assistenti sono presentate in 38 articoli (si veda l'appendice documentaria, doc. 18)[341].

L'inquisitore Cassio si adegua alla *Legge di perequazione* degli aggravi pubblici e paga l'imposta, invitando anche l'inquisitore Ciacchi a fare altrettanto[342]. La Congregazione del Sant'Ufficio ordina

---

dre Ferrari e i domenicani che insieme al conte Dal Verme influenzeranno la politica di Ferdinando: BADINTER, *L'infant de Parme*, p. 120; BENASSI, *Guglielmo Du Tillot*, X (2° p.), p. 99.

[337] ASPr, Carte Drei, b. Inquisizione, fasc. 2.
[338] ASPr, Culto, b. 101.
[339] ACDF, St. St. GG 4 b.
[340] ASPr, Archivio Du Tillot, b. 50, fasc. 1.
[341] ASPr, Carte Moreau, b. 20 bis ("Giunta suprema di giurisdizione"), vol. anno 1767, lettera "I": documenti citati in DREI, *Sulle relazioni*, pp. 584-586.
[342] DREI, *Sulle relazioni*, p. 587. Drei individuò materiale archivistico che dimostrava che Du Tillot e il duca Ferdinando avevano concesso annue sovvenzioni

agli inquisitori di resistere, perché l'ordine è illegittimo e a danno degli ecclesiastici[343]. La lettera del cardinal Corsini agli inquisitori viene intercettata dal governo parmense. La Regia Giunta decide di pignorare i beni del Sant'Ufficio, destituire Ciacchi e il suo vicario e affidare l'Inquisizione ai vescovi[344].

10 settembre: Faconi scrive a Du Tillot a proposito dell'acquisto, richiesto dal ministro, di quattro copie dell'opera del padre oratoriano Antonio Pereira, *Tentativa theologica*, riguardante il potere dei vescovi[345].

25 settembre: bando della Real Giunta di Giurisdizione rivolto ai priori dei cenobi, ai quali si ingiunge "di far tenere al detto R. Tribunale [Regia Giunta di Giurisdizione] entro il prossimo mese d'ottobre la nota fedele di tutti i religiosi sudditi della R. A. S., della loro patria, età, carattere, del loro attuale impiego nella sua religione, e del presentaneo loro soggiorno; avvertendo, che in ogni anno avvenire nel precitato mese di ottobre si dovrà rinnovare dai rispettivi capi di tutte le religioni la presentazione della riferita nota"[346].

---

a Cassio per pagare queste nuove tasse (ASPr, Archivio Du Tillot, b. 50, fasc. 51; Conventi e confraternite, XCII, Inquisizione di Piacenza).
[343] DREI, *Sulle relazioni*, pp. 587-588.
[344] DREI, *Sulle relazioni*, p. 588. Riguardo alla censura nel progetto di riforma del Du Tillot (ASPr, Archivio Du Tillot, b. 78) si stabilisce: la Regia Giunta di Giurisdizione "Non lascierà uscire dalle dogane e da questi stati libri procedenti da paesi esteri senza licenza del tribunale e vedrà e rivederà quei che si stampano nei stati di S. A. R. Che gl'inquisitori non estendino la loro giurisdizione oltre le materie di religione e pravità ereticale. Niun stampatore potrà stampare per persone laiche od ecclesiastiche senza licenza della Giunta, quale dovrà precedere alle soscrizioni degli ordinari ed inquisitori. Gli stampatori porteranno sempre l'originale alla giunta e consegneranno coll'originale una copia per detta Regia Giunta o di lei commessionati".
[345] BPPr, Epistolario, cass. 121: lettere di Faconi a Du Tillot del 10 settembre e 1° ottobre, citate in BENASSI, *Guglielmo Du Tillot*, X (1° p.), p. 202 (in cui si riporta anche ASPr, Carteggio borbonico interno, bb. 902 e 904).
[346] ASPr, Gridario, b. 85.

Novembre: la Reale Giunta di Giurisdizione fa consegnare a tutti i parroci e ai priori di ogni convento un "Ordine" da far eseguire "in ogni sua parte colla dovuta puntualità, [...] dando in seguito riscontro d'avere ciò adempito". Si avverte in queste parole un tono perentorio e deciso, volto a sottomettere il clero regolare e secolare ai controlli capillari della Regia Giunta di Giurisdizione[347]. Un altro avviso simile, ma non datato, avverte "li predicatori [...] a contenersi nella loro predicazione nei limiti della cristiana morale, e di astenersi dall'entrare nelle materie estranee dal loro istituto, e che ponno aver relazione al governo politico"[348].

Una *Memoria* per i monasteri femminili obbliga le responsabili di ogni cenobio a "presentare alla Regia Giunta [di Giurisdizione] nel termine di giorni quindici" i documenti e i decreti riguardanti l'istituzione del cenobio stesso, gli acquisti di "stabili, e redditi di qualsivoglia sorta posteriormente fatti", la "Nota di tutte le monache sì da velo, che converse", "il numero delle figlie educande, ove ne siano, specificando il quantitativo dell'annuo appannaggio, o sia dozzina, tanto in danaro, che in generi". La responsabile "dovrà presentare un esatto, e distinto calcolo dell'entrata percetta" dal cenobio "per un intero quinquennio, esponendo l'uso che fa di detta entrata annuale, ed i carichi, a cui è soggetta". "Dovrà egualmente individuare la quantità della dote spirituale solita a pagarsi per ogni monacanda tanto professa, quanto conversa, e insieme specificare tutte quante le spese solite farsi tanto per la vestizione, quanto per la professione non tanto in danaro, quanto in generi di qualunque sorta" e infine "la nota di tutto quanto l'apparato, o sia arredo, di cui devono provvedersi le monacande"[349].

5 novembre: il prete Agazzi fugge dal carcere del Sant'Ufficio di Piacenza e si presenta a Schiattini per denunciare gli abusi di

---

[347] ASPr, Gridario, b. 85.
[348] ASPr, Gridario, b. 85.
[349] ASPr, Gridario, b. 85.

Ciacchi. Le ingiustizie confermano le accuse mosse già in passato da don Pietro Copellotti[350].

27 novembre: Du Tillot scrive all'inquisitore di Piacenza, ordinandogli di non catturare "una persona di vile condizione, supposta rea in materia di fede in genere per abuso di uno dei sacramenti", come intendeva fare Ciacchi. Questi è obbligato a comunicare al sovrano il nome del reo e il genere di reato prima di far eseguire qualsiasi arresto, perché la Giunta di Giurisdizione deve esaminare i casi[351].

1768

16 gennaio: il governo emana una legge che neutralizza i tribunali esteri attivi nello Stato senza il beneplacito del duca, come quello del Sant'Ufficio. Di fatto i sudditi, anche gli ecclesiastici, non possono più ricorrere ai tribunali esteri, compresi quelli di Roma, senza l'autorizzazione ducale. Ogni sentenza che provenga da

---

[350] ASPr, Archivio Du Tillot, b. 50, fasc. 51: *Ristretto della deposizione fatta dal sacerdote B. Agazzi*, risalente al 5 novembre 1767. Un ulteriore quaderno anonimo, rilegato e stilato a Piacenza il 7 novembre 1767, riguarda ancora Agazzi e altri temi collegati alla sua denuncia. Con la stessa data 7 novembre appare un altro documento inviato da Piacenza. Su Agazzi e Copellotti: DREI, *Sulle relazioni*, pp. 588-589. Le denunce degli abusi dell'Inquisizione da parte di Agazzi sono trascritte anche in ASPr, Carte Moreau de Saint-Méry, b. 31 ("Inquisizione").
Agazzi era un patentato del Sant'Ufficio di Piacenza, che, per aver ucciso un chierico (da cui era stato aggredito) in una rissa accaduta nel 1760, era stato condannato in contumacia dall'inquisitore Ciacchi a dieci anni di prigione. Ciacchi però gli aveva promesso che gli avrebbe dato la facoltà di preparare e avanzare la propria difesa a Roma, se si fosse costituito, ma quando Agazzi si costituì, fu arrestato e tenuto in carcere per sedici mesi. Da Roma giunse la sentenza assolutoria, ma il padre Ciacchi non lo liberò. Tuttavia Agazzi riuscì a fuggire e, giunto a Parma, nella sua deposizione rivelò a Schiattini che Ciacchi era ostile alla Giunta di Giurisdizione, tentava di ignorarne gli ordini e aveva abusivamente consegnato patenti manoscritte ai patentati del Sant'Ufficio.
[351] ASPr, Archivio Du Tillot, b. 50, fasc. 1; DREI, *Sulle relazioni*, p. 586.

Roma o da altra potenza estera necessita d'ora in poi del regio *exequatur*[352].

30 gennaio: papa Clemente XIII lancia contro lo Stato borbonico e le sue leggi un *Monitorio* col quale annulla tutti gli editti dei Ducati parmensi contrari alla libertà, immunità e giurisdizione ecclesiastica; ordina ai vescovi e agli ecclesiastici di non osservarli e dichiara i ministri e i consiglieri ducali incorsi nelle censure ecclesiastiche previste dal diritto canonico e in particolare dalla bolla *In Coena Domini*[353]. Il *Monitorio* viene da molti attribuito all'influenza dei gesuiti sulla Santa Sede[354].

Il governo, sotto la pressione di Du Tillot e delle corti borboniche spagnola e francese, non recede, perché la pace di Aquisgrana ha assegnato la sovranità dei Ducati parmensi ai Borbone, non al papa[355].

Primi giorni di febbraio: il governo elabora un libello intitolato *Memoria della corte di Parma sulle lettere in forma di breve pubblicate, ed affisse in Roma 1768*[356].

---

[352] ASPr, Gridario, b. 85. BENASSI, *Guglielmo Du Tillot*, X (2° p.), p. 51: Benassi documenta che questa legge era stata suggerita da Giambattista Riga, sulla scorta di esempi tratti da vari autori giurisdizionalisti, come il Giannone nella sua *Storia civile*: ivi, pp. 51-53.

[353] Si tratta di un libello a stampa di otto pagine, di cui si conserva un esemplare in ASPr, Gridario, b. 85: *Sanctissimi Domini Nostri Clementis PP. XIII litterae in forma brevis quibus abrogantur, et cassantur, ac nulla et irrita declarantur nonnulla edicta in Ducatu Parmensi, et Placentino edita, libertati, immunitati, et jurisdictioni ecclesiasticae prejudicialia*, Romae, ex typographia Reverendae Camerae Apostolicae, 1768. Sul *Monitorio*: BENASSI, *Guglielmo Du Tillot*, X (2° p.), pp. 53-54.

[354] BENASSI, *Guglielmo Du Tillot*, X (2° p.), p. 71.

[355] BENASSI, *Guglielmo Du Tillot*, X (2° p.), p. 55. Carlo III di Borbone fu "il motore principale delle lotte contro la Santa Sede in queste circostanze" e volle "mantenere la corrispondenza col Papa come capo della Chiesa e romperla con lui come sovrano temporale" (ivi, p. 73).

[356] Anche in questo caso si tratta di un libello a stampa (impresso a Parma nella "Stamperia Regio-Ducale"), di 21 pagine, di cui si conservano esemplari in ASPr, Gridario, b. 85 e Raccolta manoscritti, b. 82 (questo secondo esemplare mutilo).

3 febbraio: il governo espelle dai Ducati i gesuiti, sotto la pressione delle corti di Madrid e di Parigi[357].

4 febbraio: l'avvocato Francesco Maria Spedalieri, agente a Roma per conto del governo parmense, scrive a Du Tillot, consigliandogli di proscrivere il breve papale. Il governo dispone subito il sequestro di tutte le copie in arrivo e il divieto della loro affissione, quindi ammonisce oralmente i vescovi, i quali promettono obbedienza[358].

8 febbraio: don Odoardo Cavalca, abate di S. Sisto a Piacenza, ringrazia il ministro Du Tillot per aver nominato il confratello Sisto Rocci come "teologo, e preside delle nuove Reggie Scuole"[359].

9 febbraio: emanato il bando intitolato *Riformatori, e professori per i nuovi regi studi*[360].

9 febbraio: il governo espelle l'inquisitore Ciacchi di Piacenza e il suo vicario Pescetti di Genova, quindi emana un ulteriore decreto che comprende l'ordine agli stampatori di presentare i loro manoscritti al giudizio del "Magistrato dei Riformatori", restringendo l'autorità della censura ecclesiastica[361]. Al vescovo di Piacenza viene affidato il compito di vigilare sulla fede, come previsto dai decreti del Concilio di Trento, ma il prelato risponde "in modo vago e inconcludente", cosicché la funzione inquisitoriale rimane vacante[362].

---

[357] ASPr, Gridario, b. 85. GONZI Giovanni, *L'espulsione dei Gesuiti dai ducati parmensi: febbraio 1768*, Parma, Edizioni Aurea Parma, 1967; IDEM, *Storia della scuola popolare nei ducati parmensi dal 1768 al 1800*, Parma, Edizioni Aurea Parma, 1975; DREI, *Sulle relazioni*, p. 589.
[358] BENASSI, *Guglielmo Du Tillot*, X (2° p.), pp. 57-58.
[359] ASPr, Archivio Du Tillot, b. 90.
[360] ASPr, Gridario, b. 85.
[361] Sull'espulsione dell'inquisitore si veda: ASPr, Archivio Du Tillot, b. 50, fasc. 1 bis; DREI, *Sulle relazioni*, p. 589; BENASSI, *Guglielmo Du Tillot*, X (1° p.), pp. 215-216.
[362] BENASSI, *Guglielmo Du Tillot*, X (1° p.), p. 216.

12 febbraio: Du Tillot scrive al comandante Davide Griffith[363], spiegando che il Consiglio di Stato ha suggerito alla Giunta di Giurisdizione di preparare un manifesto in cui si dichiari che il *Monitorio* è apocrifo. Il manifesto dovrebbe circolare in un primo momento solo fra gli ecclesiastici. L'obiettivo è tenere nascosto il *Monitorio* ai sudditi, ma già prima della fine di febbraio comincia a circolare un libello anonimo di diciotto pagine, senza data cronica e con data topica "Parigi", contro il *Monitorio*[364], intitolato *Traduction du memoire de la cour de Parme, touchant les lettres en forme de Bref, publiées & affichées à Rome le premier février 1768*[365], in cui si polemizza contro le posizioni della Santa Sede a proposito delle leggi introdotte dal governo[366].

16 febbraio: Cassio scrive alla Congregazione del Sant'Ufficio: "Coll'ordinario di Piacenza dello scorso venerdì giunto nella sera, s'intese come d'ordine di questo Regio Sovrano furono espulsi da questi stati quel padre inquisitore, come parimenti quel padre vicario [...]. Umilio alle Eccellenze Vostre la sicura notizia della espulsione de' sudditti"[367].

Il vicario di Cassio, Vincenzo Giuliano Mozani, redige in duplice copia l'elenco dei beni del Sant'Ufficio e della Compagnia della S. Croce di Parma, indicando anche la somma finale dei "frutti" (cioè delle entrate), corrispondente a 2492 lire e 10 soldi. Invia una copia a Roma[368], mentre tiene la seconda nel suo archivio di Parma[369].

---

[363] Irlandese, tenente generale e comandante di Piacenza, morto nel 1783.
[364] BENASSI, *Guglielmo Du Tillot*, X (2° p.), pp. 58-59. Sul Griffith: ivi, p. 145.
[365] ASPr, Gridario, b. 85.
[366] ASPr, Gridario, b. 85.
[367] ACDF, St. St. GG 4 a.
[368] ACDF, St. St. GG 4 a.
[369] ASPr, Conventi e confraternite, XXXIX, Sant'Ufficio di Parma, b. 3: *Dell'origine de' beni propri del Santo Officio di Parma e degli aggiunti una volta della Compagnia della Santa Croce e Sommario de' documenti circa l'origine de' beni posseduti dal Santo Offizio di Parma e per il medesimo della veneranda Compagnia della Santa Croce fondata nella chiesa di S. Pietro Martire di detta città*.

20 febbraio: D'Argental (diplomatico francese) scrive al Du Tillot per esprimere la propria intenzione di coinvolgere il mons. Girolamo Grimaldi (diplomatico spagnolo) in un'azione comune di Francia e Spagna contro la Santa Sede. Il parlamento di Parigi vieta il *Monitorio* e coinvolge altri Stati (Sardegna, Venezia e Impero), che accettano. Il consiglio straordinario del regno di Spagna sostiene le proteste e alimenta il dissenso nei sudditi, coinvolgendo anche il Portogallo: l'"affare" di Parma è al primo posto nella politica europea[370].

13 marzo: esce l'editto ducale con il divieto a ogni suddito di possedere il testo del *Monitorio*. L'editto viene affisso il 26 febbraio, dopo l'approvazione delle corti di Spagna e Francia[371].

In marzo, fuori dai Ducati, viene abbondantemente diffuso il manifesto intitolato *Memoria della Corte di Parma sulle Lettere in forma di breve pubblicate e affisse in Roma nel giorno primo febbraio 1768*. Il manifesto viene anche tradotto in francese e suscita l'ammirazione del conte di Firmian, di d'Argental, della corte di Napoli e di Voltaire[372].

In marzo Du Tillot fa preparare al Riga una *Rimostranza* da inviare al papa Clemente XIII, sottoscritta anche dai due ministri spagnolo e francese[373].

6 aprile: il ministro spagnolo Azpuru viene ammesso all'udienza papale e presenta sia il *Manifesto* che la *Rimostranza*. Il papa risponde che non è disposto a revocare il *Breve*[374].

9 aprile: Du Tillot scrive a d'Argental, informandolo che intende diffondere fra il clero dello Stato il "catechismo di Montpel-

---

[370] BENASSI, *Guglielmo Du Tillot*, X (2° p.), pp. 59-61. Fino al settembre 1770.
[371] BENASSI, *Guglielmo Du Tillot*, X (2° p.), pp. 59 e 62.
[372] BENASSI, *Guglielmo Du Tillot*, X (2° p.), pp. 62-63. Il testo fu redatto inizialmente dal Riga, ma poi riscritto dall'abate Bianchi di Modena, su incarico del Du Tillot.
[373] BENASSI, *Guglielmo Du Tillot*, X (2° p.), p. 64.
[374] BENASSI, *Guglielmo Du Tillot*, X (2° p.), p. 64.

lier", cioè del vescovo Colbert, giansenista, di cui Roma aveva interdetto diverse opere nella prima metà del XVIII secolo[375].

12 aprile: minuta di lettera del Du Tillot a Schiattini sulla censura libraria, di cui si stabiliscono le procedure[376].

14 aprile: secondo e inutile tentativo di Azpuru di far ritirare il *Breve* pontificio mediante un'altra udienza. A questo punto i ministri francese e spagnolo attuano anche azioni militari ai danni della Santa Sede[377].

16 aprile: Cassio scrive a Du Tillot per informarlo che ha trovato una cassa con documenti d'archivio[378].

18 aprile: Du Tillot risponde a Cassio a proposito della cassa di documenti[379].

Viene introdotta la *Costituzione per i nuovi regi studi* nei Ducati di Parma e Piacenza[380], che risente dell'orientamento illuminista e

---

[375] BENASSI, *Guglielmo Du Tillot*, X (2° p.), p. 80. Si tratta di COLBERT Charles Joachim (1667-1738), *Instructions générales en forme de catechisme, où l'on explique en abrégé [...] l'histoire & les dogmes de la religion, la morale chrétienne, les sacremens, les priéres, les cérémonies & les usages de l'eglise. Imprimées par ordre de messire Charles-Joachim Colbert, evêque de Montpellier, à l'usage des anciens & des nouveaux catholiques de son Diocèse. [...] Avec deux catechismes abreges à l'usage des enfans. Tome premier [-quatriéme]. Nouvelle edition revûe & augmentée*, à Lyon, chez Claude Plaignard, libraire, rue Merciere, au grand Hercule, 1740, 4 v., 12°. Del Colbert furono interdette dalle congregazioni romane parecchie opere: ILI, XI, pp. 230-231. Un esemplare del catechismo del Colbert era arrivato a Parma nel 1743: si veda l'appendice cronologica, alla data (ACDF, C. L. 1748-1750, fasc. 5 bis).
[376] ASPr, Archivio Du Tillot, b. 90 (se ne veda la trascrizione nella terza appendice, doc. 12).
[377] BENASSI, *Guglielmo Du Tillot*, X (2° p.), pp. 65-66. I francesi occupano Avignone, da cui il papa si è rifiutato di cacciare i gesuiti; mentre i napoletani occupano Benevento e Pontecorvo. Sulle ulteriori intenzioni belliche di Du Tillot, poi non realizzate per il divieto della Spagna: ivi, pp. 72-78.
[378] ASPr, Archivio Du Tillot, b. 50, fasc. 1.
[379] ASPr, Archivio Du Tillot, b. 50, fasc. 1.
[380] MASNOVO Omero, *La Riforma della R. Università nel 1769*, in "Aurea Parma", II (1913), pp. 132-142; CESARINI SFORZA Widar, *Il padre Paciaudi e la riforma dell'Università di Parma ai tempi del Du Tillot*, Firenze, R. Deputazione Toscana di Storia Patria, 1916; GONZI Giovanni, *L'ordinamento universitario parmense in età*

anti-gesuita di Du Tillot e Paciaudi: infatti i gesuiti, ai quali era stato affidato l'insegnamento alle *élites* fino a quel momento, sono sostituiti da una commissione di cui fa parte lo stesso Paciaudi. "Se la scolastica è abbandonata nella forma, rimane nel suo contenuto metafisico accanto a Cartesio, Newton e i matematici. Sono già stampati i *Saggi* di Condorcet, Condillac, Bonnet; è conosciuto Elvezio. [...] Compare il *Corso di studi* del Condillac, preludio dell'*Enciclopedia*"[381].

Per i ceti inferiori vengono istituite in alcune parrocchie della città e in alcuni Comuni del territorio le "Scuole gratuite dei Fanciulli", nelle quali è previsto anche l'insegnamento del catechismo; i bambini vi sono "ben' allevati nella Pietà" e sono invitati a frequentare la messa quotidiana; i maestri sono perlopiù presbiteri, che accompagnano i fanciulli anche alla messa domenicale[382].

L'agostiniano Carlo Amoretti di Oneglia viene chiamato a insegnare diritto canonico all'Università: è gradito al governo per le sue idee regaliste sull'autorità del papa e sulla giurisdizione ecclesiastica, mentre viene denunciato e deferito all'Inquisizione vescovile da coloro che abbracciano la visione opposta (romanista e centralista). Il governo, per mantenere buoni rapporti con l'autorità ecclesiastica, si impegna a "sorvegliarlo"[383].

L'abate Millot viene chiamato dalla Francia a insegnare storia all'Università[384], mentre il docente di logica e metafisica è il presbitero, notaio e letterato piacentino Luigi Dodici, formatosi al

---

moderna: le Sanctiones ac privilegia di Ranuccio I Farnese (1601) e la Costituzione per i nuovi regi studi di Ferdinando di Borbone (1768), Bologna, CLUEB, 2002.
[381] BERTI, I, p. 89; si veda ivi, pp. 106-122.
[382] GONZI, *Storia della scuola popolare*, *Appendice*, pp. 169-174: documenti n. 1 (*Costituzione per i nuovi Regj Studj*, Parma, Carmignani, 1768, tit. XVII, pp. 61-63) e n. 2 (*Relazione di visita alle scuole urbane di Parma*, consegnata il 6 luglio 1769 da Paolo Fontanesi, Prefetto delle urbane Scuole, al Magistrato de' Riformatori agli Studi, in Archivio per la Storia dell'Università di Parma, cart. II).
[383] BERTI, I, p. 67 e n.
[384] BADINTER, *L'infant de Parme*, p. 81.

Collegio Alberoni di Piacenza e in contatto con Ludovico Antonio Muratori. Dodici insegna anche al Collegio dei Nobili. Altri docenti universitari attivi in questo momento sono Venini, Soave e Contini[385]. Per la docenza della filosofia morale viene individuato il prete piacentino Ubaldo Cassina, antigesuita[386].

A Parma è stampata l'opera dei due religiosi minimi di S. Francesco di Paola François Jacquier e Thomas Le Seur: *Eléments du calcul intégral*[387]. L'iniziativa editoriale esprime una notevole apertura verso le discipline scientifiche.

11 maggio: la Congregazione del Sant'Ufficio scrive all'inquisitore Cassio, rimproverandolo per il suo lungo silenzio[388].

29 maggio: Du Tillot pubblica una *Dichiarazione* in cui amplia la prammatica sulle "Manimorte" del 25 ottobre 1764[389].

7 giugno: lettera ministeriale all'abate Sisto Rocci, da poco nominato censore dei libri stranieri nello Stato, con cui gli si comunica che per Parma potrà avvalersi della collaborazione del conte Antonio Costerbosa e del preposto Bertoncelli, mentre per Piacenza del preside Agostino Omodei e del preposto Casali[390].

---

[385] BERTI, I, pp. 77-78 e n.; GONZI, *Storia della scuola popolare*, p. 90 (sul Venini), p. 34 (sul Contini e sul Soave). BENASSI, *Guglielmo Du Tillot*, X (2° p.), p. 126 (secondo il vescovo Pettorelli Lalatta il Contini e l'Amoretti sono "derisori delle scomuniche papali e maestri di dottrine contrarie alla Chiesa").

[386] BERTI, I, pp. 85-98: 86.

[387] LE SEUR Thomas (1703-1770), JACQUIER François (1711-1788), *Elemens du calcul integral première partie [-seconde], par les pp. Le Seur, et Jacquier*, à Parme, chez les heritiers Monti, imprimeurs par privilege de son altesse royale, 1768, 2 v., ill., 4°; un'ulteriore edizione fu: *Elemens du calcul integral première partie (-seconde) par les PP. Le Seur et Jacquier de la Société Royale de Londres, de l'Academie de Berlin. Nouvelle edition*, à Parme, chez les frères Faure, libraires de son altesse royale, 1799, 2 v., [11] c. di tav. ripieg., 4°. Sulla presenza a Parma di questi due matematici dal 3 novembre 1766: BADINTER, *L'infant de Parme*, pp. 13, 61-62. Per un loro profilo: *Prosopographie*, I, pp. 676-679 (Jacquier) e 720-722 (Le Seur).

[388] BENASSI, *Guglielmo Du Tillot*, X (1° p.), p. 216.

[389] BENASSI, *Guglielmo Du Tillot*, X (2° p.), pp. 80-81.

[390] ASPr, Archivio Du Tillot, b. 90, fasc. "Giugno" 1768. Lo scopo della censura, "espresso nell'ultimo titolo della regia costituzione", è quello "di invigila-

7 giugno: altra lettera ministeriale, questa volta al preposto Bertoncelli, nominato "uno de' due regi revisori", in cui si precisa che a Schiattini "appartiene la approvazione di tutte le stampe, ed ha egli bisogno di chi riveda di sua commissione i manoscritti". Si informa Bertoncelli che al Rocci, "in qualità di preside della Facoltà Teologica, spetta l'affare della introduzione de' libri stranieri"[391].

7 giugno: altra lettera ministeriale al conte Antonio Costerbosa, in cui lo si informa che dovrà esaminare i manoscritti affidatigli da Schiattini e affiancare l'abate Rocci nella valutazione dei libri stranieri[392].

7 giugno: altra lettera ministeriale sull'"importantissimo affare della approvazione de' libri" affidato a Schiattini, senza il cui assenso nulla si potrà stampare nello Stato. Lo si informa della nomina di Costerbosa, Bertoncelli, Omodei e Casali come revisori[393].

18 giugno: il frate domenicano Angelo Domenico Pescetti da Genova scrive al padre Serafino Maccarinelli a Roma, svolgendo la funzione di mediatore fra Mozani e la Congregazione del Sant'Ufficio, in modo da depistare i controlli della corte di Parma[394].

15 luglio: l'inquisitore Cassio scrive a Du Tillot[395].

19 luglio: Du Tillot risponde a Cassio[396].

24 luglio: Du Tillot scrive a mons. Pettorelli a proposito della diminuzione del numero delle parrocchie nella diocesi di Parma[397].

---

re, e sopraintendere alla introduzione de' libri, affinché niuno ne penetri contrario alla religione, allo stato ed ai costumi".
[391] ASPr, Archivio Du Tillot, b. 90, fasc. "Giugno" 1768.
[392] ASPr, Archivio Du Tillot, b. 90, fasc. "Giugno" 1768.
[393] ASPr, Archivio Du Tillot, b. 90, fasc. "Giugno" 1768.
[394] ACDF, St. St. GG 4 a (Pescetti invia anche editti a stampa).
[395] ASPr, Archivio Du Tillot, b. 50, fasc. 1.
[396] La minuta è in ASPr, Archivio Du Tillot, b. 50, fasc. 1.

Estate: la corte di Lisbona, la repubblica di Venezia e l'imperatrice Maria Teresa si schierano apertamente con i Ducati di Parma e Piacenza contro il papa. Gli Stati europei colgono l'occasione per esprimere la loro condanna dell'orientamento immunitista prevalente alla corte di Roma sotto il cardinal Torrigiani[398].

Estate: Du Tillot lavora ai progetti sulla soppressione dei piccoli conventi religiosi[399].

12 e 19 settembre: Pescetti scrive ancora a Maccarinelli a Roma[400].

Fine settembre: Clemente XIII si rifiuta di revocare il *Monitorio* e di riconoscere Ferdinando come duca di Parma, definendolo solo Infante di Spagna[401].

3 novembre: decreto del governo di Parma che proscrive la bolla *In Coena Domini*, seguendo l'esempio di altri Stati, come Milano; se ne ritirano dalla circolazione gli esemplari esistenti, ma con l'opposizione dei vescovi di Piacenza e Borgo San Donnino[402]. Du Tillot vorrebbe anche pretendere il giuramento di fedeltà dei vescovi al duca, ma Schiattini lo dissuade, come iniziativa irrealizzabile a causa della loro opposizione[403].

13 dicembre: la Real Giunta di Giurisdizione pubblica un avviso per sollecitare tutti i sudditi a pagare le collette "entro il termine di giorni otto continui" dal momento dell'affissione del bando[404].

---

[397] BENASSI, *Guglielmo Du Tillot*, X (2° p.), p. 82.
[398] BENASSI, *Guglielmo Du Tillot*, X (2° p.), p. 67.
[399] BENASSI, *Guglielmo Du Tillot*, X (2° p.), pp. 88-102.
[400] ACDF, St. St. GG 4a.
[401] BENASSI, *Guglielmo Du Tillot*, X (2° p.), p. 78. A questo proposito si veda nell'appendice cronologica, alla data 1788, l'opera censurata del padre Ireneo Affò.
[402] BENASSI, *Guglielmo Du Tillot*, X (2° p.), pp. 82-83.
[403] BENASSI, *Guglielmo Du Tillot*, X (2° p.), pp. 85-96.
[404] ASPr, Gridario, b. 85.

Nel corso del 1768 escono, spesso sotto forma di stampa alla macchia, alcune pubblicazioni polemiche a favore del governo parmense: la *Lettera d'un Parmigiano ad un Romano in cui si fa vedere l'insussistenza dell'emanato Monitorio, unito al Trattato del Gersone, teologo parigino, sopra le scomuniche*; *I Gesuiti discacciati dagli Stati di S. A. R. il Duca di Parma, 1768*; l'*Esame storico-legale-teologico sopra la lettera in forma di breve pubblicata in Roma il primo febbraio dell'anno corr. 1768 contro gli editti da' reali Sovrani di Parma emanati*, di don Pietro Coppellotti. I primi due testi sono interdetti dal governo parmense, mentre il terzo viene approvato da Schiattini e fatto stampare anonimo. Il giurista Bernardo de Ferrante scrive al governo da Napoli, inviando una propria confutazione del *Monitorio*[405]. Il marchese Salvatore Spiriti di Cosenza manda invece *Le Osservazioni su la Carta di Roma*, pubblicate in due edizioni (Cosmopoli 1768 e Venezia 1769), arricchite da un'incisione satirica contro i gesuiti. L'abate de Joubert scrive *Jugement impartial sur les lettres en forme de bref*[406].

A difendere invece la posizione della Santa Sede si schiera Leonardo Antonelli, autore di una *Risposta alla Memoria di Parma sulle lettere in forma di breve*. La *Gazzetta di Pesaro* pubblica un articolo in cui sostiene che il consigliere del governo di Parma Odoardo Raffi si sarebbe pentito prima di morire e avrebbe desiderato l'assoluzione dello Stato dalle censure papali, mentre la *Gazzetta di Parma* confuta la notizia. Due religiosi si schierano apertamente a

---

[405] DE FERRANTE Bernardo fu autore, per esempio, di *Institutiones imperiales municipali Neapolitanorum juri adcomodatae. Auctore Bernardo De Ferrante. In tres tomos distributae quorum hic primus Romani, et Neapolitani Juris Historiam exhibet*, Neapoli, apud Alexium Pellecchia, 1754, [24], 329, [7] p., 8°.
[406] BENASSI, *Guglielmo Du Tillot*, X (2° p.), pp. 68-70. Si tenga presente che nella *Lettera d'un Parmigiano ad un Romano* si cita la *Istoria ecclesiastica* di Claude Fleury, autore di cui furono interdette da Roma diverse opere: ILI XI, pp. 349-350.

favore del papa, pur senza progettare scritti destinati alle stampe. Vengono comunque ostacolati o denunciati[407].

1769

6 gennaio: lettera della cancelleria ducale all'inquisitore Cassio[408].

17 gennaio: Cassio invia alla Congregazione la nota del ricevuto (2713 lire e 14 soldi) e dello speso (3376 lire e 16 soldi) nel 1768. Firmano Cassio e Antonio Accorsi, depositario del Sant'Ufficio[409].

30 gennaio: emanato un decreto statale per la riduzione del numero dei religiosi regolari maschi, la soppressione di alcuni conventi e il contenimento degli ordini mendicanti che vivono a carico delle risorse dei laici. Anche il numero delle parrocchie viene ridotto. I religiosi stranieri vengono obbligati ad andarsene dallo Stato, fatta eccezione per coloro che riceveranno il regio *placet* grazie a qualche merito. Con i beni di questi enti sorgerà il "Patrimonio de' poveri"[410]. Il vescovo di Piacenza esprime un parere molto negativo su questi provvedimenti[411].

2 febbraio: muore papa Clemente XIII.

16 febbraio: il cronista Sgavetta scrive: "Tutti i religiosi claustrali sono in una inquietudine indicibile, non sapendo qual debba essere il loro destino […] sono tutte le menti agitate […]"[412].

---

[407] Il minore osservante Giampaolo Pugli da Parma e il padre olivetano Francesco Ringhieri da Bologna: BENASSI, *Guglielmo Du Tillot*, X (2° p.), p. 71. Sugli scritti a sostegno del *Monitorio*: ivi, pp. 71-72. Sul Raffi si veda ASPr, Inventario n. 152/1, Decreti sovrani (1749-1780), lettera "R".
[408] ASPr, Archivio Du Tillot, b. 50, fasc. 1.
[409] ACDF, St. St. GG 4 c. Vi è un dettagliato allegato.
[410] BENASSI, *Guglielmo Du Tillot*, X (2° p.), pp. 91-92.
[411] BENASSI, *Guglielmo Du Tillot*, X (2° p.), p. 94.
[412] ASPr, SGAVETTA, *Cronaca 1746-1771*, vol. XII, c. 17r; trascrizione in D'AMICO Grazia, *Il XII volume (1769-1770) della "Cronaca" del barbiere Antonio Sgavetti. Edizione e glossario*, tesi di laurea, Università degli studi di Parma, Facoltà di Magistero, Materie Letterarie, rel. Prof. Giovanni Petrolini, a. a. 1990-91, p.

17 febbraio: il cronista Sgavetta informa che davanti alla chiesa di S. Francesco del Prato, a Parma, gli ebrei vendono "la roba" dei numerosi conventi soppressi[413].

21 febbraio: decreto di don Ferdinando con cui si comunica alla Regia Giunta che l'Inquisizione deve essere esercitata dai vescovi[414]. I vescovi accettano; l'ordinario di Borgo San Donnino risponde con entusiasmo, giacché ha sempre esercitato questa funzione nella sua diocesi[415].

23 febbraio: termina la stampa dell'opera *Esame storico-teologico-legale* di Donnino Giuseppe Coppellotti, riguardante il breve papale contro gli editti del governo. Il libello, che risente delle affermazioni di Pietro Giannone[416], non viene interdetto nei Ducati di Parma e Piacenza.

30: "Tutti i Religiosi Claustrali sono in una inquietudine indicibile, non sapendo qual debba essere il' loro destino. Qui non si discorre, né di Prediche, né di verun bene, perché sono tutte le menti agitate, e non san[n]o come apiliarsi, conviene lasiar il tutto in mano dell' Signore, e pregarlo, che ci inlumini: Amen".

[413] ASPr, SGAVETTA, *Cronaca 1746-1771,* vol. XII, c. 17v; trascrizione in D'AMICO, *Il XII volume,* p. 31: "[…] io non altro dico, che Babilonia. Concorre non poco Popolo a S. Francesco, cioè all' Pallazo ove vendono, Gli Ebrei la roba delli Espulsi: pazzi che sono se voliono la roba a prezzo onnesto da queli".

[414] ASPr, Decreti sovrani (1749-1780), inventario 152/1, voce "Inquisizione" ("Inquisizione: deve unicamente esercitarsi dal Pastorale zelo, e dalla Giurisdizione ordinaria de' Vescovi nelle rispettive loro Diocesi. 21 febbraio 1769"); Decreti e rescritti, b. 14 (1769), bando n. 35, manoscritto. BENASSI, *Guglielmo Du Tillot,* X (1° p.), p. 217 (decreto redatto da Misuracchi).

[415] BENASSI, *Guglielmo Du Tillot,* X (1° p.), p. 217.

[416] Una copia manoscritta del *Trattato de' remedj contro le scomuniche* di Giannone è conservata nell'archivio del Du Tillot, insieme ad altri documenti volti a stabilire un confronto fra le leggi introdotte a Parma il 13 gennaio 1768 e quelle di altri Stati (per esempio quelle approvate a Modena il 7 giugno 1768): ASPr, Archivio Du Tillot, b. 78. Probabilmente Du Tillot e i suoi collaboratori erano alla ricerca di modelli cui ispirarsi nella propria attività di riforma. Drei afferma: "È noto che il Du Tillot era circondato da ardenti fautori del sensismo, del giansenismo, del più radicale giurisdizionalismo" (DREI, *Sulle relazioni,* p. 593).

27 febbraio: muore l'inquisitore Cassio[417].
Un ordine ministeriale, fatto sigillare l'archivio del Sant'Ufficio e disposto l'incameramento dei suoi beni, affida ai vescovi di Parma, Piacenza, Borgo San Donnino e all'abate di Guastalla l'esercizio della funzione inquisitoriale, ma sotto la sorveglianza della Regia Giunta di Giurisdizione[418]. Gli ordinari diocesani vengono invitati ad accordarsi con i ministri statali Faconi a Piacenza e Misuracchi a Parma per esercitare tali uffici. Dapprima i vescovi accettano[419], ma poi non assecondano il governo "nell'attuazione

---

BENASSI, *Guglielmo Du Tillot*, X (2° p.), p. 69. Sull'*Esame storico-teologico-legale* si veda DE PASQUALE Andrea, GODI Giovanni (a cura di), *Il Ducato in scena. Parma 1769: feste, libri, politica*. Catalogo della mostra, Parma, Biblioteca Palatina, 23 settembre–28 novembre 2009, Parma 2009, p. 160.

[417] ASPr, SGAVETTA, *Cronaca 1746-1771*, vol. XII, cc. 10v-11v; trascrizione in D'AMICO, *Il XII volume*, p. 37: "Con spiacere si sente questa mattina la perdita del Padre Inquisitore Cassi, d'anni 82: soggetto di sommo merito. In sua Chiesa si fan[n]o le Sue Esequie con distinzione, da Sig[nori] Pattentati e Popolo concorsovi". Si veda anche DREI, *Sulle relazioni*, p. 590. Sul decesso di Cassio: AGOP, XIII.570: *Acta capituli provinciae utriusque Lombardiae*, Pisauri, in aedibus Gavelliis, 1773, p. 8.

[418] ASPr, Archivio Du Tillot, bb. 78, 79, 80, 81; Culto, b. 101; ACDF, Sant'Ufficio, St. St., GG 4 a; DREI, *Sulle relazioni*, pp. 590-591; BENASSI, *Guglielmo Du Tillot*, X (2° p.), p. 85.

[419] Le minute delle lettere ai vescovi di Parma, Piacenza, Borgo san Donnino e Guastalla, risalenti al 27 febbraio, sono in ASPr, Archivio Du Tillot, b. 50, fasc. 1. Sono citate da DREI, *Sulle relazioni*, p. 590 (il quale informa che le risposte risalgono al 2 marzo). "In circostanze di ritrovarsi, per motivi riservati al Supremo Governo, da qualche tempo sprovveduta de' necessari ministri l'Inquisizione di Piacenza, è venuta a succedere la vacanza anche di questa di Parma per la recente morte dell'inquisitore Padre Maestro Pietro Martire Cassio [...]". Nel prosieguo della minuta il segretario incarica il vescovo di "assumere prontamente in tutta la sua Diocesi il pieno esercizio di ogni e qualunque ingerenza spettante alle materie di religione, intrinsecamente congiunte alla dignità e alla giurisdizione ordinaria dei vescovi, come nati inquisitori per il sostegno, per la difesa, e per l'esatta osservanza dei dogmi della nostra Santa Fede. Assicura l'immancabile assistenza del Braccio Regio in tutte le occasioni [...]". Allo stesso 27 febbraio risalgono le minute di due lettere del Du Tillot "Ad uno dei Consiglieri della Regia Giunta di

del suo piano per riorganizzare presso la curia vescovile l'inquisizione coll'assistenza dei regi ministri"[420].

Anzi: i vescovi fanno giungere a Roma la loro preoccupazione per l'ampia circolazione di libri condannati e di ciò si dispiace l'ambasciatore di Spagna, mons. Tomás de Azpuru, con il duca Ferdinando[421].

Mozani, che aveva svolto le funzioni di vicario di Cassio e avrebbe dovuto ricoprire la carica di inquisitore se Du Tillot non avesse costretto il duca Ferdinando a sopprimere l'ente, si lamenta della grave situazione attuale con i cardinali delle Congregazioni del Sant'Ufficio e dell'Indice, inviando loro numerose lettere che rivelano la segreta volontà del duca Ferdinando di avviare presto le trattative con la Santa Sede per ripristinare l'Inquisizione nel suo Stato[422].

2 marzo: lettera dell'abate di Guastalla al Du Tillot[423]; approvato il piano di riduzione dei conventi: i domenicani perdono cinque conventi e i frati di S. Pietro Martire devono trasferirsi nella chiesa e convento un tempo appartenuti ai Servi di Maria, dove rimarranno fino al 1779. Anche tutti gli altri ordini religiosi vengono coinvolti in queste riforme, sulle quali don Ferdinando comincia a

---

Giurisdizione in Parma" e "Al delegato della Regia Giunta di Giurisdizione Consigliere Faconi in Piacenza" (Archivio Du Tillot, b. 50).
[420] DREI, *Sulle relazioni*, p. 591: Drei riporta il contenuto di una lettera del 6 marzo 1769 di Misuracchi a Du Tillot, in cui il mittente riferisce di un proprio colloquio con il vescovo di Parma Pettorelli Lalatta. Misuracchi scrive che l'ordinario "non pensava ad alcuna ulteriore disposizione per un formale ristabilimento di questa importante ingerenza", ma voleva esercitare solo privatamente il ministero inquisitoriale; inoltre Pettorelli Lalatta rifiutava la presenza di un ministro ducale nei processi del tribunale che sostituiva il Sant'Ufficio (ASPr, Archivio Du Tillot, b. 50).
[421] DREI, *Sulle relazioni*, p. 591; BENASSI, *Guglielmo Du Tillot*, X (2° p.), p. 126.
[422] ACDF, St. St. GG 4c.
[423] ASPr, Carte Drei, b. Inquisizione, fasc. 2.

palesare per la prima volta i propri dubbi, che Du Tillot attribuisce all'influenza dei domenicani[424].

In seguito a queste riforme i conventi maschili soppressi rimarranno tredici e i religiosi espulsi, compresi i gesuiti, circa 400[425].

2 marzo: Mozani scrive alla Congregazione del Sant'Ufficio, annunciando che la sera del 27 febbraio era morto il padre Cassio e che la mattina seguente era stato soppresso il Sant'Ufficio[426]. I prigionieri delle carceri del Sant'Ufficio erano stati liberati ed erano stati apposti i sigilli alle porte e alle finestre dell'archivio[427].

2 marzo: Mozani scrive a Migliavacca: dopo avergli riferito quanto spiegato già nella lettera alla Congregazione del Sant'Ufficio dello stesso giorno, aggiunge quali precauzioni adot-

---

[424] Su S. Pietro Martire: DONATI Paolo, *Nuova descrizione della città di Parma*, Parma, per Giuseppe Paganino, 1824, p. 146; MAROCCHI, *Vicende relative al convento*, pp. 149-164; sulle riduzioni dei vari cenobi che sorgevano nello Stato e sulle perplessità del duca: BENASSI, *Guglielmo Du Tillot*, X (2° p.), pp. 95-102. Du Tillot cerca di allontanare i domenicani da don Ferdinando, destinandoli (con decreto del 28 aprile 1769) al convento dei Servi di Maria.
[425] BENASSI, *Guglielmo Du Tillot*, X (2° p.), p. 103.
[426] ACDF, St. St. GG 4 a. "Nella seguente mattina comparve in convento un regio consigliere col cancelliere della Real Giunta di Giurisdizione, spiegò lettera di segretaria, nella quale si ordinava al detto Ministro di prescrivere, e limitare li funerali del defunto, di ritirare le patenti de Patentati di questo Sant'Ufficio, d'intimare a me la soppressione del tribunale, e interdirmi l'esercizio di qualunque atto sotto pena della Reale Indignazione, di sigillare l'archivio, di asportare certo bronzo superstizionso, che dal fu padre inquisitore Longhi fu portato al Sant'Ufficio nella carcerazione di certo Giuseppe [in realtà Francesco] Scotti, che se vi erano carcerati, si dichiarassero detenuti a nome Regio, che se l'intendesse con questo padre priore, ed altre cose, come pure che da qui in avanti il Tribunale fosse privativamente diretto dal vescovo. In seguito di questo, detto ministro s'impossessò dell'archivio, estrasse il catalogo dei patentati, e il detto Bronzo; dopo di ciò chiuse l'archivio, e lo sigillò col sigilo regio. Di tutto questo ne umilio solo oggi la notizia all'Eccellenze Vostre perché nell'ordinario passato non ebbi modo di poterlo fare con sicurezza".
[427] SITTI Giuseppe, *La chiesa di S. Pietro Martire e l'Inquisizione a Parma*, in "Aurea Parma", XII (1933), pp. 104-110: 108.

tare contro lo spionaggio postale: "Sono ancora interdetto dall'immischiarmi rapporto alle supellettili del tribunale, delle quali ora tutto il pensiero è del padre priore di questo convento a tenore degli ordini regi [...]. Temo, occorrendo alla Suprema a V. S. scrivermi rapporto a tali affari, la supplico a scrivere quanto occorrerà al padre inquisitore di Mantova, ordinandogli di scrivere a questo padre priore l'occorrente da significare poi a me. Tale cautela la stimo necessaria, perché sono certo che mi sarà aperta qualunque lettera"[428].

2 marzo: Faconi scrive a Du Tillot da Piacenza[429].

4 marzo: Bernardo Tanucci, primo ministro di Carlo di Borbone, scrive al duca Ferdinando: lo loda per aver riformato l'Inquisizione nei suoi domini[430].

4 marzo: lettera di Tanucci al Du Tillot[431].

4 marzo: lettera di Du Tillot a vari diplomatici a Roma (mons. Tomás de Azpuru), Madrid (mons. Girolamo Grimaldi) e Napoli (Tanucci), con la quale li informa che si è trovato nella necessità di allontanare dallo Stato l'inquisitore di Piacenza, padre Ciacchi, e il suo vicario Pescetti, per la "irregolare imprudente condotta che in parole e in fatti tenevano senza ritegno". Aggiunge: questo "Tribunale [era] del tutto indipendente, e formava Stato nello Stato". Inoltre scrive che si è arrivati a tale decisione "per far risaltare nel suo vero e genuino aspetto il sublime diritto che ha il sovrano di protettore della Santa Chiesa e delle sante evangeliche

---

[428] ACDF, St. St. GG 4 a. 5. I cardinali della Congregazione del S.Ufficio, che in tutta questa vicenda scrissero agli inquisitori di Parma e Piacenza lettere recapitate da frati di passaggio per evitare lo spionaggio organizzato ed effettivamente attuato dal governo borbonico, esortavano gli inquisitori a resistere, a opporsi a leggi ingiuste perché "illegittime", essendo deliberatamente emanate "a danno degli ecclesiastici".
[429] ASPr, Archivio Du Tillot, b. 50.
[430] DREI, *Sulle relazioni*, p. 590.
[431] Appunto di Drei trascritto in ASPr, Carte Drei, b. Inquisizione, fasc. 2.

sue dottrine". Chiede ai sovrani di sostenere queste nuove "disposizioni [...] in appresso con tutto il vigore"[432].
6 marzo: Misuracchi scrive da Parma a Du Tillot[433].
14 marzo: Tanucci si felicita con Du Tillot per le riforme[434].
14 marzo: regio decreto sulla concessione dei placiti per le vestizioni e le professioni nei conventi[435].
21 marzo: l'abate Bianchi di Modena risponde a Du Tillot per congratularsi delle riforme attuate[436].
24 marzo: frate Giacomo Alberto Mugiasca da Lodi, inquisitore di Mantova, scrive alla Congregazione del Sant'Ufficio: "Col primo ordinario darò espressione al veneratissimo comando delle signorie loro Ill.me e Rev.e mandando copia della lettera indirizzatami al Padre priore di Parma perché esso la comunichi al padre vicario di quel Sant'Ufficio e mi lusingo che gli arriverà senza che sia aperta, mentre la scriverò in modo che non si conosca che viene dall'Inquisizione'"[437].
27 marzo: Du Tillot affida alla Regia Giunta la sistemazione e vigilanza dell'Inquisizione vescovile[438]. La Regia Giunta concede il *placet* agli editti dei vescovi che annunciano al popolo l'assunzione dell'ufficio inquisitoriale e consegna gli archivi del Sant'Ufficio di Parma e Piacenza alle cancellerie vescovili. Dispone che a ogni provvedimento inquisitoriale dei vescovi sia presente un ministro governativo, ma a questa pretesa i vescovi si oppongono. Il ministro regio per l'Inquisizione di Parma è il padre Giulio Cesare Misuracchi[439].

---

[432] ASPr, Archivio Du Tillot, b. 50; ASPr, Carte Drei, b. Inquisizione, fasc. 2.
[433] ASPr, Archivio Du Tillot, b. 50.
[434] BENASSI, *Guglielmo Du Tillot*, X (1° p.), pp. 217-218.
[435] BENASSI, *Guglielmo Du Tillot*, X (2° p.), pp. 100-101.
[436] BENASSI, *Guglielmo Du Tillot*, X (1° p.), p. 218.
[437] ACDF, St. St. GG 4 a.
[438] ASPr, Archivio Du Tillot, b. 50.
[439] Padre Giulio Cesare Misuracchi (il ministro incaricato dell'Inquisizione di Parma) riferisce al Du Tillot un colloquio avuto con il vescovo di Parma Petto-

Marzo: il vescovo di Feltre Monsignor Bortoli manda a Clemente XII e a Du Tillot un suo testo di venti pagine in cui esorta il pontefice a revocare il *Monitorio*, che potrebbe dare origine a uno scisma come quello anglicano[440].

30 marzo: le regole della Cancelleria romana vengono proibite negli Stati parmensi per ordine del ministro[441].

Marzo-aprile: i vescovi le cui diocesi sorgono negli Stati parmensi si dicono pronti ad assumere il pieno esercizio dell'Inquisizione, inviando lettere al Du Tillot[442].

Il ministro affida il compito inquisitoriale anche all'abate del monastero benedettino di S. Giovanni Evangelista, da cui dipende la badia cistercense di Fontevivo, "di nessuna diocesi"[443].

8 aprile: Du Tillot a Tanucci a Caserta, per informarlo che il duca Ferdinando si è rallegrato "di vera contentezza" dopo aver sentito l'approvazione del re ai provvedimenti adottati dal governo di Parma in rapporto all'Inquisizione "per miglior bene de' sudditi e dello Stato e per la maggior gloria e decoro del Regio sovrano"[444].

---

relli Lalatta, al quale in precedenza aveva proposto di formare un gruppo di teologi che fungessero da consultori in materia di religione. Il vescovo però riteneva giusto svolgere la funzione "privatamente". In seguito a queste iniziali resistenze, il governo invitò Pettorelli Lalatta ad accettare le proposte ducali, in cambio del pieno sostegno nella lotta contro la circolazione di opere proibite, un problema molto sentito in quel momento, specialmente nelle scuole. DREI, *Sulle relazioni*, pp. 590-591.

[440] BENASSI, *Guglielmo Du Tillot*, X (2° p.), p. 72: *Voto di Monsignor Bortoli alla Santità di Nostro Signore Clemente XIII* (ASPr, manoscritti di biblioteca, Miscellanea B, n. 568).

[441] BENASSI, *Guglielmo Du Tillot*, X (2° p.), p. 85.

[442] ASPr, Archivio Du Tillot, b. 50, fasc. 1. Si tratta dei vescovi di Parma, Piacenza, Borgo San Donnino e Guastalla. I vescovi delle altre diocesi che sorgono nei Ducati parmensi (Bobbio, Luni-Sarzana, Pavia, Reggio Emilia) per ora non rispondono (o non si conservano le loro lettere).

[443] BENASSI, *Guglielmo Du Tillot*, X (1° p.), p. 219.

[444] ASPr, Archivio Du Tillot, b. 50, fasc. 1.

13 aprile: il vescovo Pettorelli a Du Tillot a proposito del suo ruolo di inquisitore e di custode dell'archivio dell'Inquisizione: "Riceverò adunque l'Archivio, che dal Regio Ministro, a tal effetto deputato, mi verrà consegnato, avendo già da alcuni giorni in qua preparato luogo opportuno e ben custodito per riporvelo". Inoltre scrive: "Pubblicherò l'avviso di cui parlasi nella lettera di V. E., affine di manifestare al pubblico di quanto sia in debito ogni fedele nelle materie, che alla Inquisizione appartengono per difesa della S. Religione e dei SS.mi suoi dogmi di aver ricorso al mio tribunale". Infine si sofferma sui patentati[445].

In una lettera senza data Misuracchi scrive al Du Tillot e gli riferisce di un colloquio avuto con il vescovo di Parma Francesco Pettorelli Lalatta, al quale ha proposto di formare un gruppo di teologi come consultori in materia di religione[446].

Il governo invita Pettorelli ad accettare le proposte ducali, in cambio del pieno sostegno alla lotta contro la circolazione di opere proibite. Infatti l'ambasciatore mons. De Azpuru si era lamentato del fatto che nello Stato di Parma non si adottassero adeguati provvedimenti per contrastare la circolazione di opere proibite[447].

28 aprile: il duca destina la chiesa dei Servi di Maria ai domenicani di S. Pietro Martire, per allontanare i frati dalla corte e da don Ferdinando[448].

27 aprile: il vescovo di Borgo San Donnino scrive a Misuracchi e questi gli risponde il giorno seguente; il 1° maggio il prelato emana l'avviso pastorale *Monitio ad clerum et ad populum*, in cui si fa carico della funzione inquisitoriale[449].

---

[445] ASPr, Archivio Du Tillot, b. 50, fasc. 1.
[446] ASPr, Archivio Du Tillot, b. 50, fasc. 1.
[447] DREI, *Sulle relazioni*, p. 591.
[448] BPPr, Fondo Moreau de Saint-Méry, cass. 37, fasc. XXII, 3, 1 (S. Pietro Martire): si tratta di una serie di quattro fogli sciolti che riproducono il decreto sovrano in italiano e in francese.
[449] BENASSI, *Guglielmo Du Tillot*, X (1° p.), p. 217.

1° maggio: il vescovo di Borgo San Donnino pubblica il bando con cui assume la funzione inquisitoriale[450].

2 maggio: la segreteria del Du Tillot al vescovo di Parma sul *Nuovo metodo da osservarsi in materia dell'Inquisizione*. I parroci dovrebbero avvisare il popolo in giorno festivo di questo nuovo "sistema"[451].

5 maggio: il vescovo di Parma Francesco Pettorelli Lalatta, con bando ufficiale, assume la funzione inquisitoriale e nomina don Capretti come incaricato per la censura libraria nella diocesi[452].

9 maggio: la Regia Giunta di Giurisdizione ordina al consigliere Faconi di consegnare al vescovo l'archivio sigillato dell'Inquisizione che esisteva nel convento dei domenicani di Piacenza, avendone fatto precedere l'inventario. Dovrà consegnare al vescovo i processi e gli atti legali. Se nell'archivio vi fossero carte, documenti, lettere "che per la loro qualità convenisse di ritenersi in massima di buon governo, destramente procurerà di ritirarle senza punto menzionarle nell'inventario"[453].

12 maggio: da una lettera al Faconi emerge che l'inquisitore, fino all'epoca in cui era attivo il Sant'Ufficio, abitava in una casa vicino al convento dei domenicani, non nel convento stesso[454].

Senza data: lettera di Mozani alla Congregazione del Sant'Ufficio con la "Lista della Roba del Sant'Ufficio di Parma furtivamente ritirata in conto dopo la soppressione del medesimo quando si penetrò che tutto doveva essere inventariato e poi trasportato allo Spedale della Misericordia". È un elenco di tre carte redatto dal Mozani[455].

---

[450] ASPr, Archivio Du Tillot, b. 50, fasc. 1.
[451] ASPr, Archivio Du Tillot, b. 50, fasc. 1.
[452] ASPr, Archivio Du Tillot, b. 50. Bando del vescovo di Parma Pettorelli Lalatta. Si veda la trascrizione nella terza appendice, doc. 17.
[453] ASPr, Carte Drei, b. Inquisizione, fasc. 26.
[454] ASPr, Carte Drei, b. Inquisizione, fasc. 26.
[455] ACDF, St. St. GG 4 a: "Delle scritture, stampe e libri che si sono da me [Mozani vicario, che infatti firma] custoditi le quali cose parte erano nella Can-

17 maggio: viene redatto da Mozani anche l'inventario dell'archivio del Sant'Ufficio di Parma[456].

17 maggio: decreto del governo di Parma volto a unire alla "Regia soprintendenza ai luoghi pii" un ecclesiastico che funga da "regio conservatore". Si formerebbe quindi un "Regio economato dei benefici vacanti", ma l'ecclesiastico scelto dal governo rifiuta l'incarico[457].

18 maggio: atto notarile di soppressione dell'Inquisizione con rogito di Giuseppe Girolamo Cervi[458].

---

celleria parte sono state da me levate dall'archivio in tempo, che si descriveva l'inventario. Due tomi di lettere scritte alla Suprema dal mese di gennaio 1729 al gennaio 1769. Un mazzo di lettere sciolte della Suprema dal 2 febbraio 1760 al 24 luglio 1768. Una Vacchetta di denunce e spontanee comparizioni. Un registro di patentati scritto nel 1739. Pandetta mensuale dell'Entrate del Sant'Ufficio Libro degli inventari cominciato nel 1766 (solo con stoviglie da cucina). Alcune copie delle Bolle contro i sollecitanti, celebranti non promossi, ladri sacrileghi, franchi muratori, decreti in materia della Concezione della B. V., decreti intorno alla licenza dell'introduzione dei libri in occasione di differenze insorte in diversi paesi tra Sant'Ufficio e vescovato, fogli intorno ai privilegi dei patentati, bolla Unigenitus. Stampe per l'abiura, per attestati d'abiura di Calvinismo, per precetti ad comparendum, formula del giuramento dei patentati, della licenza ai patentati di poter testificare avanti il giudice laico nelle cause civili, editti generali e particolari del Sant'Ufficio, due mazzi di patenti richiamate nel secolo passato, [brevi e bolle pontifici], libri [31 titoli che riguardano la prassi inquisitoriale, ma non solo: per la trascrizione si veda la terza appendice, doc. 14]"; nel ripostiglio: "Originali di stampe dal 1680 circa al 1767, molte copie sciolte del Lumbier, molte copie sciolte di un libro d'esorcismi, molti libercoli proibiti ed altri di niun valore", quadri [tutti soggetti devozionali, biblici ma anche paesaggi e ritratti nella sala: per esempio "principi armati di ferro, Urbano VIII, Card. [Francesco ?] Barberini, S. Pio V"].

[456] ASPr, Archivio Du Tillot, b. 50.
[457] BENASSI, *Guglielmo Du Tillot*, X (2° p.), pp. 87-88.
[458] Si tratta di informazioni fornite da Giovanni Drei in ASPr, Carte Drei, b. Inquisizione, fasc. 26; il notaio Cervi, però, non figura fra quelli che rogavano a Parma e i cui atti siano conservati in ASPr (fondi: notai di Parma, notai camerali, inserti di notai), ANDPr o AVPr; anche presso l'Archivio di Stato di Piacenza non sono conservati suoi rogiti. Potrebbe trattarsi di un errore di Drei, che può aver confuso Cervi con Giulio Corsi, notaio del Sant'Ufficio all'inizio

19 maggio: viene eletto papa Clemente XIV, più conciliante del suo predecessore verso le richieste giurisdizionaliste degli Stati[459].

Du Tillot, in accordo con l'abate Bianchi e il padre Turchi, è deciso a procedere con le riforme, in particolare a sopprimere l'Inquisizione e i cenobi dei certosini e dei carmelitani scalzi di Parma[460]. Inoltre pretende la revoca assoluta del *Monitorio*. D'altra parte il pontefice, nei documenti ufficiali, continua a definire don Ferdinando solo Infante di Spagna, non duca[461].

23 maggio: Mozani a Migliavacca sulle vere intenzioni del governo di sopprimere il Sant'Ufficio "col pretesto che è da se stesso decaduto"[462].

23 maggio: Mozani alla Congregazione del Sant'Ufficio: "Questa mattina è stata affissa notificazione delle Ordinazioni di questo sovrano intorno al Tribunale dell'Inquisizione ora diretto dai vescovi di questo Dominio. Di tal notificazione furtivamente ne umilio copia alle Eccellenze Vostre": è un bando a stampa del 23 maggio 1769 impresso nella Stamperia Reale di Parma firmato dal Presidente della Giunta[463].

---

del XVIII secolo. Sull'atto di soppressione: DREI, *Sulle relazioni*, p. 590. Sulla fine del mandato di Cassio: *I giudici della fede*, p. 101.

[459] BENASSI, *Guglielmo Du Tillot*, X (2° p.), p. 117.
[460] BENASSI, *Guglielmo Du Tillot*, X (2° p.), pp. 117-118 (lettere di maggio e giugno fra il ministro e l'abate Bianchi).
[461] BENASSI, *Guglielmo Du Tillot*, X (2° p.), pp. 119-120.
[462] ACDF, St. St. GG 4 c.
[463] ACDF, St. St. GG 4 a (ora in ACDF, Raccolta bandi): *Editto della Real Giunta di Giurisdizione negli Stati del Duca di Parma e Piacenza. Stante le vacanze di fatto delle due Inquisizioni di Parma e Piacenza, si affida ai vescovi l'esercizio della giurisdizione inquisitoriale*. Ho consultato ASPr, Decreti e rescritti, b. 14 (anno 1769), ma non vi è copia di questo bando, che comunque ricalca i contenuti di quello del 21 febbraio 1769, conservato in forma manoscritta in ASPr, Decreti e rescritti, b. 14 (anno 1769). Secondo BENASSI, *Guglielmo Du Tillot*, X (1° p.), pp. 217-218 vi sarebbe una copia in ASPr, Gridario; l'autore ne propone un beve regesto a p. 218.

23-24 maggio: viene redatto l'inventario dei libri dell'Inquisizione di Piacenza[464].

12 giugno: Michelangelo Faconi al Du Tillot: prima di consegnare al delegato vescovile le carte che "meramente appartengono all'Uffizio dell'Inquisizione" ha preparato e inviato al Du Tillot "tutte le lettere ducali scritte dai Serenissimi Farnesi agli Inquisitori agli andati tempi ed avendo osservato in alcune di esse una soverchia deferenza di detti principi", le toglie dall'archivio inquisitoriale e le manda al Du Tillot. Sono 57 lettere, comprese cinque dello stesso Du Tillot[465].

---

[464] Un accenno in BENASSI, *Guglielmo Du Tillot*, X (1° p.), p. 219; uno studio approfondito in CERIOTTI Luca, *Libri presso l'Inquisizione di Piacenza nel 1769*, in "Bollettino storico piacentino", CI (2006), pp. 209-250.

[465] ASPr, Archivio Du Tillot, b. 50, fasc. 51. Faconi tratta delle "lettere ducali scritte da Serenissimi Farnesi agli Inquisitori degli andati tempi. Ed avendo osservato in alcuna di esse una soverchia deferenza di detti principi, ho stimato del mio dovere di levarle tutte indistintamente di là, e di trasmetterle, come fo, all'E. V. [vescovo] in piego a parte, che ne contiene cinquantasette in tutto, comprese le cinque di V. E. medesime". Faconi si sofferma sul contenuto di alcune lettere: la prima, di Ottavio Farnese al padre inquisitore, del 27 ottobre 1581, sulla causa di Giacomo Costa: chiede di "vederne quanto prima il fine" e di "assegnarli la città per carcere". L'inquisitore risponde che la questione non si potrà concludere se il condannato non verrà catturato dagli sbirri di Salso e consegnato al Sant'Ufficio. La seconda, dello stesso duca al padre inquisitore, è dell'8 gennaio 1582 e verte sulla stessa causa: il duca si mostra molto collaborativo e infatti decide di far consegnare il condannato al Sant'Ufficio di Parma. "Commette" al commissario di Salso la causa di Costa. La terza ancora del medesimo sullo stesso caso (al governatore di Piacenza, 18 agosto 1557).
La quarta del duca Ferrante Gonzaga all'inquisitore, da Milano, 9 settembre 1550.
La quinta, la sesta, la settima e l'ottava di Ranuccio I all'inquisitore (6 giugno 1591, 28 agosto 1596, 29 ottobre 1596, 6 novembre 1596) sull'accusato Lutio Burgetti, affidatogli dai ministri di Milano, ma che deve essere consegnato al governatore di Piacenza.
La nona e molte altre lettere fino al 1606 ancora di Ranuccio I all'inquisitore, in cui il duca si dichiara "molto devoto, et affettionato al servitio del S.to Offitio". Le lettere riguardano vari accusati (un certo Monticelli; un carcerato di

13 giugno: la segreteria di Du Tillot al Faconi per dare riscontro della ricezione delle lettere ducali che dovevano essere asportate dall'archivio[466].

18 giugno: Misuracchi manda una nota con l'elenco delle scritture, libri e oggetti rimasti presso di lui, "consegnandoli tutti in pari tempo in mano del ministro". Fra l'altro manda un "volumetto di lettere per l'esenzione delle lettere di posta del Sant'Ufficio [...]. Sovviene, che le catene ed altri ferri inservienti alle carceri furono mandati al R. Castello, oppure alla curia criminale"[467].

22 giugno: Faconi consegna a Gaetano Moreschi, pro-fiscale vescovile deputato da monsignor vescovo di Piacenza, col previo inventario, "dieci grandi pacchi" di carte, che vengono trasportati immediatamente al palazzo vescovile[468].

12 luglio: Mozani a Migliavacca sull'intenzione del sovrano di sopprimere il Sant'Ufficio in base all'esempio degli altri Stati e con vari pretesti[469].

Metà luglio: la Regia Giunta presenta un progetto elaborato dal dottor Francesco Civeri per la riforma delle confraternite e dei luoghi pii[470].

19 luglio: matrimonio di Ferdinando di Borbone con Maria Amalia d'Asburgo-Lorena, figlia dell'imperatrice Maria Teresa. I due coniugi cominciano una decisa ribellione contro Du Tillot e il

---

Cremona che deve essere trasportato a Bologna; Antonio Silva da Compiano; un soldato tedesco fatto incarcerare dal duca, poi affidato al Sant'Ufficio; i Battuti; i carcerati; un ebreo etc...). Sulla consegna delle lettere al ministro: BENASSI, *Guglielmo Du Tillot*, X (1° p.), p. 219.
[466] ASPr, Archivio Du Tillot, b. 50, fasc. 1.
[467] ASPr, Carte Drei, b. Inquisizione, fasc. 26.
[468] ASPr, Carte Drei, b. Inquisizione, fasc. 26.
[469] ACDF, St. St. GG 4 c.
[470] BENASSI, *Guglielmo Du Tillot*, X (2° p.), pp. 102-110.

gruppo dei francesi chiamati alla corte di Parma dallo stesso ministro come precettori e collaboratori[471].

29 luglio: il padre domenicano fra Vincenzo Bartoli, "lettor filosofo", scrive dal convento domenicano di Bologna al Migliavacca a Roma, allegando le "tesi" del padre domenicano Giovanni Francesco Visconti di Borgotaro, su richiesta di Mozani. Infatti le lettere per Roma che Mozani invia da Parma vengono sistematicamente violate dalla corte, quindi Bartoli fa da tramite fra Parma e Roma. Inoltre Bartoli dichiara che Mozani fa uso dell'inchiostro simpatico per sfuggire al controllo delle lettere e adotta questa forma di controspionaggio[472].

Altra missiva, ma senza data, inviata all'Indice dal Bartoli, in cui il mittente parla delle "tesi filosofiche sul Romano Pontefice" composte dal padre domenicano Giovanni Francesco Visconti e affidate per la revisione al bibliotecario di corte, Paolo Maria Paciaudi, divenuto consultore su decisione del governo ducale[473].

---

[471] BADINTER, *L'infant de Parme*, pp. 87-93 (*Correspondance*, vol. 33, cc. 290r e v). Sul matrimonio: MORA Alba, *Un principe da sposare. Il giovane Ferdinando nella descrizione di un funzionario austriaco*, in *Un Borbone tra Parma e l'Europa. Don Ferdinando e il suo tempo (1751-1802). Atti del Convegno internazionale di studi. Fontevivo, Parma, ex Collegio dei Nobili, 12-14 giugno 2003*, a cura di Alba Mora, Reggio Emilia, Diabasis, 2005, pp. 299-310.

[472] ACDF, St. St. GG 4 c. Le tesi allegate sono 31 proposizioni di cinque righe l'una, copiate dal Mozani. Il titolo è: *Theses selectae ex tractatu de locis theologicis, quibus aliae ex tractatu de Regula humanarum actionum opportunis in locis interseruntur juxta mentem SS. Augustini, et Thomae Aquinatis [...] quas ipsis insignibus sibi datis Praeceptoribus DDDJD Joannes Franciscus Varis [pseudonimo di Visconti?] de Borgotaro*.

[473] ACDF, St. St., GG 4 c. Padre Vincenzo Bartoli scrive dal convento di Bologna a Migliavacca su incarico di Mozani il 29 luglio 1769. Il riferimento è al padre Giovanni Francesco Visconti, "professor regio di teologia in Borgotaro". Anche in una lettera di pochi giorni precedente (12 luglio 1769) inviata dal Mozani a Migliavacca si faceva riferimento al padre Visconti e ad altri ecclesiastici che avevano letto libri "infami d'ogni sorte" (cioè di illuministi), avevano aderito a tesi sospette, avevano composto e talvolta pubblicato propri scritti ed erano stati gratificati dalla corte con importanti incarichi (il cappuccino Adeo-

29 luglio: Misuracchi a Du Tillot , per informarlo che ha completato l'inventario dei libri, delle filze e delle scritture dell'Inquisizione. Gli sottopone la copia dell'inventario e del decreto emanato il 28 luglio dalla Regia Giunta di Giurisdizione. Infine Misuracchi informa il ministro di aver ordinato il trasporto delle scritture e dei libri alla curia vescovile: i libri riguardanti l'"Azienda" verranno fatti trasportare dal consigliere alla cancelleria del supremo Magistrato, dove poi saranno conservati, mentre i libri si faranno trasportare nella cancelleria camerale, affinché siano visionati dal padre bibliotecario Paciaudi. Viene allegato l'inventario[474].

31 luglio: lo Sgavetta nella sua *Cronaca* riferisce quali trasferimenti di comunità cenobitiche vennero compiuti in seguito alle soppressioni stabilite dal governo ducale. Fra questi spostamenti conferma l'attribuzione del convento dei Servi di Maria ai domenicani di S. Pietro Martire[475].

---

dato Turchi, il padre Venini somasco definito "epicureo schietto", l'abate Millot, il padre Contini teatino). Dalla corrispondenza pluriennale Mozani-Migliavacca emerge che anche i cardinali delle due Congregazioni dell'Indice e del Sant'Ufficio avevano opinioni piuttosto divergenti su molti temi e sul significato della censura libraria. Sul padre domenicano Visconti, seguace delle idee della Chiesa gallicana e ammiratore del Giannone, si veda BENASSI, *Guglielmo Du Tillot*, X (1° p.), p. 203. Questo religioso scriveva lettere anonime a Du Tillot da Cremona nel periodo maggio 1767–aprile 1768.

[474] ASPr, Archivio Du Tillot, b. 50, fasc. 1, Terza appendice, doc. 16.
[475] ASPr, SGAVETTA, *Cronaca 1746-1771,* vol. XII, c. 97v; trascrizione in D'AMICO, *Il XII volume*, p. 177: "I Padri Crociferi questa mattina [h]anno preso Il Posesso ne Padri dell' Popolo; ed' I' Domenicani Ne Servi [...]. Gli P[ad]ri Scalci si trasferiscono In S. Quirino, sito ristretto [...]. Gli Teatini è certo anderano In S. Rocco dovendo Predicare Festivamente, far Dottrina, e Congregacione alli Scolari, ed' i P[ad]ri Missionari ritornerano a San Lazzaro di Piacenza ove erano. E poi non finirà qui, che non ne vadano altri della Babilon[ia]".

1° e 4 agosto: scambio di lettere fra don Ferdinando e Misuracchi sui mobili dell'Inquisizione, dei quali rimane da decidere la destinazione[476].

4 agosto: lettera di Misuracchi al primo ministro, in cui lo scrivente afferma che i mobili trovati nella sede dell'Inquisizione soppressa "debbano essere a libera disposizione di S. A. S. Così s'intende dei libri, una picciola parte de' quali erano di ragione del P. Inquisitore". Un'ulteriore lettera di Misuracchi (11 agosto) stabilisce che i libri del convento dei domenicani "siano passati al patrimonio dei Poveri"[477].

13 agosto: fra Vincenzo Bartoli del convento domenicano di Bologna scrive a padre Maccarinelli a Roma per conto di Mozani per evitare lo spionaggio della corte[478].

Agosto: Mozani redige l'inventario di ciò che nello stesso mese è stato trasportato dal Sant'Ufficio al palazzo vescovile (carte dell'archivio e materiale trovato nel ripostiglio sotto l'archivio[479]), alla Regia Camera (ferri e manette che si trovavano nell'andito delle carceri), allo Spedale della Misericordia (mobili dell'archivio, della camera vicino all'archivio, della cancelleria, della sala, della camera dell'"arcova" [alcova], del camerino, del camerino conti-

---

[476] ASPr, Archivio Du Tillot, b. 50, fasc. 1. Si arriverà poi a stabilire (lettera dell'11 agosto) che i mobili del padre inquisitore devono essere lasciati nel convento dei domenicani, mentre quelli dell'Inquisizione devono essere destinati al "Patrimonio dei poveri".

[477] ASPr, Archivio Du Tillot, b. 50, fascicolo "Agosto": documenti sulla soppressione del 1769.

[478] ACDF, St. St. GG 4 a: "Col mezzo del segreto mi commette il padre vicario Mozzani di significare alla Paternità Vostra Reverendissima che finito l'inventario dell'Archivio e mobili ed altre robbe del S. Ufficio di Parma, le carte spettanti alle cause, e gli originali delle stampe furono trasportati al vescovato […]". Bartoli allega la "Lista della roba del S. Ufficio di Parma furtivamente ritirata in convento dopo la soppressione del medesimo", gli elenchi dei beni del Sant'Ufficio e della Compagnia della Santa Croce.

[479] Una copia dell'inventario è conservata in ASPr, Archivio Du Tillot, b. 50. L'inventario è trascritto nella terza appendice del presente saggio, doc. 15.

guo, della camera dietro la sala, della camera del custode delle carceri, delle carceri, dei tre mezzanini, della cucina e della cantina). Mozani scrive: "Dopo scritta la presente lista il padre nostro priore ha avuto modo di ritirare in convento il soprascritto reliquiario della S. Croce, già depositato per ordine del Signor Du Tillot in casa del Signor Consiglier Misuracchi, e si spera, che sarà affatto dimenticato". Mozani menziona pure il "Denaro ritirato dopo la morte del P. Cassio"; si tratta di 1075 lire somministrate dalla corte (da Du Tillot a Cassio) come "compenso segreto per il danno ricevuto dal Sant'Ufficio nel rilascio del dieci per cento a censurarij e livellarij a tenore delle nuove leggi. In tutto, con altre somme, risultano 1284 lire e 2 soldi di Parma"[480].

20 agosto: la segreteria del Du Tillot all'abate di San Giovanni Evangelista di Parma per informarlo che "qualunque ingerenza spettante alle materie di religione" è stata trasferita ai vescovi. Anche l'abate deve assumere tale funzione nella giurisdizione di Fontevivo[481].

8 settembre: la segreteria di Du Tillot alla Regia Giunta di Giurisdizione sui redditi dei beni stabili e dei censi dell'Inquisizione, che verranno erogati in beneficio di un'opera pia e in sussidio ai parroci mancanti della congrua necessaria al loro sostentamento[482].

8 settembre: emanato l'ordine ducale che destina i beni incamerati delle Inquisizioni alle parrocchie e al "Patrimonio dei poveri" di Parma e Piacenza[483].

24 settembre: il frate domenicano Angelo Domenico Pescetti da Genova a Migliavacca sulla situazione del Sant'Ufficio di Genova[484].

---

[480] ACDF, St. St. GG 4 a.
[481] ASPr, Archivio Du Tillot, b. 50, fasc. 1.
[482] ASPr, Archivio Du Tillot, b. 50, fasc. 1.
[483] BENASSI, *Guglielmo Du Tillot*, X (1° p.), p. 220.
[484] ACDF, St. St. GG 4 c.

26 settembre: Mozani scrive una lettera confidenziale a Migliavacca per accompagnare l'inventario del Sant'Ufficio, che trasmette: "Io ho procurato di ritirare dall'Archivio il migliore, e ciò che può essere necessario d'aver subito alle mani; mi creda, che l'ho spazzato bene e che non vi ho lasciato che gli scarti: in questo sono tenuto al Signor Consigliere Misuracchi, che nelle ultime volte mi ha dato libero campo di fare il mio interesse. Le scritture le ho sigillate, se mai le cose anderanno al rovescio; quando la Paternità Vostra Reverendissima lo approvi, le porterò a Bologna. I libri avevo cominciato a depositarli nella Libraria [del convento di S. Pietro Martire, sede dell'Inquisizione], e già da principio consegnai al Padre M. Torre bibliotecario [del convento di S. Pietro Martire] l'Albizzi[485], le due copie dell'opera di Ovidio, le opere di Machiavelli, l'*Apologia* del Picenino[486], che furono i primi che ritirai, ma avendosi dovuto mutar conto, ed essendo tutta la Libraria in confusione, ho stimato meglio fatto di custodirli io stesso, che così saranno sicuri, ed in ciò attenderò gli ordini della Paternità Vostra Reverendissima[487]. Fra le lettere del fu Padre Cassio in

---

[485] ACDF, St. St., GG 4 a. Mozani si riferisce a opere proibite: Maso degli Albizzi (XVI-XVII secolo), *Trattato delle appellazioni nelle materie ecclesiastiche per il capo di abuso tradotto dal francese*, Lyon, 1624. Era stato interdetto con decreto del Sant'Ufficio del 7 febbraio 1625: ILI XI, p. 274. Forse era la traduzione dell'opera anonima di Charles Fevret (1583-1661), *Traité de l'abus et du vray sujet des appellations qualifiées de ce nom d'abus; par Charles Fevret, seigneur de S. Memy & Godan, conseiller, Tome premier [-second]. Quatrième edition, plus correcte et beaucoup plus ample que les trois precedantes; & divisée en deux volumes*, à Lyon, chez Jean Baptiste De Villa, rue Merciere à la Science, 1689.

[486] Giacomo Picenino (protestante svizzero di origine italiana, che fu autore di quattro opere d'argomento teologico apparse in Svizzera dal 1706 ed il 1712, interdette immediatamente dopo la stampa: ILI XI, pp. 707-708) pubblicò *Apologia per i riformatori e per la religione riformata contro le invettive di F. Panigarola, e P. Segneri. Composta da Giacomo Picenino*, in Coira, appresso Gioann Giacomo Smid, 1706. Opera condannata con decreto del Sant'Ufficio del 26 ottobre 1707.

[487] Mozani elenca anche Ovidio (per cui non è chiara l'identificazione dell'opera e dell'edizione: si veda ILI X, p. 308 e ILI XI, p. 675) e Niccolò Ma-

luogo secreto ne ho ritrovato una con una Denunzia in materia di pretesa sollecitazione contro il P[adre] M[aestro Tommaso] Misuracchi segnata sotto il dì 27 aprile 1768 data da una donna di Zibello ove era priore, la quale lo accusa di turpe interrogazione sopra una terza persona, e tentativi disonesti a lei med.a nell'attual confessione, e dopo: una tal Denunzia è ricevuta da un prete che fu delegato, ma questi ha fallato, che [non] l'ha scritta nello stesso foglio della Delegazione, ma in uno separato allegando dette delegazioni: ancor questa carta è sigillata coll'altre, e desidero dalla P. V. R. di sapere che devo fare. Il reliquiario della S. Croce si è riacquistato, e si spera che non sarà più cercato; ora hanno costoro altro da pensare, sono non poco imbrogliati. Dal Padre Bartoli la P. V. R. avrà inteso che mi era stato riferito che lo Spedale era stato messo in possesso de beni del Sant'Ufficio; mi sono meglio informato ed ho saputo che per anche su di questo non v'è determinazione alcuna. Se vi saranno novità le comunicherò al detto padre lettore dal quale le saranno prontamente significate"[488].

Le missive indicano pure le consuetudini invalse fino a quel momento nella pratica censoria. Come abbiamo visto in questa lettera confidenziale del 26 settembre 1769, che Mozani scrive al confratello padre Raimondo Migliavacca a Roma per accompagnare l'inventario del Sant'Ufficio di Parma appena soppresso, non tutti i libri proibiti sequestrati nelle librerie o presso i privati venivano da lui eliminati: non comprendiamo le ragioni di tanta

---

chiavelli (di cui furono proibiti gli *Opera omnia* dall'Indice del 1559 in poi: ILI X, p. 269). Capretti possiede (item 649) un'opera del domenicano Vincenzo Lodovico Gotti contro il Picenino.
In un elenco precedente (ACDF, St. St., GG 4 a), compilato "furtivamente" da Mozani appena dopo la soppressione del Sant'Ufficio nel 1769, "in tempo che si descriveva l'inventario", vengono annoverati libri da lui sottratti dall'archivio-biblioteca dell'ente e da lui custoditi, fra cui anche Ovidio e Machiavelli. Si tratta, principalmente, di opere utili agli inquisitori, o di autori di cui furono messi all'Indice alcuni scritti: per la trascrizione si veda la terza appendice del presente saggio, doc. 14.
[488] ACDF, St. St. GG 4 a.

prudenza da parte sua nell'occultare questi libri proibiti: forse intendeva esaminarli in modo approfondito per discutere con i suoi interlocutori romani circa i pericoli insiti in tali scritti per l'ortodossia e la morale cattolica; forse non voleva che finissero nelle mani degli ingenui frati del convento, una parte dei quali simpatizzava per le più aperte posizioni dei francesi. Ma l'ipotesi più credibile è che Mozani volesse sottrarre tali opere ai ministri ducali, che se ne sarebbero potuti servire per alimentare la disputa sull'esercizio della censura nella società del tempo. Una volta soppresso l'ente, però, i libri dell'Inquisizione di Parma vengono sottoposti anche all'esame del bibliotecario di corte, padre Paciaudi, che ha la facoltà di sceglierne alcuni da destinare alla biblioteca che dirige[489].

La corte emana il *Regolamento per le scuole della Ragione civile e canonica*, nel quale Paciaudi introduce lo "studio storico delle fonti giuridiche, dal diritto romano a quello patrio e feudale e canonico".

1° ottobre: il re di Spagna Carlo III di Borbone scrive al nipote don Ferdinando per rimproverarlo della ribellione nei confronti del Du Tillot e per far sì che Maria Amalia non si intrometta negli affari di Stato. Giungono a Parma anche lettere di filosofi e pedagogisti sull'educazione fallimentare di don Ferdinando[490].

Il re di Francia Luigi XV manda a Parma un ambasciatore, Chauvelin, per ottenere la sottomissione del duca Ferdinando a Du Tillot[491].

21 ottobre: la duchessa Maria Amalia continua a intervenire nelle scelte politiche dello Stato e pretende che il conte Luchino Dal Verme sia richiamato a corte[492].

---

[489] BENASSI, *Guglielmo Du Tillot*, X (1° p.), p. 219.
[490] BADINTER, *L'infant de Parme*, pp. 103-104 (*Correspondance*, vol. 34, cc. 19-21, 39-41 e 65-73).
[491] BENASSI, *Guglielmo Du Tillot*, X (2° p.), pp. 134-135; BADINTER, *L'infant de Parme*, pp. 104-105.

1° novembre: la Camera ducale assegna a don Pietro Coppellotti la somma di 300 lire al mese[493].

23 novembre: Chauvelin fa mandare in esilio i due padri domenicani Domenico Ferrari (lettore) e Tommaso Misuracchi (priore), sospettati di aver influito negativamente sulla coppia ducale. Inoltre persuade Ferdinando e Amalia dell'opportunità che Du Tillot continui a rimanere in carica per altri quattro anni[494].

28 novembre: Chauvelin lascia Parma, pensando di aver ottenuto la sottomissione della coppia ducale[495], mentre l'impopolarità di Du Tillot aumenta[496].

Un fascicolo di minute senza data "per la Congregazione", attribuibile agli anni 1769/1770, esprime il punto di vista di Mozani e di Migliavacca sulle riforme del governo[497]. Vi si accusa "il Regnante di Parma" di ingiustizia e illegittimità, citando anche passi da S. Girolamo, S. Ambrogio e dai Sacri Canoni[498].

---

[492] BADINTER, *L'infant de Parme*, p. 93 (*Correspondance*, vol. 34, cc. 39r e v: lettera del 21 ottobre 1769). Su Dal Verme si veda anche ivi, pp. 52, 76, 87-88, 95. Su Chauvelin si veda HAUSMANN Friedrich, *Repertorium der diplomatischen Vertreter aller Länder, seit dem Westfälischen Frieden (1648)*, Zürich, Fretz und Wasmuth Verlag, 1950, II, p. 126.
[493] ASPr, Inv. 152/1 Decreti e rescritti (1749-1780), lettera "C", c. 69r: "In luogo delle temporali gratificazioni le viene assegnato il mensual soldo di lire 300".
[494] BENASSI, *Guglielmo Du Tillot*, X (2° p.), p. 135.
[495] BADINTER, *L'infant de Parme*, pp. 105-106.
[496] BENASSI, *Guglielmo Du Tillot*, X (2° p.), p. 136.
[497] ACDF, St. St. GG 4 c.
[498] ACDF, St. St. GG 4 c. In una minuta del fascicolo si legge: "Sei sono gli Editti dallo scorso ottobre fino al presente pubblicati in Parma e tre sono li capi maggiori d'aggravio che ne derivano all'immunità ecclesiastica [...]. Con editto in data del giorno 14 ottobre [1769] il Real Infante prescrive nei suoi stati una *Pragmatica* che abbia valore anche per il passato negli atti *inter vivos* e ultima volontà non effettuati. Proibisce le disposizioni superiori alla somma di 300 ducatoni in contante a favore di mani morte". Lo scrivente aggiunge che sono stati emanati due editti il 10 e 12 ottobre; quindi istituisce un confronto di questi nuovi provvedimenti con la corrispondente legge toscana. Accenna a un

1770

Gennaio: il governo nomina un regio custode dei beni e dei redditi dei benefici ecclesiastici[499].

27 gennaio: l'ambasciatore di Francia La Houze scrive con preoccupazione a Choiseul (ministro del re Luigi XV) a proposito del duca Ferdinando, rivelandogli che il giovane sovrano si dedica prevalentemente alle pratiche di devozione e che indossa lo scapolare dei domenicani sotto la camicia[500].

Marzo: nuovo aggiornamento dell'*Index librorum prohibitorum* da parte della Congregazione dell'Indice.

---

altro editto del 14 gennaio, nel "quale supponesi che in vigore d'alcuni brevi d'Adriano VI, Clemente VII e Paolo III li beni una volta accatastati pagar debbano col loro carico e alla qualità de' Tributari in qualunque persona". Il Reale Infante "comanda che debbano giusta la rata loro spettante da oggi innanzi collettarsi et indistintamente caricarsi per tutte quante le gravezze ordinarie, [...] tuttoché siano passati [...]. L'esecuzione di quest'Editto rispetto a Parma s'inculca con nuovo editto del Governatore Giambattista Arcelli del giorno 20 febbraio prossimo passato. Con editto dell'8 febbraio si erige un tribunale supremo laicale cui si dà la facoltà di esaminare le questioni che possono insorgere per questi editti. Tra li molti e gravi torti causati all'immunità ecclesiastica dagli Editti di Parma tre se ne scorgono principalmente contrari alla disposizione dei Sacri Canoni e Concili generali: 1) la proibizione alle chiese d'ammansare i beni (editti del 14 ottobre [1769] e 10 e 12 ottobre 1764), 2) tutti i beni acquistati dagli ecclesiastici dopo l'ultimo catasto del 1588 debbono collettarsi e caricarsi di tutte quante le gravezze ordinarie; 3) erezione di un tribunale". Lo scrivente commenta che "il primo punto è contrario al Concilio di Trento, il secondo è contrario al Concilio Lateranense Biennense [città svizzera di Bienna, nel cantone di Berna], ai privilegi concessi dai papi (Bonifacio VIII), ai concordati colla Casa d'Austria, col re delle Due Sicilie, di Sardegna, Impero, Polonia, Venezia, Portogallo, Spagna, Savoia, Francia".
[499] BENASSI, *Guglielmo Du Tillot*, X (2° p.), p. 121-122.
[500] BADINTER, *L'infant de Parme*, p. 107 (*Correspondance*, vol. 34, cc. 244r e v). Su Mathieu Basquiat, barone di La Houze, si veda HAUSMANN, *Repertorium*, II, pp. 115, 118. Era diplomatico francese dapprima a Napoli e poi presso la Santa Sede.

Il preside della Facoltà Teologica svolge un ruolo di controllo sulla circolazione libraria: viene infatti ricercato un libraio ambulante detto "Il soldato", che vende le *Lettere persiane* di Charles Louis de Montesquieu, proibite[501].

Fra il 1770 e il 1771 il vescovo di Piacenza mons. Pisani e il Du Tillot si scambiano un fitto carteggio, in cui il prelato si dichiara collaboratore del ministro, pur ammettendo che le limitazioni al potere episcopale lo indeboliscono di fronte al suo stesso clero[502]. Il ministro pretende anche di "dettar legge nelle nomine dei parroci, nei permessi di monacazione" e in tante altre questioni, ma Pisani è "battagliero"[503].

Marzo: Du Tillot manifesta a d'Argental il proprio disagio nei rapporti con la corte di Spagna, che è troppo conciliante con il papa[504].

Agosto: il re di Francia Luigi XV destituisce il suo ministro, il duca Étienne François di Choiseul, che aveva unito Borbone di Francia e di Spagna contro i Gesuiti[505].

Inoltre l'ambasciatore La Houze viene sostituito da Boisgelin, che diventa complice della coppia ducale contro Du Tillot, considerato dispotico[506]. Boisgelin manda a Versailles notizie denigratorie contro Du Tillot, accusandolo di eresia ed empietà. Anche il ministro plenipotenziario di Spagna, il marchese di Revilla (che

---

[501] ASPr, Istruzione pubblica farnesiana, bb. 25-26; DI NOTO Sergio, *Il Collegio dei dottori e giudici e la Facoltà legale parmense in età farnesiano-borbonica (1545-1802)*, Padova, Cedam, 2001, pp. 341-342, nota 95.

[502] DREI, *Sulle relazioni,* p. 593 (ASPr, Carteggio borbonico interno, anni 1770-1771).

[503] BENASSI, *Guglielmo Du Tillot,* X (2° p.), pp. 127-128.

[504] BENASSI, *Guglielmo Du Tillot,* X (2° p.), p. 123.

[505] Sui contatti fra Choiseul (ministro degli affari esteri) e Du Tillot si veda BADINTER, *L'infant de Parme,* pp. 82, 102. Du Tillot era in ottimi rapporti anche con il ministro degli affari esteri a Madrid, Grimaldi (ivi, p. 102): aveva adottato, infatti, una politica di collaborazione con le due case borboniche.

[506] BENASSI, *Guglielmo Du Tillot,* II, p. 136; BADINTER, *L'infant de Parme,* pp. 108-109 (*Correspondance,* vol. 35, cc. 191r-192v).

era venuto a Parma nel luglio del 1766), invia a Madrid informazioni contrarie a Du Tillot[507].

Chauvelin suscita sospetti contro Du Tillot anche presso l'imperatrice Maria Teresa d'Austria[508].

22 ottobre: il vescovo di Piacenza richiama in diocesi il docente universitario di logica e metafisica Luigi Dodici, che all'università di Parma viene sostituito dal chierico regolare teatino Giovanni Battista Carminati. A Piacenza, dal 1° dicembre il Dodici esercita il ministero sacerdotale; inoltre è eletto vicario generale e consultore dell'Inquisizione[509].

Novembre: gli ecclesiastici secolari non sono disposti a pagare i tributi statali imposti al clero[510].

17 dicembre: emanato dal governo il *Piano generale di regolamento economico* proposto dall'avvocato Francesco Bertioli per limitare gli abusi commessi dai luoghi pii nell'amministrazione temporale[511].

Dicembre: il duca di Choiseul (che sosteneva Du Tillot) è congedato; il padre cappuccino Adeodato Turchi riceve l'ordine di non avvicinarsi più al palazzo ducale[512].

1771

27 gennaio: il duca Ferdinando scrive una lettera ufficiale al re di Spagna Carlo III per denunciare il dispotismo di Du Tillot[513]. Alle

---

[507] BENASSI, *Guglielmo Du Tillot*, X (2° p.), p. 136.
[508] BENASSI, *Guglielmo Du Tillot*, X (2° p.), p. 137.
[509] BERTI, I, pp. 77-8 e n, 80.
[510] BENASSI, *Guglielmo Du Tillot*, X (2° p.), pp. 129-130. Benassi la definisce una "congiura antitributaria", che ebbe notevoli conseguenze economiche.
[511] BENASSI, *Guglielmo Du Tillot*, X (2° p.), p. 107.
[512] BENASSI, *Guglielmo Du Tillot*, X (2° p.), p. 137. Benassi precisa che Choiseul non cadde per la politica ecclesiastica, ma per la linea politica assunta con l'Inghilterra.
[513] BENASSI, *Guglielmo Du Tillot*, X (2° p.), p. 137; BADINTER, *L'infant de Parme*, pp. 109-110 (*Correspondance*, vol. 35, cc. 144 e 156: lettere di Boisgelin del 22 novembre e 22 dicembre 1770).

due corti borboniche di Francia e Spagna giungono molti memoriali contro il ministro. Entrambe, quindi, in luglio invieranno propri rappresentanti a Parma per compiere indagini su Du Tillot[514].

17 maggio: Schiattini invia a Du Tillot una relazione su un progetto finalizzato a rassicurare il vescovo di Parma Pettorelli Lalatta della piena collaborazione del governo alla difesa della fede[515]. Infatti, secondo Schiattini, il vescovo non intende collaborare con i docenti universitari, perché "nella Università si insegnano dottrine contrarie alla Chiesa": per esempio il padre teatino Tommaso Antonio Contini e don Carlo Amoretti, "trattando dell'autorità dei papi, della Giurisdizione ecclesiastica le hanno ridotte cattolicamente ai loro limiti". Inoltre insegnano "che vi sono delle Decretali false, che le leggi ecclesiastiche sono soggette alla revisione del Principe, che l'appellazione al Principe dai giudizi ecclesiastici è permessa etc. Ecco le nostre eresie sostenute in oggi in tutto il mondo cattolico!"[516].

---

[514] BENASSI, *Guglielmo Du Tillot*, X (2° p.), p. 138.
[515] DREI, *Sulle relazioni,* pp. 591-592: ASPr, *Decreti e rescritti sovrani,* b. 16. Sulla riluttanza del Pettorelli a collaborare con il governo illuminato, anche negli anni precedenti: BENASSI, *Guglielmo Du Tillot*, X (1° p.), pp. 206-207.
[516] DREI, *Sulle relazioni,* p. 592. Drei cita, per questa fonte, ASPr, Archivio Du Tillot, b. 90. Ma è interessante ciò che afferma BENASSI, *Guglielmo Du Tillot*, X (1° p.), p. 220, quando sottolinea che i vescovi "non si prestarono con fervore all'arduo e delicato compito, neppur monsignor Pettorelli, che se temeva il Governo, aveva ancor maggiore paura del S. Uffizio, e se si rassegnava per amor di pace e talora piangendo agli ordini di quello, era lontanissimo dal pensar d'osare, checché il Du Tillot cercasse d'insinuargli nell'animo con le sue lunghe e vivaci epistole, azioni energiche e ribellioni alla Corte papale!". Sulla disapprovazione del vescovo nei confronti di Contini e Amoretti si veda anche BENASSI, *Guglielmo Du Tillot*, X (2° p.), p. 126. Una fonte che questi storici non conoscevano è in ACDF, 1795-1796, fasc. 1: trascrizione manoscritta del proemio e del primo dei cinque libri dell'opera *De explanatione quinque decretalium libri patris Contini*. Si tratta probabilmente del testo di diritto canonico del padre teatino Tommaso Antonio Contini, nominato docente di diritto all'Università di Parma nel 1768 e licenziato nel 1772. Possiamo immaginare che l'iniziativa

L'abate Sisto Rocci e Schiattini vengono incaricati dal governo di sorvegliare i docenti, affinché in futuro siano evitate simili degenerazioni[517].

Anche il padre teatino Paolo Paciaudi, bibliotecario di corte, deve abbandonare il suo incarico, pur potendo rimanere a Parma nel convento di Santa Cristina. Il suo collaboratore Andrea Mazza, segretario del "Magistrato per gli studi", lo accusa di "aver mal gestito la biblioteca rivendendo i libri dei soppressi conventi dei gesuiti per arricchirsi personalmente e favorendo la lettura dei libri proibiti"[518].

Mazza accusa anche il giovane dottore in medicina Alessandro Rossi di Brescello, che "combatte i punti più importanti della religione" insieme al suo compagno di studi Pizzetti, che oltretutto è anche un libertino[519].

7 giugno: provvedimenti ministeriali di espulsione dagli Stati parmensi del Rossi; di esclusione dalle pubbliche scuole di Alessandro Corbellini e di un certo Cavalli; di ammonimento al citato Pizzetti[520].

Luglio: come già anticipato, le corti di Spagna e Francia mandano ambasciatori a compiere ispezioni sul comportamento dispotico di Du Tillot: il conte Durfort per la Francia e Cevallos per la Spagna[521]. Ferdinando chiede la sospensione del ministro Du Tillot, ma non viene accontentato, quindi, il 21 luglio, decide di

---

di inviare il manoscritto fosse stata presa dall'inquisitore di Parma Mozani negli anni Novanta, dopo il ristabilimento dell'Inquisizione romana nello Stato.
[517] DREI, *Sulle relazioni,* p. 593: ASPr, Decreti e Rescritti, b. 16; Archivio Du Tillot, b. 90.
[518] ROSCIONI Lisa, Voce *Paciaudi* in DBI, vol. 80 (2015), solo versione *on line*: www.treccani.it.
[519] DREI, *Sulle relazioni,* p. 592.
[520] DREI, *Sulle relazioni,* p. 593.
[521] BADINTER, *L'infant de Parme,* pp. 110-111; BENASSI, *Du Tillot,* X (1° p.), pp. 206-207. Probabilmente il diplomatico francese è Emeric Joseph Durfort-Civrac, ambasciatore di Francia a Venezia: su di lui si veda HAUSMANN, *Repertorium*, II, pp. 115, 132.

mandarne in esilio i collaboratori: Paciaudi, il marchese Malaspina e altri[522]. Scoppiano rivolte popolari per ottenere le dimissioni di Du Tillot[523].

La duchessa Maria Amalia scrive una lettera alla madre, l'imperatrice Maria Teresa[524].

16 luglio: il duca Ferdinando consulta i vescovi di Parma, Piacenza e Borgo San Donnino, poi nomina tre inquisitori di Stato: mons. Baiardi (vescovo di Borgo San Donnino), il piacentino Ignazio Gaetano Arcelli e il conte Giacomo Maria Schiattini, che era stato il presidente della regia Giunta di Giurisdizione, ma che nel nuovo scenario politico prende le distanze dal primo ministro[525].

Luglio: proteste popolari contro il Du Tillot a Parma e a Piacenza[526].

Vengono arrestati don Pietro Copellotti e altri collaboratori del ministro[527]. Il duca e i tre inquisitori di Stato invitano chiunque a scrivere memoriali contro il ministro e i suoi assistenti, che vengono accusati di empietà[528].

18 agosto: Boisgelin viene richiamato a Parigi; le corti di Spagna e Francia considerano la possibilità di revocare anche l'incarico a

---

[522] BADINTER, *L'infant de Parme*, pp. 110-111. Sulle cause del declino di Du Tillot: ivi, pp. 130-149. Il primo nemico era il duca (pp. 132-133), seguito dalla duchessa, che teneva "le fila della cospirazione" (pp. 133-134: 133).
[523] BADINTER, *L'infant de Parme*, p. 111.
[524] BADINTER, *L'infant de Parme*, p. 106 (in cui l'autrice cita la collocazione del documento: Vienna, Handarchiv Kaiser-Franz, Karton 23, fasc. 12, c. 3).
[525] BENASSI, *Guglielmo Du Tillot*, X (2° p.), pp. 138-139.
[526] BENASSI, *Guglielmo Du Tillot*, X (2° p.), pp. 139-140.
[527] BENASSI, *Guglielmo Du Tillot*, X (2° p.), p. 140; su Copellotti: ivi, p. 147 (accusato di essere seguace di Febronio, Lutero, Calvino e Maometto).
[528] BENASSI, *Guglielmo Du Tillot*, X (2° p.), pp. 141-148 e 156. Furono redatti anche testi satirici. Bersagli di questi numerosi memoriali sono, per esempio, don Copellotti, l'abate Millot e Condillac. Perfino il Comune di Parma (nella figura di Pompeo Sacco) scrisse un memoriale: ivi, p. 161.

Du Tillot, sostituendolo con lo spagnolo Giuseppe Agostino De Llano[529].

15 settembre: re Carlo III, in accordo con la Francia, destina De Llano a primo ministro[530].

2 novembre: De Llano arriva a Parma; Du Tillot viene licenziato.

14 novembre: De Llano sostituisce Du Tillot come nuovo ministro[531].

19 novembre: Du Tillot lascia Parma[532].

Paciaudi sollecita i vescovi a sostituire il catechismo del gesuita Bellarmino con quello del Casati, vescovo di Mondovì[533], ma mentre il remissivo Pettorelli Lalatta accetta, il Pisani si oppone, dichiarando che i catechisti potrebbero rimanere scandalizzati. A questa risposta, Paciaudi accetta di limitarsi a bandire il catechismo di Bellarmino dalle scuole governative, senza imporre quello del Casati[534]. Di fatto nessun vescovo dello Stato collabora fattivamente con Du Tillot: Pisani è avverso e gli altri mostrano soltanto "un'officiosità opportunistica" e ambigua[535].

Il duca, dopo aver licenziato lo Spedalieri, incarica l'abate parmigiano Cipriano Celeri (o Celleri) di affrontare alcune "commis-

---

[529] BADINTER, *L'infant de Parme*, pp. 112. Secondo Benassi la Spagna era favorevole alla sostituzione, in modo da porre su Parma un primo ministro spagnolo: per questa ragione il governo spagnolo abbandona al suo destino il Du Tillot. BENASSI, *Guglielmo Du Tillot*, X (2° p.), pp. 156-157.
[530] BENASSI, *Guglielmo Du Tillot*, X (2° p.), p. 147.
[531] BENASSI, *Guglielmo Du Tillot*, X (2° p.), p. 147.
[532] BADINTER, *L'infant de Parme*, pp. 112.
[533] BELLARMINO Roberto, *Dottrina christiana breue, composta per ordine di N. S. papa Clemente VIII dal R. P. Roberto Bellarmino [...] riuista & approuata dalla Congregazione della Riforma*, in Roma, appresso Luigi Zannetti, 1598; CASATI Michele, *Compendio della dottrina cristiana pubblicato per ordine dell'illustrissimo e reverendissimo monsignore Michele Casati [...] Ad uso della sua diocesi [...]*, in Mondovì, nella stamperia di Baldassarre Rossi, 1765.
[534] BENASSI, *Guglielmo Du Tillot*, X (2° p.), p. 128.
[535] BENASSI, *Guglielmo Du Tillot*, X (2° p.), p. 130.

sioni spirituali" presso la Santa Sede, per esempio in favore della devozione a santi come Luigi re di Francia, Pio V, S. Giacinto, S. Ferdinando e S. Amalia[536].

1772

3 gennaio: vengono incarcerati i due fratelli Giuseppe Maria e Ignazio Maria Blancardi, sudditi dello Stato sabaudo, originari di Nizza, che avevano scritto e diffuso un *pamphlet* di contenuto giurisdizionalista, in un primo tempo accolto con un certo favore dal Du Tillot[537].

31 gennaio: i vescovi di Parma e Piacenza ricevono le minute di un decreto ducale datato 14 agosto 1771, in cui don Ferdinando dichiarava l'intenzione di dar nuova vita all'Inquisizione[538]. I due

---

[536] BENASSI, *Guglielmo Du Tillot*, X (2° p.), p. 159.
[537] ASPr, Carte varie di funzionari borbonici, b. 26. Per farsi apprezzare dal Du Tillot i due fratelli gli avevano scritto, sostenendo che "in occasione delle differenze procedute dal Breve del 30 gennaio 1768 furono i soli a Roma che formassero lo stato della questione, e ragionassero in conseguenza in faccia alla Curia medesima". Quando sono arrestati vengono "invezionate" (sequestrate) molte loro carte ("quattro mazzi"), che probabilmente costituiscono il contenuto della busta archivistica in esame, gentilmente segnalatami da Laura Bandini. Dall'esame delle carte si intuisce che i due fratelli avevano chiesto a Du Tillot di essere assunti, ma il ministro aveva risposto di non poterli impiegare; essi scrissero di nuovo, il 10 agosto 1771 da Colorno, in questi termini: "Se l'economia di questi Stati non permette di darci verun impiego, il concorso della di Lei assistenza possa giovare per ottenere qualche impiego almeno nelle più rimote Indie".
Un fascicolo così si intitola: "Scritti, lettere, memoriali, ed apologie delli Blancardi in occasione del preteso loro annicchiamento in Parma". L'espressione "annicchiamento" indica l'aspirazione dei due fratelli a farsi assumere dalla corte borbonica all'epoca in cui era ministro Du Tillot.
[538] DREI, *Sulle relazioni,* pp. 594-595, da TONONI Gaetano, *Corrispondenza secreta tra il duca d. Ferdinando e il vescovo A. Pisani*, in "Strenna piacentina", 1888, pp. 45-67.

vescovi, però, decidono di non rispondere ma di aspettare, per comprendere meglio le intenzioni del sovrano[539].

Il duca scrive a De Llano per comunicargli che ha intenzione di annullare la politica contro la Santa Sede[540].

Febbraio: viene concessa amnistia sia a coloro che erano stati puniti da Du Tillot (fra cui il domenicano Vincenzo Domenico Ferrari), sia a coloro che erano stati puniti perché suoi collaboratori (come Paciaudi e don Copellotti)[541]. Tuttavia il 26 febbraio Schiattini viene comunque licenziato e sostituito nella carica di presidente del "Magistrato dei riformatori degli studi" dal conte Girolamo Nasalli[542].

Proseguono i licenziamenti dei funzionari e dei professori legati all'ex ministro Du Tillot[543].

Marzo: il teatino veneziano Tommaso Antonio Contini, docente di diritto canonico all'Università, viene licenziato, essendo fautore delle teorie giurisdizionaliste[544].

17 giugno: il barbiere guastallese Marc'Antonio Cozzoli si presenta spontaneamente al vicario generale abbaziale di Guastalla, don Natale Andrea Bonazzi, ammettendo di aver partecipato a un rito magico compiuto per scoprire tesori nascosti nei campi di Guastalla[545].

---

[539] DREI, *Sulle relazioni*, p. 596.
[540] DREI, *Sulle relazioni*, p. 596.
[541] BENASSI, *Guglielmo Du Tillot*, X (2° p.), p. 162.
[542] BENASSI, *Guglielmo Du Tillot*, X (appendice), pp. 160-163.
[543] GONZI, *Storia della scuola popolare*, pp. 33-36.
[544] DREI, *Sulle relazioni*, p. 599 (con la data 1771); GONZI, *Storia della scuola popolare*, p. 34.
[545] Guastalla, Archivio vescovile abbaziale. Foro ecclesiastico, busta con atti sciolti dal 1714 al 1772. Il processo è stato trascritto in DALLASTA Federica e DALLASTA Gianni, *"Un libro buono per cavare li tesori". Sortilegi a scopo di lucro fra Guastalla e Sabbioneta in un processo inquisitoriale del 1772*, in "Reggio storia", XXXIX (2017), pp. 37-43 (1° parte), 17-24 (2° parte). Per la trascrizione si veda la terza appendice del presente saggio, doc. 19.

10 agosto: anche nell'ambito della scuola elementare per il popolo il duca introduce "alcune nuove provvidenze"[546]. Per esempio l'articolo 24 stabilisce "il divieto de' libri antichi" e "l'uso de' moderni da S. A. R. introdotti, e da introdursi"; l'articolo 26 enuncia: "Sarà carico de' suddetti Maestri di provvedere in modo, che non manchi la Messa quotidiana agli Scolari".

Paciaudi è riammesso a corte, ma, a causa delle critiche che continuano a raggiungerlo, dopo due anni di servizio deciderà di trasferirsi a Torino.

Agosto: il governo ducale licenzia il somasco Giovanni Francesco Soave, professore di poesia latina, greca e italiana[547].

Ottobre: l'abate agostiniano Carlo Amoretti viene licenziato dalla funzione di docente di diritto canonico alla facoltà teologica dell'Università[548], perché "si era lasciato fuori di scuola uscire qualche proposizione scandalosa e contraria ai dettami di santa madre Chiesa"[549].

24 ottobre: anche De Llano viene licenziato, mentre viene assunto come nuovo ministro di Stato il conte Giuseppe Sacco, sostenuto da vescovi e clero. Essendo già stati cacciati i gesuiti da Parma e Piacenza, Francia e Spagna sospendono le loro pensioni al duca e lasciano libero don Ferdinando di riavvicinarsi alla Santa Sede[550].

---

[546] GONZI, *Storia della scuola popolare*, pp. 175-177: *Piano di alcune nuove provvidenze da S. A. R. ordinate per questa R. Università degli Studj, e per le RR. Scuole del suo Dominio*, in Archivio per la Storia dell'Università di Parma, cart. IV.

[547] GONZI, *Storia della scuola popolare*, pp. 34-35.

[548] BERTI, I, p. 67n.; GONZI, *Storia della scuola popolare*, p. 35.

[549] Tale accusa fu il pretesto per allontanare un personaggio gradito all'ex governo di Du Tillot: DREI, *Sulle relazioni*, pp. 592-593. Amoretti, tuttavia, non fu deferito all'Inquisizione vescovile, anche se il 7 giugno il duca approvò con un sovrano rescritto il provvedimento ministeriale della sua esclusione dalle pubbliche scuole.

[550] Sulla sostituzione del Llano col Sacco: DREI, *Sulle relazioni*, p. 596; BENASSI, *Guglielmo Du Tillot*, X (2° p.), p. 161 ("per l'ostilità dei sovrani"); BADINTER,

Il conte Luchino Dal Verme viene ristabilito in tutte le sue funzioni. Il padre predicatore Vincenzo Domenico Ferrari (docente di teologia all'Università) è richiamato a corte e diventa il confessore del duca[551]. Anche Francesco Bergonzi (giudicato dal conte Carlo Giuseppe di Firmian molto superstizioso) riprende a svolgere un ruolo di rilievo presso il duca[552].

A quest'anno risale la riforma della censura libraria a Modena, che prelude alla definitiva soppressione dell'ente nel 1785[553].

1773

Dal principio del 1773 alla metà del 1775, secondo Paciaudi, è in atto il "regno del padre teologo", cioè del domenicano Vincenzo Domenico Ferrari, che influisce sull'operato del duca[554].

Estate: Pettorelli Lalatta si oppone alla pubblicazione del *Cours d'étude* del Condillac, nonostante l'edizione già terminata dal Bodoni, per questioni filosofico-teologiche[555].

21 luglio: soppressione della Compagnia di Gesù da parte del pontefice. Francia e Spagna si riconciliano con il duca Ferdinando. De Llano torna a ricoprire il ruolo di primo ministro per tre mesi[556].

L'infant de Parme, p. 138 (in cui si cita una lettera del duca a Llano del 24 ottobre 1772 in *Correspondance*, vol. 38, c. 159r).
[551] BADINTER, *L'infant de Parme*, pp. 120 e 140.
[552] BADINTER, *L'infant de Parme*, p. 127. Su di lui (1749-1804) si veda LASAGNI 1999, I, p. 407.
[553] Sull'Inquisizione a Modena in questi ultimi anni: DEL COL, *L'Inquisizione in Italia*, pp. 717 (sulla riforma della censura libraria), 727-737; 754; FRANCESCONI Federica, voce *Modena*, in *Dizionario storico dell'Inquisizione*, II v., pp. 1054-1055.
[554] BENASSI, *Guglielmo Du Tillot*, X (2° p.), p. 162.
[555] BENASSI, *Guglielmo Du Tillot*, X (2° p.), p. 161.
[556] BENASSI, *Guglielmo Du Tillot*, X (2° p.), p. 162.

Autunno: il domenicano padre Ferrari dimora alla corte di Ferdinando[557].

6 novembre: il duca scrive al papa Clemente XIV per dichiarare le sue intenzioni di riavvicinamento alla Santa Sede e gli annuncia che scriverà ai sovrani di Francia e Spagna per chiedere la restituzione alla Chiesa delle terre dello Stato pontificio occupate dalle truppe francesi e spagnole negli anni precedenti[558].

2 dicembre: il papa risponde al duca con soddisfazione[559].

I diplomatici francesi (in particolare il conte di Flavigny, nuovo ambasciatore di Francia a Parma) temono che il duca ripristini la situazione precedente alla riforma operata dal governo illuminato[560].

1774

Da quest'anno Ferdinando trascorre la maggior parte del suo tempo nella corte di Colorno e si dedica alle pratiche religiose, verso le quali prova da sempre grande attrazione. Negli anni successivi compie diversi pellegrinaggi[561].

6 marzo: decreto che annuncia che padre Ferrari è stato eletto confessore del duca. La notizia viene pubblicata sulla *Gazzetta di Parma* il 15 marzo[562].

29 maggio: Sacco scrive al ministro spagnolo in Roma (Floridablanca) per spiegare che il governo parmense è costretto, per esigenze finanziarie, a prorogare le collette fra gli ecclesiastici, ben-

---

[557] BADINTER, *L'infant de Parme*, pp. 140-141 (*Correspondance*, vol. 38, c. 315r: lettera del 5 dicembre).
[558] BENASSI, *Guglielmo Du Tillot*, X (2° p.), pp. 162-163 (in realtà il testo è redatto da padre Ferrari, con la collaborazione di Misuracchi); BADINTER, *L'infant de Parme*, p. 141.
[559] BADINTER, *L'infant de Parme*, p. 141 (*Correspondance*, vol. 38, cc. 311r-313v).
[560] BADINTER, *L'infant de Parme*, p. 141.
[561] BADINTER, *L'infant de Parme*, p. 147.
[562] BENASSI, *Guglielmo Du Tillot*, X (2° p.), p. 163.

ché intenda stabilire trattative per giungere a un concordato con la Santa Sede[563].

28 agosto: il duca scrive al re di Spagna, palesandogli l'intenzione di ristabilire l'Inquisizione e di restituire i beni agli ordini religiosi espulsi, dopo averli fatti richiamare nello Stato[564].

4 settembre: il conte Flavigny teme il ristabilimento dell'Inquisizione e l'annullamento dei provvedimenti adottati negli anni precedenti per limitare i privilegi degli ecclesiastici (soppressione delle imposte agli ecclesiastici; restituzione dei conventi alle famiglie religiose)[565].

22 settembre: muore papa Clemente XIV. Le trattative con la Santa Sede per il ristabilimento dell'Inquisizione e degli ordini religiosi espulsi vengono interrotte. La Spagna a sua volta è contraria ai progetti di don Ferdinando[566].

13 dicembre: Du Tillot muore a Parigi[567].

1775

15 febbraio: viene eletto papa Pio VI.

10 marzo: il duca aumenta l'assegno di predicatore di corte al cappuccino Adeodato Turchi[568].

Dall'estate il padre Vincenzo Domenico Ferrari viene licenziato da don Ferdinando e relegato a Piacenza, "per essersi voluto inge-

---

[563] BENASSI, *Guglielmo Du Tillot*, X (2° p.), p. 165.
[564] BENASSI, *Guglielmo Du Tillot*, X (2° p.), p. 165. Questo progetto sarebbe in conflitto con l'aiuto economico ai benefici parrocchiali, ai seminari, agli ospedali e ai luoghi di ricovero e d'assistenza, tutti molto poveri, ma il duca cerca di conciliare esigenze opposte.
[565] BADINTER, *L'infant de Parme*, pp. 141-142. Un accenno al Flavigny è anche in GONZI, *Storia della scuola popolare*, p. 71. Sul conservatorismo del ministro Sacco: ivi, p. 70.
[566] BENASSI, *Guglielmo Du Tillot*, X (2° p.), pp. 165-166.
[567] BADINTER, *L'infant de Parme*, p. 145.
[568] BENASSI, *Guglielmo Du Tillot*, X (2° p.), p. 173.

rir troppo in tutti gli affari di corte, di Stato e d'azienda"[569]. Non sappiamo se la decisione sia stata presa in tutta libertà, o se ci siano state pressioni dalle corti di Francia e Spagna.

24 agosto: muore il vescovo di Borgo San Donnino mons. Girolamo Baiardi.

Per il ruolo di censore dei libri a Piacenza viene licenziato padre Omodei e nominato il padre domenicano Domenico Gritti, priore di S. Giovanni in canale[570].

25 dicembre: Pio VI pubblica l'enciclica *Inscrutabile divinae sapientiae*, in cui condanna la filosofia illuminista, "piena d'inganni"[571].

Il soppresso convento dei domenicani di Fontanellato viene restituito ai frati, per volontà del duca[572].

1776

29 gennaio: viene nominato vescovo di Borgo San Donnino mons. Alessandro Garimberti.

30 marzo 1776: il frate predicatore Giuseppe Eugenio Porta del convento domenicano di Parma scrive a Raimondo Migliavacca a Roma sulla volontà del duca di ripristinare il Sant'Ufficio e di restituirlo ai domenicani, ma teme che le corti di Spagna e Francia si oppongano[573]. Accenna, inoltre, preoccupato, alla stampa del *Cours d'étude pour l'instruction du prince de Parme* (dedicato allo stesso sovrano) di Étienne Bonnot de Condillac, che

---

[569] BENASSI, *Guglielmo Du Tillot*, X (2° p.), p. 164.
[570] BENASSI, *Guglielmo Du Tillot*, X (2° p.), p. 163. Gritti riceverà un aumento di stipendio con rescritto sovrano del 19 agosto 1779: ASPr, Decreti e rescritti, b. 26 (1779). Il duca così motiva l'aumento: "La piena soddisfazione, che abbiamo dello zelo, attività, ed intelligenza, con cui il padre maestro Domenico Gritti de' Predicatori sostiene in Piacenza il doppio incarico di censore de' libri di religione e letteratura, e di preside di que' regi studj, ci ha determinati a dargli un'attestato del sovrano nostro aggradimento […]".
[571] DEL COL, *L'Inquisizione in Italia*, p. 714.
[572] BENASSI, *Guglielmo Du Tillot*, X (2° p.), p. 168.
[573] Sul Porta si veda LASAGNI 1999, IV, pp. 3-4.

esprime pienamente l'ideologia illuminista e sensista ed è carico di un forte potenziale destabilizzante[574].

1° aprile: si diffonde a Parma un estratto del *Journal encyclopédique* in cui Condillac parla del suo *Cours d'étude*[575].

Nel medesimo anno il duca richiama a Parma il padre teatino Paolo Paciaudi, che era stato precedentemente licenziato dal Du Tillot, e gli affida la ricostruzione della biblioteca di corte, volendo mantenere quell'armonia fra cultura e fede che vigeva quando i gesuiti erano a capo delle istituzioni scolastiche e culturali nei Ducati di Parma e Piacenza[576].

Il duca si reca a Modena presso il bibliotecario della corte estense, l'ex gesuita Gerolamo Tiraboschi. Cominciano frequenti contatti fra Parma e Modena, dove nel frattempo è stato nominato inquisitore il Migliavacca.

26 dicembre: l'inquisitore di Reggio Emilia fra Carlo Giacinto Beliardi (o Belleardi, o Bigliardi) pubblica l'*Editto generale per l'Uffizio della Santa Inquisizione di Reggio*, che riguarda anche alcuni territori del ducato di Parma compresi nella diocesi di Reggio Emilia[577].

---

[574] ACDF, St. St., GG 4 c. L'opera, dedicata al principe Ferdinando di Borbone e stampata a Parma dall'Imprimerie royale nel 1775 in 16 volumi in 8°, verrà messa all'Indice solo nel 1836: ILI XI, p. 238. Sull'argomento si rinvia a CERIOTTI, *Parma francese*, pp. 179-193.

[575] BADINTER, *L'infant de Parme*, pp. 143-144 (*Correspondance*, vol. 40, cc. 46r e v: 12 maggio 1776).

[576] ACDF, St. St. GG 4 c. Paciaudi, che aveva fondato la biblioteca nel 1762 e l'aveva diretta fino al 1774, quando fu affidata ad Andrea Mazza, riprese la direzione dal 1778 al 1785: si veda CIAVARELLA Angelo, *Notizie e documenti per una storia della Biblioteca Palatina di Parma*, Parma, Biblioteca Palatina, 1962, pp. 7-45: 14-23.

[577] AVPr, Cassetta Pettorelli Lalatta, bando a stampa del 26 dicembre 1776 (trascrizione in appendice documentaria, doc. 20). Due lettere di Beliardi (inquisitore di Reggio dal 1763 al 1780) inviate ai cardinali del Sant'Ufficio a Roma nel 1763 e 1765 si trovano in ACDF, St. St. GG 4 d. Su di lui si veda *I giudici della fede*, p. 112.

1777

All'inzio dell'anno il duca Ferdinando di Borbone si impegna presso la Santa Sede per giungere a un concordato e poter riaprire il Sant'Ufficio. Entra quindi nel vivo l'"Affare" del ristabilimento dell'Inquisizione nello Stato di Parma. L'operazione viene condotta su due livelli: ufficiale e ufficioso, grazie alla mediazione di un gruppo di domenicani, fra i quali svolgono una funzione fondamentale Mozani, Migliavacca, Paolo Francesco Antamori, Serafino Maccarinelli, Vincenzo Bartoli e il generale dei domenicani[578].

26 febbraio: Antamori scrive da Roma a Migliavacca, ora divenuto inquisitore di Modena, per descrivere la situazione dello Stato estense e la "grande pietà e fede religiosa" del duca di Parma. Accenna alle opere di Tiraboschi[579].

26 febbraio: il frate domenicano Serafino Maccarinelli scrive dal convento di Parma (ora definito "del SS.mo Rosario") a Migliavacca a Modena: parla dell'editto promulgato dal duca di Modena.

---

[578] Lettere del febbraio e marzo, in particolare del 26 marzo del cardinale Serafino Maccarinelli da Roma a Migliavacca a Modena: "Posso dirle in generale che tutti sono di male animo contro il Sant'Ufficio o almeno di nessun parere per il tribunale, anche quelli che ne dovrebbero essere li difensori e promotori […]. Non posso parlar di più per non dire spropositi maggiori" (St. St., GG 4 c). Si veda anche la lettera del 7 giugno del duca Ferdinando da Colorno al padre generale dell'Ordine per informarlo che sta fabbricando la sua nuova chiesa da affidare ai domenicani dell'osservanza. Il duca vorrebbe fondare la chiesa di S. Liborio a cui destina 500.000 lire di Parma, ma per attuare il progetto sono necessarie le approvazioni del generale stesso e del papa. Il duca scrive altre lettere allo stesso destinatario nei mesi successivi allo stesso scopo. Riferendosi alle soppressioni attuate nel 1769 afferma: "Todas estas suppressiones fueron irregularias y illegitimas y yo quiero remediar a todo" (AGOP, XIII. 568, cc. 104-146). Su Serafino Maccarinelli (nato a Brescia nel 1703, morto nel 1779; inquisitore e poi commissario del Sant'Ufficio) si veda *Prosopographie*, II, pp. 757-759.

[579] ACDF, St. St. GG 4 c. Sul cardinale Paolo Francesco Antamori (nato a Roma nel 1712 e morto a Orvieto nel 1795) si veda *Prosopographie*, I, pp. 40-42.

Migliavacca viene incaricato di operare tentativi presso la corte di Parma per ripristinare il Sant'Ufficio[580].

26 marzo: Maccarinelli da Roma scrive a Migliavacca a Modena, per informarlo che perfino la Santa Sede non è concorde sul ristabilimento del Sant'Ufficio a Parma[581].

31 maggio: padre Antamori scrive a Migliavacca a Modena una lettera in cui si parla di mons. Bartoli e dei tentativi in corso di sottoporre al papa la questione della riapertura del Sant'Ufficio a Parma[582].

7 giugno: lettera del duca Ferdinando da Colorno al padre generale dell'ordine domenicano per informarlo che sta fabbricando la sua nuova chiesa da affidare ai domenicani dell'osservanza. In precedenza, nel luogo vi era una vicarìa dedicata a S. Stefano, che è stata chiusa. Ora il duca vorrebbe fondare la chiesa di S. Liborio, a cui destina 500.000 lire di Parma. La fabbrica dovrebbe concludersi in due o tre anni, ma per attuare il progetto sono ne-

---

[580] ACDF, St. St. GG 4 c.
[581] ACDF, St. St. GG 4 c.: "Si sono ricevute le lettere di S. P. M. R. tanto da me quanto da M. Ill.mo nostro Assessore intorno al noto affare. Noi qui non mancheremo di far tutti li possibili tentativi per cercar di intavolare e condurre a fine il trattato. Dio ci aiuti, perché ci troviamo in circostanze niente propizie al nostro tribunale. Non le starò a dire in particolar le cose che corrono, ma posso dirle in generale che tutti sono di male animo contro il Sant'Ufficio o almeno di nessun parere per il tribunale, anche quelli che ne dovrebbero essere li difensori e promotori […]. Non posso parlar di più per non dire spropositi maggiori".
[582] ACDF, St. St. GG 4 c.: "Il mio padre commissario [mons. Bartoli] mi ha communicato una lettera di Parma assai analoga a quella di V. R. della quale farò io uso cautamente con N[ostra] P[aternità] col quale per quanto io sappia, non ha mai parlato di Sant'Ufficio in Parma il s. D. Nicola Lazzarina, né meco ne ha discorso, benché lo abbia veduto. Il piissimo principe Infante forse ne avrà tenuto proposito col S. Marchese Grimaldi, alla di cui venuta, se piacerà al Signore, potrà tentarsi qualche cosa sentendosi già con somma lode di detto sovrano la consaputa restitutione de' conventi. Tanto posso dirle su tal particolare non potendo io parlare, né operare, se non ne ricevo un qualche eccitamento dal Ministro, un qualche commando dal mio Principe, Padre, padrone".

cessarie le approvazioni del generale stesso e del papa. Il duca scrive altre lettere al medesimo destinatario nei mesi successivi, allo stesso scopo. Riferendosi alle soppressioni attuate nel 1769 afferma: "Todas estas suppressiones fueron irregulares y illegitimas y yo quiero remediar a todo"[583].

31 luglio: decreto ducale di soppressione delle congrue ai presbiteri, per esigenze finanziarie[584].

20 ottobre: decreto con cui il duca dona ai domenicani la chiesa di S. Liborio di Colorno in costruzione e restituisce loro i beni del convento soppresso di S. Stefano[585].

Agosto: vengono riconsegnati a diversi ordini i propri monasteri soppressi e viene smantellato il "Patrimonio dei Poveri", creato da Du Tillot. Le restituzioni proseguono anche nel 1778 e 1779[586].

9 dicembre: don Ferdinando scrive a Paciaudi, che si era trasferito da cinque anni a Torino, per affidargli l'incarico di riorganizzare le scuole e la biblioteca[587].

11 dicembre: un rescritto sovrano condona alle madri domenicane di S. Bartolomeo a Piacenza la somma di lire 1110 e 19 soldi, dovuta alla "Cassa Civica per Collette"[588].

1778

27 agosto: il duca incarica l'abate Cipriano Celeri, suo agente a Roma, di individuare il modo per giungere al concordato con la

---

[583] AGOP, XIII.568, cc. 104-146.
[584] BENASSI, *Guglielmo Du Tillot*, X (2° p.), p. 163. Benassi sottolinea la contraddittorietà di questo provvedimento rispetto alla politica ecclesiastica condotta da don Ferdinando.
[585] BENASSI, *Guglielmo Du Tillot*, X (2° p.), p. 168.
[586] BENASSI, *Guglielmo Du Tillot*, X (2° p.), pp. 168-169.
[587] BADINTER, *L'infant de Parme*, p. 144-145 (BPPr, Carteggio Paciaudi, cass. 75).
[588] ASPr, Rescritti sovrani, inv. 153/1 (1749-1780).

Santa Sede; nel frattempo cerca di convincere la Spagna a non ostacolarlo nei suoi tentativi. Il governo di Madrid acconsente, come farà quello francese un anno dopo[589].

1° settembre: Mozani dal convento di Parma al cardinale Serafino Maccarinelli a Roma per riferire che il duca ha scoperto "la falsità delle esposizioni fatte da Du Tillot al Regnante, perché sottoscrivesse le cose fatte contro la Chiesa dopo la morte del padre", negli anni in cui il francese era stato primo ministro. Ora il duca affida l'"Affare" del ristabilimento del Sant'Ufficio all'abate Celeri, suo agente a Roma, ma "la cosa è secretissima"[590].

20 ottobre: un rescritto sovrano ripristina la comunità dei domenicani di Fiorenzuola[591].

In quest'anno comincia la vendita dei beni appartenuti ai gesuiti, che proseguirà ancora nel 1780 e 1781[592].

Paciaudi viene richiamato da don Ferdinando a corte[593].

1779

Da gennaio a giugno il ministro Giuseppe Sacco intrattiene una fitta corrispondenza con l'agente romano Celeri, il cardinale Giraud e il marchese Grimaldi[594].

11 gennaio: un rescritto sovrano condona ai domenicani di Borgo Taro "il debito che tenevano verso la Cassa del Patrimonio dello Stato"[595].

---

[589] BENASSI, *Guglielmo Du Tillot*, X (2° p.), p. 166.
[590] ACDF, St. St. GG 4 c.
[591] ASPr, Rescritti sovrani, inv. 153/1 (1749-1780).
[592] BENASSI, *Guglielmo Du Tillot*, X (2° p.), p. 170.
[593] *Paolo Maria Paciaudi e i suoi corrispondenti,* a cura di Leonardo Farinelli, Parma, La Nazionale, 1985, p. 18.
[594] ASPr, Carteggio borbonico estero, b. 546. Il 20 marzo, per esempio, Sacco spedisce una lettera molto garbata a Celeri; il 3 aprile l'agente romano gli risponde, allegando un breve pontificio.
[595] ASPr, Rescritti sovrani, inv. 153/1 (1749-1780).

Marzo: il duca Ferdinando permette il ritorno di alcune famiglie religiose nei loro conventi (undici case su dodici soppresse)[596].

12 aprile: un rescritto sovrano accorda ai padri domenicani del "Rosario di Parma" (presso l'ex convento dei Servi di Maria) "un giulio d'acqua della Canone della Corte ad uso del loro convento"[597].

8 aprile-21 maggio: vengono emanati documenti ufficiali dalle nove cancellerie vescovili presenti nei Ducati parmensi: Ludovico Terin vescovo di Bobbio, Alessandro Garimberti di Borgo San Donnino, Francesco Maria Gentile di Brugnato, Alessandro Pisani di Piacenza, Francesco Pettorelli Lalatta di Parma, Francesco Tirelli di Guastalla, Gian Maria Castelvetri di Reggio, Giulio Cesare Lomellini di Luni-Sarzana, Bartolommeo Olivazzi di Pavia[598].

Maggio: nuovo aggiornamento dell'*Index librorum prohibitorum* da parte della Congregazione dell'Indice.

20 luglio: scambio epistolare fra la corte di Parma e il nuovo ambasciatore di Francia, il conte di Flavigny[599].

23 luglio: viene accordato ai domenicani di Borgo Taro di poter innalzare lo stemma "reale" sulla porta del loro convento[600].

24 luglio: Celeri scrive alla corte di Parma per informarla che è stato terminato il dipinto destinato alla chiesa di S. Liborio, eseguito a Roma da un autore di cui non viene precisato il nome, con il ritratto del papa S. Pio V[601]. Si tratta di una scelta dall'alto

---

[596] BADINTER, *L'infant de Parme*, p. 146.
[597] ASPr, Rescritti sovrani, inv. 153/1 (1749-1780).
[598] ASPr, Gridario, bb. 102-103.
[599] BPPr, Ms. Parm. 548: *Histoire de Parme 1764-1796: Extrait de la correspondance de la court avec Flavigny*, pp. 11-13 e 159 (altra numerazione: p. 119); BADINTER, *L'infant de Parme*, p. 141.
[600] ASPr, Rescritti sovrani, inv. 153/1 (1749-1780).
[601] ASPr, Carteggio borbonico estero, b. 546, fascicolo "agosto": "Terminato il quadro di S. Pio per la chiesa reale di Colorno, ed essendo stato veduto da molti professori, ed intendenti con sommo piacere, Sua Santità per mezzo dell'E.mo Griard [Girard?] mi fece capire il piacere, che avrebbe avuto di vederlo, onde nel dopo pranso di ieri l'altro fu portato alle camere del S. Padre,

valore simbolico, perché questo pontefice, nel XVI secolo, aveva conferito grande potere all'Inquisizione[602].

14 agosto: Celeri scrive di nuovo per informare la corte che il quadro è già stato incassato e verrà spedito a Bologna[603].

20 agosto: minuta di lettera inviata da Parma all'abate Celeri a Roma sul dipinto per S. Liborio[604].

28 agosto: Celeri alla corte sulla spedizione del quadro[605].

---

dove mi trovai anch'io in compagnia dell'autore. Il S. Padre provò il maggior piacere in vederlo, e si fermò molto tempo ad osservarlo, e si rallegrò coll'autore; passò poi graziosamente a discorso con me, si parlò dell'affare già concluso di Borgo San Donnino, mi domandò le nuove del Nostro Reverendo Padrone, di cui mi feci un dovere di significarle il sommo giubilo per la sua ricuperata salute con avere fatto l'interprete di tutto quello, che in tal occasione mi avesse potuto comandare il medesimo R. Sovrano, e a dirle il vero lo trovai, grazie a Dio del miglior aspetto che si può credere, e restai molto contento [...]".

[602] BONORA Elena, *Inquisizione e papato tra Pio IV e Pio V*, in *Pio V nella società e nella politica del suo tempo*, a cura di Maurilio Guasco e Angelo Torre, Bologna, Il mulino, 2005, pp. 49-83.

[603] ASPr, Carteggio borbonico estero, b. 546, fascicolo "agosto": "Ho ricevuto la pregiatissima di V.a Eccellenza delli 6 corrente, alla quale non che ripeterle, e solo notificarle, che il noto quadro di S. Pio è già incassato, ed alla prima occasione lo spedirò per condotta fino a Bologna, giacché su questo non me ne dà l'E. V.a una positiva direzione".

[604] ASPr, Carteggio borbonico estero, b. 546, fascicolo "agosto": "Intendo dal foglio di V. S. Ill.ma dei 14 corrente, che il noto quadro di S. Pio è già incassato, e ch'Ella alla prima occasione lo spedirà per condotta sino a Bologna. Io perciò ne prevengo il Sig.e Co. [Giovanni] Zambeccari, a cui V. S. Ill.ma potrà inoltrare il detto quadro con direzione a me, e sopracoperta al medesimo cavaliere". Il Conte Giovanni Zambeccari fu senatore di Bologna e morì nel 1788. Si veda WEBER Christoph, *Genealogien zur Papstgeschichte*, Stuttgart, Hiersemann, 2002, VI, p. 1015.

[605] ASPr, Carteggio borbonico estero, b. 546, fascicolo "agosto": "Sono da circa otto giorni, che è stato spedito per la via di Bologna il quadro di S. Pio ordinato da S. A. R. per la sua R. Chiesa di Colorno, e le accludo ancora una relazione del medesimo per darne un'idea, che mi lusingo sarà gradita dal R. Padrone. All'arrivo in Parma del quadro suddetto si compiacerà l'E. V.a pagare

3 settembre: altra lettera da Parma a Celeri sulla spedizione del quadro[606].

29 settembre: ritorno dei frati domenicani in S. Pietro Martire dalla chiesa dei Servi di Maria, in cui si erano trasferiti nel 1769[607].

---

l'importo della spedizione fatta, mentre io non ho pagato, che la cassa, e tutto ciò che poteva portare per essere ben custodito".

A questa lettera è allegato un foglio che racconta l'evoluzione del progetto iconografico del dipinto: "Idea del quadro e come debolmente si è procurato di scansare le odiosità di un soggetto difficilissimo per la composizione di sette santi di nessuna unione tra di loro, sei de quali erano domenicani. Nella varietà pertanto de santi di tempi distantissimi s'incorreva quasi necessariamente nella frequente giustissima critica degl'intendenti giudiziosi, per rapporto alla loro situazione, incoerente alla cronologia; anche per evitare questo primo scoglio, si è pensato di rappresentarli tutti in Paradiso, non essendoci niente di più semplice e vero. La varietà de' santi medesima portava un altro inconveniente grandissimo di produrre un quadro senza soggetto, e senza espressione, il che non riesce niente meno disgustoso di un corpo senz'anima. Trovandosi dunque tra questi S. Bernardo protettore di Parma, ed un S. Pio Papa, è parso di non poter fare niente di più conveniente e di più interessante quanto l'immaginare, che il S. Protettore preghi il S. Pio per una benedizione alla sua città protetta, che gl'altri santi concorrino anche loro colle loro orazioni a questo medesimo fine, ed uno, che col variar d'espressione aiutasse anzi l'unità, e chiarezza del soggetto, indicando a parmigiani, quanto s'interessa per loro il loro protettore, onde con altrettanta divozione corrisponderli.

In terzo luogo bisognava studiarsi di evitare il cattivo effetto di sei abiti eguali di piccole masse di bianchi e neri, e procurare in vece della varietà, e de' partiti grandi, e qualche effetto nelle figure, e nella varietà, ed espressioni delle teste, per compensare alla mancanza de' piani, e de' campi, i quali non permetteva il suggetto; come non permetteva né pure, la forma del quadro, l'introduzione di maggior gloria. Alcune delle difficoltà principali indicate; la confessione della pochissima abilità di chi doveva superarle, moveranno si spera ad un benigno compatimento l'animo di chi si degnerà considerarci, vedendo il quadro medesimo".

[606] ASPr, Carteggio borbonico estero, b. 546, fascicolo "agosto": "Sonomi regolato riguardo all'importo della spedizione del consaputo quadro nel modo avvisatomi, ed ho letta volentieri l'unitami relazione del medesimo".

[607] MAROCCHI, *Vicende relative al convento*, p. 162: i padri domenicani "passarono con gran pompa nel loro antico convento".

2 ottobre: Mozani dal convento di Parma a Migliavacca (che si trova presso il convento di Modena come inquisitore dal 1764) sulla volontà del "Regnante" di restituire il Sant'Ufficio ai domenicani, comunicata dal padre maestro Tommaso Vignoli (del convento domenicano di Bologna) al Mozani stesso. L'operazione di "riattamento" dell'edificio del Sant'Ufficio su richiesta dell'Infante deve attuarsi da Mozani "senza gran strepito e subito". A Mozani preme di "nascondere le [...] carceri al pubblico, essendo state affatto scoperte in occasione delle note demolizioni". Aggiunge, a questo proposito: "Col pretesto di fortificare di più il muro laterale del coro, e coprire le ineguaglianze che aparivano, ho alzato il muro esterno, ho finto loggiati, e nulla più ora si vede al di fuori". Nel frattempo "il riattamento della chiesa, e convento è riuscito felicemente": la chiesa poi "sarà dichiarata cappella reale", così che vi si celebreranno "tutte le funzioni di corte, come ne tempi andati"[608].

17 novembre: Mozani a Migliavacca dal convento di Parma ancora sul "riattamento" della fabbrica del Sant'Ufficio, finanziato dal duca con 500 lire[609].

12 dicembre: decreto in base al quale la chiesa di S. Pietro Martire viene dichiarata cappella reale per le funzioni di corte[610].

14 dicembre: Mozani scrive a Migliavacca dal convento di Parma sull'"Affare"[611], che procede bene: infatti l'abate Celeri viene ricevuto dal papa. Nella stessa lettera Mozani informa che il consigliere della "Giunta di Giurisdizione" Francesco Dall'Aglio[612] ha

---

[608] ACDF, St. St. GG 4 c; su questo frate giansenista genovese, il Vignoli, si veda STANISLAO DA CAMPAGNOLA, *Turchi*, pp. 66 e 258.
[609] ACDF, St. St. GG 4 c.
[610] MAROCCHI, *Vicende relative al convento*, p. 162.
[611] ACDF, St. St. GG 4 c. Accenna al confratello domenicano padre Tommaso Vignoli (del convento di Bologna), che nel 1781 verrà nominato da Mozani vicario foraneo di Colorno: si veda la quinta appendice al presente saggio.
[612] Era membro della Giunta insieme a Schiattini (presidente), Nasalli, Raffi, Fioruzzi, Misuracchi e Verona: STANISLAO DA CAMPAGNOLA, *Turchi*, p. 84.

elaborato un *Piano* per il ristabilimento del Sant'Ufficio sul quale Migliavacca potrà scrivere le proprie *Riflessioni*.

Prosegue la corrispondenza fra il ministro Sacco e il ministro di Spagna marchese G. Grimaldi[613]. Giuseppe Baldrighi, pittore di corte, fra il 1779 e il 1780 dipinge una grande pala raffigurante *La Fede e i santi Tommaso d'Aquino, Pietro Martire, Teresa d'Avila, Ferdinando di Castiglia e Luigi di Francia* per la cappella ducale di S. Liborio a Colorno su istanza dei padri predicatori[614]. I santi raffigurati sono un omaggio al fondatore dei domenicani, all'eponimo del convento parmense, a una santa dichiarata dottore della Chiesa (S. Teresa) e alle corone spagnola e francese.

Nel 1779 il padre Migliavacca viene trasferito dall'Inquisizione di Modena alla Congregazione del Sant'Ufficio a Roma[615].

1780

25 gennaio: Mozani scrive a Migliavacca da S. Pietro Martire sull'"Affare" e sugli ecclesiastici da nominare nei vicariati foranei[616].

15 febbraio: Mozani a Migliavacca per comunicargli che il duca è soddisfatto delle riflessioni di Migliavacca sul *Piano* di Dall'Aglio e vorrebbe sollecitare a Roma la nomina degli inquisitori di Parma e Piacenza, affinché essi siano già operativi per Pasqua[617].

---

[613] Un riferimento al marchese Grimaldi è in STANISLAO DA CAMPAGNOLA, *Turchi*, pp. 93, 102, 142.

[614] Si tratta del dipinto che abbiamo scelto per la copertina del presente volume. Sull'opera si vedano: PELLEGRI Marco, *Colorno villa ducale*, Parma, Cassa di Risparmio di Parma, 1981, pp. 123 e 134; LEANDRI Angela, scheda in *La Real Chiesa di San Liborio a Colorno*, Parma, Step, 2015, pp. 38-40.

[615] SCHWEDT Herman in WOLF Hubert (Hg.), *Systematisches Repertorium zur Buchzensur 1701-1813. Inquisition*, vol. II, pp. 832-833.

[616] ACDF, St. St. GG 4 c.

[617] ACDF, St. St. GG 4 c.

22 febbraio: Mozani a Migliavacca per comunicargli che il duca si compiace degli accordi con la Santa Sede e ha intenzione di assoggettare Guastalla all'Inquisizione di Parma[618].

4 marzo: Sacco a Migliavacca a Roma: il duca ha comandato a Sacco di avvertire Migliavacca "affinché si compiaccia di promovere e condurre a fine questa sua pia e religiosa determinazione [il ristabilimento dell'Inquisizione], avvanzando a tale oggetto gli opportuni passi in quei modi e forme che crederà convenirle. In inquisitori poi delle dette due città brama la prefata A. S. che siano nominati ed eletti per Parma il padre maestro Moggiani [Mozani] e per Piacenza il padre maestro Pescetti entrambi soggetti per la loro abilità e prudenza del tutto cogniti al Regio Infante"[619].

11 marzo: Migliavacca da Roma a Mozani: l'abate Celeri gli ha consegnato il 9 marzo la missiva di Sacco ed egli ha esultato per le parole molto ossequiose, gradite e piene di "gaudio". Migliavacca si impegna a far sì che la Congregazione nomini Mozani e Pescetti ed è sicuro che ci sarà la pontificia approvazione. Viene allegata una dichiarazione della Congregazione, datata 14 marzo 1780 e firmata da Antamori, in cui si fanno i nomi dei frati destinati alle sedi di Parma e Piacenza con i loro vicariati e si dice che "sono già note le propizie aperture anzi le espresse domande che si sono fatte da un piissimo e religiosissimo Principe"[620].

---

[618] ACDF, St. St. GG 4 c.
[619] ACDF, St. St. GG 4 a.
[620] ACDF, St. St. GG 4 a: "Sono già note le propizie aperture anzi le espresse domande che si sono fatte da un piissimo e religiosissimo Principe per rimpiazzare le due Inquisizioni di Parma e Piacenza vacanti da molti anni e delle quali approfittando il Commissario del Sant'Ufficio si fa un dovere di sottoporre alle sapientissime loro determinazioni la nomina di quei soggetti che egli crederebbe più opportuni a capirle. Per quella di Parma: R. P. Vincenzo Giuliano Mozani della stessa città, ma solo della sua agnazione, eletto vicario del Sant'Ufficio li 24 marzo 1766 e dove ha sempre continuato di prestare nelle occorrenze il suo serviggio a questa Suprema; il padre Luigi Ceruti Milanese che dal vicariato di Ferrara al quale fu destinato lì 12 luglio 1769 fu trasferito a quello di Bologna lì 15 settembre 1779; il padre Francesco Tommaso Fabri di

14 marzo: Mozani a Migliavacca da S. Pietro Martire sull'"Affare", rallentato però dai vescovi di Parma e Piacenza, che si vedono messi in secondo piano, perché ritengono che il *Piano* di Dall'Aglio non rispetti il loro ruolo. Vignoli dà garanzie a Mozani che il duca sta dalla parte del Sant'Ufficio nella diatriba con i vescovi[621].

24 marzo: Sacco a Migliavacca: è riconoscente per l'elezione degli inquisitori di Parma e Piacenza, come rileva dalla lettera del 18 marzo passato. Avverte che ci sono zone dello Stato soggette ad altri ordinari diocesani (in particolare a Guastalla), quindi nelle lettere che la Congregazione spedirà ai vescovi dovranno essere considerati anch'essi, non solo i vescovi di Parma e Piacenza. Appare una nota che avverte che Pescetti è morto pochi giorni dopo la nomina[622].

28 marzo, 4 e 7 aprile: Mozani a Migliavacca da S. Pietro Martire sull'"Affare"[623]. Nella prima di queste lettere si parla di don Capretti, al quale nel 1769 erano state trasferite le cause spettanti al Sant'Ufficio, quando l'ente era stato soppresso. Mozani si rammarica della lentezza del vescovo Pettorelli Lalatta. Nella seconda lettera Mozani informa Migliavacca che i vescovi dello Stato hanno espresso il loro parere favorevole al ministro circa il *Piano*, ma intendono difendere la libertà ecclesiastica. Nella terza Mozani si rallegra per la notizia del colloquio avuto da Migliavacca con l'arciduca di Modena, Francesco III d'Este, a proposito dell'unione della diocesi di Guastalla all'Inquisizione di Parma.

Forlì, dove è stato vicario per anni otto e poi eletto al vicariato di Faenza lì 2 novembre 1777".
[621] ACDF, St. St. GG 4 c. Mozani sarebbe propenso a escludere Guastalla dal Sant'Ufficio di Parma per motivi pratici che espone nella lettera.
[622] ACDF, St. St. GG 4 a.
[623] ACDF, St. St. GG 4 c.

Vengono redatti il *Sistema di don Ferdinando* e l'editto generale di Mozani[624].

7 aprile: Sacco a Migliavacca: lo avvisa che è morto Pescetti, quindi chiede che sia nominato inquisitore fra Paolo Vincenzo Giovannini da Torino[625]. Avverte che Guastalla era sotto l'Inquisizione di Mantova, ma ora è "più coerente e più vantaggioso per le circostanze presenti l'incorporarlo alle pertinenze dello Stato di Parma"[626].

7 aprile: anche Mozani scrive a Migliavacca su questi temi[627].

11 aprile: Mozani a Migliavacca da S. Pietro Martire. Mozani è stato invitato dal duca a Colorno per "discorrere" con lui "del presente affare"[628].

11 aprile: scambi epistolari fra la corte di Parma e Flavigny[629].

18 aprile: Mozani a Migliavacca da S. Pietro Martire sul colloquio da lui avuto col sovrano a proposito dell'"Affare". Il duca ha mostrato a Mozani il testo del "Motu proprio, che vuol far pubblicare nel riaprimento del Tribunale, ed è assai glorioso al Sant'Ufficio"[630].

19 aprile: Migliavacca al ministro Sacco: i cardinali dell'Inquisizione, "per meglio incontrare il preziosissimo aggradimento" del duca, nomineranno inquisitore di Piacenza il "Padre Ioannini", anche se i cardinali preferirebbero un frate che abbia già svolto la mansione di inquisitore. Tuttavia si adeguano alla vo-

---

[624] L'originale del *Sistema*, vergato da Mozani e sottoscritto dal medesimo e dal ministro "Gioseffo Pompeo Sacco", è conservato in ASPr, Archivio Du Tillot, b. 50, fasc. 51.
[625] ACDF, St. St. GG 4 a. Sul Giovannini si veda *I giudici della fede*, p. 108.
[626] ACDF, St. St. GG 4 a.
[627] ACDF, St. St. GG 4 c.
[628] ACDF, St. St. GG 4 c.
[629] BPPr, Ms. Parm. 548: *Histoire de Parme 1764-1796: Extrait de la correspondance de la court avec Flavigny*, p. 16.
[630] ACDF, St. St. GG 4 c.

lontà ducale, "avendo per legge di conformarsi alle sovrane intenzioni di S. A. R."[631].

21 aprile: Sacco a Migliavacca. Il regnante "bramerebbe che la P. V. R. intercedesse da S. Beatitudine un Decreto grazioso di perdono a tutti li colpevoli nelle forme solite a concedersi nei casi, ne' quali di nuovo vien rimesso il Tribunale suddetto in qualche Stato e ciò ad effetto di ricominciare coi modi più dolci e clementi l'esercizio dei S[an]ti Uffizi predetti"[632].

21 aprile: Sacco a Migliavacca sul desiderio del sovrano di includere nell'Inquisizione di Parma anche Guastalla con i suoi vicariati[633].

26 aprile: il governatore di Parma Gioseffo Alinovi, "consigliere" e "maggior magistrato", emana un'ampia grida "per la dottrina cristiana"[634].

Senza data: Migliavacca a Sacco sul "benigno perdono" che potrebbe essere concesso dal Santo Padre a tutti i sudditi dello Stato[635].

2 maggio: scambi epistolari fra la corte di Parma e Flavigny[636].

6 maggio: muore il vescovo di Parma mons. Pettorelli Lalatta.

23 maggio: Mozani a Migliavacca da S. Pietro Martire sull'"Affare" e in particolare sulla scelta del proprio vicario[637].

3 giugno: il ministro Sacco scrive a Mozani per informarlo che il duca gli ha affidato l'incarico di sottoporre il *Sistema*, cioè il testo del concordato da siglare per il ristabilimento del Sant'Ufficio nel

---

[631] ASPr, Carte Drei, b. Inquisizione, fasc. 26.
[632] ACDF, St. St. GG 4 a.
[633] DREI, *Sulle relazioni*, p. 598, in cui l'autore cita anche la risposta di Migliavacca a Sacco, del 29 aprile (ASPr, Archivio Du Tillot, b. 90).
[634] ASPr, Gridario, b. 103, n. 11.
[635] ACDF, St. St. GG 4 a.
[636] BPPr, Ms. Parm. 548: *Histoire de Parme 1764-1796: Extrait de la correspondance de la court avec Flavigny*, p. 16.
[637] ACDF, St. St. GG 4 c.

suo Stato, alla Congregazione romana del Sant'Ufficio, allo scopo di ottenerne formale approvazione[638].

4 giugno: Mozani risponde a Sacco[639].

5 giugno: a questa data risale la lettera del papa Pio VI al duca Ferdinando, di cui una copia viene trascritta da Mozani[640].

6 giugno: Mozani a Migliavacca da S. Pietro Martire. Racconta che un anno prima il ministro ducale Sacco gli aveva mandato una minuta del *Piano* o *Sistema* del regnante per il regolamento del tribunale, accompagnandolo con una lettera, affinché Mozani la spedisse ai cardinali per ottenerne l'approvazione. Il frate informa Migliavacca di averne tratto una "copia fedele" e di averla spedita in effetti a Roma. I cardinali gli hanno risposto favorevolmente: infatti il frate allega la sentenza (in forma di minuta) dei cardinali del Sant'Ufficio Rezzonico, Colonna, Boschi, Borromeo, de Zelada, Antonelli, Boxadors, Gerdil, che avevano letto la copia del *Piano* inviata dal Mozani e il 17 giugno 1779 (cioè l'anno precedente) avevano espresso un giudizio positivo. Mozani infine rinnova al confratello le "premure" riguardo a ciò che gli ha già scritto in precedenza sulle parrocchie dello Stato reggiano soggette all'Inquisizione di Parma, "perché nei tempi presenti non è bene avere a che fare col governo di Modena"[641].

---

[638] La minuta è in ASPr, Culto, b. 101. Il 3 giugno il regnante affida a Mozani il compito di inviare a Roma il testo del *Sistema*: DREI, *Sulle relazioni*, p. 597. In effetti presso ACDF se ne trovano due copie in St. St. GG 4 a e GG 4 c: la trascrizione è nella terza appendice al presente saggio, doc. 22.

[639] DREI, *Sulle relazioni*, p. 597. Drei cita un fondo archivistico forse ormai ribattezzato o scomparso: Carteggio Stato e Affari esteri. Probabilmente è confluito nell'Archivio Du Tillot.

[640] ACDF, St. St. GG 4 c.

[641] ACDF, St. St. GG 4 a e 4 c: "In questo Sistema si premette una definizione assai decorosa per tribunale del Sant'Ufficio, commendando il modo del medesimo nel procedere e le di lui massime e regole, mai lesive dei diritti sovrani, che anzi molto conducenti al mantenimento del buon ordine del principato. Indi in vari capitoli discorre dell'editto, che dovrà al solito pubblicarsi, del processo informativo, degli arresti, delle pene, dei patentati, della impressione,

16 giugno: minuta di lettera della corte rivolta al consigliere Giulio Cesare Misuracchi, che viene invitato a palesare dove sia stato riposto l'archivio del Sant'Ufficio di Parma e in particolare il catalogo dei patentati[642].

17 giugno: lettera del consigliere Misuracchi al ministro ducale Sacco, in cui si parla dell'archivio del Sant'Ufficio (che nel 1769 era stato portato alla cancelleria del supremo magistrato camerale), ora restituito alla cancelleria vescovile di Parma (in particolare al dottor Righini, cancelliere episcopale)[643].

---

pubblicazione e introduzione delle stampe e finalmente delle concessioni graziose del Real Sovrano relativamente all'interesse domestico del Sant'Ufficio. Non v'ha capitolo, non v'ha periodi in quello in cui non risplenda altamente la religione, la pietà, lo zelo del piissimo Principe, né avrebbe potuto dir di vantaggio qualunque ministro e protettore del S. Tribunale. Commandò il S. Infante che il predetto Sistema si proponesse alla S. Congregazione di Roma per avere l'approvazione e questa non potendo che encomiare i pensieri, l'espressioni di un principe veramente Cattolico nell'approvare il tutto ha ordinato di scriversi in di lei nome lettera ostensibile al medesimo Padre Inquisitore per fare anc.e al Real Infante le più sincere dimostrazioni di gradimento di approvazione e di ringraziamento". Questa lunga citazione è tratta da ACDF, St. St. GG 4 a.

[642] ASPr, Culto, b. 101: fascicolo di minute intitolate "1749. Regia Giurisdizione riguardo al Tribunale dell'Inquisizione". Probabilmente gli fu inviata dalla cancelleria ducale (si veda la lettera del 17 giugno 1780, che pare essere la risposta a questa missiva del 16 giugno).

[643] ASPr, Culto, b. 101 (trascritta da Drei in ASPr, Carte Drei, fasc. 26). Giulio Cesare Misuracchi al ministro Sacco, Parma, 17 giugno 1780: "Ebbi l'incarico di trasportare alla cancelleria vescovile di Parma tutte le scritture appartenenti alla soppressa Inquisizione del S. Ufficio e ritrovate nel suo Archivio, ebbi l'avvertenza di farne seguire l'opportuno inventario coll'intervento ed opera del fu cancelliere camerale Menozzi oppure dell'ancor vivente Giulio Spinazzi suo ufficiale subalterno, colla corrispondente intelligenza del Padre Maestro Mozzani vicario a quel tempo del predetto S. Ufficio, e del cancelliere episcopale dott. Righini, ricevitore e legale consegretario del menzionato archivio". Misuracchi precisa che l'inventario dell'archivio del Sant'Ufficio "dovrebbe esistere nella Cancelleria del supremo magistrato camerale". Misuracchi inoltre informa: "Le scansie del suddetto archivio assai decenti rimasero dov'erano. I processi criminali e le filze voluminose e moltissime senza rimuoverne i sigilli o

Mozani si prepara a ricevere tutti questi beni e l'archivio che gli erano stati sottratti al momento della soppressione.

18 giugno: Misuracchi manda al ministro Sacco le patenti e il *Catalogo dei patentati*, accompagnandoli con una lettera; inoltre restituisce la "medaglia o sia pentagono" che, d'ordine del Du Tillot, aveva asportato dal Sant'Ufficio quando il ministro, con avviso del 27 febbraio 1769, gli aveva ordinato di ritirare dall'Inquisizione il "noto pezzo di bronzo in forma di pentagono rotondo"[644].

---

legature furono intieramente trasferite alla Cancelleria del Vescovado. Le mobiglie diverse, cioè argenti, abiti [...] parte di libri di personale spettanza al defunto padre inquisitore Cassio, tutte rimasero presso il convento come di sua ragione. Un pacco d'altri libri di poco conto ritrovati nell'archivio passarono alla suddetta cancelleria camerale: due soli restarono presso di me, cioè una molto usata Sagra Bibbia, e l'Indice dei libri proibiti, e tutt'ora sono in mia mano. Il catalogo de Patentati del S. Ufficio rimase in mano mia, come incaricato di richiamarne le patenti, ed è quello appunto di cui V. E. mi fa premurosa ricerca e che ora qui compiegato rassegno all'ingiuntomi comando [...] con molte delle suddette patenti, vale a dire di quelle che mi furono da vari patentati spontaneamente esibite". Misuracchi scrive anche: "Debbo pure avere il carteggio di Roma con il defunto inquisitore relativo alla surroga d'una cappella, in luogo o supplemento di quella della S. Croce, ch'era stata demolita, d'immediata spettanza del S. Ufficio". È quindi materiale che si riferisce alla distruzione nel 1766 della preziosa cappella della S. Croce in cui venivano celebrati i processi inquisitoriali.
Altri documenti trattano della sorte dell'archivio e della raccolta libraria dell'Inquisizione: ASPr, Carte Drei, b. Inquisizione, fasc. 2, in cui si citano ulteriori materiali archivistici con vecchie collocazioni: "Fascicolo in una cartella Stati e affari esteri", Gall. 1°, carte sulla cessione della cappella dell'Inquisizione al duca.
[644] ASPr, Culto, b. 101: lettera di Misuracchi al Sacco (trascritta da Drei in ASPr, Carte Drei, fasc. 26). Alla lettera è allegato un foglio sciolto firmato dal Du Tillot, datato Parma, 27 febbraio 1769, sul pentagono: "Sarà cura di V. S. Ill.ma di ritirare dall'Inquisizione il noto pezzo di bronzo in forma di pentagono rotondo, che fu levato da una famiglia secolare, non si sa con quale titolo, per non essere questo un costitutivo di corpo di delitto in materia di fede: mentre in seguito ordinerà S. A. R., qual uso convenga di farsene". Sul pentagono di bronzo: BENASSI, *Guglielmo Du Tillot*, X (1° p.), p. 218. Lo storiografo

18 giugno: un altro allegato, datato "Parma, 18 giugno 1780", elenca libri[645] e documenti[646] restituiti da Misuracchi insieme al pentagono.

20 giugno: Mozani scrive alla cancelleria ducale, attestando di aver ricevuto, su ordine del ministro Giuseppe Sacco e per mano del segretario Giuseppe Campari, il catologo dei patentati del Sant'Ufficio di Parma, "levato dall'archivio del medesimo dal signor consigliere Misuracchi, in occasione della soppressione seguita nel 1769"[647].

20 giugno: Mozani a Migliavacca da S. Pietro Martire sull'"Affare"[648].

20 giugno: Mozani scrive una lunga lettera a Migliavacca per ringraziarlo della propria nomina a inquisitore. Appena gli è arri-

---

aggiunge una notizia ricavata da BPPr, Ms. parm. 550, Moreau de Saint-Méry, *Note*, c. 52, relativa al ritrovamento negli ambienti dell'Inquisizione di Parma di un "fantoccio del diavolo a molle nella cantina, e entro i muri della loro antica cappella scheletri delle vittime e perfino quello d'una donna col bambino tra le braccia".

[645] Cinque libri: "Biblia Sacra in ottavo, Index Lib[rorum] prohibit[orum] in ottavo, Brognol de malefic. et morb. malefic. cognoscend. in quarto [Brognoli, Candido], Cardan. medic. in quarto [Cardano Girolamo, ILI, v. X, pp. 114-5], Difesa del decret. di monsignor di Turnon delle Indie in ottavo [forse un'opera di Luigi Vincenzo Mamiani della Rovere], Artemidor de somniorum interpretatione in ottavo [Artemidorus Daldianus, ILI, v. X, p. 64], Lettere apologetiche del Padre Norberto Cappuccino in ottavo [Parisot Pierre-Curel, ILI, v. XI, pp. 683-4]".

[646] Documenti (un volume di "scritture unite in cartone coperto di raso turchino", un volume del carteggio per la demolizione della cappella dedicata alla Santa Croce, altro volumetto di lettere per l'esenzione delle lettere di posta del Sant'Ufficio). Misuracchi aggiunge che "le catene, ed altri ferri inservienti alle carceri furono mandati o al R. Castello, oppure alla Curia Criminale".

[647] ASPr, Culto, b. 101. Su Giuseppe Campari: ASPr, Inv. 152/1, Decreti e rescritti (1749-1780), lettera "C", c. 66r: il 1° ottobre viene "incaricato dei reali archivi".

[648] ACDF, St. St. GG 4 c. Viene allegata la valutazione del "Piano" del Sovrano.

vata la comunicazione, è andato dal ministro Sacco, dal quale è stato accolto cortesemente e con molte congratulazioni. Poi Mozani si è recato a Colorno presso il regnante, che lo ha ricevuto con clemenza[649].

20 giugno: Mozani alla Suprema da S. Pietro Martire: ringrazia per essere stato nominato inquisitore e chiede di essere aiutato dalla clemenza dei cardinali, "in vista della [sua] insufficienza": propone come primo lettore dello Studio di S. Pietro Martire Vincenzo Tommaso Passerini da Parma; come secondo lettore Ferdinando Brignole da Piacenza, professore di teologia all'Università di Parma; come terzo lettore Michele Guidetti da Modena. Il regnante vuole che questo tribunale appaia ai fedeli "come lo è difatti, misericordioso" e desidera che "[g]li sia tolta quella nota di crudeltà che i malevoli [g]li hanno imposta", quindi desidererebbe dal papa la concessione di un "perdono generale", di un "tempo di Grazia in occasione che si riaprirà il S. Tribunale". Inoltre auspica che alcuni paesi dello Stato soggetti a Inquisizioni diverse (Mantova, Reggio, Pavia, Bobbio, Sarzana, Brugnetto) ricadano sotto Parma e Piacenza[650].

23 giugno: Mozani a Migliavacca da S. Pietro Martire sul *Piano*, i patentati e la scelta del notaio del Sant'Ufficio per Parma[651].

24 giugno: i cardinali scrivono al Mozani per elogiare il *Piano*[652].

---

[649] ACDF, St. St. GG 4 a.
[650] ACDF, St. St. GG 4 a.
[651] ACDF, St. St. GG 4 c.
[652] ACDF, St. St. GG 4 a: "Questi E.mi miei colleghi hanno meco creduto degno il Sistema predetto non solo di approvazione ma dei maggiori encomj, risplendendo altamente in quello l'animo veramente religioso di un piissimo principe e gradiranno moltissimo che ella faccia palesi a S. A. R. i sentimenti di riconoscenza, e di consolazione, onde questa Congregazione viene penetrata, sicura che anche il Santo Padre avrà almeno in tanti affanni del suo apostolico ministero questa consolazione di vedere con quanto favore e con quanto vantaggio per l'ottimo esempio, s'impegni un principe veramente cattolico a difesa della nostra Santa Fede. Non si dubita che V. R. corrisponderà colla sua capacità, attenzione e prudenza alle piissime intenzioni non meno di lui che di que-

27 giugno: minuta di una lettera di Migliavacca da Roma, forse destinata al regnante[653].
4 luglio: Mozani a Migliavacca da S. Pietro Martire sull'indulto di Grazia concesso dal papa, sulla sottoscrizione del *Piano*, sulle parrocchie del Reggiano sottoposte al Sant'Ufficio, sull'inquisitore di Reggio, definito "birbante"[654].
4 luglio: Mozani ai cardinali da S. Pietro Martire: è andato a Colorno e ha riferito al sovrano le notizie di cui era stato incaricato dalla Congregazione. Il papa lascia la questione dell'indulto (cioè

---

sta Congregazione nell'agire per l'emenda de cattivi, e per conforto, e difesa dei buoni. Dia dunque principio felicissimo all'onorevole suo impiego. A qual fine si unisce a questa non meno la consueta Patente per lei, che l'altra per il padre inquisitore di Piacenza cui la passerà quando verrà a presentarsi giusta il dovere al S. R. Infante medesimo, colla pubblicazione del solito editto, e poiché tempo è di grazia nel riaprirsi il S. Tribunale in codesti Stati, potrebbe tanto da lei che dall'inquisitore di Piacenza inferirsi in quello un paragrafo in fine presso poco del seguente tenore: "Ed acciocché vedevi vieppiù palese quale e quanta è la mitezza e la misericordia di questo Sacro Tribunale in vigore delle speciali facoltà, che la Santità di Nostro Signore Papa Pio VI felicemente regnante si è degnata di accordarci nella presente circostanza, dichiariamo e facciamo palese a tutti quelli, i quali prima della data del presente avessero delinquito nella nostra giurisdizione in materia di fede, et in ogni maniera spettante il Sant'Ufficio, che presentandosi, e confessando spontaneamente senza diminuzione d'avanti a noi ed avanti i nostri vicari generale, o foranei i di loro reati, godranno della [...] di questo per mesi [...] in appresso del beneficio de spontecomparenti ancorché ne fossero stati prevenuti in qualunque tribunale ecclesiastico di questi medesimi stati, beninteso però che non approfittando essi dentro il divisato tempo di una così ridondante grazia ed indulgenze, si procederà contro di loro come sarà di ragione". Farà V. R. riflessione su questo capitolo, ma soprattutto ne intenderà i sentimenti del Signor Regio Infante, e qualora volesse egli prorogare il tempo che potrebbe essere di due mesi anche a mesi tre o quattro, se ne lascia da N. S. al medesimo l'arbitrio, volendosi corrispondere a quella tanta pietà che in lui risplende".
[653] ACDF, St. St. GG 4 c.
[654] ACDF, St. St. GG 4 c. Si tratta probabilmente del predicatore Carlo Giacinto Belardi, o Bigliardi, inquisitore di Reggio dal 1763 al 1780 (*I giudici della fede*, p. 112).

del perdono generale) all'arbitrio dei cardinali, ma il regnante preferirebbe che venisse celebrato non più tardi di quattro mesi[655].

5 luglio: l'accordo finalmente raggiunto viene confermato da una lettera ufficiale del papa Pio VI a Ferdinando di Borbone[656].

7 luglio: Mozani alla Congregazione da S. Pietro Martire: gli è arrivata notizia della destinazione del lettore Vincenzo Tommaso Passerini a vicario generale del Sant'Ufficio di Parma e quindi ringrazia[657].

7 luglio: Mozani a Migliavacca da S. Pietro Martire sulle parrocchie del Reggiano, sulla scelta del notaio, sul Sant'Ufficio di Cremona, sulla destinazione di Vincenzo Tommaso Passerini e Paolo Vincenzo Giovannini da Torino (quest'ultimo scelto per Piacenza), sulla fabbrica, sulle carceri e sull'archivio "rifatto tutto nuovo"[658].

14 luglio: Mozani a Migliavacca da S. Pietro Martire ancora su questi argomenti. Esprime la propria soddisfazione per i risultati raggiunti[659].

15 luglio: Mozani ai cardinali da S. Pietro Martire: il Sant'Ufficio di Cremona possedeva nello Stato di Parma e Piacenza appezzamenti di terreno e censi nella località di Zibello. Dopo la soppressione del Sant'Ufficio di Cremona, lo Stato di Parma e Piacenza ha preso possesso di queste terre e censi e li ha applicati al Patrimonio dei Poveri. Il ministro Sacco ritiene che queste terre ora si possano aggregare al Sant'Ufficio di Parma. Anche l'Infante e la

---

[655] ACDF, St. St. GG 4 a.
[656] ASPr, Governatore e comunità di Parma, b.1 e ASPr, Culto, b. 101: "Oltre i rendimenti di grazie che codesto nuovo padre inquisitore le deve aver fatto per il ristabilimento della Santa Inquisizione in codesti stati, non possiamo noi omettere di farle più particolarmente i nostri, giacché non vi è mezzo più opportuno di questo per mantenere la purità della religione nei principati cattolici, specialmente nei tempi correnti, ne' quali più che mai inondano gli errori colla stampa [...]". Trascrizione di Mozani in ACDF, St. St. GG 4 c.
[657] ACDF, St. St. GG 4 a.
[658] ACDF, St. St. GG 4 c.
[659] ACDF, St. St. GG 4 c.

Congregazione sono d'accordo. Mozani avrebbe bisogno di un finanziamento per ricomprare tutta la suppellettile del Sant'Ufficio, ma non ha il coraggio di domandare sovvenzioni al duca. Viene allegata una lettera di fra Giuseppe Porzio domenicano, dal convento delle Grazie di Zibello del 19 febbraio 1780 alla Congregazione, sulle terre del Sant'Ufficio di Cremona[660].

15 luglio: rescritto di Ferdinando di Borbone emanato a Colorno, con cui il duca concede l'aggregazione al Sant'Ufficio di Parma "degli effetti una volta di ragione della soppressa Inquisizione di Cremona esistenti nei domini parmensi"[661].

18 luglio: Mozani a Migliavacca da S. Pietro Martire sui beni di Cremona, sul confratello Giovannini, sulla sottoscrizione del *Piano*, sugli editti da pubblicare da parte del sovrano e dell'inquisitore[662].

18 luglio: Paolo Vincenzo Giovannini scrive da Piacenza alla Congregazione per comunicare che, ricevuta la patente da Mozani, si è recato a Colorno dal sovrano. Propone tre nomi di candidati fra cui eleggere il suo vicario[663].

21 luglio: Mozani a Migliavacca da S. Pietro Martire su questi argomenti e sull'inquisitore di Modena, Giuseppe Maria Orlandi, definito con sarcasmo "l'eroe modenese"[664].

21 luglio: i beni stabili, i censi e i livelli del Sant'Ufficio vengono restituiti dal "Patrimonio dei Poveri" all'Inquisizione per ordine del ministro ducale Giuseppe Sacco[665].

---

[660] ACDF, St. St. GG 4 a.
[661] La sintesi è in ASPr, Inventario n. 153/1, Rescritti sovrani 1749-1780, lettera "I"; il testo per esteso, autografo di Mozani, è in ASPr, Decreti e Rescritti sovrani, anno 1780, tomo 29, c. 154; DREI, *Sulle relazioni*, p. 598; ASPr, Carte Drei, b. Inquisizione, fasc. 26, in cui si rimanda a una vecchia collocazione archivistica, ormai non più in uso: "Direzione Generale, amministrazione civile, dir. II, sez. 3".
[662] ACDF, St. St. GG 4 c.
[663] ACDF, St. St. GG 4 a.
[664] ACDF, St. St. GG 4 c. Sull'Orlandi si veda *I giudici della fede*, p. 92.

24 luglio: il Sant'Ufficio riceve anche 100 lire dal "Patrimonio dei poveri" nell'atto della consegna dei beni[666].

25 luglio: Mozani alla Congregazione da S. Pietro Martire: ha visto nel *Registro generale della Regia Segreteria degli stati di Parma, Piacenza e Guastalla* i luoghi soggetti alle Inquisizioni di altri domini, che l'Infante vuole unire all'Inquisizione di Parma e Piacenza. È allegato uno schema con i territori di Guastalla, Reggio Emilia (Luzzara, Reggiolo, Gombio, Rossena, Ciano) e Pavia (Valle di Nure, Bettola, Bramiano)[667].

25 luglio: scambi epistolari fra la corte di Parma e Flavigny[668].

27 luglio: il Sant'Ufficio riceve 50 lire dalla Congregazione di Carità per il livello di sei anni maturati nel settembre 1779[669].

Luglio: viene inviata dal Mozani alla Congregazione del Sant'Ufficio la lista delle spese da lui sostenute per ristabilire il Sant'Ufficio[670].

---

[665] ASPr, Conventi e confraternite soppressi, Sant'Ufficio, fasc. *Retrocessione delli beni fatta dal Patrimonio de' Poveri al Sant'Officio nel suo ristabilimento, 1780*, e fasc. *Sommario de documenti circa l'origine de beni posseduti dal Sant'Offizio di Parma e per il medesimo dalla V. Compagnia della S. Croce fondata nella chiesa di S. Pietro Martire di detta città*.

[666] ACDF, St. St. GG 4 c: lista di entrate e spese da luglio a tutto dicembre 1780.

[667] ACDF, St. St. GG 4 a.

[668] BPPr, Ms. Parm. 548: *Histoire de Parme 1764-1796: Extrait de la correspondance de la court avec Flavigny*, pp. 17-18 e 179 (altra numerazione: p. 139).

[669] ACDF, St. St. GG 4 c: lista di entrate e spese da luglio a tutto dicembre 1780.

[670] ACDF, St. St. GG 4 c: lista di entrate e spese da luglio a tutto dicembre 1780: in luglio "dato al notaio per il rogito dell'istrumento di cessione dei beni del Sant'Ufficio fatta dal Patrimonio dei poveri lire 30; dato per il trasporto dell'archivio dal vescovato al carratiere e facchini lire 22; dato per il trasporto della libreria del Sant'Ufficio dal R. Magistrato lire 14; dato per il trasporto dei mobili del Sant'Ufficio dal R. Magistrato lire 14; dato per il trasporto de mobile del Sant'Ufficio dal Magazzino del Patrimonio dei poveri lire 26; spese per carta, inchiostro, spago".

28 luglio: il regnante delega il ministro a sottoscrivere il concordato e invita gli inquisitori di Parma e Piacenza a firmarlo[671].
29 luglio: è firmato il concordato[672].
2 agosto: viene pubblicato il *Motu proprio* del duca[673].
Agosto: ulteriori spese sostenute dal Mozani per ristabilire il Sant'Ufficio[674].
4 agosto: Mozani a Migliavacca da S. Pietro Martire sui beni riconsegnati al Sant'Ufficio e sul danno di 2000 lire provocato dalla soppressione del 1769[675].

---

[671] DREI, *Sulle relazioni*, p. 598 (ASPr, Decreti e Rescritti, b. 29).
[672] Concordato tra Ferdinando di Borbone e il papa Pio VI (29 luglio 1780), definito *Sistema del Tribunale della S. Inquisizione ne' Regi Dominj di Parma, Piacenza e Guastalla prefisso in occasione del suo ristabilimento*. Se ne veda la trascrizione nella terza appendice, doc. 22.
[673] AVPr, cassetta unica Inquisizione. Vi si conservano una copia del *Motu proprio* e una dell'*Editto generale del S. Ufficio* che verrà pubblicato dopo dieci giorni. Se ne veda la trascrizione nella terza appendice, doc. n. 23 e 24. L'originale del testo del *Sistema del Tribunale della S. Inquisizione ne' Regi Dominj di Parma, Piacenza e Guastalla prefisso in occasione del suo ristabilimento* è in ACDF, St. St., GG 4 c (una copia individuata in ASPr fu pubblicata da DREI, *Sulle relazioni*). I tre documenti sono pubblicati in DALLASTA, *Appoggi, archivio, astuzia*, pp. 413-429. Il 22 agosto Mozani scriverà a Roma per informare le congregazioni dell'avvenuta pubblicazione di questi atti, inviandone copia, e aggiungerà con soddisfazione: "Ho riaperto dunque il S. Tribunale. Tutto mi è stato restituito dal Patrimonio dei Poveri, cioè tutti li beni [...]. Così pure Mons. Vescovo mi ha rimesso l'archivio" (ACDF, St. St., GG 4 a).
[674] ACDF, St. St. GG 4 c: lista di entrate e spese da luglio a tutto dicembre 1780: in agosto "dato per mancia alli giovani della R. Stamperia per varie stampe [fra cui l'editto] fatte per il Sant'Ufficio lire 30; dato per sei viaggi compreso il ritorno fatti dal Padre inquisitore a Colorno prima del riaprimento del S. Tribunale parte per trattare con S. A. R. del Piano, parte per complimenti ordinari, parte per complimenti ordinati dalla Suprema; e per atto di rispetto prima di aprire il medesimo tribunale, in mancie ai cocchieri di corte, ed una volta per nolo di vettura in tutto lire 86". Vengono anche consegnati mobili provenienti da S. Secondo Parmense.
[675] ACDF, St. St. GG 4 c.

8 agosto: Mozani alla Congregazione: l'Infante vuole cedere i beni un tempo del Sant'Ufficio di Cremona al Sant'Ufficio di Parma: infatti il tribunale di Cremona non è stato ristabilito, per cui, se verrà rifondato, i beni verranno riversati da Parma. Mozani esprime a questo proposito un parere favorevole[676].

8 agosto: Giovannini alla Congregazione da Piacenza per ringraziare di avere eletto (il 26 luglio 1780) come suo vicario generale padre Pio Tommaso Marini di Alessandria, domenicano[677].

11 agosto: Mozani a Migliavacca da S. Pietro Martire sull'editto del sovrano e sull'inquisitore di Modena[678].

12 agosto: editto generale a stampa del Sant'Ufficio di Parma, Borgo San Donnino e Guastalla, firmato da Mozani e dal suo notaio Andrea Donelli[679].

12 agosto: editto generale a stampa del Sant'Ufficio di Piacenza, firmato da "Paolo Vincenzo Joannini"[680].

12 agosto: Migliavacca a Mozani: dichiara unite al Sant'Ufficio di Parma tutte le vicarie, ville e parrocchie, come appaiono nel catalogo inviato il 5 luglio. Ha ingiunto agli inquisitori di Mantova e Modena "di non prendervi più veruna ingerenza", ma tali vicariati restano soggetti in materia di fede ai rispettivi ordinari. Cita una lettera di Migliavacca all'inquisitore di Mantova dello stesso giorno 12 agosto: "In seguito al Concordato promosso dalla Insigne pietà di […] S. R. Infante […] ristabilite nel loro esercizio le due Inquisizioni di Parma e Piacenza, si è creduto opportuno di convernirne e però le si ingiunge di non prendere più veruna ingerenza né in quella di Guastalla né in qualunque altra vicaria o villa o parrocchia che troverà registrata nel foglio"[681].

---

[676] ACDF, St. St. GG 4 a.
[677] ACDF, St. St. GG 4 a.
[678] ACDF, St. St. GG 4 c.
[679] AVPr, cassetta unica Inquisizione.
[680] ASPr, Gridario, b. 103, alla data.
[681] ACDF, St. St. GG 4 a.

15 agosto: scambi epistolari fra la corte di Parma e Flavigny[682].

21 agosto: Mozani dichiara di avere speso 76 lire e 18 soldi per "lettere e pieghi spediti e ricevuti dal Padre Inquisitore" dal mese di maggio al 21 agosto: in seguito il Sant'Ufficio riceverà dal duca l'esenzione dai costi di spedizione[683].

21 agosto: vengono affisse le copie dell'editto generale, ma a Piacenza vengono imbrattate da ignoti. Il duca promette cento zecchini d'oro a chi riveli l'identità di questi individui[684].

22 agosto: Mozani a Migliavacca da S. Pietro Martire manda quattro copie dell'editto del sovrano e ringrazia per le istruzioni[685].

22 agosto: Mozani alla Suprema da S. Pietro Martire: il duca ha pubblicato l'editto "notificante il ristabilimento del S. Tribunale in questi domini", Mozani ha avuto restituiti l'archivio e tutti i beni un tempo appartenenti al Sant'Ufficio[686]. Vengono allegati il *Motu*

---

[682] BPPr, Ms. Parm. 548: *Histoire de Parme 1764-1796: Extrait de la correspondance de la court avec Flavigny*, p. 19.

[683] ACDF, St. St. GG 4 c: lista di entrate e spese da luglio a tutto dicembre 1780.

[684] DREI, *Sulle relazioni*, p. 598 (ASPr, Decreti e rescritti, b. 29).

[685] ACDF, St. St. GG 4 c.

[686] ACDF, St. St. GG 4 a: "In seguito ieri io pubblicai il solito nostro editto, cui in fine ho aggiunto il paragrafo grazioso che le Eccellenze Vostre si degnarono trasmettermi sotto il dì 24 giugno. Ho riaperto dunque il S. Tribunale. Tutto mi è stato restituito dal Patrimonio dei Poveri, cioè tutti li beni, ed assieme rilasciati quelli del Sant'Ufficio di Cremona esistenti in Zibello. Così pure Mons. Vescovo mi ha rimesso l'archivio. Il signor conte ministro ha dato ordine a tutti li giusdicenti di avvisare i loro Bargelli a prestarsi tosto ai comandi del Sant'Ufficio. Ha ordinato all'Ufficio delle Poste, che si passino senza spesa le mie lettere, e quelle del padre vicario. Ritornando l'amministratore delle finanze darà l'ordine alla dogana per l'esenzione dalle gabelle. Ha ordinato allo stampatore regio che mi stampi senza spesa tutto ciò che mi bisogna. In una parola ha dato e dà le più chiare dimostrazioni del maggior impegno per il decoro e vantaggio del S. Tribunale".

proprio del regnante del 2 agosto 1780 e l'*Editto generale* di Mozani del 12 agosto 1780[687].

24 agosto: padre Gregorio Rizzini di Mantova, domenicano (vicario generale del Sant'Ufficio di Mantova dal 1760 al 1782), scrive alla Suprema, da Mantova, per informare che ha trasmesso la nota dei patentati dell'inquisitore di Guastalla e delle vicarie di Luzzara e Reggiolo all'inquisitore di Parma: "Darò io pertanto tutta la mano perché segua questo cambiamento colla maggior quiete"[688].

25 agosto: Mozani a Migliavacca da S. Pietro Martire sul *Catalogo dei patentati*: vengono restituite le patenti ai famigliari del Sant'Ufficio[689].

28 agosto: il duca stabilisce che alle due sedi inquisitoriali vengano restituiti gli archivi trasportati presso la cancelleria vescovile e i beni che erano passati al "Patrimonio dei poveri"[690].

2 settembre: la Suprema al Mozani: i cardinali scrivono per esprimere la loro soddisfazione per il ristabilimento del Sant'Ufficio di Parma ed encomiano "l'animo pietosissimo" del sovrano. Desiderano che Mozani esprima al duca questa loro soddisfazione e riconoscenza. Hanno letto l'*Editto generale* al papa, che ha mostrato gradimento. Riconoscono meriti anche al vescovo e al ministro Sacco, che "si fanno imitatori ed emuli della virtù del principe", come emerge dalla lettera del Mozani del precedente 22 agosto. I cardinali si augurano che questo bell'esempio muova gli animi degli altri principi[691].

3 settembre: l'ambasciatore Flavigny scrive: "Malgré la superstition qui règne assez généralement en ce pays-ci, le rétablissement de l'Inquisition y a fort mal pris". Infatti la popolazione è contra-

---

[687] ACDF, St. St. GG 4 a.
[688] ACDF, St. St. GG 4 a.
[689] ACDF, St. St. GG 4 c. Sulla restituzione delle patenti ai "famigliari" del Sant'Ufficio: DREI, *Sulle relazioni*, p. 598.
[690] DREI, *Sulle relazioni*, p. 598: ASPr, Gridario, 28 agosto 1780.
[691] ACDF, St. St. GG 4 a.

ria ai privilegi ripristinati agli ecclesiastici e ai patentati del Sant'Ufficio[692].

5 settembre: Mozani a Migliavacca da S. Pietro Martire sugli ebrei presenti nello Stato e sull'inquisitore di Modena[693].

12 settembre: Mozani a Migliavacca da S. Pietro Martire sul *Catalogo dei patentati*[694].

12 settembre: Mozani alla Suprema dal Sant'Ufficio di Parma: ha palesato al regnante la soddisfazione espressa dalla Congregazione per l'editto ed egli si è molto compiaciuto[695].

15 settembre: Mozani a Migliavacca da S. Pietro Martire sugli ebrei e sui numerosi impegni a cui deve dedicarsi[696].

15 settembre: Mozani ai cardinali da S. Pietro Martire sugli ebrei e sull'*Editto generale*[697].

19 settembre: Mozani a Migliavacca da S. Pietro Martire sui patentati di Ciano d'Enza, nel Reggiano, e ancora sugli ebrei[698].

19 settembre: scambi epistolari fra la corte di Parma e Flavigny[699].

24 novembre: Mozani a Migliavacca da S. Pietro Martire sugli ebrei e sui privilegi dei patentati ecclesiastici. Aggiunge di essersi accorto che una parte dell'archivio del Sant'Ufficio è andata dispersa nel trasporto in vescovado in occasione della soppressione[700].

---

[692] BADINTER, *L'infant de Parme*, p. 146 (*Correspondance*, vol. 42, c. 373v); BENASSI, *Guglielmo Du Tillot*, X (2° p.), pp. 167-168.
[693] ACDF, St. St. GG 4 c.
[694] ACDF, St. St. GG 4 c.
[695] ACDF, St. St. GG 4 a.
[696] ACDF, St. St. GG 4 c.
[697] ACDF, St. St. GG 4 c.
[698] ACDF, St. St. GG 4 c.
[699] BPPr, Ms. Parm. 548: *Histoire de Parme 1764-1796: Extrait de la correspondance de la court avec Flavigny*, p. 20.
[700] ACDF, St. St. GG 4 c.

Novembre: fra le spese sostenute da Mozani compare la legatura dell'opera a stampa di Nicolás Eymerich, e di altri due libri (per 15 lire)[701].

Lettera senza data: Mozani a Migliavacca sugli ebrei, con riferimenti alle comunità ebraiche di Colorno e di Guastalla. Accenno all'astio ("malanimo") dei frati domenicani nei confronti delle Inquisizioni, ritenute la "rovina dei conventi"; richiamo all'editto dell'inquisitore di Ferrara contro i bestemmiatori[702].

8 dicembre: Mozani dal Sant'Ufficio a Migliavacca sugli ebrei e su altri individui, come l'avvocato Alinovi e il frate predicatore Domenico Maria Torre (del convento di S. Pietro Martire, già citato in precedenza alle date 1747 e 1769), sulle spese del Sant'Ufficio, sul canonico di Reggio Emilia don Antonio Gambarini, che desidera ricevere una patente. Accenna ad alcune cause in corso contro i rei[703].

Nel 1780 l'Inquisizione di Reggio Emilia viene ridotta a vicariato di Modena[704].

---

[701] ACDF, St. St. GG 4 c: lista di entrate e spese da luglio a tutto dicembre 1780.
[702] ACDF, St. St. GG 4 c.
[703] ACDF, St. St. GG 4 c. Potrebbe essere stato il mediatore nella richiesta della patente per il "famoso canonico Gambarini" fra Antonino Piazza, OP, vicario del Sant'Ufficio di Reggio dal 1780 al 1785 circa (comunicazione orale di Luca Al Sabbagh). Mozani si limita a scrivere: "Il celebre signor canonico Gambarini di Reggio mi ha fatto dire da Maestro Piazza e da Passerini, che vuole una patente di questo Sant'Ufficio; io credeva che scherzasse, ma ambedue mi assicurano che lo dice seriamente: lo consolerei volentieri, ma mi pare di non doverlo fare, esistendo fuori della mia giurisdizione ed in estero dominio. Contuttociò se la Potestà Vostra Reverendissima lo approva, gliela darò, giacché ho alcuni paesi della diocesi di Reggio sotto la mia giurisdizione". Sul canonico Antonio Gambarini, nato a Reggio Emilia nel 1730, si veda *Notizie biografiche in continuazione della Biblioteca modonese del cavalier abate Girolamo Tiraboschi*, Reggio, Tipografia Torreggiani e compagno, 1838, tomo V, pp. 1-12.
[704] ACDF, St. St. GG 4 a.

1781

Mozani invia alla Congregazione la "Nota delle spese" (lire 2015 lire, 14 soldi e 6 denari) e del "ricevuto" (81982 lire, 11 soldi e 6 denari) del 1780. Mozani ha ottenuto 100 lire dal "Patrimonio dei Poveri" nel momento in cui gli sono stati riconsegnati i mobili del Sant'Ufficio; tra le spese è compreso il solito viaggio di Mozani in dicembre a Colorno per il "complimento delle Feste del S. Natale", che costa 13 lire in mance al cocchiere di corte e agli stallieri[705].

L'inquisitore Mozani invia alla Congregazione il *Catalogo dei Patentati*[706].

---

[705] ACDF, St. St. GG 4 c.
[706] ACDF, St. St. GG 4 c: l'elenco comprende l'inquisitore (Mozani), il *vicarius generalis* (Vincenzo Tommaso Passerini), il *notarius pro civitate* (Andrea Donelli sacerdote secolare), il *mandatarius pro civitate* (Marsilio Pasqua), il *notarius pro suburbio* (Giovanni Cocconi sacerdote secolare), il *mandatarius pro suburbio* (Nicola Palmia), il *fiscalis* (Sante Del Rio, dottore *in utriusque* e professore dell'ateneo parmense), i *socii patris inquisitoris* (il conte Alessandro Sanvitale, il conte Aurelio Bernieri, il conte Federico Toccoli, il conte Orazio Baiardi, il marchese Alessandro Lalatta, il marchese Pier Luigi Dalla Rosa Prati), sei *familiares*, sei *famuli sociorum*, quattro *consultores theologi* (fra cui Andrea Mazza e Giuseppe Capretti), quattro *consultores canonistae* (fra cui Paolo Maria Paciaudi, Gregorio Cerati, il frate minore Fortunato da Guastalla), quattro *consultores legales* (fra cui il conte Antonio Cerati), l'*advocatus reorum*, il *procurator reorum*, il *confessor carceratorum*, il *catechista*, il *protector carceratorum*, il *provisor carceratorum*, i *visitatores carceratorum*, il *custos carcerum*, gli *interpretes linguarum* (fra cui il professore Giovanni Bernardo De Rossi e il bibliotecario don Angelo Schenoni), i *revisores librorum*, il *revisor capsarum* (il tipografo Giambattista Bodoni), tre medici, due chirurghi, il *pharmacopola*, il *tonsor*, l'*impressor* (Angelo Gozzi), il *faber ferrarius*, il *faber lignarius*, il *delator epistolarum*, il *capitaneus*, gli *executores*, il *cancellarius causarum civilium*, il *procurator causarum civilium*, il *sollicitator causarum civilium*, il *depositarius*, l'*exactor pecuniarum*. Seguono i nomi dei vicari, notai e mandatari foranei di Berceto, Calestano, Ciano, Colorno, Corniglio, Monchio delle Corti, Fontanellato, Fornovo, Langhirano, S. Maria del Piano, Mediano, Poviglio, Sasso, S. Secondo, Sinzano, Sissa, Soragna, Sorbolo, Tizzano, Valli dei Cavalieri, Borgo San Donnino (con sedici figure), Busseto (con dieci figure), Contignaco, Zibello, Monticelli, Gua-

12 gennaio: Mozani dal Sant'Ufficio invia a Migliavacca il catalogo delle cause in corso, la nota del ricevuto e speso, lo stato attivo e passivo, la nota dei mobili restituiti. Dichiara di essere molto misero, a causa dei costi sostenuti per ripristinare il Sant'Ufficio, e supplica Migliavacca di sovvenirlo. Il regnante lo è andato recentemente a visitare presso il Sant'Ufficio ed è rimasto molto soddisfatto delle nuove carceri, ora salubri[707].

12 gennaio: Mozani invia alla Congregazione la nota delle spese sostenute da quando è stato riaperto il tribunale, lo stato attivo e passivo del Sant'Ufficio come consegnato dal "Patrimonio dei poveri" e la nota fedele dei mobili restituiti dallo stesso "Patrimonio", lamentandosi, però, delle cattive condizioni economiche in cui si trova[708].

30 gennaio: Mozani a Migliavacca dal Sant'Ufficio aggiunge che nella lista delle entrate figurano alcune pensioni pagate dal Sant'Ufficio di Piacenza e dalla corte e due censi a favore dei carcerati poveri. Accenna ad altre questioni patrimoniali[709]. Da un'altra fonte si apprende che il Sant'Ufficio riceveva dalla "Regia Ducale Camera" un'"annua prestazione" di 255 lire e 10 soldi "in

---

stalla (con diciannove figure), Luzzara e Reggiolo. Si veda anche ACDF, St. St. GG h, fasc. 1: *Cathalogus omnium ministrorum et officialium Inquisitionis Parmae* (1782). I nomi dei vicari foranei sono riportati nella quinta appendice al presente saggio.

[707] ACDF, St. St. GG 4 c.

[708] ACDF, St. St. GG 4 a: "Ho la casa spogliata di tutto, e mi ritrovo perciò nelle maggiori angustie; umilmente pertanto ricorro alla clemenza e carità delle Eccellenze Vostre, poiché non so come provvedere con l'annua entrata ad un tanto bisogno". Riceve 63 quadri, uno stampo di legno con stemma del Sant'Ufficio, una custodia di legno con entro un Bambino, una mappa topografica della giurisdizione del Sant'Ufficio, uno stendardo vecchio dipinto. Dice che i capezzali, i pagliaricci, i cuscini e panni da letto sono tutti "sucidi fracidi e corrosi da sorci e tarme". Poi elenca terreni, censi, livelli e stato passivo.

[709] ACDF, St. St. GG 4 c.

luogo dell'antica somministrazione di vino ed olio d'ulivo, che già facevasi al medesimo"[710].

13 febbraio: Mozani a Migliavacca dal Sant'Ufficio su questioni patrimoniali, sull'arredo della cappella dell'Inquisizione e sugli ebrei[711].

16 febbraio: Mozani a Migliavacca dal Sant'Ufficio sul notaio di Montecchio (oggi nella diocesi di Reggio Emilia-Guastalla) scelto per Parma, che non è idoneo a esercitare questo ruolo, perché non è nato a Parma (regola desunta da un testamento del fondatore); altra difficoltà riguarda il vicario di Zibello (oggi nella diocesi di Fidenza), per il quale Mozani aveva pensato al priore di quel convento[712].

16 febbraio: Mozani ai cardinali della Congregazione sullo stato attivo e passivo, sugli obblighi di messe (di cui allega un prospetto) e su questioni patrimoniali[713].

6 marzo: Mozani annuncia a Migliavacca dal Sant'Ufficio che gli manderà il *Catalogo dei patentati* che sta approntando e la dichiarazione dei privilegi dei patentati ecclesiastici. Comunica le sue intenzioni sulla scelta dei vicari foranei, del notaio, del vicario di Zibello e di altre figure. Conclude con l'esclamazione: "Oh tempi infelicissimi!"[714].

14 marzo: Mozani a Sacco e relativa risposta del 16 marzo sul problema delle esenzioni e dei privilegi concessi alle Inquisizioni dopo il concordato con il papa[715]. Era stata infatti concessa ai beni dell'Inquisizione la stessa esenzione dalle tasse che vigeva pri-

---

[710] ASPr, Conventi e confraternite soppressi, XXXIX, Inquisizione di Parma, bb. 1-3, registro 28. La Camera regia ducale dava ogni anno questa somma di 225 lire e 10 soldi all'Inquisizione.
[711] ACDF, St. St. GG 4 c.
[712] ACDF, St. St. GG 4 c.
[713] ACDF, St. St. GG 4 c.
[714] ACDF, St. St. GG 4 c.
[715] Lettere conservate in ASPr, Conventi e confraternite soppressi, XXXIX, Inquisizione di Parma, citate da DREI, *Sulle relazioni*, pp. 598-599.

ma della soppressione, ma tale privilegio provocava "ogni sorta di contestazione nei pubblici ufficiali, che esigevano per il riconoscimento la prova documentata dei singoli privilegi anticamente goduti, giungendo più volte a porre il sequestro sui beni dell'inquisizione"[716]. Le controversie che sorgevano, tuttavia, si concludevano sempre con l'affermazione del Sant'Ufficio, incondizionatamente difeso dal duca[717].

6 aprile: Mozani ringrazia Migliavacca dal Sant'Ufficio per la spiegazione ricevuta a proposito delle licenze perpetue; discorre sulla "Regia Soprintendenza" e sui doveri dei membri che la componevano e si dice dello stesso parere del Migliavacca. Dichiara di aver subito un grave danno economico a causa della soppressione, perché i mobili del Sant'Ufficio non si sono più ritrovati ed egli ha dovuto sostenere molte spese per rimpiazzarli[718].

6 aprile: il papa emana il breve con cui dà l'assenso alla raccolta delle collette da parte degli enti ecclesiastici nei Ducati parmensi[719].

9 aprile: Mozani a Migliavacca dal Sant'Ufficio sul desiderio del marchese Guido IV di Soragna che Mozani sottoscriva alcuni *Capitoli convenuti tra il marchese e la confraternita dei Crocesegnati di Soragna*, ma Mozani non vuole essere coinvolto dalla questione. Sa che il marchese è poco incline al Sant'Ufficio, perché "educato in Francia, e leggitore di libercoli". Mozani poi discorre sul notaio Andrea Donelli. In confidenza rivela di essere molto insoddisfatto dell'inquisitore di Piacenza, perché non prende provvedimenti contro gli ebrei, con il risultato che Mozani sembra eccessivamente persecutorio verso di loro[720].

---

[716] DREI, *Sulle relazioni*, p. 599.
[717] DREI, *Sulle relazioni*, p. 599.
[718] ACDF, St. St. GG 4 c.
[719] BENASSI, *Guglielmo Du Tillot*, X (2° p.), p. 167.
[720] ACDF, St. St. GG 4 c. Sul marchese Guido IV Meli Lupi di Soragna: CIRILLO Giuseppe, GODI Giovanni, COLOMBI Bruno, *Soragna*, Milano, FMR, 1996, p. VII.

10 aprile: Giuseppe Sacco scrive all'inquisitore di Piacenza circa l'esenzione di cui il Sant'Ufficio potrà godere dalla Regia Ducal Camera per ottenere le "copie d'istromenti, che a compimento delle mancanze da [lui] ritrovate nell'archivio di codesta Sacra Inquisizione [egli stesso] richiederà"[721].

15 maggio: Mozani scrive a Migliavacca dal Sant'Ufficio sulla figura del "capitano" nei vicariati. Per comprenderne il ruolo ha compiuto ricerche nell'archivio del Sant'Ufficio. Inoltre ha cassato 54 patenti, perché ha scoperto che erano state conferite per interesse e non per servizio del Sant'Ufficio. Riferisce i nomi dei "capitani" di Parma, si sofferma sulla Congregazione di S. Croce, accenna alla sua volontà di ridurre le messe cantate e annuncia il prossimo invio del catalogo dei denunciati in vescovado durante gli undici anni di soppressione del Sant'Ufficio, tra cui il processo contro Anna Lasso ginevrina[722].

Lettera senza data: Mozani scrive a Migliavacca dal Sant'Ufficio sui suoi dissapori con l'inquisitore di Piacenza. Si sfoga perché il frate non si attiene agli accordi presi su come procedere nella conduzione del Sant'Ufficio, in particolare per quanto riguarda la questione degli ebrei, che a Piacenza sono trascurati. Teme che il Sant'Ufficio di Parma ne venga danneggiato e che la corte si insospettisca dello zelo antisemita di Mozani. Questi è angosciato per tale motivo e si confida con il suo corrispondente. Dimostra prudenza e assicura Migliavacca che le lettere che gli arrivano da Roma vengono sistematicamente bruciate. Oltre ad essere storico e archivista, è anche ben avveduto nel controspionaggio. Da questa lettera emerge chiaramente la sua personalità[723].

23 maggio: frate Giuseppe Antonio Foscheri, vicario di Borgo San Donnino, a Migliavacca sugli ebrei e sui vicari[724].

---

[721] ASPr, Culto, b. 101.
[722] ACDF, St. St. GG 4 c.
[723] ACDF, St. St. GG 4 c.
[724] ACDF, St. St. GG 4 c.

12 giugno: Mozani scrive a Migliavacca dal Sant'Ufficio, dichiarando che la lettera di Migliavacca "al noto" (cioè all'inquisitore di Piacenza) ha già prodotto un ottimo effetto[725].
27 giugno: lettera di Migliavacca da Roma[726].
3 agosto: Mozani a Migliavacca dal Sant'Ufficio sulla necessità di procedere contro il delitto della bestemmia semplice; chiede parere al suo corrispondente. Accenna a un editto dell'imperatore Giuseppe II d'Asburgo che sottopone i frati della Lombardia austriaca ai vescovi, anziché ai loro padri generali dei rispettivi ordini e li separa totalmente dagli altri confratelli dimoranti fuori dall'impero[727].
Lettera senza data: Mozani a Migliavacca dal Sant'Ufficio sugli ebrei e sul reliquiario della S. Croce, che il regnante ha voluto restituire al Mozani. Ora l'inquisitore lo vuole fare restaurare. Informa Migliavacca che nello Stato ci sarà la nomina di un nuovo primo ministro, in seguito alle dimissioni di Sacco provocate dalla "causa del signor Galantini"[728].
Lettera senza data: Mozani a Migliavacca dal Sant'Ufficio sulla "spina" rappresentata dalla questione patrimoniale, sulle patenti di "capitano" (per le quali ha compiuto ricerche archivistiche) e sulla Compagnia di S. Croce di Soragna[729].
Lettera senza data: Mozani a Migliavacca dal Sant'Ufficio sugli ebrei e sul comportamento dell'inquisitore di Piacenza Paolo Vincenzo Giovannini nei loro confronti. Espone motivi di preoccu-

---

[725] ACDF, St. St. GG 4 c.
[726] ACDF, St. St. GG 4 a.
[727] ACDF, St. St. GG 4 c.
[728] ACDF, St. St. GG 4 c. Il tenente colonnello Francesco Galantini, *fermier* generale delle finanze statali, fu sospettato, insieme ad altri, di avere "dolosamente sacrificato l'interesse del Real Sovrano coll'accordare un perpetuo ribasso di dazio a tutte le mercanzie, che dalla Lombardia Austriaca fossero passate lungo il Po' per le dogane di Parma" (*Gazzetta universale,* volume 8, pp. 802-803, alla data 7 dicembre 1781).
[729] ACDF, St. St. GG 4 c.

pazione per la mancanza di uniformità e di armonia tra i due tribunali di Parma e Piacenza in quest'ambito d'intervento[730].

14 agosto: Mozani scrive a Migliavacca dal Sant'Ufficio per riferire che Sacco è stato sostituito, nel ruolo di primo ministro, dal marchese Prospero Manara, ma non sa quale sia "l'intreccio", benché l'opinione pubblica riferisca che questa sostituzione sia stata l'effetto della potenza di Greppi[731], dal quale dipende e dipendeva Galantini. Mozani è stato profondamente scosso dalla caduta di Sacco, ma spera che anche Manara si dimostri favorevole al Sant'Ufficio, essendo da tutti giudicato onesto e pio[732].

17 agosto: Mozani a Migliavacca dal Sant'Ufficio: lo ringrazia per avergli mandato la copia di una notificazione risalente al 1745 sui rei di bestemmia semplice. Essendo stato dimesso il ministro Sacco, Mozani crede opportuno sospendere ogni passo volto alla punizione del reato di bestemmia semplice. Sa che Migliavacca è stato informato dall'abate Roccatani circa la causa Galantini: questi è stato dichiarato innocente al termine del processo. Il priore di Milano lo ha avvisato che là si attende la pubblicazione di un nuovo *Piano* stabilito dal governo austriaco e che in base ad esso si teme che i religiosi non potranno più "vestire l'abito" per dieci anni[733].

8 settembre: anche l'avvocato fiscale Riga viene licenziato dal duca, perché coinvolto nello scandalo del processo contro Galantini[734].

30 novembre: Mozani invia a Migliavacca dal Sant'Ufficio il catalogo dei patentati, avvertendo che vi sono posti vacanti a causa

---

[730] ACDF, St. St. GG 4 c.
[731] Giacomo Greppi risulta commissario di governo nel 1801: STANISLAO DA CAMPAGNOLA, *Turchi*, p. 392.
[732] ACDF, St. St. GG 4 c. Sul licenziamento di Sacco: BENASSI, *Guglielmo Du Tillot*, X (2° p.), p. 171 ("abbattuto [...] da un piccolo intrigo di corte"); BADINTER, *L'Infant de Parme*, p. 147. Manara ricoprirà questo ruolo fino al 1787.
[733] ACDF, St. St. GG 4 c.
[734] BENASSI, *Guglielmo Du Tillot*, X (2° p.), p. 172.

della morte di alcuni soggetti nominati. Inoltre, per la scarsità di persone idonee nei vicariati, Mozani ha dovuto scegliere alcuni parroci[735].

18 dicembre: Mozani alla Congregazione dal Sant'Ufficio sui diritti e i privilegi dei patentati, così come sono emersi dalle ricerche archivistiche compiute da lui stesso. È allegato un foglio con i privilegi dei patentati[736].

18 dicembre: Mozani a Migliavacca dal Sant'Ufficio sui privilegi dei patentati. Allega copia del *Piano convenuto con il Regnante in forma giuridica sui patentati*, destinato a essere conservato nell'archivio del Sant'Ufficio (fascicoletto rilegato di dieci pagine). Rimane il dubbio circa il privilegio del foro del Sant'Ufficio per i patentati ecclesiastici nelle cause civili: infatti dalle ricerche compiute sarebbe emerso che essi non possono essere convenuti in nessun tribunale e pignorati senza l'*exequatur* dell'inquisitore. In una memoria dell'inquisitore Mazzoleni si attesta che in passato l'inquisitore dava l'*exequatur* solo nelle cause penali, quando si trattava di pignorazioni.

Mozani, poi, attira l'attenzione di Migliavacca su una somma pagata ingiustamente dal Sant'Ufficio all'"Ufficio dei cavamenti". Il ministro diede già ragione all'inquisitore, perché in un breve di Pio V si escludevano gli ecclesiastici dal pagamento di tali somme. Infatti Mozani ha verificato che il Sant'Ufficio non pagò mai tale tassa. Mozani annuncia che da gennaio gli ecclesiastici, anche privilegiati, dovranno pagare le collette per i beni acquisiti dopo il 1620, in virtù di un breve pontificio, ma il Sant'Ufficio di Parma dovrebbe esserne esente, perché i suoi beni appartengono alla Santa Sede. Mozani è interessato a sapere se il Sant'Ufficio sia stato esentato e a questo scopo riferisce di un dialogo avuto con il vicario del Sant'Ufficio di Ferrara, padre Luigi Maria Cerubi. Infine parla del vicario di Zibello: questi spedirà a Migliavacca una

---

[735] ACDF, St. St. GG 4 c.
[736] ACDF, St. St. GG 4 c.

lettera. Ipotizziamo che la ragione vada individuata nel fatto che egli giocava un ruolo importante nelle comunicazioni Parma-Roma[737].

Le spese sostenute nel 1781 per ripristinare il Sant'Ufficio sono significative: suppellettile liturgica, paramenti liturgici, cornice del quadro della cappellina, adattamento alla cappellina di una "mensa d'altare con suo parapetto avutasi dalla chiesa di Colorno", mobili da sagrestia e d'archivio, serrature e catenacci per le carceri, acquisto di una copia dell'*Indice dei libri proibiti* e dell'*Arsenale del Sant'Ufficio*[738], approntamento della rotella e del cordone per la tortura, catene, manette, lucchetti ed altri ferri per le carceri, lavori di muratura anche nelle carceri, carta per i registri e i processi, inchiostro, spese per la festa di S. Croce, sigillo delle patenti, vestiario per l'inquisitore e il converso. Mozani specifica che diverse di queste spese sono state sostenute dalla corte[739].

Viene proibita l'opera *Memoria cattolica da presentarsi a Sua Santità. Opera postuma* (stampata a "Cosmopoli") e viene spedita la *Lettera circolare alle Curie forensi pel braccio da darsi al Sant'Offizio*[740].

1782

Gennaio: l'inquisitore Mozani invia alla Congregazione la "Nota delle spese" (6648 lire e 7 soldi) e del "ricevuto" (6506 lire e 12 soldi) del 1781. Occorre notare che la spesa è elevata, perché comprende il trasporto dell'archivio dal vescovado al Sant'Ufficio (lire 22), il trasporto della libreria dal Regio Magistrato al

---

[737] ACDF, St. St. GG 4 c. Padre Luigi Maria Cerubi da Milano, domenicano, fu nominato vicario generale del Sant'Ufficio di Ferrara nel 1769 e vicario generale del Sant'Ufficio di Bologna nel 1792.
[738] MASINI Eliseo, *Sacro arsenale ouero prattica dell'officio della Santa Inquisitione*, in Genoua, appresso Giuseppe Pauoni, 1621.
[739] ACDF, St. St. GG 4 c.
[740] ASPr, Gridario, Indice dal 1749 al 1802, voce "Inquisizione", c. 188, rispettivamente n. 6 e n. 29.

Sant'Ufficio (lire 14), il trasporto dei mobili dal "Patrimonio dei poveri" al Sant'Ufficio[741].

4 gennaio: Mozani scrive alla Congregazione per inviare il *Catalogo dei patentati* in cui figurano come vicario generale Vincenzo Tommaso Passerini; come notaio Donelli; come revisori dei libri Agostino Scutellari, benedettino; Giuseppe Bocelli, sacerdote secolare; Giovanni Antonio Gobbi, sacerdote secolare e professore presso l'ateneo. Fra i consultori teologi compare anche don Giuseppe Capretti[742].

5 gennaio: Mozani trasmette a Migliavacca il *Catalogo dei patentati* e vari documenti che riguardano i privilegi dei patentati ecclesia-

---

[741] ACDF, St. St. GG 4 c.
[742] 23 febbraio 1782, ACDF, St. St., GG 4 a (un'altra copia è in ACDF, GG 5 h, fasc. 1): *Cathalogus omnium ministrorum et officialium Inquisitionis Parmae tam pro ejusdem diocesis, quam pro Burgi Sancti Donnini, Buxeti, Vastallae, locique eidem adnexi.* Il catalogo dei patentati coincide quasi del tutto con quello del 1781 riportato alla nota 706: figurano come vicario Passerini, come *notarius pro civitate* Donelli, come *notarius pro suburbiis* Giovanni Cocconi secolare, come *mandatarius pro civitate* Marsilio Pasqua, come *mandatarius pro suburbiis* Nicola Palmia, come *fiscalis* Sante Del Rio I[uris] V[triusque] D[octor] e professore all'ateneo. Fra i soci i conti Alessandro Sanvitale, Aurelio Bernieri, Federico Toccoli, Orazio Baiardi, i marchesi Alessandro Lalatta e Pier Luigi Dalla Rosa Prati; come familiari sei individui, come *famuli sociorum* altri sei (ma uno di questi nel frattempo è morto). I consultori teologi sono Vincenzo Bottini, lettore primario in S. Pietro Martire; Andrea Mazza benedettino; Giovanni Biondi S[acri] I[uris] D[octor] canonico teologo; Giuseppe Capretti S[acri] I[uris] D[octor]. I consultori canonisti Paolo Maria Paciaudi teatino bibliotecario; Gregorio Cerati abate benedettino; Antonio Trivulzio minimo di S. Francesco di Paola; Fortunato da Guastalla, minore osservante, lettore in S. Francesco del Prato. I consultori legali sono Paolo Alinovi e Luigi Bolla, dottori in entrambe le leggi e docenti all'ateneo, Giuseppe Maria Casapini e il conte Antonio Cerati, anch'essi dottori in entrambe le leggi. Fungono da revisori dei libri Agostino Scutellari benedettino, Giuseppe Bocelli S[acri] I[uris] D[octor] secolare, Giovanni Antonio Gobbi S[acri] I[uris] D[octor], professore universitario. Revisore delle casse di libri: Giambattista Bodoni, prefetto della Regia Tipografia. Vengono poi elencati i patentati dei vicariati. Non vi sono accenni ai Crocesignati (su questo argomento si veda: ACDF, St. St. LL 1 a, fascicoli 1 e 2).

stici, in "rapporto ai quali nulla ha voluto determinare nel Piano convenuto S. A. R.". Chiede di trasmetterlo alla Congregazione del Sant'Ufficio e di indicare come ci si debba comportare se qualche mansione di patentato è vacante[743].

23 febbraio: minuta di Migliavacca a Mozani, con allegata risposta della Congregazione del Sant'Ufficio sui casi di vacanza di patentanti nei vicariati. In tale eventualità Mozani dovrà mandare alla Congregazione del Sant'Ufficio i nomi dei luoghi, degli avvocati fiscali, degli avvocati dei rei, dei cancellieri, dei mandatari e degli altri ministri. Inoltre dovrà avvisare con una lettera il Commissario del Sant'Ufficio circa i cambiamenti da apportare, perché possano essere segnati nel registro della cancelleria della Congregazione. Per quanto riguarda il "privilegio del foro" di cui godono gli ecclesiastici patentati, la Congregazione vuole che si conservi "in statu quo", come in passato. I cardinali non accettano che venga alterato il numero dei patentati o che siano permesse variazioni senza la propria previa approvazione[744].

Mozani allega una scrittura con i privilegi dei patentati ecclesiastici in base a diversi criteri: le liste dei privilegi stilate il 24 maggio 1701 dall'inquisitore Pichi, approvate dalla Congregazione del Sant'Ufficio; i processi per arresto dei patentati; la lettera della Congregazione del Sant'Ufficio del 6 dicembre 1629 relativa alla causa del prete don Gregorio Corsino per delazione di pistola; la lettera della Congregazione all'inquisitore dell'11 luglio 1655; una raccolta di memorie del 12 gennaio 1706. Mozani riporta un ampio elenco di processi, con nome dell'imputato e data. Infine aggiunge un paragrafo sui patentati regolari[745].

20 settembre: muore don Capretti.

5 ottobre: giunge dalla Congregazione del Sant'Ufficio l'assenso alla richiesta avanzata dalla marchesa Anna Manara, moglie del

---

[743] ACDF, St. St. GG 4 a.
[744] ACDF, St. St. GG 4 a.
[745] ACDF, St. St. GG 4 a.

ministro Prospero Manara, di poter transitare con le sue due figlie per il "rustico cortile appartenente a codesta Inquisizione [...] per portarsi alla chiesa di S. Pietro Martire".[746]

1783

Gennaio: l'inquisitore Mozani invia alla Congregazione del Sant'Ufficio la "Nota delle spese" (5049 lire e 12 soldi) e del "ricevuto" (4512 lire e 7 soldi) del 1782. Firma Mozani[747].
7 gennaio: Prospero Manara scrive all'inquisitore di Piacenza per informarlo che il duca Ferdinando ha stabilito che "andassero esenti dalle imposizioni i beni di ragione del S. Officio tanto di Parma, che di codesta città [Piacenza] cioè censi, livelli, case, terreni ec."[748].
25 febbraio: viene concluso l'inventario dei libri di don Capretti, da poco deceduto (si veda la prima appendice).
14 marzo: muore il vescovo di Piacenza, mons. Alessandro Pisani.

---

[746] AVPr, cassetta unica Inquisizione. Si tratta di un plico composto da tre documenti, di cui una lettera inviata dalla Congregazione del Sant'Ufficio e un'autorizzazione concessa dal vescovo Francesco Pettorelli Lalatta. La marchesa risiedeva in un palazzo che confinava con le proprietà del convento di S. Pietro Martire, il "Palazzo destinato per il Primo Ministro di S. A. R.". La richiesta era stata avanzata il 25 settembre 1782. La concessione non sarebbe valsa per le figlie, se non fossero state accompagnate dalla madre. In ogni caso neppure quest'ultima avrebbe mai potuto servirsi del passaggio dal tramonto all'alba. Il percorso viene così descritto: "Sortendo dal portone rustico del palazzo destinato per il primo ministro di S. A. R., ove essa [marchesa] presentemente abita, entrare in detto cortile, e dirittamente andando per la porta rustica del S. Officio, che mette nel corridore del medesimo, e successivamente pel luogo detto la Porteria del predetto convento, immediatamente passare nella mentovata chiesa e per la stessa via fare ritorno al Palazzo sopradetto".
[747] ACDF, St. St. GG 4 c.
[748] ASPr, Culto, b. 101.

18 luglio: viene nominato vescovo di Piacenza mons. Gregorio Cerati, che rimarrà in carica fino alla morte nel 1807.

A quest'anno risale la denuncia al Mozani da parte del duca Ferdinando del *Traité des trois imposteurs*, stampato a Verdun nel 1768 "de l'imprimerie du Professeur de Felice"[749], e di uno studio filologico di Giovanni Bernardo De Rossi, autorevole figura di intellettuale, professore di lingue antiche dell'Università di Parma e dal 1781 nominato da Mozani fra gli *interpretes linguarum* per il Sant'Ufficio di Parma[750]. Il plico in cui sono raccolte queste due denunce, conservato presso l'Archivio della Congregazione per la dottrina della fede, proviene dagli atti dei consultori francescani conventuali inviati al Sant'Ufficio. Il *Traité des trois imposteurs* fu messo all'indice nello stesso anno 1783[751]. Probabilmente fu il Mozani stesso a segnalare al duca la circolazione di questi testi[752].

---

[749] Opera anonima in cui si criticavano i fondatori delle grandi religioni monoteiste, ritenuti impostori. Sul grande successo dell'edizione del 1768, le riedizioni del 1775, 1776 e 1777, e la proibizione nel 1783 si veda MINOIS Georges, *Il libro maledetto: la storia straordinaria del Trattato dei tre profeti impostori*; traduzione di Sara Arena, Milano, Rizzoli, 2010 (edizione originale: Parigi, 2009), pp. 277, 283. Sull'interdizione del 1783 si veda ACDF, St. St., UU 23, fasc. bb (25), in cui compare il parere del consultore Michelangelo Monsegrati, residente nella chiesa di S. Pietro in Vincoli a Roma.

[750] ACDF, St. St., UU 23, fasc. dd (28). Nella lettera il titolo di De Rossi viene così indicato: *Variantes Hebraici Textus, quas instructa Codicum Mss., editionum antiquarum versionum*. Probabilmente, anche se il titolo non coincide, si tratta dell'opera che verrà pubblicata a distanza di qualche anno: *Variae lectiones Veteris Testamenti ex immensa mss. editorumq. codicum congerie haustae et ad Samar. textum, ad vetustiss. versiones, ad accuratiores sacrae criticae fontes ac leges examinatae opera ac studio Johannis Bern. De-Rossi. Volumen primum [quartum]*, Parmae, ex regio typographeo, 1784-1788. Ma non va escluso che l'opera citata nella lettera sia un'altra e sia rimasta manoscritta. De Rossi in precedenza era stato attaccato in un libro del domenicano padre Masi, come ci informa BENASSI, *Guglielmo Du Tillot*, X (2° p.), p. 163. Tuttavia Mozani lo nominò fra gli *interpretes linguarum* del Sant'Ufficio di Parma (ACDF, St. St. GG 4 c).

[751] L'opera fu messa all'Indice dopo che il consultore Michelangelo Monsegrati (nato a Bologna nel 1719, morto a Roma nel 1798; chierico regolare lateranense) ebbe pronunciato il suo parere. La condanna del *Traité des trois imposteur* nel

La Congregazione dell'Indice pubblica un nuovo *Index librorum prohibitorum*, facendolo stampare a Parma da Carmignani[753]. Questa scelta può esser letta come l'espressione della volontà del duca Ferdinando di collaborare fattivamente con la Santa Sede. Anche Mozani potrebbe aver contribuito alla segnalazione delle opere da includere nell'*Index*.

1784

Gennaio: l'inquisitore Mozani invia alla Congregazione del Sant'Ufficio la "Nota delle spese" (4801 lire e 16 soldi) e del "ricevuto" (4557 lire e 5 soldi) del 1783. Firma Mozani, il quale dichiara che in maggio sono state spese 15 lire "per far riporre il quadro della S. Croce nella cappella Bajardi ceduta ad uso del

---

1783 è riportata in: *Systematisches Repertorium zur Buchzensur 1701-1813. Inquisition*, unter Mitarbeit von Boute Bruno, Cristellon Cecilia, Dinkels Volker, a cura di Hubert Wolf, Paderborn, Schöningh, 2009, p. 479 (il decreto del Sant'Ufficio risale al 28 agosto 1783 e il bando della Congregazione dell'Indice al 27 settembre 1783); *Prosopographie*, II, pp. 856-861 (voce Monsegrati), in part. p. 860, dove si annovera il voto sul trattato, pronunciato appunto nel 1783. Si rimanda anche a ACDF, Sant'Ufficio, C. L. 1783-1784, fasc. 8, c. 22.

[752] L'esemplare del *Traité* conservato presso la Biblioteca Palatina di Parma (collocazione Sal. I. XVII.37708) è proprio l'edizione di Verdun, in formato 12°, di cui tratta il consultore Michelangelo Monsagrati nel fascicolo inviato alla Congregazione romana. Ha la tipica rilegatura (in marocchino rosso con impressioni in oro) degli acquisti compiuti dal Paciaudi all'epoca in cui fu bibliotecario di corte. L'acquisto potrebbe essere stato sollecitato da qualche personaggio legato a Du Tillot: infatti divenne una delle opere più ricercate dai sostenitori dell'Illuminismo. Sull'esemplare non vi sono note di possesso. Altra opera dal contenuto simile e stampata l'anno precedente, conservata presso BPPr, è *De la imposture sacerdotale ou Recueil de pieces sur le Clergé traduite de l'Anglois*, Londres, 1767, 16°.

[753] *Index librorum prohibitorum sanctissimi d.n. Benedicti XIV pontificis maximi jussu recognitus, atque editus. Adjectis in fine hujus editionis appendicibus librorum novissime prohibitorum*, Parmæ, apud Philippum Carmignani, typographum ex privilegio s.r.c., 1783.

Sant'Ufficio dal Signor Conte Bajardi". Come tutti gli altri anni sono state spese 63 lire e 17 soldi per la cera in occasione della festa di S. Croce[754].

1785

2 febbraio: muore a Parma il bibliotecario di corte Paolo Maria Paciaudi.

Viene affidato l'insegnamento di Filosofia etica presso l'Università di Parma al presbitero Domenico Santi, che svolge anche la funzione di preside della facoltà filosofica e di censore della stampa[755].

22 giugno: lettera ai cardinali del Sant'Ufficio del padre domenicano Domenico Poncini da Torino, provicario del Sant'Ufficio[756].

6-7 settembre: bando del duca di Modena Ercole III d'Este con cui si sopprime definitivamente l'Inquisizione nello Stato e il Sant'Ufficio è affidato ai vescovi[757].

6 settembre: il conte Giovanni Munarini da Modena scrive al vescovo di Parma[758].

1786

Gennaio: l'inquisitore Mozani invia alla Congregazione del Sant'Ufficio la "Nota delle spese" (4630 lire e 9 soldi) e del "ricevuto" (3997 lire e 15 soldi) del 1785. Firma Mozani[759].

9 gennaio: causa pendente contro Luigi Facchini per aver pronunciato proposizioni ereticali contro l'eucarestia, la divinità di

---

[754] ACDF, St. St. GG 4 c.
[755] BERTI, I, pp. 98-101: 98n.
[756] ACDF, St. St. GG 4 a.
[757] ACDF, St. St. GG 4 a. FRANCESCONI Federica, voce *Modena*, in DSI, II, pp. 1054-1055. La trascrizione dell'editto è in ACDF, St. St. GG 4 a.
[758] ACDF, St. St. GG 4 a.
[759] ACDF, St. St. GG 4 c.

Gesù Cristo e per aver lanciato maledizioni contro la Madonna e i santi[760].

16 gennaio: causa pendente contro Giacomo Zamboni di Bargone (diocesi di Borgo San Donnino) per aver pronunciato parole eretiche contro la Madonna e maledizioni contro Dio[761].

31 marzo: causa pendente contro Giuseppe Ghirarduzzi di Cornaleto (diocesi di Parma) per maledizioni contro Dio e la Madonna[762].

2 aprile: causa pendente contro Francesco Pietrantoni di Berceto per aver mangiato cibi vietati durante la quaresima[763].

6 aprile: il conte Munarini da Modena al vescovo di Parma sul catechismo nelle parrocchie e la spiegazione del vangelo al popolo durante la messa[764].

14 aprile: causa contro Giovanni Angelo Meriggi di Borgo San Donnino per sortilegio[765].

5 maggio: lettera di "F. V.°"[766] alla Congregazione del Sant'Ufficio per comunicare che il giorno 6 settembre 1785 il primo ministro dello Stato di Modena aveva pubblicato un editto entrato in vigore nei Domini Estensi, con cui veniva tolto il Sant'Ufficio ai domenicani e affidato ai vescovi. Anche lo scrivente ha ricevuto in data 25 ottobre 1785 dal sovrano di Modena Ercole d'Este l'ordine di pubblicare l'editto riguardante la parte della diocesi di Parma sottoposta ai Domini Estensi, editto che però

---

[760] ACDF, St. St. GG 4c: *Catalogus causarum expeditarum et pendentium in S. Officio Parmae.*
[761] ACDF, St. St. GG 4c: *Catalogus causarum expeditarum et pendentium in S. Officio Parmae.*
[762] ACDF, St. St. GG 4c: *Catalogus causarum expeditarum et pendentium in S. Officio Parmae.*
[763] ACDF, St. St. GG 4 c: *Catalogus causarum expeditarum et pendentium in S. Officio Parmae.*
[764] ACDF, St. St. GG 4 a.
[765] ACDF, St. St. GG 4 c: *Cause expedite, pendenti e da osservarsi a Piacenza*, 1786.
[766] Non è chiaro chi possa essere questo mittente: il frate Vincenzo Mozani di Parma? Oppure un frate di Modena? Di certo non vuole farsi riconoscere.

egli giudica illegittimo. Inoltre gli è stato spedito un "Sovrano Chirografo" estense con l'ordine di premetterlo al testo dell'editto (con l'"insinuazione di pubblicare un editto a condizione di doversi far stampare in fronte il detto chirografo prima di fare la promulgazione")[767].

---

[767] ACDF, St. St. GG 4 c: lo scrivente trova questo chirografo totalmente contrario ai sacri canoni e alle costituzioni apostoliche e quindi ha cercato di non pubblicarlo, ma con lettera del 15 aprile 1786 gli fu "inculcato essere vantaggioso e molto conveniente la pubblicazione" dell'editto. Cita altre lettere del governo del 13, 19, 20 e 21 aprile con cui gli viene "ingiunto" di far aggiungere nel Canone della Messa il nome del sovrano estense, di diminuire il numero delle feste fra l'anno e "d'inculcare ai parrochi la predicazione della carità cristiana con una circolare per le visite pastorali che prevede di sottomettere i regolari alla giuridisdizione dei rispettivi vescovi". In "tali critiche circostanze" lo scrivente non vede altro ripiego che rivolgersi alla Congregazione del Sant'Ufficio e inviarle copia delle suddette lettere. Allega l'editto "rapporto all'Inquisizione" (sulle mansioni che erano state affidate ai vescovi), "e siccome nulla sta più a cuore del Ser.mo Padrone quanto che si conservi illibata e sicura da ogni infezione la suddetta Cattolica Religione, così [può] assicurare in nome Sovrano V. S. Il.ma e R.ma che a qualunque di lei richiesta le verrà accordato ogni braccio più forte ed ogni più poderosa assistenza onde Ella possa agire con risolutezza e con tutto il più desiderabile effetto nel disimpegno di una cottanto interessante incombenza". Viene allegata la lettera del ministro estense conte Giovanni Munarini al vescovo di Parma, datata Modena, 6 settembre 1785; viene trascritto l'editto di Modena datato 6 settembre 1785 (sottoscritto dal sovrano Ercole d'Este e dal ministro Gherardo Rangone); viene trascritta altra lettera del conte Munarini al vescovo di Parma, datata Modena 6 aprile 1786, sul fare il catechismo nelle parrocchie e sullo spiegare il vangelo al popolo durante la messa; viene trascritta altra lettera del conte Munarini al vescovo di Parma del 13 aprile 1786; viene trascritta lettera dello stesso al priore dei Servi di Montecchio Emilia del 14 aprile 1786 (in cui il duca comanda che tutti i Regolari dimoranti nel suo Stato debbano riconoscere per loro immediati e legittimi superiori i vescovi rispettivi); viene allegata copia di altre lettere del 1786 con promemoria sopra la diminuzione delle feste, con una lettera circolare ai vescovi riguardante le visite pastorali, l'assistenza ai poveri, la pietà verso i defunti etc.; "copia di lettera del Munarini al vescovo di Parma del 15 aprile 1786 in cui sollecita un editto vescovile con premesso il Chirografo ducale per la conservazione e prosperità della Santa

11 maggio: cause pendenti nei confronti di Giuseppe Cornazzani di Parma per bestemmie contro Dio e la Madonna; contro Giuseppe Gramizzi di Borgo San Donnino per aver utilizzato un teschio allo scopo di trovare un tesoro nascosto in un campo; contro Natale Castelli di Borgo San Donnino per aver pronunciato frasi ereticali sulla giustizia divina e circa la predestinazione[768].

31 maggio: la Congregazione del Sant'Ufficio loda i vari vescovi per essersi astenuti dalla pubblicazione dell'editto ingiunto dal governo di Modena[769].

7 giugno: causa pendente nei confronti di Giuseppe Flori e N. Strocchi, carcerati nel pretorio di Luzzara (diocesi di Reggio) per proposizioni ereticali contro la legge cristiana[770].

9 giugno: Mozani alla Congregazione del Sant'Ufficio: informa che l'ex gesuita Ferdinando Calini ha composto un catechismo ragionato e sospetta che abbia tentato di farlo stampare nella Lombardia austriaca, a Pavia, ma i censori glielo hanno negato. Calini ha trovato modo di stamparlo nella "Regia Tipografia" di Parma per ordine di don Ferdinando e il manoscritto è già stato affidato al tipografo Giambattista Bodoni, cui l'ha fatto pervenire il ministro. Mozani riferisce che Calini, agevolato dalla corte, "ha

---

Fede Cattolica e facoltà accordatale d'inquirire, processare e condannare i rei in causa di manifesta eresia": "Mi comanda S. A. S. di eccitare di bel nuovo lo zelo di V. S. Ill.ma e R.ma all'effetto esposto, giacché trattasi di un affare che da un successore degli apostoli non può non riguardarsi come sommamente importante e nel quale sarà sempre bene che concorrano con armonia reciproca le due podestà in una maniera a chiunque palese e decisa".

Viene anche allegata copia di una lettera di Munarini al vescovo di Parma del 25 ottobre 1785, in cui si afferma che Sua Altezza Ferdinando di Borbone pensa che "i soli mezzi spirituali di cui il vescovo può far uso non siano sufficienti a frenare i mancanti nella Fede": è quindi a favore dell'Inquisizione.

[768] ACDF, St. St. GG 4 c: *Catalogus causarum expeditarum et pendentium in S. Officio Parmae*.
[769] ACDF, St. St. GG 4 a. La firma è di "Silva Assessor".
[770] ACDF, St. St. GG 4 c: *Catalogus causarum expeditarum et pendentium in S. Officio Parmae*.

preteso di declinare da ogni revisione", sapendo che "Le composizioni che vengono immediatamente dalle mani del Regio Sovrano non sono soggette all'approvazione d'alcuno". Mozani ha potuto trascrivere l'indice del manoscritto, ma preferisce che non sia scoperta la persona che lo ha avvisato, perché "la cosa è d'uopo ragionarla con destrezza"; infine allega l'indice dell'opera stessa[771].

16 giugno: Mozani alla Congregazione del Sant'Ufficio. Ha scritto al vicario del Sant'Ufficio a Colorno, perché, a nome del Mozani, esponga al duca la necessità che il catechismo di Calini sia approvato dai tribunali ecclesiastici prima di essere stampato. Il duca gli aveva concesso di stampare il catechismo nella sua stamperia di Parma, non sapendo che la Santa Sede doveva approvarlo. Ora il duca ne è consapevole e accetta come necessaria l'approvazione. Ha ordinato al Bodoni di consegnare a Mozani il manoscritto per mandarlo a Roma, ma con l'avvertenza che i cardinali lo rispediscano subito indietro "e che aggiunga al Bodoni di non fare di tutto ciò parola con alcuna persona, acciò l'affare succeda con tutta pace, e quiete". Mozani intende farsi consegnare il manoscritto, lo vuole scorrere per trovarvi eventuali problemi e attendere risposte dalla Congregazione del Sant'Ufficio. Però il duca e l'"aio" (il cavalier Giannantonio Capece della Somaglia) "sono impegnatissimi perché si stampi, e si stampi presto"[772].

17 giugno: la Congregazione del Sant'Ufficio scrive al Mozani che "Merita ogni lode la prudenza e la destrezza colla quale V. F. M. R. si è regolata per avere tra le mani il noto manoscritto e procurarsene la revisione". Prosegue dando ordini per la stampa di

---

[771] ACDF, St. St. GG 4 c. Il duca ha comunicato al vicario che l'autore è un certo abate Calini, ex gesuita bresciano, zio del conte Calini, poeta morto pochi anni prima.

[772] ACDF, St. St. GG 4 c. Giannantonio Capece della Somaglia sostituì il Manara nel 1781: STANISLAO DA CAMPAGNOLA, *Turchi*, p. 145. Sulla famiglia piacentina Capece della Somaglia si veda ANONIMO, *I Cavazzi della Somaglia*, in: FIORI Giorgio, MANFREDI Carlo Emanuele (a cura di), *I Papi a Piacenza*, Piacenza, [s. n.], 1988, pp. 80-88.

simili opere in futuro: devono "sempre essere fatte rivedere costì da uno dotto, e secreto e imparziale teologo, il quale gliene comunichi il suo giudizio in iscritto". È allegata lettera (forse del Migliavacca?) in cui si dichiara che l'autore non dovrebbe essersi servito delle massime del catechismo di Colbert, proibito in italiano, inglese e spagnolo. Si aggiunge che non sono state trovate affermazioni censurabili o "di poco momento" che debbano essere corrette[773].

24 giugno: la Congregazione del Sant'Ufficio ordina che Francesco Ferrari e Giacomo Piazzi debbano essere fatti uscire dalle carceri del Sant'Ufficio per andare a testimoniare in vescovado circa lo stato libero di Giuseppe Ruspaggiari, reo di poligamia[774].

28 giugno: causa pendente contro Giacomo Ferrari di S. Croce di Zibello per aver negato l'esistenza dell'inferno[775].

13 e 14 luglio: "expedita fuit cum abjuratione de formali, et poenitentijs salutaribus" riguardante Maria Ghiretti, figlia del fu Giovanni Battista di Parma, che si era accusata "de falso dogmate circa existentiam inferni, et mysterii Ss. Trinitatis"[776].

---

[773] ACDF, St. St. GG 4 c. L'allusione è a COLBERT Charles Joachim (1667-1738), *Instructions générales en forme de catechisme, où l'on explique en abrégé [...] l'histoire & les dogmes de la religion, la morale chrétienne, les sacremens, les priéres, les cérémonies & les usages de l'eglise. Imprimées par ordre de messire Charles-Joachim Colbert, evêque de Montpellier, à l'usage des anciens & des nouveaux catholiques de son Diocèse. [...] Avec deux catechismes abregés à l'usage des enfans. Tome premier [-quatrième]. Nouvelle edition revûe & augmentée*, à Lyon, chez Claude Plaignard, libraire, rue Merciere, au grand Hercule, 1740, 4 v., 12°. Questa non è la prima edizione e ve ne saranno altre nel 1767 e nel 1772.
[774] ACDF, St. St. GG 4 c: *Catalogus causarum expeditarum et pendentium in S. Officio Parmae*.
[775] ACDF, St. St. GG 4 c: *Catalogus causarum expeditarum et pendentium in S. Officio Parmae*.
[776] ACDF, St. St. GG 4 c: *Catalogus causarum expeditarum et pendentium in S. Officio Parmae*.

18 luglio: causa pendente a carico di Giovanni Bandozzi di Borgo San Donnino per eretiche e turpi proposizioni contro Dio[777].

31 luglio: Mozani scrive alla Congregazione del Sant'Ufficio a proposito del vescovo di Parma, che è stato obbligato a pubblicare l'editto per quella parte della diocesi che si trova sotto il ducato di Modena[778]. Per costringerlo a fare ciò, il 15 aprile il ministro gli aveva scritto. Tutto il fascicolo presenta la risposta della Congregazione del 31 maggio 1786, che loda i vari vescovi per essersi astenuti dalla pubblicazione dell'editto ingiunto. La Congregazione (nella persona dell'assessore Silva) li invita a rimanere nello "stesso senso" e per quanto loro possibile rispondano ai sovrani "omnes quatenus etiam de praedicta facienda pubblicatione noviter fuerint expostulati"[779].

8 ottobre: causa pendente nei confronti di Giuseppe Bocchi di Parma per aver negato l'esistenza dell'inferno[780].

Esce un nuovo *Index librorum prohibitorum*[781].

Il ministro di Stato Prospero Manara si ritira a vita privata[782].

Quest'anno Adeodato Turchi diventa precettore di Lodovico, figlio della coppia ducale[783].

---

[777] ACDF, St. St. GG 4 c: *Catalogus causarum expeditarum et pendentium in S. Officio Parmae*.

[778] ACDF, St. St. GG 4 a: "Anche Mons. Vescovo di Parma si dirige presentemente alle Eccellenze Vostre per avere ancor egli ricevute pressanti premure per la pubblicazione del noto Editto per quella parte di diocesi che ha nel Ducato di Modena a condizione di doversi fare stampare in fronte l'indicato Chirografo e di presentarlo pri[m]a di farne la pubblicazione a quel ministro Conte Munarini: dice però che avendolo riconosciuto onninamente contrario alle disposizioni dei Sagri Canoni e delle Apostoliche Constituzioni, pose ogni mezzo per dispensarsi dalla pubblicazione di esso, e che di tutti per qualche tempo non n'ebbe ulteriore impulso".

[779] ACDF, St. St. GG 4 a. Si tratta dell'assessore del Sant'Ufficio Paolo Luigi Silva (milanese morto nel 1801), su cui si veda *Prosopographie*, II, pp. 1175-1176.

[780] ACDF, St. St. GG 4c: *Catalogus causarum expeditarum et pendentium in S. Officio Parmae*.

[781] DEL COL, *L'Inquisizione in Italia*, p. 716.

[782] RODA Marica, voce *Manara Prospero*, in DBI, vol. 68 (2007), pp. 418-420.

1787

Gennaio: l'inquisitore Mozani invia alla Congregazione del Sant'Ufficio la "Nota delle spese" (4441 lire e 1 soldo) e del "ricevuto" (4001 lire e 5 soldi) del 1786. Firma Mozani, che attesta che si sono costruite nuove porte e il portone del casino di S. Lazzaro di proprietà dell'Inquisizione[784].
Vi sono diverse cause pendenti presso l'Inquisizione di Parma[785].

10 gennaio: comincia il carteggio con la Congregazione del Sant'Ufficio a favore dei figli del defunto Jean Philippe, barone di Crouzay, ma con esito negativo, perché i suoi eredi non possono più percepire la pensione annuale che gli veniva pagata "sur les fonds de la Sainte Inquisition"[786].

---

[783] BENASSI, *Guglielmo Du Tillot*, X (2° p.), p. 173.
[784] ACDF, St. St. GG 4 c.
[785] ACDF, St. St. GG 4 c: *Catalogus causarum expeditarum et pendentium in S. Officio Parmae* nel 1787: contro il parroco di Cassio Giovanni Barozzi per *sollicitatio ad turpia* verso una donna nel confessionale; contro Paolo Frattini Simonini parmigiano per aver negato la giustizia divina; contro Domenico da Parma, converso dei minori osservanti di S. Francesco del Prato, per aver pronunciato affermazioni contrarie ai dogmi in materia venerea relative alla confessione; contro Caterina vedova di Giuseppe Finetti di Bersano (diocesi di Borgo San Donnino) per maleficio; contro Giuseppe Cavazzini di Borgo San Donnino per aver negato la giustizia divina; contro Agostino, vicario di Berceto, per stupro contro una donna e bestemmia; contro Paolo di Pietra Mogolena, povero vagabondo, per aver negato la giustizia di Dio e aver affermato quella del diavolo; contro Domenico Conti, sacerdote di Albareto, per aver pronunciato affermazioni contrarie ai dogmi in materia venerea relative alla confessione.
[786] ACDF, Privilegia S. Officii 1786-1788, fasc. 32, cc. 134r, 235r-236v. Il 10 gennaio il signor Cretet, Bailly de Virieu, dimorante a Bauvoisin in Savoia, scrive una lettera in francese da Parma al cavalier Della Somaglia, allegando una supplica. Il mittente si definisce un "vieux chrétien militaire" pieno di rimorsi ("mon ame agitée de remords"), essendo lo zio materno di sei bambini rimasti orfani (famiglia Orphelins-Crouzaj). Il loro padre era il nobile Jean Philippe Baron de Crouzay, figlio del consigliere e governatore di Sua Altezza Serenissima de Saxe, conosciuto nella repubblica delle lettere. Nato a Losanna, si era

13 febbraio: Mozani scrive alla Congregazione per informare che è stato carcerato il notaio del Sant'Ufficio Donelli senza l'*exequatur* dell'inquisitore[787].

17 febbraio: viene nominato ministro di Stato il conte Troilo Ventura, che ricoprirà questo ruolo fino all'agosto 1788[788].

9 marzo: Mozani scrive alla Congregazione del Sant'Ufficio, informandola sulla vicenda del notaio Donelli e su altri dubbi: "riguardo alla differenza con la Curia vescovile tutto è in silenzio ed è sospesa ogni azione; per quanto ho saputo, la predetta Curia si maneggia perché l'affare si ultimi all'amichevole, e qualche tocco è stato dato al nostro Notaro; io fra tanto sto vegliante, e non mi lascerò certamente pregiudicare; avendo documenti abbastanza per sostenermi, procederò però sempre con la maggior pulitezza e modestia, perché nulla mi si possa opporre riguardo al modo tenuto. [...] Del nuovo Ministro nulla si sente in particolare, comunemente però dicesi che sia uomo di mente, preciso e premuroso della sua riputazione"[789].

3 aprile: lettera di Mozani alla Congregazione, in cui si discorre ancora del "notaio don Andrea Donelli secolare"[790].

3 aprile: altra lettera di Mozani alla Congregazione sui rapporti con la curia vescovile, sul foro laico e sui patentati secolari[791].

---

ritirato nel regno di Sardegna e aveva abiurato il protestantesimo, abbracciando il cattolicesimo. Istruì nella fede cattolica anche i suoi quattro figli. Quando rimase vedovo, si sposò nuovamente ed ebbe altri sei figli, poi egli stesso morì. Ora questi sei figli orfani sono rimasti poveri e lo zio materno chiede che possano ancora percepire la pensione annuale concessa al loro padre dal pontefice Clemente XIV, mediante l'appoggio di monsignor cardinale des Lances e in memoria dell'amicizia con il cardinal Passionei. La pensione gli veniva pagata dal segretario di monsignor Colonna, Chauderont.

[787] ACDF, St. St. GG 4 c.
[788] BADINTER, *L'infant de Parme*, p. 153; DBP, v. IV, p. 712.
[789] ACDF, St. St. GG 4 c.
[790] ACDF, St. St. GG 4 c.
[791] ACDF, St. St. GG 4 c: "Hanno risposto che il vescovo è il primo inquisitore e perciò che la sua curia non deve dipendere dal Sant'Ufficio,

3 aprile: Mozani alla Congregazione: parla di Donelli, dichiarando che la "composizione non ha potuto aver luogo", perché il cancelliere vescovile venne a dire a Mozani che il provicario generale e l'Uditore non avevano trovato documenti che dessero ragione al Mozani: questi allora li ha cercati nell'archivio e ha trovato che il 23 febbraio 1782 la Congregazione del Sant'Ufficio aveva confermato il privilegio ai patentati ecclesiastici[792].

14 aprile: Mozani chiede alla Congregazione del Sant'Ufficio istruzioni a proposito della controversia circa la concessione dell'*imprimatur* da parte del vicario del vescovo e del duca. Per questo interpella i cardinali, affinché leggano un sonetto (che viene allegato) intitolato *Vestendo l'abito religioso una giovane. Lamento d'Amore,* per vedere se si può stampare, perché ha suscitato pareri discordanti tra i revisori[793]. Il provicario episcopale non lo vuole

---

Tribunale inferiore alla detta Curia. Il povero vescovo ora è quasi stupido, e il provicario fa alto e basso a suo piacere, [...] molto di sé presume, ma nella sua opinione soltanto è ammessa tal'eccellenza [...] e infiniti sono li disgustati". Ha "un fare strambo ed ostinato. [...] Ho saputo che avrebbe difficoltà anche rapporto alle cause cirminali, avendo egli detto che forse nel criminale vi potrebbe essere qualche ragione per il Sant'Ufficio ma non mai per le civili. Teme che la curia vescovile sia ridotta come negli stati austriaci". Mozani si è detto sorpreso e ha chiesto al cancelliere vescovile di trovare documenti nel suo archivio, lettere della Congregazione del Sant'Ufficio su questo punto, ma il cancelliere ha risposto che non ce ne sono riguardanti i privilegi dei patentati ecclesiastici del Sant'Ufficio. È stata trovata solo una minuta di lettera alla Congregazione di lagnanza della Curia, perché molti ecclesiastici sono patentati del Sant'Ufficio: "I vescovi e i vicari generali non sogliono passare all'archivio della Curia le lettere della Suprema se non pei casi gravissimi e le altre vanno perdute". Mozani chiede alla Congregazione del Sant'Ufficio di venire a qualche dichiarazione con i vescovi di Parma e Borgo San Donnino, e concludendo in modo eloquente scrive: "premendomi moltissimo di stare lontano da ogni impegno che apporti strepito perché conosco quali siano le circostanze del tempo presente e ben vedo che sarebbe in avvenire se ci mancasse il nostro sovrano".

[792] ACDF, St. St. GG 4 c.
[793] Il sonetto è intitolato *Vestendo l'abito religioso una giovane. Lamento d'Amore.* Si trattava probabilmente di un manifesto celebrativo, come i tanti che furono

stampare, a causa della prima terzina (in cui si parla della delusione di Amore per la scelta della ragazza di farsi monaca), ma lo stesso provicario teme che esso venga stampato ugualmente con l'approvazione del duca. Il provicario si è rivolto al revisore, il conte Bernieri, perché neghi l'approvazione; infatti già in passato questo revisore non voleva approvare "un savio opuscolo del Conte Antonio Cerati": personalmente lo approvò, soltanto perché messo alle strette, ma poi "andò dal conte Bernieri a raccomandarsi perché non l'approvasse. Il vecchio Conte v'aderì, ma illuminato dalla sciocchezza dello scrupolo del provicario gli diede l'*imprimatur*. Il provicario non è egli che rivede, ma manda i manoscritti ora a un parroco ora ad un altro". "Tutto giorno accadono contrasti cogli autori con vergogna poi del provicario. Domando alla Paternità Vostra Illustrissima Consiglio come in questa Babilonia mi debba regolare perché io non so più che fare: se il vescovo [Francesco Pettorelli Lalatta] fosse suscettibile di discorso potrei fare qualche cosa, ma è svanito affatto, e rarissimi sono quei giorni che abbia un po' di lume retto"[794].

---

pubblicati dal Bodoni su richiesta delle famiglie delle monacande, conservati presso la BPPr, nella collocazione F. V. (Fogli Volanti). Mozani informa i suoi interlocutori che il provicario episcopale, eccessivamente scrupoloso, non intende consentirne la stampa, a causa della prima terzina, in cui si parla della delusione di Amore per la scelta della ragazza di farsi monaca. Il provicario teme però che il sonetto venga stampato ugualmente grazie a un'approvazione ducale concessa dal conte Bernieri. A questo scopo il provicario si era rivolto al Bernieri, affinché ne negasse l'assenso. Infatti già in passato il provicario si era opposto subdolamente alla pubblicazione di un'opera del conte Antonio Cerati, utilizzando uno stratagemma: formalmente aveva dato l'assenso, perché messo alle strette, ma poi sollecitò il Bernieri a opporsi alla stampa. Mozani è consapevole di queste manovre ufficiose e informali, che erano volte a evitare difficoltà nelle relazioni fra i diversi poteri che gestivano la censura libraria: il governo laico (qui rappresentato dal conte Bernieri), l'autorità vescovile (qui rappresentata dal provicario episcopale) e l'Inquisizione, ormai ristabilita dal 1780. Nella lettera Mozani esprime la sensazione di grande confusione con la metafora biblica della città di Babilonia e invoca l'aiuto di persone esperte.
[794] ACDF, St. St. GG 4 c.

25 aprile: la Congregazione del Sant'Ufficio scrive a Mozani circa la carcerazione di don Andrea Donelli, notaio del Sant'Ufficio, raccomandandogli di non suscitare problemi: confida nella sua "prudenza", crede che "saprà regolarsi con quella maniera di efficacia che non lascia di essere ad un tempo officiosa e soave"[795].

11 maggio: Mozani alla Congregazione del Sant'Ufficio sulla possibilità che i patentati ecclesiastici possano non essere citati e molto meno pignorati senza l'*exequatur* dell'inquisitore *pro tempore*. Il cancelliere vescovile gli ha portato gli atti nella causa civile contro don Andrea Donelli e Mozani ha sottoscritto la prima citazione presente in questi atti: ha agito così allo scopo di lasciare nella cancelleria vescovile "un perpetuo documento dell'admissione di un tale privilegio". Aggiunge: "della qual cosa ne farò espressa memoria in quest'archivio, acciò ne rimanga notizia ai miei successori"[796].

---

[795] ACDF, St. St. GG 4 c.
[796] ACDF, St. St. GG 4 c. È allegata la seguente scrittura: "Per dare una qualche nozione sulla qualità del privilegio civile del foro che godono quei patentati ecclesiastici, si rammenta all'E[ccellenze] L[oro] che nell'anno 1782, allorché fu ristabilito il Tribunale del Sant'Ufficio nel dominio di Parma e Piacenza, il moderno padre Inquisitore di Parma sottopose alla considerazione di questa Suprema un foglio de privilegi degli ecclesiastici secolari patentati di questo Sant'Ufficio ne' tempi andati fino alla soppressione del medesimo seguita li 9 febbraio 1779 [sic per 1769] e ricercatone l'oracolo della medesima per suo regolamento si degnò col dispaccio de 23 febbraio 1782 significargli così: [...] tale privilegio si conservi in statu quo ne hanno goduto in passato".
Poi lo scrivente cita tutti i passi del *Sistema di Ferdinando* riguardanti questo proposito e casi documentati nell'archivio del Sant'Ufficio di Parma: nel 1655, quando Carlo Cesarini vicario generale del vescovo fece incarcerare don Domenico Casoni vicario foraneo del Sant'Ufficio arciprete di Basilica Goiano senza ammettere il privilegio, l'inquisitore scrisse alla Suprema, la quale rispose con lettera dell'11 luglio 1655, dichiarando che il cardinale Francesco Barberini, del Sant'Ufficio, avrebbe scritto al vicario vescovile di Parma, perché revocasse subito il sequestro (sotto pena di 100 scudi d'oro) di Casoni (infatti l'inquisitore non era stato informato di questa causa civile, cioè mancava l'*exequatur*). Un altro caso si verificò quando l'inquisitore Pichi, il 24 maggio

7 settembre: Mozani chiede opinioni alla Congregazione del Sant'Ufficio su questioni dottrinali circa l'attrizione[797]: "Il provicario generale usa della violenza per togliere l'opinione della necessità dell'Amore iniziale nell'attrizione, la quale egli dice troppo rigida, e che pone in agitazione le anime, con sgridare, e minacciare quei giovani, che l'hanno adottata. Alcuni su di ciò mi hanno parlato, pensando essi che con tale censura il provicario sia incorso nella disubbidienza del Decreto di Alessandro VII del 9 maggio 1667, io destramente mi sono scansato rispondendo ai medesimi che occorrendomi gli avrei chiamati. Ora supplico la P[aterni]tà Vostra Veneratissima a significarmi lo che convenga che io faccia". Ha capito che la Congregazione è rimasta sorpresa "che vi siano fra li regolari e preti secolari molti giansenisti del secondo

---

1701, mandò alla Congregazione l'esposizione dei privilegi dei patentati ecclesiastici, in base ai quali essi non possono essere "convenuti in materia civile in alcun tribunale né pignorati senza la permissione del Sant'Ufficio", cioè senza l'*exequatur*. Un altro caso si verificò quando il 12 gennaio 1706 mons. Olgiati, vescovo di Parma, volle far pignorare gli ecclesiastici per il sussidio promesso dal clero al principe e quindi fece istanza all'inquisitore riguardo ai patentati, i quali furono fatti avvisare dall'inquisitore. Lo stesso procedimento fu praticato dal vescovo di Borgo San Donnino il 3 dicembre del 1712. Nella costituzione benedettina al paragrafo 5 si nominano gli inquisitori benedettini (e i loro vicari, fiscali, procuratori, cancellieri, mandatari) e si dichiara che essi godono del privilegio del foro "che chiamasi del Sant'Ufficio tanto in civile che in criminale, purché non siano vicari foranei, cancellieri o altri ministri della Curia vescovile oppure parochi o altri sacerdoti con cura d'anime". Nel prosieguo si legge la risposta della Congregazione del Sant'Ufficio del 18 aprile 1787: i patentati ecclesiastici che non hanno cura d'anime non devono essere incarcerati, se non è stato avvisato l'inquisitore, così come è confermato dal *Sistema di don Ferdinando*. Ma poi aggiungono: "Scribatur quod pro sui prudentia tam reverenter se gerat ut non oriuntur dissidia". La risposta della Congregazione è firmata dall'assessore, padre Silva.
[797] "Nella teologia cattolica, il dolore e la detestazione dei peccati, ispirati da motivi imperfetti, quali il timore dei castighi e la bruttezza del peccato, e non dal puro amore verso Dio", *Vocabolario della lingua italiana*, Zingarelli.

ordine, cioè che convengono cogli appellanti, e molti Quesnellisti e che l'heresia siasi sparsa"[798].

Andrea Mazza viene nominato consultore del Sant'Ufficio di Parma[799].

La Congregazione dell'Indice pubblica un nuovo *Index librorum prohibitorum*.

1788

Gennaio: l'inquisitore Mozani invia alla Congregazione la "Nota delle spese" (4203 lire e 4 soldi) e del "ricevuto" (4132 lire e 2 soldi) del 1787. Firma Mozani[800].

Vi sono diverse cause pendenti, tutte a carico di persone residenti nel contado[801].

10 settembre: viene licenziato dal duca il dottor Civeri, con il pretesto di essere stato coinvolto in uno scandalo giudiziario. Civeri viene sostituito da Antonio Bertoli. Dopo pochi giorni il sovrano abolisce la "Regia Soprintendenza ai luoghi pii", abroga le leggi emanate il 26 febbraio 1767 e ordina che i luoghi pii e le "manimorte" tornino agli antichi regolamenti[802].

---

[798] ACDF, St. St., GG 4 c, lettera del Mozani all'Indice, 7 settembre 1787. Già in una lettera a Migliavacca del 12 luglio 1769 (ACDF, St. St., GG 4 c) aveva sottolineato l'adesione di molti ecclesiastici a tesi sospette.

[799] PELLEGRINI, voce *Mazza*, p. 475.

[800] ACDF, St. St. GG 4 c.

[801] ACDF, St. St. GG 4 c: *Catalogus causarum expeditarum et pendentium in S. Officio Parmae* nel 1788: quattro cause "de falso dogmate in materia venale", due per proposizioni contro il sacramento del matrimonio, una per segni compiuti sugli infermi per favorirne la guarigione, una per negazione della vita eterna, una contro Francesco Pelati di Parma per una serie di proposizioni "de falso dogmate" relative alla confessione sacramentale, alla redenzione grazie alla morte di Cristo, all'autorità della Chiesa cattolica circa il precetto del digiuno, alla teoria della trasmigrazione delle anime. Questa causa "pendet et actu inquiritur".

[802] BENASSI, *Guglielmo Du Tillot*, X (2° p.), pp. 172-173. Si tratta della "Regia Soprintendenza ai luoghi pii".

15 settembre: viene nominato vescovo di Parma il cappuccino mons. Adeodato Turchi, da tempo introdotto a corte[803]. Nelle sue prediche avanza critiche contro i filosofi "riformatori", che in precedenza aveva apprezzato[804].

Settembre-ottobre: Migliavacca, commissario del Sant'Ufficio a Roma, si occupa della censura di un manoscritto del padre Ireneo Affò sulla zecca di Parma (si veda il paragrafo sui casi di censura[805]).

27 novembre: l'inquisitore Mozani concede l'*imprimatur* a quest'opera dell'Affò. Il provicario generale del vescovo, A. Bettoli, concede a sua volta l'*imprimatur* il 2 dicembre; il 4 dicembre rilascia il proprio *vidit* Felice Silvani, regio censore dei libri e professore di diritto pubblico nella regia Università. Il quarto permesso stampato sul libro è l'*imprimatur* del presidente e "Magistrato dei Riformatori", di cui però non viene esplicitato il nome.

1789

Gennaio: l'inquisitore Mozani invia alla Congregazione del Sant'Ufficio la "Nota delle spese" (3896 lire e 13 soldi) e del "ricevuto" (3369 lire e 5 soldi) del 1788. Firma Mozani, che attesta il solito viaggio a Colorno per Natale e la festa di S. Croce con pagamento all'organista[806].

---

[803] BENASSI, *Guglielmo Du Tillot*, X (2° p.), p. 173.
[804] BENASSI, *Guglielmo Du Tillot*, X (2° p.), p. 174. Si veda questa Cronologia all'anno 1765 (richiesta di licenza di lettura di opere filosofiche di autori francesi, da parte di Turchi, per l'amico Antonio Cerati).
[805] ACDF, Tit. Lib. 1784-1797, fasc. 11.
[806] ACDF, St. St. GG 4 c.

1790

Gennaio: l'inquisitore invia alla Congregazione del Sant'Ufficio la "Nota del ricevuto" nel 1789, corrispondente a 3466 lire, 7 soldi e 6 denari e di 3802 lire spese[807].

Vi è una "causa expedita": un ammalato dell'ospedale, certo Samuel Besser di Friburgo, confessa di essere stato educato nella fede calvinista e di averla professata fino a quel momento in tutti i suoi principi. Inoltre vi sono sette cause pendenti[808].

Vi sono ulteriori cause "expeditae" e "pendenti"[809].

Viene eretto un collegio nel convento di S. Pietro Martire a Parma[810].

2 agosto: la Congregazione dell'Indice pubblica un'appendice all'*Index librorum prohibitorum*.

---

[807] ACDF, St. St. GG 4 c.
[808] ACDF, St. St. GG 4 c: *Catalogus causarum expeditarum et pendentium in S. Officio Parmae* nel 1790: una causa ancora contro Francesco Pelati *de Apua*, degente a Parma, per falso dogma relativamente alla confessione sacramentale, alla redenzione attraverso la morte di Cristo, all'autorità della Chiesa circa il precetto del digiuno, alla teoria della trasmigrazione delle anime. Le altre cause pendenti sono a carico di una donna che compiva segni con un'oliva benedetta, di un uomo che negava la presenza reale di Cristo nell'eucarestia, di due persone che avevano bestemmiato contro Dio, di due che avevano negato l'esistenza dell'inferno. Samuel Besser afferma di aver professato la fede calvinista "huccusque in quod omnia capita".
[809] ACDF, St. St. GG 4 c: *Catalogus causarum expeditarum et pendentium in S. Officio Parmae* nel 1790: le cause *expeditae* riguardano un individuo che è accusato di aver bestemmiato dopo essersi fatto male a un occhio e un clerico regolare teatino per aver toccato illecitamente una donna; le cause pendenti invece hanno a che fare con l'eretica imprecazione contro Dio, proposizione ereticale contro Dio, abuso di ossa dei defunti per scopi legati alla superstizione, *sollicitatio ad turpia* da parte di un carmelitano scalzo e di un prete secolare, la negazione dell'esistenza dell'inferno, proposizioni contro la giustizia di Dio.
[810] ADBo, b. IV 35020.

1791

Vi è una causa expedita: riguarda Daniel Rosseau di Berna, che depone di essere stato educato fin dalla nascita nell'"eresia calvinista" ed esservi rimasto fino a questo momento. Le cause pendenti sono otto[811].

Gennaio: Mozani invia alla Congregazione la "Nota delle spese" del 1790, corrispondenti a 3288 lire e 13 soldi. Altra "Nota" inviata il 18 gennaio riferisce di 3696 lire e 4 soldi (spese) e di 3214 lire (entrate). Firma Mozani[812].

1792

3 gennaio: viene emanato il *Piano per la regolare esecuzione del Concordato portato dal Breve pontificio "Exponi nobis" segnato dal regnante Santo Padre Pio VI il 6 aprile 1781 circa la collettazione, e pagamento dei tributi per li beni ecclesiastici tanto antichi come moderni per norma della Congregazione sopra i comuni di tutto lo Stato di Parma*[813].

13 gennaio: l'inquisitore Mozani invia alla Congregazione del Sant'Ufficio la "Nota delle spese" (3576 lire e 9 soldi) e del "ricevuto" (3496 lire e 10 soldi) del 1791. Firma Mozani. Come tutti gli altri anni, sono annoverate spese sostenute in dicembre, quan-

---

[811] ACDF, St. St. GG 4 c: *Catalogus causarum expeditarum et pendentium in S. Officio Parmae* nel 1791. Le pendenti riguardano in due casi il "falso dogma in materia venerea" e la confessione sacramentale; in altri due casi imprecazioni contro Cristo e la Madonna; in un ulteriore caso la negazione della sopravvivenza delle anime, in un altro ancora la blasfemia contro la verginità della Madre di Dio, in un altro ancora la negazione dell'esistenza dell'inferno ed infine la blasfemia ereticale.
[812] ACDF, St. St. GG 4 c.
[813] ASPr, Consorzio dei vivi e dei morti, Gridario, Ecclesiastico, tomo 3, n. 18, b. 2334. Il breve pontificio di Pio VI *Exponi nobis* (del 6 aprile 1781) riguardava i beni ecclesiastici: una copia in ASPr, Consorzio dei vivi e dei morti, tomo 12, n. 15, b. 2315.

do l'inquisitore si reca a Colorno a visitare il regnante: 13 lire per pagare i cocchieri di corte[814].

Aprile: il padre predicatore Domenico Maria Torre di Casale muore nel convento di S. Pietro Martire a Parma[815].

Potrebbe essere stato stampato a Padova un opuscolo sotto forma di lettera celebrativa di Paolo Maria Paciaudi, morto a Parma nel 1785[816].

1793

15 gennaio: l'inquisitore Mozani invia alla Congregazione del Sant'Ufficio la "Nota delle spese" (3712 lire e 6 soldi) e del "ricevuto" (3661 lire e 5 soldi) del 1792. Firma Mozani[817].

I gesuiti di Piacenza riaprono il loro collegio di S. Pietro.

Il viaggiatore Giuseppe Gorani scrive nelle sue *Memorie* di aver visto a Parma l'editto generale di Mozani[818].

---

[814] ACDF, St. St. GG 4 c.

[815] AGOP, XIII.520: *Acta capituli provinciae utriusque Lombardiae*, ms., 1792, c. 379. Si veda la Cronologia alle date 1747, 1769 e 1780.

[816] CONTINI Tommaso Antonio, *Lettera di un professore dell'Università di Padova al chiarissimo sig. ab. d. Carlo Amoretti [...] intorno la gloria postuma del celebre p. Paolo Maria Pacciaudi C[hierico] R[egolare]*, [1792], LXI, [3] p., 8°, su cui si veda MELZI, *Dizionario di Opere anonime*, II, p. 99. I presunti luogo e data di pubblicazione si ricavano alla fine del testo: Padova, 13 settembre 1792. Padre Contini era un chierico regolare, docente a Padova. L'autore potrebbe essere il medesimo che figura in ACDF, C. L. 1795-96, fasc. 1: consiste in un testo manoscritto intitolato *In explanationem quinque Decretalium liber*. Si tratta di 14 carte, che comprendono il proemio e il *liber primus*. Accanto al titolo una mano diversa ha scritto "Parma. P. Contini".

[817] ACDF, St. St. GG 4 c. Compaiono spese "Per un missale domenicano compresa la legatura, e bindelli lire 86" (in luglio); "Per far accomodare un contorno di marmo d'un camino spezzatosi compresa la spesa del ferro per unirlo: 12 lire; più per accomodare la controcanna del cammino della cancelleria ed altre fatture al muratore garzone e per gesso lire 9 e soldi 10".

7 aprile: Mozani scrive a Roma per avere istruzioni circa la precedenza nelle sottoscrizioni dell'*imprimatur* rispetto al vicario del vescovo di Guastalla. Il 15 maggio i cardinali (rappresentati dall'assessore Silva) rispondono a Mozani, ordinandogli di mantenere la consuetudine ("Quod servetur consuetudo") e di informare di tutto ciò il vescovo di Guastalla e l'"aio" (il cavalier Giannantonio Capece della Somaglia)[819].

29-31 luglio: carteggio fra il Sant'Ufficio di Parma e i cardinali romani del Sant'Ufficio a proposito del battesimo della fanciulla Ferrari, amministrato in casa appena dopo la nascita, e della eventuale "cognazione spirituale" che potrebbe nascere dalla ripetizione del battesimo in chiesa. Infatti il padre della fanciulla, dopo essere rimasto vedovo, avrebbe intenzione di sposare la donna che ha svolto la funzione di madrina nel rito del battesimo. L'inquisitore consulta i cardinali per capire se vi sia l'impedimento della "cognazione spirituale", ma i cardinali lo rassicurano e gli concedono di far celebrare il matrimonio[820].

---

[818] GORANI Giuseppe, *Mémoires secrets et critiques de cours, des gouvernements et des moeurs des principaux États de l'Italie*, 1793, III, p. 292: citazione riportata da BADINTER, *L'infant de Parme*, p. 155.

[819] ACDF, Tit. lib. 1784-1797, fasc. 27. Anche nel XVII secolo si era verificata una controversia fra inquisitori e vescovi su chi meritasse la precedenza: ACDF, O 2 c, fasc. 7 e O 2 d, fasc. 5.

[820] ACDF, Dubia baptesimalia, 9, fasc. 15. Il fascicolo comprende uno scritto non datato dell'inquisitore di Parma, in cui si racconta che il 10 aprile 1791 nella parrocchia di S. Vittoria (diocesi di Parma) era nata una bambina, figlia di Luigi Ferrari e di Anna Caffarri. La bambina era in pericolo di morte, per cui fu battezzata in casa dall'ostetrica Maria Ranzeni, poi sopravvisse e fu battezzata di nuovo in chiesa. La madrina fu Maria Castellani. Dopo il decesso di Anna, Luigi ha chiesto al parroco se può contrarre matrimonio con Maria Castellani senza andare contro le regole canoniche. Il parroco a sua volta lo ha domandato alla Sacra Penitenzieria, ma questa congregazione ha dichiarato di non essere competente e ha sottoposto il caso all'inquisitore. Questi chiede ai cardinali di far sì che il vescovo ammetta Luigi al giuramento per confermare che era stato amministrato un primo battesimo in casa. I cardinali rispondono il 29 luglio 1793 che deve essere il vescovo di Parma a decidere se ammettere Luigi Ferrari

1794

Gennaio: l'inquisitore Mozani invia alla Congregazione del Sant'Ufficio la "Nota delle spese" (3585 lire e 1 soldo) e del "ricevuto" (3495 lire, 10 soldi) del 1793. Firma Mozani[821].

19 dicembre: ordine ducale di far sospendere l'avvocato Lodovico Loschi dall'esercizio dell'avvocatura nel foro laicale di Parma "fino a nuova sovrana determinazione", avendo diffuso alla macchia il 6 novembre una scrittura stampata "nella causa vertente tra Domenico Cornazzani Balestrazzi, ed il conte arciprete Giovanni Battista Cerri, conte Alessandro Gazola, ed Antonio Negri". Il duca ordina al governatore di Piacenza di "chiamare a sé i librai, che la vendono, e di ritirare da essi [...] tutte le copie, che si ritroveranno di avere". Inoltre andranno ritirate quelle "che potessero ritrovarsi negli studi de' causidici, o presso qualunque siasi altra persona". Lo stesso avviso giunge anche al vescovo di Piacenza. Loschi si era limitato a rispondere a un'altra stampa che era a sua volta alla macchia, come si apprende da lettere del censore Francesco Ferrari[822].

---

al giuramento. Una seconda risposta, del 30 luglio, dichiara che non è stata contratta alcuna "cognazione spirituale" e Luigi si può sposare. La terza e definitiva risposta dei cardinali, del 31 luglio, approva il parere espresso dai consultori coinvolti e ribadisce che i due si possono sposare. Il fascicolo comprende scritti di contenuto teorico sul matrimonio elaborati dai consultori (fra cui citazioni dall'opera di Sanchez, *De matrimonio*).

[821] ACDF, St. St. GG 4 c.

[822] ASPr, Stato e affari esteri, b. 73. Al plico è allegata una copia della stampa: *Placentina redditionis rationis, ac nullitatum per il sig. Domenico Cornazzani Balestrazzi patrizio piacentino con li signori conte arciprete Gio. Battista Cerri, conte Alessandro Gazola, ed Antonio Negri*, 1794. Si tratta di un opuscolo di 25 pagine. Nel plico si trova anche un manoscritto intitolato: *Risposta per l'Ill.mo e molto reverendo signor canonico arciprete nel reverendissimo Capitolo della cattedrale di Piacenza conte D. Gio. Battista Cerri alla scrittura dell'Ill.mo e molto reverendo signor avvocato D. Ludovico Loschi per il nobile signor Domenico Cornazzani*. Il manoscritto riporta nell'ultima pagina l'*imprimatur* dell'inquisitore di Piacenza ("Die 2 decembris 1794. Imprimatur. Inq[uisito]r g[enera]lis S[ancti] O[fficii] Placentiae") e di un censore ("Die 2

1795

23 gennaio: l'inquisitore Mozani invia alla Congregazione del Sant'Ufficio la "Nota delle spese" (3495 lire e 10 soldi) e del "ricevuto" (3495 lire, 10 soldi) del 1794. Firma Mozani[823].

Agli anni 1795-1796, ma senza date precise, risale l'esame da parte della Congregazione romana del Sant'Ufficio di un manoscritto di 14 carte trascritto e trasmesso probabilmente da Mozani: *In explanationem quinque Decretalium [...] proemium et liber primus*[824].

Dal maggio-giugno 1796: le truppe di Bonaparte entrano nei Ducati; comincia il periodo napoleonico.

1796

11 gennaio: la Congregazione dell'Indice pubblica un'appendice all'*Index librorum prohibitorum*.

22 gennaio: l'inquisitore Mozani invia alla Congregazione del Sant'Ufficio la "Nota delle spese" (3523 lire e 3 soldi) e del "ricevuto" (3338 lire e 5 soldi) del 1795. Firma Mozani[825].

---

decembris 1791 approbavit F. Pius Ferd[inand]us Brignole O[rdinis] S. R. Cens[or]"). Nell'approvazione del censore sembra di leggere l'anno 1791, anziché 1794.

Questo frate coincide con l'autore dell'opera: BRIGNOLE Pio Ferdinando, *Ad lauream theologiae qua donatus est in R. Parmensi Archigymnasio illustrissimus dominus Vitalis Loschi Placentinus oratio quam habuit r. p. Pius Ferdinandus Brignole ordinis praedicatorum*, Parmae, ex regio typographeo, 1781, 25, [1] p., 8°.

[823] ACDF, St. St. GG 4 c.

[824] ACDF, C. L. 1795-1796, fasc. 1: trascrizione manoscritta del proemio e del primo dei cinque libri dell'opera *De explanatione quinque decretalium libri patris Contini*. Mancano risposte da parte dei cardinali. Si tratta probabilmente di un testo di diritto canonico del padre teatino Tommaso Antonio Contini, nominato docente di diritto all'Università di Parma nel 1768 e licenziato nel 1772. Si veda la presente cronologia alla data 1792.

[825] ACDF, St. St. GG 4 c.

Maggio-giugno: entrano nei Ducati le truppe napoleoniche, che provocano la caduta del governo borbonico e, nel 1805, la definitiva soppressione dell'Inquisizione[826].

23 agosto: muore a Parma padre Raimondo Migliavacca all'età di 77 anni, come emerge da una lettera del frate Francesco Tommaso Fabrio, priore del convento di Parma, al generale dell'ordine. Così si esprime: la "perdita di questo celebre uomo […] è dispiaciuta molto ai Reali nostri sovrani"[827].

30 novembre: il frate Pio Giuseppe Gaddi, procuratore generale, scrive da Roma al generale dell'ordine, per fargli conoscere l'"infelice anzi deploratissima situazione della provincia di Lombardia" invasa dai francesi. Il priore di Bologna ha provveduto alla gioventù, un lettore filosofo con i propri scolari è passato a Pesaro, un altro è fuggito a Macerata, il padre lettore Farinati a Parma. "Il Signor Infante di Parma ha ricevuti a Colorno fino a quest'ora quattro studenti di teologia con il padre lettore Baretti che era il maestro biblico in Bologna, che colà fa da lettore teologo; altri quattro giovani di filosofia per i quali riceve anche il lettore di filosofia; ha pure ricevuti colà da [dei] padri, fra quali il Maestro Canevari; ha dato luogo a Zibello, Fontanellato e a Borgotaro agli E[spulsi?] da Reggio e da Modena e se si dovrà provedere al collocamento di altra gioventù la prenderà a Colorno. Al-

---

[826] Dal 1796 fino al 1805 Parma e Piacenza vivono il periodo napoleonico della loro storia. Sui momenti iniziali di questa fase si veda ZANNONI Mario, *La guerra tra Napoleone Buonaparte e don Ferdinando di Borbone: la battaglia di Fombio, 8 maggio 1796,* Parma, Silva, 2010. Si è conservato in AVPr (cassetta unica Inquisizione) un editto pubblicato dall'ultimo inquisitore, Vincenzo Tommaso Passerini, il 22 giugno 1802: si veda la terza appendice, doc. 26.
[827] AGOP, XIII.590, c. 79. Un necrologio a stampa del Padre Migliavacca, già commissario generale del Sant'Ufficio, si trova in ACDF, Priv. S.O. 1796-1799, fasc. 10: risalente al 22 settembre 1796.

cuni sono andati perché nazionali ai due conventi di Genova ed altri a Faenza, e negli altri conventi dello Stato pontificio"[828].

Probabilmente fra il 1796 e il 1798 Mozani dimostra ancora una volta la propria circospezione, distruggendo di fatto l'archivio dell'ente che dirige per non farlo acquisire dagli ufficiali francesi napoleonici. Per depistare i loro controlli crea però un archivio molto più ridotto, che è quello che ancora oggi si conserva presso l'Archivio di Stato di Parma[829].

1797

17 gennaio: l'inquisitore Mozani invia alla Congregazione del Sant'Ufficio la "Nota delle spese" (3576 lire e 2 soldi) e del "ricevuto" (2979 lire) del 1796. Firma Mozani[830].

1798

12 ottobre: fine del mandato di inquisitore di Mozani e inizio di quello del frate Gaetano Galli[831].

---

[828] AGOP, XIII.590, c. 161. Per rendere comprensibile il senso della lettera abbiamo aggiunto la punteggiatura e completato una parola di difficile lettura: "Espulsi".
[829] Questo archivio manipolato e astutamente selezionato è in ASPr, nel fondo Conventi e confraternite soppressi, XXXIX, Inquisizione di Parma, bb. 1-3. I documenti non sono falsi, ma estrapolati dalle buste in cui si trovavano originariamente. A conferma che l'operazione venne compiuta dal Mozani è sufficiente confrontare la grafia con cui furono stilati i titoli sulle buste e quella delle numerose lettere dell'inquisitore conservate in ACDF, St. St. GG 4 a, GG 4 c e in ASPr (Culto, b. 101). Sono documenti amministrativo-contabili datati dal 12 ottobre 1557 al 2 marzo 1805 circa. Riguardano le proprietà immobiliari che con la soppressione ordinata dal Regno d'Italia passarono allo Stato (affitti, investiture, pagamenti, censi, locazioni, testamenti, acquisti e donazioni di case e terreni). Uno dei documenti è l'elenco degli inquisitori di Piacenza dal 1548 al 1753.
[830] ACDF, St. St. GG 4 c.

1799

29 agosto: muore papa Pio VI.

1800

14 marzo: viene eletto papa Pio VII.

1801

20 marzo: per effetto del Trattato di Aranjuez don Ferdinando di Borbone è costretto a cedere lo Stato alla Francia.

1802

22 giugno: viene pubblicato l'editto del nuovo inquisitore di Parma, padre Vincenzo Tommaso Passerini[832].
9 ottobre: muore don Ferdinando di Borbone.

1803

5 aprile: si conclude il mandato di Vincenzo Tommaso Passerini[833].
12 maggio: decreto emanato dall'amministratore generale degli Stati di Parma, Piacenza e Guastalla Moreau de Saint-Méry, che restituisce vigore alle prammatiche del Du Tillot sulle "Manimorte" del 1764 e 1767[834].

---

[831] AVPr, cassetta unica Inquisizione; sul Passerini si veda *I giudici della fede*, p. 101 (in cui Mozani figura come ultimo inquisitore).
[832] AVPr, cassetta unica Inquisizione.
[833] ASPr, Conventi e confraternite soppressi, XXXIX, Inquisizione di Parma, bb. 1-3.
[834] BENASSI, *Guglielmo Du Tillot*, X (2° p.), pp. 176-177. Anche il 10 gennaio 1837 queste leggi verranno riconfermate.

2 settembre: muore il vescovo di Parma Adeodato Turchi.

15 ottobre: il commissario francese "degli Alloggi" invia agli Anziani del Comune di Parma l'ordine del colonnello del terzo reggimento dei Cacciatori di far sgombrare il convento di S. Pietro Martire per collocarvi la truppa.

17 ottobre: i frati ricevono l'ordine di evacuare il convento. Il priore dei domenicani si reca da Moreau de Sanit-Méry a intercedere per far mantenere il convento alla comunità.

28 ottobre: il colonnello concede ai frati un locale[835].

1804

28 maggio: viene nominato vescovo di Parma mons. Carlo Francesco Maria Caselli.

1805

3 marzo: decreto dell'amministratore generale degli Stati di Parma, Piacenza e Guastalla Moreau de Saint-Méry, con cui si stabilisce che la vendita dei libri requisiti all'Inquisizione di Parma sia compiuta "par le receveur des domaines au Bureau de Parme". Una parte dei volumi è scelta dal bibliotecario Angelo Pezzana per la biblioteca di Stato e se ne allega l'inventario[836].

9 giugno: decreto napoleonico che sopprime monasteri e conventi dello Stato e confisca i loro beni[837]. I domenicani di S. Pietro Martire possono tuttavia rimanere nel loro convento.

---

[835] BPPr, Carte Pezzana dal 1800 al 1859; documenti citati da MAROCCHI, *Vicende relative al convento*, pp. 162-163.

[836] ASPr, Decreti e rescritti, 1806, 3 marzo (si veda la trascrizione in appendice, doc. 27).

[837] Decreto emanato da Napoleone l'8 giugno 1805, con cui furono stabilite le prescrizioni generali per tutto il Regno. Si veda l'appunto di Giovanni Drei in ASPr, Carte Drei, b. Inquisizione, fasc. 26: "Nel 1768 il Du Tillot soppresse l'Inquisizione a Parma e Piacenza e prese possesso degli Archivi. I processi fu-

25 luglio: articolo 10 del decreto di Moreau de Saint-Méry: "Saranno riuniti al demanio nazionale li beni mobili, effetti e diritti di qualunque parte sin qui appartenuti agli offizi dell'Inquisizione di Parma o Piacenza"; articolo 2: "Il presente Decreto sarà notificato per estratto ai due inquisitori di Parma e Piacenza per la parte che li concerne, ed all'atto della notificazione saranno apposti i sigilli sugli archivi contenenti titoli carte e registri sulla cassa, mobiglie etc. delle quali cose sarà fatto inventario"; articolo 3: "Nomina il cons. Francesco Melegari commissario delegato per eseguire il decreto per Parma, e Francesco Ferrari, consigliere, per Piacenza. I processi verbali di consegna degli archivi, beni, etc. saranno depositati agli archivi della amministrazione generale di Parma"[838].

1808

4 dicembre: abolizione dell'Inquisizione in Spagna.

1809

Luglio: definitiva soppressione dell'Inquisizione a Roma, abolita dal Regno d'Italia governato dal viceré Eugenio Beauharnais, per

---

rono consegnati al vescovo a cui passava l'ufficio d'inquisitore e rimasero depositate presso l'archivio ducale le carte di carattere amministrativo di poca importanza per noi. Quando l'Inquisizione fu restaurata nelle due città ducali, ritornarono gli archivi al Sant'Ufficio, ma soppresse nuovamente con la legge napoleonica e confiscate assieme ai beni, gli archivi tornarono allo Stato privi delle filze dei processi che certo erano numerose, delle quali non si ha alcuna traccia". Drei invita poi a confrontare questa situazione con quella milanese descritta in FUMI Luigi, *L'Inquisizione romana e lo Stato di Milano. Saggio di ricerche nell'Archivio di Stato*, in "Archivio storico lombardo", XIV (1910), fasc. 25, pp. 5-124; fasc. 26, pp. 285-414; fasc. 27, pp. 145-220. Drei indica in particolare il fasc. 26, p. 352.
[838] Parma, 6 termidoro, anno XIII dell'Era francese, 25 luglio 1805: Rescritti e decreti, 1805, vol. 124; trascritto in ASPr, Carte Drei, b. Inquisizione, fasc. 26.

decreto della Consulta romano-francese nell'ambito delle disposizioni che sopprimono le congregazioni religiose, attuate tra il 1805 e il 1810[839].

1810

13 settembre: decreto imperiale che sopprime monasteri e conventi degli Stati parmensi. Tutti i religiosi devono lasciare le loro case e chiese entro quindici giorni. La chiesa di S. Pietro Martire resta aperta come cappella imperiale[840].

Gli ufficiali francesi redigono l'inventario dell'archivio dell'Inquisizione al momento della soppressione[841].

---

[839] BPPr, Fondo Casapini, cassetta 9, n. 16, Memorie manoscritte: *Abolizione del S. Ufficio e del Tribunale dell'Inquisizione in Roma per decreto della Consulta Romano-Francese in data [...] del [...] luglio 1809*. Un ulteriore decreto napoleonico del 25 aprile 1810 disponeva la soppressione di congregazioni e associazioni ecclesiastiche in tutto il Regno. Si veda *Bollettino delle leggi del Regno d'Italia*, Milano, 1805, p. I, pp. 123-130; 1806, p. II, pp. 393-395, 809-820; 1810, p. I, pp. 264-267.
[840] MAROCCHI, *Vicende relative al convento*, p. 164.
[841] ASPr, Conventi e confraternite, inv. 148, vol. 3, cc. 70-71.

Terza appendice: documenti

DOCUMENTO N. 1
Decretum della congregazione dell'Indice, ripubblicato a Parma l'8 febbraio 1701.
ASPr, Raccolta manoscritti, b. 82.
Il bando[1], firmato dall'inquisitore Giovanni Battista Pichi da Ancona, riproduce quello emesso dalla Congregazione romana dell'Indice il 22 dicembre 1700 per elencare in ordine alfabetico numerosi titoli di libri che erano stati recentemente proibiti dalla stessa Congregazione. A Parma il bando viene stampato da Giuseppe Rosati, "Sancti Officii impressoris", firmato dal Pichi e dal notaio del Sant'Ufficio Giulio Corso.

DOCUMENTO N. 2
Decreto episcopale di scomunica, 14 novembre 1702.
AVPr, cassetta unica Inquisizione.
"Per autorità di monsignor illustrissimo, e reverendissimo vescovo di Parma sono dichiarati scomunicati Matteo, e Giacomo padre, e figlio de' Barusi, e Pietro Costa abitanti nella villa di Basilicanuova diocesi di Parma, per essere stati contumaci alli comandamenti della Santa Madre Chiesa, ed alle ammonizioni dell'arciprete di detta villa di Basilicanuova in non essersi confessati, e comunicati nella chiesa parochiale di detto luogo nelli tempi, che da essa Santa Chiesa sono prescritti a ciaschedun fedel cristiano, e per tali da essere schivati da ciascuno sotto pena di scomunica; conseguentemente si comanda alli detti contumaci, che non presumano d'andare, ò stare in alcuna chiesa nel tempo, che si celebreranno li divini uffizii, o che vi saranno altri fedeli, con protesta anco fatta alli sudetti contumaci, che perseverando per un'anno nella predetta scomunica, si procederà contro di loro come sospetti d'eresia per il Sant'Offizio dell'Inquisizione.
In fede etc.
Dato in Parma nel palazzo vescovale li 14 novembre 1702.

---
[1] Citato in CERIOTTI-DALLASTA, p. 238 n.

Luigi dalla Rosa Vicario Generale.
La sodetta publicazione si faccia in chiesa in giorno di festa, quando vi sarà maggior numero di popolo congregato, e di subito poi si faccia l'affissione sopra la porta della chiesa.
Loco + sigilli.
Gio Agostino Valla cancellerie etc.
In Parma, per Giuseppe Rosati stampatore episcopale".

DOCUMENTO N. 3
Processo a don Pellegrino, confessore di monache, e sua condanna da parte del Sant'Ufficio.
ASPr, Comune di Parma, b. 4158: Giustiniano Borra, *Diario istorico e meteorologico*, vol. 3: 1711-1714 (originale); vol. 3: 1711-1718 (copia). Trascrizione dalla copia, pp. 85-88[2].
"Alli 5 del corrente settembre [1711] seguì l'abiura nel salone di questo Sant'Officio del sacerdote, e confessore di monache in Parma per più di vent'anni continui, don Pellegrino *** [lacuna del testo], della villa di *** [lacuna del testo] in sua età d'anni sessantacinque. Egli è stato sempre, tutto il tempo che ha dimorato in Parma, di un tal portamento esteriore, che presso tutti era in concetto d'ottimo religioso, frequente a più congressi, a divote congregazioni, assiduo al ministero di suo confessionale, devotissimo ad udir più messe sempre ginocchione in terra, per le strade umile e modesto, vestendo per lo più talarmente. Nelle chiese di monache dov'egli era confessore ordinario, quando occorreva darvi la benedittione del Venerabile, immediatamente prima della santa benedizione sempre faceva con il maggior zelo apostoliche monizioni, a segno che monsignor vescovo [Giuseppe] Olgiati, ora vescovo di Como, ebbe [a] dir[g]li, in occasione che questo prete si portò una volta da lui, queste parole: "Vi vorrebbe un Pellegrino confessore a tutti li monasteri". Insomma, era universale il concetto ottimo di questo prete Pellegrino, che è stato poi conosciuto nel insegnar e credere dogmi contro la santa nostra fede, condannandosi con pubblica abiura cinquantatré capi d'eresia da esso e creduti, e insegnati. Lascio di qualch'uno il ricordo, lasciando l'integrità del restante al processo di lui, letto con le

---

[2] Testo trascritto in CERIOTTI-DALLASTA, pp. 208-209 n.

solite solennità nella sala del Sant'Officio. Primeramente, disse e insegnò che v'era un Dio solo, ma negando la Trinità delle Persone; che Giesù Christo era figlio sì di Maria, ma naturale di san Giuseppe suo marito; che Giesù aveva altri sette fratelli; che Maria avea peccato, che avea anche peccato Christo. Ha insegnato che le parole "et Verbum [caro] factum est, et abitavit in nobis" si deve dire "et abitabit in nobis"; che non era vero [che] nella pisside v'era in tutte le particole Giesù Christo, ma in una sola, e che di mano in mano che se ne levava una per comunicare, [Christo] saltava in un'altra. Il giorno di Natale consacrava solamente nella prima messa. Si faceva adorare, dicendo che dopo Dio egli solo avea questo merito, e per particolare privileggio. [Sosteneva] che non occorreva tanto confessarsi, bastava un atto d'amore di Dio, e così ricever la santa comunione. Ha detto che il voler imitare i santi era un atto di superbia. Egli, tutt'il tempo di vita sua, almeno dopo fatto sacerdote, quando si confessava non diceva cosa che fosse materia bastante di assoluzione sacramentale. Abitava egli in casa di persona assai civile, che avea e de' figli, e delle figlie. Una di queste pattiva estremamente mali matricoli, da' quali parve si liberasse. Si fece monica, ma, per sua disgrazia, di là a due mesi suscitò in lei lo stesso male matricolo, che l'obbligava a strepiti d'un spiritato. Il prete Pellegrino andò al monistero a visitarla e, vedutala, disse francamente che era spiritata marzia e che bisognava levarla di monistero e ricondurla alla casa paterna, dove anch'egli stava per insegnare et educare quella figliolanza, che così sperava egli di liberarla. Così fu fatto, e comminciò le parti, non dico di esorcista, ma più tosto di diavolo, nell'ingannare la vergine fanciulla. Fu lasciata in tutta libertà dal buon padre e dalla buona madre alla supposta santità del prete, giorno e notte, onde comminciò a far fare continue orazioni a padre e madre di lei, et a tutta la famiglia, nel mentre [che] egli in altra camera [stava] con la donzella a persuaderla che era ossessa d'un malvagio spirito geloso di lei, onde, se voleva liberarsene, bisognava farli torto, cominciando il malvaggio prete giorno e notte a toccarla disonestamente, abbracciandosi stretto con lei in tutta nudità ambedue, tenendo incrociate insieme le gambe, ponendo egli candele benedette e Agnus Dei nelle parti vergognose della giovine, avendo poi egli pronto alcuni pezzi di ferro, quali lasciava cadere in terra, dicendo che il demonio faceva quelli uscire dalla sua parte vergognosa in segno della sua collera per il torto che li faceva, e che però stesse pur allegra, che presto, sdegnato di lei, l'avrebbe lasciata, e così liberata. Intanto il prete continuò la bella faccenda più mesi; di più li prendeva in bocca le mamelle. Oh Dio, non diciam altro, che temo l'inchiostro si converta in sangue, e questo in fuoco; ben lo merita la indegnità di Pelegrino. È stato condannato diec'anni in galera al remo, et altri cinque anni [al] sfratto da tutto questo serenissimo Stato. Viva Dio, viva la sua santa legge, e viva sempre la santa cattolica apostolica romana Chiesa".

DOCUMENTO N. 4
Editto generale a stampa del Sant'Ufficio di Parma, emesso dall'inquisitore Galli il 20 maggio 1719.
ASPr, Consorzio dei vivi e dei morti, Gridario, ecclesiastici, tomo 1, n. 57, b. 2332.
"Noi Fra' Giuseppe Maria Galli da Como dell'Ordine de' Predicatori, Maestro di Sacra Theologia, Inquisitor Generale delle Città di Parma, Borgo S. Donnino, e loro diocesi ec. dalla S. Sede Apostolica contro l'eretica pravità specialmente delegato.
Desiderando, come ricerca il carico di questo S. Officio a noi imposto [... etc.: prosegue esattamente come l'editto del 1733: si veda doc. n. 6].
In fede di che, sottoscritto il presente editto di nostra propria mano, l'abbiamo col sigillo maggiore di questo S. Officio segnato.
Dato nella Cancelleria della S. Inquisizione di Parma lì 20 maggio 1719.
Fr. Giuseppe Maria Galli inquisitore come sopra.
Luogo del sigillo.
Don Girolamo Campanini notaio del S. Officio di Parma.
Non sia rimosso sotto pena di scomunica.
In Parma, per Giuseppe Rosati stampatore del S. Officio".

DOCUMENTO N. 5
Editto generale a stampa del Sant'Ufficio di Parma, emesso dall'inquisitore Antonino Pozzoli il 15 febbraio 1729.
ASPr, Consorzio dei vivi e dei morti, Gridario, ecclesiastici, tomo 1, n. 63, b. 2332; AVPr, cassetta unica Inquisizione.
"Noi Fra' Antonio Pozzoli da Lodi dell'Ordine de' Predicatori, Maestro di Sacra Theologia, Inquisitor Generale delle Città di Parma, Borgo S.

Donnino, e loro diocesi ec. dalla S. Sede Apostolica contro l'eretica pravità specialmente delegato.
Desiderando, come ricerca il carico di questo S. Officio a noi imposto [... etc.: prosegue esattamente come l'editto del 1733: si veda doc. n. 6].
In fede di che, sottoscritto il presente editto di nostra propria mano, l'abbiamo col sigillo maggiore di questo S. Officio segnato.
Dato nella Cancelleria della S. Inquisizione di Parma lì 15 Febbraro 1729.
Fr. Antonio Pozzoli inquisitore come sopra.
Luogo del sigillo.
Don Girolamo Campanini notaio del S. Officio di Parma.
Non sia rimosso sotto pena di scomunica.
In Parma, per Giuseppe Rosati stampatore del S. Officio".

DOCUMENTO N. 6
Editto generale a stampa del Sant'Ufficio di Parma, emesso dall'inquisitore Giovanni Domenico Liboni da Ferrara, 4 agosto 1733[3].
AVPR, cassetta Inquisizione.
"Noi Fra' Giandomenico Liboni da Ferrara dell'Ordine de' Predicatori, Maestro di Sacra Theologia, Inquisitor Generale delle Città di Parma, Borgo S. Donnino, e loro diocesi ec. dalla S. Sede Apostolica contro l'eretica pravità specialmente delegato.
Desiderando, come ricerca il carico di questo S. Officio a noi imposto, che la sacrosanta fede cattolica, senza la quale è impossibile piacere a Dio, da ogni eretical contagio pura, ed immacolata si conservi; con autorità apostolica a noi concessa, in virtù di santa obbedienza, e sotto pena di scomunica di lata sentenza, oltre le altre pene da' sacri canoni, decreti, costituzioni, e bolle de' sommi pontefici imposte, comandiamo a tutti, e ciascheduna persona alla nostra giurisdizione soggetta, sia di qualunque stato, grado, e condizione, ecclesiastica, o secolare, che fra il termine d'un mese (li primi dieci giorni del quale assegniamo per il primo, gli altri dieci immediati per il secondo, e gli altri dieci per il terzo, ed ultimo perentorio termine) debba giuridicamente aver denunciato, e

---

[3] Firmato dal notaio del Sant'Ufficio Girolamo Campanini.

notificato al S. Officio di questa città, o a' vicari nostri, o a gli ordinari de' luoghi, tutti, e ciascheduno di quelli, de' quali sappiano, abbiano avuto, o averanno notizia.

Che siano eretici, o sospetti, o diffamati d'eresia, o credenti, o fautori, ricettatori, o difensori loro, o abbiano aderito, o aderiscano a' riti de' giudei, o de' maomettani, o de' saraceni, o de' gentili, fatto aderire, o facciano aderire, o abbiano apostatato dalla Santa Fede ricevuta nel Santissimo Battesimo, o in qualunque modo espressamente, o tacitamente abbiano invocato, o invochino il demonio, o gli abbiano prestato, o prestino onore, o abbiano avuto parte, o si siano ingeriti, o s'ingeriscano in qual si sia sperimento di magia, o di negromanzia, d'incantesimi, sortilegi, con suffumigi, incensi per trovar tesori, ed altri fini intenti, chiedendo da' spiriti risposta, segni, prestandogli obbedienza, e consecrandogli pentacoli, libri, spade, specchi, formando circoli, ed altre cose, ne' quali intervenga l'opera, o nome diabolico, o pure abuso di cose sacre, o benedette.

Che tengano, scrivano, o dicano, o distribuiscano orazioni riprovate dalla Santa Chiesa, contro l'armi, contro i tormenti, ad amorem, per saper cose occulte, o future; e che di queste cose ne abbiano posto sopra gli altari, per farvi celebrare la Santa Messa.

Che con sacrilego ardire, non essendo sacerdoti, si abbiano usurpato, o si usurpino celebrar messe, o abbiano avuto presunzione, o presumino ministrare il sacramento della penitenza a' fedeli di Cristo, ancorché non abbiano proferite le parole della consecrazione, o non siano venuti all'atto dell'assoluzione.

Che abbiano abusato, o abusino il sacramento della penitenza, sollecitando li penitenti (contro i Decreti, e le Costituzioni apostoliche, specialmente della felice memoria di Gregorio XV) nella confessione, o confessionario a fini disonesti, con discorsi illeciti, e non convenienti al fine di detto sacramento.

Che abbiano celebrate, o celebrino occulte conventicole in materia di religione.

Che contro Dio, o i santi suoi, e specialmente contro la Santissima Vergine Maria abbiano proferite, o proferiscano bestemmie ereticali, o procedano a qualche atto d'offesa, o disprezzo contro le immagini, o figure rappresentanti il medesimi.

Che abbiano impedito, o impediscano per se, o per altri, in qualsivoglia modo l'officio della S. Inquisizione, ovvero gli ufficiali di Lei, nell'eseguire alcun'atto, o sia cattura, o processo, o sentenza pertinente a quello; o abbiano offeso, o offendano, o minaccino di offendere nella robba, nella persona, o nell'onore alcun testimonio, o denunciatore, o ministro di esso, o gli abbiano chiamati, o chiamino con nome di spia, o altri nomi odiosi di vituperio, ed infamia, o che conseglino, abbiano consegliata, o esortata alcuna persona a tacere, a non confessare, o nascondere in qualsivoglia modo la verità in questo S. Tribunale.

Che abbiano avuto, o abbiano libro, o scritti proibiti, continenti eresie, o libri di eretici, che trattino di religione, senza autorità della S. Sede Apostolica, o che gli abbiano letti, o tenuti, o stampati, o fatti stampare, o difesi, leggano, tengano, stampino, facciano stampare, introducano, o difendano sotto qualsivoglia pretesto, o colore libri, di negromanzia, magia, o continenti sortilegi, incanti, e simili superstizioni, massimamente con abuso delle cose sacre.

Che contro il voto solenne fatto nella professione in qualsivoglia religione approvata, o dopo aver preso l'ordine sacro, abbia contratto, o contragga matrimonio, ec. Che vivendo la prima moglie, pigli la seconda, o vivendo il primo marito, pigli il secondo.

Che abbiano indotto qualche cristiano ad abbracciare il giudaismo, o altra setta contraria alla fede cattolica, o impedito li giudei, turchi dal battezzarsi.

Che siano persone, quali senza necessità abbiano mangiate, o dato a mangiare carni, ova, e latticini ne' giorni proibiti.

Dichiarando, che per la sopradetta espressione de' casi da noi specificati, da rilevarsi come sopra, non escludiamo gli altri casi spettanti al S. Officio, che per altro ne' sacri canoni, decreti, costituzioni, e bolle de' sommi pontefici sono compresi.

Avvertendo inoltre, che a questi nostri precetti non soddisfaranno, né s'intendono soddisfare quelli, che con bollettini, o lettere senza nomi, e cognomi de gli autori, o in altra maniera incerti (de' quali nessun conto si tiene in questo S. Officio) pretendessero rivelare i delinquenti.

E sappia ciascheduno, che dalla detta scomunica, e pene nelle quali incorreranno, dopo il termine prefisso, i disubbidienti, non potrà alcuno esser assoluto, se non da noi, o dal supremo Tribunale del Sant'Officio di Roma, né sarà assoluto, se prima giuridicamente rivelando i detti eretici, o, come di sopra, sospetti d'eresia, non avrà all'obbligo suo soddisfatto.

Ordini particolari.

Volendo inoltre, per quanto sia dalla parte nostra, che le città di Parma, e Borgo S. Donnino, e loro diocesi ec. si conservino in quella purità di fede, nella quale, per grazia di Nostro Signore, al presente si trovano; inerendo al presente nostro editto, ed a gli ordini della Sacra Congregazione, ordiniamo,
Che nessun corriero, barcaiuolo, condottiero, o altro viandante sia di che stato, e condizione si voglia ardisca portar libri, e stampe dentro o fuori delle città, o luoghi a noi soggetti (eziandio per semplice passaggio) senza la lista de' detti libri, o stampe sottoscritta dall'Inquisitore, o da chi si spetta; sotto pena di scudi venticinque d'oro, della perdita de' libri, ed altre pene arbitrarie.
E sotto le stesse pene comandiamo a' daciari, gabellieri, e portinari, che non lascino senza le liste predette, segnate come sopra, introdurre né estrarre libri, o stampe di qualsivoglia sorta: anzi quando senza le predette liste segnate ne capitano a' luoghi degli uffici loro, li trattengano, e ne diano subito parte a questo Santo Tribunale. Alle quali pene sono soggetti anco quelli, che introdurranno, o pubblicaranno stampe estranee senza la licenza del medesimo S. Tribunale.
A' librari, mercanti, ed altri, chi che sia, ordiniamo, sotto le stesse pene, che non ricevano libri portati, o introdotti in qualsivoglia modo in questa nostra giurisdizione, né aprano casse, balle, o fagotti, ove siano libri, senza la nostra licenza, o de' nostri vicarij, né meno gli mandino altrove, senza aver prima fedelmente presentata a questo Sant'Officio la lista di essi. Né dovranno i librari, in luogo alcuno della nostra giurisdizione, vendere libri comprati da gli ebrei, senza nostra particolar licenza.
Ordiniamo parimente a' stampatori, sotto le pene suddette, che non stampino cosa alcuna, né Orazioni, né storie, né Lunari, né figure, né altri simili carte (eccettuati però gli editti, gride, bandi, precetti, ec. delle Curie, ed altre cose simili, che non sono contrarie alle regole dell'Indice, ne pregiudiziali a questo S. Officio) senza la nostra licenza, e consueta approvazione, ed approvate che saranno, ed impresse, non si divolghino in modo alcuno, senza aver prima ottenuto da noi il *Publicetur*.

Comandiamo inoltre a' suddetti librari, e stampatori di questa nostra giurisdizione sotto pena a noi arbitraria, che fra otto giorni, dopo la pubblicazione di questo editto, debbano comparire avanti di noi per prendere il giuramento di esercitare l'ufficio loro cattolicamente, e fedelmente, conforme vogliono le regole dell'Indice.

Di più comandiamo a' stessi librari, parimente sotto pena a noi arbitraria, che fra il termine di tre mesi dopo la pubblicazione di questo editto, debbano aver presentato l'inventario vero, e fedele di tutt'i libri col nome dell'autore, stampatore, comentatore, del luogo, e tempo, nel quale sono stati stampati, né ardiscano tenere, e vendere altri libri non notati nel detto inventario, e dovranno avere nelle botteghe loro l'Indice de' Libri proibiti, per potersi governare nel comprare, e vendere libri, conforme le regole di quello.

Inoltre comandiamo, conforme la Regola X dell'Indice de' libri proibiti, che gli eredi, e successori delle ultime volontà, sotto pena della perdita de' libri, ed altre arbitrarie, siano tenuti portare al S. Officio la lista de' libri lasciati del defonto, per farla sottoscrivere da noi, o da' nostri vicarii, prima che si servano di quelli, o li vendano, o li diano ad altri. Né i librari, o altri possano ricevere detti libri, prima che sia stata sottoscritta la suddetta lista, sotto le medesime pene.

Di più inerendo agli ordini, decreti, ed editti, da' nostri antecessori, e dal Supremo Tribunale del S. Ufficio di Roma rispettivamente fatti, e pubblicati, sotto la pena di venticinque scudi d'oro, ed in sussidio di scomunica a' cristiani, e della privazione dell'ingresso alla sinagoga a gli Ebrei: ordiniamo, e comandiamo, che niuno ardisca di trasgredire gli Ordini, decreti, costituzioni, e bolle pontificie, con le quali si proibiscono a gli Ebrei, ed a' cristiani certi commerci particolari tra loro, come di dormire, mangiare, giuocare, ballare, andar mascherati insieme, ed a' cristiani andare, ed a gli Ebrei introdurre, o lasciar andare i cristiani alle loro cerimonie ebraiche, sinagoghe, lezioni, prediche, offici, sposalizi, natività, circoncisioni, vigilie, pasti azimi, andare gli uni alla scuola, o alla bottega de gli altri per insegnare, o per imparare a leggere, o scrivere, o cantare, o suonare, o fare altro esercizio, o per lattare, o per allevar figli, o per mendicare, o far'altra cosa, da' detti ordini, decreti, costituzioni, o bolle pontificie vietata. Proibendo ancora espressamente, sotto le medesime pene, a' cristiani l'accendere a gli Ebrei, ed aquesti farsi accendere da' detti cristiani il fuoco in giorno di sabbato, e far altri simili servizi a gli Ebrei, lasciarsi fare da' cristiani alcuno di questi, ed ogni altro servitio in simil giorno.

Ordiniamo, che gli Ebrei non possano comprare, ricever, né prendere in pegno le imagini di Nostro Signore Gesù Cristo, reliquiari, con dentro reliquie, né Agnus Dei, o altre cose simili, spettanti al culto e religione cristiana, sotto pena della frusta, o di tre tratti di corda. E trovandosi in luogo, ove passi la processione, o altre confraternità con le croci, o imagini de' santi, dovranno subito ritirarsi, non col solo voltare le spalle, ma absentarsi onninamente, e passando le dette processioni per le strade, ove mirano le finestre delle loro case, o ghetto, dove l'hanno, dovranno per quel tempo tenere chiuse.

E facendosi, sia di mattino, o di mezo giorno, o di sera con la campana quel segno, che si dice dell'*Ave Maria*, dovranno onninamente absentarsi dalla piazza; ed osservare ancora ne' giorni della Settimana Santa, nei quali si celebra il mistero della Passione di nostro Signore Gesù Cristo, quei segni di riverenza, che tante volte gli sono stati prescritti sotto le solite pene.

A' ciarlatani, saltimbanchi, bigatteglieri, ed altra simili sorta di vagabondi, sotto le pene suddette, comandiamo, che non ardiscano introdurre in queste città, né in alcun luogo di nostra giurisdizione, libri di favole, canzoni, novelle, imagini, secreti, e simili altre carte, senza nostra particolar licenza, ò de' nostri vicari, e tanto meno ardiscano di far da predicatori, con raccontar miracoli, ec.

Ed acciò il presente editto, con gli ordini tanto generali, quanto particolari passi a notizia di tutti, e nessuno, chi che sia pretendere possa in tempo alcuno ignoranza; ordiniamo a tutti li reverendi signori arcipreti, curati, e rettori delle chiese di nostra giurisdizione, ed a' loro vice gerenti, che nella prima festa, dopo la ricevuta di questo, debbano pubblicarlo. E leggerlo, o farlo pubblicare, e leggere *per estensum*, a' loro popoli nelle chiese loro, in tempo di maggior concorso; e pubblicato, e letto, che l'avranno, farlo affiggere alla porta principale delle medesime chiese, o in altro luogo patente, ove da tutti possa esser letto.

Indi poi farlo rileggere almeno due volte l'anno; cioè in una delle domeniche dell'avvento, ed in una di quelle di quaresima, portando poi, o mandando la settimana dopo l'ottava di Pasqua a noi, ò a' nostri vicari rispettivamente la fede da loro, e da due altri testimoni sottoscritta, di aver ciò nell'uno, e l'altro tempo eseguito.

Incarichiamo parimente a tutti li reverendi abati, priori, guardiani, prepositi, e presidenti de' conventi, e Congregazioni de' regolari, intimarlo, e notificarlo a tutt'i loro sudditi. Avvertiamo ancora paternamente i medesimi superiori de' regolari, che siano diligenti nel far leggere a' loro sudditi le bolle, e decreti spettanti al S. Officio, e facciano pervenire alla Sacra Congregazione del S. Officio in Roma, ò alle nostre mani, ò de' nostri vicari, il documento pubblico di tal lettura, e fede sottoscritta, in conformità della Costituzione di Alessandro VII di S[anta] Mem[oria], che comincia: *Lice alias*, per non essere soggetti alle pene espresse, come in quella. E delle due copie, quali manderemo a ciascheduno de' sudditi, debbano affigierne una alla porta della loro chiesa, in modo, che non possi, se non con violenza, esser rimossa, e l'altra nella sagristia de loro monasteri.

E per rimed[i]o della memoria, comandiamo a' stampatori, e librai, gabellieri, daciari, portinari, osti, e locandieri, a tenerne sempre affissa una copia nelle loro stamparie, librarie, dogane, osterie, e locande, in luogo patente, ove da tutti sia veduto, e letto; sotto pena di scudi dieci d'oro in caso di trasgressione. E così diciamo, così ordiniamo, così rispettivamente comandiamo.

A gli Ebrei parimente, siano massari, o altri, a chi spetta, comandiamo sotto pena di scudi venticinque d'oro, d'applicarsi a luoghi pii, che facciano pubblicare il presente nostro editto nelle loro scuole, sinagoghe, e lo facciano affigiere alle porte di esse, e delle loro botteghe, acciò da tutti possa in ogni tempo leggersi, ed interamente osservarsi.

Esortazione.

E perché la sola Gloria di Dio, l'Esaltazione della S. Fede, e la salute delle anime, è l'unico soggetto di questo S. Officio; esortiamo ogni, e qualunque persona di qualsivoglia stato, e condizione si sia, a deporre confidentemente, senza timore alcuno, appresso di noi, de' vicari nostri, ò degli ordinari, tutti coloro, che contro li suddetti ordini, ò ciascheduno di essi, sapessero aver delinquito (non badando a taccie, che di accusatore, o di spia ec. potessero da' strepiti del mondo esserle opposte) con certezza, che, oltre il premio spirituale, e temporale, che per sì grato servizio riceverà da Dio, sarà sempre tenuta da noi segretissima, e difesa nelle occorrenze, giusta il tenor della bolla *Si de protegendis*, che in lati-

no, ed in volgare già impressa di nuovo a tutt'i soggetti di nostra giurisdizione intimiamo.
Esortiamo ancora tutti i reverendi padri confessori, aggravando in questo le coscienze loro, che trovando nelli penitenti casi spettanti al S. Officio, ovvero che conoschino persone in detti errori, gl'instruiscano di quanto sono tenuti a fare, né assolvino, come ne anche possono legittimamente assolvere, quelli, che sono tenuti denunciare alcuno, se prima non avranno denunciato.
Comandando, sotto gravi pene a noi arbitrarie, a' detti padri confessori, che non debbano loro stracciare, né abbruciare libri, o scritture ereticali, e proibite; ma siano tenuti a presentarle, ò farle presentare a noi, ò a nostri vicari.
E quelli, i quali, avendo commesso qualche delitto, spettante al S. Officio, spontanei, prima di essere da altri prevenuti, e deposti, verranno avanti di noi, ò de' nostri vicari, a confessare interamente senza diminuzione alcuna i loro errori, saranno da noi con viscere di carità ricevuti, e con singolar misericordia (ch'é proprio di questo S. Tribunale) senza spese, e pubbliche penitenze spediti.
In fede di che, sottoscritto il presente editto di nostra propria mano, l'abbiamo col sigillo maggiore di quello S. Officio segnato.
Dato nella Cancelleria della S. Inquisizione di Parma lì 4 agosto 1733.
Fr. Giandomenico Liboni inquisitore come sopra.
Luogo del sigillo.
Don Girolamo Campanini notaio del S. Officio di Parma.
Non sia rimosso sotto pena di scomunica.
In Parma, per Giuseppe Rosati stampatore del S. Officio".

DOCUMENTO N. 7
Editto generale a stampa del Sant'Ufficio di Parma, emesso dall'inquisitore Umberto Maria Viali da Taggia, del 20 ottobre 1738.
ASPr, Gridario, 1738; AVPr, cassetta unica Inquisizione.
"Noi Fra' Umberto Maria Viali da Tabbia dell'Ordine de' Predicatori, Maestro di Sacra Teologia, Inquisitor Generale delle Città di Parma, Borgo S. Donnino, e loro diocesi ec. dalla S. Sede Apostolica contro l'eretica pravità specialmente delegato.

Desiderando, come ricerca il carico di questo S. Officio a noi imposto [... etc.: prosegue esattamente come l'editto del 1733: si veda doc. n. 6].
In fede di che, sottoscritto il presente editto di nostra propria mano, l'abbiamo col sigillo maggiore di questo S. Officio segnato.
Dato nella Cancelleria della S. Inquisizione di Parma lì 20 ottobre 1738.
Fr. Umberto Maria Viali inquisitore come sopra.
Luogo del sigillo.
Don Girolamo Campanini notaio del S. Officio di Parma.
Non sia rimosso sotto pena di scomunica.
In Parma, per Giuseppe Rosati stampatore del S. Officio".

DOCUMENTO N. 8
Editto a stampa del Sant'Ufficio di Parma, emesso dall'inquisitore Giacinto Maria Longhi da Milano il 23 ottobre 1743.
ASPr, Consorzio dei vivi e dei morti, gridario, ecclesiastici, tomo 1, n. 70.
"Sapendo coll'esperienza di molto tempo, che alcuni non si fan[n]o scrupolo di denonciare al S. Officio quelli, che tengono, o legono libri proibiti, non avendo le necessarie licenze, preghiamo per le viscere di Gesù Cristo i signori parochi di questa nostra giurisdizione a volere illuminare i loro popoli dell'obbligo, che li corre, anche, sotto pena di scomunica (quando fossero libri di eretici, e che trattassero della religione) di denonciare questi tali".

DOCUMENTO N. 9
Editto generale a stampa del Sant'Ufficio di Parma, emesso dall'inquisitore Pietro Martire Cassio il 30 ottobre 1754.
ASPr, Culto, b. 101; AVPr, cassetta unica Inquisizione.
"Noi fr. Pietro Martire Cassio dell'Ordine de' Predicatori maestro di Sac. Teologia, inquisitore generale delle città di Parma, Borgo S. Donnino, e loro diocesi, etc. dalla S. Sede Apostolica contro l'eretica pravità specialmente delegato.
Avendo noi osservato, che pochi sono li parrochi, e li superiori regolari, che mandino a noi, o alli nostri vicari la fede di avere pubblicato, o fatto pubblicare al suo popolo, e rispettivamente a religiosi loro sudditi

l'editto nostro generale del S. Officio, come a tutti fu da noi comandato nel suddetto sotto lì 30 ottobre 1754. Anzi molti presidenti de' monasteri, collegi, e conventi non mandano a noi nemeno la fede di avere pubblicato, o fatto pubblicare a suoi sudditi le costituzioni apostoliche, e decreti spettanti all'ufficio della S. Inquisizione, come sotto gravi pene viene loro ordinato con decreto di Nostro Signore Urbano VIII sotto lì 14 aprile 1633. Quindi presumiamo, che molti non abbiano eseguito quanto nel suddetto decreto, e nel nostro editto viene loro rispettivamente imposto. E non potendo, né volendo noi permettere una tale mancanza, che ridonda in pregiudizio delle anime, e della fede cattolica. Coll'autorità apostolica a noi commessa, comandiamo a tutti li parrochi delle città, terre, e ville soggette alla nostra giurisdizione, che due volte all'anno nelle loro chiese in tempo di maggior concorso, cioè in una domenica di avvento, ed in un'altra di quaresima pubblichino, o facciano pubblicare da loro cappellani l'editto generale del S. Officio, leggendolo ad alta voce, istruendo il popolo sopra il contenuto del medesimo, acciò ognuno sappia l'obbligo, che gli corre di denunciare al S. Ufficio quei delitti, che spettano al medesimo, e sappia altresì le pene, nelle quali incorre quello, che manca all'obbligo suddetto. Ed in appresso mandino a noi, o a nostri vicari foranei la fede di una tale pubblicazione, fatta da quel medesimo, che pubblicarà l'editto, e sottoscritta da due testimoni presenti alla suddetta pubblicazione. Altrimenti, se non pubblicaranno come sopra, o pure pubblicandolo, non manderanno a noi, o a nostri vicari foranei la fede della pubblicazione, procederemo contro li negligenti con pene a noi arbitrarie, e perché tutti i religiosi di qualunque ordine, religione, società, ed istituto, non ostante qualunque loro privilegio, sono compresi nelle costituzioni apostoliche concernenti la fede cattolica, e l'Ufficio della S. Inquisizione, come dichiarò Nostro Signore Urbano VIII nella sua costituzione *Cum sicut accepimus* sotto lì 5 novembre 1631, e perciò, essendo obbligati all'osservanza delle medesime, ordinò a' superiori di tutte le religioni, congregazioni, società, et istituto, che le pubblicassero a' loro sudditi come sopra. Quindi è, che essendo a noi commesso dalla suprema Congregazione del S. Ufficio di Roma di procurare l'osservanza del suddetto decreto.
In conformità del medesimo con autorità apostolica incarichiamo a tutti li presidenti delli monasteri, conventi, collegi, società, congregazione, ed istituto di qualunque religione, che almeno una volta all'anno nel vener-

dì tra l'ottava dell'assunzione di Maria Vergine pubblicano, o facciano pubblicare a' religiosi loro sudditi tutte le costituzioni apostoliche, e decreti citati nel sopraccennato decreto d'Urbano VIII, come pure il decreto del regnante pontefice Benedetto XIV, sotto lì 5 agosto 1745, facendo leggere l'une, e gli altri nella pubblica mensa, o nel capitolo a tal effetto convocato, ed in appresso mandino a noi fede autentica della sopraddetta pubblicazione sottoscritta da duoi religiosi, acciò, stante la pubblicazione delle medesime, li religiosi loro sudditi, non possano addurre l'ignoranza di esse in iscusa della loro trasgressione, e riguardo alla fede della pubblicazione di esse, noi possiamo assicurare la suprema Congregazione del S. Ufficio dell'osservanza de' suddetti decreti. Avvertendo tutti li suddetti presidenti, e superiori delle religioni, che in caso di mancanza si dichiareranno incorsi nelle pene espresse nel suddetto decreto di Nostro Signore Urbano VIII.

Colla stessa autorità incarichiamo alli medesimi, che nella stessa forma pubblichiamo a loro sudditi il nostro editto generale, e mandino a noi fede autentica della pubblicazione di esso, sotto pene a noi arbitrarie.

Ed acciocché niuno de' suddetti possa addurre ignoranza di questo nostro editto, è passata notizia di tutti [sic] ciò, che in esso si prescrive da osservarsi, comandiamo sotto pene a nostro arbitrio, che tutti li suddetti presidenti, e tutti li suddetti parrochi delle città, terre, e ville lo tengano affisso nella camera della loro abitazione.

In fede di che abbiamo sottoscritto di propria mano il presente, e sigillato col sigillo del S. Ufficio.

Dato nella cancelleria della S. Inquisizione di Parma lì 14 dicembre 1756.

Fr. Pietro Martire Cassio inquisitore di Parma, et c.

Luogo + del sigillo.

D. Girolamo Campanini notaio del Sant'Officio di Parma.

In Parma, per il Gozzi stampatore del Sant'Officio".

DOCUMENTO N. 10
Nomina di un vicario del Sant'Ufficio da parte dell'inquisitore Cassio.
24 marzo 1757.
ASPr, Culto, b. 101, fasc. 1.
"Nos fr. Petrus Martyr Cassi ordinis praedicatorum sacrae theologiae magister, Parmae, Burgi Sancti Donnini, & annexorum generalis inquisitor, a Sancta Sede Apostolica contra hereticam pravitatem specialiter delegatus.
Ut sacrae Inquisitionis ministerium nobis ab apostolica sede commissum pro Dei, ac Domini Nostri Gloria, fideique exaltatione facilius, ac liberius exercere valeamus, quod neutique ita libere praestari posse experientia docente perspicuum est, ob aliquos quandoque casus incidentes, nisi diversorum piorum virorum adsit opera, qui zelo fidei repleti, consilio, prudentia, scientia, praesidio, atque auxilio onus nobiscum sustentent, impedientia qua eque submoveant, & nobis opportune inserviant, ideo authoritate nobis ab eadem Apostolica Sede concessa pio, ac prudentes viros in consultores, advocatos, fiscales, procuratores, notarios, familiares, ac alios officiales eligendi, pro ut nobis opportunum videbitur inter caeteros te ad[modum] reverendum dominum Antonium Mariam Baratti sacerdotem secularem demorantem in Petrignacula de cuius probitate, sufficientia, ac fidei zelo plurimum in Domino confidimus in Nostrum, ac S. Officii Parmae provicarium Cornilij et annexorum (accepto tamen per Te prius iuramento, tum de silentio servando circa res S. Officii, tum de fideliter exercendo onus tibi impositum) eligimus, & per praesentes deputamus, cum omnibus Gratiis, Privilegiis, & Immunitatibus huiusmodi Sanctae Inquisitionis officialibus concedi solitis, inhibentes omnibus, & singulis sub poenis, & censuris contra conturbatores Sancti Officii inflictis, ac promulgatis, ne te molestare, tua indulta, ac privilegia quomodocumque violare attentent. In quorum fidem has manu nostra subscriptas, & sigillo munitas dedimus.
Dat[um] in S. Officio Parmae anno dominicae incarnationis 1757. Die 24 mensis martij.
Ita est fr. Petrus Martyr Cassi inquisitor qui supra.
Regist. Fol. 20.
Hieronymus Campanini S. Officii Parmae datarius".

DOCUMENTO N. 11
Grida governativa contro un bando che simulerebbe un documento papale: 2 febbraio 1768.
BPPr, Gridario degli Stati di Parma (coll. WV.24115/30), n. 7.
"Denunciatosi a questo Regio Tribunale l'incerto, e vago rumore di un foglio preteso da alcuni essere delle stampe di Roma, la vigilanza, che secondo i Reali Ordini dobbiamo usare per ogni Scrittura, che possa clandestinamente introdursi in questi stati, ci ha obbligati a farci presentare un esemplare di detto foglio. Tale è il suo principio: "Alias ad episcopatus nostri notitiam etc.". Ma comunque porti in fronte il sacro nome del regnante Santo Padre, la lettura di esso ci ha tosto persuasi, e convinti dell'ingiurioso affronto, che per il mezzo di una simulata furtiva impressione si è voluto fare ad un pontefice sì saggio, con attribuirgli uno scritto sì manifestamente apocrifo, e che visibilmente seco porta tutti li contrassegni caratteristici di suppositizio, in cui sotto il frivolo pretesto di immunità ecclesiastica si riprovano le provide leggi di questi reali domini, che sono interamente uniformi a quelle prescritte, ricevute, e praticate pacificamente in tanti altri cattolici stati; si attaccano i più legittimi, e sacri diritti di tutti i sovrani: si usurpano de' titoli non riconosciuti in veruna corte, manifestamente insussistenti, e replicatamente dichiarati tali de' pubblici trattati, ed in cui finalmente vi si leggono con impudenza sparsi sentimenti apertamente sediziosi.
Ad effetto pertanto di impedire, che una stampa sì scandalosa, e per più titoli quanto falsa, altrettanto ingiuriosa, non abbia a sedurre le persone o meno caute, meno illuminate a prestarvi alcuna credenza, non possiamo dispensarci per ora dal proibire, e vietare, come, servendoci dell'autorità, di cui per sovrana disposizione siamo rivestiti, proibiamo, e vietiamo a qualunque persona secolare, ed ecclesiastica di qualsivoglia stato, grado, e condizione, abitante in questi reali domini, niuna affatto eccettuata, di farne alcun discorso, ed uso, di tenerne presso di se, o di somministrarne ad altri copia stampata, o scritta, sotto la pena ai contravventori di essere considerati rei di Stato, e come tali irremissibilmente puniti co' più severi, ed esemplari castighi.
Parma, 2 febbraio 1768.
Presidente, e Real Giunta di Giurisdizione.

Saliani segretario[4].
In Parma, presso Filippo Carmignani, stampatore per privilegio di S. A. R.".

DOCUMENTO N. 12
Lettera di Du Tillot a Schiattini, in cui vengono fissate le procedure previste per la censura libraria nello Stato: 12 aprile 1768.
ASPr, Archivio del ministro Du Tillot, b. 90.

"Le varie, ed incostanti maniere sin ora usate nella approvazione de' libri, dimostrano la necessità di ridurle ad una sola, uniforme, e permanente. La natura dell'affare istesso, e il decoro del Magistrato concorrono a richiedere questo stabilimento. Al quale desiderando io di recare autorità, e fermezza, ho stimato di doverne prima impetrare l'assenso, e l'oracolo di S. A. R.
Quantevolte dunque verrà esibito a V. E. qualsivoglia manoscritto, che si vorrà dare in luce per mezzo delle stampe, si compiacerà osservare se sia stato riveduto dal vicario della curia episcopale. Se mancherà tale attestazione, V. E. rimanderà lo stampatore, o l'autore a richiederlo di questa sottoscrizione. S. A. R. non intende, né vuole spogliare la potestà ecclesiastica di giudicare della cattolicità della dottrina. Deve precedere questa revisione come semplice atto preparatorio alla permissione di potersi stampare il libro, la quale non può spettare che all'autorità suprema del principe, e non può, né deve conferirsi, che da V. E. e dove ella fusse assente, dall'anziano, o da altro Riformatore, secondo l'anzianità, in nome del sovrano.
Quindi al vicario vescovile non può competere, che la mera espressione "vidit". La segnatura, che annunzia autorità, che dà la facoltà allo stampatore, il quale è un suddito del principe, che esercita nella repubblica un'arte dependente dal governo, tale segnatura è riserbata a chi in ciò rappresenta il sovrano. Che però l'"imprimatur", ovvero "se ne permetta la stampa", non può emanare legittimamente, che da un magistrato a ciò costituito da S. A. R. Avuta poi sotto l'occhio l'enunciata revisione,

---

[4] Su Gian Girolamo Saliani si veda ASPr, Inventario n. 152/1, Decreti sovrani (1749-1780), lettera "S".

V. E. commetterà, che il manoscritto sia esaminato da un qualche uomo di lettere, e capace veracemente di giudicare del contenuto, e di riconoscere avanti ogni altra cosa, che esso non contenga principj, massime, dottrine contrarie direttamente, o indirettamente ai diritti innati, ed inalienabili della sovranità. Esigerà dal Revisore una attestazione di sua mano sottoscritta, la quale dovrà conservarsi diligentemente dal segretario, acciò in caso che insorgesse controversia, o dubbio, il revisore risponda della sua approvazione.

Nella deputazione de' revisori pare necessario astenersi dal nominare per tale esame i soggetti, che compongono il magistrato. I riformatori dovendo esser giudici d'ogni materia letteraria, e giudici a ciò eletti dal sovrano, non devono fare le veci subalterne di revisore.

Recata a V. E. l'attestazione legale, e riconosciutala tale, darà il permesso della stampa. La formula sarà perpetuamente, e invariatamente questa: "Noi presidente, e riformatori de' regj studj, avendo riconosciuto dalla attestazione del vicario della curia vescovile come nel libro intitolato ... nulla vi sia, che ripugni ai dogmi della religione, ed alla purità della morale cristiana, e parimente per quella del revisore da noi spezialmente deputato, nulla che si opponga ai diritti de' sovrani, permettiamo a NN... (nome dello stampatore) di poterlo pubblicare per mezzo delle sue stampe, presentandone quindi un'esemplare alla Real segretaria di Stato, ed un altro alla Real Biblioteca. Parma, questo dì ... l'anno ... G. M. Schiattini presidente".

"Registrato a carte ... A. Mazza segretario. È assoluta disposizione, di S. A. R. che niuna carta, o memoria, o piccolissimo libro si stampi in qualsivoglia luogo de' suoi stati, senza la permissione espressa, dell'E. V., ma siccome vi possono esser moltissime carte di tenue mole, le quali non meritano queste formalità, basterà, che a piedi di tali tali carte o libricciuoli V. E. segni: "se ne permette la stampa" e v'aggiunga il suo nome. Evvi poi un genere di scritture, la revisione delle quali non compete al magistrato dei Riformatori, ma che a V. E. come presidente della R. Giurisdizione unicamente rimane riservata. Di tal genere sono le scritture, che si faranno stampare per Real Comando, relative al Governo, e a disposizioni sovrane; tutte queste stampe portano seco intrinsecamente la loro approvazione, e non debbono esser convalidate da alcuna autorità inferiore a quella di S. A. R.

Per tenere tuttavia una regola fissa ed un sistema univoco di cose, in questi casi, o io stesso comunicherò a V. E. il manoscritto, o la farò avvertita di ciò, che si stampa, affinché dopo la pubblicazione cometta al segretario di registrare quel tale scritto stampato. E perché importa al buon governo il precludere l'adito ad ogni stampa secreta, e clandestina, acciò niuno stampatore possa violare la legge fraudolentemente, ordinerà che nei registri della segreteria dell'Università sia notato il nome di quello stampatore, dai cui torchi sarà uscita anche qualunque legge, sanzione, disposizione sovrana: provvidenza necessaria a più facilmente riconoscere la violazione, se accadesse.

Quando però le opere che dovessero stamparsi per ordine della corte, o a spese del regio erario non fussero relative ad affari di Stato, ma contenessero materie scientifiche o letterarie, non intende S. A. R. che siano esenti dalle consuete revisioni, e le vuole soggette alla giurisdizione del suo magistrato de' riformatori. Richiede similmente uno stabile, ed uguale sistema l'affare della ricognizione de' libri, che s'introducono negli Stati di S. A. R. Ordina dunque il R. Infante la piena, e accurata osservanza di ciò, che prescrivesi nell'ultimo titolo della Costituzione. Il preside a ciò deputato dovrà avere uguale diritto di esaminare ogni libro di qualsisia materia, o rittenuto alle porte della città, o recato alle dogane, ed autorità assoluta di sequestrarlo, quando la sua prudenza gli farà giudicare, che non sia conveniente il permetterne l'introduzione. Trovando, che il libro contenga cose interessanti il Governo, i diritti de' sovrani, o materie in questi tempi agitate, dovrà farlo a me tenere immediatamente e notificarmi il nome di chi l'avrà portato in paese, o di chi l'avrà commesso.

Per gli altri libri poi, che credesse non doversi introdurre, o perché di pessima morale, ovvero di pregiudizio al buon costume, il P. Preside ne farà il deposito alla biblioteca di S. A. R.

La molteplicità delle giurisdizioni per un oggetto medesimo, è l'indizio di una incerta, e vacillante legislazione, perché non fa, che ritardare il buon ordine, e produrre antinomie. Perciò vuole il R. Infante, che intorno alle presenti sue disposizioni, sia per le stampe di qualsivoglia genere, sia per la introduzione, e sequestro dei libri, proceda il solo suo magistrato de riformatori e abbiano ingerenza le sole persone in questa lettera nominate. Ogni altra, che ne avesse avuta commissione previsionalmente rimane ora esclusa da questo affare.

Dovendo poi all'osservanza delle leggi precedere l'autentica loro publicazione, V. E. farà chiamare per mezzo de' bidelli d'innanzi all'intero magistrato tutti gli stampatori e libraj della città, i quali ancora ignorano, o fingono d'ignorare la dipendenza, che devono avere da Riformatori, e farà loro palese le sovrane ordinazioni relative alle arti loro, e la pena con cui verrà punita la loro trasgressione, com'è definito nella R. Costituzione.
Seguita la lettura di questa mia in una adunanza del magistrato, V. E. trasmetterà copia al Signor Conte Anguissola in Piacenza, al P. Della Valle in Guastalla, al P. Amoretti in Borgo S. Donino, al P. Luigi Fedele Lombardi Guardiano de' Francescani in Bussetto, affinché in tutti i R. Dominj regni quella uniformità, e coerenza di operazioni, che è la base del saggio governo. Dovunque si stampa, e dovunque si vendon libri, dev'esser notificata la volontà del Principe, e uno spirito medesimo deve animare chi vive sotto lo stesso impero, e però farà intendere ai quattro nominati soggetti di manifestare questi ordini ai rispettivi stampatori, e libraj. Quanto all'impressione de' libri da farsi nell'altre città degli Stati di S. A. R., la disposizione della R. Costituzione è sì chiara, ed aperta, che basta leggere per riconoscere ciò che dal sovrano si richiede. E non è mai da presumere, che alcuna delle persone deputate a vegliare per l'adempimento delle leggi del principe, voglia esporsi a esser rimosso d'impiego, con alterarle arbitrariamente, o permetterne la violazione. Al zelo, alla probità, all'onoratezza, di V. E., de' signori riformatori, e dell'altre persone destinate per favor sovrano a promover le lettere, raccomanda S. A. R. la pronta, e fedel esecuzione, di quanto le ho in suo nome significato, sicuro d'incontrare in ognuno animo ben disposto a secondare le sue benefiche intenzioni".

DOCUMENTO N. 13
Decreto di don Ferdinando di Borbone, con cui si stabilisce che l'"Inquisizione deve unicamente esercitarsi dal pastorale zelo, e dalla giurisdizione ordinaria de' vescovi nelle rispettive loro diocesi": 21 febbraio 1769.
ASPr, Decreti sovrani (1749-1780), inventario 152/1, voce "Inquisizione"; Decreti e rescritti, b. 14 (1769), bando n. 35, manoscritto.

"Sin dal principio della dominazione dell'augusto nostro padre, sulle rappresentanze de' suoi ministri, a noi successivamente rinnovate, si riconobbe l'incongruenza, l'irregolarità, il massimo abuso, portato anche in questi stati colla intrusione d'una podestà straniera, esercitata da religiosi claustrali in forma di tribunale, denominato L'Inquisizione del Sant'Uffizio. Si compresero l'origine, le circostanze de' tempi, i fini particolari di questo mal fondato stabilimento; né senza ammirazione si fecero presenti le perniciose conseguenze, che ne derivarono e alla legittima giurisdizione sovrana, e alla sicurezza de' sudditi, e al buon ordine, da cui dipende il sistema d'una ben regolata repubblica.

Nella circostanza però di ritrovarsi, per motivi a noi riservati, da qualche tempo sprovveduta de' necessarj ministri l'Inquisizione di Piacenza coll'allontanamento di quell'inquisitore domenicano, e del suo vicario, si prevede imminente la vacanza anche di questa di Parma, per la lunga inoltrata infermità dell'inquisitore padre maestro Pietro Martire Cassio, da noi sempre riguardato con sentimenti della più distinta clementissima benevolenza. Né potendosi dubitare, che alla nostra dignità sovrana vada annesso il sublime diritto di protettore della Santa Chiesa, e delle sane evangeliche sue dottrine, non ignoriamo, che alla legittima nostra autorità unicamente appartiene di provvedere all'essenziale oggetto, di far osservare ne' nostri stati i veri dogmi della cattolica religione.

Su questa massima non permettendo i religiosi impulsi del nostro cuore, di ritardare le provvidenze dirette a questo rilevante assunto, abbiam determinato, che l'Inquisizione in materia della nostra santa fede debba in tutti li nostri stati unicamente esercitarsi dal pastorale zelo, e dalla giurisdizione ordinaria dei vescovi nelle rispettive loro diocesi, come nati inquisitori per il sostegno, per la difesa, e per l'esatta osservanza della dottrina di Gesù Cristo Signor Nostro, e de' precetti della Santa sua Chiesa.

Qualora pertanto succedesse la morte del prefato padre inquisitore di Parma, dovrà il nostro ministro, e segretario di Stato rendere intesi senza dilazione i vescovi del Reale Dominio della determinata volontà da noi spiegata nel presente decreto, con passare ad un tempo in nome nostro a disporre l'adempimento delle altre coerenti ordinazioni, che a lui abbiamo personalmente comunicate sulla importanza di questo medesimo assunto.

Datum dal palazzo di nostra regia residenza in Parma, questo giorno 21 febbraio, millesettecentosessantanove.
Ferdinando".

DOCUMENTO N. 14
Inventario dell'archivio del Sant'Ufficio di Parma, redatto "furtivamente" nel febbraio 1769 da Vincenzo Giuliano Mozani e inviato alla Congregazione del Sant'Ufficio a Roma. ACDF, St. St., GG 4 a.

"Delle scritture, stampe e libri che si sono da me [Mozani, vicario dell'inquisitore, che infatti firma] custoditi le quali cose parte erano nella Cancelleria parte sono state da me levate dall'archivio in tempo, che si descriveva l'inventario. Due tomi di lettere scritte alla Suprema dal mese di gennaio 1729 al gennaio 1769. Un mazzo di lettere sciolte della Suprema dal 2 febbraio 1760 al 24 luglio 1768. Una Vacchetta di denunce e spontanee comparizioni. Un registro di patentati scritto nel 1739. Pandetta mensuale dell'Entrate del Sant'Ufficio Libro degli inventari cominciato nel 1766 [solo con stoviglie da cucina]. Alcune copie delle Bolle contro i sollecitanti, celebranti non promossi, ladri sacrileghi, franchi muratori, decreti in materia della Concezione della B. V., decreti intorno alla licenza dell'introduzione dei libri in occasione di differenze insorte in diversi paesi tra Sant'Ufficio e vescovato, fogli intorno ai privilegi dei patentati, bolla Unigenitus. Stampe per l'abiura, per attestati d'abiura di Calvinismo, per precetti ad comparendum, formula del giuramento dei patentati, della licenza ai patentati di poter testificare avanti il giudice laico nelle cause civili, editti generali e particolari del

Sant'Ufficio, due mazzi di patenti richiamate nel secolo passato, [Brevi e Bolle pontifici].
Libri:
Card. Albitius *De inconstantia in fide* [Albizzi, Francesco].
Carena *De Sancto Officio* [Carena, Cesare].
Farinacci *Praxis et theorica criminalis* [Farinacci, Prospero].
Processus informativus Tranquilli Ambrosini [Ambrosini, Tranquillo].
De delictis et poenis F. Ludovici de Ameno [Sinistrari, Ludovico Maria].
Bordoni *Manuale consultorum* [Bordoni, Francesco].
Directorium inquisitorum P. Eymerici [Eymerich, Nicolás].
Due copie dell'*Arsenale* [Masini, Eliseo].
Risposta manoscritta del Sig. Card. Albizzi alla *Storia della S. Inquisizione* di F. Paolo [Sarpi, Paolo].
Raccolta manoscritta di varie notizie e decreti per il S. Ufficio di Roma, Venezia, Napoli, Milano, Spagna, Malta, Tolosa.
Iacobi Simancae *De Catholicis institutionibus* [Simancas, Diego].
F. Pauli Grysaldi *Decisiones fidei catholicae et apostolicae* [Grisaldi, Paolo].
Arnaldi Albertini *De agnoscendis assertionibus catholicis, et haereticis* [Albertini, Arnaldo: ILI X, p. 55].
D[ivi] August[ini] *De civit[ate] Dei* cum comm[entario] Ludovici Vives [Augustinus Aurelius, santo].
D[ivi] Th[omae] Aq[uinatis] *In omnes Pauli Epistolas* [Tommaso d'Aquino, santo].
Commentaria Cornelii Jansenii Gandavensis in suam concordiam, et historiam evangelicam [Jansen, Cornelis].
Theatrum vitae humanae Conradi Leycosthene et Theodori Zuingeri [Zwinger, Theodor: ILI X, p. 417].
Novissima Polyantea Josephi Langi [Lang, Joseph: ILI XI, p. 505].
Joannis Bostacci *Libri XX moralium Godanensium* [Botsack, Johann: ILI XI, p. 155].
Gerardi Ioannis Vossii *Theses theologicae et historicae* [ILI XI, p. 933].
Mellificium historicum Christophori Pezolii, Ioannis Lampadii [ILI X, p. 318].
Francisci Salgado *De regia protectione* [ILI XI, p. 798].
L'*apologia* di Giacomo Picenino [ILI XI, pp. 707-708].
L'*opere* di Nicolò Machiavelli [ILI X, p. 269].

L'*opere* di Ovidio Nasone, edizione di Cristoforo Pensi Venezia 1498 [Ovidius Naso, Publius].
Altra copia dell'*opere* di Ovidio con commento, edizione Claudio Marni e Gio Aubri in Francoforte 1604 [Ovidius Naso, Publius].
Le *opere* di Lucio Anneo Seneca [Seneca, Lucius Annaeus].
Hieronymi Cardani *In libros Ptolemaei de astrorum iudiciis* [Cardano, Girolamo: ILI X, pp. 114-115].
Giorgio Agricola *De metalli* [Agricola, Georg: ILI X, p. 53].
La storia di Francesco Guizzardini [Guicciardini, Francesco: ILI X, p. 209].
Boccalini *Sopra Cornelio Tacito* [Tacitus, Publius Cornelius: ILI XI, p. 142].
Un sigillo grande e tre piccoli.
Quadri con paesi e figure, un S. Francesco che riceve le sitmmate, Deposizione del Corpo di Nostro Signore nel Sepolcro, un quadro della Crocifissione di Nostro Signore di buon autore con cornice in parte velata, che era all'altare della capella, al quale fu sostituito il descritto nell'altra lista. Nove quadri di buona mano nell'arcova".

DOCUMENTO N. 15

"**Lista di ciò che d'Ordine Regio nel mese di agosto 1769 è stato trasportato dal Sant'Ufficio di Parma al vescovato, alla Regia Camera, allo Spedale della Misericordia, il tutto descritto secondo l'ordine delle camere nelle quali ciascuna cosa era collocata". Inventario redatto da Mozani.**
ACDF, St. St., GG 4 a.
"Mazzi di processi e altre scritture spettanti alle cause del Sant'Ufficio dal 1500 a tutto il 1768.
Mazzi trenta incirca d'originali di stampe.
Un mazzo di decreti di proibizione di diversi libri e tesi.
Un mazzo di costituzioni pontificie e di vari editti del Sant'Ufficio.
Un mazzo di lettere di monsignor assessori, reverendissimi commissari, serenissimi duchi Farnese.
Un mazzo di lettere d'altri inquisitori a quello di Parma.
Un mazzo di lettere di vicari foranei.

Tre mazzi di scritture, corpo di delitto nella causa di Giuseppe Scotti, anni sono processato e carcerato.

Un mazzo di fedi di parochi, e comunità religiose della pubblicazione di editti del Sant'Ufficio e della lettura di decreti.

Un mazzo di scritture diverse, tra le quali alcuni rogiti di concessioni di sepolture a particolari famiglie nella cappella di S. Croce.

Alcune liste delle spese fatte nella fabrica del Sant'Ufficio.

Diversi registri di patentati.

Venti tomi incirca di lettere della Suprema.

Un libretto manoscritto della fondazione del Sant'Ufficio in Parma d'alcune istruzioni rapporto al S. Tribunale.

Alcuni quinterni manoscritti del modo di qualificare proposizioni e di ciò che devesi avvertire nelle vite, che si scrivono di quelli che mojono in opinione di santità.

Un indice incominciato delle cose notabili che si contengono nelle lettere della Suprema.

Un libro in foglio nel quale si registrano quelli che ottenevano dalla S. Congregazione la licenza di leggere libri proibiti.

Altro libro in folio in cui mi pare si registrassero gli ordini particolari alli vicari foranei e gli editti che si pubblicavano.

Un tomo di lettere scritte alla Suprema dal […] a tutto il 1728.

Un piccolo inventario antico delle scritture, libri, mobili del Sant'Ufficio.

Nove indici incirca de Denunziati, e spediti dal 1570 mi pare a tutto il 1768.

Alcune stampe d'abiure, patenti, decreti di libri proibiti.

Cinque sacchi di libri di poco valore, parte legali, parte istorici, parte teologici e molti proibiti, tutti posti in confuso in detti sacchi senza inventario.

Più un sacco di libri propri del fu P. F. Cassio.

Alcune gride de Serenissimi duchi Farnese, Regina d'Ungheria e presente Governo.

Alcune costituzioni pontificie.

Tutto il carteggio del fu P. F. Cassio col signor Primo Ministro Du Tillot intorno alla cessione della cappella della S. Croce, e compenso per la medesima.

Alcune carte manoscritte di abiure in varie lingue (diverse memorie) ed altro intorno agli Ebrei tra due cartoni coperti di seta turchina con pittura, delle quali cose non ho distinta cognizione.

Sei libri in folio che sono magistrali e giornali della Compagnia della Croce e del Sant'Ufficio dal 1540 al 1769.

Un giornale del Depositario del Sant'Ufficio dal 1632 al 1636.

Un libro di Riscossioni di detta Compagnia dal 1612 al 1625.

Un libro delle Congregazioni tenute da confratelli di detta Compagnia dal 1570 al 1602.

Due quinterni manoscritti de legati e dell'origine dei beni del Sant'Ufficio.

Molti fogli volanti intorno agli interessi del Sant'Ufficio fraposti nell'ultimo magistrale e giornale.

Un libro in folio grande di pergamena che contiene la Bolla della Fondazione di detta Compagnia, i Capitoli, il Catalogo dei Crocesignati, alcune notizie de legati antichi, scritto nel fine del secolo XV.

Altro catalogo dei Crocesignati in folio cominciato nel secolo XVI.

Un libro che contiene vari inventari fatti in diversi tempi delle robe del Sant'Ufficio l'ultimo dei quali è scritto nel 1718.

Un grosso mazzo d'instrumenti spettanti ai beni del Sant'Ufficio e di detta Compagnia nel qual mazzo si ha ancora la fondazione della cappella di S. Caterina Vergine e Martire di nomina del padre inquisitore pro tempore fondata nella nostra chiesa di S. Pietro Martire dal fu Signor Giovanni Battista Pichi nel 1680 della quale è beneficiato il D. Innocenzo Giaferri notaio del Sant'Ufficio con altre carte spettanti a tal beneficio.

Altri due o tre mazzetti di carte d'interessi del Sant'Ufficio e di detta Compagnia.

Un piccol libro delle riscossioni dell'annuo censo lasciato a favore de poveri carcerati del Sant'Ufficio dal fu signor Giuseppe Bracajoli nel 1757 e dell'esito di tal denaro.

Un piccol libro delle ricevute del denaro che pagava annualmente il Sant'Ufficio al Convento per la soddisfazione degli obblighi e al rettore della Chiesa di Vicopò per un livello.

Un reliquiario d'argento alto circa un piede e mezzo romano che figura una croce con suo piedistallo, su cui genuflessa appoggia da una parte piccola statua di S. Elena in abito regale, dall'altra un angelo che tiene nelle mani la corona, e scetro reale, è ornata tal croce con raggi e fregi indorati, nel mezzo della medesima vi è una teca contornata da alcune pietre lucide, quale è chiusa con cristallo, e dentro si vede una particella del legno della S. Croce con sua custodia di pelle rossa.

Nel ripostiglio: Originali di stampe dal 1680 circa al 1767, molte copie sciolte del Lumbier, molte copie sciolte di un libro d'esorcismi, molti libercoli proibiti ed altri di niun valore.

In sala: tre ritratti grandi di principi armati di ferro, un ritratto grande di Urbano VIII, un ritratto grande del Cardinal [Francesco, cardinale del S. Ufficio nel XVII secolo] Barberini, un ritratto piccolo di S. Pio V".

DOCUMENTO N. 16
Inventario del Sant'Ufficio di Parma, redatto da Giulio Spinazzi, ufficiale della cancelleria del Supremo Magistrato delle Finanze e secondo notaio camerale, 1769.
ASPr, Fondo Du Tillot, busta 50[5].

[Gli ambienti descritti sono: archivio dell'Inquisizione, camera contigua, camera da fuoco, cucina, sei prigioni (con ferri, ceppi, catene, manette), camerino contiguo alle prigioni, piccola camera di dietro alla sala, altro camerino, camerino contiguo, camera dell'alcova, tre mezzanini di sopra, cantina].

"Inventario delle scirtture, libri, e mobili della soppressa Inquisizione del S. Offizio de' domenicani di Parma. 1769. die 17 maij in tertiis.

Per adempiere alle Supreme reali commessioni, essendosi portato l'Illustrissimo Sig. R. D. Consigliere Giulio Cesare Misuracchi, unitamente al Sig. Dottore Antonio Righini[6], in questa parte come Cancelliere della Curia Vescovile di Parma, e destinato dall'Ill.mo, e Rev.mo Monsignor Vescovo ad assumere il carattere di Cancelliere della Inquisizione del Sant'Ufficio e unitamente a me Giulio Spinazzi, uno de' SS.ri Ufficiali Camerali e Secondo Notaro habilitato, e rogato del presente atto *ad refferendum* al Signor Cosimo Menozzi Cancelliere civile del

---

[5] Pubblicato in DALLASTA, *Appoggi, archivio, astuzia*, pp. 405-410.
[6] Sul Righini si veda ASPr, Carte Moreau, b. 29: *Nota de componenti la corte e la curia del vescovo di Parma Monsignore Francesco Pettorelli Lalatta nel 1763*. Righini viene indicato come "notaro".

Supremo Magistrato delle Reali Finanze di questi Stati, alle Stanze situate nel convento de' molto reverendi padri domenicani di questa città, le quali in passato servivano di abitazione al fu Padre Inquisitore; ed essendo il prefato Ill.mo Signor Consigliere di compagnia come sopra passato da una delle dette stanze a quella che immediatamente introduce all'archivio della passata soppressa Inquisizione, e fatta osservazione al Sigillo, che fu apposto alla Porta dell'Archivio medesimo, alla presenza del predetto Ill.mo Signor Ministro, per mano, e rogito del sopranominato Signor Cancelliere Menozzi, sotto il giorno […], si è ritrovato intatto il prefato regio sigillo, il quale da me secondo notaro infrascritto d'ordine d'essa sua Signoria Ill.ma rimosso, ed apertasi la serratura, trovata parimenti chiusa mediante la chiave poc'anzi consegnatami col Regio sigillo dal menzionato Signor Cancelliere Camerale, siamo tutti e tre come sopra ed anche coll'intervento del Molto reverendo padre priore del convento predetto a tal effetto chiamato per ordine […], entrati nella stanza in cui esistono tutte le scritture, filze, processi, ed ogn'altra cosa appartenente all'Archivio della succennata soppressa Inquisizione: ad effetto di formarne l'opportuno prescritto inventario, per passare indi alla formale consegna dell'Archivio stesso al prefato Signor Cancelliere Dottor Righini, dipendentemente dalla preceduta intelligenza passata tra il citato Ill.mo Signor Cancelliere, come specialmente delegato e Monsignor Illustrissimo e Reverendissimo Vescovo, affine di successivamente trasportarsi le scritture tutte da inventariarsi come sopra, al Palazzo Vescovile, e alla intiera deposizione del medesimo Prelato, come il solo legittimo Inquisitore del S. Uffizio in tutta estensione della sua Diocesi.
Si è dunque ritrovato come materia del presente inventario quanto segue e così:
n° 34 di grossi volumi marcati al di fuori dal 1714 sino al 1725 inclusivamente collocati in ordine nel primo piano inferiore della scanzia, i quali volumi 34 non altro contengono, che una miscellanea di stampe moltissime, e di assai diverse materie, consegnate dai stampatori al S. Uffizio, per ottenere il permesso della impressione;
n° 165 di mazzi di processi incominciati dell'anno 1500 e proseguiti sino all'anno 1768, inclusivamente, in materia di comparse spontanee, di denuncie, e di altri titoli diversi spettanti alla cognizione del Tribunale del S. Ufficio. Tali Mazzi sono tutti al di fuori involti in carta oscura

uniforme, e segnati in carta bianca col rispettivo anno, incominciando dal 1500 sino al 1768 come si è di sopra accennato.
Varie Costituzioni, e Decreti intorno diverse materie, anche non spettanti al Tribunale della Santissima Inquisizione, e così:
un Decreto sopra l'abuso della sagramental confessione, e delle ostie consecrate;
Costituzione sopra l'abuso delle ostie consecrate;
Stampa *De Iejunio, et observantia quadragesimali*;
Lettere apostoliche sopra i Privilegi dell'Ordine de' Predicatori, e specialmente sopra il poter fare la Processione del Santissimo, e della Beata Vergine del Rosario;
Conferma, ed estensione de' privilegi dell'Ordine de' Predicatori, e dichiarazioni sopra alcuni [...], e lettere apostoliche in forma di Breve contro le calunnie intentate contro la Dottrina di S. Tommaso, e di S. Agostino;
Indulgenze in occasione della Canonizzazione di S. Pio Quinto;
Decreto sopra la disciplina regolare;
Decreto per la laurea di Padre Giuseppe Zucchi;
Decreto sopra alcune false indulgenze;
Decreto contro l'abuso delle ostie consecrate;
Decreto sopra il modo d'esaminare i testimoni nelle cause matrimoniali;
Costituzione sopra l'immacolata Concezione di Maria Vergine;
Decreto contro quelli che ritraggono altri dal far denuncie al S. Ufficio;
Decreto sopra le Indulgenze concesse alle corone e rosari;
Decreto per i Regolari;
Decreto contro li non promossi al Sacerdozio che celebrano messa;
Dichiarazione del Decreto d'Urbano Ottavo delle Tabelle, ed immagini apposte a' sepolcri di quelli che sono morti in opinion di Santità;
Bolla sopra la recognizione de libri proibiti;
Costituzione contro li scritti, e libri degli Ebrei;
Costituzioni, e provvidenze contro i falsi sacerdoti e confessori;
Costituzione contro quelli che negano la Santissima Trinità, la Divinità di Gesù Cristo, e morte del medesimo in redenzione nostra;
Decreto di Paolo Quinto della Concezzione di Maria Vergine;
Costituzione contro gli Eretici in Italia, e de' loro fautori;
Decreto di Gregorio Decimo Quinto della Concezzione di Maria Vergine;

Dichiarazione della Sacra Congregazione del Concilio sopra la costituzione di Gregorio Decimo Quinto de' privilegi degli esenti;
Costituzione contro i Malefici, e sortilegi;
Revoca delle licenze di leggere, e ritenere libri proibiti;
Decreto contro quelli, che dimorando nello Stato Pontificio senza approvazione dell'Ordinario dell'Inquisitore facessero imprimer libri fuori del suddetto Stato Pontificio;
Decreto contro l'abuso in materia di culto di chi è morto in opinione di Santità;
Editti diversi ripassati in materia del S. Ufficio;
Litterae sacrae Congregationis Indicis Librorum;
Litterae Commissariorum generalium ab anno 1588 ad totum 1641. Item a 1681 ad totum 1684. Item a 1686 ad totum 1707. Item 1715, 1720, 1729 et 1733;
Litterae assessorum de patentatis S. Offitij Parmae ab anno 1669 ad annum 1741 [...] sive alijsque pertinentibus ad causas;
Litterae Serenissimorum Ducum Farnesiorum ad inquisitores.
Un grosso volume di lettere d'altri inquisitori, e vicari foranei;
Un volume di decreti pontifici [su] libri e proposizioni;
Lettere d'Inquisitori ai loro vicari foranei;
Tre grossi volumi, cadauno de' quali porta il titolo "Pertinentia ad Acta";
Due grossi altri volumi: uno che contiene l'attestato de' parrochi intorno la pubblicazione degli editti del S. Uffizio; e l'altro che porta l'iscrizione "Atti della Curia Vescovile difese de Re [...]".
N° 20 tomi in forma di libri in quarto grandi continenti lettere della Sacra Congregazione ai rispettivi inquisitori in materia di Ca[rcerazioni?] e di altre occorrenze spettanti al S.Uffizio.
[...]
Una vacchetta, ossia Indice dei denunziati dall'anno 1596 sino all'anno 1623 da me sottoscritto marcata al di fuori colla lettera A.
Un libro legato in cartone, colla iscrizione al di fuori "Inventarium scripturarum" da me marcato al di fuori lettera B.
Una vacchetta ossia Index Depositionum ab anno 1625 ad annum 1656, da me segnato al di fuori con lettera C.
Altra vacchetta grossa, ossia "Index denuntiatorum ab anno 1640 ad annum 1670" da me marcato al di fuori lettera D.

Altra vacchetta, ossia "Index expeditorum ab anno 1700 ad annum 1718" da me segnato al di fuori lettera E.
Un libro legato in cartone, ossia "Index expeditorum ab anno 1670 ad annum 1718" da me marcato colla lettera F.
Altro libro legato in cartone, scritto al di fuori "Index Denuntiatorum ab anno 1670 ad annum 1718" da me segnato al di fuori lettera G.
Altro libro legato in cartone, indicato al di fuori "Index denunciatorum ab anno 1719 ad annum 1745", marcato al di fuori lettera H.
Altro libro legato in cartone, scritto al di fuori "Index expeditorum ab anno 1719 ad annum 1745", da me segnato al di fuori lettera I.
Un libro legato in cartone, scritto al di fuori "Liber denunciatorum ab anno 1746 ad annum 1768" da me contrasegnato al di fuori colla lettera L.
Altro libro legato in cartone, scritto al di fuori "Liber expeditorum ab anno 1746 usque ad annum 1768", da me marcato al di fuori colla lettera M.
Altro libro vecchio, legato in cartone, scritto al di fuori "Copie di lettere scritte alla Sacra Congregazione dall'anno 1680 sino all'anno 1728" da me segnato con lettera N.
Altro libro legato in cartone, che porta diversi titoli e che incomincia colla iscrizione al di fuori "In hoc libro habentur etc." tutti titoli riguardanti il Regolamento del S. Officio, da me marcato al di fuori con la Lettera O.
Un libro grande legato in pergamena indicato al di fuori "1718. Liber Actorum S. Offitij, et Litterarum ad Reverendissimos Inquisitores, et Vicarios foraneos etc.", da me segnato al di fuori con Lettera P.
Altro libro grande e vecchio, legato in pergamena, che porta al di fuori "Registrum facultatum legendi, et retinendi libros prohibitos".
Sul principio di detto libro è descritto l'inventario dei mobili dell'Inquisizione fatto nel 1671 di cui non si può far uso al giorno d'oggi per le seguite variazioni fatte dai successivi Inquisitori, da me marcato al di fuori con lettera Q.
Un libro coperto di carta oscura, che porta al di dentro "Catalogo di tutti gli Ufficiali della S. Inquisizione" da me segnato al di fuori colla lettera R.

Altro libro legato in cartone marmorizzato, che incomincia al di dentro "Conventi de' Regolari" e che contiene la Nomenclatura de' Patentati del S. Ufficio: da me segnato al di fuori con la lettera S.

Altro libro legato in cartone bianco, contenente la nomenclatura de' Patentati, da me segnato al di fuori colla lettera T.

Altro libro in cartone marmorizato contenente "Nomenclatura de Patentati come sopra" da me segnato al di fuori colla lettera V.

Altro libro segnato al di fuori "1680. Catalogus omnium Offitialium Sanctissimae Inquisitionis etc.", in cartone vecchio bianco, da me marcato al di fuori colla lettera X.

Altro libro vecchio, con entro varj quinternetti slegati, indicato al di fuori "Indice delle materie notabili nelle lettere della Sacra Congregazione" e si è osservato che tali materie riguardano tutte l'oggetto del S. Officio, da me segnato al di fuori colla lettera Y.

Due quinternetti involti a foggia di libro in carta fiorata, scritto al di fuori "De qualificatione propositionum". Si è veduto contenersi materie, e posizioni dogmatiche; e si è da me segnato al di fuori con lettera Z.

Un libro vecchio legato in cartone, col titolo al di fuori "Publicatio Decreti contra sollicitantes in confessione" da me marcato al di fuori col segno +.

Un volumetto in cartone segnato al di fuori A.a.: "La vita di San Claudio".

Un volume legato in cartone coperto di seta turchina e dipinto, il quale contiene varj fogli volanti, formole d'abiure in diversi idiomi; con altre carte tutte riguardanti materie del S. Uffizio.

[...]

Volumi spettanti all'azienda, e al regolamento economico della passata Inquisizione.

Un libro vecchio legato in cartoni coperti di cuojo, col titolo al di fuori "Magistrale dal 1627 al 1700".

Altro simile libro col titolo "Giornale dal 1652 al 1719. Memorie".

Altro libro simile col titolo "Giornale dal 1576 al 1627. Magistrale".

Altro simile libro col titolo "Giornale e Magistrale dal 1540 al 1579".

Altro libro vecchio, col titolo al di fuori "Nomenclatura de' Crocesegnati. 1562 etc.".

Altro libro tutto in pergamena, col titolo al di fuori "Institutione, Capitoli, Legati, Nomenclatura de' Crocesegnati. 1448".
Altro libro legato in cartone, col titolo "Congregazioni della Compagnia della Coce dal 1570 al 1602".
Altro libro in cartone, col titolo al di fuori: "Giornale delle spese dal 1609 al 1630".
Altro libro in cartone col titolo "Giornale del Depositario del S. Officio di Parma dal 1632 al 1636".
Altro libro in cartoni, col titolo "Riscossioni della Compagnia della Croce dal 1612 al 1625".
Altro libro pure in cartoni, col titolo "Inventarium Mobilium S. Offitij Parmae ab anno 1597 ad annum 1718".
Altro libro grosso legato in pergamena, col titolo "Giornale 1718 sino al anno corrente".
Altro libro grande coperto di bazana rossa, che non ha alcun titolo; e che si vede essere Libro Magistrale delle Esazioni.
Un picciol libro in cartoni coll'iscrizione al di fuori "Libro nel quale si notano i livelli, e gli aggravi, che si paga al S. Officio, 1749".
Altro libercolo pure in cartoni, coll'iscrizione al di fuori "Libro de' legati, e livelli del S. Officio di Parma soddisfatti dall'anno 1690".
Libro picciolo in ottavo, e in cartoni, coll'iscrizione al di fuori "Libro, nel quale si nota il ricevuto di quel tanto, che lasciò a questo S. Officio il fu Sig. Giuseppe Braccajoli nel suo testamento, sotto li 16 aprile 1757, rogato dal Sig. Dottor Pietro Francesco Venturini. Parimenti vi si nota lo speso".
Un libro in foglio coperto di carta fiorata, al di dentro porta il titolo "Tractatus de Legibus" a cui fu negata la stampa.
Altro volumetto coperto di carta dorata, e fiorata, con entro alcune carte, e tra le altre un volumetto, che fa menzione de' Gesuiti.
Un grosso fascio, che contiene 31 volumi tra grandi, e piccoli, fermati tutti in due grossi cartoni, col suo Indice al di fuori: tali volumi sono tutti relativi all'Azienda della Inquisizione.
Un volumetto piegato in colona, e legato con spago, segnato al di fuori +++, che contiene al di fuori "Instrumenti spettanti alla detta Azienda".
Altro volume di vecchie scritture, piegate in colonna, e legato con spagno, cui si è da me apposto al di fuori il segno AB.

[...]
Si è impiegata questa mattina nel ripassare i libri esistenti nell'Archivio stesso, per riconoscere da più a meno, se ve ne siano alcuni d'importanza. Affine però di non perder molto tempo, che sarebbe necessario a formarne inventario si è creduto bene da Sua Signoria Illustrissima di assicurarli per ora, riponendoli in n° [...] sacchi nuovi, che si sono [...] sigillati col Regio sigillo in cera di Spagna rossa. Dallo scruttinio fatto così all'ingrosso di detti libri, non se n'è ritrovato alcuno che abbia relazione ai Processi fatti nell'Inquisizione: e circa la loro qualità o importanza, si degnerà poi S. E. di risolvere se convenga di farli osservare al Padre Bibliotecario [Paciaudi]: e frattanto il prefato Illustrissimo Signore Consigliere delegato ha ordinato che i detti sacchi sigillati come sopra siano trasportati per ora in deposito in luogo sicuro nella Cancelleria del Reverendo Supremo Magistrato; come così è stato eseguito da me infrascritto in adempimento dell'ordine impostomi.
[...] Siccome nella giornata di ieri mattina non furono assicurati nei sacchi tutti i libri esistenti nel detto archivio, così presentemente si è proseguito ad assicurare un'altra porzione di essi, e così:
n° 76 libri grandi in folio, parte legati in cartone, e parte in carta pecora: la maggior parte libri legali; vari altri teologici; ed alcuni pochi d'Istoria, e di belle Lettere: e questi tutti non essendosi potuto includere in sacchi per il loro volume, si sono affidati alla sicura custodia, e in deposito delli detti Molto Reverendi Padri Priore e Maestro Muzzani [Mozani] già vicario del S. Officio; i quali qui presenti hanno esibito di renderne buon conto ad ogni cenno.
Altri libri in ottavo, ed alcuni pocchissimi in quarto, che erano di particolar ragione del fu Padre Inquisitore Cassio, si sono posti in un sacco a parte, assicurandolo col Regio sigillo, ed apponendovi una carta coll'iscrizione "Del Padre Inquisitore".

Qui termina l'Inventario delle scritture, e libri, che esistevano nell'archivio della soppressa Inquisizione de' Padri Domenicani, e [...] rispetto alle dette scritture come sopra inventariate, ha ordinato il prefato Illustrissimo Signor Consigliere che prima di farne eseguire il trasporto alla Cancelleria vescovile, a tenore della preceduta intelligenza con Monsignor Vescovo, si esebisca il presente Inventario alla Regia

Giunta di Giurisdizione, per sentire se abbia da ordinare cosa in contrario.

Sotto la camera del suddetto archivio trovasi un mezzanello, poco più alto di due braccia, in cui si entra per un angusto passaggio al di fuori dell'Archivio stesso: nel qual mezzanello non potendosi entrare, ne quivi fare alcuna operazione, se non stando in ginocchio, per la bassezza, si è procurato alla meglio di saperne il contenuto anche per sincera relazione del Molto Reverendo Padre Maestro Muzzani.

Nel mezzanello stesso si ritrova una quantità di originali vecchi e moderni, stampati in Parma con l'approvazione de' Superiori: e così pure una quantità di libercoli d'orazioni, e di commedie, e di altre cose di niun momento: le quali cose tutte non sono in sostanza, che scarti del S. Officio, affatto inutili, e dei quali per conseguenza non si teneva ne pure un'esatta custodia. Si è quindi pensato che sarebbe inutile di farne inventario, e trasporto.

Seguita in altro quinternetto a parte, da aggiungersi al presente l'Inventario de' Mobili esistenti nelle stanze, ed in altri luoghi del S. Officio".

DOCUMENTO N. 17
Bando del vescovo di Parma Francesco Pettorelli Lallatta [sic] assistente al Solio Pontifizio, per la grazia di Dio, e della Santa Sede Apostolica, Vescovo di Parma, e Conte, ec. (5 maggio 1769).
ASPr, **Archivio del Ministro Du Tillot, b. 50.**
"Quantunque degli Abitanti di questa città, e diocesi alla nostra pastorale cura commessi non abbiamo motivo di dolerci, che siano ritrosi, o trascurati nell'adempire al loro dovere in proposito di que' delitti, che volgarmente delitti si chiamano dell'Ufficio della S. Inquisizione, mercè la vigilanza, e sollecitudine de' nostri parrochi, confessori, ed altri nel S. Ministero della Cura delle anime impiegati nell'istruirli, dirigerli, ed ammonirli, e la loro buona volontà, e zelo per la salute dell'anima propria, e di quelle del prossimo: a prevenire non per tanto tutti quei disordini, che talvolta sono nati o da ignoranza, o da malizia, o da inobbedienza, Noi, a' quali specialmente dev'esser a cuore la gloria di Dio, la conservazione, ed aumento della Fede Cattolica, e de' buoni, e cristiani

costumi, risovveniamo per mezzo di questa stampa a' parrochi, confessori, ed altri impiegati nella cura delle anime, come sopra, l'obbligo strettissimo d'istruire, dirigere, ed ammonire i fedeli delli doveri loro nelle materie, che appartengono alli delitti sopraddetti in tutto, e per tutto alla forma, e tenore delle leggi della Chiesa, e delle sinodali constituzioni di questa diocesi, intimandoli, che qualunque volta saranno trovati mancanti, o disattenti in questo affare di tanta rilevanza, si procederà irremissibilmente, e saranno severamente puniti alla forma di dette leggi, e constituzioni. Ricordiamo similmente, e quanto può essere di bisogno intimiamo a tutte, e ciascuna persona di qualunque grado, stato, e condizione, o dignità, così ecclesiastica, come secolare il dover dare, e fare le denonzie ne' casi, in cui sono volute dalle leggi, e constituzioni di sopra ricordate sotto le pene prescritte da' sacri canoni, decreti, constituzioni, e bolle de' sommi pontefici, colle quali saranno senza riserva alcuna puniti, in caso di trasgressione, o disobbedienza.
In oltre a togliere qualunque pretesto, ed a facilitare l'esecuzione di quest'obbligo, che tanto dev'essere a cuore di ogni cristiano, e che interessa così grandemente il bene della cattolica religione, notifichiamo, che oltre a noi medesimi, ed al nostro vicario generale, potranno farsi, e dare le denonzie al dottore in sacra teologia Gioseffo Lorenzo Capretti priore della chiesa parrocchiale di S. Benedetto di questa città, e rapporto agli abitanti della diocesi fuori di città, e del territorio suburbano, facendo capo al proprio parroco saranno istruiti, dove senza loro grave incomodo potranno darle, e farle in maniera, che sgravi la di loro coscienza, come le avessero date, e fatte a Noi medesimi.
Parma, dal Palazzo Vescovile questo dì 5 maggio 1769.
F. Vescovo, ec.
Antonio Righini cancelliere, etc.
In Parma, nella stamperia Gozzi, per privilegio di Sua Altezza Reale".

DOCUMENTO N. 18

Progetto di riforma dell'Inquisizione di Du Tillot, articolato in 38 punti, elencati in un fascicolo non datato, intitolato *Istruzioni alla Regia Giunta di Giurisdizione*.
ASPr, Archivio del Ministro Du Tillot, b. 78.

1. I vescovi del R. Dominio non abbiano per Canellieri o Attuari persone ecclesiastiche.
2. Detti vescovi non abbiano stampa pubblica, né stampatori che si chiamino vescovili.
3. Vescovi ed inquisitori non possino far affiggere scritti di qualunque sorte né stampe.
4. Persone e corpi laici non siano citati e convenuti come rei ne' fori ecclesiastici.
5. Famigliari e subordinati de' vescovi si tengano in dovere circa l'abuso de' loro privilegi.
6. Non si permetta l'esecuzione o la pubblicazione di Bolle, Brevi, etc. di Roma, o altro Scritto di Corte estera senza il Regio Placito.
7. [La Regia Giunta di Giurisdizione] Sentirà i raccorsi [ricorsi] degli ecclesiastici regolari e secolari che implorassero la R. Protezione.
8. Avrà diritto di chiamare i documenti relativi alle fondazioni, ammissione e stabilimento de' monasteri e corpi ecclesiastici.
9. Impedirà ai vescovi e superiori ecclesiastici di estendere più del dovere la giurisdizione sopra ospitali, luoghi pii etc. e che non s'ingeriscano nelle confraternite laicali, luoghi pii.
10. Veglierà sopra la condotta de' regolari e non permetterà ai superiori possessi o visite dei conventi etc. senza il Regio Placito.
11. Veglierà sopra la disciplina dei conventi di campagna, procurandone la soppressione, se fosse irregolare.
12. Si leveranno i claustrali agenti di campagna de' loro conventi, obbligando i superiori a destinarvi dei laici.
13. Impedirà l'erezione di nuovi conventi, collegi etc. e la dilatazione delle fabbriche delle chiese e conventi già esistenti.
14. Applicherà alla moderazione delle doti e spese eccesisve in occasione di vestizioni e professioni.

15. Prenderà cognizione dello stato de' conventi, monasteri etc. ed anche de' legati, procurandone la comutazione in opere pie di maggior vantaggio.
16. Veglierà sopra le pubbliche radunanze de' religiosi, e non permetterà convocazioni, missioni, e concioni senza il regio Permesso.
17. Impedirà che i benefizi de' stati non siano conferiti a forastieri e che da Roma non si riservino pensioni sopra le chiese e benefici soddetti a persone non sottoposte al dominio di S. A. R.
18. Pel soddetto motivo veglierà perché non seguano coadiutorie o rassegnazioni di benefici residenziali o curati senza il Regio Permesso.
19. Senza il Regio Permesso non lascierà trattare e conchiudere matrimoni in grado proibito.
20. Curerà che abbia il suo pieno effetto la Prammatica delle Manimorte.
21. Non lascierà uscire dalle dogane e da questi stati libri procedenti da paesi esteri senza licenza del tribunale e vedrà e rivederà quei che si stampano nei stati di S. A. R.
22. Esaminerà se legalmente è possibile d'impedire la curia armata ai vescovi.
23. Esaminerà pure se si possano levare agli esecutori delle curie vescovili le esecuzioni reali sopra beni stabili.
24. Penserà a rimettere il Regio economato, una volta stabilito in questi Stati e come si pratica in altri paesi.
25. Le cause di decime pretese contro de' laici non sortiranno dal foro laico e non s'introdurranno o proseguiranno nel foro ecclesiastico.
26. Non accorderà naturalizzazione o figliazione ai claustrali senza l'oracolo di S. A. R. ed a quei soli che avranno una competente permanenza nei conventi.
27. Gli uditori criminali ravviseranno la Regia Giunta, avendo nelle carceri chierici arrestati in abito secolare e in caso di controversia colla curia vescovile per l'immunità locale.
28. Niun tribunale o giudice rimetterà causa alcuna alla curia ecclesiastica senz'avvisarne la giunta e dirne i motivi.

29. Procurerà di restringere il numero de' chierici non permettendo le fedi degli uffizi criminali e che i patrimoni non si costituiscano senza di Lei licenza.
30. Che gl'inquisitori non estendino la loro giurisdizione oltre le materie di religione e pravità ereticale.
31. Così non permetterà che alzino tribunale contro chiunque in cause civili e criminali fuori dei predetti casi, nemmeno sopra i loro patentati o domestici laici.
32. Non avranno gl'inquisitori curia armata, dovendo implorare il braccio secolare nelle soddette materie di religione e pravità ereticale.
33. Gl'inquisitori non faranno carcerare alcuno senza prevenirne la Giunta ed esporne i motivi; né fare eseguire sentenza o decreto prima di averla informata e riportato il regio beneplacito.
34. Niun stampatore potrà stampare per persone laiche od ecclesiastiche senza licenza della Giunta, quale dovrà precedere alle soscrizioni degli ordinari ed inquisitori.
35. Gli stampatori porteranno sempre l'originale alla giunta e consegneranno coll'originale una copia per detta Regia Giunta o di lei commessionati.
36. Toglierà affatto l'abuso delle confische de' beni de' condannati, applicabili all'Uffizio della Inquisizione.
37. Alla privativa cognizione della Giunta spetta la cognizione di qualunque materia riguardi la Regia Giurisdizione o abbia relazione alla conservazione de' di lei diritti.
38. Procederà senz'alcuna formalità ed in via puramente economica e stragiudiziale.

DOCUMENTO N. 19
Processo per stregoneria celebrato a Guastalla nel 1772 contro un gruppo di cercatori di tesori capeggiato da un presbitero.
Guastalla, Archivio vescovile abbaziale. Foro ecclesiastico, busta con atti sciolti dal 1714 al 1772[7].
"In Christi nomine amen.
Anno millesimo septingentesimo septuagesimo secundo, die mercurij decima septima mensis junij indictione quinta de mane.
Sponte personaliter comparuit coram Reverendissimo Domino Natale Andrea Bonazzi vicario generali abbatiali adstante[...] in solito eius studio etc. [...]
Marcus Antonius quondam Sanctes Cozzoli Guastallensis aetatis annorum quinquaginta octo cui delato iuramento veritatis dicendae quod praestitit tactis Sacris Litteris, exposuit ut infra.
Sappia V. S. Reverendissima che il giorno di S. Stefano seconda festa del SS.mo Natale dell'anno prossimo passato 1771. andai verso la sera all'Osteria di Francesco Ongari all'insegna del Moro posta in questa città nella strada Romana, e vi ritrovai presso al fuoco della cucina un prete che si scaldava per essere tutto bagnato. Mi mise compassione il di lui stato, e lo consigliai a farsi accendere del fuoco di sopra per assintarsi, e le domandai il suo nome, che disse essere Don Antonio Croce; di fatto andassimo di sopra, le aiutai a mutarsi, e in questa guisa contrassi seco amicizia. Passati alquanti giorni si abatté casualmente nella mia bottega di barberia Antonio Righini, quale confidentemente mi disse, che sapeva dove si ritrovavasi un libro buono per cavare li tesori, mentre altri l'avevano adoperato, e che ci aveva servito magnificamente, e che Simone Crema, e Giuglio Masetti avevano fatto venire in questa città il soddetto signor don Antonio Croce per prevalersi di detto libro, che speravano di avere quanto prima. Questo racconto m'invogliò di parlare confidentemente col soddetto signor Don Croce, ma preventivamen-

---

[7] Pubblicato in DALLASTA Federica e DALLASTA Gianni, *"Un libro buono per cavare li tesori". Sortilegi a scopo di lucro fra Guastalla e Sabbioneta in un processo inquisitoriale del 1772*, in "Reggio storia", XXXIX/1-2 (2017), pp. 37-43, 17-24.

te parlai col predetto Crema, a cui dissi che sapevo persona quale aveva certa notizia dove [era?] un libro buono per cavare li tesori.
Il Crema parlò col Masetti, onde una mattina del mese di gennaro del anno corrente andassimo tutti a ritrovare il suddetto don Croce nell'osteria del predetto Ongari, e giunti nella sua camera, cioè io, Giulio Masetti, Simone Crema, e due uomini venuti da Luzzara cominciassimo a discorrere col soddetto signor D. Croce per sentire se egli fosse stato capace di adoprare il predetto libro se si fosse pottuto avere, ed egli si rispose di essere capacissimo, e che qualunque libro quantunque fosse nero egli era capace di adoperarlo; onde si rimase in concerto che li detti due Luzzaresi sarebbero andati a prendere un nipote di certa donna abitante a Sabioneta in un giardino, quale teneva il libro che era buono per ritrovare i tesori.
Passati alquanti giorni, ritornorono detti due Luzzaresi, quali conoscevo solo di vista, con un altro uomo di età circa d'anni 45. ed aveva un libro manuscritto che disse averlo avuto da sua zia, ma aver ordine di non abbandonarlo, e di restar sempre presso quella persona che doveva adoprarlo; difatto restorono due giorni le suddette tre persone alla stessa ostaria, e fratanto il signor D. Croce disse che l'avrebbe studiato, ma il fatto fu ch'egli procurò di copiarlo, e perché le suddette tre persone le facevano premura acciò lo ponesse in esecuzione, egli le disse che il libro parlava di doverlo adoperare in luna cres[c]ente, ed in giorno di martedì, o giovedì, onde per ora di poterlo porre in esecuzione, ma essendogli sortito già di copiarlo, restituì a dette tre persone il libro dicendole che per ora non ne voleva più sapere, ed essi partirono. Continuassimo a discorere col soddetto D. Croce circa il modo di porre in esecuzione quanto prescrive il suddetto libro; e siccome il signor D. Croce mi disse che vi dovevano essere tre persone, così m'incaricò di ritrovare una persona confidente e coraggiosa, quale potesse assistere al fatto che dovevasi intraprendere; onde io pensai di parlare a Giuseppe Bulbarini del fu Antonio, a cui di fatto feci la confidenza del tutto, e mi si [disse?] pronto in ogni occasione. Ne parlai al signor D. Croce, e le dissi d'aver ritrovato il compagno ed avendo tutti e tre assieme parlato si determinò di metterlo in esecuzione il giovedì santo alle tre ore doppo il mezzo giorno. Andassimo tutti e tre fuori della porta della Madonna alla casa di ragione delle Cavagnine alla strada che va alla Madonna della Brugna, ed ivi giunti, avendo esso signor D. Croce detto ad una donna ammala-

ta alla quale aveva esso dato dei medicamenti per guarire che le abbisognavano andare sopra del di lei fenile per fare un suo interesse, le disse che si servisse. Andassimo dunque sopra detto fenile per la scala di pietre che essa vi conduce, ed ivi giunti tutti e tre io con un coltello nuovo che avevo comprato da Carlo Maggiori preventivamente, un chiodo nuovo, ed un soldo di lazza, giusta l'insegnamento del detto D. Croce, piantai sul detto fenile quale è di assi il suddetto chiodo con le mani, indi agruppai la lazza al suddetto chiodo e col cortello suddetto, e la medesima lazza feci due circoli uno più grande dell'altro come m'insegnava detto prete. Levai il chiodo, e la lazza, e sempre giusta l'insegnamento feci in quattro angoli li nomi dei quattro evangelisti, cioé Luca, Marco, Giovanni e Matheo, e al incontro delli suddetti evangelisti vi scrissi con la punta del coltello li nomi delli quattro apostoli cioué Pietro, Paolo, Giacomo, e Giovanni. Ciò fatto andai nella camera di detta donna ad accendere una candela d'un onzia, e mezza circa, e ritornai di sopra ove ve ne erano altre due simili, e accese tutte tre dette candele, e sgoc[i]olando avanti i nomi degli evangelisti, le piantai in terra e restò un angolo voto; ciò fatto il prete D. Croce intuonando il Tedeum Laudamus entrò il primo con il suo libro in mano nel circolo già fatto, indi io ed il suddetto Bulbarini entrassimo pure, e tutti e tre eravamo senza capello, quali avessimo posto da una parte in detto fenile; recitato tutto il Tedeum a bassa voce e stando tutti e tre in piedi. Mi soviene prima, e devo dire, che con due scranne, ed un pezzo di assa formassimo un tavolino che riponessimo in mezzo a detto circolo sopra del quale D. Croce vi pose un crocefisso che egli teneva al collo con due reliquie che egli teneva secco in sacocia, e siccome il libro dice che le reliquie devono essere una di S. Ignazio Loiola, e l'altra di S. Pio quinto, così non avendo potuto avere tali reliquie[8] pose D. Croce sopra a detto tavolino un santo di carta pecora con l'effigie di S. Ignazio Loiola, quale io aveva in casa, e le dette due reliquie una era di S. Luigi Gonzaga, e l'altra non so di qual santo; e sotto al detto tavolino vi erano quattro brancate di terra una ritrovata da Giuseppe Bulbarini, un altra mandata ad esso D. Croce dal signor Giovanni Fattori di Gualtieri, che

---

[8] Don Croce non possedeva le reliquie necessarie.

l'aveva levata da Boretto[9], e le altre due branchate le aveva esso D. Croce avuto da detti uomini di Luzzara. Terminato dunque che fu il Tedeum si sedessimo tutti e tre l'uno con la schiena contro l'altro, e contro le candele riguardando con la faccia la muraglia, ed io e Bulbarini avessimo l'Uffizio della Madonna in mano, e lo recitavamo a voce bassa, ed esso D. Croce legeva il libro che aveva nelle mani. Continuando noi dunque a dire dell'orazioni, ed il prete a leggere, sentissimo un galavrone, quale entrò per una fenestra, quale venne verso il circolo, vi stette qualche poco, e poi ritornò via per la detta finestra, ed era groso come il dito picciolo d'una mano. Continuando noi dunque a restare come sopra, ed il prete a leggere detto libro con voce piutosto alta venne un altro galavrone come la grosezza del deto groso d'una mano tutto nero, e peloso, quali parimenti girò atorno più volte al prete medesimo sussurando come fanno galavroni, ed alla perfine diede un urto nella muralia, né più si vidde. Ciò osservatosi dal prete disse che il diavolo era già comparso, ma che conveniva dire che manchasse qualche cosa, quale impedisse l'effetto che si desiderava, onde essendo stati ben mez'ora nel detto circolo, e avendo già replicato due volte quanto conteneva il libro medesimo, si levasimo dal circolo, estinguendo le candele, e mettendo le scranne dove le avevamo prese, partissimo, e portassimo via li suddetti quattro muchietti di terra.

Il giorno di giovedì poi sette di maggio passato, alle tre ore pure circa, andassimo tutti e tre nel casino del signor aiutante Carlo Grazzi, avendo avute le chiavi col mezzo di Antonio Ongari, si chiudessimo in una camera verso l'orto e replicassimo quanto avevamo fatto il giovedì santo, ma non comparve cosa alcuna, né si vide alcun efetto di quanto parla il libro che esso D. Croce teneva nelle mani, e restassimo così tutto delusi.

E questo è quanto a me è convenuto esporre a V. S. Reverendissima, mentre io in tali occasioni non ho creduto di far male, perché si adopravano sempre delle cose sante, e si dicevano delle orazioni, ma avvendomi io poi confessato tali cose, il confessore mi ha detto che sono cose appartenenti al tribunale della Sacra Inquisizione, onde io son ve-

---

[9] Boretto era nella diocesi di Reggio, non in quella di Guastalla. Don Croce apparteneva alla diocesi di Reggio.

nuto spontaneamente ad accusarmi per fare di poi quel tanto, che V. S. Reverendissima mi comanderà.
Interrogatus quid fecerit de cultro, clavo, ac terra, de quibus supra etc.
Respondet: Io conservo il coltello, il chiodo, e la terra di cui sopra presso di me, quali cose se ella comanda ci porterò quanto prima.
Interrogatus an crediderit tale sortilegium habiturum efectum a se intentum, nempe inventione, alicuius tesauri.
Respondet: Reverendissimo sì che ho creduto che la formazione di tali circoli, e col uso delle suddette cose si potesse avere cognizione di un qualche luogo ove ritrovarsi un tesoro, ma avendo poi veduto che il tutto è andato vano, io credo fermamente che il demonio nulla possa in tali materie.
Interrogatus an s[c]iat, vel dici audierat quid teneat, et credat sancta mater ecclesia circa potestatem Demonum nempe nullum esse patrem mendaci, et nihil posse.
Respondet: Io sò benissimo, e confesso che il demonio è il padre della bugia, e niente potere se non quando dice lo permetto.
Interrogatus an credat, vel crediderit licere viro cattolico uti sortilegijs ad finem illicitos, quae non sunt sine pacto saltem implicito cum demone.
Respondet: Io non credo, né ho creduto che sia lecito ad un cattolico servirsi di secreti diabolici per fini illeciti, o sortilegij che V. S. Reverendissima dice non essere senza patto almeno implicito col demonio.
Interrogatus quare tam diu distulerit comparere in hoc sacro tribunali ad exonerandam propriam conscientiam.
Respondet: Io non sono venuto prima, perché ho creduto di non aver fatto male, ma dopo di quanto ho sentito dirmi dal mio confessore mi sono subito determinato di volermi porre in grazia di Dio, e così qui sono comparso.
Quibus habitis, et acceptatis etc. dimissus fuit, iuratus de silentio, et ei perlecta sua spontanea comparitione, et facto ei praecepto de redeundo die veneris proxima ventura ora octava in mane pro absolutione se subscripsit.
Io Marco Antonio Cozzoli afermo quanto soppra.
Ego D. Andreas Andreoli cancellarius deputatus scripsi etc.
Die dicta 17. junij post prandium.

Sponte personaliter comparuit coram praedicto Reverendissimo vicario abbatiali adstante ut supra inmeique etc.
Ioseph quondam Antonij Bulbarini Guastallensis aetatis annorum 55. cui delato iuramento veritatis dicendae quod praestitit tactis Sacris Litteris exposuit ut infra.
Sappia V. S. Reverendissima che quindici giorni circa prima della SS.ma Pasqua di Resurezione Marco Antonio Cozzoli mi disse che voleva farmi una confidenza, ma in tutta segretezza, e ritirati amendue nella di lui bottega mi racontò che vi era un religioso quale le dava l'animo di ritrovare mediante un libro che teneva di ritrovar del denaro nascosto, e che non vi era cosa alcuna di cattivo, poiché tutto consisteva in divozioni, ed anzi era necessario d'essere confessato, e communicato; sentendo io dunque che nulla vi era di cattivo mi esibij pronto ad andare con lui, e difatti pocchi giorni dopo venne detto Marco Antonio, assieme con un tal Signor D. Antonio, di cui non so il cognome, e parlassimo molto sopra questo affare affine di determinare la giornata in cui dovevamo essere assieme per fare quanto suggeriva il detto prete, quale mi disse che non vi era cosa alcuna di male, ma un fatto vergine, mentre il tutto consisteva in divozioni, ed orazzioni, e che se fosse venuto il diavolo noi non vi dovevamo pensare, mentre doveva quello seco parlare.
Ciò da me sentito le dissi [...] signore bel bello mentre se viene il diavolo, e che voglia fare qualche patto con noi come anderà la facenda, ed egli mi replicò: voi altri non ci dovete pensare, e solo dovete dire quelle orazioni che vi sugerirò, e se vorà far dei patti parlerà meco. Ciò inteso, ed avendomi esso detto che vi voleva della terra dove si avesse qualche notizia che vi potesse essere del denaro, io le sogiunsi che anni sono aveva inteso da uno che qui in certo sito di Guastalla vi era del denaro sepolto, lui mi disse che procurassi d'avere un poco di quella terra, e di fatto andai a prenderne, e ce la portai, e dissi fisassimo che il martedì santo dovessimo confessarsi, e communicarsi con altri due secolari, e che poi saressimo andati il dopo pranzo in un luogo poco discosto da Guastalla. Venuto il martedì santo tanto io quanto Cozzoli facessimo le nostre divozioni, ed il dopo pranzo a tre ore circa andassimo tutti e tre

alla casa delle Cavagnine per andare alla Madonna della Brugna[10], ed ivi giunti si condusse detto signor D. Antonio in una camera che pare un fenile; cominciò subito Marco Antonio Cozzoli così insegnandole il detto prete a fare un circolo in terra, piantando un chiodo novo, con una lazza nuova, e con un coltello nuovo fare un circolo grande, e poi ne fece un altro più picciolo, e col coltello scrisse ne' quattro angoli gli nomi de' quattro evangelisti, indi accesero tre candele benedette per quanto mi dissero, e le piantarono in terra si formò nel mezzo al circolo come un tavolino, sopra cui vi pose il prete un crocifisso che aveva al collo, e due reliquie una delle quali era di S. Luigi Gonzaga con un Santo Ignazio Loiola. Sotto poi il tavolino vi pose di quella terra ch'io vi aveva dato, e dell'altra che teneva presso di sé. Andassimo indi tutti e tre unitamente nel circolo, dicendo il Tedeum, e ciò con coraggio come egli sugerì, terminato il Tedeum si sedessimo tutti e tre avendo le spalle l'uno al altro rivolte, ed io, ed il Cozzoli come il prete aveva già ordinato cominciassimo con voce bassa a dire l'Ufficio della Madonna, ed indi le litanie della Madonna, e dei santi, ed egli cominciò a leggere il libro che teneva nelle mani con voce ordinaria, e stesimmo [sic] ben due ore nel detto circolo, né mai io viddi, o sentij cosa alcuna, quantunque dopo tanto il prete, come Cozzoli di aver veduto due galavroni, e stanchi finalmente di più star in tal luogo il prete disse di aver veduto qualche segno, ma che probabilmente vi manchava qualche cosa, onde non avessimo avuto l'intento dicendo lo stesso prete, che veramente la camera non ci sembrava opportuna. Partissimo dunque da detto luogo riportando via tutte quelle cose che vi erano, e poi mi disse: non so sapiate il tutto, mentre certo ci mancha qualche articolo, ed io le risposi

---

[10] L'oratorio detto "della Brugna" fu eretto fuori Guastalla circa nel 1660 in onore della Vergine Maria e dotato da Giovanni Negri: "Eravi in quel luogo una immagine di Maria Vergine di Loreto dipinta sopra una colonna di pietra, volgarmente un pilastro e siccome stava questo per cadere, fuvvi collocato per sostenerlo un secco tronco di prugno, il tronco rinverdì, e mise frutti, per la qual cosa miracolosa si accrebbe la divotione verso la medesima sacra immagine, e vi fu innalzato l'Oratorio. Conservasi tutt'ora sotto l'altare maggiore il detto tronco di prugno" (AFFÒ Ireneo, *Istoria della città, e ducato di Guastalla scritta dal padre Ireneo Affò minor osservante prefetto della R. biblioteca di Parma. Tomo primo [-quarto]*, Guastalla, nella regio-ducal stamperia di Salvatore Costa e compagno, 1785-1787, 4 vol.).

che non sapevo altro, onde mi sogiunse che era necessario come parlava l'autore di avere l'intenzione o prima, o dopo di far celebrare, sette, o nove messe; nel venire poi a Guastalla disse che era necessario ritrovare altro luogo proprio. Il mercoledì poi successivo mi dissero d'avere ritrovato la casa del signor aiutante Grazzi in campagna, così che il giovedì santo pure il doppo pranzo andassimo tutti e tre al casino del signor aiutante quale fu apperto da Antonio Ongari, e andati in una camera di sopra si fece lo stesso che avevano fatto in casa del Cavagnini come ho deposto di sopra, ma pure passato nulla si vide, nulla si sentì, così che stanchi ancora ivi di fermarsi ripeté il prete che qualche cosa vi manchava, onde ne ritornassimo in città.

Dopo tali cose il prete partì di qui, né mai più io ho parlato di tali cose con Cozzoli, solo che in una delle feste passate m'incontraj con Cozzoli, e di mi disse che vi erano dei guai per il fatto seguito come sopra, mentre né il signor D. Pizzamiglio[11], né il Rev. Barziza[12] l'avevano voluto assolvere, onde che pensava d'andare dal padre Dalla Valle, come in fatto vi andò, ma egli le disse che dovesse portarsi da Monsignor Abbate, onde ciò da me sentito lo pregai che vi parlasse anche per me, ed essendovi poi andato questa mattina mi ha detto che dovessi venire da V. S. Reverendissima, ed accusarmi spontaneamente di quanto sopra come faccio di presente accertandola che io non vi ho avuto alcuna malizia, e che vi andai più per curiosità, che per altro.

Interogatus an crediderit tale sortilegium habiturum efectum nempe inventionis alicuius thesauris.

Respondet: Io ripetto a V. S. Reverendissima che io vi sono andato più per curiosità, che per altro fine, non avendo mai creduto che il demonio possa cosa alcuna in tali materie.

Interogatus an credat, vel crediderit licere viro cattolico uti sortilegiis ad fines illicitos, quae non sunt sine pacto saltem implicito cum demone.

---

[11] Don Pizzamiglio nacque nel 1724, fu ordinato prete nel 1747 e morì nel 1773 (Guastalla, Archivio diocesano). Ringrazio Gianni Dallasta per l'informazione.

[12] Il reverendo Barziza era probabilmente frate barnabita o francescano, mentre Filippo Maria Dalla Valle (o Della Valle) era servo di Maria.

Respondet: Io credo fermamente che non sia lecito ad un cattolico di servirsi di fini illeciti, o come dice V. S. di servirsi di cose che abbiano patto tacito col demonio per qualunque cosa.
Quibus habitis, et acceptatis etc. dimissus fuit juratus de silentio, et ei perlecta sua spontanea comparitione, et facto ei praecepto de redeundo die veneris proxima ventura hora nona in mane pro absoluzione se subscripsit.
Io Giuseppe Bulbarini affermo quanto sopra.
Ego D. Andreas Andreoli cancellarius deputatus scripsi etc.
Die dicta.
De mandato dominationis suae Reverendissimae fuerunt praedicta omnia per me infestim comunicata admodum Reverendissimo Domino D. Andreas Zaniboni[13] promotore fiscali abbatiali.
Die veneris 19. junij hora octava de mane.
Reverendissimus Dominus vicarius generalis abbatialis tradidit mihi infrascripto sententiam in causa cum admodum Reverendissimo Domino D. Andreas Zanoboni promotori fiscali abbatiali cum Marco Antonio Cozzoli tenoris pro ut sequitur.
Noi Natale Andrea Bonazzi etc. visa in filo.
Praesentibus dominis testibus de quibus in sententia idem Marcus Antonius Cozzoli genuflexus ante dominationem suam Reverendissimam recitavit de verbo ad verbum infrascriptam formulam.
Io Marco Antonio Cozzoli etc. vide in filo.
Successive dictus Marcus Antonius Cozzoli genuflexus itidem ut supra coram eodem Reverendissimo Domino Vicario Generali Abbatiali fuit servata formula ritualis Romani a dominatione sua Reverendissima absolutus ad cautellam ab excomunicatione quarum praemissarum causa, et occasione quomodolibet forsan incur[r]erat, et comunioni fidelium participationique ecclesiasticorum sacramentorum, et S. Matris Ecclesiae unitati, ac graemio restitutus praesentibus pro testibus qui in sententia.
Ego D. Andreas Andreoli cancellarius deputatus.
Die dicta hora nona de mane.

---

[13] Don Andrea Zaniboni, promotore abbaziale, nacque nel 1721, diventò prete nel 1743 e morì nel 1792 (Guastalla, Archivio diocesano).

Reverendissimus Dominus vicarius generalis abbatialis tradidit mihi infrascripto sententiam in causa cum admodum Reverendissimo Domino D. Andreas Zaniboni promotori fiscali abbatiali cum Josepho Bulbarini tenoris pro ut sequitur.
Noi Natale Andrea Bonazzi etc. vide in filo.
Praesentibus dominis testibus de quibus in sententia idem Joseph Bulbarini genuflexus ante dominationem suam Reverendissimam recitavit de verbo ad verbum infrascriptam abiurationis formulam.
Io Giuseppe Bulbarini etc. vide in filo.
Successive dictus Ioseph Bulbarini genuflexus itidem ut supra coram eodem Reverendissimo Domino Vicario Generali Abbatiali fuit servata formula ritualis Romani a dominatione sua Reverendissima absolutus ad cautellam ab excomunicatione quarum praemissarum causa, et occasione quomodolibet forsan incur[r]arat, et comunioni fidelium participationique ecclesiasticorum sacramentorum, et S. Matris Ecclesiae unitati, ac graemio restitutus prasentibus pro testibus qui in sententia.
Ego D. Andreas Andreoli cancellarius deputatus".

DOCUMENTO N. 20
Editto generale per l'Uffizio della Santa Inquisitore di Reggio, **26 dicembre 1776.**
AVPr, Cassetta Pettorelli Lalatta, bando a stampa del 26 dicembre 1776 (inedito).
"Noi Francesco Pettorelli Lallatta, per la Grazia di Dio, e della Santa Sede Apostolica Vecovo di Parma, per quella Parte della Nostra Diocesi situata negli Stati felicissimi di S. A. Serenissima il Sig. Duca di Modena ec. ec. ec.
Noi Fr. Carlo Giacinto Beliardi dell'Ordine de' Predicatori, Maestro di Sacra Teologia, e nella Città di Reggio, Sua Diocesi, e Distretto, Montecchio, Castelnovo, Gualtiero ec. contro l'eretica pravità Inquisitore Generale dalla Santa Sede Apostolica specialmente delegato.
Essendo delle piissime Sovrane Intenzioni di Sua Altezza Serenissima che, come porta il carico di questo Santo Uffizio a Noi imposto, la Sacrosanta Fede Cattolica, senza la quale è impossibile di piacere a Dio, in questa Giurisdizione da ogni ereticale contagio immacolata, e pura si conservi: con autorità Apostolica a Noi concessa, e sotto pena di Sco-

munica comandiamo a ciascheduna Persona in questa Giurisdizione, di qualunque condizione, o grado esser si voglia, così Ecclesiastica, che Mondana, che debba al S. Uffizio di questa Città, ovvero all'Ordinario, rivelare, e notificare nello spazio di giorni trenta giuridicamente tutti, e ognuno di quelli, de' quali sappino, o abbiamo avuta, o avranno in appresso notizia

Che avendo professata la S. Fede Cattolica, siano divenuti eretici, o, come ne' Sagri Canoni, e Costituzioni Pontificie in materia di Fede, sospetti d'Eresia.

Che siano Bestemmiatori, o Dileggiatori, o Percussori di Sagre Immagini, o Sortileghi Ereticali.

Che abbiano senza autorità della Santa Sede Apostolica tenuti, letti, stampati, o tengano, leggano, stampino, o facciano stampare Libri d'eretici, i quali trattino di Religione, o di Sortilegi.

Che contro il Voto solenne della Profession Religiosa, o dopo aver preso l'Ordine Sagro, abbiano contratto, o contraggono Matrimonio.

Che contro i Drecreti, e Costituzioni Apostoliche abbiano abusato, o abusino della Sagramental Confessione, o Confessionario, sollecitando *ad turpia* i Penitenti.

Che abbiano impedito, o impediscano l'Uffizio della Inquisizione, ovvero offendano alcun Denunziatore, Testimonio, o Ministro, per opere spettanti al medesimo.

Che senza legittimo permesso, e con suspicione d'incredulità facciano uso de' Cibi vietati in certi tempi dalla Chiesa.

Che abbiano tenuto, o tengano occulte Radunanze in pregiudizio, e dispregio della Religione.

Che non essendo Sacerdoti, si siano usurpato, o si usurpino di celebrare la S. Messa, e abbiano presunto di amministrare il Sagramento della Penitenza, quantunque né abbiano proferite le Parole della Congregazione, né siano venuti all'atto dell'Assoluzione.

Avvertendo, che a questi nostri Precetti non soddisferanno, né s'intendono di soddisfare quelli, che con Bollettini, o Lettere, delle quali, massime se non firmate, niun conto si tiene nel S. Uffizio, pretendessero rivelare i Delinquenti: E che dalla detta Scomunica, nella quale i Disubbidienti incorreranno, non possa alcuno essere assoluto, se non dal Sant'Uffizio; né sarà assoluto, che dopo aver giuridicamente rivelati i detti eretici, o sospetti d'Eresia.

Ricordiamo a tutti i RR. Confessori di dover significare ai Penitenti l'obbligo di denunziare legalmente al S. Uffizio, come sopra, e che non volendo ubbidire saranno incapaci dell'Assoluzione.
Comandiamo per ultimo in virtù di S. Ubbidienza a tutti i Superiori Ecclesiastici così Secolari, che Regolari, e ai Confessori di Monache, che debbano notificare, e tener affisso nelle loro Chiese, Sagristie, e Monasterii in luogo pubblico il presente Editto. E a tutti quelli poi che hanno Cure Parrocchiali, che lo debbano pubblicare ogni Anno nell'Avvento, e nella Quaresima in Giorno Festivo, e di Concorso; mandandone l'autentico Documento alli rispettivi Vicarii del S. Uffizio.
Quanto agli Ebrei si dichiara, che cadranno sotto l'Inquisizione del S. Uffizio in que' Casi compresi nella Bolla di Gregorio XIII *Antiqua Judaeorum etc.*, e sempre che dicano, o facciano cose direttamente offensive della Cattolica Religione.
In fede di che abbiamo sottoscritto il presente di nostra propria mano.
Francesco Vescovo di Parma.
Fr. Carlo Giacinto Beliardi Inquisitore.
Dato nel Tribunale del Sant'Uffizio di Reggio li 26 Dicembre 1776.
D. Vincenzo Artoni Cancelliere del S. Uffizio.
In Modena, per gli eredi di Bartolomeo Soliani Stampatori Ducali, e per il S. Uffizio. 1776".

DOCUMENTO N. 21
Lettera del papa Pio VI al duca Ferdinando di Borbone (5 luglio 1780).
ASPr, Governatore e Comunità di Parma, b. 2, fasc. 3; ACDF, St. St. 4 c.
"Pius Papa VI dilectissime in Christo Filii salutem, et appostolicam benedictionem.
La pregiatissima lettera, che S. A. R. si è compiaciuta scrivere sotto li 10 scaduto da Monte Conaro, e resaci dall'Abbate don Cipriano Celleri, ci ha reccata inesplicabile consolazione non tanto pel gradimento dimostratovi, per avver noi comandato al cardinale Giovanetti di essere costì a servirla nella processione del Corpus Domini, quanto per avver dato a noi medesimi occasione a servirla in dirittura col privileggio della celebrazione della messa, ed'altre funzioni nella notte del sabbato santo, e

non potiamo, e non sapiamo negar cosa alcuna a V. A. R. per tante benemerenze, che sempre maggiori si và procacciando con questa Santa Sede, onde sarebbe mancare alla debita corrispondenza, se non ci prestassimo ad'ogni sua domanda. Anzi l'assicuriamo essere la nostra annuenza non un semplice consenso, ma un positivo compiacimento, a cui sarebbe di troppa pena, se V. A. R. non ci continuasse la fiducia fin'ora dimostrataci.

Dall'ingiunto decreto, che abbiamo fatto uscire da questa Congregazione dei Riti vedrà V. A. R. sodisfatte le sue premure, e siamo ben certi, che l'ammirabile di lei pietà saprà scansare nell'esecuzione tutti quelli inconvenienti pe' quali S. Pio V proibì una tale funzione di notte tempo. Oltre ai rendimenti di grazie che codesto nuovo padre inquisitore le deve avver fatto in nome della Congregazione del S. Officio per il ristabilimento della S. Inquisizione in codesti stati non possiamo noi ammettere di farle più particolarmente i nost[r]i, giacché non vi è mezzo più opportuno di questo, per mantenere la purità della religione nei principati cattolici, e specialmente nei tempi correnti, ne quali più che mai innondano gli errori colla stampa, e divulgazione dei libri perniziosi, i quali anderanno a scaricare i loro effetti sulla sovranità sottraendo i popoli dalla ubbidienza ai loro principi, molti dei quali, che ora si rapportano ai mali intenzionati consiglieri vorranno andare al riparo, e non potrano più farlo pel troppo piede che avranno preso le cattive massime. Non dobbiamo tralasciare di renderle le più vive azioni di grazie per la reintegrazione del succolettore de spogli, e della tassa delle gallere ne suoi dominij. E non finiressimo mai se volessivo a parte a parte ripassare ad'uno per uno i titoli d'obligazione che le professiamo; onde assicurando V. A. R. di avverli sempre presenti, come ancora che non saremo per defraudare il canonico Scutellari dei buoni uffici coi quali V. A. R. lo ha accompagnato con sua veneratissima presso di noi, restiamo dando a V. A. R., e a tutta la sua Reale Famiglia con la maggiore effusione del nostro cuore la paterna apostolica Benedizione.

Dat[um] Romae apud S. Mariam Maiorem 5 julij 1780. Pontificatus nostri anno VI".

DOCUMENTO N. 22
Sistema del Tribunale della S. Inquisizione ne' Regi Dominj di Parma, Piacenza e Guastalla prefisso in occasione del suo ristabilimento. *Concordato tra Ferdinando di Borbone e il papa Pio VI, 29 luglio 1780.*
ASPr, Archivio del ministro Du Tillot, b. 50, fasc. 51; ACDF, St. St. GG 4 a e St. St. GG 4 c[14].

"Preso in considerazione il Tribunale della S. Inquisizione, ed esaminato perciò a minuto il Sistema, col quale era regolato in questi R. Dominj prima della sua decadenza, essendosi ad evidenza conosciuto:

Che il medesimo S. Tribunale conferisce moltissimo al mantenimento del buon ordine nel principato, perché rattiene i popoli entro i confini del vero e del giusto, vegliando di continuo, acciò non si spargono dottrine opposte ai divini prescritti, dai quali derivano le leggi tutte del buon governo, e della necessaria subordinazione dei sudditi alle supreme podestà;

Che punto non è lesivo dei diritti sovrani, perché altro non riguarda, in altro non si impegna, e per altro non agisce, che per la conservazione della cristiana cattolica religione;

Che nell'esercizio della sua autorità è moderatissimo, lontano mai sempre dal rigore, anco coi più protervi, come bene rilevasi in più fatti, quantunque enormissimi, perché le pene che usa per punire i delitti, sono di gran lunga inferiori al merito de' medesimi, e moltissimo minori dalle praticate negli stessi casi dalle podestà secolari;

Che nell'adempimento delle sue incumbenze non vi può essere abuso della podestà, che li è concessa dalla Santa Sede, e dalle graziose condiscendenze de' sovrani, ad aggravio cioè d'alcuno, essendo sì vincolata l'autorità degli inquisitori, che non ponno procedere ad alcun atto coattivo indipendentemente dalla loro consulta locale, se sono cose di mi-

---

[14] Il fascicoletto contenente il testo del *Sistema*, conservato in ASPr, Archivio Du Tillot, b. 50, fasc. 51, fu compilato dal Mozani, come si evince dalla grafia; è citato in ASPr, Gridario, Indice dal 1749 al 1802, inv. 165, voce "Inquisizione", c. 188. Il testo è stato trascritto e pubblicato in DREI, *Sulle relazioni*, pp. 601-610. Non è invece citato in *Raccolta di concordati su materie ecclesiastiche tra la Santa Sede e le autorità civili*, a cura di Angelo Mercati, Roma, Tipografia Poliglotta Vaticana, 1919 (come mi segnala gentilmente Herman Schwedt).

nor conto o, se gravi, dalla Santa Congregazione alla quale pure in ogni anno si riferiscono le cause spedite col sentimento della suddetta consulta locale;

Le quali cose, oltre tant'altre, bastano a smentire i clamori sì degl'ingannati sì de' nemici, ed obbligano chi ha senso di ragione a quella giustizia, che ad un sì santo, utile e cauto tribunale si deve: ed essendosi inoltre riflettuto, che le due podestà, spirituale e temporale non formano due repubbliche, ma una sola, cioè una sola chiesa, e che sono come due braccia in un solo corpo, uno in aiuto dell'altro;

Quindi non a titolo di mera condiscendenza, ma di preciso dovere avanti Dio, perché trattasi del mantenimento della santa fede, e religione, di gratitudine per il vantaggio che ne trae il principato, di cristiana carità per il bene spirituale che a sudditi ne deriva, si approva il medesimo antico sistema, ma con alcune riserve, e sotto alcune condizioni, le quali scorrendo i capi principali si aggiugneranno, non perché lo stesso antico sistema abbisogni di riforma, ma solo perché queste sembrano assai opportune a togliere di mezzo certe controversie, che nell'avvenire si potrebbero suscitare, per le quali probabilmente ne avverebbe o l'inazione, o l'annientamento del S. Tribunale a danno della cattolica religione, e del principato.

Dell'editto

Essendo necessaria la pubblicazione d'un editto del S. Officio, acciò il popolo abbia sempre presenti i suoi doveri, e non li rimanga motivo di scusa nelle sue mancanze, poiché nell'esposizione di quello, che si soleva pubblicare dai PP. Inquisitori ne' tempi andati, non s'incontra cosa che possa dirsi lesiva della sovranità, si approva che si pubblichi ne' termini stessi, che si pubblicava in addietro. E poiché al medesimo editto sono stati aggiunti nel decorso de tempi alcuni ordini particolari inerentemente allo stesso editto, ed alli decreti della S. Congregazione giusta l'esigenza delle circostanze, colla comminazione di pene pecuniarie, ed anco afflittive, la qualcosa potrebbe talvolta parere ai più delicati opposta ai diritti della sovranità, a fine di sopprimere ogni difficoltà avanti che insorga, espressamente si approva li stessi ordini, come assai opportuni, e dette comminazioni, come molto necessarie per ottenere con maggiore facilità il fine inteso; e si concede che si possano non solo intimare tali pene, ma anco eseguire nel caso di contravvenzione nella maniera però che si dirà in appresso nel paragrafo delle pene.

Del processo informativo

Essendo l'eresia ed ogni altro delitto, che ne induca il sospetto, di privativa cognizione della chiesa, il S. Officio construità liberamente il processo informativo, onde liberamente pure chiamerà a tal'effetto qualunque testimonio, che li occorrerà di esaminare, e lo costringerà in caso di ripugnanza a comparire. Se poi alcun testimonio fosse ascritto al servizio del principe, e ricusasse perciò di venire, opinando di non esser tenuto ad obbedire alla chiamata del S. Officio, perché addetto al servizio del R. Sovrano, il P. Inquisitore, il P. Vicario generale, in assenza o mancanza del P. Inquisitore, dopo d'averlo chiamato con modo conveniente alla persona ed all'impiego, non procederà più oltre, ma ricorrerà immediatamente al medesimo R. Sovrano rappresentandogli l'occorrente, ed implorandone l'interposizione della sua autorità.

Degli arresti

È fuori di dubbio, che per li molti casi inaspettati, che non ammettono dilazione, è necessario, siccome lo è a qualunque pretore laico, che il S. Officio abbia pronta, ed in suo potere la forza per servirsene in ogni tempo, giusta l'esigenza delle cause, che ha in corso: e questa è la ragione per la quale i sovrani di sempre gloriosa memoria, che ne' tempi addietro hanno avuto il dominio di questi ducati, quantunque, come è di dovere, gelosi della loro autorità, avevano concesso al S. Officio, che potesse liberamente usare della loro forza con un ordine generale non mai ritrattati agli esecutori di obbedire tostamente ai comandi del Tribunale della S. Inquisizione; onde fra questi sempre v'era un capo scielto dal medesimo S. Officio, cui ne' bisogni si davano le incombenze da eseguirsi. In vista pertanto di una tale necessità, non volendosi punto declinare dall'esempio di tanto avveduti sovrani, si concede al S. Officio tutta la forza che li può abbisognare nelle sue occorrenze, e si permette al medesimo, che la possi usare liberamente, e fare gli arresti, come più sarà conveniente, o servendosi de' suoi patentati per minore vergogna dell'arrestato, nel caso che si possa eseguire la cattura senza violenza e strepito, o coll'aiuto de pubblici esecutori, al qual effetto si spediranno una volta per sempre le circolari alli pretori della città e forensi, perché avvisino i loro bargelli, che sieno sempre pronti, come per lo passato, agli ordini del S. Officio. Ma perché per una parte è doveroso, che il principe sappia la sorte de suoi sudditi, essendone da Dio costituito custode e per l'altra l'affare è per quanto mai possa essere, geloso, né possonsi prevedere li casi tutti, e prevenirli con adeguati provvedimenti, quindi per appigliarsi ad un sicuro partito, salvi i diritti della sovranità, si concede che si facciano gli arresti previamente ad ogni partecipazione, ma si vuole che il P. Inquisitore, ovvero in di lui assenza o mancanza il P. Vicario generale, dopo l'arresto del reo, entro lo spazio di ore 24, si presenti personalmente al regio sovrano, lo raguagli dell'arresto seguito, nominandogli il reo detenuto, e manifestandogli il delitto in genere del medesimo. Parimente quando lo stesso reo sarà rilasciato, dovrà il detto P. Inquisitore, o il suo Padre Vicario generale notificarlo nella stessa maniera al medesimo R. Sovrano.

Per speziale grazia però si eccettua il caso dell'arresto di qualche ecclesiastico sacerdote, onde accadendo non sarà obbligato il P. Inquisitore, o il P. Vicario generale a parteciparlo al R. Sovrano, come neppure il rilascio. E questo si concede per salvare il decoro della chiesa, e dei suoi ministri in faccia al Secolo, che molto si potrebbe diminuire nella manifestazione di delitti, che apportano una massima infamia al delinquente, e danno occasione a secolari di dubitare anco degli ecclesiastici più religiosi.

E poiché ragion vuole, che per quelli, che sono addetti al servigio del principe si abbino particolari riguardi, qualora accada, che il reo da arrestare sia uno legato nel servigio del R. Sovrano, parimente a tale arresto dovrà il P. Inquisitore, o, come sopra, il suo Vicario generale presentarsi personalmente al R. Sovrano, e significargli l'occorrente coll'indicazione del nome del reo e del delitto in genere.

Tanto praticavasi dal S. Officio de' tempi andati, ma poiché molte volte avviene che la causa esiga la perquisizione nella casa dell'arrestato, per accertarsi pianamente del fatto, di cui è inquisito, ed avere i corpi di delitto, se tale fosse l'impiego del reo nel servigio del R. Sovrano, che si potesse presumere, che avesse presso di sé carte spettanti al suo officio, all'antica pratica si aggiugne, come è di dovere, che il P. Inquisitore, o, come sopra, il suo Vicario generale, non possa procedere a tale perquisizione, che coll'assistenza d'un R. Ministro da delegarsi spezialmente a tale atto dal R. Sovrano, quale però non potrà separatamente dal P. Inquisitore, o dal P. Vicario, porre le mani su alcuna carta, e dovrà di ciascuna, che veramente sia tale, far certo il medesimo P. Inquisitore, o suo P. Vicario generale, che spetta all'impiego del detenuto, facendogliela vedere in modo che conosca la verità dell'asserto, lo che si può fare senza che il ministro del S. Officio venga in chiaro dell'interesse contenuto: così saranno assicurate le carte del R. Sovrano, e tolto il motivo a taluno di aggravare con calunnie il Tribunale della S. Inquisizione.

Delle pene

Le pene, alle quali sono condannati i rei dal S. Officio in Italia non abbisognano d'esser prese in considerazione, sì perché sono miti anco di troppo, sì perché ai rei non si prescrivono, che dopo una matura discussione del merito delle cause sì maggiori che minori, come sopra a principio si è notato, per la qual cosa pienamente si approvano, e si lascia la libertà al medesimo S. Officio di usarle come in addietro, ma colle seguenti riserve. Queste pene altre sono private altre pubbliche. Le private sono: la prigione a tempo determinato; la prigionia perpetua, detta anticamente immurazione; e le multe. Le pubbliche sono: la tradizione del reo al foro secolare, che di poi secondo le leggi cesaree lo condanna all'ultimo supplizio; la galera; la frusta; l'esposizione del reo sulla porta della chiesa durante la messa cantata; l'esilio; la relegazione in qualche determinato luoco, cioè convento e conservatorio.
Circa la prigionia a tempo, nulla occorre d'aggiungere di nuovo, e si concede che il S. Officio la possa imporre liberamente, come per lo passato, solo quando sarà rilasciato il reo, il P. Inquisitore, o il suo vicario generale dovrà parteciparlo al R. Sovrano, come sopra si è detto.
Rapporto alla prigionia perpetua, data la sentenza al reo, dovrà il P. Inquisitore, ovvero in assenza o mancanza di questi, il P. Vicario generale ragguagliarne personalmente il R. Sovrano, parimente della morte del medesimo reo, allorché accaderà, oppure della grazia della libertà, che per la sua emenda potesse ottenere; e questo a solo fine che il R. Sovrano sappia che sia del suo suddito.
Riguardo alle multe, ovvero pene pecuniarie, si dà tutta la libertà al S. Officio, d'imporle giusta l'esigenza delle cause e di obbligare il reo a

sottomettersi, ma affinché niuno abbia motivo in questa parte di aggravare con ingiusta maldicenza il S. Tribunale tutto il denaro, che sarà sborsato dal reo in soddisfazione della sua pena, si applicherà intieramente dal P. Inquisitore, ovvero, in di lui assenza o mancanza dal vicario generale, a qualche luogo pio, ad arbitrio, facendosi scrivere la ricevuta dal ministro del medesimo luogo pio, acciò il S. Officio possa in ogni tempo giustificare il suo disinteresse, dato che ne fosse mossa quistione.

La tradizione del reo, la galera, la frusta, sono pene che non si possono far soffrire al reo del S. Officio, se a tale effetto non si presta il foro laico, quindi poiché talvolta potrebbe accadere, che si muovessero dallo stesso foro pretensioni pregiudizievoli all'autorità, decoro, integrità della Chiesa, e che ne seguissero fatali conseguenze al S. Tribunale, per prevenire ed impedire per quanto è possibile ogni disordine in futuro, si stabilisce, che qualunque volta accada, che il Signore Iddio nol voglia, che alcun reo sia condannato ad una delle suddette pene, il P. Inquisitore, o in di lui mancanza il P. Vicario generale, debba notificare la sentenza al sovrano implorandone l'esecuzione, che gli sarà subitamente accordata, così richiedendo il dovere d'un principe costituito da Dio difensore della cattolica religione, ed in seguio sarà dal medesimo sovrano abbassato l'ordine al Foro laico perché l'eseguisca prontamente.

E perché circa il modo della tradizione del reo al foro laico è più facile che insorgano difficoltà, e si eccitino questioni, per toglierle affatto si dichiara e si vuole, che in questo caso si debba stare rigorosamente al prescritto dei S. Canoni, e non si possa dal giudice laico pretendere di conoscere la causa, che è di privativa cognizione della Chiesa, e che dalla medesima colle maggiori cautele è stata ultimata.

Circa l'esilio poiché con questo si toglie al principe un suddito, o a tempo, o per sempre, non si potrà eseguire dal S. Officio sentenza alcuna d'esilio, ancorché il reo non sia suddito nato, prima d'averne avuta dal R. Sovrano l'approvazione, che però implorata personalmente dal P. Inquisitore, o suo P. Vicario generale non gli sarà negata.

L'esecuzione poi delle altre due pene, cioè dell'esposizione del reo sulla porta della chiesa durante la messa cantata, o della relegazione in qualche convento, o conservatorio si lascia totalmente in libertà del S. Officio: solo nel caso di relegazione se ne raguaglierà dal P. Inquisitore, ovvero in di lui mancanza o assenza dal P. Vicario generale, il R. Sovrano, acciò sappia ove sia il suo suddito.

De' patentati.

Abbisogna il S. Officio di più soggetti, né si può negare, perché varie sono le incombenze e da un solo non si ponno disimpegnare, varie pure sono le occorrenze domestiche.
I soggetti necessari sono: il fiscale, l'avvocato dei rei, il procuratore, il cancelliere, il mandatario, li consultori nelle facoltà teologica, canonica, legale, li revisori dei libri, il confessore de carcerati, il loro custode, il provveditore de medesimi, il catechista, il medico, il chirurgo, il barbiere, lo speziale, il falegname, il ferraro, lo stampatore, ed altri pochi, che non si hanno presenti: di più li vicari foranei giusta il numero delle vicarie della curia vescovile, ed a ciascuno di questi: un cancelliere, ed un mandatario.
In Parma oltre li nominati v'era anche un corpo di cavalieri della primaria nobiltà detti socj, nel numero di dodici, i quali non avevano alcun uffizio, ed eran ammessi soltanto per il maggior decoro del Tribunale. Parimente v'era qualcuno col titolo di semplice famigliare, o serviva di supplemento mancando qualche ufficiale, oppure s'impiegava in qualch'altro servigio del Tribunale o della casa. Tutti questi soggetti il S. Officio suole munire con lettere patenti del loro impiego: e perché non è sì facile trovare tante persone, che si vogliono obbligare al servigio del Tribunale senza alcun premio, la Chiesa per la sua parte ha provveduto con il dono di varie indulgenze, ed i sovrani colla concessione di varii privilegj; e questa è la ragione, per cui al S. Officio, quantunque non riconosca con salarj, onorarj, li suoi officiali, mai non manca il necessario servigio.
Li privilegi che ne' tempi andati, sino cioè alla decadenza del Tribunale, in questi R. Dominj erano concessi dai sovrani sì Farnesi che della regnante R. Famiglia Borbonica ai patentati laici, sono: l'esenzione dal servigio militare; la delazione delle armi offensive e difensive non proibite dal principe; il privilegio delle milizie nelle cause civili, onde prima di procedere alla citazione, e pignorazione se ne passava parola dal creditore o suo procuratore al P. Inquisitore; e nelle criminali, quando erano passivi, il privilegio del foro, ed il processo si faceva dal S. Officio.

Li patentati ecclesiastici poi godevano intieramente il privilegio del foro, ma con questa restrizione, che avendo cura d'anime, e mancando in tal officio erano giudicati dall'ordinario.

Fatto su questo capo le debite considerazioni, essendosi congiunta la necessità e de varii soggetti, e di qualche allettamento per attrargli al servigio del S. Tribunale, e volendosi questo operoso, e perciò, che niuna cosa li manchi a tale effetto, lasciato qualunque altro riflesso in contrario:

Primamente si concedono li dodici cavalieri, detti come sopra Socj, e si desidera che in questi R. Dominj li Padri Inquisitori si diano tutta la premura di conservare fra suoi patentati questo corpo rispettabile a decoro del Tribunale. Si concede pure che il S. Officio abbia tutti gli officiali sopra nominati, ed anche quelli che per dimenticanza ivi non fossero stati indicati.

Riguardo poi a questi patentati detti sopra famigliari, perché talvolta per la violenza degli impegni si potrebbe oltremodo accrescere il loro numero, ed indi derivarne disordini a danno del S. Tribunale, a fine, che ciò non avvenga, si restringono al numero di sei soli in ciascuna delle due Inquisizioni di Parma cioè Piacenza, e si dichiara, che debbano essere dimoranti nelle due città, e non fuori, poiché il fine, pel quale si concedono non riguarda che il pronto servigio del Tribunale in caso di bisogno.

In secondo luogo si rinnovano ai patentati gli stessi privilegi di sopra riferiti, che hanno goduto in addietro, cioè l'esenzione del servigio militare; la delazione delle armi tanto offensive, che difensive, eccettuate le proibite dal principe ai ministri delle corti secolari; il privilegio delle milizie nelle cause civili, e nelle criminali, il privilegio del foro, quando però saranno passivi.

Circa alli patentati ecclesiastici nulla si determina, e lasciasi la cosa, quale dalla S. Sede si permette, o si concede, non volendosi por mano nella giurisdizione de' vescovi sopra il suo clero.

Perché poi quanto ora si stabilisce, abbia durata, e non venga in progresso di tempo disturbata la presente concessione col pretesto d'abuso per rapporto alla qualità de' patentati o al numero de' medesimi:

1. Dovrà il P. Inquisitore sì di Parma, che di Piacenza nella scielta de soggetti avvertire colla maggior scrupolosità, che siano di qualità, condizione proporzionata all'impiego, a cui sono nominati, di buona fama,

non inquieti, non rissosi, non dissoluti, non inquisiti o contumaci della giustizia, non gravati di molti debiti, come vuole il motu proprio della S. M. di Benedetto XIV pubblicato, e confermato sotto il dì 21 luglio 1755 nella sua costituzione: "Ad supremum iustitiae solium" per il buon regolamento delle Inquisizioni nello Stato pontificio.
2. Fatta la scielta di quei soggetti, che saranno stati conosciuti opportuni al bisogno del Tribunale, e spedite le patenti, dovranno li detti P. Inquisitori presentare al R. Sovrano l'intiero catalogo de' medesimi patentati coll'indicazione de loro rispettivi uffici. In occasione poi della morte, o dimissioni d'alcuno o più patentati, surrogandone altri, non si obbligano li detti P. Inquisitori a rinnovare il detto catalogo, e presentarlo al R. Sovrano, ma solo saranno tenuti d'averlo sempre pronto ad ogni richiesta che loro sia fatta dal R. Sovrano. In fine: non essendo l'uomo sempre costante nello stesso stato di virtù e di fortuna, se alcuno de' patentati divenisse altro da quello, che deve essere, secondo si è notato, si dichiara che subito s'intenderà decaduto dei privilegi di sopra concessi, e che il P. Inquisitore dovrà tosto privarlo della patente, nonostante qualunque raccomandazione, o riflesso, così esigendo il buon ordine e la quiete del S. Tribunale.

Della impressione e pubblicazione delle stampe, e della introduzione di quelle che vengono da altri paesi.

Non si può da un cattolico contrastare, che il deposito della vera dottrina che egli deve professar sì riguardo ai dogmi di fede, che riguardo a tutto quello, che o mediatamente o immediatamente ha relazione colla fede istessa, o connessione con lei, risieda privatamente presso la Chiesa: siccome adunque in ogni parte d'umano ingegno esser vi ponno proposizioni, principj, opinioni, che o direttamente, o indirettamente non convengono alla cattolica fede, non si può neppure contrastare, che il giudizio d'ogni parto di umano ingegno, prima che al pubblico si esponga debba essere della Chiesa, conciosiaché questa sola debba, sappia, possa con verità conoscere se le opinioni che riproducono siano conformi ai principj del vero, del giusto e dell'onesto, che Dio ci ha rivelato nelle S. Carte, e che ha affidato alla medesima sua Chiesa, acciò ne sia geloso custode. Per la qual cosa essendo dovere che un cristiano riconosca nella Chiesa una tale autorità, si vuole, che riguardo alla impressione e pubblicazione delle stampe in questi R. Dominj, ed introduzione delle forestiere si osservi minutamente quello che ne' tempi andati si praticava, cioè:

1. Che non si possa stampare alcunché manoscritto, o ristampare alcuna composizione già altra volta impressa senza l'approvazione e permissione del S. Officio da esprimersi coll'antica formola: imprimatur o reimprimatur, e non con l'altra introdotta: vidit, essendo questa ingiuriosa alla Chiesa, poiché la Chiesa non è un mero revisore, ma un vero giudice della dottrina, costituito da Dio. Si eccettuano però, come erano eccettuati in addietro ed è di ragione si eccettuino, gli editti, gride, bandi, precetti etc. delle curie, onde tutto questo non sarà soggetto alla revisione del S. Officio.

2. Che impressa la composizione non si possa divulgare prima d'averne ottenuta la permissione dal medesimo S. Officio da esprimersi con l'antica formola publicetur, essendo necessario che avanti la pubblicazione consti che la stampa corrisponde al manoscritto approvato, e che niuna proposizione dannosa vi sia stata intrusa. E perciò lo stampatore portando al S. Officio l'impressione sotto la quale si deve segnare la permissione della pubblicazione, dovrà seco pure portare l'originale assieme ad altra copia impressa, e consegnare tutto assieme al S. Officio, come si praticava per lo passato, acciò secondo le regole dell'Indice sia conservato l'altra nell'archivio del medesimo S. Officio.

3. Che per l'introduzione o per la spedizione di libri in altri paesi, si osservino gli ordini espressi nell'editto del S. Officio, che si pubblicherà, chiedendone sempre cioè la permissione da questo tribunale, che segnerà colla solita antica formola introducantur se vengano da fuori, o extrahantur se si mandano altrove.

Con questo provvedimento però non s'intende derogato al diritto sovrano di vedere ed esaminare le composizioni da imprimersi, ed usare le necessarie cautele nell'introduzione de' libri forestieri, anzi si vuole nel suo pieno vigore, perché così esige il buon regolamento dello Stato, potendo accadere, che qualche libro, quantunque di buona e sana dottrina, in certe circostanze per l'abuso, che se ne potrebbe fare, non si potrà dare alle stampe alcuna composizione, se prima lo stampatore non ne avrà anco riportato il sovrano beneplacito.

A questa legge però non si vuole soggetto il S. Officio per la stampa del suo editto generale, di sopra già approvato o di altro particolare espositivo del generale in alcun capo, che in qualche circostanza abbisognasse di dichiarazione, come pure per la stampa della notificazione, o bolla della proscrizione d'alcun libro pernicioso, fatta dalla S. Sede; e parimenti delle patenti, attestanti, ed altre carte, che per minorare la fatica della scrittura negli atti si sogliono stampare dal S. Officio, onde si rinova al medesimo S. Officio l'antica concessione, ed in virtù di questa farà imprimere liberamente le suddette cose, e lo stampatore in questo non attenderà che l'ordine del P. Inquisitore, ovvero in di lui assenza o mancanza, del P. Vicario generale.

Delle concessioni graziose del sovrano relativamente all'interesse domestico del S. Officio.

È ben giusto che stabilito il sistema del Tribunale della S. Inquisizione in questi R. Dominii per la sua più durevole conservazione, e quiete de' PP. Inquisitori, si estenda il favore sovrano ancora all'interesse domestico del medesimo, nella qual parte non volendosi, né di troppo abbondare, né di troppo scarseggiare, si è determinato di seguire l'esempio de' sovrani predecessori.

Inerendo pertanto alle antiche sovrane condiscendenze, novamente si concede: che il S. Officio sì in Parma che in Piacenza possa da sé spedire le cause civili, che riguardano il proprio interesse domestico, ed instituire a tale efetto un assessore legale desunto dal ceto dei suoi patentati, onde potrà mandare avvisi alli suoi debitori, e fargli pignorare, conoscere giuridicamente le ragioni in caso di controversia riguardo ai suoi censurarj, livellarj, affittuarj, e possessi, il tutto come ne' tempi andati, cioè prima della sua decadenza.

Si concede pure, come in addietro, al medesimo S. Officio di Parma e Piacenza, l'esenzione dalla spesa delle lettere, e pieghi, che riceverà e spedirà per mezzo del R. Ufficio della Posta, qual grazia però non si vuol estesa, che al P. Inquisitore e suo P. Vicario generale. Inoltre si concede l'esenzione dalle imposizioni, relativamente ai beni che saranno di ragione del S. Officio di Parma e Piacenza, cioè censi, livelli, case, terreni, etc.

In fine si concede l'esenzione dalle gabelle, per quello però soltanto che riguarda il solo P. Inquisitore di Parma e di Piacenza nell'introduzione di ciò che può abbisognar per uso della sua persona, e della casa, purché però la cosa sia misurata, e si possa comprendere che non vi sia abuso della grazia, che per atto speciale di sua clemenza si compiace di fare alli medesimi PP. Inquisitori di Parma e di Piacenza il R. Sovrano in vista del buon servizio che presta a Dio e al principato il Tribunale della S. Inquisizione.

In virtù dell'ordine e facoltà accordatami da S.A.R. il Sig.re Infante D. Ferdinando, con suo R. dispaccio datato in Colorno li 28 del cadente luglio, approvo, e ratifico il presente piano formato per il miglior regolamento del Tribunale della S. Inquisizione.
Parma, 29 luglio 1780.
Gioseffo Pompeo Sacco.

La Santità di N. S. papa Pio VI felicemente regnante con lettera della S. Congregazione del S. Officio in data del dì 24 giugno 1780 a me diretta approva ed accetta il qui sopra disteso sistema proposto da S. A. R. il serenissimo sig.r Infante delle Spagne Don Ferdinando di Borbone nostro clementissimo sovrano per il buon regolamento del Tribunale della S. Inquisizione nei suoi R. Dominj di Parma, Piacenza, Guastalla.

Parma, 29 luglio 1780.
P. Vincenzo Giuliano Mozani de' predicatori, Inquisitore generale del S. Officio di Parma dalla S. Sede Apostolica spezialmete delegato".

DOCUMENTO N. 23
Motu proprio di Ferdinando di Borbone, 2 agosto 1780.
ASPr, Consorzio dei vivi e dei morti, Gridario, tomo 11, n. 129, b. 2314; Comune, Gridario, b. 2150[15].
"Ferdinando Infante di Spagna per la grazia di Dio duca di Parma, di Piacenza, di Guastalla, essendo la Religione quella, che mantiene, e conserva le dominazioni tutte, e dalla conservazione di quella dipendono la conservazione ancora di questa; principio riconosciuto dalla più rimota antichità, che considerava la religione come legge di Stato la più sagra, e la più essenziale a stabilire l'autorità, e la fermezza de' terreni Imperj:

---

[15] Pubblicato in DALLASTA, *Appoggi, archivio, astuzia*, pp. 427-429.

Noi fondati su tali inalterabili principi applicammo fin dall'età più tenera in cui Iddio per i suoi inescrutabili fini ne chiamò a reggere questi a Noi dilettissimi popoli, tutt'i nostri più attenti pensieri a quelle cose, che al vantaggio della santa fede, che ricevuta da Noi per fortunato retaggio de' nostri augusti antenati ci gloriamo di professare immacolata, potessero maggiormente contribuire. Fra tutti questi oggetti il più importante certamente si è quello d'allontanare da questi stati tutti que' venti, che soffiar potessero d'ereticale pravità, ancorché nascosti sotto la lusinghiera apparenza di zeffiri soavi, perché allora tanto più pericolosi, quanto meno palesi; venti, che pur troppo a' nostri giorni veggonsi con sommo nostro dolore molte regioni innondare del mondo cattolico. Sperare vogliamo, che ancora tali veleni non siano giunti ad infestare questi nostri amatissimi popoli. Se mai però per disgrazia, che Iddio nol voglia, ciò fosse, benché per la minima parte, avvenuto, potendo procedere o da conceputo naturale inganno, o da infetta seducente lettura, o da straniero introdotto errore; e desiderando Noi di prevenire tale gravissimo infortunio, se mai fosse per accadere, implorato da Dio Signore, e Padrone di tutt'i Re, e Dominanti della Terra i lumi necessari, abbiamo pensato ai mezzi più efficaci per conseguire il da Noi desideratissimo intento.

Già più di due lustri scorrono dacché restarono vacanti le Inquisizioni di Parma, e di Piacenza, e le incombenze de' loro Inquisitori furono sino al dì d'oggi esercitate dai rispettivi amatissimi nostri vescovi, come inquisitori nati. Noi però riflettendo alla molteplicità delle gravissime cure de' predetti zelantissimi pastori, le quali, com'essi più volte l'hanno a Noi esposto, non permettono loro di poter intieramente accudire ad una sì seria occupazione, la quale può dirsi, che ogn'altra esclude, richiedendo tutto intero l'uomo; abbiamo unitamente a loro pensato di scaricarli di un tal peso, rimettendo in questi Stati il tribunale della Santa Inquisizione contro l'ereticale pravità istituito, com'era prima dell'anno 1769, e nelle primiere locali sue residenze. Animati a ciò siamo stati dagli esempi sì dell'augusto nostro genitore di gloriosa rimembranza, che degli altri nostri antecessori, sotto la dominazione de' quali sempre ha esistito detto tribunale; e dall'esempio ancora del piissimo Re Cattolico nostro amatissimo zio, il quale lo vuole, e protegge ne' suoi felicissimi domini; tribunale tutto intento agl'importantissimi fini da noi sovr'indicati, ed abbenché nel suo procedere cauto e pieno di lenità ec-

clesiastica, pure da qualche fatto d'eccessivo rigore accaduto ne' secoli remoti, e dalla malizia de' nostri tempi posto nel più odioso aspetto, creduto appresso a molti, che ignorano come in esso si proceda, crudele, ed inumano; tribunale, i di cui ministri affatto estranei da ogni, benché menoma parte delle molte gravissime cure annesse al pastorale governo de' vescovi, ed unicamente applicati ad ammollire il cuore, ed illuminare la mente degl'infelici acciecati o dagli errori di false dottrine, o da tenebrose superstizioni, possono attentamente adempire gli obblighi del loro istituto coll'autorità legittimamente loro conferita. Credendo noi adunque di non poter dare a' nostri dilettissimi popoli il maggior segno di quel paterno amore, che per loro nutriamo nel cuore, che col provvedere a quei mezzi più atti a conservarli in quella santa fede, che nella sua purità ricevettero da' loro padri, ristabiliamo, come dichiariamo ristabilito, in questi nostri reali stati il tribunale del Sant'Officio, a cui non mancheremo, come fatti da Dio proteggitori della sua santa legge, di prestare all'occorrenza tutto il braccio opportuno. In quanto poi alle altre particolarità necessarie da spiegarsi, verranno spiegate da un editto, che verrà secondo la consueta antica pratica stampato da' suddetti inquisitori, co' quali andremo, e si faremo maisempre un pregio d'andare di concerto per tutti que' mezzi più convenevoli al già surriferito da Noi sospiratissimo fine. A quest'editto dovrà ognuno prestare senza eccettuazione di rango, di dignità, o di privilegio l'osservanza corrispondente alle supreme nostre soprindicate premure. Intendiamo finalmente col presente nostro *Motu-proprio*, di certa scienza, e colla pienezza della nostra sovrana autorità, di derogare a qualunque legge, o editto in contrario potesse mai esistere, dichiarandolo per nullo, ed abolito. Tale essendo la suprema nostra volontà.
Dato nel nostro real palazzo di Colorno il due d'agosto mille settecento ottanta.
Ferdinando.
Gioseffo Sacco.
Parma, dalla Stamperia Reale".

DOCUMENTO N. 24
Editto generale del Sant'Ufficio, emanato da fra Vincenzo Giuliano Mozani, 12 agosto 1780.
AVPr, cassetta unica Inquisizione; ASPr, Consorzio dei vivi e dei morti, b. 2233, tomo II; ASPr, Gridario, b. 103.

[Il testo è molto simile agli editti generali precedenti, ma con l'aggiunta, come giurisdizione, della città di Guastalla a Parma e a Borgo San Donnino. Inoltre alla fine del testo si segnala una parte aggiunta dal Mozani, relativa alla "grazia" ottenuta dalla Santa Sede per tutti i fedeli dello Stato, in cui si sottolinea la mitezza del Sant'Ufficio].

"Noi fra Vincenzo Giuliano Mozani dell'ordine de' predicatori Inquisitore generale delle città di Parma, Borgo San Donnino, Guastalla, e loro pertinenze dalla Santa Sede Aspostolica contro l'eretica pravità spezialmente delegato.

Desiderando, come ricerca il carico di questo Sant'Officio a noi imposto, che la sacrosanta fede cattolica, senza la quale è impossibile piacere a Dio, da ogni eretical contagio pura, ed immacolata si conservi, con autorità apostolica a noi concessa, in virtù di santa obbedienza, e sotto pena di scomunica di lata sentenza, oltre le altre pene da' sagri canoni, decreti, costituzioni, bolle de' sommi pontefici stabilite, comandiamo a tutti, a ciascuna persona alla nostra giurisdizione soggetta, sia di qualunque stato, grado, e condizione, ecclesiastica, o secolare, che fra il termine di un mese (li primi dieci giorni del quale assegniamo per il primo, gli altri dieci immediati per il secondo, e gli altri dieci per il terzo, ed ultimo perentorio termine) debba giuridicamente aver denunziato, e notificato al Sant'Officio di questa città, o a' vicari nostri, o agli ordinari de' luoghi, tutti, e ciascheduno di quelli, de' quali sappiano, abbiano avuto, o avranno notizia.

Che siano eretici, o sospetti, o diffamati d'eresia, o credenti, o fautori, ricettatori, o difensori loro, o abbiano aderito, o aderiscano a' riti de' giudei, o de' maomettani, o de' saraceni, o de' gentili, fatto aderire, o facciano aderire, o abbiano apostatato dalla santa Fede ricevuta nel santissimo Battesimo, o in qualunque modo espressamente, o tacitamente abbiano invocato, o invochino il demonio, o gli abbiano prestato, o prestino onore, o abbiano avuto parte, o si siano ingeriti, o s'ingeriscano in qual si sia sperimento di magia, o di negromanzia, d'incantesimi, sortilegi con suffumigi, incensi per trovar tesori, ed altri fini intenti, chiedendo dagli spiriti risposta, segni, prestandogli ubbidienza, e consecrandogli pentacoli, libri, spade, specchi, formando circoli, ed altre cose, ne' quali intervenga l'opera, o nome diabolico, oppure abuso di cose sacre, o benedette.

Che tengano, scrivano, dicano, o distribuiscano orazioni riprovate dalla Santa Chiesa contro l'armi, contro i tormenti, ad amorem, per saper cose occulte, o future; e che di queste cose ne abbiano posto sopra gli altari, per farvi celebrare la santa messa.

Che con sacrilego ardire, non essendo sacerdoti, si abbiano usurpato, o si usurpino celebrar messe, o abbiano avuto presunzione, o presumino ministrare il sacramento della penitenza a' fedeli di Cristo, ancorché non abbiano proferite le parole della consecrazione, o non siano venuti all'atto dell'assoluzione,

Che abbiano abusato, o abusino il sacramento della penitenza, sollecitando i penitenti (contro i Decreti, e le Costituzioni apostoliche, spezialmente della felice memoria di Gregorio XV) nella confessione, o confessionario a fini disonesti, con discorsi illeciti, e non convenienti al fine di detto sacramento.

Che abbiano celebrate, e celebrino occulte conventicole in materia di religione.

Che contro Dio, o i Santi suoi, e spezialmente contro la Santissima Vergine Maria, abbiano proferite, o proferiscano bestemmie eretiche, o procedano a qualche atto di offesa, o disprezzo contro le immagini, o figure rappresentanti li medesimi.

Che abbiano impedito, o impediscano per sé, o per altri, in qualsivoglia modo, l'Officio della Santa Inquisizione, ovvero gli Ufficiali di lei, nell'eseguire alcun atto, o sua cattura, o Processo, o Sentenza pertinente a quello, o abbiano offeso, o offendano, o minaccino di offendere nella roba, nella persona, o nell'onore alcun testimonio, o denunziatore, o ministro di esso, o gli abbiano chiamati, o chiamino con nome di spia, o altri nomi odiosi, di vituperio, ed infamia, o che consiglino, abbiano consigliata, o esortata alcuna persona a tacere, a non confessare, o nascondere in qualsivoglia modo la verità in questo Santo Tribunale.

Che abbiano avuto, o abbiano libri, o scritti proibiti, continenti eresie, o libri eretici, che trattino di religione senza autorità della Santa Sede

Apostolica, o che gli abbiano letti, o tenuti, o stampati, o fatti stampare, o difesi, leggano, tenghino, stampino, facciano stampare, introducano, o difendano sotto qualsivoglia pretesto, o colore libri di negromanzia, magia, o continenti sortilegj, incanti, e simili superstizioni, massimamente con abuso delle cose sacre.

Che contro il voto solenne fatto nella professione in qualsivoglia religione approvata, o dopo aver preso l'ordine sacro, abbia contratto, o contragga matrimonio, ec. Che vivendo la prima moglie piglj la seconda, o vivendo il primo marito piglj il secondo. Che abbiano indotto qualche cristiano ad abbracciare il giudaismo, o altra setta contraria alla fede cattolica, o impedito li giudei, turchi dal battezzarsi.

Che siano persone, quali senza necessità abbiano mangiate, o dato a mangiare carni, ova, e latticinj ne' giorni proibiti.

Dichiarando, che per la sopraddetta espressione de' casi da noi specificati, da rivelarsi come sopra, non escludiamo gli altri casi spettanti al Sant'Officio, che per altro ne' sagri canoni, decreti, costituzioni, e bolle de' sommi pontefici sono compresi.

Avvertendo inoltre, che a questi nostri precetti non soddisfaranno, né s'intendano soddisfare quelli, che con bollettini, o lettere senza nomi, e cognomi degli autori, o in altra maniera incerti (de' quali nessun conto si tiene in questo Sant'Officio) pretendessero rivelare i delinquenti.

E sappia ciascheduno, che dalla detta scomunica, e pene, nelle quali concorreranno dopo il termine prefisso i disubbidienti, non potrà alcuno essere assoluto se non da noi, o dal Supremo Tribunale del Sant'Officio di Roma; né sarà assoluto se prima giuridicamente rivelando i detti eretici, o come di sopra sospetti d'eresia, non avrà all'obbligo suo soddisfatto.

Ordini particolari

Volendo inoltre, per quanto sta dalla parte nostra, che le città di Parma, Borgo San Donnino, Guastalla, e loro pertinenze si conservino in quella purità di fede, nella quale, per grazia di Nostro Signore, al presente si trovano; inerendo al presente Nostro Editto, ed agli ordini della Sagra Congregazione, ordiniamo,

che nessun corriero, barcaiuolo, condottiero, o altro viandante, sia di che stato, e condizione si voglia, ardisca portar libri, e stampe dentro, o fuori delle città, o luoghi a noi soggetti (eziandio per semplice passaggio), senza la lista de' detti libri, o stampe sottoscritta dall'inquisitore, o da chi si spetta, sotto pena di scudi 25 d'oro, della perdita de' libri, ed altre pene arbitrarie.

E sotto le stesse pene comandiamo ai daziari, gabellieri, e portinari, che non lascino senza le liste predette, segnate come sopra, introdurre, né estraere libri, o stampe di qualsivoglia sorta: anzi quando senza le predette liste segnate ne capitano a' luoghi degli uffici loro, li trattenghino e ne diano subito parte a questo Santo Tribunale.

Alle quali pene sono soggetti anche quelli, che introdurranno, o pubblicheranno stampe estranee senza la licenza del medesimo Santo Tribunale.

Ai librari, mercanti, ed altri chicchessia ordiniamo sotto le stesse pene, che non ricevino libri portati, o introdotti in qualsivoglia modo in questa nostra giurisdizione, né aprino casse, balle, o fagotti, ove siano libri, senza la nostra licenza, o de' nostri vicarj; nemmeno li mandino altrove senza aver prima fedelmente presentata a questo Sant'Officio la lista di essi. Né dovrano i librari in luogo alcuno della nostra giurisdizione vendere i libri comprati dagli ebrei, senza nostra particolar licenza.

Ordiniamo parimente agli stampatori sotto le pene suddette, che non stampino cosa alcuna, né orazioni, né istorie, né lunari, né figure, né altre simili carte (eccettuati però gli editti, gride, bandi, precetti, ec. delle curie ed altre cose simili, che non sono contrarie alle regole dell'Indice, né pregiudiziali a questo Sant'Officio) senza la nostra licenza, e consueta approvazione; e approvate che saranno, ed impresse, non si divulghino in modo alcuno, senza aver prima ottenuto da noi il *Publicetur*.

Comandiamo inoltre a suddetti librari, e stampatori di questa nostra giurisdizione, sotto pena a noi arbitraria, che fra otto giorni dopo la pubblicazione di questo editto debbano comparire avanti di noi per prendere il giuramento di esercitare l'ufficio loro cattolicamente, e fedelmente, conforme vogliono le regole dell'Indice.

Di più comandiamo agli stessi librari, parimente sotto pena a noi arbitraria, che fra il termine di tre mesi dopo la pubblicazione di questo editto debbano aver presentato l'inventario vero, e fedele di tutti i libri, col nome dell'autore, stampatore, comentatore, del luogo, e tempo, nel quale sono stati stampati. Né ardiscano tenere, e vendere altri libri non notati nel detto inventario; e dovranno avere nelle botteghe loro l'Indice de' libri poibiti, per potersi governare nel comprar, e vender libri conforme le regole di quello.

In oltre comandiamo, conforme la regola X dell'*Indice de' libri proibiti*, che gli eredi, e successori delle ultime volontà, sotto pena della perdita de' libri, e d'altre arbitrarie, siano tenuti portare al Sant'Officio la lista de' libri lasciati dal defonto, per farla sottoscrivere da noi, o da nostri vicarj, prima che si servino di quelli, o li vendino, o li dieno ad altri. Né i librari, o altri possino ricevere detti libri prima che sia stata sottoscritta la suddetta lista, sotto le medesime pene.

Di più inerendo agli ordini, decreti, ed editti da' nostri antecessori, e dal supremo Tribunale del Sant'Officio di Roma rispettivamente fatti, e pubblicati, sotto la pena di venticinque scudi d'oro, ed in sussidio di scomunica a' cristiani, e della privazione dell'ingresso alla sinagoga agli ebrei, ordiniamo, e comandiamo, che niuno ardisca di trasgredire gli ordini, decreti, costituzioni, e bolle pontificie, con le quali si proibiscono agli ebrei, ed a' cristiani certi commercj particolari tra loro, come di dormire, mangiare, giuocare, ballare, andar mascherati insieme; ed a' cristiani andare, ed agli ebrei introdurre, o lasciar andare i cristinai alle loro cerimonie ebraiche, sinagoghe, lezioni, prediche, officj, sposalizj, natività, circoncisioni, vigilie, pasti azimi, andare gli uni alla Scuola, o alla Bottega degli altri per insegnare, o per imparare a leggere, o scrivere, o cantare, o suonare, o fare altro esercizio, o per lattare, o per allevar figli, o per mendicare, o far altra cosa da' detti Ordini, Decreti, Costituzioni, e Bolle Pontificie vietata. Proibendo ancora espressamente, sotto le medesime pene, a' cristiani l'accendere agli ebrei, ed a questi farsi accendere da' detti cristiani il fuoco in giorno di sabbato, e far simili servizj agli ebrei, lasciarsi fare da' cristiani alcuno di questi, ed ogni altro servizio in simil giorno.

Ordiniamo, che gli ebrei non possano comprare, ricever, né prendere in pegno le immagini di nostro Signore Gesù Cristo, reliquiarj con dentro reliquie, né Agnus Dei, o altre cose simili spettanti al culto, e religione cristiana, sotto pena della frusta, o di tre tratti di corda. E trovandosi in luogo, ove passi la processione, o altre confraternite con le croci, o immagini de' santi, dovranno subito ritirarsi, non col solo voltare le spalle, ma absentarsi onninamente; e passando le dette processioni per la strade ove mirano le finestre delle loro case, o ghetto, dove l'hanno, dovranno per quel tempo tenerle chiuse. E facendosi, sia di mattina, o di mezzo giorno, o di sera, con la Campana quel segno, che si dice dell'Ave Maria, dovranno onninamente absentarsi dalla piazza, ed osservare ancora ne' giorni della settimana santa, ne' quali si celebra il mistero della passione di Nostro Signore Gesù Cristo, que' segni di riverenza, che tante volte gli sono stati prescritti sotto le solite pene.

A' ciarlatani, saltimbanchi, bagatteglieri, ed altra simil sorta di vagabondi, sotto le pene suddette, comandiamo, che non ardiscano introdurre in questa città, né in alcun luogo di nostra giurisdizione libri di favole, canzoni, novelle, immagini, secreti, e simili altre carte, senza nostra particolar licenza, o de' nostri vicarj; e tanto meno ardiscano di far da predicatori con raccontar miracoli, ec.

Ed acciò il presente editto, con gli ordini tanto generali, quanto particolari, passi a notizia di tutti, e nessumo chicchesia pretendere possa in tempo alcuno ignoranza, ordiniamo a tutti li reverendi signori arcipreti, curati, e rettori delle chiese di nostra giurisdizione, ed a' loro vicegerenti, che nella prima festa dopo la ricevuta di questo debbano pubblicarlo, e leggerlo, o farlo pubblicare, e leggere per Extensum a' loro popoli nelle chiese loro in tempo di maggior concorso; e pubblicato, letto che l'avranno, farlo affiggere alla porta principale delle medesime chiese, o in altro luogo patente, ove da tutti possa essere letto. Indi poi farlo rileggere almeno due volte l'anno; cioè in una delle domeniche d'avvento, e in una di quelle di quaresima, portando poi, o mandando la settimana dopo l'ottava di Pasqua a noi, o a' nostri vicarj rispettivamente la fede, da loro, e da due altri testimonj sottoscritta, di aver ciò nell'uno e l'altro tempo eseguito.

Incarichiamo parimente a tutti li reverendi abati, priori, guardiani, prepositi, e presidenti de' conventi, e congregazioni de' regolari intimarlo, e notificarlo a tutti i loro sudditi. Avvertiamo ancora paternamente i medesimi superiori de' regolari, che siano diligenti nel far leggere a' loro sudditi le bolle, e decreti spettanti al Sant'Officio, e facciano pervenire alla Sagra Congregazione del Sant'Officio in Roma, o alle nostre mani, o se' nostri vicarj il documento pubblico di tal lettura, e fede sottoscritta, in conformità della Costituzione di Alessandro VII di santa memoria, che comincia *Licet alias*, per non esser soggetti alle pene espresse come in quella. E delle due copie, quali manderemo a ciascheduno de' suddetti, debbano affiggerne una alla porta della lor chiesa in modo, che non possi, se non con violenza, esser rimossa, e l'altra nella sagristia de' loro monasterj.

E per rimedio della memoria comandiamo agli stampatori, librari, gabellieri, daziari, portinari, osti, e locandieri a tenerne sempre affissa una copia nelle stamperie, librerie, dogane, osterie, e locande, in luogo patente, ove da tutti sia veduto, e letto; sotto pena di scudi dieci d'oro in caso di trasgressione. E così diciamo, così ordiniamo, così rispettivamente comandiamo.

Agli ebrei parimente, siano massari, o altri a chi spetta, comandiamo, sotto pena di scudi venticinque d'oro, da applicarsi a' luoghi pii, che facciano pubblicare il presente nostro editto nelle loro scuole, e sinagoghe, e lo facciano affiggere alle porte di esse, e delle loro botteghe, acciò da tutti possa in ogni tempo leggersi, ed intieramente osservarsi.

Esortazione

Poiché la gloria di Dio, l'esaltazione della santa fede, e la salute delle anime è l'unico oggetto di questo Sant'Officio, esortiamo ogni, e qualunque persona, di qualsivoglia stato, e condizione essa sia, a ben riflettere al gran danno, che farebbe a sé stessa, ed alla salute spirituale de' delinquenti, se per timore di qualche disgustoso incontro, ovvero della nota di accusatore, o spia, che da' licenziosi, ed impudenti potesse esserle imposta, omettesse di obbedire al comando a principio di questo editto pubblicato, non avendo luogo di legittima scusa un tale timore in vista del rigoroso silenzio, che sempremai osserva nelle sue azioni il Santo Tribunale; e della pronta, e valida difesa, che suole prestare non solo alli suoi ufficiali, ma anco agli accusatori, denunziatori, e testimonj, giusta il tenore della Bolla di San Pio Quinto *Si de protegendis*, che a tutti, e singoli soggetti alla nostra Giurisdizione espressamente intimiamo.

Esortiamo pure tutti li reverendi padri confessori, ed in questo aggraviamo la loro coscienza, ad avere sempre presente l'obbligazione annessa al loro ministero, d'istruire cioè come debbano provvedere a sé stessi que' penitenti, che hanno casi spettanti al Sant'Officio, e parimente d'ammonire del loro dovere coloro, che hanno notizia d'alcun reo di delitto di nostra competenza, giusta l'esposto in questo nostro editto, deponendo in questa parte qualunque malfondata opinione, se mai fosse invalsa in contrario; ed avvertendo, che non ponno legittimamente concedere a tal sorta di penitenti la sacramental assoluzione, se prima questi non hanno denunziato i delinquenti al Tribunale della Santa Inquisizione.

Comandiamo poi sotto pene a noi arbitrarie agli stessi reverendi padri confessori, che essendo loro dati dai penitenti libri, scritture ereticali, o altrimenti poibite dalla Santa Apostolica Sede, ovvero altro di tal sorta, non debbano stracciare, abbruciare, o in altra maniera distruggere tali cose, ma debbano presentarle, ovvero farle presentare a noi, o alli nostri vicarj.

In fine dichiariamo, che quelli, i quali avendo commesso qualche delitto spettante al Sant'Officio, verranno spontanei avanti di noi, o de' nostri vicarj prima di essere da altri prevenuti, e deposti, e confesseranno intieramente, senza diminuzione, il loro errore, saranno da noi con singolare carità, e misericordia ricevuti, e privatamente spediti.

[aggiunta]

Ed acciocché veggasi vie più palese quale, e quanta è la mitezza, e la misericordia del Santo Tribunale, in vigore delle speciali facoltà, che la santità di nostro signore papa Pio VI felicemente regnante si è degnata accordarci nella presente circostanza del riaprimento del medesimo Santo Tribunale in questo Reali Dominj, dichiariamo, e facciamo noto a tutti quelli, che prima della data del presente avessero delinquito nella nostra giurisdizione in materia di fede, ed in ogni maniera spettante al Sant'Officio, che presentandosi, e confessando spontaneamente, e senza diminuzione avanti a noi, ed avanti a' nostri vicarj generali, o foranei i loro reati, goderanno dalla data di questo per mesi quattro in appresso del beneficio dei sponte-comparenti, ancorché ne fossero stati prevenuti in qualunque tribunale ecclesiastico di questi medesimi stati; intendendo però, che non approfittando essi dentro il divisato tempo di una così ridondante grazia, ed indulgenza, si procederà contro di loro come sarà di ragione.

Dato nella cancelleria della Santa Inquisizione di Parma il dodici di agosto mille settecento ottanta.

Fr. Vincenzo Giuliano Mozani inquisitore come sopra.

Don Andrea Donelli notaio del Sant'Officio di Parma".

DOCUMENTO N. 25

Lettera di Vincenzo Giuliano Mozani ai cardinali del Sant'Ufficio per chiedere chiarimenti sulle precedenze nelle sottoscrizioni dell'*imprimatur* nei libri da stamparsi nello Stato, 6 aprile 1793.
ACDF, Tit. lib. 1784-1797, fasc. 27.

Mozani avvisa i cardinali di essere stato informato dal proprio vicario di Guastalla che il canonico "Giovanetti, già vicario generale del defunto Mons. abbate ordinario Tirelli, essendo stato ultimamente confermato nella stessa carica da Mons. Scutellari nuovo abate ordinario di Guastalla, il quale sento che sia costì per la sua consacrazione in vescovo di Joppe [Giaffa in Israele], d'improvviso ha mossa la pretensione d'esaminare egli il primo li manoscritti da stamparsi, e di porre la sua sottoscrizione prima di quella del vicario del Sant'Officio, e che così ha fatto in alcuni manoscritti. Mi aggiunge poi esso padre vicario, che prima di scrivermene ha stimato bene di fare un atto pulito con esso vicario generale per avere il preciso suo sentimento, e che il medesimo gli ha risposto, che per accidente, e senza pensarvi ha declinato dall'uso, ma che però ha ancora riflettuto, che il vicario generale di Mons. vescovo di Parma si sottoscrive prima del vicario generale del Sant'Officio, e così in altre città, e che li vicari foranei del Sant'Officio non devono essere di più del vicario generale dello stesso tribunale. A me pare che tali ragioni non abbiano luogo nel caso presente, e perché l'ordinario di Guastalla è abbate, e non vescovo, e quantunque Mons. Scutellari sia ora vescovo di Joppe, questa è una decorazione personale, affatto estranea all'essere abbate di Guastalla, sì perché il vicariato del Sant'Officio nel Ducato di Guastalla, non è un vicariato foraneo semplice, ma un vicariato che ha oltre il vicario, notaio, mandatario, l'avvocato fiscale, l'avvocato dei rei, un consultore teologo, altro canonico, ed altro legale, ed il revisore di libri, come apparisce nei registri che sono in cotesto archivio della Suprema S. Congregazione ma, lasciate a parte le riflessioni, il fatto certo egli è, che li manoscitti da darsi alle stampe, come costa dagli esistenti presso lo stesso padre vicario, sempre prima cioè della soppressione del Sant'Officio di Guastalla, e dopo la ripristinazione del medesimo sino al presente, ed in tempo, che esso Giovanetti era vicario generale del fu abbate ordinario Mons. Tirelli sono stati portati prima al vicario del Sant'Officio, e poi al vicario di Mons. abbate, e sempre nella approvazione in primo luogo si è sottoscritto il vicario del Sant'Officio, ed in secondo il vicario generale di Mons. abbate. Di tutto questo ne umilio notizia alle EE. VV. supplicandole a volere degnarsi di significarmi come debba contenermi in quest'affare [...]".

DOCUMENTO N. 26
***Editto generale per l'Uffizio della Santa Inquisitore di Parma*, pubblicato dall'ultimo inquisitore, Vincenzo Tommaso Passerini, 22 giugno 1802.**
AVPr, cassetta unica Inquisizione.
[L'editto è molto più breve dei precedenti e non ne ricalca più il consueto schema tripartito].
"Noi fr. Vincenzo Tommaso Passerini dell'ordine de' predicatori, maestro di sacra teologia, Inquisitore generale delle città di Parma, Borgo San Donnino, Guastalla, e loro pertinenze, dalla Santa Sede Aspostolica contro l'eretica pravità spezialmente delegato.
Essendo delle piissime intenzioni di Sua Altezza Reale, e del nostro preciso dovere, come porta il carico di questo Santo Ufficio a noi imposto, di conservare immacolata e pura la Santa Divina Fede Cattolica dalle velenose dottrine e da ogni minimo errore, dichiariamo essere nel loro pieno vigore tutti gli editti dei nostri antecessori, e tutti e singoli li casi, e gli ordini in essi contenuti e descritti.
Ritorniamo però alla memoria dei reverendi parrochi, e confessori, ed ai superiori delle religiose comunità i doveri, a cui per obbligo di giustizia, per legge di carità sono tenuti, e speriamo dalla loro vigilanza, dottrina, e zelo sincero e prudente del proprio e dell'altrui bene eterno, l'aumento sempre maggiore della Cattolica Religione, e del buon costume.
Esortiamo per ultimo paternamente i veri seguaci di Gesù Cristo a dare orecchio diligentemente alle voci della Verità, ed alle insinuazioni, che loro all'occasione saranno fatte dai saggi e discreti ministri di Dio, e ad essere costanti nei religiosi principj, che a grande sorte ereditarono dai loro padri. La misericordia del Signore sia con tutti noi.

Dato nella cancelleria della Santa Inquisizione di Parma il ventidue di giugno mille ottocento due.
Fr. Vincenzo Tommaso Passerini inquisitore come sopra.
Luogo + del sigillo.
Don Antonio Squarcia notajo del Sant'Officio di Parma.
Dalla reale stamperia".

DOCUMENTO N. 27
Decreto di vendita dei libri appartenuti all'Inquisizione di Parma, con elenco dei volumi scelti da Angelo Pezzana per la Biblioteca di Stato.
ASPr, Decreti e rescritti, 3 marzo 1806.
"L'Administrateur préfet des Etats de Parme, Plaisance, et Guastalla.
Vu l'Inventaire estimatif des livres provenans de la Inquisition de Parme fait par le S.r Melegari commissarie nommé à cet effet.
Vu la note ci-jointe des livres choisis par le S.r Pezzana secretaire de la Bibliothèque, et destinés pour la Bibliothèque même, en conséguence de la commission lui donnée par notre Prédecesseur.
Vu les arrêtés du Gouvernement des 22 Brumaire et 23 Nivose an 6 publiés dans les Etats de Parme par l'arrêté de 4 Fructidor an 13.
La vente de ces effets, outre eux désignés dans la note surnommée, sera faite par le receveur des domaines au bureau de Parme, en presence de M.r le subdélégué de l'arrondisment de Parme qui demeure chargé de fixer le jour qu'elle devra avoir lieu.
Donnè è l'Hôtel de l'Administration Générale, à Parme le 3 Mars 1806.
L'Administrateur Préfet.
[Firma].
Note des livres choisis par le soussigné dans la ci-devant Inquisition de Parme, et transportés à la Bibliothèque Imperiale.
Parme 18 décembre 1805.

1. Oeuvres de Rabelais 12° 1732 tom. 6
2. Helvetius De l'Esprit 12° 1768 tom. 3
3. Biblia sacra Coloniae Agrippinae 8° 1647 tom. 1
4. Autre 12° (en lengue [sic], et caractères allemands) 1731 tom. 1
5. Margot La Ravaudeuse 12° 1775 Hambourg (broché) tom. 1

Parmi ceux qu'on avait rebutés, on a choisi les suivans:

Locatus Opus quod judiciale Inquisitorum dicitur 4° Romae 1568 Bladii.
Boni Introductio in divinam chemiae artem 4° Basileae 1572 Perna.
Gatti Consilia Fol. Parmae 1688 Rossetti.
Frischi Anatomia alchymiae 8° Parm. 1695 Rossetti.
Gabalis (le Co. de) ou Entretiens sur les sciences secrets 12° Paris 1670 Barbin.
Ptolemaei De praedicationibus astronom. 12° Perus. 1646.
Palmari Lapis philosophicus 8° Parisiis 1609.
Boccalini Ragguagli di Parnaso 4° Venezia 1617.
Gallaratus Diatriba medico-sceptica de alcali et acido 12° Bononiae 1688 Monti.
Capoa Parere sulla medicina 4° Napoli 1689.
Bisaccioni Comment. delle guerre successe in Alemagna Venezia 1636 Baba.
Biblia sacra vet. et novi Instrum. 8° Lugduni 1536.
David Les Psaumes 12° Amsterd. 1716 We[tstein]
Norberto Lettere apologetiche tradotte dal francese da D. Asc. Greni 8° Lucca 1751.
Febronio Riflessioni critiche sopra il libro De Statu Ecclesiae Lucca 8° 1766.
S. Gio Apostolo L'Apocalisse 8° Lugano 1781.
Loyseau Discours sur l'abus des Justices de Village 8° Paris 1628.
Pallavicino Scena retorica 8° Venezia 1652.
Pallavicino La rete di Vulcano 12° 1641 Venezia.
Marino Rime 12° Parma 1619 Viotti.
Galeazzi Opera scenica 12° Palermo 1699.
Indice de' libri del negozio di Paolo Monti 1717.
Biblia sacra utriusque Testamenti 8° Nuremberg 1727 Petrejus.
Index librorum prohibitorum Benedicti XIV Romae 1758.

Leoni Raccolta d'alcune operette spirituali proibite 8° Pavia 1717 Ghidini.
Nouveau Testamment 8° Genève 1729 Villiard.
Arpa dell'anima 8° lungo (Allemand) Oehringen.
Della Chiromanzia Parte 1° Fol. Manoscritto.
Bazzicaluve Systema med. Mechan. 4° Manoscritto.

Reçus pour la Bibliothèque Imperiale de Parme. Ange Pezzana".

Quarta appendice: cronotassi degli inquisitori e dei loro vicari generali a Parma nel Settecento

La tabella seguente tiene conto di tutte le fonti archivistiche e bibliografiche citate nel presente saggio, fra cui, principalmente, dell'opera di Al Sabbagh Luca, Santarelli Daniele, Schwedt Herman H., Weber Domizia, *I giudici della fede. L'Inquisizione romana e i suoi tribunali in età moderna,* Firenze, Clori, 2017, pp. 99-101.
Ringrazio Herman Schwedt per le fondamentali indicazioni biografiche.

Legenda: OP: *Ordo praedicatorum*

Inquisitori	Vicari generali
Giovanni Battista Pichi da Ancona OP (1699-1708)	Giovanni Domenico Frangiosi OP (1701) Cornelio Giuseppe OP (1702)
Angelo Michele Nanni da Modena OP (1708-1709)	Angelo Maria Onda da Ceriana OP (1709) Pio Serafino Magnanini da Modena (1709)
Tommaso Maria Gennari da Chioggia OP (1709-1710)	
Vincenzo Maria Mazzoleni da Bergamo OP (1710-1718)	Carlo Girolamo Maffei OP (1711-1717)
Giuseppe Maria Galli da Como OP (1718-1728)	Domenico Maria Bellotti OP (1724)
Antonino Pozzoli da Lodi OP (1728?-1733?)	Pietro Martire Cassio OP (1729)
Giovanni Domenico Liboni da Ferrara OP (1733-1738)	
Giovanni Andrea Passano da Ferrara OP (1738)	

Umberto Maria Viali da Taggia OP (1738-1739)	
Giacinto Maria Longhi da Milano OP 1739-1752)	Filippo Mossari OP (1740)
Pietro Martire Cassio da Borgo Taro OP (1754-1769)	Raimondo Migliavacca OP (1759-1764) Giacinto Maria Vismara OP (1764) Vincenzo Giuliano Mozani da Parma OP (1768-1769)
SOPPRESSIONE DEL SANT'UFFICIO (1769-1780)	SOPPRESSIONE DEL SANT'UFFICIO (1769-1780)
Vincenzo Giuliano Mozani da Parma OP (1780-1798)	Vincenzo Tommaso Passerini OP (1781) Domenico Poncini da Torino OP (1785)
Gaetano Galli OP (1798-1802)	
Vincenzo Tommaso Passerini OP (1802-3)	

Quinta appendice: vicari foranei nominati nel 1781

Al momento del ristabilimento del Sant'Ufficio, l'inquisitore Vincenzo Giuliano Mozani nominò i propri vicari foranei, che nella tabella seguente vengono elencati secondo l'ordine in cui si presentano nel manoscritto da lui inviato alla Congregazione del Sant'Ufficio nel 1781: *Catalogus omnium ministrorum, officialium, et familiarium S. Inquisitionis Parmae pro civitatibus Parmae, Burgi Sancti Domnini, Buxeti, Vastallae lociisque ejsdem annexis anno 1781* (ACDF, St. St, GG 4 c).

Legenda:
OP: *Ordo praedicatorum*

Luogo	Nome	Ordine religioso di appartenenza
Berceto	D. Laurentius Laurenti	sacerdos saecularis, canonicus
Calestano	D. Iacobus Ablondi	rector Fragni
Ciano	D. Franciscus Ponticelli	rector Cedogni
Colorno	P. F. Thomas Vignoli	OP
Corniglio	D. Franciscus Magnani	sacerdos saecularis, canonicus
Monchio delle Corti	D. Petrus Sadei	rector Vallistaccae
Fontanellato	P. F. Felix Gelati	OP
Fornovo	D. Nicolaus Rabaglia	archipresbiter
Langhirano	P. D. Robertus Biga	Ordinis S. Benedicti
S. Maria del Piano	D. Fortunatus Guidi	archipresbiter Basilicae Gojani
Medesano	D. Ioseph Cavalli	rector Miani
Poviglio	D. Ioannes Mori	archipresbiter

Sasso	D. Dominicus Bondani	sacerdos saecularis
S. Secondo	D. Ioseph Biagi	sacerdos saecularis, canonicus
Sinzano	D. Angelus Cella	archipresbiter Carignani
Sissa	D. Franciscus Antonius Galeani	praepositus Coltari
Soragna	P. F. Ioannes Antonius Musini	Ordinis Servorum
Sorbolo	D. Andreas Magnani	rector Enzolae
Tizzano	D. Petrus Garsi	Praepositus Anzolae
Valli dei Cavalieri	D. Alexander Carepelli	archipresbiter Pallanzani
Borgo S. Donnino	P. F. Ioseph Antonius Foschieri	Ordinis Minorum Conventualium
Busseto	D. Carolus Fava	sacerdos saecularis, canonicus
Contignaco	D. Ioseph Vicini	praepositus Tabiani
Zibello	P. F. Vincentius Quattromo	OP
Monticelli	D. Laurentius Mezzadri	sacerdos saecularis, canonicus
Guastalla	P. F. Philippus a Valle	Ordinis servorum
Luzzara	P. F. Ioseph Nicolaus Campanini	Ordinis Eremitarum Sancti Augustini
Reggiolo	D. Andreas Ferretti	archipresbiter

Indici della biblioteca di don Capretti

In collaborazione con Catia Zambrelli

Indice degli stampatori, accompagnato dal luogo di stampa

Il numero si riferisce all'item nell'inventario della prima appendice

Abbati Stefano
Napoli
767

Abri Nicolò
Napoli
208

Agnelli Francesco
Milano
202, 385, 517, 585, 598, 723

Alberti Giovanni
Venezia
330, 392, 394, 509

Albrizzi Girolamo
Venezia
45

Albrizzi Girolamo
Colonia
511

Albrizzi Giovan Battista
Venezia
111, 244

Amatina (Stamperia)
Pesaro
653

Amaulrij Thomas
Lione
479

Angelieri Agostino
Venezia
249

Angelieri Giorgio
Venezia
11

Anisson Laurentii
Lione
183, 672

Antoni (degli) Antonio & Antonino
Milano
129

Armani Francesco
Venezia
395, 435

Arnaud Laurent
Lione
698, 701, 768

Arnaud, Laurent & Borde, Pierre
Lione
673

Associati
Ginevra
363

Azoguidi Baldassarre
Bologna
30

Baba Francesco
Venezia
94, 671

Baglioni Paolo
Venezia
41, 124, 151, 152, 155, 182, 187, 188, 209, 234, 267, 269, 402, 493, 578, 638, 642, 717, 719, 720, 724, 746, 747, 762, 766, 775, 777

Baldini Vittorio
Ferrara
391, 564

Barbagrigia (erede di)
Amsterdam
576

Barbier Guglielmo
Lione
677, 694

Barbieri Domenico
Bologna
452, 696

Barezzi Barezzo
Venezia
168, 169, 557, 631, 750

Bariletti Giovanni
Venezia
508

Baritel Hilaire
Lione
477

Barnabò Rochi
Roma
662, 743

Basa Bernardo
Venezia
231

Baseggio Lorenzo
Venezia
230, 288, 463, 485, 666, 744

Basilio Lorenzo
Venezia
184

Bazachi Giovanni
Piacenza
223, 279, 320, 341, 375

Bazacchi Alessandro
Piacenza
223

Bebelio Giovanni
Basilea
197

Bellagamba Giovan Battista
Bologna
85

Bellagatta Domenico
Milano
54, 177

Bellagatta Domenico (eredi di)
Milano
154

Belleri Giovanni
Anversa
504

Bellone Marc'Antonio
Carmagnola
71, 361

Benacci Vittorio (erede di)
Bologna
326, 459, 475, 584

Bernabò
Roma
472

Bertano Giacomo
Venezia
118, 157

Bertano Giovanni Antonio
Venezia
409, 641

Bertano Pietro Maria
Venezia
76, 101

Besson Antoine
Lione
488

Bettinelli Tommaso
Venezia
615, 781

Bidelli Giovan Battista
Milano
370, 391, 426, 449, 638

Bindoni Francesco
Venezia
286, 311

Bizzardo Giorgio
Venezia
379

Boissat, Horace & Remeus, George
Lione
268

Bonelli Giovanni Maria
Venezia
306

Bonetti
Siena
4

Borde Philippe
Lione
698, 701, 768

Borde Pietro
Lione
768

Borde Philippe & Arnaud, Laurent & Rigaud, Claude
Lione
212

Borsi Francesco
Parma
221, 621, 754, 755, 772

Bortoli Antonio
Venezia
102, 115, 122, 219, 228, 357

Bosi Antonio
Venezia
233, 404

Bossi Agostino
Palermo
670

Bossino Giambattista
Brescia
31

Boude J.J.
Tolosa
475

Boudet Antoine (vedova di)
Lione
328

Bozzola Giovanni Battista
Brescia
439

Bresciano Giovanni Antonio
Brescia
26

Brugiotti Andrea
Roma
625

Buagni Giovanni Francesco
Roma
222

Bulifon Antonio
Napoli
470

Burgio Antonio
Milano
332

Camera Apostolica
Roma
90, 199, 253, 563, 715

Capponi Antonio
Modena
342, 468

Carattoni Agostino
Verona
175

Carminati Pietro
Venenzia
776

Caroli Giuseppe Quinto
Milano
513

Cassiani (eredi di)
Modena
473

Cavalcalupo Gerolamo
Venezia
436, 498, 535

Cavalli Francesco
Roma
118

Celle Benedetto
Genova
453

Certe Jean
Lione
204

Cesari Amatina
Pesaro
653

Chaudiere Guillaume
Parigi
205

Chracas Luc'Antonio
Roma
623

Ciera
Venezia
109, 652

Ciotti Giovanni Battista
Venezia
705

Cocchi Bartolomeo
Bologna
251

Coignard Giovanni Battista
Parigi
478

Coleti Sebastiano
Venezia
125, 323, 609

Collegio Agrippino
430

Collegio Romano
Roma
421

Colosini
Venezia
635

Combi Battista
Venezia
411

Comino di Tridino
Venezia
266

Comino Giuseppe
Padova
322

Conzatti Giovanni Battista
Padova
257, 259

Coral Benoit
Lione
159

Corbelletti (eredi)
Roma
166

Corona Giuseppe
Venezia
174

Corvi Giuseppe
Roma
734

Cotta Giovanni Giorgio
Tubinga
622

Coeurssilly Vincentium de (editore)
Lione
521

Crith Ioannis
Colonia
417

Cuesta, Juan de la
Madrid
381

Curioni Girolamo
Basilea
344

Dall'Oglio Giuseppe
Parma
137, 265, 692

Dalla Volpe Lelio
Bologna
43, 189, 300

Dalla Volpe Lelio
Roma e Bologna
601

Da Ponte Simone
Treviri
515

De Choris Bernardino
Venezia
352

De Franceschi Francesco
Venezia
643

De Propaganda Fide
Roma
207

De Rossi Antonio
Roma
195, 203, 314, 324, 536, 545, 686

De Rossi Vincenzo
Mondovì
542

De Simonetti Giovanni Maria
Bologna
334

Dezallier
Parigi
699

Deuchini Evangelista
Treviso, Venezia
707, 739

Divesini Biagio
Roma
287

Dragondelli Giacomo
Roma
210

Egmondt Cornelius
Colonia
430

Elseuir
Leida
514

Ettori Benedetto
Bologna
191

Fabiano Iacopo e Amico Giovanni Battista
Padova
302

Fabriano Jacopo
Padova
304

Facciotti Guglielmo
Roma
632

Facciotti Pietro Andrea
Roma
741

Farri Domenico
Venezia
245, 389

Fei Andrea
Bracciano
566

Fei Andrea
Roma
273, 629

Feltrini Natale
Venezia
675, 676

Ferdinando Giovanni
Salamanca
606

Fernandez de Cordoba, Diego (3)
Valladolid
560

Ferrari Giorgio
Roma
757

Ferroni Domenico Maria
Bologna
572

Fioravante a Prato
Venezia
9, 586

Fontanedo Guglielmo
Venezia
351

Franchelli Giovanni Battista
Genova
63

Frellon Jean II e François
Lione
504, 603

Gagliardi Carlo Federico
Milano
703

Gennari Pietro
Cremona
409

Gennep Jaspar von
Coloniae
584

Giacopazzi Giuseppe
Piacenza
227

Gherardo Paolo
Venezia
546

Ghezzi Egidio
Roma
73

Ghidini Antonio
Pavia
240

Ghisolfi Filippo
Milano
368

Ginammi Marco
Venezia
126

Gioliti
Venezia
443, 466, 467

Gislandi Francesco Maria
Mondovì
201, 459

Giuliani
Venezia
104

Giuliani Michele
Parigi
450

Giunta Bernardo e Ciotti Giovanni Battista soci
Venezia
709

Giunta Lucantonio
Venezia
354, 657

Giunta (Giunti) Bernardo
Venezia
6, 65, 94, 105, 218, 497, 742

Giunta (Giunti) Filippo
Firenze
539

Giunta Jacques
Lione
691

Giusti Iacopo
Lucca
58

Gregori Gregorio (di)
Venezia
374

Griffi Giovanni
Venezia
347

Grignani Lodovico
Roma
428

Gryphius Sébastien
Lione
524

Gromi Domenico
Brescia
383 (Lione e Brescia), 630

Guerigli Giovanni
Venezia
62, 79, 89, 217, 312, 353, 718

Hertz Giovanni Giacomo
Venezia
214, 442

Hoffaecker Giovanni Giorgio
Praga
162

Huguetan Jean-Antoine
Lione
677, 693, 694

Huguetan Jean-Antoine II & Ravaud, Marc'Antoine
Lione
307

Imperatore Bartolomeo e Imperatore Francesco
Venezia
378

Ipigeo Luca
Amsterdam
569

Isingrini Michele
Basilea
299, 361

Keerbergium Ioannem
Anversa
737

Komarek Giovanni Giacomo
Roma
91, 116, 647

Landry Claudij
Lione
684

Laurentino Francesco
Venezia
81

Lelli Girolamo
Venezia
301

Locarni Pietro Martire (erede di)
Milano
369

Locatelli Boneto
Venezia
356

Longhi Gioseffo
Bologna
57, 364, 429, 651

Louisa Domenico
Venezia
455

Lovisa Domenico
Venezia
639

Malatesta Giuseppe
Milano
449, 612, 778

Malatesta Giuseppe Richino
Milano
649, 664

Malatesta Marc'Antonio Pandolfo
Milano
346

Malatesta Melchiorre
Milano
340

Manfrè Giovanni
Coloniae
669

Manfrè Giovanni
Venezia
646

Manfrè Giovanni
Padova
220, 276, 482, 534, 597, 613, 689, 690, 760, 771

Manfrè Giovanni
Ferrara
759

Manuzio Aldo il Vecchio (eredi di)
Venezia
370

Manuzio Aldo il Vecchio e Terrosano Andrea il Vecchio (eredi di)
Venezia
349, 393

Mainardi Girolamo
Roma
648

Marchetti Pietro Maria
Brescia
264, 591

Marescandoli Salvatore e Gian Domenico
Lucca
277

Marelli Giuseppe
Milano
243

Marino Felice
Palermo
420

Marsilio Giovanni
Anversa
456

Marteau Pierre
Cologna
491

Martinelli Giovanni
Roma
5

Mascardi Giacomo
Roma
292, 625

Mascardi Vitale
Roma
552

Matenad Sebastian
Barcellona
732

Mathevet Charles
Lione
486

Matthysz Severyn
Lione
494

Meurisi Iacopo
Anversa
161

Michel Étienne
Lione
688

Milocho Benedetto
Venezia
255, 399, 500, 555, 575

Misserini Nicolò
Venezia
215

Monaco Michele
Napoli
213

Monti Giacomo
Bologna
225, 384, 685

Monti Paolo
Parma
26, 162, 178, 252, 275, 434, 588,
590, 608, 680, 682, 702, 710, 764

Moretti Niccolò
Venezia
373

Mosca Felice
Napoli
170

Muzio Michele Luigi
Napoli
559, 615

Nanty Germain
Lione
695

Nicolini Domenico
Venezia
8, 49, 319, 617

Nivelli Sebastiano
Parigi
495

Nucci Martino
Anversa
683

Nuzio Filippo
Anversa
611

Occhi Domenico
Venezia
338, 413

Occhi Simone
Bologna
668

Occhi Simone
Venezia
752, 781, 785

Oliva Roberto Stefano
Ginevra
197

Oporinus Johann
Basilea
295

Oporiniana officina
Basilea
246

Osmarino Giovanni
Roma
99

Padovano Giovanni
Venezia
303, 396, 397, 499

Paperini Bernardo
Firenze
727

Parone Giambattista
Trento
150, 554

Parrino Domenico Antonio
Napoli
615

Parrino Domenico Antonio & Parrino Nicolò
Napoli
464

Pasini (fratelli)
Brescia
439

Passari Giacinto
Napoli
376

Pazzoni Alberto
Parma
167, 710

Pazzoni Alberto
Pavia
252

Pazzoni Alberto
Mantova
107, 619

Pecori Santo
Venezia
29, 229

Peri Giovanni Domenico
Genova
528

Pezzana Nicolò
Venezia
52, 85, 112, 113, 153, 160, 165, 173, 179, 181, 200, 254, 285, 382, 454, 469, 526, 549, 579, 599, 607, 628, 665, 710, 711, 725, 726, 739, 769, 779, 786

Piacentini Francesco
Venezia
293

Piccaglia Giovan Battista
Milano
529, 548

Pignoni Zanobi
Firenze
298

Pisari (Pissarri) Costantino
Bologna
480, 507

Pitteri Francesco
Venezia
386, 580, 627, 730

Plaignard Claude
Lione
481

Plaignard Leonard
Lione
490

Plantini Cristoforo
Anversa
281, 412

Poletti Andrea
Venezia
82, 262, 444, 636

Pomatelli Bernardino
Ferrara
679, 756

Ponzio Pacifico
Milano
529

Prodotti
Venezia
2

Prost Jacques
Lione
339

Prost Pierre
Lione
701

Prost Pierre héritieres & Borde, Philippe & Arnaud, Laurent
Lione
226

Quentel Pietro
Colonia
48

Quinto Carlo
Milano
103

Raesfeldt Lambert
Monasterii Westphaliae
294

Raillard Bernardo Michele
Napoli
336

Ramanzini Dionigi
Verona
36, 224

Ramellati Ambrogio
Milano
548

Ramellati Pietro
Milano
654

Rampazetto Francesco
Venezia
309

Ranaud Marco Antonio
Lione
693

Recaldini Giovanni
Bologna
185

Recurti Giovan Battista
Venezia
32, 37, 38, 39, 44, 198, 206, 451, 465, 483, 492, 516, 518, 527, 573, 714, 728, 774, 783

Remondini Giovanni Antonio
Bologna
423, 765

Remondini
Venezia
282, 567, 616, 761

Remondini Giovanni Antonio
Bassano
782, 784

Riccardi Francesco
Cremona
280

Ricciardi Pietro
Venezia
634

Rigaud Cl.
Lione
698

Sas, Hans
Groninga
271

Rigaud Pietro
Lione
327

Rizzardi Giovanni Maria
Brescia
650

Rommei Martino
Tubinga
256

Rosati Galeazzo
Parma
489, 704

Rosati Giuseppe
Parma
265, 398, 534, 758

Rosati Giuseppe e Ippolito
Parma
681

Rossetti Marino
Venezia
136, 716

Rota Bartolomeo
Venezia
721

Rubini Bartolomeo
Venezia
641

Ruffinelli Angelo
Roma
64

Ruinetti Giuseppe Maria
Venezia
645

Salicato Altobello
Venezia
248, 326

San Tommaso d' Aquino (tipografia bolognese)
Bologna
34

Sansuino Francesco
Venezia
337

Sassi
Bologna
474

Savioni Girolamo
Venezia
770

Schlegel Joannes Georgius
San Gallo
211, 610

Scionico Giovanni Battista
Genova
753

Scoto Girolamo
Venezia
658

Scotti (Scoto) Girolamo (eredi di)
Venezia
47, 655, 736

Seresio Guglielmo
Londra
274

Seliba Giovanni
Colonia
510

Sermartelli Bartolomeo
Firenze
415

Sessa Giovanni Battista e Melchiorre
Venezia
407

Sessa Melchiorre
Venezia
286, 488, 633

Severini Paolo
Napoli
242

Società
Brescia
722

Società
Lione
687

Società
Lovanio
700

Società
Parigi
476

Società minima
Venezia
120, 157

Società veneta
Venezia
51

Soliani Bartolomeo
Modena
661

Somasco Giovanni Battista
Venezia
405, 708

Spei
Venezia
7, 10, 387

Spineda Lucio
Venezia
525

Stampatore Archiepiscopale
Milano
543

Stamperia della Venerabile Cappella del SS. Sacramento
Urbino
410

Stamperia del Seminario appresso Manfré Giovanni
Padova
290

Stamperia Ducale
Parma
284, 343, 365

Stamperia Giuliano
Torino
541

Stamperia Reale
Parma
278

Steiner Henricus
Augusta
46

Storti Francesco
Venezia
541, 751

Straubhaar Molshemi
Vienna
523

Storti Francesco
Venezia
236, 238, 620, 745, 751

Tabernel Jacinto
Salamanca
484

Tani Bernardino
Roma
96

Tebaldini Nicolò
Bologna
501

Tinassi Nicola Angelo
Roma
656, 706

Tini Simone
Milano
403

Tipografia del Seminario
Padova
56

Tomasini Cristoforo
Venezia
164

Torrentino Lorenzo
Firenze
372

Totij Pietro Paolo
Venezia
82

Tournes, Jean de (I)
Lione
494

Tozzi Pietro Paolo
Padova
329

Turino Antonio
Venezia
239

Turlino Giacomo
Brescia
250, 367

Turlino Policreto
Brescia
235

Turrini
Venezia
186

Ugolini Giovanni Battista
Venezia
261

Valgrisi Vincenzo
Venezia
422, 605

Valvasense Giovanni Francesco
Venezia
313, 540

Varesi
Roma
190, 216, 660

Vasalini Giulio
Venezia
441

Venturini Leonardo
Lucca
121

Verdi Giovanni Maria
Modena
623, 674

Verdussen Giovanni Battista
Anversa
123

Vicentini Sebastiano
Venezia
589

Viezeri
Venezia
114

Vigna Mario
Parma
74, 86

Vigone Francesco
Milano
87, 345, 533

Vingle Pierre de
Lione
414

Vitali Bernardino
Venezia
305

Viotti Erasmo
Parma
83, 272, 296, 335

Viotti Seth
Parma
530

Weheli Cristiano
Parigi
128

Wingendorp Gerhard
Lione
494

Zalteri Marco Antonio
Venezia
76

Zambelli
Piacenza
283, 366, 562

Zane Francesco
Venezia
55, 602, 713

Zapata Bartolomeo
Torino
359

Zatta Antonio
Venezia
371

Zempel Jo.
Roma
192, 194, 457

Zenari Damiani
Venezia
98

Zenobi Filippo
Roma
600

Zenobi Gaetano
Foligno
433

Ziletti Giordano
Venezia
237
Zio Domenico
Venezia
604

s.n.t.
Venezia
659

Indice degli autori

Il numero si riferisce all'item nell'inventario della prima appendice

Accademia della Crusca 666, 744

Alain de la Roche 402

Alardus Amstelredamus 603

Alberti, Giovanni Andrea 528

Albertus Magnus (santo) 424

Allacci, Leone 207

Amat de Graveson, Ignace Hyacinte 31, 43

Amico, Bernardo Maria 60

Annat, Pierre 234

Anselmus Cantuariensis (santo) 6

Antonino (santo) 498

Antonius a Sancto Spiritu 172, 173

Antonio Maria da Albogasio 346

Arcangelo dell'Epifania 753

Argentan, Louis François d' 526

Aristoteles 354, 361

Arnoldo *a SS. Petro & Paulo* 61

Augustinus, Aurelius (santo) 45, 66, 454, 468, 478, 618

Aurelio da Genova 63

Avancini, Nicola 489, 534, 599

Azpilcueta, Martin 260, 261

Azzi, Felice degli 627

Bacchini, Benedetto 473

Bacci, Pietro Giacomo 625, 650

Bail, Louis 689

Baldassarre da S. Caterina da Siena 696

Baldassarri, Antonio 88

Bañez, Domingo 157

Barbieri, Giuseppe Filiberto 519

Barbosa, Agostinho 253, 255, 675, 676, 701

Barcia y Zambrana, José de 156

Barclay, John 315

Baronis, Bonaventura 307

Barrière, Jean François 475

Barry, Paul de 552

Bartoli, Daniello 202, 216

Bartolo da Sassoferrato? 110

Bartolomeo da Saluzzo 439

Baruffaldi, Girolamo 761

Basilius Magnus (santo) 10

Bassani, Matteo Antonio 219

Bassé, Eloi de la 113

Bauldry, Michel 638

Belethus, Ioannes 535

Bellarmino, Roberto 53, 54

Bellati, Antonfrancesco 588

Bellon, Jean 422

Bembo, Pietro 336

Benedictus (papa, XIV) 621, 651, 755, 759

Benetti, Giovanni Domenico 107

Bernardo da Castelvetere 785

Bernardus Claraevallensis (santo) 691

Bertazzoli, Bartolomeo 708

Bertoni, Andrea 679

Bertrand, Jean-Baptiste 491

Beuvelet, Mathieu 597

Biacca, Franesco Maria 40

Biel, Gabriel 488

Blosio, Lodovico 601

Boccalini, Traiano 312, 369, 502

Bogdanovicz, Bernard 91, 563

Bona, Giovanni 123, 728

Bonacina, Martino 176

Bonaventura da Bagnorea (santo) 406, 426

Bondi, Clemente 278

Bordoni, Francesco 74, 88, 368, 680, 681, 682, 692, 693, 694, 720

Bossi, Egidio 81

Bossi, Giovanni Angelo 87

Bossuet, Jacques Bénigne 210, 236, 244, 620

Bouhours, Dominique 477

Bourdaloue, Louis 607, 713, 716

Brancaccini, Domenico Maria 656

Brancati, Lorenzo 115

Breve ristretto della vita del beato F. Bernardo da Corleone 550

Bruno, Vincenzo 443, 467, 548

Buffier, Claude 580

Burgos, Alessandro 229

Busenbaum, Hermann 243

Bussy-Rabutin, Roger de 385

Butzer, Martin 414

Cabassut, Jean 228

Cabrini Giuseppe 102

Caldera, Fernando 543

Calepino, Ambrogio 690

Calino (Calini), Cesare 36, 37, 38, 198

Calmet, Augustin 121, 125, 712

Calusco, Taddeo 585

Camilli, Annibale 433

Campana, Pier Tommaso 664

Campetti, Pierre Calixte 768

Capelli, Francesco Maria? 431

Capriolo, Angelo 26

Cardenas, Juan de 165

Carena, Cesare 685

Carisi, Pellegrino Felice 27

Carnoli, Luigi 200

Carsughi, Ranieri 536, 545

Cartari, Flaminio 566

Casas, Bartolomé de Las 126

Casilio, Giovanni Battista 376

Casini, Francesco Maria 154

Cassiodorus, Flavius Magnus Aurelius 655

Castiglione, Baldassarre 322

Castiglione, Sabba da 334

Castro Palao, Ferdinando de 181

Caterina da Siena (santa) 4

Cattaneo, Carlo Ambrogio 153, 598

Catullus, Gaius Valerius 524

Caussin, Nicolas 317

Cella, Scipione 448

Cepari, Virgilio 474

Ceppi, Nicola Girolamo 314

Cherubini, Laerzio 53

Chiericato, Giovanni Maria 262

Chiesa cattolica 90, 98, 109, 199, 218, 652, 725, 251

Christianus, Tobias 523

Cicatelli, Sanzio 201

Cicero, Marcus Tullius 370

Cicognini, Jacopo 298

Cittadella, Pietro 301

Claude de la Colombière (santo) 437, 444, 609, 719

Clement, Claude 339

Clemente (papa, XI) 636

Carmelitani Scalzi, Collegio Complutense di San Cirillo 358

Comitoli, Paolo 84

Concilio di Trento 237

Concina, Daniele 668

Coninck, Gilles de 683, 684

Cornelius a Lapide 124

Corner, David Gregor 574

Corsetti, Bartolomeo 615

Cottone, Antonio 164

Covarrubias y Leyva, Diego 658

Cozza, Lorenzo 238

Croiset, Jean 187, 493, 507, 573, 578

Cruz, Juan de la 233, 560, 697

Dall'Occa, Giovanni Battista 57

Del Bene, Tommaso 677, 678

Demosthenes, Demosthenous 324

Denis le Charteux 47

De Santis, Tommaso 514

De Vio, Tommas 245

Dezza, Massimiliano 511

Diadochus Photicensis (santo) 415

Diana, Antonino 94, 267, 456

Diario della gran campagna seguita in Fiandra 559

Dias, Filippe 64

Diaz de Lugo, Juan Bernardo 79, 436

Dicastillo, Juan Inocencio de 161

Diocesi di Parma 83, 758

Dionysius Periegetes 378

Diotallevi, Alessandro 517

Divi Antonij de Padua 402

Dominici, Giovanni 539

Doni, Anton Francesco 373

Dorotheus Gazaeus 409

Duardo, Leonardo 118

Duhan, Laurent 476

Durand, Guillaume 266

Durante, Castore 515

Du Sault, Paul 602

Eck, Johann 396, 499

Emmanuele di Gesù Maria 213

Escobar y Mendoza, Antonio de 226

Esercizio di divozione in onore di s. Antonio di Padova 544

Espen, Zeger Bernard van 700

Esposizioni sulla dottrina cristiana 567

Estella, Diego 61

Eymerich, Nicolas 757

Facciolati, Jacopo 276

Fagioli, Marco Antonio 583

Fagiuoli, Giovanni Battista 277, 576

Fagnani, Propsero 182

Fantocci, Ippolito 304

Farinacci, Prospero 272, 273

Ferraris, Lucio 751

Figatelli, Giovanni 540

Figatelli, Giuseppe Maria 29

Filippini di Bologna 480

Filippo di S. Giuseppe 562

Finé de Brianville, Claude Oronce 470

Finetti, Bernardo 442

Fleury, Claude 230

Florio, Francesco 730

Flumaro, Vincenzo 397

Fontaine, Nicolas 777

Foresti, Antonio 137, 451

Fornari, Giuseppe 703

Fragoso, Joao Baptista 672

Franciosini, Lorenzo 362, 363

François de Sales 482, 711, 776

Francolini, Marcello 99

Freschot, Casimir 571

Frigerio, Paolo 73

Frugoni, Carlo Innocenzo 343

Fuente Hurtado, Diego de la 95

Fuentes, Alonso 389

Fuga, Vincenzo 613

Fusco, Paolo de 629

Gaetano Maria da Bergamo 31

Gallizia, Pier Giacinto 667

Galluzzi, Tarquinio 292

Gambara, Lorenzo 281

Gambart, Adrien 717

Garzoni, Tommaso ? 291

Gavanti, Bartolomeo 104, 224

Geiger, Mauritius 610

Gellius, Aulus 352

Genovese, Marco Antonio 89

Georgiis, Georgius Hippolytus 366, 635

Gertrud die Grosse (santa) 420

Gesner, Konrad 344

Giarda, Cristoforo 340

Gibalin, Josef 673

Giovambattista da Gentilino 554

Giovio, Paolo 311

Giraldi, Lilio Gregorio 372

Gislandi, Antonio 76

Giunteo, Pietro Fidenzio 302

Giuseppe di Santa Teresa 704

Gobat, Georges 117

Gonzalez de Santalla, Tirso 116

Gonzalez Téllez, Manuel 51

Gotti, Vincenzo Lodovico 649, 662, 743

Graffi, Giacomo 97, 98

Grassetti, Ippolito 159

Gravina, Domenico 533

Gregorio Gallicano 581, 596

Gregorius (papa, I) 721

Grisone, Federico 377

Guarini, Battista 386

Guevara, Antonio de 605

Haddon, Walter 274

Herodotus, Herodoto Alicarnaseo historico 286

Herolt, Johann 633

Hervaeus 7

Hieronymus (santo) 495

Hippocrates 729

Home de Abreu, Francisco 484

Homerus 310, 371

Horatius Flaccus, Quintus 364

Hossche, Sidron 383

Hugo, Herman 513

Hugo Ripelinus Argentoratensis 405

Ianier, Leonard 205

Ignacio de Loyola (santo) 190, 421

Imberti Gerardo 445

Innocentius IV (papa) 659

Ioannes Climacus (santo) 403

Ippolito di Porto 639

Iordanus de Quedlinburgo 5

Isocrates, Isokratous 299

Isolani, Isidoro 129

Iustinus, Marcus Iunianus 395

Iuvenalis, Decimus Iunius 382

Jacob, Louis 92

Jacobus de Voragine 586

Jacques, Jacques 486

Jiménez Samaniego, José 150

Joly, Claude 714

Jose do Espiritu Sancto 767

Juan de la Cruz (santo) 750

Juénin, Gaspard 687

Klodzinski, Hieronim 214

Lacroix, Claude 177

Lacroix, François de 430

Lafitau, Pierre François 669

Lactantius, Lucius Caecilius Firmianus 496

Lamy, Bernard 204

Landsperger, Johann 546, 584

Languet, Jean Joseph 516

Lallemant, Jacques Philippe 410

La Rochefoucauld, François de 455

Laymann Paul 270

Leonardo da Porto Maurizio 600

Leoni, Antonio 240

Leotardo, Onorato 183

Lessius, Leonardo 114, 425

Leuren, Peter 254

Lezana, Juan Bautista de 671

Liguori, Alfonso Maria de' (santo) 765, 782

Lippomano, Luigi 604

Locati Umberto 106

Lopez, Juan 740

López Luis 263, 264

Lorin, Jean 50

Lotterio, Melchiorre 180

Ludolph von Saxen 641

Lugo, Juan de 112
Luis de Granada 11, 640

Lumbier, Raimundo 265

Madrisio, Niccolò 290
Maffei, Pietro Antonio 570

Magalotti, Lorenzo 338

Maggi, Giovanni Battista 591

Maggio, Francesco Maria 670

Magnani, Fulvio 28

Magri, Domenico 413

Majoragio, Marco Antonio 294, 295, 332

Malvezzi, Vincenzo 56

François de Sales? 434

Manco, Bernardino 646

Manni, Giovanni Battista 185

Manuzio, Aldo 326

Manuzio, Paolo 367

Marazzani, Francesco 458

Marchant, Jacques 771

Marcos de Lisboa 555, 557

Maria de Jesus (suora) 554

Maria Maddalena de' Pazzi 427, 642

Marino, Giambattista 318

Marinoni, Giovanni Francesco 778

Martel, Gabriel 481

Martin, Claude 93, 553

Marulić Marko 80

Masini, Eliseo 715

Massi, Giacomo 623

Massimo da Valenza 612

Massobrio, Giovanni Antonio 108

Masson, Claude 490

Massoulié, Antonin 492

Mastelloni, Andrea 208

Mastri, Bartolomeo 770

Mattei, Loreto 320

Matteucci, Agostino 85

Matthieu, Pierre 631

Mauro, Silvestro 706

Mazuchelli, Oliviero 103

Medina, Bartolomé de 231

Medina, Juan de 722

Mendo, Andres 268

Merler, Jacob 428

Miechow, Justin de 212

Mirandola, Ottaviano 387

Mochius, Petrus 305

Modus legendi abbreuiaturas 247

Molina, Ludovico 120

Moneta, Giovanni Pietro 64

Montegazzi, Alessandro 227

Morales, Carlo de 170

Morigia, Paolo 551

Morin, Jean 769

Moro, Maurizio 509

Moscheni, Carlo 384

Mostazo, Francisco 762

Muratori, Lodovico Antonio 285, 661, 754

Muret, Marc Antoine 392

Myler ab Ehrenbach, Johann Nikolaus 256, 622

Nadasi, Janos 452

Nani Mirabelli, Domenico 217

Nasi, Gian'Agostino 527

Navarro, Tiburcio 221

Nepveu, François 541

Negri, Antonio 284

Neri, Filippo (santo) 542

Nicolas de Hanappes 242

Nieremberg, Juan Eusebio 500, 575

Nidi, Raimondo 252

Nilus (santo) 407

Noel, Alexandre 699

Nogueira, Luiz 269

Ongaro, Antonio 501

Orléans, Pierre Joseph d' 549

Orsaio, Domenico 222

Orsi, Giuseppe Agostino 648

Oudin, Antoine 328

Ovidius Naso, Publius 323, 347, 375, 390

Paciuchelli, Angelo 209

Paitoni, Giacomo Maria 751

Paleotti, Gabriele 249

Pallavicino, Giuseppe 309

Panealbo, Emanuele Filiberto 287

Panetti, Battista 191

Panigarola, Francesco 416

Paradisi, Agostino 357

Pasetti, Antonio Maria 391

Pasqualigo, Zaccaria 766

Passerini, Pietro Francesco 167, 223, 279, 710

Patrignani Giuseppe Antonio 437, 464

Pedro de Alcantara (santo) 459

Peliger, Juan Vicente 381

Pellizzari, Francesco 225

Petrarca, Francesco 319

Petrus Chrysologus (santo) 401

Petrus Lombardus 248

Phalaris (tiranno di Siracusa) 280

Philippe de la Très Sainte Trinité 698

Piatti, Girolamo 643

Piazza, Vincenzo 365

Picinelli, Filippo 345

Pico della Mirandola, Giovanni 351

Pietro Antonio di Venezia 520

Pietro da Bergamo 29

Pignatelli, Giacomo 735

Pynacker, Cornelis 271

Pinamonti, Giovanni Pietro 437, 471, 579, 779

Pineda, Juan de 51

Pisanelli, Baldassarre 70

Platina, Giuseppe Maria 325

Plinius Secundus, Gaius 547

Plutarchus, Plutarchi Chaeronei 59, 450

Ponti Basilio 184

Possevino, Antonio 564

Possevino, Giovanni Battista 239

Possidius (santo) 192

Potestà, Felice 151

Pr[a]eces exceptae a SS.tis patribus 773

Preato, Bartolomeo 614

Precationes ante, & post missam dicendae 241

Prosper Aquitanus (santo) 195

Pucci, Benedetto 742

Puente, Luis de la 188, 189, 783

Puget de la Serre, Jean 487

Quaranta, Stefano 6

Quevedo, Francisco de 537

Quattrofrati, Francesco Maria 283

Quintilianus, Marcus Fabius 356

Rabbi, Carlo Costanzo 745

Raimundo de Peñafort (santo) 175

Rainaldi, Giuseppe 772

Rapicio, Andrea 306

Rapin, René 449

Raynaud, Theophile 96, 521

Ravasini, Tommaso 342

Regularum utriusque iuris 688

Resta, Luca Antonio 632

Ricchieri, Ludovico 349

Richiedei, Paolo 630

Riccio, Giovanni Luigi 186

Rinaldi, Giovanni Domenico 166

Rinaldi, Odorico 660

Ringhieri, Innocenzio 331

Ripa, Cesare 329

Rodrigues Eborense, André 400, 411

Roero, Tommaso Francesco 775

Rogacci, Benedetto 483

Romoli, Domenico 525

Rosignoli, Carlo Gregorio 155, 608

Rossello, Timotheo 508

Rossi, Pio de 341, 353

Rousset de Missy, Jean 569

Saccarelli, Carlo Antonio 647

Sacchini, Francesco 619

Saénz de Aguirre, José 686

Sala y Berart, Gaspar 732

Sallustius Crispus, Gaius 374, 393

Salvianus Massiliensis 404

Sanchez, Tomas 178, 179

Sani, Paolo Antonio 663

Sannazzaro, Iacopo 282

Sanzoles, Alphonso de 606

Savelli, Marcantonio 702

Sayer, Gregory 168, 169

Scaramelli, Giovanni Battista 752, 781

Scotti, Giovanni? 472

Scupoli, Lorenzo 429

Segneri, Paolo 250, 463, 518, 764

Seneca, Lucius Annaeus 293

Serry, Jacques Hyacinthe 257, 259

Settala, Lodovico 637

Shogar, Giovanni Maria 162

Sillingardi, Gasparo 624

Simancas, Diego 756

Symmăchus, Quintus Aurelius 494

Solitarius loquens 61

Soto, Domingo 8, 9, 100

Spada, Giovanni Battista 360

Spadafora, Placido 288

Sperelli, Alessandro 645

Spinola, Fabio Ambrogio 453

Spinosa, Luca Giacinto 723

Spon, Jacques 479

Stadiera, Francesco 174

Stamperia di S. Tommaso d'Aquino 34

Stapleton, Thomas 634

Stentucci, Biagio 780

Strozzi, Giulio 394

Suarez, Francisco 160

Tacitus, Publius Cornelius 330

Tamburini, Ascanio 741

Tamburini, Tommaso 163

Tanara, Vincenzo 2

Tasso, Torquato 441

Tauler, Johannes 417

Tempesti, Casimiro Liborio 774

Terentius Afer, Publius 379

Teresa de Jesus (santa) 41, 746, 747

Tertullianus, Quintus Septimius Florens 45

Tesauro, Emanuele 359

Thomas a Kempis 497, 572

Thomasetti, Thomas de 399

Thomassin, Louis 674

Thomé de Jesus 628

Thucydides 128

Titelmans, Franz 504

Toledo, Francisco 75

Tommaso d'Aquino (santo) 47, 56, 657, 736

Tomás de Jesús 3

Torelli, Pomponio 296, 335

Trithemius, Iohannes 211

Turano, Girolamo 136

Turlot, Nicolas 582

Turre, Josephus Maria de 275

Ulpini, Ulpiano 303

Valencia, Gregorio de 705

Valsecchi, Virginio 727

Vanière, Jacques 724

Vanni, Pietro 206

Vázquez, Gabriel 707, 709, 737

Veneroni, Giovanni 485

Verepaens, Simon 503

Vida, Marco Girolamo 388

Vigel, Nikolaus 246

Vincentius Ferrerius (santo) 611

Vincentius Lerinensis (santo) 194

Vittorelli, Andrea 82

Viva, Domenico 760

Volpini, Giuseppe 590

Wigaudt, Martin 665

Zaccaria, Francesco Antonio 653

Zacchia, Paolo 695

Zamoro, Giovanni Maria da Udine 215

Zanardi, Michele 232

Zucconi, Ferdinando 152

Opere anonime o con più di tre autori

Il numero si riferisce all'item nell'inventario della prima appendice

Annotazioni di un pastor Arcade 36

Bertoldo con Bertoldino e Cacasenno 300

Biblia sacra vulgatae 738

Biblia utriusque testamenti 197

Catechismo cioè istruzione a' parrochi 616

Catechismus Romanus ex decreto sacrosancti Concilii Tridentini 784

Conciliorum omnium 49

Davidis regis et prophetae psalmi omnes 412

Decretum Graziani emendatum 105

De imitazione Christi libri quatuor 469

Della famosissima Compagnia della Lesina dialogo 435

Delle orationi volgarmente scritte da molti huomini illustri 337

Delle pratiche di meditationi per avanti 438

Diario della gran campagna seguita in Fiandra nel 1708 559

Dicta notabilia, et in thesaurum memorie 589

Direttore delle religiose 428

Epilogo de' dogmi politici 510

Essercitii particolari d'una serva del Signore 530

Essercitio di perfettione e di virtù cristiane 718

Instructorii conscientiae r.p.f. Ludovici Lopez 264

Leggendario delle santissime vergini 541

Manuale theologiae dogmaticae 398

Martyrologium Romanum 617

Meditazioni sopra le sette festività principali 529

Missale Romanum ex decreto sacrosancti Concilii Tridentini 786

Motivi di amare Iddio 465

Octavae festorum, hoc est lectiones 726

Parte seconda d'Esercizi spirituali 434

Prediche dette nel palazzo apostolico 210

Quotidianae ecclesiae militantibus 457

Raccolta delle vite de' santi 480

Sacrorum Bibliorum vulgatae 739

Sermones de sanctis d. Io. Eustachii Bonauenturae 235

Solitudine serafica, overo Esercizij spirituali 568

Tes Kaines diathekes hapanta 196

Theologia Scholastico-Dogmatica Juxta Mentem D. Thomae Aquinatis 34

Thesaurus animae ex morali theologia 654

Tomo quinto, che contiene l'esposizione de comandamenti 567

Tractatus de contractibus et negotiationibus 263

Vita di S. Stanislao Kostka della Compagnia di Gesù 203

Indice dei manoscritti

Il numero si riferisce all'item nell'inventario della prima appendice

Cosmographia a patre Achile Becchatelli manusc. Tomi 1 1

Summulae logicae Marini de Cabrinis t. 1 manuscritto 12

Logica eiusdem auctoris t. 1 manuscritto 13

Phisica eiusdem auctoris t. 4 manuscritto 14

Tractatus Theologicus de sacramentis eiusdem t. 1 manuscritto 15

Tractatus de poenitentia eiusdem t. 1 manuscritto 16

Tractatus de fide eiusdem t.1 manuscritto 17

Tractatus de Deo eiusdem t. 1 manuscritto 18

Tractatus de iustitia et iure in specie t. 1 manuscritto 19

Tractatus de gratia P.Agnani t. 1 manuscritto 20

Tractatus de beatitudine eiusdem t. 1 manuscritto 21

Tractatus de sacramentis in genere P. Balzi t. 1 manuscritto 22

Disertatio de personatibus P. Simonis....... t.1 manuscritto 23

Tractatus legalis de fideicommissis t.1 manuscritto 24

Tractatus duplex legales de jure patronato t. 1 manuscritto 25

Tractatus theologici de Deo, de gratia, de sacramentis t. 1: manuscritto 67

Institutiones iuris civilis t. 1: manuscritto 68

Compositiones oratoriae t. 1: manuscritto 69

Trattato sopra la luce manuscritto t. 1 71

Opere spirituali di suor Orsola Fontebuoni t. 1 manuscritt. 127

Institutiones Rettoricae Alexandri Villani t. 1 manuscritto 130

Niremberg Sentenze Cristiane t. 1 manuscritto 131

Collectanea carminum 132

Quevedo Oigliegas; Politica di Dio; Il Governo di Cristo; La Tirania del diavolo t. 1 133

Compositiones poeticae t. 1 manuscritto 134

Aeneae Spennactis t.1 manuscritto 135

Poesie spirituali di Gio Enriquez t. 1 manuscritto 138

Sensi civili del marchese Bianconi t. 1 manuscritto 139

Origine della città di Lodi t. 1 manuscritto 140

Gioseffo Ebreo Opera spirituale t. 1 manuscritto 141

Congresso accademico di D. Agostino Martinelli manuscritto t. 1 142

Il Bertarido Opera scenica t. 1 manuscritto 143

Istoria della Regina di Scozia t. 1 manuscritto 144

Relazione spagnuola nella stessa lingua t. 1 manuscritto 145

Varchi sopra il giuoco dello scacchiere t. 1 manuscritto 146

Fiorenza assediata t. 1 manuscritto 147

Luciano Samosatense della Calunia t. 1 manuscritto 148

Mistica teologia di S. Bonaventura spagnuolo t. 1 manuscritto 149

Ioannis Carlasneri Geografia manuscritto t. 1 297

Vita del Reverendo D. Gio Battista Gnochi sacerdote parmigiano manoscritto 556

Meditazioni per le monache manuscritto t. 1. 558

Formulae pro novitii manuscr. t. 1. 587

De metheoris manuscr. t. 1. 592

Raccolta di varie prediche manuscr. t. 1. 593

Sumole di logica manuscr. t. 1. 594

Scaglia Pratica del S. Officio t. 1 manuscr 732

Pandola de ecclesia Galicana manuscr. 734

P. Babae Casus reservati dioecesis Parmensis t. 1 manuscr. 749

Casus conscientiae episcopali Curia decidendi ann. 1691, 92, 93 manus. t. 1 750

Reductiones Parmensis Dioecesis t. 3 manusc. 764

Fonti manoscritte

ACDF

Serie Stanza storica

AA 5 c
Fasc. 1: "piante della vecchia sinagoga di Colorno e del sito destinato alla costruzione del nuovo tempio" a metà Settecento.
C 2 d
Fasc. 2: anni 1756-57: processo per affettata santità della terziaria francescana Luisa Colli di Sarzana.
GG 4 a[1]

---

[1] Vi sono conservate molte carte sulla soppressione dell'Inquisizione di Parma nel 1769 e sul suo ripristino del 1780. Il fasc. "Parma" contiene documenti degli anni 1786 e 1787, cioè il carteggio dei cardinali con il vescovo di Parma. Nel fasc. "Lucca, Sarzana e Parma 1786" si cita fra Carlo Giacinto Beliardi, inquisitore a Reggio Emilia fra il 1763 e il 1780. Molto rilevante è il fascicolo che contiene: la "Lista della roba del Sant'Ufficio di Parma furtivamente ritirata in conto dopo la soppressione del medesimo quando si penetrò che tutto doveva esser inventariato, e poi trasportato allo Spedale della Misericordia" nel 1769, l'elenco "Delle scritture, stampe e libri che sono da me [Mozani] custoditi, le quali cose parte erano nella cancelleria parte sono state da me levate dall'archivio in tempo che si descriveva l'inventario"; la "Lista di ciò che d'Ordine Regio nel mese di agosto 1769 è stato trasportato dal Sant'Ufficio di Parma al vescovato, alla Regia Camera, allo Spedale della Misericordia, il tutto descritto secondo l'ordine delle camere nelle quali ciascuna cosa era collocata". Si trova anche il fascicolo: "Parma e Piacenza, restituzione dell'inquisizione, 1780", con la "Nota de mobili consegnati dal Patrimonio dei Poveri al Sant'Ufficio di Parma in occasione del ristabilimento", l'"Elenco dei patentati nel 1781", l'"Elenco dei privilegi dei patentati ecclesiastici del Sant'Ufficio di Parma avanti la soppressione del medesimo". Infine vi è conservato il testo del concordato fra il governo di Parma e la Santa Sede: *Sistema del Tribunale della Santa Inquisizione ne' reali domini di Parma, Piacenza e Guastalla*.

1769-1780: "Soppressione delle Inquisizioni di Reggio, Modena, Mantova, Milano, Cremona, Como. Soppressione e restituzione delle Inquisizioni di Piacenza e Parma"
GG 4 c[2]
"Inquisizione di Piacenza, Parma, Sardegna".
GG 4 b
Fasc. "1710: ordini di Francesco Farnese sui mercanti ginevrini".
GG 4 d
Documenti sull'Inquisizione di Reggio Emilia. Contiene la richiesta di una vedova e di un nobile, entrambi reggiani ma residenti a Parma, di sposarsi in segreto nel 1730.
GG 5 h
Fasc. 1: "Cathalogus omnium ministrorum et officialium Inquisitionis Parmae [...] 1782".
H 3 e
Fasc. 8: l'inquisitore di Parma manda un foglio di indulgenze.
H 3 m
L'inquisitore di Parma manda un foglio con le stazioni della quaresima nella Compagnia dell'Immacolata Concezione eretta nella chiesa dell'Annunciata di Parma.
H 7 c
Fasc. 3: "Casi del Sant'Offizio proposti avanti Nostro Signore Clemente XI in materie e controversie dottrinali". 1714-1715.

---

[2] Fascicolo n. 1: Controversie fra il vescovo e l'inquisitore di Piacenza; fascicolo n. 2: Catalogo degli inquisitori di Piacenza e dei vicariati; fascicolo n. 3: Soppressione dell'Inquisizione di Parma; fascicolo n. 4: documenti sulla chiesa di S. Pietro Martire e della cappella affrescata di S. Croce, poi distrutta; fascicolo n. 5: molto corposo, con note di introiti e di spese; lettere del 1780. Fascicoli con note di spesa del Sant'Ufficio di Parma e Piacenza: spese del Sant'Ufficio di Parma negli anni 1705, 1710, 1711, 1728, 1729, 1730, 1731; nel 1710 presso il Sant'Ufficio di Piacenza.
Nota di tutti i censi, livelli e crediti (1709, Parma). Lettere da Parma alle congregazioni romane del 1766.

H 7 m
Fasc. 2: 1730. Caso di abuso nelle benedizioni.
L bis 4 a
1702-1704: Lettere diverse all'Assessore del Sant'Ufficio da diverse sedi, fra cui Parma.
L 6 c
Fasc. 1: materie diverse spettanti alla Congregazione del Sant'Ufficio. Riguarda varie sedi inquisitoriali, fra cui Parma negli anni 1726-1727.
LL 1 a
Fasc.1: Crocesignati a Soragna e a Parma.
Fasc. 2: privilegi dei Crocesignati.
M 5 p
Fasc. 4: anno 1746, Andrea Spottarelli di Soragna inquisito per sodomia.
M 5 d
Fasc. 6: anno 1761. Giuseppe Filippo Storni, poligamo, persevera a coabitare con la seconda "moglie", anche dopo essere stato condannato alle penitenze salutari e all'abiura per poligamia.
M 6 h
Fasc. 6: anno 1729, il frate servo di Maria Benedetto Maria Conversi ha pronunciato frasi censurabili in una predica tenuta in cattedrale il giorno dell'Immacolata Concezione ed è incorso in errore.
M 7 o
Fasc. 11: anno 1713: don Antonio Quaglia, reo carcerato per abuso delle benedizioni del sacramento.
N 1 b
Fasc. 9: processo cominciato il 22 maggio 1712 contro Gaspare Camorani da Maizana, nella diocesi di Genova, contadino sposato e padre di quattro figli, condannato "ad triremes perpetuas" e all'abiura in pubblico, per aver ascoltato confessioni sacramentali.

<u>N 1 c</u>
Fasc. 1: anno 1749: irrisione del sacramento della penitenza ai danni dell'anziana Barbara Securi da parte di Pietro Securi, che si era spacciato per prete.
<u>N 1 e</u>
Fasc. 13: anno 1745. Causa contro padre Giuseppe Felice da Parma, ex provinciale dell'ordine dei cappuccini, per pretese persecuzioni e vessazioni messe in atto contro il diacono Antonio da Modena, dello stesso ordine.
<u>O 2 c</u>
Fasc. 8: anno 1625. Controversia tra vicario generale del vescovo di Parma e vicario del Sant'Ufficio di Parma per la precedenza nella sottoscrizione dell'*imprimatur*.
<u>O 2 d</u>
Fasc. 5: anno 1713. Poiché nelle curie episcopali di Parma e Piacenza non si trovano Vicari generali formali, mentre altri esercitano le funzioni col titolo di provicari, l'inquisitore vuole sapere se questi precedono l'inquisitore nell'indicazione dell'*imprimatur*.
<u>TT 2 m</u>
Anno 1753: l'inquisitore denuncia al Sant'Ufficio la promiscuità di donne cristiane ed ebree nella lavorazione della seta.
<u>UU 23</u>
Fasc. bb (25): scrittura relativa al libro *Traité des trois imposteurs* del 1768 mandato al padre inquisitore di Parma da Ferdinando duca di Parma.
Fasc. dd (28): scrittura sulla cultura ebraica di Giovanni Bernardo De Rossi, prof. dell'Università di Parma.
<u>UU 10</u>
Fasc. 12: dispense, licenze e denunce fra il 1777 e il 1848, che coinvolgono anche la sede di Parma.
<u>UV 6</u>

Fasc. 21: anno 1693 carte relative al processo per sollecitazione contro Giovanni Andrea Lottici della Compagnia di Gesù.
<u>UV 12</u>
Fasc. 8: dubbi relativi all'Immacolata Concezione.
<u>UV 51</u>
Fasc. 6: "risoluzione di dubbi sul battesimo" (caso di Wiperman nel 1720).
<u>UV 63</u>
Fasc. 1: giudizi espressi dal consultore padre francescano Giovanni Battista Colombini nel 1762, che coinvolgono anche la sede di Parma.

<u>Serie dei *Decreta Sancti Officii*</u>

In questa serie sono riportati i vari casi giudicati dagli inquisitori (*sollicitatio ad turpia*, bestemmia etc.) ed è indicata la diocesi di provenienza degli imputati estradati e consegnati ai tribunali romani.
<u>Anno 1730</u>:
c. 6: 11 gennaio 1730 (sacerdote Giovanni Battista Oriolo).
c. 63: 24 aprile 1730 (padre Michelangelo Triesti da Parma, servo di Maria, accusato di sollicitatio ad turpia).
c. 111: 19 luglio 1730 (sacerdote Francesco Biacca parmigiano).
<u>Anno 1733</u>:
cc. 147-148: 3 giugno 1733 (padre Michelangelo Triesti da Parma).
c. 60: 4 marzo 1733 (frate Giovanni Domenico Liboni da Ferrara, nominato inquisitore di Parma).
<u>Anno 1738</u>:
cc. 362-363: 13 agosto 1738 (nomina di fra Giovanni Andrea Passani da Ferrara come inquisitore di Parma; fra Liboni, al momento inquisitore di Parma, viene nominato inquisitore di Milano; per qualche ragione viene nominato inquisitore di Parma anche Umberto Viali, in quel momento inquisitore di Fermo).

c. 137: 19 marzo 1738 (il vescovo di Borgo S. Donnino ottiene la licenza di tenere e leggere libri proibiti ed eretici).

Anno 1739:
c. 334: 9 settembre 1739 (sacerdote Francesco Scotti detenuto nel carcere vescovile e processato per possesso di libri proibiti, sortilegi per cercare tesori, apostasia formale ad Demonem, con abuso e disprezzo delle sacre particole e dei sacramenti. Scotti è stato accusato dalle complici Alessandra Rossi, Beatrice Valla e dal sedicenne Antonio Valla, sponte comparente per proposizioni ereticali e adorazione del demonio.
c. 375: 7 ottobre 1739 (Francesco Scotti).
c. 383: 14 ottobre 1739 (Francesco Scotti).
c. 389: 21 ottobre 1739 (Francesco Scotti).
c. 445: 2 dicembre1730 (Francesco Scotti).
Anno 1741:
cc. 109 e 208: 2 marzo 1741 (Francesco Scotti).
cc. 270-271: 26 luglio 1741 (padre Domenico Maria Maganzesi predicatore, condannato per sollecitazione in confessionale).
Anno 1742:
c. 46: 14 febbraio 1742 (concessa a un padre teatino la facoltà di ascoltare la denuncia di una monaca teatina che vuole rimanere anonima).
c. 248: 1 agosto 1742 (la monaca Andelarda Giuseppa Ruschi del monastero di S. Clara di Busseto si presenta spontaneamente all'inquisitore a proposito di una consorella, Isabella Galluzzi, indotta ad abbracciare la religione ebraica dall'ebreo Giuseppe Vita).
Anno 1743:
c. 167: 8 maggio 1743 (facoltà rilasciata al vescovo di ammettere al giuramento di stato libero i soldati in stanza a Parma per contrarre matrimonio).

Serie *Sant'Ufficio, Titula Librorum*

Tit. Lib. 1697-1701

Fasc. 31 Lettera con la quale il Generale del terz'ordine di S. Francesco consegna al Sant'Ufficio due tomi manoscritti già rivisti dall'inquisitore di Parma dell'opera postuma del padre Francesco Bordoni, dal titolo *Appendice al Manuale consultoruum Sancti Offici*.

Fasc. 95 L'inquisitore Pichi chiede l'autorizzazione per la stampa e invia copia manoscritta del frontespizio di *Il labaro illustrato* di Bernardo Giustiniani, sollecitata dal duca. La risposta risale al 22 gennaio 1700.

Fasc. 107 L'inquisitore Pichi il 22 febbraio 1701 chiede l'approvazione per la stampa e invia copia manoscritta del frontespizio di *Quaresimale secondo* del gesuita Carlo Tommaso Moroni. La risposta positiva risale al 9 marzo 1701.

Tit. Lib. 1702-04

Fasc. 3 Supplica dell'8 febbraio al Sant'Ufficio del sacerdote Paolo Lombardini, affinchè si conceda all'inquisitore di Parma la licenza di far stampare le opere di Padre Francesco Bordone.

Fasc. 34 L'inquisitore Pichi il 24 novembre 1702 chiede l'approvazione per la stampa e invia copia manoscritta del frontespizio di *Il cielo maestro di Sacra politica* di Ercole Mattioli gesuita. La risposta positiva risale al 5 dicembre 1702.

Fasc. 46 L'inquisitore Pichi il 27 febbraio 1703 chiede autorizzazione per la stampa dell'opera *De homicidio tam in genere, quam in specie* del francescano Francesco Bordoni, di cui il Sant'Ufficio richiede copia. La risposta positiva risale al 2 maggio 1703.

Tit. Lib. 1705-1710

Fasc. 5 L'inquisitore Pichi il 27 gennaio 1705 invia per l'approvazione copia manoscritta del frontespizio dell'opera *Clementis XI controversiarum fidei* del domenicano Giuseppe Maria Torri. La risposta risale all'11 febbraio 1705.

Fasc. 7 L'inquisitore Pichi il 3 febbraio 1705 invia per l'approvazione copia manoscritta del frontespizio di *De controversiis episcopalibus* di Francesco Maria Pittoni (o Pitoni) romano. La risposta risale al 18 febbraio 1705.

Fasc. 37 L'inquisitore Pichi il 15 gennaio 1706 invia per l'approvazione l'indice di un opuscolo che il domenicano padre Giuseppe Maria Torri ha chiesto di poter aggiungere alla sua opera, già consegnata allo stampatore. La risposta risale al 24 febbraio 1706.

Fasc. 116 Lettera dell'11 gennaio 1709 del vicario del Sant'Ufficio di Parma, frate Onda, relativa all'opera *Panegirici* del gesuita Bartolomeo Donati. La risposta risale al 30 gennaio 1709.

Fasc. 122 L'inquisitore Nanni il 19 marzo 1709 invia per l'approvazione copia manoscritta del frontespizio di *Il cristiano moderno in quattro parti* di François Bonal, sia nella traduzione italiana, sia nell'originale in francese stampato a Lione. La risposta risale al 10 aprile 1709.

Fasc. 135 Due lettere dell'inquisitore di Parma Gennari, che il 17 gennaio 1710 invia copia manoscritta del frontespizio di *De legatis pro victu religiosis mendicantibus* di Pietro Marcellino De Luccia e di *La via Latea delle scienze* del gesuita Ercole Mattioli. La risposta risale al 28 febbraio 1710.

<u>Tit. Lib. 1710-1721</u>

Fasc. 2 Supplica del 20 ottobre 1710 delle monache cappuccine del monastero della Neve a Parma, affinchè si dia loro licenza di stampare la vita della consorella Gertrude; la lettera delle monache, inviata al conte Sauli, ministro del duca di Parma e Piacenza, reca il sigillo in carta. Un brano della lettera è riportato sulla camicia, con annotazione circa la seconda revisione dell'opera. La risposta risale al 26 novembre 1710.

Fasc. 6 Lettera del 20 febbraio 1711 dell'inquisitore Mazzoleni, che invia per l'approvazione copia manoscritta del frontespizio di *Innesto legale di teorica pratica criminale* di Benedetto Giuseppe Torri. La risposta risale al 4 marzo 1711.

Fasc. 13: Lettere del 10 luglio 1711 degli inquisitori di Parma e Bologna Mazzoleni e Vignali, relative all'opera *Metodi, regole, consigli e avvertimenti* di Bernardo Cavaliere, chierico regolare. L'inquisitore di Parma chiede l'approvazione anche per un'opera legale dell'avvocato romano Francesco Maria Pittoni. La risposta risale al 16 agosto 1711.

Fasc. 14 Supplica dell'avvocato Francesco Maria Pittoni, affinchè il Sant'Ufficio autorizzi l'inquisitore di Parma a far stampare la sua opera *De controversiis patronorum* senza doverla inviare a Roma per la revisione; viene allegata successiva lettera dell'inquisitore Mazzoleni, che comunica di rimettersi a quanto il Sant'Ufficio gli ha indicato. La lettera del Pittoni è del 16 settembre 1711, quella dell'inquisitirore del successivo 13 ottobre 1711.

Fasc. 23 Lettera dell'8 marzo 1712 dell'inquisitore Mazzoleni, che invia per l'approvazione copia manoscritta del frontespizio di *Il vero tesoro della dottrina cristiana* di Nicolò Turlot, tradotta dal francese in italiano. Risposta del 16 marzo 1712.

Fasc. 54 Lettera del 6 febbraio 1714 dell'inquisitore Mazzoleni, che invia per l'approvazione copia manoscritta del frontespizio di *Hipocratis medicina practica* di Pompeo Sacco. L'inquisitore chiede, da parte dello stesso medico, l'autorizzazione per la ristampa della *Pratica universale* di Savelli. Risposta positiva dei cardinali del 21 febbraio 1714.

Fasc. 56 Lettera del 20 febbraio 1714 dell'inquisitore Mazzoleni per la licenza di stampa all'opera di Antonio Sabell, *Summa diversorum tractatuum,* di cui riproduce il frontespizio. La risposta risale al 6 marzo 1714.

Fasc. 65 Lettera del 21 agosto 1714 dell'inquisitore Mazzoleni, che invia per l'approvazione copia manoscritta del frontespizio di *Alessandro coronato di nuovi allori* di Dionisio Libero Hossinski di Kossin. La risposta risale al 5 settembre 1714.

Fasc. 77 Lettera del 30 luglio 1715 dell'inquisitore Mazzoleni, che invia per l'approvazione il frontespizio di *Cursus philosophicus* del padre Canali, servo di Maria. La risposta risale al 13 agosto 1715.

Fasc. 103 Lettera del 15 luglio 1718 dell'inquisitore Mazzoleni, che invia per l'approvazione copia manoscritta del frontespizio dell'opera *Consiliorum Jo. Baptistae Spadae*. La risposta risale al 27 luglio 1718.

Tit. Lib. 1722-1728

Fasc. 7 Due lettere dell'inquisitore Galli (del 14 e 29 aprile 1722), che invia per l'approvazione copia manoscritta del frontespizio e il manoscritto completo di un'opera di Lorenzo Sassi. La risposta è del 10 maggio 1722.

Fasc. 31 Lettera dell'inquisitore Galli, che il 23 maggio 1723 invia per l'approvazione copia manoscritta del frontespizio di due opere, rispettivamente di Francesco Marchese e *Promptuarium pro sacerdote in villa*. La risposta positiva per entrambe le opere risale al 9 giugno 1723.

Fasc. 52 Lettera dell'inquisitore Galli, che il 30 novembre 1723 invia per l'approvazione copia del frontespizio di un'opera di Giuseppe Malaspina, sacerdote secolare. La risposta risale al 15 dicembre 1723.

Fasc. 65 Lettera dell'inquisitore, che il 6 maggio 1724 invia per l'approvazione copia manoscritta del frontespizio dell'opera di Carlo Vaghi, carmelitano, *Commentaria fratrum et sororum ordinis Beatae Mariae Virginis de Monte Carmelo Congregationis Mantuanae opus confectum*. La risposta positiva risale al 15 maggio 1724.

Fasc. 73 Lettera del vicario dell'inquisitore, padre Domenico Maria Bellotti, che il 1° settembre 1724 invia, per l'approvazione alla stampa, copia manoscritta del frontespizio dell'opera di Geremia Bucchi, *Liber aureus*. I cappuccini hanno chiesto allo stampatore Paolo Monti di stampare l'opera, già uscita a Bologna presso Alessandro Benati nel 1590. La risposta positiva dei cardinali risale al 14 settembre 1724.

Fasc. 77 Lettera dell'inquisitore Galli, che il 26 febbraio 1725 invia per l'approvazione copia manoscritta del frontespizio di un'opera del dott. Giovanni Massoneau aquitanese, professore di medicina e chirurgia, intitolata *Medicina e cirugia naturale infusa dal Supremo Autore nella creazione del vivente, diretta dalla circolazione del sangue, essenza vera della natura, la quale insegna al medico e cirugico il vero modo di guarire tutte sorte di mali dedicata a [...] Isabella Farnese regina delle Spagne*. La risposta positiva risale al 28 febbraio 1725.

Fasc. 100 Lettera dell'inquisitore Galli, che il 28 agosto 1725 invia copia manoscritta del frontespizio dell'opera del padre Benedetto Angelo Maria Canali, servo di Maria, intitolata *Vita de primi sette beati* dell'ordine dei servi di Maria; viene allegato un decreto a stampa della Sacra Congregazione dei Riti del 30 luglio 1725, firmato dal cardinale Paulutius, stampato a Roma dalla Camera Apostolica nel 1725. Risposta positiva dei cardinali del 25 settembre 1725.

Fasc. 106 Lettera dell'inquisitore Galli, che il 30 ottobre 1725 invia per l'approvazione copie manoscritte dei frontespizi di due opere: la prima di Benedetto Giuseppe Torri, gesuita (*De crimine et poena stupri tractatus*), la seconda di Gianantonio Baldi, gesuita (il cui nome non appare sul frontespizio, ma è aggiunto in calce: *Orazione continua per mezo di aspirazioni tratte principalmente dalla Sacra*

Scrittura [...] per le persone religiose o bramose della virtù). La risposta positiva risale al 14 novembre 1725.

Fasc. 121 Lettera dell'inquisitore Galli, che il 26 febbraio 1726 invia per l'approvazione copia manoscritta del frontespizio di un'opera di monsieur de Callier, tradotta dal conte Raffaele Tarasconi Smeraldi, *Della maniera di trattare affari coi sovrani, della utilità de' trattati, della scelta degli ambasciatori e degli inviati*. La risposta positiva risale al 13 marzo 1726.

Tit. Lib. 1729-1745

Fasc. 33 Lettera dell'inquisitore Antonino Pozzoli, che il 25 luglio 1730 invia per l'approvazione copia manoscritta del frontespizio di un'opera di Giuseppe Malaspina. La risposta risale al 9 agosto 1730.

Fasc. 119 Lettera dell'inquisitore Gian Andrea Passano, che il 4 ottobre 1737 chiede l'approvazione per la stampa di un manoscritto anonimo che ha ricevuto, dal titolo *Risposta ad un libretto famoso intitolato Disinganno intorno alla guerra di Corsica,* che ha già esaminato e che gli sembra degno di pubblicazione. La risposta risale al 18 ottobre 1737.

Fasc. 124 Lettere dei due inquisitori di Venezia e Parma (Giacinto Longhi) dell'11 giugno 1739 relative alla pubblicazione e circolazione dell'opera *Collectio sive Apparatus absolutissimae benedictionum* del francescano Bernardo Sannio; l'inquisitore di Venezia allega, oltre alla copia del frontespizio, il passo a c. 272 che, a suo avviso, riporta brani da censurare. La risposta risale al 16 luglio 1739.

Fasc. 152 Lettera dell'inquisitore Giacinto Longhi, che il 16 marzo 1745 chiede alla Congregazione se sia lecito pubblicare con una dedica al papa un libro del cavalier Maffei che contiene dottrine sul prestito di denaro contrarie ai principi cattolici. La risposta risale al 24 marzo 1745.

Fasc. 153 Lettera dell'inquisitore Longhi, che il 20 aprile 1745 invia osservazioni sul libro *Lettere famigliari* di Lorenzo Magalotti, che reputa da censurare. La risposta risale al 5 maggio 1745.

Fasc. 155 Carte relative alla censura del libro intitolato *Baptisma puerorum in uteris existentium* del sacerdote Gabriele Gualdo; lettere dell'inquisitore Longhi del 12 marzo 1745, censura dell'olivetano Giovanni Francesco Carvilli e note in merito, risalenti al 29 aprile 1745.

Fasc. 158 Nota del Sant'Ufficio dello spostamento nel volume *Materie divine* di due pratiche censorie relative ai libri *La divozione al sagro cuore di Gesù Christo* e *L'istoria del Testamento vecchio, e nuovo*.

Tit. Lib. 1746-1758

Fasc. 20 Lettera dell'inquisitore Longhi, che il 23 maggio 1749 chiede l'approvazione per la stampa di *Vita della Serva di Dio Margherita Brendoli* di Ildefonso Vela, barnabita. La risposta risale al 4 giugno 1749.

Fasc. 28 Carte relative alla pubblicazione di un'opera del gesuita Stefano Rovetta, per la quale l'inquisitore di Parma ha negato l'*imprimatur*. Supplica dell'autore e lettera al Sant'Ufficio dell'inquisitore, che chiarisce i motivi della sua decisione. Documenti risalenti al periodo 7 gennaio 1750 - 10 febbraio 1750.

Fasc. 37 L'inquisitore il 22 gennaio 1751 chiede chiarificazioni al Sant'Ufficio sul *Rituale*, in particolare sulla *Benedizione dell'Acqua*, in modo da essere certo nell'autorizzarne la ristampa. All'interno nota del Sant'Ufficio con i chiarimenti richiesti.

Fasc. 41 Lettera dell'inquisitore del 28 maggio 1751, che chiede il parere del Sant'Ufficio per la stampa di un'opera di Ferrante Alfonso Maria Boiani, alla quale ha per il momento negato l'*imprimatur*. Risposta del 9 giugno 1751.

Fasc. 43 Lettera dell'inquisitore del 19 settembre 1751, che chiede l'approvazione per la stampa di un'opera di Giovanni da Monticelli, cappuccino. La risposta risale al 1° dicembre 1751.

Fasc. 60 Lettera del 25 maggio 1756 dell'inquisitore, che invia copia del frontespizio di un'opera di Giovanni da Monticelli, cappuccino. Risposta del 16 giugno 1756.

<u>Tit. libr. 1759-1783</u>

Fasc. 20 Lettera dell'inquisitore di Parma del 29 maggio 1765, che invia per l'approvazione la biografia del sacerdote Francesco Saverio Bedulli di Viadana. La risposta risale al 4 giugno 1765.

<u>Tit. libr. 1784-1797</u>

Fasc. 11 Carte relative all'approvazione dell'opera sulla Zecca di Parma, composta da Ireneo Affò. Documentazione dal 16 settembre 1788 al 10 dicembre 1788.

Fasc. 27 Lettera del 16 aprile 1793 dell'inquisitore di Parma, Mozani, circa la precedenza nell'*imprimatur* dei libri a Guastalla. La risposta risale al 15 maggio 1793.

Serie *Sant'Ufficio, Dubia*

Dubia baptesimalia 5

Fasc. 14: anno 1715. Dubbi esposti dall'inquisitore di Parma sul battesimo del luterano Carlo Ferdinando Wiperman o Wipperman. Parere del consultore del Sant'Ufficio Giovanni Damasceno Bragaldi.

Fasc. 15: anno 1765. Dubbi esposti dall'inquisitore di Parma Pietro Martire Cassio circa il battesimo del soldato francese calvinista Francesco Beranger, che si era presentato spontaneamente all'inquisitore di Parma, e al vicario Giacinto Vismara.

Dubia baptesimalia 9
Fasc. 15. Dubbi esposti il 22 settembre 1796 dall'inquisitore di Parma "Circa il battesimo della fanciulla Ferrari, amministrato in casa, e circa l'impedimento di cognazione spirituale, se nasca dalla reiterazione del battesimo in chiesa".

Dubia varia 1731-1753
Fasc. 11: 1744. L'inquisitore di Parma Longhi chiede ai cardinali se siano da tollerare alcuni libri che circolano a Parma, fra cui *La divozione all'amabilissimo e divino Cuore di Gesù Cristo*. Vi è un rimando al "Volume delle censure" dal 1703 al 1708, cc. 277-280.

Altre serie archivistiche

Oeconomica ASV 063 1748 n. 7
L'inquisitore di Parma nel febbraio 1748 riceve una sovvenzione dalla Congregazione del Sant'Ufficio ("Recapiti delli scudi 800 ordinati di pagarsi dalla S. Congregazione alle Inquisizioni").

Oeconomica ASV 064 1750 n. 5
Ricevuta di pagamento del marzo 1750 per l'Inquisizione di Parma da parte della Congregazione del Sant'Ufficio come sovvenzione.

62 C 2 d 2
Vol. 3866. Caso di affettata santità di una terziaria, che coinvolge le diocesi "Sarzanensis, Lucensis et Parmensis et Romana" fra il 1753 e il 1767.

Priv. S.O. 1786-1788
Fasc. 32: carte relative a una supplica presentata nel 1787 al pontefice dallo zio materno dei sei figli di Jean Philippe barone du Crouzay, nativo di Losanna, morto dopo essersi convertito al cattolicesimo.

Priv. S.O. 1796-1799
Fasc. 10: necrologio a stampa del Padre Migliavacca, già commissario generale del Sant'Ufficio. Documento risalente al 22 settembre 1796.

Serie Sant'Ufficio, Censura librorum

1703, fasc.9
Decreto della Congregazione del Sant'Ufficio del 14 marzo 1703, affinché l'inquisitore Pichi neghi la stampa dell'*Appendice* del libro di Giovanni Torre, presidente del Consiglio Ducale di Piacenza, contenente diverse proposizioni sulla giurisdizione ecclesiastica (quesito del 23 febbraio 1703).

1711-1714, fasc. 37
Decreto della Congregazione del Sant'Ufficio del 30 maggio 1714. I cardinali negano all'inquisitore di Parma Mazzoleni il

permesso di stampare l'opera intitolata *Modo divotissimo di recitar il Rosario della Beata Vergine* cavato dall'opera di Lodovico Blosio abate dell'ordine di S. Benedetto (quesito del 15 maggio 1714).

1718-1721, fasc. 28
Decreto della Congregazione del Sant'Ufficio del 2 aprile 1721. Censura del libello manoscritto *Officium dulcissimi Cordis Jesu*: non deve essere impresso (quesito del 17 marzo 1721).

1737-1738, fasc. 6
Scambio di lettere fra l'inquisitore di Parma Giovanni Andrea Passano, dall'8 gennaio 1738, e i cardinali del Sant'Ufficio, a proposito del libro anonimo intitolato *Giornale del 1738 distinto co' fasti di Gesù Cristo e colle memorie d'alcuni suoi santi ecclesiastici secolari*. Dopo le correzioni, si potrà stampare l'opera: risposta del 24 gennaio 1738.

1744-1745, fasc. 12
L'inquisitore di Parma dal 15 settembre 1744 si occupa della censura del libretto già stampato, intitolato *Novena*. La risposta della Congregazione risale al 13 gennaio 1745.

1748-1750, fasc. 5
Censura del manoscritto intitolato *Memorie intorno la vita del sacerdote padre Jacopo Antonio Panizza morto nella città di Guastalla li 2 maggio 1744, descritta dall'abate Giuseppe Negri canonico nella suddetta città*. Censura di padre Venanzio di S. Luigi, agostiniano scalzo: documenti dal 22 marzo 1748 al 12 giugno 1748.

1748-1750, fasc. 5 bis
Decreto della Congregazione del Sant'Ufficio del 19 luglio 1748 sul caso del libraio francese Giuseppe Gagliardi, che ha ricevuto una cassa di libri proibiti o sospetti: l'inquisitore ha trattenuto i

libri proibiti e ha restituito quelli sospetti dietro pagamento di un'ammenda di 25 scudi d'oro: documenti dal 31 maggio 1743 al 19 luglio 1743.

1748-1750, fasc. 15
Decreto della Congregazione del Sant'Ufficio del 30 dicembre 1749. Il vicario del Sant'Ufficio di Parma, Pier Paolo Salvatori, il 9 dicembre 1749 aveva preso in esame il testo della promessa che tutti gli anni i convittori del seminario di Reggio Emilia rivolgono alla Vergine Immacolata, per valutare se sia corretta e si possa stampare, come i seminaristi convittori richiedono.

1751, fasc. 3
Serie di libelli e manifesti sottoposti all'inquisitore di Parma da un religioso per la stampa o la ristampa. L'inquisitore invia le opere alla Congregazione, ricevendo varie risposte.

1752, fasc. 5
Lettera datata 10 marzo dell'inquisitore Longhi, che trasmette a Roma al Sant'Ufficio un libretto a stampa intitolato *Compendio della indulgenza plenaria della Porziuncola di Assisi* per chiedere ai cardinali se ne autorizzano la ristampa. La risposta negativa è indicata nel decreto della Congregazione del 22 marzo.

1753-1754, fasc. 5
Lettera dell'inquisitore Longhi dell'11 maggio 1753, in cui si sottopone al parere dei cardinali il frontespizio di un libretto che gli è stato presentato per una riedizione, intitolato *Regola del Terzo Ordine de Penitenti instituito dal Serafico Padre S. Francesco per i fratelli e sorelle meramente secolari che vivono nelle loro case sotto la protezione di questo gran Patriarca, confermate da papa Nicolò quarto, e da altri sommi pontefici, col sommario delle indulgenze che possono guadagnare ogni giorno [...]*, in

Luca 1718, per Sebastiano Domenico Capuri e Antonio Maria Santini. I cardinali il 23 maggio ordinano a Longhi di inviare il libretto. L'11 luglio si pronunciano, impedendogli la ristampa, perché è già stata emanata una bolla papale in cui si "dichiarano le indulgenze che veramente godono i Terziari de Penitenti di S. Francesco".

1762-1764, fasc. 10
Lettere dell'inquisitore di Parma e frontespizio dell'opera *Breve ragguaglio delle virtuose azioni della serva di Dio Angela Spolverini parmigiana descritte per esemplar di perfezione dal suo confessore il padre don Francesco Noli cherico [sic] regolare della Congregazione di S. Paolo superiore del collegio della Beata Vergine del Popolo:* non fu presa alcuna decisione dalla Congregazione. Documenti dal 10 dicembre 1762 al 9 febbraio 1763.

1779-1780, fasc. 1
L'inquisitore di Parma Mozani risponde alla lettera circolare inviata dalla Congregazione del Sant'Ufficio, che raccomanda agli inquisitori di varie città di trattenere il libro intitolato *La difesa de libri santi e della religione giudaica contro le imputazioni e varie dicerie del signor de Voltaire*, Venezia, 1770. Documenti dal 9 dicembre 1776 al 2 giugno 1781.

1783-1784, fasc. 8
Libri consegnati e denunciati dal duca Ferdinando di Borbone all'inquisitore Mozani: *Traité des trois imposteurs*, stampato a Verdun nel 1768 "de l'imprimerie du Professeur de Felice", e uno studio filologico di Giovanni Bernardo De Rossi, professore dell'Università di Parma. Documenti dal 21 gennaio 1783 al 18 settembre 1783.

1795-1796, fasc. 1

Trascrizione manoscritta del proemio e del primo dei cinque libri dell'opera *De explanatione quinque decretalium libri patris Contini*. Si tratta probabilmente di un testo di diritto canonico del padre teatino Tommaso Antonio Contini, nominato docente di diritto all'Università di Parma nel 1768 e licenziato nel 1772.

ADBo

1. Atti dei Capitoli provinciali dell'Ordine domenicano celebrati a Bologna nel 1710, 1712, 1716, 1718, 1721, 1723, 1726, 1728, a stampa.
2. b.IV 35020: Documento riguardante il Collegio eretto nel convento domenicano di Parma nel 1790.

ADNPr

1. Notaio Francesco Borelli, f. 12350, atti 65 e 66, 10 luglio 1720: controversia per il possesso di un appezzamento di terreno posto tra il torrente Parma, il convento di S. Pietro Martire e le proprietà dell'arcidiacono della cattedrale Felice Arcioni. Si propone come mediatore il conte Carlo Sanvitale, prefetto del duca. Comprende un duplice elenco dei frati.
2. Notaio Francesco Borelli, f. 12363: atto del 7 ottobre 1716: inventario dei libri del conte Carlo Sanvitale.

AGOP

1. Atti dei Capitoli provinciali dell'ordine di S. Domenico, tutti a stampa, fuorché quello del 1792:
    1. XIII.520: *Acta capituli provinciae utriusque Lombardiae*, Ticini Regii, ex typographia Iacobi Andreae Ghidini, 1704
    2. XIII.520: *Acta capituli provinciae utriusque Lombardiae*, s.n.t., 1710

3. XIII.520: *Acta capituli provinciae utriusque Lombardiae*, Mediolani, ex typographia Iosephi Pandulphi Malatestae, 1712
4. *Acta capituli provinciae utriusque Lombardiae*, Bononiae, ex typographia Sancti Thomae Aquinatis, 1747
5. XIII.520: *Acta capituli provinciae utriusque Lombardiae*, Venetiis, apud Simonem Occhium, 1752
6. XIII.520: *Acta capituli provinciae utriusque Lombardiae*, Bononiae, typis Laelii a Vulpe, 1758
7. XIII. 520: *Acta capituli provinciae utriusque Lombardiae*, Faventiae, typis Archi impressoris Cameralis, s.a. (riferimenti al collegio Lalatta, ivi, p. 9).
8. XIII.520: *Acta capituli provinciae utriusque Lombardiae*, Pisauri, in aede Gavellia, 1765
9. XIII.520: *Acta capituli provinciae utriusque Lombardiae*, ms., 1792
10. XIII.570: *Acta capituli provinciae utriusque Lombardiae*, Pisauri, in aedibus Gavelliis, 1773

2. Serie di lettere:
   1. XIII. 568, cc. 104-146: lettere in spagnolo di Ferdinando di Borbone da Colorno al padre generale dell'Ordine domenicano sulle soppressioni "illecite" del 1769; si segnala in particolare la lettera del 7 giugno inviata dal duca per informare il padre generale che sta fabbricando a Colorno una nuova chiesa da affidare ai domenicani dell'osservanza.
   2. XIII.590, cc. 79, 161: lettere di frati del convento di S. Pietro Martire a Parma al generale dell'ordine domenicano.

ASMo

Inquisizione di Modena: processi contro sudditi dei Ducati di Parma e Piacenza (sec. XVIII).
1. Busta 196, fasc. 3: processo per atti sacrileghi contro Pellegrino Abbati originario di Parma (1721).
2. Busta 202, fasc. 8: processo per bestemmia contro l'orefice e orologiaio Giovanni Francesco Toschi, originario di Parma (1727).
3. Busta 208, fasc. 1, 2: processo contro l'ebreo Simone Fontanelli, originario di Colorno (1733-34).
4. Busta 208, 1, 32: processo contro il servo di Maria Michelangelo Triesti, originario di Parma, per "sollicitatio ad turpia" (1733-34).
5. Busta 211, 2, 20: processo per bestemmia contro Felice Mariotti, soldato originario di Parma (1738).
6. Busta 212, 1, 11: processo per maleficio e stregoneria contro il frate predicatore Tommaso Beghini, originario di Parma (1737).
7. Busta 215, 2, 28: atti per il Sant'Ufficio di Parma relativi a padre Giacomo Pacini, dell'ordine di crociferi, per "sollicitatio ad turpia".

ASPr

1. Notarile, Inserti, notaio Antonio Squarzia, b. 13, atto n. 1060 del marzo 1738 (registrato il 29 aprile 1738) con "Spese fatte dalla S. Inquisizione di Parma nella causa da essa aggitata contro il [...] Gregorio Fabri, nanti il R.mo p. inquisitore [....]". L'atto documenta tutte le spese processuali, che ammontano a 120 lire.
2. Notarile, Inserti, notaio Giovanni Maria Ponci, f. 6 del 24 aprile 1719: inventario dei libri del giurista di Parma Alessandro Bertolotti.

3. Notarile, inserti, notaio Ascanio Pastorelli, f. 287, atto del 10 settembre 1746: elenco dei beni della chiesa di S. Benedetto a Parma.
4. *Censimento di Parma del 1765*.
5. Ms. di biblioteca, n. 27: Antonio Bartolomeo Sgavetti (o Sgavetta), *Cronaca 1746-1771*.
6. Comune, bb. 4156-9: Giustiniano Borra, *Diario di Parma 1694-1732*. La trascrizione parziale della cronaca si trova in volumi che presentano la collocazione Manoscritti di biblioteca, n. 37.
7. Conventi e confraternite soppressi: S. Pietro Martire a Parma (XXXI); S. Sisto a Piacenza (LXX); Inventario 148/4 relativo all'archivio del monastero di S. Sisto; Inventario 110 delle soppressioni del 1805 (in data 21 giugno 1805); Inventario 152 delle soppressioni del 1810; Inquisizione di Parma (XXXIX), bb. 1-3; Gesuiti di S. Rocco di Parma (CXXIV), ser. 4, busta 136 fasc. 26. a. 14 (elenco dei libri dei padri gesuiti).
8. Carteggio borbonico estero con Roma: le 19 bb. dalla 532 alla 550 coprono tutto il XVIII secolo. In particolare dalla 532 alla 540 arrivano fino alla fine del 1766; la 541 contiene lettere di Leopoldo Mazzoni alla duchessa vedova di Antonio Gonzaga; le bb. dalla 542 alla 550 vanno dal 1767 al 1802. La b. 546 riguarda la commissione del ritratto di S. Pio V da parte del duca Ferdinando di Borbone a un pittore romano.
9. Carteggio borbonico estero con la Francia dal 1742 alla fine del secolo XVIII: bb. dalla 36 alla 80; in particolare il "Carteggio D'Argental" è concentrato nelle bb. 48 (anni 1759-61), 49 (anni 1762-64), 63 (anni 1769-72), 64 (anni 1673-75), 65 (anni 1776-78), 66 (anni 1779-81), 67 (anni 1782-86 e 1737); il "Carteggio Flavigny" nelle bb. 68 (anni 1769-1801), 69 (anni 1771-72 e 1800), 70 (anni 1773-93),

71 (anni 1773-99), 72 (anni 1779-1792); il "Carteggio Llovera, Flavigni, D'Argentale" nella busta 75 (anno 1786)
10. Carteggio borbonico estero con la Spagna dal 1747 al 1802: bb. dalla 22 alla 35.
11. Carteggio borbonico interno: bb. 871-872, 884 (scambi epistolari fra il governo ducale e gli inquisitori di Parma e Piacenza nel 1749, o fra il governo ducale e il governatore di Parma nel 1752).
12. Archivio del Ministro Du Tillot, b. 32: sugli Ebrei.
13. Archivio del Ministro Du Tillot, b. 50.
    a. Fasc. 1: lettere di Du Tillot (anni 1764-1769, suddivise in sottofascicoli in ordine cronologico): agli inquisitori di Parma e Piacenza con le relative risposte (dicembre 1764-primavera 1768); carteggio fra la segreteria del duca Ferdinando e gli inquisitori (1766-1768); carteggio di Du Tillot con la Regia Giunta di Giurisdizione, con il consigliere Faconi in Piacenza e con il consigliere Misuracchi in Parma; lettere della Congregazione romana del Sant'Ufficio all'inquisitore Cassio; minute di Du Tillot a diplomatici residenti a Roma, Madrid e Napoli; lettere di Du Tillot ai vescovi di Parma, Piacenza, Borgo San Donnino e Guastalla, con le relative risposte.
    b. Bandi dei vescovi Pettorelli e Pisani del 1769, con cui gli ordinari diocesani si dichiarano pronti ad assumere il pieno esercizio dell'Inquisizione nelle loro diocesi.
    c. Inventario dell'archivio dell'Inquisizione parmense redatto da Misuracchi il 29 luglio 1769 e inviato a Du Tillot.
    d. Fasc. 3: Documenti sulla fuga del sacerdote don Bartolomeo Agazzi dal carcere dell'Inquisizione di Piacenza nel 1767.

- e. Fasc. 4: Carteggio fra l'inquisitore Cassio, Du Tillot, il card. Corsini, il padre Serafino Maccarinelli (entrambi della Congregazione romana del Sant'Ufficio) sulla demolizione della cappella della S. Croce (anno 1766).
- f. Documentazione sulla demolizione della cappella della S. Croce e sullo spostamento del dipinto di Francesco Marmitta che vi era custodito.
- g. Perizia e progetto dell'architetto Ottavio Bettoli per la demolizione della cappella della S. Croce.
- h. Fasc. 51 (indicata anche con la lettera "I"): Nomenclatura dei patentati del Sant'Ufficio di Piacenza. Testo originale del *Sistema di don Ferdinando*, vergato da Mozani e sottoscritto dal medesimo e dal ministro "Gioseffo Pompeo Sacco".

14. Archivio del ministro Du Tillot, b. 78
    - a. Carteggio con il marchese Antici, residente a Roma (1764).
    - b. Manoscritto in duplice copia, con testo articolato in 38 punti, su come il governo intende regolarsi verso l'Inquisizione.
    - c. Manoscritto in duplice copia: confronto fra la legge approvata dal governo parmense il 13 gennaio 1768 e dal governo modenese il 7 giugno 1768.
    - d. Carteggio con l'avvocato Spedalieri, residente a Roma (1761).
    - e. "Ristretto delle riflessioni e progetti fatti lì 4 settembre 1762 dalli due eminentissimi signori cardinali Ferroni, e Fantuzzi deputati dal papa ad esaminare le suppliche dei Stati di Parma, Piacenza e Guastalla".
    - f. Manoscritto con la trascrizione dell'opera di Pietro Giannone.
15. Archivio del ministro Du Tillot, b. 80

- a. *Rimostranza da presentarsi a Sua Santità in nome del Ser.mo R. Infante Duca di Parma* [sul breve pontificio promulgato a Roma il 1° febbraio 1768].
- b. *Concordati frà le corti di Roma, e di Sua Maestà il Re di Sardegna seguiti lì 5 gennaio 1741.*
- c. *Memoria in risposta alla scrittura delle Brevi Riflessioni, venuta ultimamente da Roma* [in 14 punti].

16. Archivio del ministro Du Tillot, b. 81: contiene il carteggio fra Roma e Parma sull'"Affare" (rapporti diplomatici Parma-Roma), diviso in fascicoli
    - a. *1762: S.re D.n Emanuele de Roda.*
    - b. *1762: S.r Cons.r Schiattini.*
    - c. *S.r Avv.o Spedalieri anno intero 1762.*
    - d. *1765: Azpuru carte n. 22 e 66.*
    - e. *Carteggio Spedalieri ed Azpurù 1769 diviso in mesi.*
    - f. *Carteggio Spedalieri ed Azpurù 1769 Miscellanea.*

17. Archivio del ministro Du Tillot, b. 90
    - a. Fasc. "Giugno" 1768: lettere del governo ducale di Parma con il conferimento dell'incarico ai censori di libri e ai loro collaboratori.
    - b. Carteggio di Du Tillot con vari destinatari nel 1768 e 1770.
        - a. 7 febbraio 1768: Du Tillot al padre Vincenzo Domenico Ferrari, priore di S. Pietro Martire, nominato professore di teologia.
        - b. 20 febbraio 1768: Sisto Rocci a Du Tillot.
        - c. 12 aprile 1768: Du Tillot a Gaetano Anguissola.
        - d. 15 e 19 aprile 1768: Du Tillot al conte Aurelio Bernieri.
        - e. 16 aprile 1768: Du Tillot al Magistrato degli studi.

f. 1 maggio 1768: Du Tillot a Francesco Soave sul testo di una grammatica.
g. 1 maggio 1768: Du Tillot al conte Potrelli con ordine di sospendere la stampa di un libro.
h. 12 maggio 1768: Du Tillot all'abate Andrea Mazza, segretario dell'Università, "su una tesi di filosofia sotto la disciplina di certo P. lettore Bartoli [domenicano in S. Domenico a Bologna], che va contro le sovrane leggi, in particolare alle Regie Costituzioni, titolo 1, paragrafo 3".
i. 12 maggio 1768: Du Tillot al sergente maggiore delle guardie sul frate Bartoli.
j. 25 maggio 1768: Andrea Mazza a Du Tillot.
k. 15 luglio 1768: Du Tillot a padre Adeodato Turchi.
l. 16 novembre 1768: sui frati minimi di S. Francesco di Paola Jaquier e Leseur.
m. 28 novembre 1768: sul quadro raffigurante Francesco Saverio.
n. 29 novembre 1768: lettera di "F° V°" di Parma.
o. 25 settembre 1770: Du Tillot ai vescovi di Parma, Piacenza e Borgo San Donnino "rapporto all'uso de' libri".

18. Segreteria di Stato e di Gabinetto 1816-1848, Serie XIII:
   a. Direzione generale di Polizia, bb. 314 (censura libraria per gli anni 1825, 1826), 315 (anno 1827), 316-7 (anni 1828, 1829, 1830), 318 (anno 1831);

b. Affari interni, bb. 407-408 (censura libraria per gli anni 1831, 1832), 409-410 (anno 1833), 411-412-413-414-415-416 (anni 1834-1835-1836), 417-418 (anno 1837).
19. Carte Drei, busta Inquisizione:
   a. Fasc. 2 e 26: trascrizioni di documenti e note bibliografiche utilizzati da Giovanni Drei per la redazione del saggio *Sulle relazioni*...
   b. Facicolo "eretici": appunti sulla censura della stampa negli stati Parmensi dal secolo XVII.
20. Raccolta storica
   a. b. 1, fasc. 10: "Riflessione in favore di una bolla di papa Innocenzo XI la quale tende a correggere gli abusi nei beni e patrimoni degli ecclesiastici, introducendosi una decente limitazione" [senza data].
   b. b. 1, fasc. 62: "Nota d'alcuni affari più importanti del Dipartimento del Segretario Clerici" [documenti sulla soppressione del Sant'Ufficio].
   c. b. 4, fasc. 1: Raccolta di documenti relativi alle controversie tra la Compagnia di Gesù e i Domenicani in materia di Probabilismo: in particolare sulla polemica suscitata dalla *Dissertazione dei casi riservati* del P. Benzi [1744 e senza data].
   d. b. 4, fasc. 14: Testi vari in materia di Probabilismo: copia di lettera del Padre Paolo Segneri.
   e. b. 4, fasc. 26: Copia di un resoconto di una conclusione teologica tenutasi nella chiesa di S. Lorenzo in difesa della "Grazia efficace per sua natura" contro l'opera molinistica *Osservazioni teologico-critiche dell'arciprete Donnino Cappellotti [Coppellotti]* [29 dicembre 1763].
   f. b. 5, fasc. 39: Excomunicati [1708].
   g. b. 5, fasc. 41: lettere contro i gesuiti.

h. b. 6, fasc. 5: Nota dei ministri di Parma e dei luoghi ove abitano [1756].
i. b. 6, fasc. 14: Lettere scritte al consigliere Civeri [1773].
j. b. 6, fasc. 23: "Contro il Molinos eretico dogmatista".
k. b. 7, fasc. 1: "Memorie per le comunità di Parma e di Piacenza alla Santa Sede Apostolica sul breve pontificio del 28 gennaio 1754 con le risposte della corte di Roma, le repliche del governo di Parma, i capi del breve pontificio sopra le esenzioni ecclesiastiche con le relative riflessioni" [1754].
l. b. 7, fasc. 4 e 5: Copia di carteggio tra il ministro Du Tillot e l'avvocato Francesco Maria Spedalieri a Roma [dal 21 marzo 1761 al 20 dicembre 1764]; copia di carteggio tra il ministro Du Tillot e il marchese Antici a Roma [dal 1° settembre 1763 al 15 dicembre 1764].
m. b.7, fasc. 6: Editto con cui Filippo, Infante di Spagna, duca di Parma, Piacenza e Guastalla, intende porre riparo "alla illimitata affluenza di beni che si acquistano dalle Mani morte" [25 ottobre 1764].
n. b. 7, fasc. 9: Copia di corrispondenza del ministro Du Tillot col marchese d'Aubeterre, ambasciatore straordinario di Sua Maestà il re di Francia a Roma, col consigliere Schiattini a Piacenza, col marchese Antici a Roma e col vescovo di Parma Francesco Pettorelli Lalatta. Copia di lettera al cardinale Torregiani, segretario di Stato di papa Clemente XIII [dal 22 marzo 1764 al 7 novembre 1764].
o. b. 7, fasc. 10: Copia di lettere del cardinal Torregiani e del cardinale Fantuzzi al vescovo di Parma Francesco Pettorelli Lalatta [dal 24 novembre 1764 all'8 dicembre 1764].

- p. b. 7, fasc. 11: Memorie relative alle risoluzioni prese dalla real corte di Parma in seguito della precedente trattazione avuta colla corte di Roma [1764].
- q. b. 8, fasc. 2: Memorie relative alle risoluzioni prese tra la corte di Parma e quella di Roma [senza data].
- r. b. 10, fasc. 76: Rimostranza presentata a Sua Santità in nome del Ser.mo R. Infante duca dai ministri delle tre Corone, di Spagna, di Francia e delle Due Sicilie [6 aprile 1768].
- s. b. 10, fasc. 77: Istanza della Repubblica di Venezia relativa al Breve pubblicato in Roma contro la corte di Parma [1768].
- t. b. 11, fasc. 1: Supplica fatta dalla Comunità di Parma, Piacenza e Guastalla a Sua Santità Clemente XIII, ove gli si fa conoscere lo stato critico in cui versa il ducato e s'invoca provvidenze per alleviare le cattive condizioni finanziarie e politiche del predetto ducato [1765].
- u. b. 11, fasc. 2: Copia di molta corrispondenza tra il ministro Du Tillot e la corte di Roma per controversia tra la medesima e la corte parmense [1765].
- v. b. 11, fasc. 3: Editto di Filippo V, Infante di Spagna, duca di Parma, Piacenza e Guastalla, formato dal ministro Du Tillot, in materia di immunità relativa ai beni tributari [Parma, 13 gennaio 1765].

21. Governatorato di Parma (1805-1860)
    - a. b. 82: raccoglie documenti dal 9 settembre 1805 al 27 giugno 1811 riguardanti il culto: soppressione dei conventi; diocesi; parrocchie; consigli di fabbrica.
    - b. b. 455: testamenti del presbitero Marc'Antonio Maldotti di Guastalla e inventario della sua biblioteca.

22. Raccolta manoscritti

a. b. 82, "Stampe su libri e librai": bandi e fogli volanti relativi all'arte tipografica, al commercio e alla censura libraria; elenchi di libri redatti da Paolo Paciaudi o da altri anonimi redattori per la biblioteca reale.
b. b. 106: inventario della biblioteca del frate Ireneo Affò
23. Mappe e disegni, progetto per le carceri del Sant'Ufficio (inizi XVII secolo), vol. 5, mappa n. 49.
24. Gridario, b. 85: 29 febbraio 1765, *Proclama per le collette*.
25. Rescritti sovrani, inv. 153/1 (1749-1780): concessioni del duca alle comunità del clero regolare (20 ottobre 1778, 11 gennaio 1779, 12 aprile 1779, 23 luglio 1779).
26. Culto, b. 101: fascicolo di minute intitolate "1749. Regia Giurisdizione riguardo al Tribunale dell'Inquisizione".
27. Governatore e comunità di Parma, b.1: lettera del 5 luglio 1780 del papa Pio VI a Ferdinando di Borbone.
28. *Decreti e Rescritti*, b. 29: 15 luglio 1780, rescritto di Ferdinando di Borbone emanato a Colorno, con cui concede l'aggregazione al Sant'Ufficio di Parma delle proprietà della soppressa Inquisizione di Cremona esistenti nei domini parmensi.
29. Carte Moreau, b. 20 bis: 22 volumi che raccolgono le trascrizioni degli atti della Regia Giunta di Giurisdizione dal 1767 in avanti. Vi si conservano il Piano sull'Inquisizione e le istruzioni date dalla Giunta ai "Reali assistenti" che avrebbero dovuto sostituire l'inquisitore.

AVPr

1. Conventi domenicani di Parma, cassetta unica:
   Fasc. S. Pietro Martire.
   a. Lettera del card. Imperiali, da Roma, 21 gennaio 1708, al vescovo di Parma.

b. Atto notarile del 18 dicembre 1717, con elenco di frati: "Il M. R. P. Lettore Carolo Girolamo Maffei vicario del S. Officio".
  c. Atto notarile del 5 aprile 1718 (praeceptum) con lista di frati, tra cui "il M. R. P. L. Carlo Girolamo Maffei vicario del S. Officio".
  d. Atto notarile del 22 agosto 1740 con nomi di frati: "M. R. P. Filippo Mossara lettore biblico vicario del S. Officio e del convento".
  e. Libretto a stampa di 16 pagine: *Statuti della illustrissima Congregazione del Santissimo Rosario di Parma*, Parma, nella Regio-ducal Stamperia Monti, 1756.
  f. Richieste della Marchesa Manara, moglie del primo ministro ducale, di poter passare con le due figlie per il cortile del convento di S. Pietro Martire.
  g. Documento del 1770 sulla chiesa di S. Pietro Martire lasciata dai domenicani.
2. Cassetta unica Inquisizione:
  a. Lettera apostolica di papa Gregorio XIV del 15 giugno 1725, riguardante i casi in cui i laici inquisiti non possono godere di ummunità.
  b. Decreto di scomunica di tre individui delle famiglie Barusi (o Baruffi) e Costa, del 14 novembre 1702.
  c. Editto generale del Sant'Ufficio di Parma e Borgo San Donnino del 15 febbraio 1729 (inquisitore Antonino Pozzoli).
  d. Editto generale del S.Ufficio di Parma e Borgo San Donnino del 4 agosto 1733 (inquisitore Giandomenico Liboni).
  e. Editto generale del Sant'Ufficio di Parma e Borgo San Donnino del 20 ottobre 1738 (inquisitore Umberto Maria Viali).

- f. Editto generale del Sant'Ufficio di Parma e Borgo San Donnino del 30 ottobre 1754 (inquisitore Pietro Martire Cassio).
- g. Editto del Sant'Ufficio di Parma e Borgo San Donnino del 30 ottobre 1756 (inquisitore Pietro Martire Cassio).
- h. Editto generale del Sant'Ufficio di Parma, Borgo San Donnino e Guastalla del 12 agosto 1780 (inquisitore Vincenzo Giuliano Mozani).
- i. Editto generale del Sant'Ufficio di Parma, Borgo San Donnino e Guastalla del 1802 (inquisitore Vincenzo Tommaso Passerini).
- j. Decreto di "scomunica maggiore" del 3 ottobre 1755 nei confronti del frate carmelitano Giuseppe Terzi del convento di Soragna, per aver ucciso il suo priore.

3. Vescovo Francesco Pettorelli Lalatta, cassetta unica:
   Editto generale per l'Uffizio della Santa Inquisitore di Reggio, 26 dicembre 1776 (riguarda alcune parrocchie dei Ducati parmensi).
4. Parrocchie, S. Benedetto, documenti relativi a don Capretti, tra cui: *Nota de' libri lasciati dal fu ecc.mo signor Dottor de Sacra Teologia colleggiato Don Giuseppe Lorenzo Capretti Priore di S. Benedetto di questa città di Parma defonto li 20 settembre 1782*, redatto il 20 febbraio 1783.
5. Biblioteca, A. VI. III: Trattato manoscritto di 53 cc. di Monesio Tilani (cioè Antonio Milesi): *Dell'ufficio, e podestà del vescovo in ordine al tribunale della fede. Trattato teorico pratico di Monesio Tilani, già sommista, e consultore della S. Congregazione della Suprema Inquisizione di Roma.*

BPPr

1. Fondo Moreau de Saint-Méry, cassetta 37, fasc. 22/3, chiesa di S. Pietro Martire: vi sono conservati documenti della fine del XVIII e dell'inizio del XIX secolo, fra cui la *Nota di tutti gli individui che compongono la famiglia del convento di S. Pietro Martire* e lo *Stato attivo e passivo dell'Inquisizione di Parma*.
2. Fondo Casapini, cassetta 9, n. 16. Abolizione del Sant'Uffizio e del Tribunale dell'Inquisizione per decreto del governo francese del 1809.
3. Ms. Parm. 548: *Histoire de Parme 1764-1796: Extrait de la correspondance de la court avec Flavigny*.
4. Ms. Parm. 281: *Delle biblioteche antiche e moderne e del modo di comporle, notizie raccolte da Paolo Mezzi*.
5. Fondi documentari (Documentazione varia), cassetta 92 fasc. 32: lettera di Carlo Maria Traversari al papa del 12 marzo 1781.
6. Ms. Parm. 644: *Osservazioni* [di Andrea Mazza] *sull'opera la quale ha per titolo Cours d'Etude etc*.
7. Ms. parm. 550, Moreau de Saint-Méry, *Note*, cc. 34r, 284v, 285r.

Bibliografia

AFFÒ Ireneo, *Istoria della città, e ducato di Guastalla scritta dal padre Ireneo Affò minor osservante prefetto della R. biblioteca di Parma. Tomo primo [-quarto]*, Guastalla, nella regio-ducal stamperia di Salvatore Costa e compagno, 1785-1787, 4 vol.

AGO Renata, *Collezioni di quadri e collezioni di libri a Roma tra XVI e XVIII secolo*, in "Quaderni storici", 110, XXXVII/2 (2002), pp. 379-403.

ALLEGRA Luciano, *Ricerche sulla cultura del clero in Piemonte: le biblioteche parrocchiali nell'arcidiocesi di Torino, sec. XVII-XVIII*, Torino, Deputazione subalpina di Storia patria, 1978.

ALLODI Giovanni Maria, *Serie cronologica dei vescovi di Parma con alcuni cenni sui principali avvenimenti civili*, Parma, Fiaccadori, 1856, 2 voll.

AL SABBAGH Luca, SANTARELLI Daniele, SCHWEDT Herman H., WEBER Domizia, *I giudici della fede. L'Inquisizione romana e i suoi tribunali in età moderna*, Firenze, Clori, 2017.

ANELLI Vittorio, MAFFINI Luigi, VIGLIO Patrizia, *Leggere in provincia. Un censimento delle biblioteche private a Piacenza nel Settecento*, Bologna, Il Mulino, 1986.

BADINTER, Élisabeth, *L'infant de Parme*, Paris, Fayard, 2008.

BALDINI Ugo, *I gesuiti nella cultura del ducato*, in *Un Borbone tra Parma e l'Europa. Don Ferdinando e il suo tempo (1751-1802). Atti del Convegno internazionale di studi. Fontevivo, Parma, ex Collegio dei Nobili, 12-14 giugno 2003*, a cura di Alba Mora, Reggio Emilia, Diabasis, 2005, pp. 98-135.

BÉDARIDA Henri, *Parma e la Francia (1748-1789)*, ed. a cura di A. Calzolari e A. Marchi, Milano, Franco Maria Ricci, 1985.

BENASSI Umberto, *Guglielmo Du Tillot. Un ministro riformatore del secolo XVIII (contributo alla storia dell'epoca delle riforme)*, in "Archivio storico per le province parmensi", voll. XV-XXV (1915-1925).

BERENGO Mario, *Intellettuali e librai nella Milano della Restaurazione*, Torino, Einaudi, 1980.

BERGER Günter, *Littérature et lecteurs à Grenoble au XVIIe et XVIIIe siècle*, in "Revue d'histoire moderne et contemporaine", 33, 1986, pp. 114-132.

BERNINI Ferdinando, *Storia di Parma*, Parma, Battei, 1951.

BERTI Giuseppe, *Atteggiamenti del pensiero italiano nei Ducati di Parma e Piacenza dal 1750 al 1850*, Padova, Cedam, 2 voll. (1958-1962).

BERTINI Giuseppe, *Il bigotto illuminato*, Parma, Quaderni del Museo Glauco Lombardi, 2002.

BERTINI Giuseppe, *La travagliata nascita della Vita del cavaliere Giovan Battista Bodoni di Giuseppe De Lama (1816)*, Salamanca e Parma, Biblioteca Bodoni, 2017.

Biblioteca Maldotti. Duecento anni di storia 1817-2017, a cura di David Salomoni, Reggio Emilia, Antiche Porte editrice, 2017.

Biblioteche nobiliari e circolazione del libro tra Settecento e Ottocento: atti del Convegno nazionale di studio, Perugia, Palazzo Sorbello, 29-30 giugno 2001, a cura di Gianfranco Tortorelli, Bologna, Pendragon, 2002.

Biblioteche private in età moderna e contemporanea. Atti del Convegno internazionale, Udine, 18-20 ott. 2004, a cura di Angela Nuovo, Milano, Sylvestre Bonnard, 2005.

BIONDI Carminella, *Condillac a Parma. La lunga premessa al "Cours d'études"*, in *La Francia a Parma nel secondo Settecento*, Bologna, Clueb, 2003, pp. 39-59.

BIONDI Carminella, *Un "philosophe" alla corte di Parma: Étienne Bonnot de Condillac precettore di don Ferdinando*, in *Un Borbone tra Parma e l'Europa. Don Ferdinando e il suo tempo (1751-1802). Atti del Convegno internazionale di studi, Fontevivo, Parma, ex Collegio dei Nobili, 12-14 giugno 2003*, a cura di Alba Mora, Reggio Emilia, Diabasis, 2005, pp. 51-61.

BONORA Elena, *Inquisizione e papato tra Pio IV e Pio V*, in *Pio V nella società e nella politica del suo tempo*, a cura di Maurilio Guasco e Angelo Torre, Bologna, Il mulino, 2005.

BOTTASSO Enzo, *Storia della biblioteca in Italia*, Milano, Bibliografica, 1984.
BUSOLINI Dario, voce *Gaetano Maria da Bergamo*, DBI, vol. 51 (1998), p. 210.
BRAIDA Lodovica, *Il commercio delle idee. Editoria e circolazione del libro nella Torino del Settecento*, Firenze, Olschki, 1995.
BRAIDA Lodovica, *La storia sociale del libro in Francia dopo* Livre et société. *Gli studi sul Settecento*, in "Rivista storica italiana", 101 (1989), pp. 412-467.
BRAMBILLA Elena, *Manuali d'esorcismo, canoni di santità e nuova scienza (fine '600-primo '700). Indice e Sant'Uffizio tra Neoscolastica spagnola e influenze cartesiane*, in Rome et la science moderne: entre Renaissance et Lumières; études réunies par Antonella Romano, [Rome], École Française de Rome, 2008, pp. 555-593.
CAFFIERO Marina, voce *Cerati Gaspare*, in DBI, vol. XXIII (1979), pp. 661-666.
CAMIZZI Corrado, *Un'amicizia compromettente: G. B. Bodoni, Adeodato Turchi, Giuseppe Poggi*, in "Bollettino del Museo Bodoniano di Parma", VII (1993), pp. 45-52.
CARUSI Enrico (a cura di), *Lettere inedite di Gaetano Marini*. Vol. 2 (Studi e Testi, 82), Città del Vaticano, 1938.
CASA Emilio, *Controversie fra la Corte di Parma e la Santa Sede del secolo XVIII (1754-1766)*, in "Atti e memorie delle Regie Deputazioni di Storia patria dell'Emilia", V, 2 (1880), pp. 203-380 e VI, 1 (1881), pp. 1-105.
CASA Emilio, *L'uccisione di Odoardo Sartorio e la prigionia di Pietro Giordani dal ms inedito "La ducea di Maria Luigia"*, in "Aurea Parma", XI (1927), pp. 205-212.
CECCARELLI Maria Grazia, *Vocis et animarum pinacothecae. Cataloghi di biblioteche private dei secoli XVII-XVIII nei fondi dell'Angelica*, Roma, Istituto Poligrafico e Zecca dello Stato, 1990.
CERIOTTI Luca, *Parma francese: intellettuali, potere e censura delle idee negli stati dei Borbone a mezzo il Settecento*, in *Inquisition und Bu-*

chzensur im Zeitalter der Aufklärung, Hubert Wolf (Hrsg.), Paderborn, Ferdinand Schöningh, 2011, pp. 179-193.

CERIOTTI Luca, DALLASTA Federica, *Il posto di Caifa. L'Inquisizione a Parma negli anni dei Farnese*, Milano, FrancoAngeli, 2008.

CERIOTTI Luca, *Libri presso l'Inquisizione di Piacenza nel 1769*, in "Bollettino storico piacentino", CI (2006), pp. 209-250.

CESARINI-SFORZA Widar, *Per la storia delle relazioni fra Stato e Chiesa nel Ducato farnesiano di Parma e Piacenza*, in "Archivio storico italiano", 1912, pp. 356-380.

CESARINI SFORZA Widar, *Il padre Paciaudi e la riforma dell'Università di Parma ai tempi del Du Tillot*, Firenze, R. Deputazione Toscana di Storia Patria, 1916.

CEYSSENS Lucien, TANS Joseph A. G., *Autor de l'Unigenitus. Recherches sur la genèse de la Constitution*, Leuven, University Press, 1987.

CHARTIER Roger, *Livre et espace: circuits commerciaux et géographie culturelle de la librairie lyonnaise au XVIIIe siècle*, in "Revue française d'histoire du livre", 10 (1971), pp. 77-108.

CIAPPELLI Giovanni, *Un ministro del Granducato di Toscana nell'età della Restaurazione: Aurelio Puccini (1773-1840) e le sue Memorie*, Roma, Edizioni di storia e letteratura, 2007.

CIAVARELLA Angelo, *Notizie e documenti per una storia della Biblioteca Palatina di Parma,* Parma, Biblioteca Palatina, 1962.

CIRILLO Giuseppe, GODI Giovanni, COLOMBI Bruno, *Soragna*, Milano, FMR, 1996.

COPPELLOTTI Donnino Giuseppe, *Esame storico-legale-teologico sopra le lettere in forma di breve pubblicate in Roma il primo di febbrajo dell'anno corrente 1768. Contro gli editti de' reali sovrani di Parma emanati intorno l'immunità, e disciplina ecclesiastica,* s.l., s.d. (in realtà: Parma, Stamperia Reale, 1768).

CORRADI MARTINI, C., *L'epoca di Du Tillot nel giudizio di Moreau de Saint-Méry*, in "Aurea Parma", LXXXIII (1999), pp. 410-428.

CURTI Adele, *Alta polizia: censura e spirito pubblico nei ducati parmensi*

(1816-1829), in "Rassegna storica del Risorgimento", IX (1922), pp. 399-590.

Dall'origine dei lumi alla rivoluzione: scritti in onore di Luciano Guerci e Giuseppe Ricuperati, coordinamento di Donatella Balani, Dino Carpanetto, Marina Roggero, Roma, Edizioni di Storia e Letteratura, 2008.

DAL PRA Mario, *Il Cours d'études di Condillac nuova enciclopedia del sapere*, in *Atti del convegno sul Settecento parmense. Parma, 10-12 maggio 1968*, Parma, Deputazione di storia patria per le province parmensi, 1969, pp. 25-47.

DALLASTA Federica, *Il mondo del libro nelle pagine dell'"Archivio storico"*, in *Per i 150 anni della Deputazione di Storia Patria per le province parmensi*, presentazione di Marco Pellegri, a cura di Leonardo Farinelli, Parma, Deputazione di storia patria per le province parmensi, 2012, pp. 39-48.

DALLASTA Federica, *La censura libraria a Parma e Piacenza dal 1749 al 1805 attraverso le letture di uno pseudo inquisitore*, in *Letteratura e istituzioni: la censura libraria asburgica in Italia (1750-1918)*, a cura di William Spaggiari, in *L'italianistica oggi: ricerca e didattica. Atti del XIX Congresso dell'Associazione degli Italianisti (Roma, 9-12 settembre 2015)*, a cura di B. Alfonzetti, T. Cancro, V. Di Iasio, E. Pietrobon, Roma, Adi editore, 2017.

DALLASTA Federica, *Al cliente lettore. Il commercio e la censura del libro a Parma nell'epoca farnesiana 1545-1731*, Milano, FrancoAngeli, 2012.

DALLASTA Federica, *Appoggi, archivio, astuzia. Le armi dell'inquisitore di Parma Vincenzo Giuliano Mozani*, in H. Schwedt-H.Wolf (a cura di) *Inquisition und Buchzensur im Zeitalter der Aufklärung*, Paderborn, Schöningh, 2011, pp. 352-430.

DALLASTA Federica, *Eredità di carta. Biblioteche private e circolazione libraria nella Parma farnesiana (1545-1731)*, Milano, FrancoAngeli, 2010.

DALLASTA Federica, *Alcune biblioteche private di architettura e discipline affini nella Parma farnesiana*, in *Il torchio e l'architetto. Opere a stampa e biblioteche di architettura nei Ducati di Parma e Piacenza in età farnesiana (1545-1731)*, a cura di Carlo Mambriani, Roma, Quasar, 2013, pp. 89-102.

DALLASTA Federica, DALLASTA Gianni, *"Un libro buono per cavare li tesori". Sortilegi a scopo di lucro fra Guastalla e Sabbioneta in un processo inquisitoriale del 1772*, in "Reggio storia", XXXIX/1-2 (2017), pp. 37-43 (1° parte), 17-24 (2° parte).

D'AMICO Grazia, *Il XII volume (1769-1770) della "Cronaca" del barbiere Antonio Sgavetti. Edizione e glossario*, tesi di laurea, Università degli Studi di Parma, Facoltà di Magistero, Materie Letterarie, rel. Prof. Giovanni Petrolini, a. a. 1990-91.

DE BUJANDA Jesus Martinez (dir.), *Index des livres interdits*, Genève, Droz, 1984-2002, 11 voll., vol X: *Thesaurus de la littérature interdite au XVI siècle: auteurs, ouvrages, éditions avec addenda et corrigenda*, par J. M. De Bujanda, avec l'assistance de René Davignon, Ela Stanek, Marcella Richter, Sherbrooke, Centre d'études de la Renaissance; Genève, Librairie Droz, 1996.

DE BUJANDA Jesus Martinez (dir.), *Index des livres interdits*, Genève, Droz, 1984-2002, 11 voll., v. XI (1600-1966), 2002.

DE PASQUALE Andrea, GODI Giovanni (a cura di), *Il Ducato in scena. Parma 1769: feste, libri, politica*. Catalogo della mostra, Parma, Biblioteca Palatina, 23 settembre–28 novembre 2009, Parma 2009.

DE VENUTO Liliana, *La biblioteca di Giovanni Maria de Biasi preteletterato nell'età vannettiana, 1750-1795*, in "Annali roveretani", Serie strumenti, 16 (2011), pp. 1-197.

DE VENUTO Liliana, *Le biblioteche minori della Val Lagarina in età di antico regime con relativa classificazione*, in *"Navigare nei mari dell'umano sapere". Biblioteche e circolazione libraria nel Trentino e nell'Italia del XVIII secolo. Atti del convegno di studio (Rovereto, 25-27 ottobre 2007)*, Trento, Provincia autonoma di Trento. Soprintendenza per i beni librari e archivistici, a cura di Giancarlo PETRELLA, 2008, pp. 275-289.

DE VENUTO Liliana, *La biblioteca di Giovanni Maria de Biasi preteletterato nell'età vannettiana, 1750-1795*, in "Annali roveretani", Serie strumenti, 16 (2011), pp. 1-197.

DEL COL Andrea, *L'Inquisizione in Italia dal XII al XXI secolo*, Milano, Arnoldo Mondadori, 2006.

DI NOTO Sergio, *Il Collegio dei dottori e giudici e la Facoltà legale parmense in età farnesiano-borbonica (1545-1802)*, Padova, Cedam, 2001.

DI NOTO Sergio, *La dominazione austriaca (1736-1749)*, in *Storia di Parma. V. I Borbone* in A. Mora (a cura di) *Storia di Parma. V. I Borbone: fra Illuminismo e Rivoluzione*, Parma, MUP, 2015, pp. 31-52.

DI NOTO Sergio (a cura di) *Le istituzioni dei Ducati parmensi nella prima metà del Settecento*, Parma, Step, 1980.

Die Bischöfe des Heiligen Römischen Reiches 1648 bis 1803. Ein biographisches Lexikon. Herausgegeben von Erwin Gatz unter Mitwirkung von Stephan M. Janker, Berlin, Duncker & Humblot, 1990.

Dizionario storico dell'Inquisizione, diretto da Adriano Prosperi con la collaborazione di Vincenzio Lavenia e John Tedeschi, Pisa, Edizioni della Normale, 2010.

Donna, disciplina e creanza cristiana dal XV al XVII secolo. Studi e testi a stampa, a cura di ZARRI Gabriella, Roma, Edizioni di storia e letteratura, 1996.

DREI Giovanni, *I Farnese: grandezza e decadenza di una dinastia italiana*, a cura di G. Allegri Tassoni, Roma, La libreria dello Stato, 1954 (ed. 2009).

DREI Giovanni, *Lettere inedite del Condillac al suo principe*, in *Miscellanea historica in honorem Leonis van der Essen*, Paris-Bruxelles, Editions universitaires, 1947, pp. 881-891.

DREI Giovanni, *Sulle relazioni tra la Santa Inquisizione e lo Stato nei ducati parmensi (sec. XVIII)*, in *Studi di storia e di critica dedicati a Pio Carlo Falletti*, Bologna, Zanichelli, 1915, pp. 577-610.

EDIGATI Daniele, *Una storia da scrivere: controllo delle istituzioni ecclesiastiche e tutela delle prerogative regie nel Ducato di Parma fra gli ultimi Duchi Farnese e il Ministero Du Tillot*, in "Società e storia", CXLVII (2015), pp. 29-65.

False date: repertorio delle licenze di stampa veneziane con falso luogo di edizione (1740-1797), a cura di Patrizia Bravetti e Orfea Granzotto, Firenze, Firenze University Press, 2008.

FARINELLI Leonardo, *Il carteggio di Andrea Mazza conservato nella Biblioteca Palatina di Parma. I corrispondenti*, in "Archivio storico per le province parmensi", IV serie, XXXII (1980), pp. 179-211.

FARINELLI Leonardo, MINGARDI Corrado (a cura di), *Vita del cavalier Giambattista Bodoni tipografo italiano*, Parma, Franco Maria Ricci, 1989.

FARINELLI Leonardo (a cura di), *Ireneo Affò nel secondo centenario della morte (1797-1997)*, Parma, Deputazione di Storia patria per le province parmensi, 2002.

FELICE DA MARETO, *Chiese e conventi di Parma*, Parma, Deputazione di storia patria per le province parmensi, 1978.

FERRAGLIO Ennio, *La seconda Vaticana e i libri "a pubblico beneficio": Brescia e la biblioteca Queriniana*, in "Navigare nei mari", pp. 69-79.

FERRARI Stefano, *I libri di Giovanni Francesco Brunati. La biblioteca di un funzionario cesareo nella Roma del secondo Settecento*, in "Navigare nei mari dell'umano sapere", pp. 223-246.

FIORETTI Donatella, *Nobiltà e biblioteche tra Roma e le Marche nell'età dei Lumi*, Ancona, Proposte e ricerche, 1996.

FIORI Giorgio, MANFREDI Carlo Emanuele (a cura di), *I Papi a Piacenza*, Piacenza, [s. n.], 1988.

FLANDRIN Jean-Louis, FLANDRIN Maria, *La circulation du livre dans la société du 18e siècle: un sondage à travers qualques sources*, in *Livre et société dans la France du XVIIIe siècle,* sous la direction de François Furet, Paris, La Haye, Mouton & Co, 1970, pp. 39-72.

FONTANA Paolo, *Conventi, Censure, Convulsioni. L'autorità in questione tra Giansenisti, Gesuiti e Inquisizione nella Francia del Settecento*, in corso di pubblicazione.

FORNARI SCHIANCHI Lucia (a cura di), *Galleria Nazionale di Parma. Catalogo delle opere. Il Settecento*, Parma, Cassa di risparmio di Parma & Piacenza, Milano, F. M. Ricci, 2000.

FRANCESCONI Federica, voce *Modena*, in *Dizionario storico dell'Inquisizione*, v. II, pp. 1054-1055.

FRAGNITO, *La Bibbia al rogo: la censura ecclesiastica e i volgarizzamenti della Scrittura, 1471-1605,* Bologna, Il mulino, 1997.

FRATI Carlo, *Dizionario bio-bibliografico dei bibliotecari e dei bibliofili italiani*, Firenze, Olschki, 1933.

FUMI Luigi, *L'Inquisizione romana e lo Stato di Milano. Saggio di ricerche nell'Archivio di Stato*, in "Archivio storico lombardo", XIV (1910), fasc. 25, pp. 5-124; fasc. 26, pp. 285-414; fasc. 27, pp. 145-220.

Gesuiti e Università in Europa (secoli XVI-XVIII). Atti del convegno di studi, Parma, 13-15 dicembre 2001, a cura di Gian Paolo Brizzi, Roberto Greci, Bologna, Clueb, 2002.

GHIDIGLIA QUINTAVALLE Augusta, voce *Affò Ireneo*, in DBI, I (1960), pp. 31-34.

GOLINELLI Paolo, *Figure, motivi e momenti di storiografia monastica settecentesca*, in *Settecento monastico italiano. Atti del I Convegno di studi storici sull'Italia Benedettina*, Cesena, 9-12 settembre 1986, a cura di G. Farnedi e G. Spinelli, Cesena, Badia di S. Maria del Monte, 1990, pp. 693-727.

GONZI Giovanni, *L'espulsione dei Gesuiti dai ducati parmensi: febbraio 1768*, Parma, Aurea Parma, 1967.

GONZI Giovanni, *Storia della scuola popolare nei ducati parmensi dal 1768 al 1800*, Parma, Aurea Parma, 1975.

GONZI Giovanni, *L'ordinamento universitario parmense in età moderna: le Sanctiones ac privilegia di Ranuccio I Farnese (1601) e la Costituzione per i nuovi regi studi di Ferdinando di Borbone (1768),* Bologna, CLUEB, 2002.

GORANI Giuseppe, *Mémoires secrets et critiques de cours, des gouverne-*

ments et des moeurs des principaux Etats de l'Italie, 1793.

GORRERI Silvana, *La provenienza dei disegni nel Fondo dei Manoscritti della Biblioteca Palatina*, in *I disegni della Biblioteca Palatina di Parma*, a cura di Giuseppe Cirillo, Giovanni Godi; saggi di Silvana Gorreri e Luigi Bedulli, Parma, Banca Emiliana, 1991.

GUASCO Maurilio, *La formazione del clero: i seminari*, in *Storia d'Italia. Annali*, v. IX, a cura di Giorgio Chittolini, Giovanni Miccoli, Torino, Einaudi, 1986, pp. 649-658.

GUERCI Luciano, *Condillac storico. Storia e politica nel "Cours d'études pour l'instruction du Prince de Parma"*, Milano-Napoli, Ricciardi, 1978, pp. 110-116.

HAUSMANN *Friedrich, Repertorium der diplomatischen Vertreter aller Länder, seit dem Westfälischen Frieden (1648)*, Zürich, Fretz und Wasmuth Verlag, 1950, 2 voll.

HONTHEIM (VON) Johann Nikolaus, *Justini Febronii De statu Ecclesiae et legitima potestate Romani pontificis liber singularis, ad reuniendos dissidentes in religione christianos compositus*, Bullioni [Buglione, falsa data per Venezia], apud Guillelmum Evrardi, 1763.

I Borbone fra Illuminismo e Rivoluzione, a cura di Alba Mora, *Storia di Parma. V*, Parma, MUP, 2015.

Il bigotto illuminato. Ricordo di Ferdinando di Borbone (1751-1802) nel bicentenario della morte, a cura di G. Bertini, F. Sandrini, Parma, MUP, 2002.

INFELISE Mario, *L'utile e il piacevole. Alla ricerca dei lettori italiani del secondo '700*, in *Gli spazi del libro nell'Europa del XVIII secolo. Atti del convegno di Ravenna (15-16 dicembre 1995)*, a cura di Maria Gioia Tavoni e Françoise Waquet, Bologna, Patron, 1997, pp. 113-117.

INFELISE Mario, *I libri proibiti: da Gutenberg all'Encyclopédie*, Roma, Laterza, 1998.

JACOBSON SCHUTTE Anne, voce *Finzione di santità*, in DSI, v. II, pp. 601-604.

JEMOLO Arturo Carlo, *Il Giansenismo in Italia prima della rivoluzione*,

Bari, 1928.

L'ossessione della memoria: Parma settecentesca nei disegni del conte Alessandro Sanseverini, Parma, Fondazione Cassa di Risparmio di Parma,1997.

LANDI Sandro, *Il governo delle opinioni: censura e formazione del consenso nella Toscana del Settecento*, Bologna, Il mulino, 2000.

LASAGNI Roberto, *Dizionario biografico dei Parmigiani*, Parma, PPS, 1999, 4 voll.

LASAGNI Roberto, *L'arte tipografica in Parma*, Parma, Silva, 2013-2016, 2 voll.

LEANDRI Angela, *La Real Chiesa di San Liborio a Colorno*, Parma, Step, 2015.

Le raccolte librarie private nel Settecento romano, a cura di Maria Iolanda Palazzolo, Concetta Ranieri, in "Roma moderna e contemporanea", IV/3 (1996), pp. 561-675.

Le cento una proposizioni estratte dal libro delle Riflessioni morali sul nuovo testamento condannate dal Sommo Pontefice Clemente XI nella bolla Unigenitus considerate come contenenti il sistema di Giansenio, e come dannabili per se stesse. Operetta teologica tradota [sic] dal francese e stampata in Milano l'anno 1723, e ristampata di nuovo dal Parroco N. N. coll'aggiunta di un proemio, che serve di preliminare all'opera, Guastalla, nella Regio-Ducale Stamperia di Salvatore Costa e compagno, 1788.

Le mani morte ossia Lettera all'autore del Ragionamento intorno ai beni posseduti dalle chiese, in Venezia, appresso Francesco Pitteri, 1766.

Lexicon Capuccinum. Promptuarium historico-bibliographicum ordinis fratrum minorum capuccinorum (1525-1950), Romae, Bibliotheca Collegii Internationalis S. Laurentii Brundusini, 1951.

Livre et société dans la France du XVIIIe siècle, sous la direction de François Furet, Paris, Mouton & Co, 1965-1970, 2 voll.

LOZITO Vincenzo, *Francesco Soave e il sensismo*, Voghera, Boriotti, Majocchi e Zolla, 1914.

MADDALENA Claudio, *Le regole del principe. Fisco, clero, riforme a Parma e Piacenza (1756-1771)*, Milano, FrancoAngeli, 2008.

MAIFREDA Germano, *I denari dell'inquisitore: affari e giustizia di fede nell'Italia moderna*, Torino, Einaudi, 2014.

MAMBRIANI Carlo, *Prospetti e sezioni del palazzo ducale progettato*, in *Guglielmo Du Tillot regista delle arti nell'età dei Lumi*, a cura di Gianfranco Fiaccadori, Alessandro Malinverni, Carlo Mambriani, catalogo della mostra, Parma, 28 ottobre 2012 – 27 gennaio 2013, Parma, Fondazione Cariparma, 2012, p. 102.

MANDICH Anna Maria, *Scambi culturali tra Parma e la Francia nella corrispondenza Du Tillot-Bonnet*, in "Aurea Parma", LXXXIII (1999), pp. 334-374.

MANDICH, Anna Maria, *Una "biblioteca ideale": diffusione del pensiero francese nel ducato di Parma (1748-1771)*, in "Aurea Parma", LXXII (1988), pp. 191-208.

MARION Michel, *Les bibliothèques privées à Paris au milieau du XVIIIe siècle*, Paris, Bibliothèque Nationale, 1978.

MAROCCHI Arnaldo, *Vicende relative al convento e alla chiesa di S. Pietro Martire in Parma*, in "Aurea Parma", LVI (1972), pp. 149-164.

MASNOVO Omero, *La Riforma della R. Università nel 1769*, in "Aurea Parma", maggio-agosto II (1913), fasc. 3-4, pp. 132-142.

MASNOVO Omero, *La Corte di Don Filippo di Borbone nelle "relazioni segrete" di due ministri di M. Teresa*, in "Archivio storico per province parmensi, XIV (1914), pp. 199-203.

MAZZALI Stefania, *La Nave delle Chiarle. Edizione e analisi linguistica del primo volume (1746-1748) della cronaca parmigiana di Antonio Sgavetti, Semplice Chirurgo Barbiere*, Parma, Cooperativa Universitaria Studio e Lavoro, 1992.

MELZI Gaetano, *Dizionario di opere anonime e pseudonime di scrittori italiani o come che sia aventi relazione all'Italia*, Milano, coi torchi di Luigi di Giacomo Pirola, 1848-1859, 3 v.

MENSI Luigi, *Dizionario biografico piacentino*, Piacenza, A. Del Maino, 1899, stampa 1900.

MEZZADRI Luigi, *Il collegio Alberoni di Piacenza (1732-1815)*: contributo alla storia della formazione sacerdotale, Roma, Edizioni vincenziane, 1971.

MINOIS Georges, *Il libro maledetto: la storia straordinaria del Trattato dei tre profeti impostori*; traduzione di Sara Arena, Milano, Rizzoli, 2010 (edizione originale: Parigi, 2009).

MISSERE FONTANA, Federica, *Benedetto Bacchini (1651-1721) tra cronologia e numismatica, con un'appendice sulle monete trovate nella tomba di San Cassiano a Imola nel 1704*, in "Rivista italiana di numismatica e scienze affini", CIV (2003), pp. 399-478.

MOLINARI Franco, *L'episcopato piacentino del secolo XVIII e il giurisdizionalismo*, in "Bollettino storico piacentino", LXI (1966), pp. 113-151.

MONTECCHI Giorgio, *Cardinali e biblioteche*, in "Società e storia", 12 (1989), pp. 729-739.

MONTECCHI Giorgio, *La biblioteca arcivescovile di Bologna dal cardinale Paleotti a papa Lambertini*, in *Produzione e circolazione libraria a Bologna nel Settecento. Avvio di un'indagine*, Atti del V colloquio (Bologna, 22-23 febb. 1985), Bologna, Istituto per la storia di Bologna, 1987, pp. 369-382.

MORA Alba, *Un principe da sposare. Il giovane Ferdinando nella descrizione di un funzionario austriaco*, in *Un Borbone tra Parma e l'Europa. Don Ferdinando e il suo tempo (1751-1802). Atti del Convegno internazionale di studi. Fontevivo, Parma, ex Collegio dei Nobili, 12-14 giugno 2003*, a cura di Alba Mora, Reggio Emilia, Diabasis, 2005, pp. 299-310.

MORO Cristina, *La biblioteca di Antonio Bartolini. Erudizione e bibliofilia a Udine tra Sette e Ottocento*, Udine, Forum, 2007.

ORLANDI Giuseppe, *La fede al vaglio. Quietismo, satanismo e massoneria nel ducato di Modena tra Sette e Ottocento*, Modena, 1988.

ORSI Anna Rita, *Il X volume (1765-1766) della "Cronaca" del barbiere Antonio Sgavetti. Edizione e glossario*, tesi di laurea, Università degli Studi di Parma, Facoltà di Magistero, Materie Letterarie, rel. Prof. Giovanni Petrolini, a. a. 1991-92.

Paolo Maria Paciaudi e i suoi corrispondenti, a cura di Leonardo Farinelli, Parma, La Nazionale, 1985.

PASSANO Giambattista, *Dizionario di opere anonime e pseudonime in supplemento a quello di Gaetano Melzi*, Ancona, A. G. Morelli, 1887.

PAUTRIER Massimo, *Libri nelle case romane alla fine del Settecento. Una ricerca negli archivi notarili*, Manziana, Vecchiarelli, 2005.

PELIZZONI Luigi, *La libreria "Viotta". Un'importante biblioteca privata a Parma nel primo Settecento*, in *Quaecumque recepit Apollo. Scritti in onore di Angelo Ciavarella*, a cura di L. Farinelli, G. Fiaccadori, G. Pettenati, M. Silva, in "Bollettino del Museo Bodoniano di Parma", VII (1993), pp. 373-395.

PELLEGRI Marco, *Colorno villa ducale*, Parma, Cassa di Risparmio di Parma, 1981.

PELLEGRINI Paolo, voce *Mazza Andrea*, in *Dizionario Biografico degli Italiani*, vol. LXXII (2009), pp. 474-476.

PESSINI Alba, *Echi della Rivoluzione francese alla corte di don Ferdinando*, in "Aurea Parma", LXXXIII (1999), pp. 430-451.

"Per vantaggio pubblico in ordine alle scienze". La biblioteca di Gian Pietro Muratori a Cavalese. Catalogo, a cura di BRAGAGNA L., HAUSBERGHER M., Trento, Provincia autonoma di Trento – Soprintendenza per i beni librari e archivistici, 2006.

PETRUCCI Armando, voce *Berio Carlo Giuseppe Vespasiano*, in *Dizionario Biografico degli Italiani*, vol. IX (1967), p. 106.

PEZZANA Angelo, *Memorie degli scrittori e letterati parmigiani raccolte dal padre Ireneo Affò e continuate da Angelo Pezzana*, Parma, dalla Ducale tipografia, 1825-1833, 4 voll.

PIGNATELLI Giuseppe, voce *Calini Cesare* in *Dizionario Biografico degli Italiani*, vol. XVI (1973), pp. 722-3.

POGGIALI Cristoforo, *Memorie storiche di Piacenza*, Piacenza, Filippo G. Giacopazzi, 1757-1766, 12 voll.

PONZIANI Daniel, *Misticismo, santità e devozione nel "secolo dei lumi". Percorsi di ricerca nell'Archivio della Congregazione per la Dottrina della Fede*, in *Inquisition und Buchzensur im Zeitalter der Aufklärung*, Hubert Wolf (Hrsg.), Paderborn, Schöningh, 2011, pp. 323-349.

PORTILLO VALDÉS José María, *El Monitorio de Parma y la Constitución de la Republica civil en el "juicio imparcial" de Campomanes*, in *Iglesia, sociedad y estado en Espana, Francia e Italia (ss. XVIII al XX)*, Emilio La Parra López, Jesus Pradells Nadal (editores), Alicante, Instituto de cultura "Juan Gil-Albert", 1991, pp. 251-261.

Prescritto e proscritto: religione e società nell'Italia moderna (secc. XVI-XIX), a cura di Andrea Cicerchia, Guido Dall'Olio e Matteo Duni, Roma, Carocci, 2015.

Prosopographie von römischer Inquisition und Indexkongregation: 1701-1813, von Herman H. Schwedt; unter Mitarbeit von Jyri Hasecker, Dominik Höink und Judith Schepers, Paderborn, Schöningh, 2010.

Prosopographie von römischer Inquisition und Indexkongregation: 1814-1917, von Herman H. Schwedt; unter Mitarbeit von Tobias Lagatz, Paderborn, Schöningh, 2005.

PROSPERI Adriano, *Dizionario storico dell'Inquisizione*, diretto da Adriano Prosperi; con la collaborazione di Vincenzo Lavenia e John Tedeschi, Pisa, Edizioni della Normale, 2010, 4 vol.

PUGNO Giuseppe Maria, *La tipografia nel Milanese*, in *Trattato di cultura generale nel campo della stampa*, V, Torino, SEI, 1964-1969, 5 voll., V, 1974.

QUETIF, Jacques - ECHARD, Jacques, *Scriptores ordinis praedicatorum recensiti notisque historicis et criticis illustrati, inchoavit Jacobus Quetif, absolvit Jacobus Echard*, Torino, Bottega d'Erasmo, 1961, 2 v., (1° ed. Parisiis, 1723).

QUENIART Jean, *Culture et société urbaines dans la France de l'Ouest au XVIIIe siècle*, Paris, Klincksieck, 1978.

Raccolta di concordati su materie ecclesiastiche tra la Santa Sede e le autorità civili, a cura di Angelo Mercati, Roma, Tipografia Poliglotta Vaticana, 1919.

Ragionamento intorno a' beni temporali posseduti dalle chiese, dagli ecclesiastici e da quelli tutti, che si dicono mani morte, in Venezia, appresso Giuseppe Zorzi, 1766.

REBELLATO Elisa, *La fabbrica dei divieti. Gli indici dei libri proibiti da Clemente VIII a Benedetto XIV*, Milano, Bonnard, 2008.

REUSCH Franz Heinrich, *Der Index der Verbotenen Bucher. Ein Beitrag zur Kirchen- und Literaturgeschichte*, Aalen, Scientia Verlag, 1967.

RICKEN Ulrich, *Teoria linguistica e sovversione ideologica: la "Grammaire" di Condillac e la censura del suo "Cours d'études" da parte delle autorità ecclesiastiche di Parma*, in Lia Formigari, Franco Lo Piparo (a cura di), *Prospettive di storia della linguistica. Lingua, linguaggio, comunicazione sociale*, Roma, Editori riuniti, 1988, pp. 241-255.

RIZZI Alberto, *Statuti e vicende del collegio dei Teologi di Parma*, Università degli Studi di Parma, tesi di laurea, Facoltà di Giurisprudenza, rel. prof. Sergio Di Noto, a. a. 1990-1991.

ROCHE Daniel, *La cultura dei Lumi. Letterati, libri, biblioteche nel XVIII secolo*, Bologna, Il mulino, 1992.

ROSCHINI Gabriele, *Galleria Servitana*, Roma, Pontificia Facoltà Teologica "Marianum", 1976.

ROSCIONI Lisa, voce *Paciaudi Paolo*, in *Diozionario Biografico degli Italiani*, vol. LXXX (2015), p. 121.

ROSSI Giuseppe Adriano, *Il padre servita Carlo Maria Traversari*, in "Bollettino storico reggiano". Numero speciale: Atti del Convegno *La presenza dei Servi di Maria a Guastalla*, Guastalla, Biblioteca Maldotti, 7 dicembre 2013, pp. 71-82.

SABBA Fiammetta, *Dalla corrispondenza di Paolo Maria Paciaudi i "prolegomena" ad una storia della Biblioteca Parmense*, in "Bibliothecae.it", III (2014), pp. 185-230.

SCHWEDT Herman, *Prosopographie von römischer Inquisition und Indexkongregation: 1701-1813,* von Herman H. Schwedt; unter Mitarbeit von Jyri Hasecker, Dominik Höink und Judith Schepers, Paderborn, Schöningh, 2010, 2 voll. (1°: A-L: 2°: M-Z).

SCHWEDT Herman, in WOLF Hubert (Hg.), *Systematisches Repertorium zur Buchzensur 1701-1813. Indexcongregation*, Paderborn, Schöningh, 2009.

SCHWEDT Herman, in WOLF Hubert (Hg.), *Systematisches Repertorium zur Buchzensur 1701-1813. Inquisition*, unter Mitarbeit von BOUTE Bruno, CRISTELLON Cecilia, DINKELS Volker, Paderborn, Schöningh, 2009.

SCHWEDT Herman H., voce *Bordoni Francesco*, in *Dizionario Storico dell'Inquisizione*, I v., p. 216.

SCHWEDT Herman H., voce *Bordoni Francesco*, in *Biographisch-Bibliographisches Kirchenlexikon*, Nordhausen, T. Bautz, 2003, v. 21, coll. 143-149.

SERRAI Alfredo, *Domenico Passionei e la sua biblioteca*, Milano, Sylvestre Bonnard, 2004.

SERRAI Alfredo, *I cataloghi delle biblioteche cardinalizie*, in IDEM, *Storia della bibliografia*, Roma, Bulzoni, 1997, v. VII (*Storia e critica della catalogazione bibliografica*, a cura di Gabriella Miggiano), pp. 603-740.

SERRAI Alfredo, *Storia della bibliografia*, vol. IX: *Manualistica, Didattica, e Riforme nel sec. XVIII*, a cura di Vesna Stunič, Roma, Bulzoni, 1999.

SERRAI Alfredo, *Storia della bibliografia*, vol. X, parte I: *Specializzazione e pragmatismo: i nuovi cardini della attività bibliografica*, Roma, Bulzoni, 1999, pp. 497-551: *Storiografia e bibliografia bibliotecaria (1609-1856)*.

SITTI Giuseppe, *La chiesa di S. Pietro Martire e l'Inquisizione a Parma*, "Aurea Parma", XVII (1933), pp. 104-110.

STANISLAO DA CAMPAGNOLA, *Adeodato Turchi in un carteggio inedito con Antonio Cerati*, in "Aurea Parma", XLII (1958), pp. 41-49.

STANISLAO DA CAMPAGNOLA, *Adeodato Turchi: uomo, oratore, vescovo (1724-1803)*, Roma, Istituto storico Ord. fr. min. cappuccini,

1961.

STELLA Pietro (a cura di), *Il Giansenismo in Italia. Collezione di documenti*, Zürich, Pas-Verlag; [poi] Roma, LAS, 1995, v. II.

STERZI Mario, *Attorno ad un'operetta del marchese Scipione Maffei messa all'Indice*, in *A Vittorio Cian, i suoi scolari dell'Università di Pisa (1900-1908)*, Pisa, Mariotti, 1909, pp. 141-167.

TABACCHI Stefano, *I rapporti con la Santa Sede nell'età di Ferdinando (1765-1800)*, in *Storia di Parma. V. I Borbone fra Illuminismo e rivoluzioni*, Parma, MUP, 2015, pp. 255-275.

TAIANI Rodolfo, *La biblioteca di Giovanni Pietro Muratori a Cavalese*, in *"Navigare nei mari dell'umano sapere"*, pp. 265-273.

THOMASSERY Christiane, *Livres et culture cléricale à Paris au XVIIIe siècle: quarante bibliothèques d'ecclésiastiques parisiens*, in "Revue française d'histoire du livre", VI (1973), pp. 281-295.

TIRABOSCHI Girolamo, *Notizie biografiche in continuazione della Biblioteca modonese del cavalier abate Girolamo Tiraboschi*, Reggio, Tipografia Torreggiani e compagno, 1833-1837, 5 voll.

TONONI Gaetano, *Corrispondenza segreta tra il duca don Ferdinando di Borbone e il vescovo Alessandro Pisani. 1772*, in "Strenna piacentina", XIV (1888), pp. 45-67.

TONONI Gaetano, *Documenti inediti intorno al dissidio tra Roma e Parma (1765-1768)*, in "Strenna piacentina", XVI (1890), pp. 76-97.

TONONI Gaetano, *Condizione della Chiesa nei Ducati parmensi dal 1731 al 1859*, in "Rivista universale", V (1867), pp. 59-66, 108-118, 280-288, 361-380; VI (1867), pp. 120-145, 400-435; VII (1868), pp. 356-374; VIII (1868), pp. 27-56; IX (1869), pp. 579-613; X (1869), pp. 214-244; XI (1870), pp. 5-46; XII (1870), pp. 56-80, 566-597; XIII (1871), pp. 106-118.

TONONI Gaetano, *Corrispondenza tra il padre Paciaudi e mons. Pisani*, in "Atti e memorie della Deputazione di storia patria per le province modenesi e parmensi", serie III, V (1888), pp. 377-411.

TRENTI Giuseppe, *I processi del tribunale dell'Inquisizione di Modena: inventario generale analitico, 1489-1874 [i. e. 1784]*, Modena, Aedes Muratoriana, 2003.

TURCHI Marcello, *Origini, problemi e storia dell'ordine costantiniano di San Giorgio di Parma*, Parma, Donati, 1983.

Un Borbone tra Parma e l'Europa. Don Ferdinando e il suo tempo (1751-1802), a cura di Alba Mora, Reggio Emilia, Diabasis, 2005.

VAN DAMME Stéphane, *Le temple de la saggesse. Savoirs, écriture et sociabilité urbaine (Lyon, XVIIe-XVIIIe siècle)*, Paris, Éditions de l'École des hautes Études en sciences sociales, 2005.

VENTURI Franco, *Settecento riformatore*. Vol. II: *La Chiesa e la Repubblica dentro i loro limiti, 1758-1774,* Torino, G. Einaudi, 1976, pp. 214-236.

VIGLIO Patrizia, *Le biblioteche del clero*, in ANELLI Vittorio, MAFFINI Luigi, VIGLIO Patrizia, *Leggere in provincia. Un censimento delle biblioteche private a Piacenza nel Settecento*, Bologna, Il Mulino, 1986, pp. 117-182.

WAQUET Françoise, *Le modèle français et l'Italie savante: conscience de soi et perception de l'autre dans la republique des lettres, 1660-1750*, Rome, École française de Rome, 1989.

WAQUET Françoise, *Latino. L'impero di un segno (XVI-XX secolo)*, Milano, Feltrinelli, 2004 (1° ed. *Le latin ou l'empire d'un signe XVI-XX siècle,* Parigi, Michel, 1998).

WEBER Christoph, *Genealogien zur Papstgeschichte*, Stuttgart, Hiersemann, 2002.

ZACCARIA Francesco Antonio, *Antifebronius vindicatus seu Suprema Romani pontificis potestas adversus Justinum Febronium ejusque vindicem Theodorum a Palude iterum adserta, & confirmata. Pars 1 [-4]*, Cæsenæ, apud Gregorium Blasinium sub signo Palladis, 1771-1772, 4 v.

ZANNONI Mario, *La guerra tra Napoleone Buonaparte e don Ferdinando di Borbone: la battaglia di Fombio, 8 maggio 1796,* Parma, Silva, 2010.

Sitografia

Sulla biblioteca dell'abate Carlo Giuseppe Vespasiano Berio, conservata presso la Biblioteca Civica Berio di Genova: http://picus.unica.it/documenti/Berio.pdf.

Sulla censura a Vienna nel XVIII secolo: www.univie.ac.at/censorship.

Sulla biblioteca di Antonio Bartolini: MORO Cristina, voce biografica nel sito
http://www.dizionariobiograficodeifriulani.it/bartolini-antonio/ .

Su Paolo Maria Paciaudi: ROSCIONI Lisa, voce *Paciaudi* in DBI, vol. LXXX (2015), solo versione on line: www.treccani.it.

L'identificazione dei titoli della prima appendice si fonda sui repertori on line dell'*Istituto Centrale per il Catalogo Unico delle biblioteche italiane e per le informazioni bibliografiche* (www.iccu.sbn.it OPAC SBN e http://edit16.iccu.sbn.it/web_iccu/ihome.htm EDIT 16) e sul repertorio dell'Istituto Beni Culturali dell'Emilia-Romagna (www.polocer.it)

Indice onomastico

I numeri si riferiscono alle pagine; l'indicazione "Doc." seguita da un numero rimanda invece alla Terza appendice, con la trascrizione dei documenti archivistici

Abbati Pellegrino 326, 665
Accorsi Antonio 410
Adriano VI (papa) 431
Affò Ireneo, frate minore osservante, storiografo 48, 49, 97, 104-109, 407, 502, 560, 657, 673, 677, 683, 689
Agazzi don Bartolomeo 394, 397, 398, 667
Ago Renata 54, 677
Agostinelli Paola 30
Agostino, vicario di Berceto, inquisito 495
Aichperger Marc'Antonio 332
Aimi Maria Maddalena del quondam Giovanni Battista 330
Aimi (Aymi) Paolo 343, 353
Alberti Giovanni Andrea 40
Alberto Magno (santo) 37, 214
Albizzi (degli) Maso 427, 537-538
Albrizzi Giambattista 40, 352
Alessandro Bertolotti 44, 665
Alessandro Magno 319, 321
Alessandro VII (papa) 312, 525, 586
Alessio (santo) 369
Alighieri Dante 337

Alinovi Giuseppe, avvocato, consigliere e governatore di Parma 458, 473
Alinovi Paolo, consultore legale del Sant'Ufficio 483
Allegra Luciano 52
Allodi Giovanni Maria 24, 25, 27, 313, 343, 677
Amalia (santa) 438
Ambrogio (santo) 430
Amoretti padre Carlo di Oneglia, agostiniano 404, 405, 434, 440, 505, 535; doc. 12
Andreoli don Andreas Doc. 19
Anelli Vittorio 42, 51, 60, 677, 693
Anguissola Gaetano di Piacenza, conte, "deputato dell'Uffizio delle collette di Piacenza" Doc. 12
Annat Pierre 40
Antamori Paolo Francesco, padre 446, 447, 455
Antifebronio 45, 62, 264
Antonelli Leonardo, cardinale del Sant'Ufficio 305
Antonelli Leonardo 408, 459
Antonino arcivescovo di Firenze (santo) 37, 230

Antonio da Modena, cappuccino 355, 646
Arcelli Giambattista 359, 366, 373, 431
Arcelli Ignazio Gaetano di Piacenza 436
Archetti Giovanni Andrea, cardinale 107
Arcioni Felice 323, 662
Ariosto Ludovico 39, 205
Artoni don Vincenzo, cancelliere del Sant'Ufficio di Reggio Emilia Doc. 20
Asburgo (d') Carlo V, imperatore 45
Asburgo (d') Carlo VI, imperatore 45, 65, 338
Asburgo (d') Giuseppe II, imperatore 45, 479
Asburgo (d') Margherita d'Austria, figlia dell'imperatore Carlo V (duchessa) 45
Asburgo (d') Maria Luigia, duchessa 112
Asburgo (d') Maria Teresa, imperatrice 45, 338, 407, 422, 433, 436
Asburgo-Lorena (d') Maria Amalia, figlia dell'imperatore Francesco I e di Maria Teresa (duchessa) 26, 45, 283
Asburgo-Lorena (d') Maria Amalia, figlia dell'imperatrice Maria Teresa 45, 73, 422, 429, 436

Augustinus Aurelius (santo) 30, 36, 37, 56, 67, 71, 111, 125, 137, 165, 221, 224, 226, 258, 331, 544; doc. 16
Azpuru (mons. Tomás D'Azpuru), ministro spagnolo 402, 403, 414, 417, 668
Bacchini Benedetto, OSB 224, 325
Badia Carlo Francesco 319, 320
Badinter Elisabeth 20, 97, 381, 392, 393, 396, 404, 405, 423, 429, 430, 431, 432, 433, 435, 436, 437, 440, 441, 442, 443, 445, 448, 450, 472, 496
Baganti Michele 334
Bagostilla Giovanni Francesco 311
Bahrdt Carl Friedrich 63
Baiardi Girolamo, vescovo di Borgo San Donnino 368, 436, 444
Baiardi Orazio, conte 474, 483
Baiardi, famiglia comitale 389
Baistrocchi Gaetano 382
Baldi Gianantonio 330
Baldini Ugo 67
Baldrati Giuseppe Maria 330
Baldrighi Giuseppe, pittore di corte 454
Balestracci Innocenzo da Montone 347
Bandini Laura 21, 438
Bandozzi Giovanni di Borgo San Donnino, inquisito 494
Banzacchi Pier Maria 356

Barani Giuseppe 51
Barat Gioacchino, prigioniero del Sant'Ufficio 303, 313
Barbaglia da Brescia, OP 334
Barberini Francesco, cardinale del Sant'Ufficio, 419, 499, 500, 541; doc. 15
Barni Giorgio, vescovo di Piacenza 297, 339
Barozzi don Giovanni, inquisito 495
Bartoli Vincenzo, OP 82, 83, 423, 425, 428, 446, 669
Bartolini Antonio 52, 695
Bartolomeo da Rinonico 328
Baruffi (o Barusi) Matteo e Giacomo 299, 674; doc. 2
Barziza Doc. 19
Bausset (de), Louis François Joseph, autore 113
Beauharnais Eugenio, viceré 513
Beccadelli Achille 71
Bédarida Henri 97
Bedulli don Francesco Saverio 93, 383, 657
Bedulli Luigi 48
Beghini Tommaso, OP 334
Beliardi (o Belleardi, o Bigliardi) Carlo Giacinto, OP 445, 643; doc. 20
Bellarmino Roberto: si veda Roberto Belarmino (santo)
Bellavere Tommaso, crocifero 43
Bellotti Domenico Maria, OP 91, 328, 332, 595, 653

Benaglia, padre lettore, OP 361
Benassi Umberto 15, 19, 25, 56, 58, 61, 63, 65-68, 76, 104, 324, 333, 358-360, 365, 366, 369, 371, 373-376, 378-381, 383-385, 391-396, 399-403, 405, 407-413, 415-417, 419-423, 426, 429-439, 441-444, 448, 449, 461, 477, 480, 486, 495, 502, 512
Benedetto da Norcia (santo) 23-24, 29-32, 35, 37, 136, 144, 153, 224, 242, 551, 659, 675
Benedetto XIII (papa) 75, 328, 336, 364
Benedetto XIV (papa) 59, 314, 347, 361, 368, 372, 529, 575, 268; doc. 22
Beranger François, calvinista 383, 657
Berchmans Giovanni, gesuita belga 35, 225
Berger Günter 54
Bergonzi Francesco, personaggio della corte parmense 441
Berio Carlo Giuseppe Vespasiano, abate genovese 51, 695
Bernardinus Paulinus, OP 307
Bernardo da Como, OP 42
Bernardo degli Uberti (santo, patrono di Parma) 452
Bernardo di Chiaravalle (santo) 37, 274
Bernieri Aurelio, conte 382, 474, 483, 498, 669

Bernini Domenico 43, 51
Bernini Ferdinando 314
Berrucier (Berruyer) Isaac Joseph, gesuita 350
Bertamini Antonio, canonico di Fiorenzuola (Piacenza) 51
Bertamini Francesco, canonico di Fiorenzuola (Piacenza) 51
Berti Giuseppe 15, 19, 57, 65-67, 70-71, 93, 98, 109, 111, 376, 404-405, 433, 440, 488
Bertinelli Francesco, carcerato nel Sant'Ufficio di Parma 338-339
Bertini Giuseppe 20, 97, 104, 112
Bertioli Francesco, avvocato 433
Bertoli Antonio, membro della corte 501
Bertolini don Francesco Maria, provicario generale vescovile di Parma 365, 370, 373
Bertonaschi don Bernardo 51
Bertonaschi don Giuseppe 51
Bertoncelli, prevosto 405, 406
Besozzi Gioacchino, cistercense 352
Besser Samuel di Friburgo, calvinista inquisito al Sant'Ufficio di Parma 503
Bettoli A., provicario generale del vescovo di Parma 502
Bettoli Ottavio, architetto 289, 667

Biacca don Francesco Maria, erudito e autore 69, 70, 131, 337, 647
Bianchi don Bernardo di Piacenza 51
Bianchi Felice Antonio, abate, ministro a Modena del ducato estense 376, 384, 392, 402, 415, 420
Bianchi Luigi, progovernatore ducale 49
Bidelli Carlo Giuseppe, OP 342
Biondi Carminella 19, 20, 97
Biondi don Giovanni, docente di teologia 24, 483
Blancardi Giuseppe Maria e Ignazio Maria, fratelli francesi 438
Blanchon, libraio francese 113
Boccalini Traiano, autore 38, 191, 192, 203, 231, 318, 539, 592
Boccella Cristina 80
Bocchi Giuseppe di Parma, inquisito 494
Bocelli don Giuseppe, dottore in legge 483
Bodoni Giambattista, tipografo 57, 87, 95-97, 101-103, 111, 112, 474, 483, 492, 498
Boiani Ferrante Alfonso Maria, autore 92, 364, 656
Boisgelin Louis Bruno, conte, ambasciatore di Francia 432, 433, 436

Bolla Luigi, dottore in legge 483
Bolsi Cristina 80
Bonal François, autore 90, 306, 650
Bonaparte Napoleone 508
Bonazzi don Natale Andrea 439; doc. 19
Boncompagni Ignazio Gaetano, cardinale 107
Bonelli Pietro Tommaso, consultore del Sant'Ufficio 321
Bongrani Paolo 80, 81
Boni Cosimo, mercante di chincaglierie in Parma 114
Bonifacio VIII (papa) 431
Bonnet Charles, filosofo 19, 404
Bonora Elena 451
Bonvicino Odoardo, consultore del Sant'Ufficio 313
Borbone (di) Carlo III 71, 105, 106, 399, 429, 433, 437
Borbone (di) Ferdinando (duca) 29, 45, 55, 58, 65, 66, 73, 74, 82, 84-87, 95, 97, 101-103, 105, 108, 109, 362, 370, 384, 388, 392, 395, 404, 407, 410, 412-414, 416, 417, 420, 422, 423, 425, 429-431, 433, 435, 436, 438, 440, 442, 443, 445-450, 457, 459, 465, 466, 468, 485, 486, 487, 491, 499, 500, 509, 511; doc. 13, 21, 22, 23
Borbone (di) Filippo (duca) 42, 44, 73, 74, 108, 324, 357, 359, 361, 371, 375, 379, 381, 384, 671, 687
Borbone (di) Isabella (principessa) 45
Borbone (di) Lodovico, figlio di Ferdinando e Maria Amalia 494
Bordoni Francesco, terziario francescano, autore 41, 68, 90, 139, 142, 203, 271, 274, 281, 298, 301, 331, 537, 650
Borelli Francesco, notaio 43, 323, 662
Borra Giustiniano, cronista di Parma 313, 323, 335, 665; doc. 3
Borromeo Vitaliano, cardinale del Sant'Ufficio 459
Bortoli Giovanni Battista, vescovo di Feltre 416
Boschi Giovanni Carlo, cardinale del Sant'Ufficio 459
Boscoli Giovanni Simone, architetto 298
Boselli Carlo, chierico 302
Bossuet Jacques Bénigne, autore 39, 55, 61, 64, 171, 175, 177, 257
Bottari Gaetano, mons., bibliotecario 57
Bottasso Enzo 53
Bottini Vincenzo, OP 483
Boute Bruno 487
Boxadors (de) Juan Tómas cardinale del Sant'Ufficio 459

Bragaldi Giovanni Damasceno, consultore del Sant'Ufficio 307, 657

Braida Lodovica 53, 54
Brambilla Elena 308
Brandino, complice di un inquisito 356
Brendoli Margherita, serva di Dio 75, 358, 657
Brignole Pio Ferdinando da Piacenza, OP 463, 508
Brunati Giovanni Francesco, funzionario imperiale 56
Bulbarini Giuseppe del fu Antonio Doc. 19
Burgetti Lutio, prigioniero del Sant'Ufficio 421
Busenbaum Hermann, autore 61, 177
Busolini Dario 68
Cacciatore Diego 318
Caffiero Marina 57
Calini Cesare, autore 69, 130
Calini Ferdinando, gesuita, autore 87, 101-104, 491
Camorani (o Camurani) Gaspare da Maizana, inquisito 315, 645
Campanini Girolamo, notaio del Sant'Ufficio di Parma 341, 354, 519, 526; doc. 4; doc. 5; doc. 6; doc. 7; doc. 9; doc. 10
Campari Giuseppe, segretario e archivista ducale 462

Campolongo di Noriglio Giovan Battista, ecclesiastico trentino, proprietario di una biblioteca 37, 52, 56, 63
Canali Benedetto Angelo Maria, servo di Maria 329, 652
Canevari, maestro, OP 509
Capece Giannantonio della Somaglia, "aio" del duca Ferdinando di Borbone 492, 506
Cappellano Paolo Antonio, coadiutore vescovile 316
Capretti Giuseppe Lorenzo, parroco, teologo, censore dei libri, consultore del Sant'Ufficio di Parma 17, 21-47, 51, 54-56, 60, 61, 64, 66-69, 71, 86, 123, 124, 126, 130, 131, 146, 152, 153, 158, 162, 164, 165, 179, 181, 185, 193, 194, 200, 203, 208, 212, 218, 240, 241, 244, 248, 253, 262, 266, 267, 269, 278, 279, 281, 284, 290-292, 418, 428, 456, 474, 483-485, 551, 599
Cardani don Abramo 342
Cardani don Giacinto 342
Carena Cesare, autore 41, 44, 272, 537
Carmignani Filippo, tipografo 104, 105, 404, 487, 532; doc. 11
Carminati Giovanni Battista, teatino 98, 433
Carpintero Giuseppe, ministro 366

Cartesio (Descartes René) 71, 404
Casali Bartolomeo, prevosto di Piacenza 57, 405, 406
Casapini Giuseppe Maria, dottore in legge 483
Casati Michele, vescovo di Mondovì 436, 437
Caselli Carlo Francesco Maria, vescovo di Parma 512
Cassina Giacinto, OP 356, 360
Cassina Ubaldo, filosofo sensista 98, 109, 405
Cassio Pietro Martire, OP, inquisitore di Parma 120, 320, 335, 366, 369, 370, 371, 372, 374, 376-378, 380, 381, 383, 386-391, 394, 396, 401, 403, 405, 406, 409, 411-413, 420, 426, 427, 461, 495; doc. 9; doc. 10; doc. 15
Castelli Natale di Borgo San Donnino, inquisito 491
Castelvetri Gian Maria, vescovo di Reggio Emilia 450
Castone Carlo della Torre di Rezzonico, autore 98
Caterina da Siena (santa) 35, 37, 124, 229, 275
Cattucci Antonio, consigliere di Stato 112, 113
Cavalca don Odoardo, OSB 400
Cavaliero Bernardo, autore 90, 311, 312
Cavalli, escluso dalle pubbliche scuole 435
Cavazzini Giuseppe di Borgo San Donnino, inquisito 495
Ceccarelli Maria Grazia 53
Celeri (o Celleri) Cipriano, abate, agente ducale a Roma 437, 448, 450-452; doc. 21
Cerati Antonio, conte, dottore in legge 76, 371, 385, 474, 483, 498, 502
Cerati don Gregorio, OSB 109, 370, 474, 483, 486
Cerati Gaspare, oratoriano 57
Ceriotti Luca 25, 96, 97, 121, 297, 299, 300, 305, 306, 310, 313, 321, 331, 333, 339, 421, 515, 516
Cerri Giovanni Battista, conte, arciprete 507
Cerubi Luigi Maria, OP 481, 482
Cervi Giuseppe Girolamo, notaio 419
Cesarini Sforza Widar 403, 499
Ceschi Lavagetto Paola 373
Cevallos, ambasciatore di Spagna 435
Ceyssens Lucien 26
Chartier Roger 54
Chauvelin François Claude, ambasciatore di Francia in Sardegna 429, 430, 433
Chiesa cattolica, *Index librorum prohibitorum* 39, 42, 166, 302, 320, 321, 328, 341, 346, 349, 353, 355, 361, 367, 368, 373, 375, 377, 431, 450, 487, 494, 501, 504, 508, 593

Choiseul (di) Étienne François, duca, ministro del re Luigi XV 431-433
Ciacchi Francesco Vincenzo da Pesaro, OP, inquisitore di Piacenza 26, 42, 77, 379, 380, 385, 392-396, 398, 400, 414
Ciavarella Angelo 85, 445
Cicero Marcus Tullius 30, 193, 195, 203, 208
Cicognara Giulio, conte 382
Cirillo Giuseppe 48
Civeri Francesco Antonio, dottore, membro della corte 422, 501, 671
Cizzardi Liborio Mauro, autore 90, 313
Clario Isidoro, autore 318
Claudio (santo) Doc. 16
Clemente VII (papa) 314, 430, 437
Clemente XI (papa) 26, 58, 60, 261, 325
Clemente XII (papa) 59, 60, 337, 347
Clemente XIII (papa) 61, 68, 80, 372, 374, 391, 399, 402, 407, 409, 416
Clemente XIV (papa) 420, 441, 443, 496, 644, 671, 672
Cocchi Antonio, autore di un'opera proibita 77, 92, 377
Cocchi Francesco, presidente dell'Interno 113
Cocconi don Giovanni, notaio del Sant'Ufficio 474

Colbert Charles-Joachim de Croissy, autore di un catechismo proibito 102, 350, 403, 493
Colli Maria Luigia, religiosa 369, 643
Colombi Bruno 477
Colonna Marcantonio, cardinale del Sant'Ufficio 459, 495
Como Gian Antonio, professore 98
Concina Daniele, OP 41, 56, 268
Condillac (de) Étienne Bonnot 71, 84, 95-98, 404, 436, 441, 444, 445
Condorcet (de) Nicolas 404
Contini Tommaso Antonio, teatino 83, 98, 405, 424, 434, 439, 505, 509, 662
Conversi Benedetto Maria, servo di Maria 333, 334, 645
Copellotti (o Coppellotti) don Pietro, incarcerato nel Sant'Ufficio di Piacenza 42, 57, 58, 393, 394, 410, 436, 439
Copellotti (o Coppellotti) Donnino Giuseppe, autore 83, 393, 670
Coppi don Luigi, bibliotecario 50
Corbellini Alessandro, escluso dalle pubbliche scuole 435
Cornazzani Balestrazzi Domenico 507

Cornazzani Giuseppe di Parma, inquisito 491
Cornelio Giuseppe, OP, vicario del Sant'Ufficio di Parma 595
Corsi (Corso) Giulio, notaio del Sant'Ufficio di Parma 297, 298, 304, 309, 311, 419; doc. 1
Corsini Neri, cardinale 53, 386, 387, 396, 667
Corsino don Gegorio, inquisito 484
Corti Giuseppe Antonio, servo di Maria, teologo 331, 339
Costa Giacomo, inquisito 421
Costa Pietro, inquisito 293; doc. 2
Costerbosa Antonio conte, censore di libri 405, 406
Cozza Lorenzo, autore 43, 176
Cozzoli Marc'Antonio, inquisito 439; doc. 19
Crema Simone Doc. 19
Cretet, Bailly de Virieu, richiedente un privilegio al Sant'Ufficio 495
Cristellon Cecilia 487
Cristiani Pietro, vescovo di Piacenza 376
Croce don Antonio Doc. 19
Croiset Jean, autore 91, 164, 229, 247, 248, 351
Crouzay (di) Jean Philippe, barone 495, 496, 658
Curti Adele 111

D'amico Grazia 81, 409-411, 424
D'Argental (de) Charles-Augustin de Ferriol, diplomatico francese 20, 402, 432, 666
Dal Pra Mario 97
Dal Verme Luchino, conte, membro della corte di Parma 395, 429, 441
Dall'Aglio Francesco, consigliere ducale 454, 456
Dall'Oglio Giuseppe, stampatore 312
Dalla Rosa Luigi, vicario generale del vescovo di Parma 299, 304, 307, 313, 516; doc. 2
Dalla Rosa Prati Pier Luigi, marchese, presidente della Camera Ducale 301, 304, 474, 483
Dalla Scala Paolo, ecclesiastico proprietario di una biblioteca 51
Dalla Valle (Della Valle) Doc. 12, 19
Dallasta Federica 7, 12, 13, 25, 42-44, 79, 81, 84, 86, 101, 121, 297, 299, 300, 305, 306, 310, 313, 321, 323, 331, 333, 339, 345, 382, 439, 468, 515, 516, 542, 554, 578
De Biasi Giovanni Maria, ecclesiastico proprietario di una biblioteca 37, 52
de Boer Wietse 341

De Callières François, autore 331
De Colla Giovanni Martino Felice, autore 332
De Ferrante Bernardo 408
De Lama Giuseppe, autore 111, 112
De Llano y de la Cuadra José Augustín, si veda Llano
De Pasquale Andrea 83, 411
De Rossi Giovanni Bernardo, professore 93, 474, 486, 646
De Venuto Liliana 37, 52, 56, 63
De Zelada Francesco Saverio, cardinale del Sant'Ufficio 459
Del Bene Tommaso, autore 41, 270
Del Col Andrea 37, 55, 61, 64, 74, 110, 314, 347, 369, 373, 374, 391, 441, 444, 494
Del Rio Sante, dottore *in utriusque* 474
Della Valle Filippo Maria, di Guastalla, padre servo di Maria Doc. 12, 19
Di Noto Marrella Sergio 19, 23, 26, 45, 79, 84, 432
Diati Luigi, ecclesiastico, proprietario di biblioteca 51
Diderot Denis 46
Dimostrazioni contro Luterani e Calvinisti 44
Dinkels Volker 21, 487
Dionisio Barone di Kossin: si veda Hossinski
Dodici don Luigi, professore 51, 98, 404, 405, 433
Domenico Ambrogio della Purificazione, carmelitano scalzo 304
Domenico Conti, sacerdote di Albareto, inquisito 495
Domenico da Parma, converso, inquisito 495
Donati Bartolomeo, gesuita 90, 304, 650
Donati Paolo, autore 112, 413
Donelli don Andrea, notaio del Sant'Ufficio 469, 474, 477, 483, 496, 497, 499; doc. 24
Drei Giovanni 96, 319, 326, 361, 378, 379, 381, 384, 392, 393, 394, 395, 396, 398, 400, 410-422, 432, 434, 435, 438, 439, 440, 458-461, 466, 468, 470, 471, 476, 477, 513, 567, 670
Du Tillot Guillaume, ministro di Filippo e Ferdinando di Borbone 19, 20, 24-29, 31, 32, 38, 55-58, 61, 63-68, 73-77, 79-84, 93-96, 98, 117, 120, 122, 319, 323, 324, 333, 357-360, 365, 366, 369, 371-376, 378-389, 391-396, 398-404, 406-422, 424-426, 429-445, 448, 449, 457-459, 461, 472, 477, 480, 486, 495, 502, 511, 513, 532; doc. 12; doc. 15; doc. 16
Duguet Jacques Joseph, autore 94

Durfort (Emeric Joseph Durfort-Civrac), conte, ambasciatore di Francia 435
Échard Jacques 300
Edigati Daniele 65
Elvezio (Helvétius, Claude-Adrien) 404
Este (d') Ercole III, duca di Modena 488
Evangelista Alessandro, successore di don Capretti come priore della parrocchia di S. Benedetto a Parma 29, 226
Eymerich Nicolás, autore 43, 44, 289, 473, 737
Fabri Gregorio, inquisito 344, 665
Fabrio Francesco Tommaso, OP 509
Facchini Luigi, inquisito 489
Faconi Michele Angelo, consigliere della Regia giunta di giurisdizione 393-396, 411, 412, 414, 418. 421, 422, 666
Falletto Carlo Francesco, OP, consultore 301
Farinati, OP 509
Farinelli Leonardo 21, 57, 93, 97, 101, 104, 318, 449
Farnese Antonio (duca) 198, 330, 339
Farnese Elisabetta (regina di Spagna) 329, 383, 385
Farnese Francesco (duca) 91, 311, 314, 319, 323, 332, 644
Farnese Ottavio (duca) 421

Farnese Ranuccio I (duca) 404, 421, 685
Farnese Ranuccio II (duca) 94
Fattori Giovanni di Gualtieri Doc. 19
Febronio (si veda Von Hontheim)
Fedele da Sigmaringen (santo) 373
Fedolfi Giovanni, provicario generale del vescovo di Parma 313, 320, 321
Felice da Mareto 35
Ferdinando di Castiglia (santo) 454
Ferraglio Ennio 51
Ferrari Francesco, carcerato del Sant'Ufficio 493
Ferrari Francesco, consigliere ducale per Piacenza 513
Ferrari Giacomo di S. Croce di Zibello, inquisito 493
Ferrari Stefano 56
Ferrari Vincenzo Domenico, OP 430, 439, 441, 443, 668
Ferrari, fanciulla battezzata due volte, figlia di Luigi Ferrari e di Anna Caffarri 506
Ferrini Vincenzo, autore 44
Figatelli Giuseppe Maria, autore 71, 129, 239
Filicaia (da) Vincenzo, autore 90, 306
Filippo Neri (santo) 35, 227, 240, 258, 264
Finetti Caterina, vedova di Giuseppe di Bersano (diocesi

di Borgo San Donnino), inquisita 495
Fiorentini Giovanni Battista, consultore del Sant'Ufficio 330
Fiorenzuola Francesco, canonico, proprietario di biblioteca 30
Fioretti Donatella 53
Fioruzzi Giuseppe, uditore civile di Parma e membro della Giunta di Giurisdizione 454
Firmian (di) conte Carlo Giuseppe 402, 441
Flaminio Dondi da Parma, minore riformato, qualificatore della Congregazione del S. Ufficio 309
Flandrin Jean-Louis 54
Flandrin Maria 54
Flavigny (di), conte, ambasciatore di Francia 442, 443, 450, 457, 458, 467, 470-472, 666, 676
Fleury Claude (pseudonimo di Charles Bonel) 38-40, 64, 173, 408
Florello Domenico Cesare, avvocato dei rei del Sant'Ufficio di Parma 336
Flori Giuseppe, inquisito 491
Floridablanca (de) José Moñino y Redondo, conte, ministro spagnolo in Roma 442
Florio Francesco, autore 66

Fontaine Nicolas, autore 56, 294
Fontana Paolo 21
Fontanelli Simone, ebreo inquisito 341, 664
Fontanini Giusto, autore 324
Fornari Raffaele, teologo 115
Fornari Schianchi Lucia 97
Forni don Lodovico 336
Fortunato da Guastalla, frate minore osservante 474, 483
Foscheri Giuseppe Antonio, OP 478
Fouillou Jacques, autore 59
Fragnito Gigliola 352
Francesco di Sales (santo) 35, 216, 227, 267, 279, 294
Francesco Saverio (santo) 342, 669
Francesconi Federica 441, 488
Francisci Giuseppe, ecclesiastico, proprietario di biblioteca 51
Frangiosi Giovanni Domenico 297, 595
Frati Carlo 93
Frattini Simonini Paolo, inquisito 495
Freschot Casimir, autore 46, 247
Gabbi Felice da Parma, cappuccino 355
Gabbi Giuseppe detto Boccaccia, inquisito 333, 336-339
Gaddi Pio Giuseppe, OP 509
Gaetano Maria da Bergamo, autore 68, 129

Gagliardi Giuseppe, libraio francese 350, 660
Galantini Francesco, tenente colonnello, *fermier* generale delle finanze statali 479, 480
Galilei Galileo 326
Galli Gaetano, OP, inquisitore di Parma 510; doc. 4
Galli Giuseppe Maria da Como, OP, inquisitore di Parma 91, 310, 313, 321-323, 325, 326, 328-333, 335, 339, 364, 595, 652-654
Galluzzi Isabella, religiosa 349, 648
Galosi, carcerato al Sant'Ufficio di Parma 334, 335
Gambarini don Antonio di Reggio Emilia 473
Garimberti Alessandro, vescovo di Borgo San Donnino 444, 450
Garnier *monsieur* 388
Gastaldi Tommaso, OP 372
Gazola (Gazzola) Alessandro, conte 507
Gennari Tommaso Maria da Chioggia, OP, inquisitore di Parma 90, 306, 307, 309, 595, 650
Gentile Francesco Maria, vescovo di Brugnato 450
Gerdil Giacinto Sigismondo, cardinale del Sant'Ufficio 459
Gertrude, religiosa cappuccina 307, 310, 651

Ghirarduzzi Giuseppe di Cornaleto (diocesi di Parma), inquisito 489
Ghiretti Maria, figlia del fu Giovanni Battista di Parma, inquisita 493
Giacinto (santo) 438
Giacinto da Vigevano, OP 313
Giafferri Innocenzo, notaio del Sant'Ufficio di Parma 371, 372, 374, 377, 378, 380; doc. 15
Giampé (o Giampi) Giovanni Battista da Fabriano, OP, inquisitore di Piacenza 341
Giannone Pietro, autore 63, 65, 83, 399, 410, 424, 668
Giansenio (Jansenius, Cornelius), autore 56, 60
Giovan Maria da Viadana, minore osservante 361, 362
Giovannetti Andrea, cardinale Doc. 21
Giovanni da Monticelli, cappuccino 91, 92, 656
Giovannini Paolo Vincenzo da Torino, OP, inquisitore di Piacenza 29, 122, 457, 465, 466, 469, 479
Giraud Bernardino, cardinale 449
Girolamo (santo) 430
Giuseppe da Leonessa (beato) 373
Giuseppe Flavio, autore, si veda Iosephus Flavius

Giustiniani Pietro Maria, autore 343

Glasco Tommaso Maria "de Hybernia", OP 310
Gnocchi Giovanni Battista, gesuita, autore 29, 244
Gobbi don Giovanni Antonio, dottore in legge 483
Godi Giovanni 48
Golinelli Paolo 93
Gonzaga Ferrante, duca di Guastalla 421
Gonzi Giovanni 25, 58, 400, 403-405, 439, 440, 443
Gorani Giuseppe, autore 505, 506
Gorreri Silvana 48
Gotti Vincenzo Lodovico, OP, autore 41, 130, 263, 264, 266, 286, 287, 428
Gozzi Angelo, stampatore 378, 474
Gozzi Giacomo Antonio, stampatore 383; doc. 9; doc. 17
Gramizzi Giuseppe di Borgo San Donnino, inquisito 491
Grassi Francesco, teatino, professore 70
Graziani Alessandro, vicario del vescovo di Parma 332, 336
Grazioli Lorena 80
Gregorio XIII (papa) Doc. 20

Greppi Giacomo, commissario del governo di Parma sotto Maria Luigia 480
Griffith Davide, irlandese 401
Grillenzoni Raffaele di Bologna, OP 307, 308
Grimaldi Girolamo, marchese, segretario di Stato spagnolo 402, 414, 432, 447, 449, 454
Gritti Domenico, priore, OP 58, 444
Grossi Bonaventura Maria da Savona, OP, inquisitore a Piacenza 319
Grotius Hugues, autore 350
Gualdo Gabriele chierico regolare, professore di teologia 91, 353, 655
Guasco Maurilio 53
Guerci Luciano 97
Guerrieri Giuseppe, canonico cremasco, autore 94, 95, 99
Guglielmi Franca 80
Guglielmi Pietro Girolamo, assessore del Sant'Ufficio 351, 352, 357, 362, 367, 368, 375
Guglieri Bonaventura, generale dei Terziari francescani 301
Guidetti Michele da Modena, OP 463
Hobbes Thomas 46
Hontheim Johann Nikolaus (von) (Febronio) 62, 63, 276
Hossinski Dionisio Libero 90, 319, 321, 652
Hume David 46

Ignazio di Loyola (santo) 35, 165, 167, 228, 246, 248, 252, 294, 342, 556, 560; doc. 19
Infelise Mario 8, 53, 119
Innocenzo XI (papa) 61, 141, 205, 670
Innocenzo XIII (papa) 325, 327
Iosephus, Flavius, autore 69
Jacobson Schutte Anne 308
Jacquier François, minimo di S. Francesco di Paola, matematico 405
Jaquelot Isaac (Taquelot), autore 44
Joubert (de) Laurent, abate, autore 408
La Galla Giulio Cesare, autore 3, 260
La Houze, barone di, Basquiat Mathieu, ambasciatore di Francia 431, 432
Lafitau, Pierre François, autore 59, 268
Lalatta Alessandro, marchese 474
Lampugnani Pietro Paolo, minimo di S. Francesco di Paola e consultore del Sant'Ufficio 307
Landi Sandro 8, 46, 64, 65, 79, 84, 196
Lapi Clemente Nerio, nobile fiorentino 336
Lasagni Roberto 21, 25, 69, 80, 139, 141, 142, 184, 188, 196, 216, 235, 237, 238, 325, 329, 363, 370, 441, 444
Lasso Anna, ginevrina 478
Lazzarina don Nicola 447
Le Gros Nicolas, autore 60
Le Seur Thomas, minimo di S. Francesco di Paola, matematico 405
Leandri Angela 454
Leibniz (von) Gottfried Wilhelm 71
Leni Anna Vittoria Maria, monaca 331
Leofilo Anastasio: si veda Nannaroni
Leonardi Domenico, ecclesiastico, proprietario di una biblioteca 51
Leone Evasio, autore 111
Leone Magno (santo) 134, 342
Leroux Raymond, autore 43
Lerri Michelangelo, autore 43
Leti Gregorio, autore 46
Liboni Giovanni Domenico da Ferrara, OP, inquisitore di Parma 119, 340, 341, 595, 647, 674; doc. 6
Llano (de) Giuseppe Agostino, ministro inviato a Parma dalla Spagna 96, 437, 439, 440, 441
Locati Umberto da Castel San Giovanni, OP, inquisitore di Piacenza 41, 146
Locke John, autore 46, 71
Lombardi Luigi Fedele, guardiano dei Francescani in Bussetto 535; Doc. 12

Lombardini Paolo, procuratore generale del Terz'Ordine francescano 298, 649
Lomellini Giulio Cesare, vescovo di Luni-Sarzana 450
Longhi Giacinto Maria da Milano, OP, inquisitore di Parma 74, 75, 91, 92, 118, 345, 347, 350-359, 361-369, 413, 596, 655, 656, 658, 660, 661; doc. 8
Loschi Lodovico, avvocato 507
Lottici Giovanni Andrea, gesuita, incarcerato nel Sant'Ufficio di Parma 117, 297, 646
Lozito Vincenzo 41
Luccia (De) Pietro Marcellino, autore 90, 306, 309, 650
Luchini Maria 336
Luigi Gonzaga (santo) 257, 369, 556, 560; doc. 19
Luigi IX, re di Francia (santo) 438, 454
Luigi XIII, re di Francia 259
Luigi XIV, re di Francia 8, 59, 325
Luigi XV, re di Francia 40, 174, 429, 431
Lumbier Raimundo, autore 39, 182, 419, 541
Lupi Pietro Martire, ecclesiastico, proprietario di biblioteca 51
Lutero Martino 100, 436

Maccarinelli Serafino, OP, cardinale 85, 86, 119, 389, 394, 406, 407, 425, 446, 447, 449, 667
Machiavelli Niccolò, autore 6, 427, 538
Maddalena Claudio 19, 35, 367, 378, 379
Maffei Carlo Girolamo, OP, vicario dell'inquisitore 90, 92, 313, 320, 321, 595, 673, 674
Maffei Giuseppe, tipografo 354
Maffei Scipione, autore 314, 692
Maffei, "cavalier" 353
Maffini Luigi 42, 51
Magalotti Lorenzo, autore 196, 354, 655
Maganzesi Domenico Maria, OP, inquisito 348, 648
Maifreda Germano 338
Mainardi Girolamo, stampatore 43, 211, 263, 364
Malaspina Carlo, marchese 353, 436
Malaspina Giuseppe, sacerdote secolare 337, 653, 654
Malaspina, arciprete di Bedonia 341
Maldotti Marc'Antonio, prete di Guastalla, proprietario di una biblioteca 48-50, 58, 99
Malinverni Alessandro 20, 387
Malvicini Giovanni Paolo, OP 367
Mambriani Carlo 20, 298, 387

Manara Anna, marchesa 484, 674
Manara Prospero, ministro 382, 479, 480, 484, 493, 494
Mancini Francesco Odoardo, autore 271, 301
Manfredi Ferdinando, ecclesiastico imprigionato nelle carceri del S. Ufficio di Parma 298, 299
Marazzani Camillo, vescovo di Parma 335, 365, 374
Maria di Gesù, badessa del convento dell'Immacolata Concezione di Agreda 40, 154, 236, 242, 243
Maria Maddalena de' Pazzi (santa) 35, 215, 262
Marini Pio Tommaso di Alessandria, OP 469
Marion Michel 54
Mariotti Felice, soldato inquisito 345, 664
Marmitta Francesco, pittore 389, 667
Marocchi Arnaldo 19, 387, 413, 453, 512, 514
Maroni don Fausto, professore 377
Marquieti Alexander, presidente della Camera Ducale di Parma 306
Martinengo Francesco Giuseppe Maria, teatino 70
Martini Francesca 358

Masdeu Antonio Giuseppe e Baldassare, docenti di teologia a Piacenza 71
Masetti (o Majetti) Giulio Doc. 19
Masini Eliseo, autore 41, 280
Masini Francesco Carlo, terziario francescano 304
Masini Lorenzo, presidente della Camera Ducale 307, 313, 314, 320, 321
Masnovo Omero 103, 104, 403
Massoneau Giovanni, autore 328, 329, 653
Matteucci Agostino, autore 61, 141
Mattioli Ercole, autore 90, 299, 304, 306, 649, 651
Maultrot Gabriel Nicolas, autore 60
Mazza Angiolo, abate, segretario dell'Università e del Magistrato per gli studi 382
Mazza don Andrea, OSB, censore di libri 85, 93, 94, 96, 435, 445, 474, 483, 501, 535, 668, 669, 676; doc. 12
Mazzali Stefania 80, 81
Mazzarino Giulio, cardinale, ministro del re di Francia 233, 325
Mazzoleni Vincenzo Maria da Bergamo, OP, inquisitore di Parma 90, 91, 121, 302, 310-321, 379, 481, 595, 651, 652, 659

Melegari Francesco, consigliere ducale 513; doc. 27
Meli Lupi Caterina, marchesa di Soragna 353
Meli Lupi Guido IV, marchese di Soragna 477
Melzi Gaetano 28, 100, 323, 333, 505
Menghini Tommaso da Albacina, OP 121, 280
Menozzi Cosimo, cancelliere civile Doc. 16
Mensi Luigi 25
Mercader A. C., avvocato della Camera Ducale 353
Meriggi Giovanni Angelo di Borgo San Donnino, inquisito 489
Merler Jacob, autore 39, 213
Merli, servo di Maria 392
Mezzadri Luigi 51
Mezzi don Paolo, ecclesiastico, proprietario di una biblioteca 47, 48, 676
Migliavacca Raimondo da Milano, OP, membro della Congregazione del Sant'Ufficio 80, 81, 83-85, 87, 95, 100, 102, 106, 107, 119, 122, 302, 303, 316, 362, 372, 380, 413, 420, 422-424, 426, 428, 430, 444-447, 453-459, 462-466, 468-473, 475-481, 483, 484, 493, 501, 502, 509, 596, 658
Migliorini Stefano 70

Millot Claude-François-Xavier, abate, docente di filosofia a Parma 83, 404, 436
Mingardi Corrado 97
Minois Georges 486
Missere Fontana Federica 325
Missini Severino Antonio, vescovo di Borgo San Donnino 340, 367
Misuracchi Giulio Cesare, membro della Giunta di Giurisdizione 27, 28, 387-389, 394, 410-412, 415, 417, 422, 424-427, 442, 454, 460-462, 666, 667, doc. 16
Misuracchi Tommaso, OP 428, 430; doc. 16
Molinari Franco 25-28, 43, 57, 83, 95
Molossi, autore censurato 114
Monacellius F., vicario generale del vescovo di Parma 314
Mondelli Maria Elena 81
Monsagrati Michelangelo, chierico regolare lateranense, consultore del Sant'Ufficio 486, 487
Montagnacco Antonio, autore 66, 283
Montecchi Giorgio 52
Montesquieu (de) Charles Louis 65, 432
Monti Paolo, tipografo 39, 128, 158, 161, 162, 172, 179, 185, 217, 250, 251, 254, 271, 272, 277, 279, 291, 300, 301, 304, 306, 307, 312, 319-321,

326, 328, 329, 331, 335, 343, 353, 363, 370, 405, 592, 653, 674
Mora Alba 20, 21, 67, 97, 423
Moreau de Saint-Méry Médéric Louis Élie, amministratore generale degli stati di Parma, Piacenza e Guastalla 366, 369, 381, 391, 395, 398, 417, 462, 512, 513, 543, 673, 676
Moreschi Gaetano, profiscale vescovile di Piacenza 422
Moro Cristina 52
Morone Carlo Tommaso, gesuita, autore 90, 304
Moschini Daniela 22
Mozani Vincenzo Giuliano da Parma, OP, inquisitore di Parma 13, 17, 25, 29, 32, 71, 80-83, 86-88, 93, 99, 101-103, 107, 109, 119-122, 316, 362, 372, 379, 401, 406, 412, 413, 418-420, 422-430, 435, 446, 449, 453-459, 461-489, 491, 492, 494-502, 504-510; doc. 14; doc. 15; doc. 16; doc. 22; doc. 24; doc. 25
Mugiasca Giacomo Alberto da Lodi, OP, inquisitore di Mantova 415
Munarini Giovanni di Modena, conte 488-491, 494
Muratori Francesco, incarcerato presso il Sant'Ufficio di Parma 334, 335, 339

Muratori Giovanni Pietro, ecclesiastico, proprietario di una biblioteca 52
Muratori Ludovico Antonio, storiografo, autore 37, 98, 107, 186, 234, 266, 289, 405
Nannaroni Michele Maria, OP, autore 99
Nanni Angelo Michele da Modena, OP, inquisitore di Parma 90, 305, 306, 595, 650
Nasalli Girolamo, conte, presidente della Camera Ducale 373, 439, 454
Negri Antonio 186, 507
Negri Giuseppe 357, 660
Neuburg (di) Dorotea Sofia, duchessa 308, 310
Newton Isaac 404
Nicoli Francesco Maria, autore 324
Noli don Francesco 376, 661
Nonni Giovanni Carlo, pittore d'architetture 342
Novati Fortunato Alessio da Parma, frate francescano 363
Nuovo Angela 53
Olgiati Giuseppe, vescovo di Parma 303, 311, 500, 516; doc. 3
Olivazzi Bartolommeo, vescovo di Pavia 450
Omodei Agostino, frate agostiniano, preside delle scuole pubbliche 58, 405, 406, 444
Onda Angelo Maria da Ceriana, OP, vicario generale del

Sant'Ufficio di Parma 90, 305, 595, 650
Onesti Girolamo, notaio 298
Ongari Francesco Doc. 19
Oriolo don Giovanni Battista, carcerato del Sant'Ufficio di Parma 335, 647

Orsi Anna Rita 81, 390
Ottolenghi, ebrea di Fiorenzuola 319
Ovidius Naso Publius 193, 198, 204, 207, 538
Paciaudi Paolo Maria, teatino, bibliotecario 57, 58, 65-67, 82, 85, 98, 376, 403, 424, 429, 435, 437, 439-441, 445, 448, 449, 474, 483, 487, 488, 505, 548, 673; doc. 16
Paganini Liberale, gesuita 380
Pallavicino Ferrante, autore proibito 298, 318
Palmia Giovanni, nobile, fra gli accusatori di frate Benedetto Maria Conversi 334
Palmia Nicola, patentato del Sant'Ufficio di Parma 374, 382
Pani Tommaso Vincenzo, OP 106-108
Panizza don Jacopo Antonio di Guastalla 356, 357, 660
Paolo Apostolo (santo) 342
Paolo di Pietra Mogolena, inquisito 495
Paolo III (papa) 50, 284

Paolo V (papa) 362, 363; doc. 16
Paracaioli (Bracajoli) Giuseppe, testatore a favore del Sant'Ufficio di Parma 372; doc. 15; doc. 16
Pasqua Geronimo, consigliere della Camera Ducale 370
Pasqua Marsilio, patentato del Sant'Ufficio di Parma 474, 483
Pasqualone Giovanni, avvocato fiscale e consultore del Sant'Ufficio 41, 280
Passano (o Passani) Giovanni Andrea da Ferrara, OP, inquisitore di Parma 343, 344, 595, 655, 659
Passano Giambattista 28
Passerini Vincenzo Tommaso da Parma, OP, inquisitore di Parma 122, 463, 465, 474, 483, 510, 596, 675; doc. 26
Passionei Domenico Silvio, cardinale 51, 376, 496
Pastorelli Ascanio, notaio 24, 665
Patrizi Stefano, autore 63
Paulovita Michele, carcerato del Sant'Ufficio di Parma 303
Paulutius (Paolucci Fabrizio), cardinale 329, 654
Pautrier Massimo 53
Pazzoni Alberto, stampatore 257, 279, 300
Pelati Francesco di Parma, inquisito 501, 503

Pelizzoni Luigi 21, 318
Pellegri Marco 101
Pellegrini Paolo 93
Pellegrino (don), confessore di monache, inquisito 199; doc. 3
Pellizzari Francesco, autore 21
Pereira Antonio, oratoriano, autore 261
Pertusati Carlo di Milano, conte, proprietario di una biblioteca 247
Pescetti Angelo Domenico, OP, vicario del Sant'Ufficio di Genova 264, 268, 269, 275, 282, 302, 303
Petitot Ennemond-Alexandre, architetto 255
Petrella Giancarlo 20, 33
Petrolini Giovanni 51, 270
Petrucci Armando 30
Pettorelli Lalatta Francesco, vescovo di Parma 10, 11, 20, 27, 61, 243, 246, 268, 272, 276, 277, 286, 289, 292, 299, 303, 304, 324, 334; doc. 17; doc. 20
Pezzana Angelo, bibliotecario 61, 67, 68, 345; doc. 27
Piazza Antonino, OP, vicario del Sant'Ufficio di Reggio Emilia 315
Piazza Giulio, nobile, cardinale 205
Piazzi Giacomo, carcerato del Sant'Ufficio 330

Picenino Giacomo, autore proibito 23, 282
Pichi Giovanni Battista da Ancona, OP, inquisitore di Parma 9, 188, 189, 190, 191, 192, 193, 194, 324; doc. 1; doc. 15
Pietrantoni Francesco di Berceto, inquisito 327
Pietro Apostolo (santo) 222
Pietro Martire (santo) 301
Pignatelli Giuseppe 43
Pini Ermenegildo, autore 28
Pio V (santo) 289, 299, 321; doc. 15; doc. 16; doc. 19; doc. 21
Pio VI (papa) 55, 278, 293, 305, 309, 311, 338, 344; doc. 21; doc. 22
Pio VII (papa) 344
Pisani Alessandro, vescovo di Piacenza 11, 12, 13, 60, 285, 289, 299, 325
Pittone (o Pittoni o Pitone) Francesco Maria, autore 192, 199
Pizzamiglio don Doc. 19
Pizzetti, dottore in medicina 435
Poggiali Cristoforo 324
Poletti padre Ranuccio, docente di teologia 68
Poli Appio, conte, duca di Poli 30
Politi Alessandro, ecclesiastico, proprietario di una biblioteca 51

Poma Isabella, contadina, inquisita 330
Ponci Giovanni Maria, notaio 44, 665
Poncini Domenico da Torino, OP 488, 596
Ponziani Daniel 21, 308
Porta Giuseppe Eugenio, OP 84, 96, 370, 374, 444
Porzio Giuseppe, OP 466
Pozzoli Antonino da Lodi, OP, inquisitore di Parma 91, 310, 334, 335, 337, 339, 596, 654, 674; doc. 5
Pugli Giampaolo da Parma, minore osservante 68, 409
Pugnetti Ferdinando, notaio 298
Quaglia don Antonio da Cortemaggiore, inquisito 615-617, 645
Quéniart Jean 54
Querini Angelo Maria da Brescia, cardinale, proprietario di una biblioteca 51
Quesnel Pasquier, teologo giansenista 27, 56, 59, 111
Quétif Jacques 300
Raffi Odoardo, consigliere della Giunta di giurisdizione 409, 454
Ragazzini, teologo canonico, delegato ufficiale del vescovo di Piacenza 109
Rapin René, gesuita, autore 41, 220
Ravenet Simon-François, incisore 387
Rebellato Elisa 314
Recurti Giovanni Battista, stampatore 130-132, 144, 166, 168, 221, 223, 227, 229, 234, 236, 247, 280, 283, 293, 295, 352
Reusch Franz Heinrich 100, 110
Revillas Diego (di), marchese, ministro plenipotenziario di Spagna 69
Rezzonico Carlo, cardinale del Sant'Ufficio 98, 459
Ricci (de') Scipione, teologo giansenista 56, 99, 110
Richini (Ricchini) Pietro, stampatore 366
Ricken Ulrich 97
Riga Giovanni Battista, avvocato fiscale, collaboratore di Du Tillot 28, 375, 378, 393, 399, 402, 480
Righini Antonio, cancelliere episcopale 460, 542, 543, 551, 554; doc. 16; doc. 17
Ringhieri Francesco da Bologna 409
Risi Clelia 80
Rizzi Alberto 24, 58
Rizzini Gregorio di Mantova, OP 13, 471
Rizzoli Antonio Francesco, ecclesiastico, proprietario di una biblioteca 51

Roberto Bellarmino (santo) 135, 222, 437
Roccatani, abate 480
Rocci Sisto, OSB, censore dei libri a Piacenza 25-30, 57, 382, 400, 405, 406, 435, 668
Roda Marica 494, 668
Rombertus, autore di un manuale per inquisitori 44
Roncovieri Alessandro, vescovo di Borgo San Donnino 311
Rosa Giuseppe, stampatore di Venezia 87, 102
Rosa da Lima (santa) 323
Rosa Diomiguardi Giacomo, mandatario del Sant'Ufficio di Parma e inquisito 301
Rosati Francesco Maria, carcerato del Sant'Ufficio di Parma 336
Rosati Giuseppe, stampatore 39, 209, 304, 313, 314, 332; doc. 1; doc. 2; doc. 4; doc. 5; doc. 6; doc. 7
Roschini Gabriele Maria 99, 329
Roscioni Lisa 57, 435, 695
Rosignoli Carlo Gregorio, gesuita, autore 91, 155, 254, 335
Rosseau Daniel di Berna, calvinista sponte comparente 504
Rossetti Domenico, incisore 351, 352

Rossi Alessandra, complice dell'inquisito Francesco Scotti 348, 648
Rossi Alessandro di Brescello, dottore in medicina 435
Rossi Alessandro, inquisito 346
Rossi Giuseppe Adriano 58
Rossi Pietro Antonio, consultore del Sant'Ufficio 301
Rousseau Jean-Jacques 46, 76, 98
Ruberti don Pietro Francesco, maestro di scrittura delle principesse Farnese, proprietario di una biblioteca 326
Ruschi Andelarda Giuseppa, monaca nel monastero di S. Chiara di Busseto 349, 648
Ruspaggiari Giuseppe, inquisito 493
Sabba Fiammetta 57
Sabbadini Bernardo, musicista di corte 320
Sacchi Benedetto, notaio 326
Sacco Giuseppe, conte, ministro ducale 318, 382, 436, 440, 442, 443, 449, 454-466, 471, 476, 478-480; doc. 22; doc. 23
Sacco Pompeo, medico 203, 204
Salaroli Cristoforo, stampatore 327, 363
Saliani Gian Girolamo, segretario ducale 532; doc. 11

Salvatori Pierpaolo, OP, vicario del Sant'Ufficio di Parma 356, 360, 660
Sanchez Tomàs, autore 39, 161, 162, 507
Sanseverini d'Aragona Federigo, ecclesiastico, proprietario di una biblioteca 51
Santalla (de) Tirso Gonzalez, generale della Compagnia di Gesù, autore 68, 149
Santi don Domenico, professore, censore e revisore delle stampe 73, 112, 488
Sanvitale Alessandro, conte, proprietario di una biblioteca 47, 48, 474, 483
Sanvitale Carlo, prefetto del duca Francesco Farnese 43, 323, 662
Sarpi Paolo, autore 46, 65, 141, 538
Sartorio Odoardo, direttore generale di polizia nei Ducati di Parma, Piacenza e Guastalla 114
Sassi Lorenzo, autore 91, 325, 653
Savelli Marcantonio, autore 90, 277, 318, 319, 652
Scaglia Desiderio di Brescia, cardinale, OP, autore 41, 284, 641
Schenoni don Angelo, bibliotecario 474
Schiattini Giacomo Maria, presidente della Regia Giunta di Giurisdizione 26, 28, 42, 78, 375, 378, 379, 382, 384, 385, 392-395, 397, 398, 403, 406-408, 434-436, 439, 454, 668, 671; doc. 12
Schizzati Giovanni Antonio, presidente della Camera ducale 331, 332, 335, 363
Schwedt Herman Heinrich 20, 21, 25, 69, 99, 110, 139, 280, 284, 301, 305, 308, 369, 454, 567, 595
Sciacco Alessandra 80
Scorza Nicola, padre teatino 349
Scotti Ferdinando Giulio, candidato all'episcopato a Piacenza 27
Scotti Francesco, inquisito 346-348, 413, 648
Scotti Giuseppe, inquisito Doc. 15
Scutellari don Agostino, OSB 483
Scutellari Ajani Francesco Giovanni, vescovo di Joppe Doc. 25
Scutellari Stella, monaca benedettina, autrice 37, 224
Securi Giovanni, Pietro, Bartolomeo, Odoardo, inquisiti 357, 358, 646
Segneri Paolo, gesuita, autore 32, 45, 178, 179, 223, 224, 239, 291, 427, 670
Semery André, autore 43

Seratti Giambattista, uditore generale 359
Sermattei Adriano, vescovo di Borgo San Donnino 316
Seropius Thomas, censore del Sant'Ufficio 342
Serrai Alfredo 51, 52, 54, 57
Sgavetta (Sgavetti) Antonio Bartolomeo, cronista di Parma 80, 385, 386, 389, 390, 409, 410, 411, 424, 665
Silva Antonio da Compiano, inquisito 422
Silva Paolo Luigi, assessore del Sant'Ufficio 491, 494, 500, 506
Silvani Felice, regio censore dei libri 502
Simonetta Paolo, agente del duca Ottavio Farnese 45, 80
Siri Vittorio, autore 93, 94
Sitti Giuseppe 413
Soave Giovanni Francesco, somasco 98, 405, 440, 669
Soliani Bartolomeo, stampatore 266; doc. 20
Sopransi (Sopranzi) Vittore, carmelitano scalzo, autore 57, 110, 111
Sormani Pasquale, ecclesiastico, proprietario di una biblioteca 51
Spada Giovanni Battista, nobile di Lucca, avvocato, autore 91, 201, 321, 652
Spanner, fondatore della setta dei luterani quietisti 317

Spedalieri Francesco Maria, avvocato, agente a Roma per conto dei Ducati parmensi 400, 437, 667, 668, 671
Spinazzi Giulio, ufficiale della cancelleria del Supremo Magistrato delle Finanze e secondo notaio camerale 323, 372, 460; doc. 16
Spinola Antonio Maria Onofrio, ecclesiastico, proprietario di una biblioteca 51
Spiriti Salvatore, marchese di Cosenza 408
Spolverini Angiola, Serva di Dio 118, 376, 661
Spottarelli Andrea, inquisito 355, 645
Squarzia Antonio, notaio 334, 664; doc. 26
Stampa Luigi, abate 376
Stanislao da Campagnola 19, 25, 42, 55, 57, 58, 76, 94, 110, 371, 385, 453, 454, 480, 492
Stanislao Kostka (santo) 35, 167, 637
Sterzi Mario 314
Storni Giuseppe Filippo, inquisito 374, 645
Strocchi N., inquisito 491
Tabacchi Stefano 65
Tacitus Cornelius 195, 539
Talignani Alessandra 22, 47
Tamburini Fortunato, OSB, censore del Sant'Ufficio 352
Tamburini Tommaso, gesuita, autore 62, 68, 157

Tans Joseph A. G. 26
Tanucci Bernardo, primo ministro di Carlo di Borbone 414-416
Tarasconi Smeraldi Raffaele, conte, traduttore 331
Tartaret Pierre, autore 50
Teodoro dello Spirito Santo, carmelitano scalzo 361, 362
Teopiste ammaestrata, opera proibita 40, 236
Terenziani Patrizia 81
Teresa d'Avila (santa) 454
Teresa di Gesù (santa) 131, 287
Terin Ludovico, vescovo di Bobbio 450
Thomasséry Christiane 54
Tiepolo Giambattista, pittore 373
Tilani Monesio, pseudonimo anagrammato dell'autore di un manoscritto 28, 675
Timotheus à Flexia (Pescherard Timotheus de la Flèche), frate cappuccino, consultore del Sant'Ufficio 306, 307
Tinassi Nicola Angelo, tipografo romano 265, 278, 321
Tiraboschi Gerolamo, ex gesuita, bibliotecario 445, 446
Tirelli Francesco, abate di Guastalla 58, 450; doc. 25
Toccoli Federico, conte 474, 483
Toccoli Giuseppe, conte 336
Togninelli Lucia 21, 47, 94

Tomitano Giulio Bernardino, corrispondente di Ireneo Affò 105, 106, 721
Tommaso d'Aquino (santo) 35, 37, 133, 135, 139, 229, 265, 285, 454, 538; doc. 16
Tonelli Fabrizio 99
Tononi Gaetano 18, 19, 27, 438
Tornielli Giorgio Maria, OP, inquisitore di Piacenza 342, 358, 361
Torre Domenico Maria di Casale, OP 356, 473, 505
Torre Giovanni, presidente del Consiglio Ducale di Piacenza, autore di opere legali 90, 300, 659
Torri Benedetto Giuseppe, autore di un trattato legale 311, 330
Torri Giuseppe Maria, OP, autore 303, 650, 653
Torrigiani Ludovico (Luigi) Maria, cardinale 27, 374
Toschi Giovanni Francesco, orefice e orologiaio di Parma, inquisito 332, 664
Tour, autore condannato 60
Traversari Carlo Maria, servo di Maria, autore censurato 58, 99-101
Trenti Giuseppe 325, 332, 341, 344, 345, 348
Trieste Michelangelo da Parma, servo di Maria, inquisito 340, 341

Trithemius Iohannes, autore 41, 45, 169
Trivulzio Antonio, minimo di S. Francesco di Paola 483
Troisi Vincenzo, teologo giansenista 56
Turchi Adeodato, cappuccino e vescovo di Parma 19, 25, 42, 55, 57, 58, 76, 83, 94, 110, 371, 375, 376, 385, 420, 424, 433, 443, 453, 454, 480, 492, 494, 498, 502, 511, 669
Turchi Marcello 314
Turlot Nicolò, autore 91, 249, 314, 652
Ughi Lorenzo, carcerato al Sant'Ufficio di Parma 303
Urbano VIII (papa) 355, 361, 363, 419; doc. 15
Vaghi Carlo, carmelitano, autore 91, 215, 216, 327, 328, 653
Valenti don Giuseppe, mandatario del Sant'Ufficio a Sissa (diocesi di Parma) 315
Valla Giovanni Agostino cancellerie vescovile Doc. 2
Valle Beatrice, inquisita 346, 648
Valle Giuseppe, inquisito 347
Van Damme Stéphane 53
Van Espen Zeger Bernard, autore proibito 56, 276
Vecchi (Di) Florentino, OSB 361
Vela Ildefonso, barnabita, autore 75, 92, 358, 656

Venanzio da S. Luigi, agostiniano scalzo 357, 660
Venini Ignazio, somasco 83, 98, 405, 424
Ventura Troilo, conte, ministro 496
Venturi Franco 25
Venturini Pietro Francesco, notaio 372
Verona Antonio, membro della Giunta di Giurisdizione 454
Vescovi don Paolo, ecclesiastico, proprietario di una biblioteca 47
Veterani Benedetto, assessore del Sant'Ufficio 375, 376, 383
Viali Umberto Maria da Tabia (o Taggia), OP, inquisitore di Parma 344, 345, 596, 647, 674; doc. 7
Viglio Patrizia 42, 51, 61
Vigna Mario, stampatore 118, 139, 142, 220, 235
Vignali Giordano, OP, inquisitore di Bologna 311, 651
Vignoli Tommaso, OP 453, 456, 597
Villani Alessandro, autore di un manuale di esercizi di retorica 152, 640
Viotti Seth, discendente dello stampatore 42, 318
Visconti Giovanni Francesco di Borgotaro, OP, autore di "tesi" 423, 424
Visconti Vincenzo, OP 82, 83

Vismara Giacinto Maria da Milano, OP, vicario dell'inquisitore di Parma 369, 380, 596, 657
Voltaire (François-Marie Arouet) 46, 402, 662
Waquet Françoise 53, 54, 314
Wiperman (Wipperman) Carlo Ferdinando, luterano 317, 320, 647, 657
Zaccaria Francescantonio, gesuita, autore 42, 61-63, 264, 291
Zambeccari Giovanni di Bologna, conte 451
Zamboni Giacomo di Bargone (diocesi di Borgo San Donnino), inquisito 489
Zanati Felice, complice di un inquisito 356
Zandemaria Gherardo, vescovo di Borgo San Donnino 322, 339, 355
Zanetta (o Zannetti) Antonio, carcerato nel Sant'Ufficio di Parma 333, 338
Zanetti Guid'Antonio, stampatore di Bologna 104-109
Zaniboni don Andrea Doc. 19
Zanichelli Elisabetta 80
Zannoni Mario 87, 509
Zanoni Pietro Francesco della Concezione, consultore del Sant'Ufficio 301
Zarri Gabriella 308
Zucchi don Pietro, prete secolare, inquisito 336
Zucchi padre Giuseppe 544; doc. 16
Zunti Antonio, presidente della Camera Ducale 343